Wissenschaftliche Untersuchungen
zum Neuen Testament

Herausgegeben von
Martin Hengel und Otfried Hofius

77

Die „anderen" Winzer

Eine exegetische Studie zur Vollmacht Jesu Christi
nach Markus 11,27–12,34

von

Ulrich Mell

J.C.B. Mohr (Paul Siebeck) Tübingen

Die Deutsche Bibliothek – CIP-Einheitsaufnahme

Mell, Ulrich:
Die „anderen" Winzer: eine exegetische Studie zur Vollmacht Jesu Christi nach
Markus 11,27–12,34 / von Ulrich Mell. – Tübingen: Mohr, 1994
  (Wissenschaftliche Untersuchungen zum Neuen Testament; 77)
  ISBN 3–16–146301–3
NE: GT

Das Buch wurde von Martin Fischer in Tübingen aus der Times-Antiqua belichtet, von
Gulde-Druck in Tübingen auf alterungsbeständiges Werkdruckpapier der Papierfabrik Buhl
in Ettlingen gedruckt und von der Großbuchbinderei Heinr. Koch in Tübingen gebunden.

ISSN 0512–1604

*Für
Martina*

Vorwort

Die vorliegende Studie wurde unter dem gleichnamigen Titel im Sommersemester 1993 von der Theologischen Fakultät der Christian-Albrechts-Universität zu Kiel als Habilitationsschrift angenommen. Neben der Fakultät insgesamt habe ich besonders den Herren Proff. Dr. Jürgen Becker und Dr. Peter Lampe für die Erstellung der Gutachten zu danken. Ihre Hinweise fanden mitsamt einigen Literaturnachträgen Eingang in die jetzt leicht überarbeitete Druckfassung der Untersuchung.

Die Publikation ist für mich freudiger Anlaß, meinem verehrten Lehrer, Herrn Professor Jürgen Becker, für seine mir in den zurückliegenden Jahren zuteil werdende Förderung und Unterstützung zu danken. Er hat in konstruktiver Weise das Entstehen dieser Studie begleitet und ihre Teilergebnisse mit mir als seinem Assistenten am Institut für Neutestamentliche Wissenschaft und Judaistik diskutiert. Seinem Interesse am exegetischen Detail in Verbindung mit einem theologischen Weitblick verdanke ich Anregungen und Perspektiven, die mich zum forschenden Fragen an urchristlichen Texten und ihrer Theologie im Horizont des Frühjudentums herausforderten. Meinen Dank für diese kompetente „Mit-Arbeit" am Zustandekommen der Untersuchung können Worte nur unvollkommen ausdrücken.

Zu danken habe ich sodann den Herren Proff. Dr. Martin Hengel und Dr. Otfried Hofius, die als Herausgeber die Aufnahme dieser Arbeit in die Reihe der „Wissenschaftlichen Untersuchungen zum Neuen Testament" befürworteten. Auch sei dem Verleger, Herrn Georg Siebeck, und den Mitarbeiterinnen und Mitarbeitern des Verlages für ihre freundliche Betreuung bei der Drucklegung gedankt.

Bei der Literaturbeschaffung waren die Mitarbeiterinnen und Mitarbeiter der Universitätsbibliothek zu Kiel und Herr Rolf Langfeldt, Bibliothekar der Gemeinsamen Bibliothek der theologischen Institute, sowie Frau Elisabeth Pitz behilflich. Mit Umsicht und Akkuratesse haben bei der Manuskripterstellung und Codierung für den Datenaustausch mit dem Verlag Frau Hertha Meyer und Frau Rosi Gerlich mitgewirkt. Beim Korrekturlesen konnte ich auf das Engagement von Herrn Pastor Arend de Vries zählen. Ihnen allen und auch jenen Kollegen des Assistentenkreises der Kieler Theologischen Fakultät, die durch ein gutes Arbeitsklima am Zustandekommen dieser Studie ihren wichtigen Anteil hatten, spreche ich meinen herzlichen Dank aus.

Ich widme dieses Buch meiner Frau, deren Nähe für mich jeden Tag aufs neue beglückend ist.

Kiel, im Mai 1994   *Ulrich Mell*

Inhalt

Hauptteil 1
Die narrative Episode von Mk 11,27–12,12:
Die direkte Auseinandersetzung über die Vollmacht Jesu Christi

Abkürzungsverzeichnis

Die Literaturangaben in den Anmerkungen zum Text sind durchgehend nach dem Schema Verfasser – Stichwort aus dem Titel der Schrift bzw. Abbreviatur – Seitenangabe(-n)/Spaltenangabe(-n) – gestaltet. Im gegliederten Literaturverzeichnis (Textausgaben; Hilfsmittel; Kommentare; Darstellungen) erscheint die Abbreviatur bzw. wird das Titel-Stichwort hervorgehoben und erleichtert auf diese Weise das Auffinden der Literatur.

Die in dieser Studie verwandten Abkürzungen allgemeiner Art sowie diejenigen für die biblischen, außerkanonischen, rabbinischen und außerrabbinischen Schriften folgen dem Internationalen Abkürzungsverzeichnis für Theologie und Grenzgebiete, herausgegeben von *Schwertner, Siegfried* (= Abkürzungsverzeichnis zur Theologischen Realenzyklopädie), Berlin/New York 1976. Griechische und lateinische Autornamen und Werktitel werden nach Der kleine Pauly. Lexikon der Antike, hg. v. *Ziegler, Konrat/Sontheimer, Walther* Bd. 1, München 1979, S. XXI–XXVI abgekürzt.

Darüber hinaus finden folgende Abkürzungen Verwendung:

Akk.	Akkusativ	mt.	matthäisch
Aor.	Aorist	Nom.	Nominativ
bes.	besonders	Ntr.	Neutrum
bspw.	beispielsweise	o. ä.	oder ähnliches
Dat.	Dativ	Partz.	Partizip
diff.	differierend	Pers.	Person
Gen.	Genitiv	Präs.	Präsens
hebr.	hebräisch	R.	Rabbi
Imp.	Imperativ	rabb.	rabbinisch
Ind.	Indikativ	red.	redaktionell
Konj.	Konjunktiv	sc.	scilicet
lk.	lukanisch	vormk.	vormarkinisch
Mask.	Maskulinum	vorlk.	vorlukanisch
mk.	markinisch		

Einleitung

Gilt als Maßstab für die eigenständige Leistung sowie nachhaltige Bedeutung einer Schrift das Kriterium ihrer literarischen Wirkung, so darf das Mk-Evangelium in der urchristlichen Literaturgeschichte neben dem Schrifttum von Paulus[1] zu den exzeptionellen und epochemachenden Texten des NT gezählt werden. Das von der ntl. Wissenschaft zwar schon gegen Mitte des vorherigen Jahrhunderts begründete, aber erst in neuerer Zeit konsensfähig erarbeitete Resultat quellenkritischer Forschung,[2] daß das Mk-Evangelium im Mt- und sodann im Lk-Evangelium seine gelehrigen ,Schüler' gefunden hat, insofern diese Schriften Inhalt wie Gliederung des markinischen Evangeliums bewahrt haben, darf wohl als wirkungsgeschichtlicher Umstand den meisterlichen Entwurf dieser Schrift anzeigen. Bedurfte das Mk-Evangelium nach Überzeugung dieser sog. *Seitenreferenten* zwar dringend einer materialen Ergänzung wie inhaltlichen Neuformulierung,[3] so wurde doch das markinische Darstellungskonzept einschließlich seiner theologischen Aussage als so überzeugend empfunden, daß beide unabhängig (!) voneinander nicht einen Neuentwurf (vgl. als Alternative Joh) gegen ihr literarisches Vorbild wagten, sondern eine Integration des Mk-Evangeliums in ihr neues Werk anstrebten.[4]

Eine Frucht der sog. *Einleitungswissenschaft zum NT* ist nun weiterhin das historische Ergebnis, daß diese im ntl. Kanon an erster Stelle plazierten sog. *Synoptischen Evangelien* keineswegs in die Anfangszeit urchristlichen Literaturschaffens zu datieren sind.[5] Ihnen gehen zeitlich voraus u.a. die Schriften von Paulus, Sammlungen von Jesus-*Worten* und Jesus-*Geschichten* (z.B. die sog. *Logienquelle Q*, die sog. *Semeiaquelle*) sowie verschiedene

---

[1] S. die Paulus-Schule, die sich theologisch in den die paulinische Rhetorik nachahmenden pseudepigraphischen Texten der sog. Deuteropaulinen artikuliert (Eph, Kol, 2 Thess, 1+2 Tim, Tit).

[2] Vgl. SCHMITHALS, Art. Evangelien 589 ff. S. u. auch die *Methodische Erklärung* zur *Quellenkritik*.

[3] Vgl. KEALY, Gospel 11.

[4] Vgl. die red. Tendenz des Mt, trotz erheblicher Kürzung des Mk soviel Mk-Text wie möglich zu bewahren, indem er „vorausschauend redigiert und in vielen Fällen Worte aus weggelassenen Markusversen an anderer Stelle wiederverwendet" (LUZ, Mt I/1 56). Und bei Lk vgl. die red. Neigung, Textblöcke des Mk ziemlich geschlossen in sein Evangelium zu übernehmen, dazu BOVON, Lk III/1 20.

[5] Vgl. KÜMMEL, Einleitung 53 ff.; VIELHAUER, Geschichte 329 ff.

Passionserzählungen. Demnach gab es im Urchristentum eine zeitgeschichtliche Konstellation, die die in epischer Breite formulierte Konzentration auf die Person von Jesus Christus förmlich provozierte.[6] Waren die einzelnen literarischen Ausdrucksformen synoptischer Christologie, waren titulare Christusbezeichnungen wie soteriologische Glaubensaussagen über Jesu Geschick, waren autoritativ-weisheitliche Worte von und paradigmatische Geschichten über Jesus der ersten, noch ohne Evangelienschrift existierenden urchristlichen Glaubenszeit nicht unbekannt, so mußte ihr trotzdem an dieser aufkommenden Literaturform vieles fremd erscheinen. Das faszinierend Andere war der mit dem Mk-Evangelium zum ersten Mal publizierte globale und kompositionelle Entwurf. Neu war einerseits die thematisch arrangierte, jedoch theologisch uneinheitliche und sich z.T. wiederholende Massivität von Jesus-Überlieferung, die kumulative Verwendung von Hoheitstiteln kombiniert mit verschiedenen soteriologischer Aussagen in einem einzigen Werk. Und neu war andererseits die über diese orchestrierte Präsentation von Jesus-Vielfalt sich legende kohärente Darstellungsform eines geschichtlich strukturierten Geschehens, geographisch und chronologisch geordnet sowie personell interessant ausgestaltet. Und gänzlich neu war schließlich die durch die Veröffentlichung des Mk-Evangeliums ausführlich dokumentierte theologische Bewertung, daß dieser ganzen vergangenen irdischen Jesus-Zeit des Gottessohnes (vgl. Mk 15,39: ἦν) eine normgebene Kraft für alle Zukunft zugemessen wird.[7] Neuartig war die Überzeugung, daß in der erzählerisch vergegenwärtigten Ursprungszeit von Wirken und Ergehen des Jesus Christus in fundamentaler Weise die theologischen Grundlagen, die bleibenden Probleme wie auch die entscheidenden Perspektiven des Christentums vollgültig repräsentiert sind.[8]

Diese in Mk 1,1–3 programmatisch geäußerte theologische Entscheidung des Mk-Evangeliums, den vorösterlichen geschichtlichen Anfang (vgl. Röm 1,3; 1 Kor 15,3b) des Auferstehungsevangeliums von Jesus Christus (vgl. Röm 1,1b–4; 1 Kor 15,3b–5 mit Mk 16,6) darzustellen,[9] sollte nun weder aus einer vorevangeliaren, d.h. ohne Evangelienschreibung auskommenden Perspektive des frühen Urchristentums als eine problematische Vergeschichtlichung des eschatologischen Christusereignisses, des sich im gekreuzigten

---

[6] Die in zeitlich relativ enger Nähe zum Mk publizierten Großschriften des Mt und Lk lassen auf ein sachlich vorausliegendes, nicht erst durch das Mk als publizierte Schrift herausgefordertes literarisches und theologisches Darstellungsbedürfnis schließen. Zur Abfassungszeit des Mt vgl. Luz, Mt I/1 75 f., zu der des Lk vgl. Bovon, Lk III/1 23.

[7] Vgl. Pokorný, Markusevangelium 1993 (auch ders., Entstehung 399 f.; Roloff, Markusevangelium 299): „Das Evangelium als literarisches Werk ist … eine Erinnerung an die Zukunft".

[8] Vgl. Kingsbury, Gospel 104.

[9] Dazu Pokorný, ‚Anfang' 125–7; ders., Entstehung 393–6.

und auferweckten Jesus erschließenden und mitteilenden Gottes diskreditiert werden. Noch sollte kritiklos die altkirchliche Systematik übernommen werden, die durch die Plazierung der Synoptischen Evangelien an den Anfang des ntl. Kanons ihr Studium als den hermeneutischen Ausgangspunkt des christlichen Glaubens empfohlen hat. Die exegetische Aufgabe ist in der anstehenden theologischen Bewertungsproblematik eines urchristlichen Textes zugleich ihre Leistung: wenn der Exegese die vergewissernde Wahrnehmung einer Schrift in Referenz zu ihrer zeitgeschichtlichen Notwendigkeit aufgegeben ist, dann sind ihr damit auch die theologischen Mittel an die Hand gegeben, über die Zuordnung eines Textes, in diesem Fall des Mk-Evangeliums, zur Mitte des christlichen Glaubens befinden zu können. Diese Untersuchung möchte dazu einen Beitrag leisten.

Dem darstellungsleitenden Motiv der das literarische Erstgeburtsrecht davontragenden geschichtstheologischen Konzeption hat nun erst in jüngster Zeit *Klaus Scholtissek* eine eigenständige Monographie[10] gewidmet. Seiner Untersuchung zum Mk-Evangelium kommt das Verdienst zu, das Vollmachtsprädikat als „Leitmotiv markinischer Christologie"[11], die *Vollmacht* als thematischen „*Schwerpunkt* ... der theologischen und insbesondere christologischen Linienführung"[12] des Mk-Evangeliums erwiesen zu haben.[13] Haftet das Vollmachtsmotiv nicht an der authentischen Jesus-Tradition[14] wie auch in atl.-frühjüdischer Theologie keine signifikante Reflexion über eine prophetische und/oder messianische ἐξουσία-Identität[15] angestellt wird, so dürfte sich die ἐξουσία-Thematik dem Mk-Evangelium (neben der Vollmachtsproblematisierung in Mk 11,28–33*)[16] über die Menschensohn-Christologie, wie sie sich in Mk 2,10 im Rahmen einer vormarkinischen[17] Wundergeschichte[18] artikuliert, vermittelt haben. In dieser nachösterlichen Soteriologie ist der (zu Gott)

---

[10] Vollmacht; Erscheinungsjahr 1992 (vgl. bes. 281 ff.). Zur Forschungsgeschichte vgl. Pesch, Mk II/1 127 f., Anm. 50; Scholtissek, aaO., 5–8.

[11] S. den Untertitel von Scholtisseks Darstellung.

[12] Scholtissek, Vollmacht 3.

[13] Allerdings schießt Scholtissek übers Ziel hinaus, wenn er Texte wie z. B. Mk 2,23–28; 10,45; 14,22–25 (vgl. Vollmacht 173 ff.223 ff.) unter das von Mk explikativ (vgl. 1,22.27) herausgestellte Vollmachtsthema subsummieren möchte. Man sollte nicht gleich ,Helena in jedem Weibe sehen' bzw. zuerst ein Konzept zwischen dem red. markierten Leitthema und dem diesem zugeordneten Arrangement von vormk. Tradition entwickeln.

[14] Mit Scholtissek, Vollmacht 3, gegen Hengel, Nachfolge 77 f.98. Zu Mt 8,9 par. Lk 7,8, ἐξουσία als (heidnische) Obrigkeit, vgl. Röm 13,1–3 sowie Scholtissek, aaO. 75–7.

[15] Vgl. die Ergebnisse der Wortfelduntersuchung zur ἐξουσία-Terminologie bei Scholtissek, Vollmacht (Lit.) 31 f.47.55 (bes. 55: „'Εξουσία wird an keiner Stelle [sc. in der LXX] im Zusammenhang prophetischer oder messianischer Vollmacht verwendet"). 56–9.65 f.

[16] Vgl. Abschnitt 1.2 dieser Untersuchung.

[17] Zur literarkritischen Definition von mk./vormk. s. u. die *Methodische Erklärung*.

[18] Gegen Scholtissek, Vollmacht 151 ff., der neuerdings (vgl. auch die Lit. ebd. 155, Anm. 356) den Einschub von Mk 2,6–10 dem Red. Mk zuschreiben möchte. Seine Gründe

erhöhte Jesus die Rettergestalt des kommenden endzeitlichen Gottes-Gerich-
tes[19], dem als Menschensohn die göttliche (Königs-)Herrschaft (ἐξουσία)[20]
übertragen ist (vgl. Dan 7,14), um sie mit dem nur Gottes Souveränität zustehenden (Heils-)Recht zur Sündenvergebung[21] allen Christusgläubigen (vgl.
Mk 2,5a) zuzuwenden.

Wenn es nun das namentliche Anliegen des Mk-Evangeliums ist, neben
dem (exorzistischen) Wunder (vgl. Mk 1,23–28) auch den Inhalt der neuen
Lehre (vgl. 1,22.27) als Erweis der göttlichen Vollmachtsautorität des
Menschensohnes Jesus Christus vorzustellen,[22] so partizipiert seine personale
Christologie mit literarischen Mitteln an der unhinterfragbaren religiös-sub-
jektiven Überzeugung von der numinosen Machtausstattung des *Heiligen*
(Menschen)[23]. Und doch will gerade das Mk-Evangelium mit der Verbindung
von *Vollmacht* und *Lehre* seinen Rezipienten eine konstruktiv-kommunikable
Dimension christologischer Vollmacht erschließen, die über eine, wie *Max
Weber* es genannt hat, „*Pflicht*" zur gläubigen Anerkennung der „charismati-
sche(-n) Herrschaft" Jesu[24] bzw. die über eine religionsphänomenologische
Feststellung des Ehrfurcht heischenden *Fremden* hinausgeht. Um diese vom
Mk-Evangelium eröffnete Chance der sprachlich-diskursiven Explikation einer Legitimationsbegründung Jesu über den Inhalt seiner Lehre zu nutzen,
soll im Anschluß an die *Methodische Erklärung* in der *Einführung* dieser Studie präzisiert werden, welche Textteile des Mk-Evangeliums von diesem
theologischen Entwurf narrativer Christologie zur verstehenden Erschließung
der *Vollmacht Jesu Christi* designiert wurden.

überzeugen aber nicht: 1. Die bekannte mk. Schachteltechnik verknüpft immer zwei *vollständige Perikopen* miteinander (vgl. 3,20–35; 5,21–43; 6,6–31; 11,12–25; 14,1–11.53–72),
hier aber bilden die V. 6–10 nur einen streitgesprächsartigen Einschub. Und 2., da der Inhalt
von V. 6–10 im Mk singulär ist, gibt es mit τις mit Genitivus partitivus (5/9/14) und εὐθύς
(5/41/1[1]) nur zwei nicht beweiskräftige Indizien für mk. Sprachgebrauch.

[19] Vgl. Dan 7,9 ff., dazu 1 Kor 16,22b; 1 Thess 1,9 f.
[20] Vgl. Dan 4,17.27.31.
[21] Vgl. HOFIUS, Vergebungszuspruch 126.
[22] Zur vormk. Exorzismus-Geschichte und ihrer red. Bearbeitung vgl. SCHOLTISSEK, Vollmacht 87 ff.
[23] Vgl. VAN DER LEEUW, Phänomenologie 3 ff., der vom Begriff der *Macht* ausgehend die
Aufgabe der Religionswissenschaft bestimmt.
[24] Grundriss 140. Zu den Elementen des Weberschen Konzeptes einer charismatischen
Herrschaft und seine Anwendung auf Jesus vgl. EBERTZ, Charisma 15 ff.

Methodische Erklärung

Da die Mk-Forschung unter dem Stichwort der „Methodenvielfalt" betrachtet werden kann[1] und die methodologische Verständigung unter ntl. Exegeten aufgrund differierender Begrifflichkeit und/oder eines bestimmten favorisierten Ansatzes zum Textverstehen nicht immer gelingt, soll hier im Vorlauf (in Grundzügen) die methodische Prinzipienlehre der nachfolgenden Mk-Auslegung vorgestellt werden. Die methodischen Entscheidungen[2] – zur Textkritik, Quellenkritik, Texttheorie des Mk-Evangeliums, Formkritik, Rezeptionskritik und Redaktionskritik – wollen keinen Sonderweg begründen, sondern suchen den Konsens. Da der methodische Zugang die anschließende Mk-Interpretation präjudiziert, sind auch die Folgen für die Art der Darstellung zu bedenken.

1. *Zur Textkritik:* Trotz Kritik[3] hat sich mit der Edition des qualitativ relativ gut bezeugten griech. Text des Mk-Evangeliums[4] von *Kurt Aland* u.a.[5] ein Standardtext des Mk-Evangeliums wie des gesamten NT durchgesetzt.[6] Der auf dem Grundsatz der Tenazität des ursprünglichen Textes in den verschiedenen Lesarten der Handschriftenüberlieferung beruhende, im textkritischen Verfahren des Eklektizismus[7] verantwortete Mk-Text verlangt nur eine marginale textkritische Problemdiskussion. Darum werden in den Anmerkungen zur analytischen Erstbegegnung mit dem zu exegesierenden Mk-Text[8] textkritische Entscheidungen nach äußerer Bezeugung und inneren Kriterien unter Einschluß einer Erklärung der Variantengenese (= *lokal-genealogische Methode)*[9] anhand der kritischen Apparate der von *Aland* herausgegebenen Synopse[10] und des Novum Testamentum vorgenommen.

---

[1] STOCK, Methodenvielfalt 562 ff., vgl. HAHN, Überlegungen 173; TELFORD, Art. Mark 426.

[2] Zum Methodenkanon vgl. PERRIN, Evangelist 11 ff.

[3] Vgl. BORGER, Textkritik 5 ff.

[4] Mit POKORNY, Markusevangelium 1971, gegen LÜHRMANN, Mk 1, der das Kriterium des Hss.-Alters in textkritisch unzulässiger Weise (vgl. ALAND/ALAND, Text 114) in den Vordergrund stellt.

[5] Novum Testamentum 1993[27].

[6] Vgl. ALAND/ALAND, Text 41.

[7] Vgl. ALAND/ALAND, Text 44.

[8] S. u. die Abschnitte 1.1.2+3; 2.1.3+4 dieser Untersuchung.

[9] Vgl. ALAND/ALAND, Text 44.284 f.

[10] Synopsis 1985[13].

2. *Zur Quellenkritik:* Zur Klärung des sog. *synoptischen Problems* von auffälligen Gemeinsamkeiten und Unterschieden hinsichtlich des Textmaterials
sowie seiner Abfolge zwischen dem Mt-, Mk- und Lk-Evangelium hat sich
die sog. *Zwei-Quellen-Theorie* als bisher überzeugendste Lösung der Dub-
lettenproblematik durchgesetzt.[11] Sie besagt erstens, daß das Mk-Evangelium
in seiner (näherungsweise) textkritisch erstellten Ursprungsform[12] in Gliede-
rungsaufriß und Textbestand vom Mt- und Lk-Evangelium unabhängig voneinander *benutzt* wurde. Und sie besagt zweitens, daß letztere Evangelienschriften gleichfalls unabhängig voneinander zusätzliches Material aus einer
weiteren schriftlichen Quelle, die als Q-Vorlage in ihrem Minimalbestand und
ihrer Anordnung aus gemeinsamen Mt- und Lk-Textstoff rekonstruiert werden kann,[13] in ihre Evangelientexte aufgenommen bzw. bei Doppelüberlieferung z. T. mit dem aus dem Mk-Evangelium rezipierten Text verschmolzen haben. Darüber hinaus besitzen alle Synoptischen Evangelien sog.
Sondergut, über dessen Herkunft quellenkritisch keine Angaben gemacht werden kann.

Macht man sich diese Theorie als Arbeitshypothese zu eigen, so ist bei
einer Untersuchung des Mk-Evangeliums als der gegenüber der Mt- und Lk-
Überlieferung *ältesten und eigenständigen Überlieferung* auf eine quellenkritische Analyse zu verzichten. Die Zwei-Quellen-Theorie wird allerdings
relevant, wenn eine Doppelüberlieferung, im Mk-Evangelium und in Q,
vorliegt.[14] Erst dann ist es sinnvoll, die Frage nach der ältesten Tradition zu
stellen bzw. überlieferungsgeschichtliche Überlegungen zu erwägen.[15]
Literarkritische Versuche, das gnostische, auf Koptisch überlieferte und aus
Syrien stammende EvThom aus dem 3. Jh. n. Chr.[16] als eine von den spätestens um 180 n. Chr. in der altkatholischen Kirche kanonisierten vier Evangelien[17] unabhängige Quellenschrift für das vormarkinische (!) Textstadium
auszuwerten, sind mit einer außerordentlichen überlieferungsgeschichtlichen

[11] Vgl. KÜMMEL, Einleitung 13–53; SCHMITHALS, Art. Evangelien 592–4; LINDEMANN,
Literaturbericht 257; HAHN, Überlegungen 175; POKORNY, Markusevangelium 1976–8;
STRECKER, Neues Testament 40 ff.
    [12] Da zwischen der heute verifizierbaren Hss.-Überlieferung des Mk und dem/den von Mt
und Lk benutzen Mk-Exemplar/-en eine unüberbrückbare Zeitdifferenz liegt, ist eine Ur-Mk-
oder Dt-Mk-Hypothese grundsätzlich möglich, sachlich aber aufgrund der Tenazität der
Textüberlieferung nicht überzeugend, vgl. auch SCHMITHALS, Art. Evangelien 594 f.
    [13] Eine unterschiedliche Rezension von Q (Q^{Mt} + Q^{Lk}) erweist die Redaktionskritik als
unbegründet, vgl. SCHMITHALS, Art. Evangelien 597 f.
    [14] S. u. den Exkurs in Abschnitt 2.4.1 dieser Untersuchung.
    [15] Vgl. PESCH, Mk II/1 30. – Hinweise, daß Mk die Logienquelle Q (und umgekehrt) ge-
kannt und benutzt hat, überzeugen nicht, vgl. KÜMMEL, Einleitung 43 f.; SCHMITHALS, Art.
Evangelien 598 f.
    [16] Vgl. BLATZ, Einleitung 94 f.
    [17] Vgl. KÜNNETH, Art. Kanon 563.

Hypothetik belastet. Ihre Besprechung findet darum keine Berücksichtigung.[18]

3. *Zur Texttheorie des Mk:* Gemäß dem Grundsatz einer Exegese, daß wissenschaftliches Lesen eines Textes zur Bewertung seiner synchronen und diachronen Sprachgestalt führt, um dadurch das Verständnis seiner Intention zu gewinnen, kann nur ein *integrativer methodischer Ansatz* überzeugen. Da die Ausgangsfrage an der Theologie des Mk-Textes interessiert ist,[19] dürfen weder spezielle Einzelaspekte[20] noch die Diachronie (der Text hinter dem Text) oder die Synchronie (der Text im Text)[21] den methodischen Primat beanspruchen.[22] Vielmehr bleibt der Mk-Text synchroner Ausgangspunkt analytischer Arbeit, um im diachronen Interpretationsdurchgang wieder das Ziel synthetischer Betrachtung zu werden.

In der Forschung ist nun unbestritten, daß das Mk-Evangelium hinsichtlich seiner Textqualität zur narrativen Textsorte gehört[23] und von einem individuellen Autor[24], einem heute unbekannten *Erzähler* der Evangelienschrift, seit altkirchlicher Zeit mit dem Namen *Markus* bezeichnet,[25] in konkret geschichtlicher Situation vor einem Rezipientenpublikum als kirchlich-theologische Schrift verantwortet wird. Weiter ist Common sense, daß für den überwiegenden Teil des disparaten Mk-Stoffes dieser *Autor des Mk-Evangeliums* nicht als sein Produzent anzusehen ist.[26] Mit diesem literarkritisch[27] begründeten analytischen Urteil verbindet sich die synthetische Überlegung zur

---

[18] Vgl. SCHMITHALS, Bedeutung 154.

[19] S. o. die *Einleitung* zu dieser Untersuchung.

[20] Beispiele der Mk-Auslegung bei TELFORD, Art. Mark 427, sowie im Sammelband von ANDERSON, Mark.

[21] Gegen BREYTENBACH, Nachfolge 73; SCHENKE, Markusevangelium 52 f.; BLACK II, Disciples 241 ff.

[22] Vgl. HAHN, Überlegungen 177.

[23] Vgl. z.B. VON DOBSCHÜTZ, Erzählerkunst 193 ff.; RHOADS/MICHIE, Mark 35 ff.; RHOADS, Criticism 411 ff.; BREYTENBACH, Nachfolge 82–4; ders., Markusevangelium 137 ff.; VORSTER, Markus 31 ff.; TANNEHILL, Jünger 40 ff.; ZWICK, Montage 20.24 ff.; LÜHRMANN, Markusevangelium 212 ff.

[24] Vgl. PERRIN, Evangelist 9 f.; TROCME, Formation 68 ff.; PESCH, Mk II/1 30; BLACK II, Quest 20; ders., Disciples 223 f.

[25] Mit NIEDERWIMMER, Johannes Markus 172 ff.; POKORNY, Markusevangelium 1974 f.; HAHN, Überlegungen 193 f.; TELFORD, Art. Mark 424; ACHTEMEIER, Art. Mark 542, gegen HENGEL, Probleme 242 ff. Wenn im Folgenden dieser Tradition gefolgt wird, die der Verfasserschaft des Mk einen maskulinen Personennamen gegeben hat, soll sich darin kein Präjudiz hinsichtlich der realen Identität des Autors oder der Autorin des Mk äußern.

[26] Vgl. LÜHRMANN, Mk 14. Das schließt ein, daß Markus nicht als Autor der vormk. Traditionen in Frage kommt.

[27] Unter den analytischen Inkohärenzkriterien der Literarkritik werden Beobachtungen hinsichtlich der Unterbrechung des Zusammenhanges, von Doppelungen und Wiederholungen sowie von Spannungen und Widersprüchen verstanden, vgl. EGGER, Methodenlehre 165 ff.

Texttheorie des Mk-Evangeliums, die an der Differenzierung von *vormarki-nischer Tradition* und *markinischer Redaktion* orientiert ist und sich mit den komplementären Forschungsbeiträgen der literatursoziologisch orientierten *Formkritik* und der an der gestalterischen Individualität interessierten *Redak-tionskritik* durchgesetzt hat. Vorzugsweise durch die Pionierarbeit von *Julius Wellhausen*[28], *Martin Dibelius*[29], *Rudolf Bultmann*[30] und *Karl L. Schmidt*[31] hat sich eine (mindestens) zweistufige Mk-Interpretation etabliert, die diachron zwischen selbständigen *vormarkinischen Einzeltraditionseinheiten*, sog. Perikopen(-überlieferung), selbständigen *vormarkinischen Einzelgut-Samm-lungen*, sog. Quellen(-schriften), und selbständigen *vormarkinischen Einzel-stoff-Kompositionen*, z. B. die sog. Passionserzählung Mk 14,3 ff., und zwi-schen der selektierenden, editierenden, arrangierenden, modifizierenden und nicht zuletzt kommentierenden *markinischen Redaktion* des Endtextes unter-scheidet.[32] Da die theologische Einheitlichkeit der vormarkinischen Überlie-ferung Postulat bleibt, ist keine vormarkinische Grundschrift – auch nicht für große Teile des Mk-Evangeliums[33] – anzunehmen.[34] Die Vorgeschichte des Mk-Stoffes wird vielmehr als eigenständige und theologisch plurale, u. U. mehrstufige (Quellen; Kompositionen) Tradition von dem *Sammler* des Mk-Evangeliums dadurch gewürdigt, daß sein einheitlicher Gestaltungswille als *Redaktor* nur über die integrale Bewahrung ihrer Ganzheit[35] in der von ihm anvisierten neuen Großkomposition zum Zuge kommen will. Diese text-theoretische Differenzierung findet ihren Niederschlag in der Anlage dieser Untersuchung, insofern sie zwischen der Interpretation der *vormarkinischen Textintentionen*[36] und der des *markinischen Endtextes*[37] trennt. Es gilt dabei der *synchrone Grundsatz* der Textinterpretation, daß die gesamte vom Redak-tor in sein Werk überführte Tradition zum autorisierten neuen Text des Mk-Evangeliums geworden ist (= *indirekte Redaktion*).[38] Da sich im Verlauf der analytisch erhobenen markinischen Textbearbeitung zeigen wird, daß der Endredaktor in den Inhalt seiner vormarkinischen Traditionen nicht eingegrif-

---

[28] Vgl. seinen Mk-Kommentar.

[29] Vgl. FE, u. a. 219 ff.

[30] Vgl. GST, u. a. 362 ff.

[31] Vgl. Rahmen, u. a. 127.209.317.

[32] Vgl. MARXSEN, Evangelist 14–6; STEIN, Methodology 183 ff.; PERRIN, Criticism 1; GNILKA, Mk II/1 19 f.; SCHULZ, Stunde 16 f.; TELFORD, Tradition 693 ff.

[33] Gegen PESCH, Mk II/2 10 ff., der eine mit Mk 8,27 ff. beginnende vormk. Passionser-zählung postuliert.

[34] Mit LUZ, Markusforschung Sp. 652; STUHLMACHER, Thema 11 f.; HAHN, Überlegun-gen 175; LINDEMANN, Literaturbericht 327; TELFORD, Tradition 711; STRECKER, Schriftlich-keit 168 f., gegen SCHMITHALS, Mk 2/1 34 ff.

[35] Vgl. GNILKA, Mk II/1 21; BREYTENBACH, Nachfolge 71 f.; HAHN, Überlegungen 195.

[36] Vgl. die Abschnitte 1.2+3; 2.2–4 dieser Untersuchung.

[37] Vgl. die Abschnitte 1.4; 2.5 dieser Untersuchung.

[38] Vgl. TUCKETT, Art. Redaction Criticism 581.

fen hat, sondern deren Intention durch ihre Edition seiner neuen narrativen Makrokonzeption zu eigen machen will,[39] beschränkt sich der *synthetische Schritt* der Textinterpretation, um Wiederholungen zu vermeiden,[40] auf die Interpretation der sog. *direkten Mk-Redaktion.*

4. *Zur Formkritik:* Da sich die Form schriftlicher Kommunikation entsprechend den sozialen Bedingungen menschlicher Kommunikationswirklichkeit organisiert, versucht die Formkritik mit Hilfe einer textanalytisch[41] angestellten Formbeschreibung der vorliegenden urchristlichen Texteinheit ihre Zuordnung zu einer Gattung zu begründen, um damit Einblick in die Konstellation gemeindlicher Überlieferungsrealität zu nehmen. Da Gegenstand dieser Untersuchung ein redaktionell organisierter Teiltext des Mk-Evangeliums ist, beschränkt sich die Formkritik auf eine Besprechung der in ihm verarbeiteten *vormarkinischen Traditionseinheiten.*[42] Ist die Annahme vormarkinischer mündlicher Tradition methodisch[43] und religionsgeschichtlich[44] nicht kontrollierbar, setzt die formkritische Analyse bei der griech. Schriftlichkeit der vormarkinischen Überlieferung im Rahmen antiker jüd.-hell. Literaturgeschichte ein.[45] Literarkritisch[46] begründete Abweichungen der zu exegesierenden Einheit von der Normalform der Gattung werden, z. T. gesondert,[47] kompositionskritisch reflektiert,[48] um die diachrone Interpretation, angefangen von der angenommenen ersten Stufe schriftlicher Überlieferung bis zur vormarkinisch letzten zu gewährleisten.[49] Da keine formkritische Spezialuntersuchung angestrebt wird, werden Folgerungen für die jeweilige Gattungsgeschichte nicht angestellt. Auf der rekonstruierten ursprünglichen Texteinheit liegt schließlich die Bürde, eine eventuell beanspruchte Verankerung in der Jesus-Geschichte mit der historischer Forschung zugänglichen

---

[39] Vgl. die Abschnitte 1.1; 2.1 mit 1.4; 2.5 dieser Untersuchung.

[40] S. die Zusammenfassungen zur jeweiligen vormk. Textintention in den Abschnitten 1.2.4; 1.3.4; 2.2.6; 2.3.6 und 2.4.4 dieser Untersuchung.

[41] Zur Kriteriologie der Textanalyse vgl. EGGER, Methodenlehre 78 ff. (Auswahl): Abgrenzung; syntaktische Verknüpfungstechnik; Stilfiguren; Textgliederung; kompositionelle Inventarisierung von Personen und Motiven.

[42] S. u. die Abschnitte 1.2.1; 1.3.1; 2.2.1; 2.3.1; 2.4.1 dieser Untersuchung.

[43] Mit BERGER, Einführung 85–90.103 ff., gegen BULTMANN, GST 7.50.92.347; HAHN, Formgeschichte 463 f.; ders., Überlegungen 176.

[44] Mit BERGER, Einführung, 112 ff., gegen KELBER, Markus 5 ff.; MEAGHER, Methoden 461 ff.

[45] Traditionskritik als Suche nach der mündlichen Vorgeschichte eines Textes findet darum nicht statt. Dasselbe gilt für Spekulationen hinsichtlich der ursprünglichen Abfassungssprache der vormk. Tradition.

[46] Zum Kriterienkatalog s. o. Anm. 27.

[47] S. den Abschnitt 1.3.1.2 dieser Untersuchung.

[48] S. die Abschnitte 2.2.1; 2.3.1 dieser Untersuchung.

[49] S. die Abschnitte 1.3.3.1–3; 2.2.4+5; 2.3.4+5 dieser Untersuchung.

Originalität des Gottes-Reichs-Verkündigers Jesus von Nazareth belegen zu können.[50] Dabei gilt es mit allem Nachdruck, einer Diskriminierung der in Jesu Geist (vgl. Joh 14,26; Röm 8,9; Phil 1,19) abgefaßten urchristlich-theologischen (Jesus-)Überlieferung zu wehren.

5. *Zur Rezeptionskritik:* Dieser von der Rezeptionsästhetik[51] und Wirkungsgeschichte[52] zu unterscheidende Interpretationsschritt versucht, idealtypisch gesprochen, die Frage zu rekonstruieren, auf die der (vormarkinische) Text die Antwort gewesen ist. Die Rezeptionskritik betrachtet einen der Tradierung empfohlenen Text als innovativen Bestandteil eines gelungenen Mitteilungsgeschehens,[53] in dem der (vormarkinische) Autor mit Hilfe der literarischen Form und der Verwendung geprägter sprachlicher Bedeutungszusammenhänge an das Vorverständnis seiner Rezipienten anknüpft, um ihre Erwartungshaltung über das inhaltliche Textgeschehen auf einen von ihm intendierten Verständniswandel hin zu korrigieren.

Die Kriterien zur Rekonstruktion der ehemals aktuellen Problemsituation der in (jüd.-hell.) Sprach- und Religionsgemeinschaft existierenden Produzenten und Rezipienten von urchristlichen Texten[54] sind dem tradierten vormarkinischen Text selbst zu entnehmen. Denn dort sind die Direktiven der Rezeption formuliert. Den Ansatzpunkt zu der von der Semantik gesteuerten Nachfrage nach dem in atl., frühjüdischen und/oder ntl. Texten[55] fragmentarisch konservierten Verstehenshorizont von Begriffen, Motiven und Themen liefert im Fall von Mk 11,27–12,34 die Rezeptionsstrategie eines vormarkinischen Autors vom Typ eines *allwissenden Erzählers*[56]. Dieser steuert mit dem Einsatz von Mitteln narrativer Gestaltung (Figurenarsenal von

---

[50] Zum Kriterienkatalog authentischer Jesus-Tradition in urchristlichen Texten vgl. HAHN, Rückfrage 11 ff.

[51] Vgl. den Sammelband Rezeptionsästhetik, hg. von WARNING; ISER, Akt 3 ff.

[52] Vgl. den auf GADAMER, Wahrheit 284 ff., beruhenden hermeneutischen Ansatz des „wirkungsgeschichtlichen Bewußtseins", dazu BIEHL, Art. Geschichte 676; BERGER, Exegese 106 ff.

[53] Vgl. EGGER, Methodenlehre 34 ff.; BERGER, Exegese 91–106; GRIMM, Rezeptionsgeschichte 31 ff.

[54] Vgl. BERGER, Exegese 160–2.

[55] Zur Erlangung eines Fragment bleibenden rezeptionskritischen Texthorizontes aus bis ca. 160 n. Chr. datierbaren Quellentexten (zur Datierung von Rabbinica vgl. MÜLLER, Datierung 551 ff.) ist die textkritisch erarbeitete Darstellung von Belegen in ihrer Originalsprache einschließlich ihrer Übersetzung sowie, wenn erforderlich, die Interpretation nach literarkritischer und formkritischer Methodik vorzunehmen (vgl. MELL, Schöpfung 41 f.).

[56] Vgl. KLAUCK, Rolle 19. Zur vormk. Erzähltradition vgl. auch BULTMANN, GST 335 ff.; GNILKA, Mk II/1 19 f.; PESCH, Mk II/1 48; BREYTENBACH, Markusevangelium 148 f. Da BREYTENBACH (aaO. 148) dem Kriterium der Handlungsstruktur Vorrang gewährt, kann er nur Mk 12,1–9, aber nicht 11,27–33; 12,13–34 zu den vormk. Erzähltexten rechnen. Zur Kriteriologie von Erzähltexten s. z. B. VORSTER, Markus 31 ff.; TANNEHILL, Jünger 40 ff.

Haupt- und Nebenfiguren; affektive Kommentierung; Textanspielung)[57] die Art der Rezeption.[58] Formulieren Texte darüber hinaus ihre theologischen Aussagen mittels Inhalten der sozialen Lebenserfahrung ihrer Rezipienten, so müssen zuvor diese Einzelfaktoren (politische Situation, ökonomische Bedingungen und kulturelle Normen) in ihrem sozialgeschichtlichen Kontext aufgesucht werden.[59] Auch hier gilt es, den rezeptionskritischen Standort eines Textes hinsichtlich seines Gebrauches von Faktoren sozialer Lebensbezüge zu klären.

6. *Zur Redaktionskritik:* Aufgrund der diachronen Texttheorie zum Mk-Evangelium teilt sich der redaktionskritische Auslegungsschritt in einen *analytischen* und in einen *interpretativen Arbeitsgang* auf. Mit Hilfe eines Kriterienverbundes,[60] der die analytischen Erkenntnisse des relativen Beweises markinischer Sprache und Stilistik,[61] der vergleichenden literarkritischen Beobachtung zur redaktionellen Technik[62] sowie der Feststellung von besonderen Vorzugsmotiven und -themen des Mk-Evangeliums[63] in Korrelation zur formmäßig intakten vormarkinischen Traditionseinheit kumulativ verbindet, wird zunächst die *markinische Redaktionsstufe* (= direkte Redaktion) von der *vormarkinischen Tradition* getrennt. Der Text der vormarkinischen Traditionseinheit sowie der der markinischen Redaktion kann präsentiert werden.[64] In einem abschließenden Arbeitsgang wird dann die inhaltliche Modifizierung und Kommentierung des gesammelten Überlieferungsstoffes (Bearbei-

---

[57] Vgl. KLAUCK, Rolle 4 f.
[58] Folgende Rezeptionsformen sind denkbar (Auswahl): 1. formal: Zitat, Auswahl, Verkürzung, Paraphrase, Kombination, Rahmung, Zusätze. 2. inhaltlich: Adaption, Aktualisierung, Verflachung, Wertung.
[59] S. die Abschnitte 1.3.2; 2.2.2 dieser Untersuchung.
[60] Vgl. PERRIN, Evangelist 14.
[61] Mit BULTMANN, GST 358.366; SCHWEIZER, Anmerkungen 93 ff.; STEIN, Methodology 197; LUZ, Markusforschung Sp. 654, gegen DSCHULNIGG, Sprache 586 ff.; LÜHRMANN, Mk 14; HENGEL, Probleme 233. Zum methodischen Beweisverfahren vgl. STEIN, Investigation 71 ff.; BREYTENBACH, Nachfolge 344–6. Diskussionswürdige Ergebnisse bei PRYKE, Style 32 ff.151 ff. (vgl. die konstruktive Kritik von BLACK II, Disciples 205–12; zu weiteren Untersuchungen zur mk. Red. vgl. ebd. 183 ff.); GNILKA, Mk II/1+2 z. St., dazu die Übersicht bei NEIRYNCK, Text 149 ff.
[62] Vgl. BULTMANN, GST 362 ff.; THEISSEN, Ergänzungsheft 116 f.; ders., Wundergeschichten 198 f.; STEIN, Methodology 183 ff.; BLACK II, Disciples 31 ff. Folgende red. Arbeitsweisen sind möglich (Auswahl): Anreihung, (örtliche und zeitliche) Verknüpfung, Kontrastierung, Verschachtelung, Motivationsanschluß, Rahmung, paradigmatische Komposition, Zusätze, Sammelberichte.
[63] Vgl. EGGER, Methodenlehre 186 ff.; BULTMANN, GST 366 ff.; DSCHULNIGG, Sprache 353 ff.; BLACK II, Disciples 36 f. Folgende Vorzugsmotive und -themen des Mk kommen in Betracht (Auswahl): Jesus als Lehrer, sein Aufenthalt im Haus und am See sowie in Galiläa und Jerusalem, die Jüngerthematik, der Zustrom des Volkes.
[64] S. die Abschnitte 1.1; 2.1 dieser Untersuchung.

tung, Rahmung)[65] einschließlich der vom Redaktor verantworteten Kontext-
zuordnung[66] und des reihenden Arrangements als Leistung des literarisch sich
im narrativen Genre äußernden *Theologen*[67] Markus reflektiert.[68] Dabei muß
geklärt werden, ob eine weitere vormarkinische Redaktionsstufe in Form einer einheitlichen *Sammlung* oder thematischen Zusammenstellung von
Traditionsmaterial anzunehmen ist.[69] Methodisch darf das Verhältnis von Tradition und Redaktion weder als „einfache Diskontinuität noch (als) … eine
bruchlose Kontinuität"[70] aufgefaßt werden, damit die Ergebnisse zur kreati-
ven individuellen Konzeption des Redaktors in Korrelation zu seinem
Rezipientenkreis nicht einseitig präjudiziert werden.[71] Und sodann gilt: das
Werk selbst ist mehr als die Summe seiner (tradierten und redaktionellen)
Teile,[72] eben „a coherent text with its own internal dynamics"[73].

7. *Zur Literatur:* Die in dieser Untersuchung genannte Literatur, vornehmlich
aus dem deutschen und anglo-amerikanischen Sprachraum, strebt keine
forschungsgeschichtliche Vollständigkeit hinsichtlich der inhaltlichen Erarbeitung von Mk 11,27–12,34 an.[74] Die bewußt kritische Literaturauswahl
möchte vielmehr den Lernprozeß der hier vorgelegten Mk-Interpretation in
Übereinstimmung wie Abgrenzung zur bisherigen Mk-Exegese transparent
dokumentieren. Dieser Prozeß des Mk-Verständnisses ist mit dieser Studie
und ihrer Publikation selbstverständlich nicht abgeschlossen, sondern grundsätzlich offen für weitere (Literatur-)Erkenntnisse.

---

[65] Die bearbeitende Arbeitsweise des Redaktors hat ZIMMERMANN, Methodenlehre
226 ff., mit folgenden Stichworten beschrieben (Auswahl): Stilistische Verbesserung, Erläuterung, Transponierung von Aussagen, Umstellung, An- bzw. Einfügung, Kürzung.

[66] Da nur ein Teiltext des Mk interpretiert wird, werden Grundgedanken zur red. Makrokonzeption wie inhaltlich-globalen Absicht des Mk indirekt vorbereitet, aber nicht eigen-
ständig behandelt (s. u. die *Auswertung*).

[67] Vgl. STEIN, Redaktionsgeschichte 46.52.54; BLACK II, Disciples 224 f.; ders., Quest 20 f.

[68] S. u. die Abschnitte 1.4; 2.5 dieser Untersuchung.

[69] S. u. den Abschnitt 2.5.4 dieser Untersuchung.

[70] STRECKER, Neues Testament 58, vgl. SCHENKE, Markusevangelium 51; BREYTENBACH,
Nachfolge 69 f.

[71] Ein Rückschluß von der Weiterbearbeitung des Mk durch Mt und Lk auf das Mk Typische ist aufgrund der damit methodisch gesetzen Diskontinuität zwischen Mt/Lk einerseits
und Mk andererseits unzulässig, gegen SCHREIBER, Christologie 154 f.; ZIMMERMANN, Methodenlehre 226 (vgl. STEIN, Methodology 187 f.; WEEDEN, Traditions 6 f.).

[72] Vgl. BREYTENBACH, Nachfolge 130.

[73] PERRIN, Interpretation 120, vgl. ders., Evangelist 15 ff.

[74] Zur Mk-Lit. vgl. die Bibliographien von CONZELMANN, Literaturbericht 220 ff.; ders.,
Literaturbericht (Fortsetzung) 3 ff.321–7; HUMPHREY, Bibliography; LINDEMANN, Literatur-
bericht 223 ff.311 ff.; HARRINGTON, Map 12 ff.; BREYTENBACH, Gesamtdarstellungen 50–5;
NEIRYNCK, Gospel. Zur Gleichnis-Lit. vgl. KISSINGER, Parables.

Einführung

Die literarische Einheit Mk 11,27–12,34:
Die Konsequenzen des Vollmachtsanspruches Jesu Christi

Wer sich nach der besonderen Deutung der von der urchristlich-theologischen Literatur als das eschatologische Heilshandeln Gottes mit den Menschen interpretierten geschichtlichen Person von *Jesus Christus* durch das Mk-Evangelium erkundigen will, wird bei seiner Interpretation dieser Schrift neben den in ihr berichteten besonderen *Verhaltensmerkmalen*[1] wie titularen *Qualifizierungen*[2] von Jesus auf eine gleich im ersten Teil plazierte fundamentale Bewertung seiner Person und Wirkung stoßen. Weit über die christlich-kirchliche Aufnahme des Mk-Evangeliums hinaus sind dessen zwei grundlegende Kennzeichnungen der (Erst-)Verkündigung Jesu in Galiläa (Mk 1,14 ff.) bekannt, die folgendermaßen lauten (Mk 1,22b):

> „Denn er (sc. Jesus, s. V. 17) lehrte sie (sc. die Anwesenden in der Synagoge, s. V. 21b) wie einer, der Vollmacht (ἐξουσίαν) hat, und nicht wie die Schriftgelehrten."

Und (1,27b):

> „„Was ist das? Eine neue Lehre in Vollmacht (κατ' ἐξουσίαν)!""

Der Versuch einer Mk-Interpretation, sich dem Verständnis dieser beiden summarischen Bewertungen des geschichtlich-eschatologischen Ereignis von *Jesus Christus* unter dem „Signalwort"[3] der *Vollmacht*/ἐξουσία zu nähern, muß zunächst feststellen, daß diese markinische Auszeichnung dem nachvollziehenden Verstehen keinen unmittelbaren Zugang freigibt. Sie besitzt vielmehr Referenzcharakter. Die ἐξουσία-Zuschreibung erscheint im Mk-Evan-

---

[1] Bei der Beobachtung des herausragenden Verhaltens Jesu Christi nach dem Mk wird man u. a. auf die Figur des barmherzigen Wundertäters (vgl. Mk 3,4) und auf den seine Zuhörerschaft faszinierenden Reich-Gottes-Verkündigers (vgl. 4,1 ff.) wie den seine Anhänger aufklärenden Endzeitpropheten (vgl. 13,1 ff.) stoßen.

[2] Die sog. *christologischen Hoheitstitel* werden einerseits vom Autor des Mk selbst geäußert (z. B. Mk 1,1) oder werden durch reale (z. B. 8,29; 15,39) wie surreale Personen der Handlung (z. B. 1,11.24) vorgetragen, ja schließlich von der Hauptperson der Erzählung, Jesus Christus, in Anspruch genommen (vgl. 14,61 f.).

[3] SCHOLTISSEK, Vollmacht 1.

gelium als ein Plakat, das auf die typische Wirkung Jesu auf seine Umwelt aufmerksam machen will. Oder literarisch gesprochen: das ἐξουσία-Etikett soll im Mk-Evangelium zunächst unmittelbar programmatisch[4] wirken, um dann von einem bestimmten Textabschnitt des Mk-Evangeliums seine inhaltliche Verifikation zu erhalten.[5] Daß der engere Kontext der oben angeführten Vollmachtsbewertungen von Mk 1,22.27 dabei für ein differenziertes Verständnis der ἐξουσία Jesu wenig aussagekräftig ist, läßt sich relativ schnell zeigen: 1,21 f. erzählt nur pauschal von Jesu Lehre in der Synagoge und hält dabei fest, daß seine Lehrvollmacht nicht von menschlicher, sondern von göttlicher Art sei. Keinen grundsätzlich aufschlußreicheren Eindruck erhält man von 1,27 her: Die Macht über die unreinen Geister, demonstriert von Jesus im Exorzismus (vgl. 1,23 ff.), ist signifikant göttliche Macht (vgl. V. 24: „Heiliger Gottes"). Will der Interpret sich also nicht mit der pauschal positiven Kennzeichnung zufrieden geben, daß Jesus nach Ansicht des Mk-Evangeliums im Handeln und Verkündigen mit dem Anspruch *göttlicher Vollmacht* auftrat – und das Mk-Evangelium tut es auch nicht, wie die vielen dieser anfänglichen Bewertung noch folgenden, von ihm erzählten Problemgespräche und Wundertaten Jesu zeigen sollen –, so steht zu definieren an, in welchem literarisch abgegrenzten Textabschnitt sich für das Mk-Evangelium die signifikant göttliche Vollmachtsidentität Jesu für seinen Rezipienten in inhaltlich näherer Weise erschließen soll.

Mit anderen Worten: Soll nicht mit Hilfe eines sekundären Hilfsmittels wie einer Konkordanz die dem Stichwort ἐξουσία/*Vollmacht*[6] zugehörigen Teiltexte des Mk-Evangeliums künstlich isoliert,[7] sondern dem hermeneutischen Grundsatz des Textprimates treu geblieben werden, so fordert die Methodik, anhand der vom Autor des Mk-Evangeliums für seinen Rezipienten eingebrachten Textsignale den für ein Thema – hier das von der Vollmacht Jesu Christi – zuständigen *literarischen Verständnisrahmen* abzustecken. Um also aus dem Text selbst das methodische Instrumentarium seiner Auslegung zu gewinnen, muß an erster Stelle die *Textqualität* des Mk-Evangeliums methodische Berücksichtigung finden. Gilt für das Mk-Evangelium, daß es, wie *Cilliers Breytenbach* es im Anschluß an Aristoteles' Poetiktheorie[8] treffend nennt, eine „episodische Erzählung"[9] ist, so lassen die Strukturmerkmale der Prosa Aufschluß über das thematische Ziel eines episodisch abgegrenzten

[4] Vgl. SCHOLTISSEK, Vollmacht 1.
[5] Vgl. PESCH, Mk II/1 121: „Die summarische ... Beschreibung der Vollmacht Jesu muß freilich durch die konkreteren Überlieferungen ausgelegt werden".
[6] Das Stichwort ἐξουσία (Nomen) begegnet im Mk 10x: 1,22.27; 2,10; 3,15; 6,7; 11,28(2x)f.33; 13,34. Zudem trifft man auf das unpersönliche Verbum ἔξεστιν in 2,24.26; 3,4; 6,18; 10,2; 12,14.
[7] So das Vorgehen von SCHOLTISSEK, Vollmacht 8.
[8] Vgl. BREYTENBACH, Markusevangelium 141 ff.
[9] Nachfolge 75.82.85 u. ö.

Textabschnittes erwarten. Da das Mk-Evangelium zur narrativen Textsorte zählt, in der Handlung und Rede von Menschen in einer (überwiegend) wirklichkeitsbezogenen Darstellung von zeitlich-linearer Abfolge erfolgen,[10] „gelten für seine Gliederung auf der synchronischen Ebene[11] die *Gliederungs- merkmale von Zeit, Raum und Figurenkonstellation*"[12]: Innerhalb dieses dra- matischen Gliederungspotentials ist „entscheidend für die Zäsurenfindung ... deshalb die Beachtung der szenischen Elemente der Darstellung, der Wechsel von Ort, Zeit und Personen"[13]. Über das Mittel der episodisch gegliederten Thema-Erzählung wie über das geordnete chronologische Nacheinander der Episoden sowie schließlich über den Einsatz von kompositionellen Mitteln zur Aufmerksamkeitssteuerung[14] nimmt der Erzähler des Mk-Evangeliums eine literarische Kommunikation mit seinen Rezipienten auf, um ihnen einen inhaltlich neuen Gesamteindruck zu seinem personenbezogenen Thema: Wir- ken, Ergehen und Bedeutung von *Jesus Christus*, zu vermitteln.

Da bei der Erzählung des Evangeliums von Jesus Christus (Mk 1,1) offen- sichtlich das geographische Ordnungselement besonders ausgeprägt ist,[15] legt sich zunächst eine Aufteilung des Mk-Evangeliums anhand des Kriteriums des *Ortes*, genauer: mit Hilfe des *Ortswechsels* der Hauptperson Jesus nahe. Dabei geben die am häufigsten genannten Orte Galiläa[16] und Jerusalem[17] die Grobgliederung vor. Und zwar ist in Mk 1,13 f. aufgrund des Wechsels des Aufenthaltortes Jesu vom „Jordan" bzw. von der „Wüste" (V. 4 f.9.12 f.) nach „Galiläa" (V. 14, vgl. später 1,28.39) und vorläufig in 11,1 aufgrund des von nun an vorherrschend genannten Ortes „Jerusalem" (11,11.15.27; 15,41) eine grobe Zweiteilung des Mk-Evangeliums vorzunehmen.[18] Die Verbindung die-

---

[10] Vgl. LÜHRMANN, Mk 9–11.21.

[11] Mit LANG, Kompositionsanalyse 3; STENGER, ‚Grundlegung' 8, gegen die Vermi- schung von synchronen und diachronen Kriterien bei der Gliederungsanalyse, wie sie be- sonders bei PESCH, Mk II/1 29 ff., vorliegt. Eine widersprüchliche Vorgehensweise bietet der Gliederungsentwurf von SCHENKE, Aufbau 54 ff., insofern er zunächst zu Recht beklagt, daß „inhaltliche Überlegungen" (ebd. 56) zu schnell im Vordergrund der Analyse stehen, um dann seltsamerweise bei der Feingliederung mit inhaltlichen Überlegungen (vgl. ebd. 60 f.; so auch z. B. RAU, Markusevangelium 2075 ff.) zu Mk 6,14–29; 14,1–11 einzusetzen.

[12] STENGER, ‚Grundlegung' 8. Mit KOCH, Gliederung 144; BREYTENBACH, Markus- evangelium 140, gegen KÜMMEL, Einleitung 55 f.; SCHENKE, Aufbau 59, die das geographi- sche Gliederungselement zum „Hauptkriterium" erheben.

[13] LANG, Kompositionsanalyse 2. Einen Überblick über die bisherigen Gliederungs- versuche des Mk bieten PESCH, Naherwartungen 50 ff.; BAARLINK, Evangelium 75 ff.; KOCH, Gliederung 145–7; KUTHIRAKKATTEL, Beginning 27 ff.

[14] Wiederholungen, Emphase, Dialog u. ä., vgl. zur Rhetorik des Erzählens VORSTER, Markus 31 ff.; TANNEHILL, Jünger 43 ff.

[15] Vgl. die vielen Ortsnamen wie z. B. Jerusalem, Jericho, Bethanien usw. aber auch die zahlreichen topographischen Hinweise wie Galiläischer See, Tempel usw.

[16] Zwölfmal im Mk.

[17] Zehnmal im Mk.

[18] Vgl. SCHENKE, Aufbau 60.

ser beiden zentralen Wirkungsbereiche Jesu – die *Landschaft Galiläa* und die
Stadt Jerusalem – wird im Mittelteil der Mk-Erzählung von einem *Reiseweg*
hergestellt, der in seiner geographisch von Norden nach Süden verlaufenden
Route, vom Ausgangspunkt bei „Cäsarea Philippi" (8,27) „durch Galiläa"
(9,30) nach „Kapernaum" (9,33) über „Judäa" und Transjordanien (10,1)
seine Richtung auf Jerusalem (10,32 f.) nimmt. Da der Reisebericht auf den
Wirkungsbereich *Jerusalem* zuläuft, ist er aufgrund dieses Ortssignales dem
zweiten Hauptteil des Mk-Evangeliums zuzuordnen. Entsprechend ist hinsichtlich des Mk-Anfangsteiles aufgrund der Bemerkung von 1,9, daß „Jesus
von Nazareth aus Galiläa[19] kam", und so im Abschnitt 1,1–13 der örtliche Be-
zugspunkt Galiläa genannt wird, zu schließen, daß dieser Einleitungteil zum
Galiläa-Text zu zählen ist. Eine (vorläufige) formale Makro-Gliederung des
Mk-Evangeliums nach dem narrativen Gliederungsmerkmal des *Ortes* sieht
demnach folgendermaßen aus:

1   Jesus Christus in Galiläa (Mk 1,1–8)
1.1 In der Wüste (1,1–13)
1.2 Aufenthalt in Galiläa (1,14–8,26[?])

2   Jesus Christus in Jerusalem (8–16,8)
2.1 Die Reise nach Jerusalem (8,27[?]–10,?)
2.2 Der Aufenthalt in Jerusalem (10,?–16,8)

Verbindet man nun das narrative Texte unterteilende Gliederungsmerkmal des
Ortes mit dem der *Zeit*, so grenzen sich im zweiten Großabschnitt des Mk-
Evangeliums (2) zwei weitere Unterabschnitte ab: In Teil 2.2 ist nämlich zu
beobachten, daß der Abschnitt Mk 14,1–16,8 das Zeitmoment insofern heraus-
stellt, als daß das hier erzählte Passionsgeschehen einen engen Bezug zum Pas-
sah-Fest aufweist (vgl. 14,1 f.12.16; 15,6), während komplementär dazu der
Abschnitt 11,1–13,37, dessen Einzelszenen die topographische Zuordnung des
(Jerusalemer) „Tempels" tragen (11,11.15 f.27; 12,35; 13,1.3), von einem nach
vorne und hinten offenen (Drei-)Tagesschema (vgl. 11,11 f.19 f.)[20] geprägt ist.
Das Zeitkriterium läßt so einen tempelorientierten (10,??–13,37 = 2.2.1) von
einem dem Passionsfest zugeordneten Abschnitt (14,1–16,8 = 2.2.2) scheiden.
    Aufgrund des Gliederungskriteriums der Zeit läßt sich im ersten Großab-
schnitt des Markus-Evangeliums (1) der überlange Abschnitt Mk 1,14 ff. zwar
nicht zweiteilen, jedoch kommt in ihm auffällig häufig das Stilmittel des *Boo-*

---

[19] Bei dem Genitivus partitivus τῆς Γαλιλαίας von Mk 1,9 handelt es sich um einen sog.
chorographischen Genitiv, der das Land nennt, innerhalb dessen eine Ortschaft liegt, vgl.
BLASS/DEBRUNNER, Grammatik § 164.3₇.
[20] Für den ersten Tag Jesu Christi Aufenthalt in Jerusalem wird nur sein Ende angegeben
(Mk 11,11); der Anfang bleibt offen. Der Umfang des zweiten Tages ist durch Beginn (V. 12)
und Ende (11,19) eindeutig festgelegt. Für den dritten Tag wird nur sein Anfang genannt
(V. 20), wohingegen sein Ende offenbleibt.

tes als eines erzählerischen Mittels der Ortsveränderung von Jesus Christus zum Einsatz.[21] War schon in 1,16 das Ufer des „Galiläischen Sees" als (hauptsächlicher)[22] Aufenthaltsraum Jesu für den Erzähler im Blick, so bewirkt eine Bootsfahrt (vgl. 3,9; 4,1.35; 5,1 f. 18.21; 6,32.45.53) im zweiten Teil dieses Abschnittes (ab 3,7 ff.)[23] jeweils einen Standortwechsel in diesem galiläischen Aktionszentrum.

Somit läßt sich folgendes Zwischenresultat formulieren: Unter Beachtung der beiden Gliederungsmerkmale von *Ort* und *Zeit* erhält man eine schematische Segmentierung des Mk-Evangeliums in (zunächst) sechs narrative Makro-Einheiten,[24] als da sind:

1 Jesus Christus in Galiläa (Mk 1,1–8)
1.1 In der Wüste (1,1–13)
1.2 Erstes Auftreten in Galiläa (1,14–3,6)
1.3 Am galiläischen See (3,7–8,26[?])

2 Jesus Christus in Jerusalem (8–16,8)
2.1 Die Reise nach Jerusalem (8,27[?]–10,?)
2.2 Im Jerusalemer Tempel (10,?–13,37)
2.3 Die Passion am Passahfest (14,1–16,8)

Diese auf der Anwendung von zwei Gestaltungskriterien narrativer Texte beruhene (vorläufige) Grob-Gliederung des Mk-Evangeliums kann jetzt durch das Orts- und Zeitkriterium sowie durch Beachtung des bisher zurückgestellten Gliederungsmerkmales der Figurenkonstellation einer Feingliederung unterzogen werden. Dabei wird man beobachten können, daß die dramatische Gliederung des Mk-Evangeliums auf der synchronen Ebene mit Kennzeichen redaktioneller Kompositionstechnik korreliert werden kann und muß, um z.B. den genauen Umfang der Einzelabschnitte näher zu präzisieren.[25] Als besondere Mittel redaktioneller Gestaltung des narrativen Textes[26] kommen sog. prologartige *Summarien*[27], der *Wechsel der Textsorte*[28], (Dreier- und Siebener-)*Zahlengliederung*, eine ausgewogene *Proportionierung*[29] so-

---

[21] Vgl. LANG, Kompositionsanalyse 7; SCHENKE, Aufbau 61; BREYTENBACH, Markusevangelium 166. Siehe auch analog beim *Reiseweg* (Mk 8,27 ff.) den auffällig häufigen Gebrauch des Stichwortes ὁδός: 8,27; 9,33 f.; 10,17.32.

[22] Nach Mk 7,24–30 verläßt Jesus Christus in diesem Abschnitt nur einmal, durch seinen Gang in den Raum von Tyros, das Gebiet des *Galiläischen Sees*.

[23] Vgl. SCHENKE, Aufbau 61.

[24] Diese sechsteilige Gliederung des Mk vertritt LANG, Kompositionsanalyse 12 f. (vgl. SCHWEIZER, Mk 214), der jedoch Mk 1,1–13 in traditioneller Weise als „Prolog" bezeichnet.

[25] Vgl. STENGER, ‚Grundlegung' 12.

[26] Dazu LANG, Kompositionsanalyse 3 ff.; ACHTEMEIER, Mk 30 ff.

[27] S. z.B. Mk 1,14 f.; 3,7–12, die die Abschnitte 1.2 und 1.3 einleiten.

[28] Vgl. STENGER, ‚Grundlegung' 10 f.

[29] Zur Bedeutung der Stichometrie für die Bestimmung literarischer Strukturen vgl. PESCH, Naherwartungen 55 ff.; LANG, Kompositionsanalyse 2 f. 13 f.

wie *Wiederholungen* mit (achsen-)symmetrischen Entsprechungen[30] in Betracht. Da hier nicht der Ort ist, das ganze Mk-Evangelium mit einer formalen
Gliederungsanalyse zu versehen,[31] soll nur durch Benutzung des zu-
letztgenannten Mittels redaktioneller Kompositorik die strittige *Abgrenzung
nach vorne* der für die Behandlung des Vollmachtsthemas so wichtigen
Jerusalemszene (2.2; mindestens ab Mk 11,1) besprochen werden. Dabei fällt
zunächst auf, daß der vorhergehende Abschnitt 2.1 durch die dreifache Abfolge der Ankündigung von Passion und Auferstehung Jesu Christi in Mk 8,31 f.;
9,31.32a; 10,32–34, auf die jeweils anschließend eine Jüngerbelehrung in
8,34–38; 9,33–37; 10,35–45 folgt, seinen szenischen Aufbau erhalten hat.[32]
Und ebenfalls ist evident, daß Markus genauso wie bei diesem *Reiseabschnitt*
eine Blindenheilung (s. 8,22–26)[33] als thematische Einleitung an den Anfang
der *Jerusalemszene* placiert hat (10,46–52). Daraus läßt sich folgern, daß der
Gliederungsteil 2.2 *Jesus Christus in Jerusalem* schon in 10,46[34] beginnt.

Erhält man also für das Mk-Evangelium bei Beachtung von sich gegenseitig ergänzenden narrativen und redaktionskritischen Gliederungskriterien
eine abgestimmte Makro-Gliederung[35] in (zunächst) sechs Abschnitte, so
stellt sich die Frage, mit welchem Ziel der Redaktor das z. T. disparate Jesus-
Gut aus der Überlieferung an gerade diesem und keinem anderen literarischen
Ort in seinem Text zusammengestellt hat. Die Entdeckung eines formalen
Dispositionsschemas der Evangelienschrift läßt verschiedene inhaltliche Be-
zugspunkte erwarten, auf die das Material einer jeweiligen Episode thematisch gefluchtet ist. Für die Anzeige eines einen Abschnitt regierenden Themas ist dabei auf strukturelle wie inhaltliche Berührungspunkte der
verschiedenartigen Einzeltexte einer Episode zu achten (Ähnlichkeits-
moment), die im Konzert mit innerhalb eines Abschnittes wiederkehrenden
semantischen *Schlüsselworten* dem Rezipienten des Mk-Evangeliums eine

---

[30] Vgl. SCHENKE, Aufbau 65 ff.

[31] Zu den Problemen der inhaltlichen (Fein-)Gliederung des gesamten Mk sei auf die Ein-
leitungskapitel der neueren Kommentare zum Mk sowie auf die oben genannten Aufsätze
von LANG, Kompositionsanalyse 1 ff.; KOCH, Gliederung 145 ff.; SCHENKE, Aufbau 54 ff.;
STENGER, ‚Grundlegung' 7 ff., verwiesen.

[32] Vgl. BAARLINK, Evangelium 93 f.

[33] Vgl. KUBY, Konzeption 61. S. auch die weitere Parallelität zwischen beiden Texten, die
darin besteht, daß der zweistufigen Blindenheilung von Mk 8,22–26 (s. V. 24 f.) eine doppelte Messiasanrede in der Blindenheilung von 10,46–52 (s. V. 47 f.) entspricht. Anders
SMITH, Structure 106–8, der die Perikope für eine „transitional passage" (ebd. 107) hält.

[34] Mit BURGER, Jesus 63; LANG, Kompositionsanalyse 6; GNILKA, Mk II/2 107, gegen
SCHWEIZER, Mk 214; KOCH, Gliederung 147–9; SCHENKE, Aufbau 60; STENGER, ‚Grundlegung' 16 ff.

[35] Gegen BULTMANN, GST 375, der unter formkritischem Gesichtspunkt, daß die Evangelisten in der Hauptsache „Sammler, Tradenten, Redaktoren" (DIBELIUS, FE 2) seien, das un-
glückliche Diktum prägte: „Mk ist eben noch nicht in dem Maße Herr über den Stoff geworden, daß er eine Gliederung wagen könnte".

thematische Zuordnung annoncieren. Eine Frucht dieser Auswertung des Textes ist es, die formale Gliederung des Mk-Evangeliums mit inhaltlichen Überschriften thematisch reflektieren zu können. Für das hier interessierende Motiv der ἐξουσία Jesu Christi ist dabei schon aufgefallen, daß Derivate vom Stamm ἔξειμι im Mk-Evangeliums besonders häufig im Abschnitt 1.2 (Mk 1,14–3,6 *Erstes Auftreten in Galiläa*) erscheinen (1,22.27; 2,10.24.26; 3,4). Doch nicht nur dort, denn ihr Vorkommen im Abschnitt 2.2 *Im Jerusalemer Tempel* (11,28 f.33; 12,14), weist darauf hin, daß es noch einen zweiten thematischen Teil zur Vollmachtsproblematik Jesu im Mk-Evangelium gibt. Um den Grund dieser textlichen Verteilung der Vollmachtsproblematik über das Mk-Evangelium zu erfahren, scheint es notwendig, die beiden Abschnitte auf ihre formale Feinstruktur näher aufzugliedern, um über eine deutliche Vermehrung von Strukturmerkmalen ihr vom Erzähler ausgesuchtes inhaltliches Proprium in Zuordnung zum Ganzen der Evangelienschrift zu erfassen.

Bei dem Versuch einer Feinstrukturierung der narrativen Gliederungseinheit von Mk 1,14–3,6 zum Thema *Vollmacht* ist nach dem als *Prolog* für den Teil 1.2 geschriebenen markinischen Summarium 1,14 f. zunächst wie gehabt auf die Orts- und Zeitsignale achtzugeben. Dabei ist zu beobachten, daß der Ort „Kapernaum" nach 1,21 in 2,1 mit den Worten: „und als er nach Tagen wiederum nach Kapernaum kam", verbunden also mit einem Zeitkriterium, wiederholt wird. Zusammen mit weiteren inhaltlichen Doppelungen um die Achse 1,45; 2,1[36] lassen diese beiden strukturellen Beobachtungen es geraten erscheinen,[37] den Abschnitt 1.2 wieder zweizuteilen, nämlich in 1.2.1 = 1,16–45 und in 1.2.2 = 2,1–3,6.

Da in Mk 1,21 zum ersten Mal im Mk-Evangelium die Zeitangabe „Sabbat" erscheint und 1,32 ein Tagesschema voraussetzt („als es Abend geworden war …"), das anschließend in 1,35 weiterführend aufgenommen wird („und in der Frühe, als es noch Nacht war …"), ist Teil 1.2.1 (1,16–45) noch einmal aufgesplittet: Jesu Christi Verkündigungswirken im Gebiet von Galiläa (vgl. 1,14 f. für 1.2) wird nach der Berufungsszene am „Galiläischen See" (1,16–20) zunächst exemplarisch für die Stadt „Kapernaum" (1,21) in Galiläa geschildert (1.2.1.1 = 1,21–34), um dann pauschal für die „umherliegenden Ortschaften" (1,38) in der Landschaft Galiläa (vgl. 1,39) festgestellt zu werden (1.2.1.2 = 1,35–45). Somit ergibt sich für das erste narrative Gliederungssegment des Mk-Evangeliums folgendes Setting:[38]

---

[36] 1., auf eine Berufungsszene am „Galiläischen See" (Mk 1,16) von vier Jüngern (V. 16–20) folgt in 2,13 f. erneut am „See" (V. 13) die Berufung eines Jüngers zur Nachfolge; 2., einer Wundergeschichte in der „Synagoge" (1,23–28, s. V. 23) entspricht eine Heilungsgeschichte in 3,1–5, wieder in der „Synagoge" (V. 1); 3., ein Heilungswunder „im Haus" (1,29–31, s. V. 29) findet sein Pendant in der Heilungsgeschichte (2,1–12) „im Haus" (V. 1).

[37] Mit STENGER, ‚Grundlegung' 42, gegen KOCH, Gliederung 154 f.

[38] Zu ähnlichen Gliederungsversuchen vgl. SCHWEIZER, Mk 214; PESCH, Mk II/1 33; STENGER, ‚Grundlegung' 11 f.

1.2   Jesu Christi (Erst-)Verkündigung der Gottesherrschaft in Galiläa (1,14–3,6)
Prolog (1,14 f.)
1.2.1   Jesu Christi Vollmachtswirken in Galiläa (1,16–45)
1.2.1.1 Jesu Christi Vollmachtswirken in Kapernaum (1,21–34)
1.2.1.2 Jesu Christi Vollmachtswirken in allen Ortschaften Galiläas (1,35–45)
1.2.2   Fortsetzung: Jesu Christi Vollmachtswirken (2,1–3,5)
Epilog (3,6).

Aufgrund der engen thematischen Beziehung der Abschnitte 1.2.1 und
1.2.2 stellt sich nun die Frage nach ihrer kompositorischen Ausrichtung. Beide Unterabschnitte behandeln die ἐξουσία Jesu Christi, und zwar so, daß
Wunder und Lehre Jesu immer zusammen das Ereignis seiner *Vollmacht* ausmachen.[39] Ist die erste Wundergeschichte des Mk-Evangeliums (1,23–28)
vom Redaktor so gestaltet, daß in ihre Exposition eine „summarische Lehr-
szenerie"[40] zum Thema „Vollmacht" eingefügt ist (1,22), so folgt auf den Exorzismus von 1,23–26 eine Akklamation über die „neue Lehre in Vollmacht"
(1,27). Entsprechend ist im folgenden Gliederungsteil 1.2.2 zweimal eine
Wundergeschichte (2,3–12; 3,1b–5) Aufhänger für einen streitgesprächsartigen Einschub (2,6–10; 3,4.5a), einmal zum Problem der göttlichen „Vollmacht zur Sündenvergebung" (2,10), das andere Mal über die Feststellung des
am Sabbat von Gott „Erlaubten" (3,4). Sind demnach vollmächtige Wundertat
und vollmächtige Verkündigung Jesu für das Mk-Evangelium unentflechtbar
miteinander verknüpft, so fällt auf, daß die *Lehre* in Abschnitt 1.2.2 im Vergleich zum vorhergehenden überproportional repräsentiert ist (vgl. nur die
drei selbständigen Gesprächseinheiten 2,15–28). Dieser strukturelle Tatbestand läßt den Schluß zu, daß die pauschal-positive Bewertung *vollmächtiger
Lehre und Wundertat Jesu Christi* im ersten Teil (vgl. 1,22.27) vom zweiten
Abschnitt anhand von verschiedenen Konfliktbeispielen wie Sünderstatus,
Fastenfrage und Sabbatheiligung konkretisierend aufgearbeitet werden soll,
ohne daß dabei der enge Zusammenhang von Lehre und befreiender Wundertat aufgegeben wird (vgl. 2,3–12; 3,1–5 als Rahmengeschichten von 1.2.2)[41].
Das redaktionelle Konzept bleibt trotz unterschiedlicher Akzentsetzung für
beide Teilabschnitte dasselbe: Die ἐξουσία *Jesu Christi* soll sich in *Wundertat
und Verkündigung* als eine im Vergleich zur Vollmacht der jüd. Schriftgelehrten (vgl. 1,22) signifikant neue und den Gotteswillen endlich adäquat repräsentierende darstellen.

Mit den Inhalten dieser *differentia specifica* der jüd.-schriftgelehrten Präsentation der göttlichen Vollmacht Jesu Christi in Wort und Tat nach Mk 2,1–

---

[39] Vgl. GRUNDMANN, Mk 5.
[40] KOCH, Gliederung 154.
[41] Vgl. SCHENKE, Aufbau 64.

3,6[42] haben sich, neben unzähligen Arbeiten zu den Einzelperikopen des ganzen Komplexes wie unter übergreifenden formkritischen Zuordnungen, auch einige monographische Untersuchungen, zuletzt *Werner Thissen* (1976)[43], *Joanna Dewey* (1980)[44], *Jarmo Kiilunen* (1985)[45] und *Scaria Kuthirakkattel* (1990)[46] beschäftigt.[47] Ihre Ergebnisse zur inhaltlichen Qualität der vollmächtigen Lehre und Wundertat Jesu müssen jedoch naturgemäß an der von Markus erst im Epilog 3,6 geschilderten Reaktion der jüd. Kontrahenten, die den gewaltsamen Ausgang des jüd. Gelehrtenlebens Jesu andeutet (vgl. 15,37), vorbeigehen. Für den Rezipienten des Mk-Evangeliums steht mit dem Mordbeschluß von 3,6 nämlich die Frage im Raum, welche Konsequenzen es beinhaltet, für das Judentum auf der einen Seite wie für Jesus und seine Anhänger auf der anderen, wenn die den bisherigen Diskurs mit Jesus dominierenden jüd. Vertreter, die Pharisäer (vgl. nur 2,16.24), in Abstimmung mit den „Herodianern" (3,6) das weitere Gespräch mit dem *Schriftgelehrten neuer Lehre* abbrechen, um den Urheber der von jüd. Schriftgelehrten als blasphemisch-widergöttlich beurteilten Verkündigung (vgl. 2,6), Jesus, gewaltsam zu beseitigen. Was in 3,6 nur als bedrohliche *Möglichkeit* am Horizont erscheint, verdichtet sich im Laufe der Mk-Erzählung durch massive narrative Hinweise, indirekt durch das Beispiel des gewaltsamen Ablebens von Johannes dem Täufer (vgl. 1,14; 6,14ff.), direkt durch die vorausschauenden Leidensankündigungen Jesu (8,31; 9,31; 10,33f., vgl. auch 2,20a; 3,22; 6,3.6), für den Rezipienten zur *unabänderlichen Gewißheit*, nämlich, daß die schriftgelehrte und pharisäische Führung des Judentums die Anstoß erregende „neue Lehre in Vollmacht" (1,27) nicht (mehr länger) tolerieren bzw. reformerisch in den bestehenden jüd. Glaubenskonsens über die göttliche Offenbarung in der Mose-Thora integrieren kann und will, und darum unter Anwendung von Gewalt gegen ihren Urheber, Jesus Christus, abstoßen muß und wird (vgl. 11,18; 12,12; 14,1f.).

Es ist daher, von dem Todesbeschluß in Mk 3,6 betrachtet, durchaus zwingend, daß sich das Mk-Evangelium noch einmal mit dem göttlichen Vollmachtsanspruch des jüd. *Lehrers* Jesus Christus als Infragestellung des jüd. Selbstverständnisses sowie der Bedrohung der Einheit des Judentums stellen und auseinandersetzen muß. Es tut dieses ziemlich am Ende der Erzählung über die öffentliche Wirksamkeit Jesu im Großabschnitt über die Geschehnisse in Jerusalem (Mk 11,27 ff.) als das Leben des jüd. *Schriftgelehrten*

---

[42] Zur Charakterisierung des Abschnittes vgl. VON DER OSTEN-SACKEN, Streitgespräch 377.
[43] Erzählung der Befreiung.
[44] Public Debate.
[45] Die Vollmacht im Widerstreit.
[46] Beginning.
[47] Vgl. auch SCHOLTISSEK, Vollmacht 137ff.; DOUGHTY, Authority 161ff.

und Wundertäters unter dem Zeichen der kompromißlosen Ablehnung durch die jüd. Synhedriums-Autorität steht (vgl. 11,18; 12,12). Danach folgt im Mk-Evangelium nur noch die Darstellung der privaten Jüngerbelehrung zur Frage der apokalyptisch gedeuteten Jetzt-Zeit als Gericht (13,1 ff.) und, als Zielpunkt des Mk-Evangeliums, die Erzählung über die Passion Jesu sowie seiner Auferstehung (14,1–16,8).

Dieser Gliederungsteil 2.2 beginnt, so wurde schon oben gezeigt, in Mk 10,46. Wie die zweifache Anrede Jesu Christi in der einleitenden Wundergeschichte (10,46–52) mit „Sohn Davids" in den V. 47 f. anzeigen will, soll es in der *Jerusalemszene* um seine jüd.-nationale Heilsidentität gehen;[48] dementsprechend wird die politisch-nationale Messiashoffnung in den Perikopen *Der Einzug in Jerusalem* (11,1–10, s. V. 10) und in *Davids Sohn?* (12,35–37a) thematisiert.

Daß das christologische Schlüsselwort *Sohn Davids* aber nur einen ersten Abschnitt der *Jerusalemepisode*, nämlich den von Mk 10,46–12,44 dominiert, läßt sich nicht nur durch sein Fehlen in den folgenden Kapiteln, sondern auch durch weitere narrative Gliederungsmerkmale begründen. Durch das (nach vorne wie hinten offene) Tagesschema sind die Episoden von Jesu Christi nichtöffentlicher und öffentlicher Wirksamkeit in Jerusalem auf drei Tage verteilt (bis 11,11; 11,12–19[49]; 11,20 ff.). Dabei läßt sich hinsichtlich der Anwendung des Ortssignales feststellen, daß nach 11,1 in 13,3 der „Ölberg" zum zweiten Male genannt wird. Während ab 11,1 vom Erzähler die räumliche Vorstellung suggeriert wird, daß Jesus und seine Jünger (vgl. 10,46; 11,1.11) von der Gegend um den Ölberg, („Bethphage" und) „Bethanien" (11,1.11 f.), zum Jerusalemer „Tempel" in die Stadt einziehen (11,11a.15b.27b), hält Jesus, nachdem 13,1 berichtet, daß er den Tempel verlassen hat, die sog. *Synoptische Apokalypse* (V. 4–37) „auf dem Ölberg gegenüber dem Tempel" (V. 3). Die Szenerie wechselt, ebenso die Hörerschaft: Als anwesend ist nicht mehr die Jüngerschaft und teilweise die jüd. Öffentlichkeit einschließlich verschiedener jüd. Appellanten(-Gruppen) gedacht, sondern nur vier namentlich genannte Jünger (vgl. V. 3, dazu 1,16 ff.), die Jesus in separater Unterredung zuhören. Während ab 13,4 die apokalyptische Rede eine einzige sprachliche Einheit darstellt, wechselt das Geschehen davor zwischen Handlungserzählung und Redeteilen. Aus all diesen Textsignalen soll darum der Rezipient den Schluß ziehen, daß bei 13,1 eine Zäsur innerhalb der *Jerusalemepisode* gesetzt wird,[50] stellen doch die V. 1 f. eine Überleitungsperikope[51] (s. V. 4) zwischen dem er-

---

[48] Vgl. Stock, Gliederung 500 f.; Telford, Temple 257.
[49] Zur Kritik der ausschließlich iterativen Interpretation von Mk 11,19 vgl. Stock, Gliederung 483 f., Anm. 8.
[50] Gegen Schenke, Aufbau 63.
[51] Vgl. Smith, Structure 111.

sten Jerusalem-Teil 2.2.1 und der folgenden Apokalypse (2.2.2) dar. Schließlich ist bemerkenswert, daß die Jerusalemer Ereignisse nun so erzählt werden, daß auf den Bericht über die Ereignisse des jeweiligen Tages auf dem *Weg nach Jerusalem* (11,1–10.12–14.20–25) die Beschreibung der Erlebnisse Jesu im Inneren der Stadt Jerusalem, im *Tempel* folgt (11,11.15–19.27 ff.).[52] Ein formaler Gliederungsüberblick über Teil 2.2 nach den Kriterien des Ortes und der Zeit und der Figurenkonstellation sieht also folgendermaßen aus:

2.2   Jesu Christi Wirksamkeit in Jerusalem (10,46–13,37)

2.2.1   Drei Tagesreisen vom Ölberg nach Jerusalem (11,1 ff.)

2.2.1.1 Die Ereignisse der ersten Tagesreise (11,1–11)

2.2.1.1.1 Das Geschehen auf dem Weg nach Jerusalem (11,1–10)

2.2.1.1.2 Das öffentliche Geschehen im Jerusalemer Tempel (11,11)

2.2.1.2 Die Ereignisse der zweiten Tagesreise (11,12–19)

2.2.1.2.1 Das Geschehen auf dem Weg nach Jerusalem (11,12–14)

2.2.1.2.2 Das öffentliche Geschehen im Jerusalemer Tempel (11,15–19)

2.2.1.3 Die Ereignisse der dritten Tagesreise (11,20 ff.)

2.2.1.3.1 Das Geschehen auf dem Weg nach Jerusalem (11,20–25)

2.2.1.3.2 Das öffentliche Geschehen im Jerusalemer Tempel (11,27 ff.)

2.2.2   Die Endzeitrede zu vier Jüngern am Ölberg (13,3–37)

Eine noch weitergehende Feingliederung, besonders hinsichtlich des vom Thema *Vollmacht* her interessierenden Abschnitts (vgl. Mk 11,27 ff.) über die dritte Jerusalemer Tagesreise (2.2.1.3), drängt sich förmlich durch das vom Redaktor Markus geschickt eingesetzte dritte dramatische Gliederungsmerkmal auf, dem Wechsel der Personenkonstellation in 11,26 f.[53] und 12,12 f. Befand sich Jesus Christus in der *Jerusalemszene* von Anfang an in der Gemeinschaft seiner Jünger auf Reisen (vgl. 10,46; 11,1b.11b.14b), bzw. pflegte er hauptsächlich mit ihnen das Gespräch (vgl. 11,2b.21 f.), so treten in 11,18, im Rahmen der zweiten Tagesreise, mit den „Oberpriestern und Schriftgelehrten" (wieder) Feinde Jesu auf, die seine Lehre hören und im Hintergrund nach seiner Vernichtung streben. Im Teil über die dritte Tagesreise nach Jerusalem (11,20 ff.) fällt nun auf, daß Jesus, nach einem internen Glaubensgespräch mit den Jüngern auf dem Weg nach Jerusalem (11,20–25), sich mit der nun zur Dreiergruppe von „Oberpriestern, Schriftgelehrten und Ältesten" erweiterten Gegnerschaft zum ersten Mal im Mk-Evangelium im direkten Gespräch im „Tempel von Jerusalem" (11,27) auseinandersetzt (11,27 ff.). Im Unterschied zu den Ereignissen der ersten und zweiten Tagesreise liegt der Akzent der dritten[54] (zunächst) eindeutig auf der unmittelbaren

---

[52] Vgl. STOCK, Gliederung 488–92; LEE, Jesus 21.

[53] Vgl. LÜHRMANN, Mk 197; SCHOLTISSEK, Vollmacht 184, Anm. 471.

[54] Daß das formale Drei-Tagesschema inhaltliche Verknüpfungen zuläßt, kann man z. B. daran erkennen, daß in Mk 11,9 (= erste Tagesreise) und 12,10 f. (= dritte Tagesreise)

Konfrontation[55] Jesu mit seinen Gegnern. Er diskutiert im Unterschied zu dem in Galiläa spielenden Teil zur Vollmachtsproblematik (1,16–3,6) nun mit ihnen offen die Legitimationsfrage, indem er sich ihrer Anfrage nach seiner „Vollmacht" (11,28(2x)f.39) stellt (11,28–33 *Frage nach der Vollmacht Jesu*) und richtet gleich im Anschluß die Perikope vom *Gleichnis von den Weingärtnern* (12,1–11) an ihre Adresse (vgl. 12,1a). Da der Erzähler in 12,12d davon berichtet, daß die Dreier-Gruppierung von Gegnern Jesus verläßt, läßt sich aufgrund des Personenwechsels an dieser Stelle eine erneute Zäsur setzen.[56] Denn es soll beim Rezipienten Beachtung finden, daß, nach dem Bericht von 12,13, die Auseinandersetzung mit den jüd. Synhedristen von ihnen zum Zwecke der Überführung Jesu Christi einer Gesetzesübertretung durch in ihrem Auftrag agierende *Mittelsmänner*[57] wie den „Pharisäern und Herodianern" (12,14–17, s. V. 13), den „Sadduzäern" (12,18–27, s. V. 18) und „einem der Schriftgelehrten" (12,28–34b, s. V. 28) fortgesetzt wird. Die erzählerische Konstruktion sieht also so aus, daß auf eine *unmittelbare Auseinandersetzung* eine *mittelbare* folgt. Da eine auf 12,13 Bezug nehmende erzählerische Abschlußnotiz über die Vergeblichkeit des Vorhabens in 12,34c gesetzt ist, wird am dritten Tag in Jerusalem ein eigener Teil, ein zweiter Abschnitt zur Vollmachtsproblematik *nach hinten* abgegrenzt. Danach folgt ein, durch die Einleitung in 12,35a klar abgetrennter, argumentativer Gegenangriff Jesu[58] auf die schriftgelehrte Kunst (12,35–37) und den Habitus der Lebensführung von Schriftgelehrten (12,38–44[59]). Eine kommentierte Untergliederung des (anfänglichen) Geschehens des *dritten Tagesaufenthaltes im Jerusalemer Tempel* nach den beiden Kriterien von *Ort* und *Figurenkonstellation* sieht also folgendermaßen aus:

2.2.1.3.2   Die öffentliche Lehre Jesu Christi im Tempel von Jerusalem in Auseinandersetzung mit den Synhedristen (Mk 11,27–44)

2.2.1.3.2.1 Die direkte Auseinandersetzung über die Vollmacht Jesu Christi (11,27–12,12)

2.2.1.3.2.2 Die indirekte Auseinandersetzung über die Vollmacht Jesu Christi (12,13–34)

2.2.1.3.2.3 Die Gegenkritik Jesu Christi (12,35–44)

Ps 118 (V. 25 f. und V. 22 f.) zitiert wird und in der sog. *Feigenbaumperikope* (11,14; zweite Tagesreise) und dem sog. *Winzergleichnis* (12,2; dritte Tagesreise) das Stichwort καρπός erscheint, vgl. SMITH, Structure 115.
   [55] Vgl. KATO, Völkermission 126.
   [56] Vgl. SMITH, Structure 115; SCHOLTISSEK, Vollmacht 184.
   [57] Vgl. LEE, Jesus 37, Anm. 33: „Die Fragesteller erscheinen hier als Instrument der offiziellen Autoritäten des jüdischen Volkes".
   [58] Vgl. SMITH, Opponents 177.
   [59] Die Teile Mk 12,38–40 und V.41–44 sind antithetisch zueinander in Beziehung gesetzt (vgl. SMITH, Structure 109.111) und werden durch das Stichwort χήρα (V.40a.42.43b) miteinander verbunden.

Die Frucht dieser Überlegungen zur Gliederungssystematik besteht nun darin, durch den Nachweis des Gebrauches dramatischer Gliederungsmittel, nämlich von Ort, Zeit und Figurenkonstellation, darauf hinzuführen, daß ein redaktioneller Erzähler den Rezipienten des markinischen Erzähltextes im Rahmen der Darstellung über die öffentlichen Ereignisse des dritten Tages im Tempel von Jerusalem auf einen weiteren thematischen *Block zur Vollmachtsproblematik Jesu Christi* konzentriert, der in abschließender Weise – weil mit einem intellektuellen Triumph[60] der Weisheit Jesu endend (vgl. Mk 12,34c) – das vom Mk-Evangelium am Anfang seiner Erzählung angeschlagene christologische Grundthema der *Vollmacht* präzisiert. Es handelt sich um die Thema-Episode von Mk 11,27–12,34. Nachdem in 1,16–3,5 der göttliche Vollmachtsanspruch Jesu durch seine Wundertaten und den Inhalt seiner „neuen Lehre" im Unterschied zu dem der jüd. Schriftgelehrten festgehalten wird (1,27), beschäftigt sich der zweite Komplex zum Thema mit den Konsequenzen, die aus der im Verlauf der markinischen Erzählung immer eindeutiger werdenden totalen Ablehnung Jesu durch die kompetenten Repräsentanten des Judentums erwachsen (vgl. 3,6; 11,18; 12,12).

In zwei Abschnitten, einem Hauptteil 1 und 2, wird es im Folgenden dieser Untersuchung darum gehen, die beiden fundamentalen redaktionellen Intentionen des vom Autor des Mk-Evangeliums zweigeteilten *Vollmachtskomplexes* in der Jerusalemszene (Teil 1 = Mk 11,27–12,12; Teil 2 = 12,13–34) freizulegen. Die Rezipientenerwartung ist vom Erzähler des Evangeliums auf zweierlei Dinge konzentriert: Zum einen begehrt er Auskunft, wie es um die Zukunft des Judentums bestellt ist, wenn es der unter jüd. Schriftgelehrten Anstoß erregenden „neue Lehre in Vollmacht" Jesu Christi (1,27) nur noch durch die gewaltsame Beseitigung ihres Protagonisten Herr bleiben kann. Und zum anderen möchte er wissen, wie es um das zukünftige Schicksal eben dieser von Jesus Christus vertretenen Lehre und ihrer Anhänger steht, wenn diese ihren entscheidenden *Kopf*, der sie mit großer Überzeugung für seine Jünger und vor dem jüd. Volk formuliert hat, durch gewaltsamen Tod verlieren wird. Bisher liegen zur Interpretation dieser narrativen Einheit von Mk 11,27–12,34 nur Einzeluntersuchungen zu den in ihr enthaltenen Perikopen[61] oder übergreifende Analysen unter formkritischen Aspekt[62] vor, so daß diese Abhandlung mit der Auslegung dieser thematisch durchgeformten Episode der Mk-Erzählung exegetisches Neuland beschreitet.[63]

---

[60] Vgl. SMITH, Opponents 178.

[61] Vgl. z.B. LEE, Jesus; SCHWANKL, Sadduzäerfrage.

[62] Vgl. z.B. WEISS, ‚Lehre'; MUNDLA, Jesus.

[63] Vgl. die Beobachtung von STOCK, Gliederung 481 f., Anm. 5, daß sich die Forschung zu Mk 11 f. im Zuge der redaktionskritischen Methode (vgl. die Analyse von SCHMIDT, Rahmen 274–303) bisher nur mit den als vormk. interessanten Einzelperikopen beschäftigt, und darüber den Blick auf das Ganze dieses Mk-Abschnittes vernachlässigt hat.

Hauptteil 1

Die narrative Episode von Mk 11,27–12,12:
Die direkte Auseinandersetzung
über die Vollmacht Jesu Christi

1.1 Die Analyse der markinischen Redaktion
von Mk 11,27–12,12

Soll der in der *Methodischen Erklärung* zu dieser Untersuchung anvisierten Theorie zur Entstehung des Mk-Textes Genüge widerfahren, so ist es zu Beginn der Interpretation der narrativen Episode von Mk 11,27–12,12 mit dem Thema *Die direkte Auseinandersetzung über die Vollmacht Jesu Christi* an der Zeit, anhand von sprachlichen Indizien und literarkritischen Kriterien die markinische Redaktion von den schriftlich vorliegenden vormarkinischen Einzeltraditionen abzuheben. Die folgenden Ausführungen beginnen deshalb bei der Analyse des redaktionellen Rahmens der im Mk-Evangelium an diesem literarischen Ort zueinandergestellten Traditionen,[1] um darauf die redaktionelle Bearbeitung der beiden Einzelperikopen zu erheben.[2] Auf diese analytischen Bemerkungen zur Scheidung von vormarkinischer Tradition und markinischer Redaktion wird wieder zurückgegriffen, nachdem die beiden vormarkinischen Überlieferungen interpretiert wurden. Dann soll es Aufgabe sein, den markinischen Endtext zu verstehen. Dabei wird das markinische Verständnis der jeweiligen Überlieferung sowie die redaktionelle Theologie, die sich in der Zusammenordnung der beiden Perikopen zu der selbständigen Gliederungseinheit von Mk 11,27–12,12 ausdrückt, im Mittelpunkt stehen.[3]

1.1.1 Der markinische Rahmen (Mk 11,27; 12,12d)

Im Zuge der redaktionellen Komposition von Mk 11,27–12,12 hat Markus um zwei seiner Traditionen, die *Frage nach der Vollmacht Jesu* (11,28–33)[4] und der über das *Gleichnis von den Weingärtnern* (12,1–12c) einen erzählerischen Rahmen gelegt und auf diese Weise eine neue Gliederungs(-unter-)einheit innerhalb seiner Evangelienschrift geschaffen. Einer Einleitung zu Beginn, in der Handlungsort und -akteure festgelegt werden (11,27), entspricht einer

---

[1] S. u. den Abschnitt 1.1.1 dieser Untersuchung.

[2] S. u. die Abschnitte 1.1.2–3 dieser Untersuchung.

[3] S. u. die Abschnitte 1.4.1–3 dieser Untersuchung.

[4] Zur Hypothese einer vormk. Einheit von Mk 11,15b–16.28–33, der Verbindung der Perikope von der sog. *Tempelreinigung* mit der über die *Frage nach der Vollmacht Jesu* s. u. Abschnitt 1.2.1 dieser Untersuchung.

Bemerkung am Schluß, in der erzählt wird, daß die Fragesteller nach ihrem 'Auftritt' die Bühne verlassen haben (12,12d).[5]

Diese These zur rahmenden markinischen Redaktion wird für Mk 12,12d aufgrund des markinischen Vorzugswortes ἀφίημι in der Bedeutung 'verlassen'[6] und einem Vergleich mit 4,36; 8,13 und 14,50 in der Mk-Exegese grundsätzlich akzeptiert.[7] Bei 11,27 ist jedoch strittig,[8] ob neben V. 27a[9] auch V. 27bc auf markinische Redaktion zurückzuführen ist. Die analytisch für einen Übergang von der Redaktion (= V. 27a) zur Tradition (= V. 27bc) ins Feld geführten Gründe,[10] daß nämlich in V. 27ab erstens ein Wechsel vom (unpersönlichen) Plural – Subjekt von ἔρχονται sind 'Jesus und die Jünger' (vgl. 10,46b; 11,1c.14c)[11] – zum Singular – Subjekt des Genitivus absolutus von περιπατέω ist 'Jesus' (vgl. 11,22a) – und zweitens ein Zusammentreffen zweier Ortsangaben (Ἱεροσόλυμα; ἐν τῷ ἱερῷ) zu beobachten ist, dürfen noch „kein Generalindiz für die Trennung von (markinischer) Redaktion und (vormarkinischer) Tradition"[12] sein. Hier muß der Einzelfall sorgsam analysiert werden. Daß der ganze V. 27 auf Mk-Redaktion weist,[13] läßt sich zunächst an dem markinischen Vorzugsvokabular πάλιν[14], περιπατέω[15] und ἔρχομαι[16] πρός[17] sowie der markinischen Dreier-Gruppierung von Appellanten (οἱ ἀρχιερεῖς καὶ οἱ γραμματεῖς καὶ οἱ πρεσβύτεροι)[18] zeigen. Hinzu kommt, daß in diesem Vers auch einige markinische Stilelemente im Verbund mit einer primär aus 11,1ff. bekannten Sachanordnung auftreten. So findet sich die topographische Angabe von V. 27a vom Typ: καί + (hinein-)gehen + εἰς mit Ortsangabe, auch in 1,21a; 6,1; 8,22a; 9,33; 10,1.46a; 11,15a. Sie weist

---

[5] Vgl. KLAUCK, Allegorie 289; KATO, Völkermission 120; GUNDRY, Mk 656. Anders PESCH, Mk II/2 208f.213.

[6] 22/24/11(2).

[7] Vgl. GNILKA, Mk II/2 142; PRYKE, Style 168.

[8] Vgl. MUNDLA, Jesus 8. Anders PESCH, Mk II/2 209. BULTMANN, GST 18; ZIMMERMANN, Methodenlehre 153, lassen diese Frage offen.

[9] So SCHMIDT, Rahmen 293; SUNDWALL, Zusammensetzung 72; KLOSTERMANN, Mk 119; SHAE, Question 4; GNILKA, Mk II/2 137; SCHMITHALS, Mk 2/2 505; ZIZEMER, Verhältnis 233; HULTGREN, Jesus 70; MUNDLA, Jesus 6.9.12; LEE, Jesus 57; WEISS, 'Lehre' 146.146, Anm. 17; BACKHAUS, 'Jüngerkreise' 84.

[10] Vgl. BULTMANN, GST 369; TAYLOR, Mk 469; SHAE, Question 5; PRYKE, Style 43; SCHMITHALS, Mk 2/2 505.

[11] Vgl. BULTMANN, GST 368.

[12] WEISS, 'Lehre' 146, Anm. 20.

[13] Vgl. LAMBRECHT, Redaktion 37; ROLOFF, Kerygma 92, Anm. 137; PRYKE, Style 168; HOWARD, Ego 110.115; DONAHUE, Christ 117; ANDERSON, Mk 269; GARDNER, Appraisal 63f.; KATO, Völkermission 118; LÜHRMANN, Mk 197; WEISS, 'Lehre' 145–7. Anders GNILKA, Mk II/2 137.

[14] 17/28/3(5).

[15] 7/9/5(8).

[16] Ἔρχονται als Präsens historicum 3/24/1.

[17] 12/12/9(6).

[18] 1/4/0(0).

hier durch wortwörtlichen Anklang an 11,15a (καὶ ἔρχονται εἰς Ἱεροσόλυμα) auf das markinische Drei-Tage-Gliederungsprinzip des ersten Teiles der *Jerusalemszene*[19] (10,46–13,37) hin. In Verbindung mit dem im Mk–Evangelium überwiegend[20] Verwendung findenden kataphorischen Gebrauch des historischen Präsens (ἔρχονται πρός) deutet es dem Rezipienten „a semantic shift from one type of material to another"[21] an; in diesem Fall von aneinandergereihten Jesus-Logien (11,22–25) zu einer längeren thematischen Entfaltung zum Thema „Vollmacht" (vgl. 11,28b.c.29c.33d). Die nähere Lokalisierung des Geschehens „im Tempel" (V. 27bα) in der von Markus bevorzugten grammatischen Konstruktion des Genitivus absolutus[22] greift den zentralen Schauplatz der redaktionellen Jerusalem-Einheit auf (vgl. 11,11.15; 12,35; 13,1.3). Dabei gilt für Markus der Tempel als „Platz der öffentlichen Lehre Jesu innerhalb der Stadt"[23] (vgl. 11,17f.; 12,14.35.38; [bes.] 14,49). Schließlich ist dem Rezipienten des Mk-Evangeliums die Dreier-Reihe[24] der Gesprächspartner Jesu als die für sein Leidensgeschick verantwortlichen politisch-religiösen Autoritäten von der ersten Leidensankündigung Jesu in 8,31 (vgl. in der Jerusalemszene 11,18) her bekannt. Sie werden als gegnerische Synhedristen später das Jerusalemer Passionsgeschehen beherrschen (vgl. 14,43 [gleiche Reihenfolge wie 11,27b].53b; 15,1). Nach Markus[25] sollen sie auch Jesus mit der Vollmachtsfrage attackieren, so daß folglich „die ursprüngliche Überlieferung (sc. die *Frage nach der Vollmacht Jesu*) … mit V 28 zeit- und ortsunabhängig"[26] sowie ohne namentliche Appellantennennung[27] mit καὶ ἔλεγον τῷ Ἰησοῦ[28] begann.

Das Resultat zum Text der redaktionellen Rahmung von Vollmachtsperikope und Gleichnistext lautet dementsprechend (Mk 11,27; 12,12d):

V. 27a Καὶ ἔρχονται πάλιν εἰς Ἱεροσόλυμα.
   b καὶ ἐν τῷ ἱερῷ περιπατοῦντος αὐτοῦ
   c ἔρχονται πρὸς αὐτὸν οἱ ἀρχιερεῖς καὶ οἱ γραμματεῖς
      καὶ οἱ πρεσβύτεροι
      …
V. 12d καὶ ἀφέντες αὐτὸν ἀπῆλθον.

---

[19] Vgl. GARDNER, Appraisal 63f. Erster Tag in Jerusalem: bis Mk 11,11, zweiter Tag: 11,12–19, und dritter Tag ab 11,20.

[20] Ausnahmen sind nach OSBURN, Present 496, nur Mk 2,17; 3,33f.; 10,11.42; 11,22.

[21] OSBURN, Present 495, vgl. ebd. 496.

[22] Vgl. STEIN, Investigation 75.75, Anm. 15.

[23] WEISS, ‚Lehre' 146, Anm. 19.

[24] Zu Dreier-Reihen von Namen im Mk vgl. 5,37; 9,2; 15,40; 16,1, vgl. 8,28; 9,5.

[25] Unabhängig vom Mk erscheint die Dreier-Gruppe zur Bezeichnung des Synhedriums im NT nur Mt 27,41, dazu DSCHULNIGG, Sprache 102. Anders GNILKA, Mk II/2 137; SCHMITHALS, Mk 2/2 506.

[26] WEISS, ‚Lehre' 147, vgl. KLOSTERMANN, Mk 119; KREMER, Antwort 129.

[27] Anders KATO, Völkermission 120f.

[28] Dem Red. Mk ist die Pronominalisierung des Jesus-Namens zuzuschreiben.

Übersetzung:

V. 27a   „Und sie kamen wieder nach Jerusalem.
   b   Und als er im Tempel umherging
   c   kamen die Oberpriester, Schriftgelehrten
      und Ältesten zu ihm
     …
V. 12d   Und sie ließen von ihm ab und gingen weg."

1.1.2 Die markinische Bearbeitung von Mk 11,28–33

Einen deutlichen Hinweis auf einen markinisch-redaktionellen Eingriff in die mit Mk 11,28 beginnenden Perikope über die *Frage nach der Vollmacht Jesu*[29] wird im allgemeinen bei dem abrupten Wechsel von direkter zu indirekter Rede[30] in V. 32ab gesehen.[31] Die Streichung von ἐφοβοῦντο τὸν ὄχλον als einem markinischen Textzusatz führt jedoch in die Aporie eines unverständlichen vormarkinischen Textes: der Begründungssatz V. 32c besitzt dann keinen Anhalt mehr im vorherigen Text.

Darum findet bei Exegeten gleicher texttheoretischer Ansicht zum Mk-Evangelium die Lösung Zustimmung, neben Mk 11,32b auch V. 32c dem Redaktor zuzuweisen[32] bzw. darüber hinaus eine äußerst intensive Bearbeitung der V. 28–33 durch den Redaktor anzunehmen, so daß nur noch neuerdings der Texttorso V. 28c.30 als vormarkinische Überlieferung stehenbleibt.[33] Doch reichen die sprachlichen Kriterien im Verbund mit dem Redaktor-Bild von Johannes dem Täufer nicht hin, V. 32c als eindeutig markinisch auszu-

---

[29] Nach ALAND, Novum Testamentum[27], ist die Zugehörigkeit der Partikel οὖν zum Text von Mk 11,31 nicht sicher. Diese Unsicherheit erklärt sich wahrscheinlich dadurch, daß die textkritische Bewertung der Hss.-Bezeugung mit den Tendenzen der Textüberlieferung nicht übereinstimmt. Zwar ist die Auslassung schlechter bezeugt (in der Hauptsache die Hss. ℵ, B, Θ, 1, 13, 28, 33, 209, 346, 543, 579, 700, 788, 826, 983, 1424, 2427, 2542 für οὖν stehen gegen in der Hauptsache die Hss. A, C*, L, W, Δ, Ψ, 565, 892, 1241), aber aufgrund der Regel lectio brevior probalior und negativem mk. Sprachgebrauch (56/6/33[61]) ist οὖν zu streichen. Weitere textkritische Überlegungen bei GARDNER, Appraisal 225–7, Anm. 1–5; SHAE, Question 1–3; LEE, Jesus 42–7.

[30] Vgl. BLASS/DEBRUNNER, Grammatik § 470₅.

[31] Vgl. LAMBRECHT, Redaktion 38; SHAE, Question 8; MUNDLA, Jesus 11 f.18; WEISS, ‚Lehre‘ 149.

[32] Vgl. LAMBRECHT, Redaktion 38; SHAE, Question 8 f.; GNILKA, Mk II/2 137 f.; MUNDLA, Jesus 20.32; BACKHAUS, Jüngerkreise 84. Anders KATO, Völkermission 121.

[33] So WEISS, ‚Lehre‘ 148–55, vgl. ähnlich LÜHRMANN, Mk 197; ROEMER, Vineyard 142 ff. Anders DONAHUE, Christ 117.120.

weisen,[34] so daß auch weitergehende Folgerungen zur markinischen Bearbeitung des ganzen Abschnittes nicht überzeugen.[35]

Bleibt man aufgrund des markinischen Vorzugswortes ὄχλος[36] und der parallelen Aussage von Mk 12,12b, daß dieselbe Dreier-Gruppe (vgl. über 12,1 nach 11,27) in ihrem (Nicht-)Handeln vom Motiv der „Furcht vor dem Volk" regiert wird, dabei, V. 32b für einen markinischen Textteil zu halten,[37] so ist für die vormarkinische Tradition an dieser Stelle eine Textverderbnis anzunehmen,[38] die der Redaktor mit dem *Furchtmotiv* ausgefüllt und dann den nachfolgenden Text mit kausalem γάρ angeschlossen hat. Nach Analogie von V. 31c[39] ist der Text von V. 32bc mit: ἐρεῖ· ἅπαντες εἶχον τὸν Ἰωάννην … wiederherzustellen, so daß der vormarkinische Text der Perikope über die *Frage nach der Vollmacht Jesu* (11,28–33*), der hier aus Gründen der Übersichtlichkeit vorgestellt werden soll[40], wohl folgendermaßen gelautet haben könnte:

---

[34] Bereits HOWARD, Ego 112.112, Anm. 1, hat darauf hingewiesen, daß Mk mit dem Wort προφήτης „äußerst sparsam verglichen mit Mt/Lk" ist (34/5/29[30]) und daß „ὄντως nur hier bei Mk" (ebd. 112, Anm. 1) vorkommt. Ergänzend ist hinzuzufügen, daß ἅπαντες (3/4/12[11]) kein mk. Vorzugsvokabular darstellt und ἔχω + Akk. in der Bedeutung: „halten für", im Mk singulär ist. Schließlich propagiert Mk nicht von Johannes dem Täufer das Bild eines wahren Propheten; vielmehr schildert 6,15 nur Alternativansichten des Volkes: er sei „Elia" *oder* „ein Prophet wie einer der Propheten" (gegen GNILKA, Mk II/2 140; WEISS, ‚Lehre' 149; BACKHAUS, ‚Jüngerkreise' 84).

[35] Der Versuch, die ganze Vollmachtsperikope Mk 11,27–33 (so SCHOLTISSEK, Vollmacht 195–7) oder einen großen Teil (vgl. WEISS, ‚Lehre' 149 ff.) oder nur V. 31 f. (so BULTMANN, GST 19; GARDNER, Appraisal 67 f.) oder V. 32 f. (so DONAHUE, Christ 120) als mk. red. auszuweisen, kann sich auf die sprachliche Analyse der drei Redeeinleitungen V. 31a.33a.c konzentrieren, da der Inhalt der Redeteile für das Mk (zu V. 32b.c aber s. o.) einzigartig ist (zu V. 31c beachte: πιστεύω mit Dat. der Pers. ist nicht mk. red. [4/1/3]). Zwar erscheint die Redeeinleitung von V. 33a, die semitisierende Zusammenstellung (vgl. BLASS/DEBRUNNER, Grammatik § 420.2) des Partz. von ἀποκρίνομαι mit finiten Formen von λέγω im Mk häufig (1/12/6), doch läßt sich bei der Redeeinleitung von V. 33c: ὁ Ἰησοῦς λέγει τινί, keine mk. Präferenz erkennen (19/7/0). Für V. 31a wird schließlich auf Mk 8,16 und 9,34 verwiesen (vgl. WEISS, ‚Lehre' 150, Anm. 33). Dort aber heißt es (vgl. LEE, Jesus 137 f.): διαλογίζεσθαι πρὸς ἀλλήλους (sic!). Beide Texte gehen auf den Red. Mk zurück. Nimmt 8,16f. red. (vgl. GNILKA, Mk II/1 309 f.) die Konzeption von 2,6.8 auf, so ist 9,33 f. die mk. Einleitung für das Herrenwort V. 35 (mit GNILKA, Mk II/2 55, gegen WEISS, aaO. 150, Anm. 33). Zudem muß man bei einer Parallelisierung von 8,16 mit 11,31a die verschiedenen Bedeutungen von διαλογίζεσθαι πρός beachten: während in 8,16 (vgl. 2,6.8) von einer Introspektive, von (Herzens-)Gedanken die Rede ist, die der allwissende Jesus „erkennt" (8,17a; vgl. 2,8a), fehlt die ‚Kunst des Gedankenlesens' bei Jesus in 11,33c. Darum ist zu folgern, daß in 11,31 von untereinander wörtlich geäußerten „Erwägungen" der Jesus-Appellanten die Rede ist.

[36] Ὄχλος im Sing. 16/36/25; bei Mk nur 10,1 im Plur.

[37] Mit IRELAND, ‚Authority' 74, gegen KATO, Völkermission 121.

[38] Vgl. LEE, Jesus 60. Genauso möglich ist die Annahme, der Red. habe eine ursprünglich zu Mk 11,31c parallele Formulierung ersetzt.

[39] Vgl. LANE, Mk 414.

[40] Vgl. KLEIST, Mk 59 f.

V. 28a καὶ ἔλεγον τῷ Ἰησοῦ·
   b ἐν ποίᾳ ἐξουσίᾳ ταῦτα ποιεῖς[41]
   c ἢ τίς σοι ἔδωκεν τὴν ἐξουσίαν ταύτην ἵνα ταῦτα ποιῇς;
V. 29a ὁ δὲ Ἰησοῦς εἶπεν αὐτοῖς·
   b ἐπερωτήσω ὑμᾶς ἕνα λόγον καὶ ἀποκρίθητέ μοι
   c καὶ ἐρῶ ὑμῖν ἐν ποίᾳ ἐξουσίᾳ ταῦτα ποιῶ.
V. 30a τὸ βάπτισμα τὸ Ἰωάννου ἐξ οὐρανοῦ ἦν ἢ ἐξ ἀνθρώπων;
   b ἀποκρίθητέ μοι.
V. 31a καὶ διελογίζοντο πρὸς ἑαυτοὺς λέγοντες·
   b ἐὰν εἴπωμεν· ἐξ οὐρανοῦ,
   c ἐρεῖ· διὰ τί οὐκ ἐπιστεύσατε αὐτῷ;
V. 32a ἀλλὰ εἴπωμεν· ἐξ ἀνθρώπων,[42]
   b* ἐρεῖ·
   c ἅπαντες εἶχον τὸν Ἰωάννην ὄντως ὅτι προφήτης ἦν.
V. 33a καὶ ἀποκριθέντες τῷ Ἰησοῦ λέγουσιν·
   b οὐκ οἴδαμεν.
   c καὶ ὁ Ἰησοῦς λέγει αὐτοῖς·
   d οὐδὲ ἐγὼ λέγω ὑμῖν ἐν ποίᾳ ἐξουσίᾳ ταῦτα ποιῶ.

Übersetzung:

V. 28a „Da sprachen sie zu Jesus:
   b ‚In welcher Vollmacht tust du dieses
   c oder wer hat dir diese Vollmacht gegeben, dieses zu tun?‘
V. 29a Jesus aber sagte zu ihnen:
   b ‚Ich frage euch eine Sache, und wenn ihr mir sie beantwortet,
   c werde ich euch sagen, in welcher Vollmacht ich dieses tue.
V. 30a War die Taufe von Johannes vom Himmel oder von Menschen?
   b Antwortet mir!‘
V. 31a Da überlegten sie bei sich:
   b ‚Sagen wir: 'Vom Himmel',
   c wird er sagen: 'Warum habt ihr ihm nicht geglaubt?'
V. 32a Sagen wir hingegen: 'Von Menschen',
   b* wird er sagen:
   c 'Alle hielten Johannes wahrhaftig dafür, ein Prophet zu sein'.‘
V. 33a Und sie antworteten Jesus und sagten:
   b ‚Wir wissen es nicht.‘
   c Da sagte Jesus ihnen:
   d ‚Auch ich sage euch nicht, in welcher Vollmacht ich dies tue.'“

---

[41] Da es sich nicht um zwei einzelne Fragen handelt, sondern wie Mk 4,30 die anreihende Konjunktion ἤ in Verbindung mit dem Interrogativpronomen τίς zeigt, daß die grundsätzliche Fragestellung von 11,28b (Interrogativpronomen ποῖος bzw. in 4,30a πῶς) ergänzend fortgeführt, ist ein Fragezeichen fehl am Platze (gegen ALAND, Novum Testamentum[27], s. ebd. zu 4,30).

[42] Da der elliptische Eventualis von Mk 11,32a analog zu V. 31b die zweite mögliche Antwort auf V. 30a (ἐξ ἀνθρώπων) hypothetisch durchspielt, ist ein Fragezeichen irreführend (gegen ALAND, Novum Testamentum[27]).

Der Text der markinischen Redaktion der vormarkinischen Perikope zur *Frage nach der Vollmacht* lautet dementsprechend folgendermaßen (Mk 11,32bc):

V. 32b ἐφοβοῦντο τὸν ὄχλον·

c ... γὰρ ...

Übersetzung:

V. 32b „Sie fürchteten das Volk

c ... denn ...“

1.1.3 Die markinische Bearbeitung von Mk 12,1–12c

Bei der Untersuchung der von Markus angestellten Redaktion an der vormarkinischen Überlieferung des *Gleichnisses von den Weingärtnern* (Mk 12,1–12c)[43] unterscheidet man aufgrund der Forschungslage am besten zwischen der Analyse der textlichen „Rahmung der Gleichnisrede"[44] und einzelnen redaktionellen Eingriffen in den fortlaufenden Text des Winzergleichnisses. Während bei Mk-Interpreten, die ein vormarkinisches (Einzel-)Textstadium des Mk-Evangeliums befürworten, großenteils Übereinstimmung darin besteht, die rahmenden Versteile 12,1a.12a–c für markinisch zu halten,[45] gibt es unterschiedliche Überlegungen, welche kleineren und/oder größeren Textteile des Winzergleichnisses auf Markus zurückzuführen sind.

---

[43] Nach ALAND, Novum Testamentum[27], ist in Mk 12,9a die Zugehörigkeit der Partikel οὖν zum ursprünglichen Text nicht ganz sicher. Diese Unsicherheit erklärt sich wohl aufgrund des Widerspruches zwischen der textkritischen Beurteilung nach der Hss.-Bezeugung und nach den Tendenzen der Textüberlieferung. So sprechen sich für die Lesart mit οὖν die Mehrheit der Hss., in der Hauptsache ℵ, A, C, W, Δ, Θ, Ψ, 1, 13, 28, 33, 346, 543, 565, 579, 700, 788, 826, 828, 983, 1241, 1424, 1582 und 2542 aus, während dagegen nur in der Hauptsache die Hss. B, L und 2472 stehen. Auf der anderen Seite weisen aber die Regel lectio brevior probalior, das Verhältnis der Hs. 892 (urspüngliche Lesart ohne οὖν) zu ihrem Korrektor (mit οὖν) sowie der negative mk. Sprachgebrauch von οὖν (56/6/33[61]) auf eine ursprüngliche Lesart: τὶ ποιήσει, hin. Ist ein harmonisierender Paralleleinfluß nach Mt 21,40b (ohne οὖν) wie Lk 20,15b (mit οὖν) möglich, so läßt sich eine textkritische Entscheidung für οὖν mit der besseren Hss.-Bezeugung und literarkritisch (Mk-Priorität der 2-Quellen-Theorie) mit den ersten Lesern des Mk-Textes (Mt 21,40a; Lk 20,15b mit οὖν) sowie überlieferungsgeschichtlich mit einer Abhängigkeit des Winzergleichnisses von Jes 5,1 ff. LXX (s. u. den Abschnitt 1.3.1.1 dieser Untersuchung), s. V. 5: νῦν, begründen. Weitere textkritische Überlegungen bei LEE, Jesus 47–50. Zum Verständnis von ἐκεφαλίωσαν in Mk 12,4b s. u. den Abschnitt 1.3.1.3 dieser Untersuchung.

[44] GNILKA, Mk II/2 142.

[45] Vgl. LAMBRECHT, Redaktion 38; HENGEL, Gleichnis 1.1, Anm. 5; DONAHUE, Christ 122 f.; CARLSTON, Parables 179.181; SCHWEIZER, Mk 131; ANDERSON, Mk 270; GNILKA, Mk II/2 142; KLAUCK, Allegorie 286.289; PRYKE, Style 168; ERNST, Mk 340.343; KAZMIERSKI, Jesus 127; KATO, Völkermission 119; ZIZEMER, Verhältnis 238 f.; WEDER, Gleichnisse 147.150; LEE, Jesus 156; SCHOLTISSEK, Vollmacht 198.

Daß die das *Gleichnis von den Weingärtnern* einfassenden Versteile Mk 12,1a.12a–c markinischen Ursprungs sind, legt sich durch vokabelstatistische Indizien sowie parallele Wendungen im Mk-Evangelium nahe: In V. 1a ist zu beobachten, daß ἄρχω ein markinisches Vorzugswort[46] ist, die Wendung ἤρξατο (Aorist) + Infinitiv häufig im Mk-Evangelium vorkommt[47] sowie in 4,1; 8,31; 10,32 genauso zur einleitenden Bezeichnung von direkter Jesus-Rede verwandt wird und in 3,23 die zu V. 1a vergleichbare Phrase ἐν παραβολαῖς ἔλεγεν (= Jesus, s. 3,7) αὐτοῖς erscheint. Zu V. 12a–c ist festzustellen, daß in der markinischen Einleitung der Passionserzählung in 14,1 die Zuordnung von ζητέω[48] (vgl. das Subjekt: οἱ ἀρχιερεῖς καὶ οἱ γραμματεῖς, mit 12,12a über V. 1a nach 11,27b) und κρατέω[49] (gleiches Objekt: αὐτόν [= Jesus, vgl. 13,5; zu 12,12a über V. 1a nach 11,33a], s. auch 6,17) anzutreffen ist[50] und in 11,32c (vgl. 11,18) die Mk-Redaktion bereits die Reaktion der Gegner Jesu von der „Furcht vor dem Volke[51]" motiviert sah.[52] Der anschließende Begründungssatz V. 12c enthält in der Verbindung von γινώσκω mit παραβολή Elemente der markinischen Gleichnistheorie, wie sie auch im markinischen Gleichniskapitel in 4,13 anzutreffen sind.[53] Somit hat Markus mit 12,1a.12a–c einen gattungstheoretischen Rahmen um die Metaphernrede gelegt.

Aufgrund dieser sprachlichen Merkmale macht es guten Sinn, den als historisierenden Erzähler auftretenden Mk-Redaktor für die komplette situative Verankerung des Winzergleichnisses in der Wirkungszeit Jesu verantwortlich zu machen. Er legt mit Jesus (vgl. zu Mk 12,1a 11,33a) den Sprecher des für den Rezipienten einführend als „Gleichnisrede/Bildrede"[54] gekennzeichneten Monologes fest, den dieser nach der Ortsangabe von 11,27a im Tempel von Jerusalem hält. Schließlich legt er besonderen Wert darauf, die Adressaten dieser Jesus-Rede zu benennen, die nach V. 27b aus der Dreier-Gruppe οἱ

---

[46] 13/27/31(10), vgl. Dschulnigg, Sprache 182; Weder, Gleichnisse 147, Anm. 1.

[47] 8/18/11(4), Jülicher, Gleichnisreden 2,385; Kleist, Mk 154–61, vgl. Dschulnigg, Sprache 182; Kato, Völkermission 119.

[48] Vgl. auch Mk 11,18; 14,11b.55.

[49] 12/15/2(4).

[50] Vgl. Kato, Völkermission 119; Schlarb, Suche 163.

[51] Bei ὄχλος im Sing. handelt es sich um ein mk. Vorzugswort (16/36/25).

[52] S. o. den Abschnitt 1.1.2 dieser Untersuchung.

[53] Anders Frankemölle, Jesus 198.

[54] Weil Mk 12,12c die gesamte Gleichnisrede von 12,1b–11 eine παραβολή nennt, wird die plur. Wendung von 12,1a ἐν παραβολαῖς analog zu 3,23 mit „in Gleichnisform/in gleichnishafter Redeweise" übersetzt, mit Klostermann, Mk 121; Taylor, Mk 473; Hengel, Gleichnis 1 f., Anm. 5; Cranfield, Mk 364; Lane, Mk 415, Anm. 1; Anderson, Mk 272; Klauck, Allegorie 287; Haenchen, Weg 396, Anm. 1; Grundmann, Mk 321; Pesch, Mk II/2 214; Zizemer, Verhältnis 238 f.; Kato, Völkermission 119; Lee, Jesus 159, gegen Schmidt, Rahmen 288; Dibelius, FE 238; Wohlenberg, Mk 307 (vgl. Gundry, Mk 659.683), die aus dem Plur. auf eine Gleichnissammlung schließen möchten.

ἀρχιερεῖς καὶ οἱ γραμματεῖς καὶ οἱ πρεσβύτεροι bestehen, indem er nach Beendigung der Gleichnisrede auch ausführlich ihre Hörerreaktion festhält[55] (12,12a–c).

In Verbindung mit dem von Markus gesetzten szenischen Abschluß des ersten Teilabschnittes der Jerusalem-Episode zu den Konsequenzen Jesu Vollmachtsanspruches (Mk 11,27–12,12) in V. 12d[56] ergeben sich jetzt mit V. 12a–c zusammen vier Sätze, von denen V. 12a.b.d mit parataktischem καί eingeleitet werden und in einfacher Syntax aus vier Worten gebildet sind.[57] Das Sinnverhältnis der Sätze ist nach dem Schema a,b,a',b' geordnet.[58] So erklärt der von der Selbsterkenntnis der Adressaten redende Begründungssatz V. 12c, insofern er ihr Verhalten als Grund zur Abfassung des Jesus-Gleichnisses angibt, ihre in V. 12a angeführte Motivation zum gewalttätigen Streben, Jesus als unliebsamen Sprecher des Winzergleichnisses unschädlich zu machen. Und das Motiv der „Furcht vor dem Volk" (V. 12b) bewegt die Gegner Jesu, das Weite zu suchen (V 12d), da Jesus im Gegensatz zu ihnen beim (jüd.) Volk Popularität genießt (vgl. 12,37b).[59]

Geht man nach der im Rahmen markinischer Redaktionstätigkeit zu erwartenden sekundären Rahmung der Gleichnisüberlieferung nun über zur Prüfung des Winzergleichnistextes auf redaktionelle Erweiterungen, so fällt zunächst in Mk 12,4b der Blick auf das retrospektive πάλιν[60], für das sich vokabelstatistisch markinische Vorliebe nachweisen läßt.[61] Als grammatische Kennzeichnung einer Ereignis-Wiederholung steht es isoliert in seinem unmittelbaren Kontext, insofern in V. 5a bei der Beschreibung der nochmaligen, nun zum dritten Mal stattfindenden Sendung eines Knechtes, eine vergleichbare Anreihungswendung fehlt.

Eine weitere literarische Spannung des Textes läßt sich wahrscheinlich ebenso auf Mk-Redaktion zurückführen: Es besteht nämlich ein Unterschied zwischen der direkten Rede des Weinbergbesitzers, in der er seinen Sohn τὸν υἱόν μου nennt (V. 6c), und der Erläuterung des Gleichniserzählers, der zuvor in V. 6a eben diesen Sohn des Weinbergbesitzers als „geliebten Sohn" bezeichnet hat.[62] „Da ἀγαπητός … in Verbindung mit υἱός nicht nur ‚geliebt‛, sondern (wie in der klassischen Gräzität) mehr noch ‚einzig‛ heißt[63] (vgl. Gen

---

[55] Vgl. WEDER, Gleichnisse 150.
[56] S. o. den Abschnitt 1.1.1 dieser Untersuchung.
[57] Vgl. PRYKE, Style 47; REISER, Syntax 105 f.
[58] Vgl. ZERWICK, Untersuchungen 135; KLOSTERMANN, Mk 123; LEE, Jesus 63.178. Anders PRYKE, Style 47.
[59] Vgl. JÜLICHER, Gleichnisreden 2,396 f.
[60] Vgl. dazu auch PEABODY, Mark 146.
[61] 17/28/3(5). Mit VAN IERSEL, 'Sohn' 135; ROEMER, Vineyard 258, gegen PRYKE, Style 98.
[62] Vgl. GNILKA, Mk II/2 143.
[63] Dazu TURNER, ΥΙΟΣ 117 ff.; [ἀγαπητός], ἀγαπητός 339 f.

22,2 LXX[64]; Röm 8,32: ἰδίου), ist es (zugleich) eine Wiederholung von ἕνα"[65] (V. 6a). Diese Art, in grammatisch nachgestellter und dadurch betonter Weise das besondere Verhältnis des Sohnes zu seinem Vater mit ἀγαπητός auszuzeichnen, findet sich auch bei den beiden einzigen weiteren Vorkommen dieses Adjektives im Mk-Evangelium in 1,11; 9,7 (jeweils attributive Stellung). Da im gesamten Text des Winzergleichnisses außer den Pronomina ἄλλος (V. 4a) und ἐκεῖνος (V. 7a) kein weiteres schmückendes Adjektiv verwendet wird, ist der Einfluß markinischer Christologie hier[66] unverkennbar.[67]

Bei weiteren Überlegungen zu redaktionellen Veränderungen des Winzergleichnisses durch Markus ist begründete Skepsis angebracht: Das betrifft erstens die Annahme, Mk 12,5bc sei ein auf den Endredaktor zurückgehender Einschub.[68] Denn dafür gibt es keinen sprachlichen und sachlichen Anhalt.[69] Zweitens darf κεφαλιόω in 12,4b keineswegs als markinische Anspielung auf den Tod Johannes des Täufers (6,27: ἀποκεφαλίζω) bewertet werden.[70] Ohne Anhalt im Mk-Evangelium ist drittens die Behauptung, 12,9bc „is the practice of the evangelists to point the moral of parables"[71]. Und oftmals wird sodann die Vermutung geäußert, daß das Schriftzitat von Ps 117,22f. LXX (= Mk 12,10bf.) erst von Markus an den ursprünglichen Text des Winzergleichnisses angehängt worden sei.[72] Für diese Redaktionstätigkeit gibt aber die verneinte

---

[64] „Und er (sc. Gott) sprach: ‚Nimm deinen einzigen (LXX: τὸν υἱόν σου τὸν ἀγαπητόν; MT: יְחִידְךָ = „einzig") Sohn, den du liebst, Isaak'" (s. auch Gen 22,12.16; Jer 6,26; Am 8,10; Sach 12,10). Vgl. in Jdc 11,34(A); Tob 3,10(S) ἀγαπητή im Wechsel mit μία und μονογενής.

[65] Klauck, Allegorie 287, vgl. Lentzen-Deis, Taufe 188.

[66] Mk. ist also in Mk 12,6 nur das Adjektiv ἀγαπητός, mißverständlich Gnilka, Mk II/2 143. Daß mk. Red. auch in 1,11; 9,7 für die Einfügung von ὁ ἀγαπητός verantwortlich zu machen ist, legt sich „nahe, vor allem weil an beiden Stellen in dem durch die Himmelsstimme aufgenommenen Psalmzitat (2,7) das Adjektiv ἀγαπητός fehlt" (Frankemölle, Jesus 197, Anm. 44).

[67] Mit Hengel, Gleichnis 30; Via, Gleichnisse 128 f.; Crossan, Parables 88; Frankemölle, Jesus 197 f.; Klauck, Gleichnis 124; ders., Allegorie 287; Kümmel, Gleichnis 209; Weder, Gleichnisse 149; Carlston, Parables 186, Anm. 45; Kato, Völkermission 122, Anm. 46; Lee, Jesus 62; Schramm/Löwenstein, Helden 30, gegen Blank, Sendung 39.

[68] So Suhl, Funktion 140 f. (vgl. Hengel, Gleichnis 9: „eventuell"); Haenchen, Weg 399; Carlston, Parables 180, Anm. 9. Abgelehnt von Jeremias, Gleichnisse 69, Anm. 3; Kümmel, Gleichnis 209; Klauck, Gleichnis 123.

[69] Vgl. Jeremias, Gleichnisse 69, Anm. 3, daß die syntaktische Konstruktion μέν – δέ im Mk selten ist, dazu Kümmel, Gleichnis 209, Anm. 12; Miller, Scripture 294, Anm. 24.

[70] S.o. den Abschnitt 1.3.1.3 dieser Untersuchung. Gegen Crossan, Parable 452; ders., Parables 87.

[71] Dodd, Parables 98, vgl. Suhl, Funktion 140.

[72] So Wendling, Entstehung 152; Bultmann, GST 191; Johnson, Mk 194 f.; Suhl, Funktion 141 f.; Donahue, Christ 122; Hoffmann, Mk 8,31 S. 178; Carlston, Parables 180; Klauck, Allegorie 288 f.; Linnemann, Gleichnisse 27; Krämer, Art. γωνία Sp. 647. Nicht festlegen wollen sich Taylor, Mk 473.477; Hengel, Gleichnis 1, Anm. 4; Klauck, Gleichnis 126; Frankemölle, Jesus 197; Lee, Jesus 154, Anm. 1.

rhetorische Frageeinleitung des Schriftzitates (V. 10a), die im Mk-Evangelium dreimal verschieden lautet (vgl. 2,25; 12,26), kein sprachliches Indiz her.[73]

Ist darum bei der Annahme zweier geringer redaktioneller Zusätze des Winzergleichnisses auf markinischer Ebene zu bleiben, so lautet die ort- und zeitlos[74] sowie ohne Sprecher- und Adressatenangabe überlieferte vormarkinische Tradition Mk 12,1b–11[*] über das *Gleichnis von den Weingärtnern*, deren Text, in Sinnzeilen gegliedert[75], hier als Arbeitshilfe für die weitere Textinterpretation vorgestellt werden soll, folgendermaßen:

V. 1b   Ἀμπελῶνα ἄνθρωπος ἐφύτευσεν
   c   καὶ περιέθηκεν φραγμὸν
   d   καὶ ὤρυξεν ὑπολήνιον
   e   καὶ ᾠκοδόμησεν πύργον
   f   καὶ ἐξέδετο αὐτὸν γεωργοῖς
   g   καὶ ἀπεδήμησεν.
V. 2a   καὶ ἀπέστειλεν πρὸς τοὺς γεωργοὺς τῷ καιρῷ δοῦλον,
   b   ἵνα παρὰ τῶν γεωργῶν λάβῃ ἀπὸ τῶν καρπῶν τοῦ ἀμπελῶνος.
V. 3   καὶ λαβόντες αὐτὸν ἔδειραν καὶ ἀπέστειλαν κενόν.
V. 4a[*]   καὶ ἀπέστειλεν πρὸς αὐτοὺς ἄλλον δοῦλον.
   b   κἀκεῖνον ἐκεφαλίωσαν καὶ ἠτίμασαν.
V. 5a   καὶ ἄλλον ἀπέστειλεν.
   b   κἀκεῖνον ἀπέκτειναν,
   c   καὶ πολλοὺς ἄλλους,
   d   οὓς μὲν δέροντες, οὓς δὲ ἀποκτέννοντες.
V. 6a[*]   ἔτι ἕνα εἶχεν υἱόν·
   b   ἀπέστειλεν αὐτὸν ἔσχατον πρὸς αὐτοὺς λέγων ὅτι
   c   ἐντραπήσονται τὸν υἱόν μου.
V. 7a   ἐκεῖνοι δὲ οἱ γεωργοὶ πρὸς ἑαυτοὺς εἶπαν ὅτι
   b   οὗτός ἐστιν ὁ κληρονόμος,
   c   δεῦτε ἀποκτείνωμεν αὐτόν
   d   καὶ ἡμῶν ἔσται ἡ κληρονομία.
V. 8a   καὶ λαβόντες ἀπέκτειναν αὐτόν
   b   καὶ ἐξέβαλον αὐτὸν ἔξω τοῦ ἀμπελῶνος.
V. 9a   τί οὖν ποιήσει ὁ κύριος τοῦ ἀμπελῶνος;
   b   ἐλεύσεται καὶ ἀπολέσει τοὺς γεωργοὺς
   c   καὶ δώσει τὸν ἀμπελῶνα ἄλλοις.

---

[73] Vgl. CRANFIELD, Mk 369; KAZMIERSKI, Jesus 128; GNILKA, Mk II/2 142; BAYER, Predictions 100 f. Trifft es zwar zu, daß „das ἀποδοκιμάζειν des Psalmzitats ... bei Mk noch im ersten Passionssummarium 8,31, in Verbindung mit der gleichen Personengruppe, die auch Mk 11,27; 12,12 Subjekt und Mk 12,1 Adressat ist", steht (KLAUCK, Allegorie 288 f., vgl. KRÄMER, Art. γωνία Sp. 647), so ist damit nur für den teilweise red. Text 8,31 (vgl. HOFFMANN, Mk 8,31 S. 175 ff.) die Verarbeitung von 12,11 f. bzw. Ps 117,22 erklärt. Eine häufige zitathafte Benutzung gerade dieses Ps im Mk, die auf mk. Red. schließen ließe, ist nicht festzustellen (5/3/5[1]).

[74] Vgl. SCHMIDT, Rahmen 288; KLAUCK, Gleichnis 141.

[75] Vgl. KLEIST, Mk 60–2.

V. 10a   οὐδὲ τὴν γραφὴν ταύτην ἀνέγνωτε;[76]
    b   λίθον ὃν ἀπεδοκίμασαν οἱ οἰκοδομοῦντες,
    c   οὗτος ἐγενήθη εἰς κεφαλὴν γωνίας·
V. 11a   παρὰ κυρίου ἐγένετο αὕτη
    b   καὶ ἔστιν θαυμαστὴ ἐν ὀφθαλμοῖς ἡμῶν.

Übersetzung:

V. 1b   „‚Einen Weinberg pflanzte ein Mann,
    c   machte um ihn einen Zaun,
    d   grub eine Kelter,
    e   baute einen Wachturm,
    f   übergab ihn an Bauern
    g   und reiste ab.
V. 2a   Und zur rechten Zeit sandte er zu den Bauern einen Knecht,
    b   um von den Früchten des Weinberges bei den Bauern in
         Empfang zu nehmen.
V. 3   Und sie nahmen ihn, schlugen ihn und schickten ihn leer fort.
V. 4a*   Und er sandte zu ihnen einen anderen Knecht.
    b   Auch jenem verunstalteten sie den Kopfputz und machten ihn
         (dadurch) verächtlich.[77]
V. 5a   Und einen anderen sandte er.
    b   Auch jenen töteten sie
    c   und viele andere,
    d   die einen schlugen sie, die anderen töteten sie.
V. 6a*   Noch einen Sohn hatte er:
    b   Ihn sandte er als letzten zu ihnen und sprach (bei sich):
    c   'Vor meinem Sohn werden sie sich scheuen.'
V. 7a   Jene Bauern aber sagten zueinander:
    b   'Das ist der Erbe,
    c   auf, laßt uns ihn töten,
    d   und das Erbe wird uns gehören.'
V. 8a   Und sie nahmen ihn und töteten ihn
    b   und warfen ihn aus dem Weinberg.‘
V. 9a   ‚Was wird nun der Herr des Weinberges tun?‘
    b   ‚Er wird kommen und die Bauern vernichten
    c   und den Weinberg anderen übergeben.‘
V. 10a   ‚Habt ihr auch nicht dieses Schriftwort gelesen?
    b   'Der Stein, den die Bauleute verworfen haben,
    c   dieser ist zum Eckstein geworden;
V. 11a   durch den Herrn ist es geschehen
    b   und ist wundervoll vor unseren Augen'.‘“

Der Text der markinischen Redaktion des Gleichnisses von den Weingärtnern lautet dementsprechend (Mk 12,1a.4a.6a.12a–c):

---

[76] Das Fragezeichen muß aus formkritischen Gründen (s. u. den Abschnitt 1.3.1.2 dieser
Untersuchung) bereits hier gesetzt werden, anders ALAND, Novum Testamentum[27].
[77] S. u. den Exkurs in Abschnitt 1.3.1.3 dieser Untersuchung.

V. 1a Καὶ ἤρξατο αὐτοῖς ἐν παραβολαῖς λαλεῖν·

V. 4a … πάλιν …

V. 6a … ἀγαπητόν …

V. 12a καὶ ἐζήτουν αὐτὸν κρατῆσαι
   b καὶ ἐφοβήθησαν τὸν ὄχλον,
   c ἔγνωσαν γὰρ ὅτι πρὸς αὐτοὺς τὴν παραβολὴν εἶπεν.

Übersetzung:

V. 1a „Und er begann zu ihnen in Gleichnisrede zu sprechen:

V. 4a … wiederum …

V. 6a … geliebten …

V. 12a Und sie versuchten, sich seiner zu bemächtigen,
   b fürchteten aber das Volk,
   c denn sie erkannten, daß er das Gleichnis zu ihnen gesprochen hatte."

1.2 Die Interpretation der vormarkinischen Perikope: Die *Frage nach der Vollmacht Jesu* (Mk 11,28-33*)

1.2.1 Zur Formkritik von Mk 11,28-33*

Bei der formkritischen Analyse der Perikope die *Frage nach der Vollmacht Jesu* (Mk 11,28-33*) wird seit der Analyse von *Rudolf Bultmann*[1] sowohl ihre Eigenständigkeit als auch ihre Integrität diskutiert. Zur Disposition steht dabei erstens die Überlegung, daß das Gespräch über die Vollmacht Jesu vormarkinisch eng mit der Perikope von der sog. *Tempelreinigung* verbunden (V. 15b-16[2]) und formkritisch gesehen daher ein (längeres) Apophthegma, ein Streitgespräch aufgrund eines konkreten Anlasses, gewesen sei.[3] Und zur Disposition steht zweitens die Ansicht, daß zwischen V. 30 und den V. 31f. eine logische Inkonzinnität herrsche, insofern in V. 30 ein Analogieschluß von der göttlichen Vollmacht des Täufers zu Jesus gezogen werde, V. 31f. hingegen den Glauben an den Propheten Johannes den Täufer in den Vordergrund stelle. Folglich sei aufgrund rabb. Formanalogien mit einem ursprünglich kurzen Gespräch von Gegnerfrage und Gegenfrage Jesu (V. 28-30[4] bzw.

---

[1] Vgl. GST 18.

[2] Zur mk. Red. von Mk 11,15a s.o. den Abschnitt 1.1.1 dieser Untersuchung. Zur mk. Anreihung der vormk. Schriftwortkombination als Deutung der Tempelreinigung in 11,17 vgl. GNILKA, Mk II/2 127; GARDNER, Appraisal 63; MUNDLA, Jesus 6.

[3] Während BULTMANN, GST 18 (vgl. SCHMIDT, Rahmen 294): „Das (sc. der Zusammenhang mit der ‚Tempelreinigung') mag in einer früheren Redaktion des Mk der Fall gewesen sein, ob aber auch ursprünglich, ist sehr fraglich", noch vorsichtig von einer vormk. Komposition sprach, ging man später gemeinhin dazu über, einen ursprünglichen vormk. Zusammenhang zu postulieren, vgl. WELLHAUSEN, Mk 98; ALBERTZ, Streitgespräche 19; SUNDWALL, Zusammensetzung 71f.; CRANFIELD, Mk 362; HAHN, Hoheitstitel 171, Anm. 3; TAYLOR, Mk 469f.; BURKILL, Revelation 200, Anm. 23; LOHMEYER, Mk 240; KREMER, Antwort 131; HAENCHEN, Weg 393; GARDNER, Appraisal 64; ROLOFF, Kerygma 93; SCHWEIZER, Mk 130; SCHMITHALS, Mk 2/2 505; MAKRIDES, Considerations 44f.; ZIZEMER, Verhältnis 234; KATO, Völkermission 120; GRUNDMANN, Mk 316; MUNDLA, Jesus 7; ERNST, Johannes 34; BECKER, Joh 4/1 144.

[4] So BULTMANN, GST 19, vgl. SHAE, Question 14; HAHN, Hoheitstitel 375, Anm. 7; ANDERSON, Mk 269; GNILKA, Mk II/2 136f.; BACKHAUS, ‚Jüngerkreise' 83.

V. 28ab/c.29a.30[5] bzw. V. 27b.28a.c.29ab.30[6]) zu rechnen.[7] Daß beide kompositionskritischen Thesen einer kritischen Prüfung nicht standhalten, möchten die folgenden Ausführungen belegen. Dabei wird sich zeigen lassen, daß die Perikope als eine *selbständige Texteinheit* im vormarkinischen Stadium zu betrachten und bis auf den erläuternden V. 28c *einheitlich* ist. Werden diese Ergebnisse akzeptiert, so können einige Bemerkungen zum Aufbau sowie zur Formanalyse und Gattungszuweisung der Vollmachtsperikope angestellt werden.

Ad 1: Bei einem Plädoyer für die vormarkinische Eigenständigkeit[8] der Perikope schieben sich drei Gedankenreihen in den Vordergrund: Erstens, der angeblich fehlende Bezug des ταῦτα in der bei selbständiger Überlieferung das Gespräch eröffnenden Problemfrage Mk 11,28[9] bleibt Postulat.[10] So zeigt schon die Sachparallele zur Vollmachtsproblematik Act 4,5 ff. in 4,7b, daß bei einem angenommenen ursprünglichen Bezug der Vollmachtsfrage zum *einmaligen Vorgang* der *Tempelreinigung* (Mk 11,15bf.) der Singular des Demonstrativpronomens (τοῦτο) zu erwarten wäre (vgl. Act 4,7b mit Bezug auf 3,1 ff.). Zudem ist im biblischen Sprachraum zu beobachten, daß rückweisendes, isoliertes ταῦτα in Verbindung mit ποιέω sich überwiegend summarisch auf eine Mehrzahl von Handlungen bezieht[11] oder sogar, wie hier für einen selbständigen Text Mk 11,28–33* angenommen wird, in einer eigenständigen Formeinheit erscheint (vgl. Dtjes 56,2; Lk 23,31). Das ταῦτα des vormarkinischen Textes kann dementsprechend umfassend auf das *ganze Wirken und Verhalten* der Person Jesu Christi inklusive seiner Tempelaktion bezogen werden.[12] Zweitens ist zu bestreiten, daß der Text Joh 2,13–22, wo im (fast) unmittelbaren Anschluß an das Geschehen der ‚Tempelreinigung'

---

[5] So HOWARD, Ego 112f.; SHAE, Question 12.

[6] So HULTGREN, Jesus 70.

[7] Mit der These von DAUBE, New Testament 219 (rezipiert von GARDNER, Appraisal 67; ZIMMERMANN, Methodenlehre 153), daß die ursprüngliche Fassung der Vollmachtsperikope aufgrund rabb. Formanalogien „(1) hostile question, (2) counterquestion, (3) answer by which the enemy becomes vulnerable, (4) refutation stated by way of inference from the answer" sei, hat sich bereits kritisch HOWARD, Ego 111f., auseinandergesetzt und darauf aufmerksam gemacht, daß die einzige von DAUBE (aaO. 151) beigebrachte rabb. Parallele San 65[b] anders als Mk 11,30 in der Gegenfrage einen Analogieschluß enthält und somit „keine echte Parallele zu Mk 11,28–33" sei (HOWARD, aaO. 111, vgl. 111, Anm. 5).

[8] Vgl. ZIZEMER, Verhältnis 234.

[9] So TAYLOR, Mk 468f.; HAHN, Hoheitstitel 171, Anm. 3; HULTGREN, Jesus 72; ROLOFF, Kerygma 91, Anm. 131; GARDNER, Appraisal 64; SCHWEIZER, Mk 130; MUNDLA, Jesus 5.7.

[10] Vgl. WEISS, ‚Lehre' 144.

[11] Vgl. (LXX) Num 29,39; Jdc 2,2; 15,11; 2 Reg 23,22; 1 Chr 11,24; 2 Makk 10,4; Ps 14,5; 49,21; PsSal 15,4; Dtjes 45,21; Jer 2,17; 4,18; 37,16; Ez 23,30.38. Mt 23,23 par.; Joh 7,4; 15,21; 16,3f.; 19,24; Act 14,15; 2 Petr 1,10. Anders 2 Reg 23,17; 1 Chr 11,19; Joh 5,16; 12,16.

[12] Mit WEISS, ‚Lehre' 144; BACKHAUS, ‚Jüngerkreise' 84, gegen SHAE, Question 20–4; HULTGREN, Jesus 72; MARUCCI, Christologie 296f.

(V. 13–17) die Juden an Jesus die Forderung nach einem Zeichen richten
(V. 18–22), ein formkritisches „altes Stadium"[13] einer engen Verbindung der
Einheiten von *Tempelreinigung* und *Vollmachtsfrage* (= Mk 11,15b–16.28–33)
darstelle. Läßt man es aufgrund der sachlichen Nähe[14] von Vollmachtsfrage
und Zeichenforderung als Bestandteile derselben Legitimationsproblematik
noch dahingestellt, daß Joh 2,18 im Unterschied zu Mk 11,28–33[*15] (vgl. aber
8,11–13) ein *Beglaubigungszeichen* für die prophetische Kultkritik Jesu fordert, so ist auffällig, daß Joh 2,13 ff. keine kompositionskritische Einheit ab-
gibt. Schon an den unterschiedlichen Bezeichnungen für den „Tempel"[16] läßt
sich ablesen, daß ein ehemaliges Einzellogion (zu V. 19 vgl. Mk 14,58; 15,29;
Act 6,14) redaktionell mit einer Tempelszene kombiniert wurde.[17] Für eine
angebliche vormarkinische Verbindung *Tempelreinigung/Vollmachtsfrage* ist
sodann drittens nicht erkennbar, wie vom Geschehen der ‚Tempelreinigung'
(also Mk 11,15bf.) ein inhaltlicher Bezug zur Johannestaufe (also V. 30) führen soll.[18] Und last but not least viertens: Bei der bekannten Schachteltechnik
des Mk-Redaktors[19] ist zu beobachten, daß „Mk *eine* Erzählung trennt, um
eine zweite einzuarbeiten, in keinem Fall trennt er [jedoch] *zwei* "[20]. Will man
das hier zu postulierende redaktionelle Ineinanderarbeiten der Perikopen
Verfluchung des Feigenbaumes/Der verdorrte Feigenbaum (11,12–14.20–25)
mit der von der *Tempelreinigung/Frage nach der Vollmacht Jesu* (11,15–
19.27–33) nicht zur berühmten ‚Ausnahme von der Regel' erklären, so wird
eine vormarkinische Eigenständigkeit der Vollmachtsperikope immer wahr-
scheinlicher.[21] Die wichtigste Folgerung bei dieser Ausgangslage einer Selbständigkeit von 11,28–33[*] ist, daß sich das Demonstrativpronomen ταῦτα
in V. 28b.c.29c.33d vormarkinisch *keinesfalls* ausschließlich auf den Akt
der ‚Tempelreinigung' bezieht.[22] Vielmehr gilt: „It is a collective indefinite

---

[13] BECKER, Joh 4/1 144, vgl. LOHMEYER, Mk 240, Anm. 1; GARDNER, Appraisal 65; LAM-
BRECHT, Redaktion 38 ff.; ROLOFF, Kerygma 91; SCHWEIZER, Mk 130; GRUNDMANN, Mk
316.
[14] Vgl. BECKER, Joh 4/1 144.148; GRUNDMANN, Mk 316; WEISS, ‚Lehre' 144.
[15] Vgl. SHAE, Question 16 f., Anm. 1.
[16] Joh 2,14 (vgl. Mk 11,15b.16): ἱερός, Joh 2,16 f. (vgl. Mk 11,17b): οἶκος (τοῦ πατρός),
und Joh 2,19.20.21: ναός, dazu SHAE, Question 16, Anm. 1.
[17] Vgl. BECKER, Joh 4/1 144. Dasselbe red. Verfahren, daß übrigens auch in Mk 11,15b–
17 zu beobachten ist, s. o. Anm. 2.
[18] Vgl. SHAE, Question 20.
[19] Vgl. Mk 3,20–35; 5,21–43; 6,7–31; 14,1–11.53–72, dazu VAN OYEN, Intercalation 949 ff.
[20] HOWARD, Ego 109, Anm. 3.
[21] Mit HOWARD, Ego 109; DONAHUE, Christ 117.
[22] Mit GARDNER, Appraisal 132, Anm. 28, gegen BULTMANN, GST 18, Anm. 2, der das
ταῦτα auf die Tauftätigkeit Jesu bzw. seiner Gemeinde bezieht. Soweit zu sehen, wird aktuell nur noch von KITTEL, John 127 f., ein Bezug des ταῦτα auf den Inhalt von Mk 11,27 für
möglich gehalten.

expression"[23] und „refers to the entire movement that Jesus had initiated with his calling people to join his movement and teaching about the Kingdom of God"[24].

Ad 2: Der von *Rudolf Bultmann* vermeintlich beobachtete logische Widerspruch zwischen Mk 11,30 und den V. 31 f.[25] kann zur Begründung dieser These nicht auf rabb. Formparallelen zurückgreifen. Diese lassen nämlich durch die *eindimensionale Gegenfrage* des Rabbinen einen Analogieschluß auf das vom Appellanten zuvor eingebrachte Sachproblem zu (Modell: San 65[b], R. Aqiba [T 2])[26]. Da es sich aber im Gegensatz dazu in Mk 11,30 um eine Alternativfrage mit zwei (!) möglichen Antworten (ἐξ οὐρανοῦ ... ἢ ἐξ ἀνθρώπων) handelt,[27] zeigt sich die Gegenfrage Jesu (V. 30) gar nicht in der Lage, das Gespräch durch einen impliziten Analogieschluß – ist die ἐξουσία von Johannes dem Täufer vom Himmel, so ist auch meine eigene[28] – zu beenden. Eine angenommene ursprüngliche Fassung der Vollmachtsfrage von 11,28–30 stellt somit einen textlichen Torso dar.[29] Der Versuch von *Bultmann*, die Appellanten von vornherein von der göttlichen ἐξουσία des Täufers überzeugt sein zu lassen,[30] wird dann auch als eine in den Text eingetragene Petitio principii offenkundig.[31] Besteht also keine inhaltliche Differenz zwischen

---

[23] MAKRIDES, Considerations 47.

[24] SHAE, Question 18, vgl. LAMBRECHT, Redaktion 42; SMITH, Opponents 176; KINGSBURY, Conflict 79; ZIZEMER, Verhältnis 234.

[25] Zu Mk 11,33 äußert sich BULTMANN, GST 18 f., nicht; handelt es sich um ein Versehen?

[26] Nach BILL. I 861: „Der Tyrann Rufus, der Frevler (Q. Tineius Rufus, um 132 n. Chr.), fragte den R. Aqiba: ‚Was ist denn für ein Unterschied zwischen dem einen Tag (Sabbat) und den übrigen Tagen?' R. Aqiba antwortete: ‚Was ist denn für ein Unterschied zwischen dem einen Mann (Rufus) und anderen Männern?' Rufus entgegnete: ‚Mein Herr (der Kaiser) wollte es so!' R. Aqiba sprach: ‚Auch betreffs des Sabbats wollte es mein Herr (Gott) so!' S. auch PesK 40[a], R. Jochanan b. Zakkai (T 1); Taan 7[a], R. Jehoschua b. Chananja (T 2); TanB מקץ § 9 (97[a]), R. Jose b. Chalafta (T 3); TanB בראשית § 2 (1[b]), R. Jose b. Chalafta (T 3); BerR 27 (17[c]), R. Jehoschua b. Qarcha (T 3), alle Stellen bei BILL. I 861 f., vgl. auch BULTMANN, GST 43 f.

[27] Vgl. MAKRIDES, Considerations 50.

[28] Vgl. BULTMANN, GST 18; DONAHUE, Christ 118; BACKHAUS, ‚Jüngerkreise' 88.

[29] Vgl. MAKRIDES, Considerations 48 f.; KATO, Völkermission 121; SCHOLTISSEK, Vollmacht 193. SCHMITHALS, Mk 2/2 506, wirft BULTMANN, GST 18, zu Recht vor, „im Rahmen eines formgeschichtlichen Formalismus" zu argumentieren.

[30] GST 18 f., vgl. HULTGREN, Jesus 73.

[31] Für das von der Perikope angewandte Verfahren, eine Problemfrage mit einer weiteren Problemstellung zu kontern, könnte eine annähernde Formanalogie in der jüd. Weisheitsliteratur bestehen. So begegnet nach dem TestHiob (ca. Anfang des 2. Jh. n. Chr., vgl. SCHALLER, Einleitung 312) der leidende Hiob der Infragestellung (vgl. 36,5 f.: ἐρωτήσω σε λόγον· καὶ ἐὰν ἀποκριθῆς μοι, mit Mk 11,29b) seines durch unermeßliches Leid geprüften Verstandes durch Baldad (TestHiob 36,1 ff.) mit einer Gegenfrage über ein Problem *menschlicher Erfahrung* (38,3). Die negative Antwort von Baldad (38,4): ἀγνοῶ (vgl. Mk 11,33b), benutzt der literarische Hiob scharfsinnig, auf das Unbegreifliche *göttlicher Dinge* zu schließen (38,5). Liegt hier wohl ein leicht abgewandeltes Schlußverfahren des rabb. Qal-wachomer vor, so kann auch diese angebliche Formparallele den besonderen Typ von

V. 30 und den folgenden Versen, so können weitere Erwägungen zur Uneinheitlichkeit der Perikope nur an zwei literarkritischen Spannungen des Textes
ansetzen: an der angeblich doppelten Vollmachtsfrage (V. 28b.c)[32] und/oder
an der auffälligen Wiederholung des Imperativs ἀποκρίθητέ μοι (V. 29b) in
V. 30b.

An dem reichen Material von Doppelfragen im Mk-Evangelium[33] läßt sich
studieren, daß eine Doppelfrage, in der jede der beiden Fragen für sich als
abgeschlossen gelten soll, ausschließlich entweder asyndetisch oder mit der
koordinierenden Konjunktion καί konstruiert wird. Wie aber die Formparallele zu Mk 11,28bc in 4,30 zeigt[34]:

πῶς ὁμοιώσωμεν τὴν βασιλείαν τοῦ Θεοῦ
ἢ ἐν τίνι αὐτὴν παραβολῇ θῶμεν;

handelt es sich bei 11,28bc um eine *einzige Frage*[35], die aufgrund zweier par
alleler (= tautologischer[36]) Interrogativpronomina: ποῖος – τίς (vgl. 4,30: πῶς
– ἐν τίνι), in zwei Teile zu gliedern ist. Diese sind zwar formal durch die dis-
junktive Konjunktion ἤ verbunden. Durch das rückweisende Demonstrativpronomen ταύτην von V. 28c auf ἐξουσία in V. 28b (bzw. in 4,30b das auf τὴν
βασιλείαν τοῦ Θεοῦ rückweisende Personalpronomen αὐτήν) übernimmt jedoch der zweite Abschnitt der Frage eine Präzisierung des ersten, allgemein
formulierten Teiles. Dabei wandelt sich die Disjunktion ἤ zu einer anreihen-
den Konjunktion, die die Wahl zwischen beiden Frageteilen offenläßt; es kann
nicht nur der eine, sondern auch der andere statthaft sein (lat.: sive).[37] Läßt
sich jedoch der zweite Teil der Frage (11,28c) als feststehende Wendung er-

---

Alternativfrage in Mk 11,30a nicht belegen (mit WEISS, ‚Lehre' 155f., Anm. 57, gegen
RAHNENFÜHRER, Testament 87; MAKRIDES, Considerations 50).

[32] So SHAE, Question 5.11; HULTGREN, Jesus 69; WEISS, ‚Lehre' 147.

[33] Vgl. Mk 1,24; 2,8f.; 3,4; 4,21.40; 6,2f.; 7,18f.; 8,17.36f.; 9,19; 12,14; 13,4; 14,37.
60.63f.

[34] Hervorgehoben sind die inhaltlichen und syntaktischen Parallelen zu Mk 11,30.

[35] Vgl. LOHMEYER, Mk 241: „Eine Frage, doppelt in der Form, aber einheitlich in der
Richtung".

[36] Vgl. BLASS/DEBRUNNER, Grammatik § 298.2. Beachte, daß das Interrogativpronomen
ποῖος („durch wessen Vollmacht …?") mit τίς („wer hat dir die Vollmacht gegeben …?")
äquivalent ist (vgl. ALAND/ALAND, Wörterbuch Sp. 1372f.). Darum ist gegen HULTGREN, Jesus 69f.; WEISS, ‚Lehre' 148; MUNDLA, Jesus 14; LEE, Jesus 69.117; SHAE, Question 11; IRE-
LAND, ‚Authority' 38f., zu argumentieren, die meinen, die Frage Mk 11,28c werde in V. 30a
bzw. V. 31b sachlich, ja sogar „sprachlich" (WEISS, aaO. 148) aufgenommen. Dabei konstruiert man eine inhaltliche Differenz der Frageteile von V. 28b.c derart, daß der erste Teil danach
frage, „*by what* authority" Jesus agiere, während der zweite Teil die Frage stelle, „*who* gave
you authority" (HULTGREN, aaO. 69, vgl. MARSHALL, Faith 197), d.h. ἐξ οὐρανοῦ in V. 30a
beziehe sich ausschließlich auf τίς in V. 28c. Diese Differenz ist aber von der grammatischen
Äquivalenz der beiden Fragepronomen, insofern sie beide nach dem Vollmacht verleihenden
Subjekt fragen, nicht gedeckt. Darum läßt sich auch literarkritisch auf diese Weise eine
Zweisträngigkeit der Perikope nicht begründen, gegen WEISS, aaO. 148ff.

[37] Vgl. KÜHNER/GERTH, Grammatik § 538.2.

weisen,[38] die zudem im weiteren Verlauf der Vollmachtsperikope im Unterschied zu der Phrase von V. 28b (s. V. 29c.33d) nicht mehr erscheint, so ist erwägenswert, V. 28c als einen sekundären Zusatz zu streichen.[39] Inhaltlich drückt er über V. 28b hinaus nichts Neues aus.[40] Durch die Art beider Fragestellungen bleibt gewährleistet, daß die zweiteilige Frage sich sowohl in ihrem allgemeinen (= V. 28b) wie speziellen Teil (= V. 28c) nach der entscheidenen Legitimationsinstanz erkundigt, die als wahrhaft bevollmächtigte das Wirken Jesu autorisieren kann. Allerdings präzisiert[41] V. 28c das in V. 28b angesprochene *Vollmachtsinstitut*[42] in der Weise näher, insofern exakt zwischen einer Vollmachtsautorität (τις), einer Vollmachtskompetenz (ἐξουσία), einer Vollmachtsübergabe (ἔδωκεν) an eine bevollmächtigte Person (σοι) und einer Ausübung der übergebenen Vollmacht durch den Bevollmächtigten (ἵνα ταῦτα ποιῇς) differenziert wird.

Läßt sich mithin von Mk 11,28bc literarkritisch keine Zweisträngigkeit der Perikope begründen,[43] so bleibt nur noch übrig, der Verdoppelung des Imperativs (V. 29b.30b) den Makel des Uneinheitlichkeitskriteriums[44] zu nehmen. Es wäre natürlich denkbar, daß V. 30b ein Zusatz sei,[45] da nach der Festlegung des Verfahrens für eine Beantwortung der Vollmachtsfrage durch Jesus (= V. 29bc) V. 30a sogleich mit der Aufgabenstellung beginnt (= ἕνα λόγον V. 29bα). Auf diese müßte eigentlich unmittelbar durch die Appellanten die Beantwortung folgen (vgl. V. 29bβ). Eine erneute Aufforderung zur Antwort (= V. 30b) scheint überflüssig. Sie wäre es in der Tat, wenn nicht zwei formale Gründe für ihre Ursprünglichkeit sprechen: Erstens, da der Text in V. 29b die Bedingung genau angibt, an die eine Antwort Jesu auf die Vollmachtsfrage geknüpft ist, insofern sie aus Fragestellung (ἕνα λόγον) und erwarteter Antwort (ἀποκρίθητέ μοι) besteht, und V. 30a sogleich mit der inhaltlichen Frage beginnt, stellt ein erneuter Hinweis in V. 30b gemäß V. 29bβ keine Doppelung, sondern eine inhaltliche Vervollständigung dar. Und zweitens, da die

---

[38] Vgl. 1 Makk 1,13; TestLev 18,12; TestHiob 3,6; Mk 6,7; 13,37; Joh 5,27; 2 Kor 10,8; 13,10; Apk 13,5. Auch 1 Makk 10,6.8; Prov 17,14; Sir 17,2; 30,11; Dan 3,97; 5,7.29; 7,14.27; BeletDrac 25 (alle LXX); Dan 7,6.27; BeletDrac 25 (alle Theod); Mt 9,8; 10,1; 28,18; Lk 4,6; 9,1; 10,19; Joh 1,12; 17,2; Act 8,19; Apk 2,26; 6,8; 9,3; 13,2.4.7; 17,13.

[39] Anders SHAE, Question 12; WEISS, ‚Lehre‘ 148; IRELAND, ‚Authority‘ 39; BACKHAUS, ‚Jüngerkreise‘ 83, Anm. 381. Um Mk 12,28c als mk.-red. zu erweisen, reicht der Hinweis auf Mk 6,7 nicht aus.

[40] Gegen WEISS, ‚Lehre‘ 147, vgl. LÜDERITZ, Rhetorik 177, der von der Synonymität beider Frageteile ausgeht.

[41] Vgl. KREMER, Antwort 130 f.; GRUNDMANN, Mk 317; MARSHALL, Faith 197, Anm. 2; SCHOLTISSEK, Vollmacht 186.

[42] Vgl. die Analogie zum antiken Boteninstitut, das die sog. Sendungschristologie des Joh geprägt hat, dazu BECKER, Joh 4/2 484 ff. (Lit.).

[43] Gegen WEISS, ‚Lehre‘ 148 f.

[44] Vgl. WEISS, ‚Lehre‘ 148.

[45] Vgl. SHAE, Question 12.

Phrase 11,28b (fast) wortwörtlich in V. 29b und V. 33d wiederkehrt, genauso eine Futur-Form von λέγω dreimal, in V. 29c.31c und V. 32b, erscheint, darf auch aus stilistischen Gründen eine dreifache Nennung einer Form von ἀποκρίνομαι (V. 29b.30b.33a) erwartet werden.

Die selbständige[46] und bis auf den Zusatz von Mk 11,28c einheitliche Überlieferung[47] beginnt parataktisch mit einer imperfektischen Redeeinleitung (V. 28a), wie sie ohne explizite Subjektnennung im Mk-Evangelium singulär ist. Da eine jeweils mit καί eingeleitete, für das Mk-Evangelium gleichfalls einmalige Redeeinleitung auch in V. 31a und V. 33a begegnet und in V. 31f. sich das Gespräch zwischen den Appellanten und Jesus (V. 28*–30.33) auf eine Unterredung der Fragesteller untereinander beschränkt, legt sich für die gesamte Perikope eine Dreiteilung nahe (Teil I: V. 28*–30; Teil II: V. 31f.*; Teil III: V. 33). Die für die Überlieferung von Anfang an unbekannt bleibende Gruppe von (jüd.) Fragestellern (vgl. V. 31a.33a, auch V. 32c: ἅπαντες) wendet sich zum Auftakt mit einer das Problem präsentierenden Einleitungsfrage an die in V. 28*.29a.33 namentlich genannte Mittelpunktsperson *Jesus*. Sie erkundigt sich nach der Vollmachtsinstanz, die das von ihnen (subjektiv) mit vollmächtiger Ausstrahlung erlebte Wirken und Verhalten der Person Jesu (objektiv) eindeutig legitimieren kann.[48] Da sich ihre Frage (fast) wortwörtlich in der eine Antwort auf ihre Anfrage verweigernden Stellungnahme Jesu in V. 33d wiederfindet, bildet sich eine Klammer[49] um die das Vollmachtsthema für sich abgerundet besprechenden Einheit 11,28–33*: Die Frage nach seiner Vollmacht wird von Jesus direkt nicht beantwortet.

Die für den beredten Charakter der Jesus-Überlieferung überraschende Antwortverweigerung begründet die Perikope im Zusammenhang der zweiten Nennung der Vollmachtsphrase in Mk 11,29c. Diese erscheint im ersten Teil (V. 29bc) der Replik Jesu (V. 29f.) auf die Vollmachtsfrage von V. 28b. Nach einer im Mk-Evangelium gebräuchlichen Redeeinleitung (zu V. 29a vgl. 10,5.38f.; 12,17) nennt Jesus eine entscheidene Bedingung[50] (vgl. Jer 45,14 LXX: ἐρωτήσω σε λόγον)[51], an die seine prinzipielle Bereitschaft zur Beantwortung der Vollmachtsfrage geknüpft ist. In einem Konditionalgefüge,[52] das hinsichtlich seiner syntaktischen Konstruktion mit Imperativ + καί + Futurum

---

[46] Mit SCHMIDT, Rahmen 294; DIBELIUS, FE 42, Anm. 1; WOHLENBERG, Mk 305; HOWARD, Ego 109; KREMER, Antwort 129; WEISS, ‚Lehre' 145.

[47] Vgl. ähnlich TAYLOR, Mk 468f.; ROLOFF, Kerygma 93–5; PESCH, Mk II/2 209; SCHMITHALS, Mk 2/2 505f.

[48] Vgl. SCHMITHALS, Mk 2/2 507: „Wer im Namen Gottes auftritt, muß beweisen, daß wirklich Gott mit ihm ist. Bleibt er diesen Beweis schuldig, muß seinem Tun ein Ende gesetzt werden." Anders LEE, Jesus 108.

[49] Vgl. GUNDRY, Mk 656.

[50] Vgl. HOWARD, Ego 111; PESCH, Mk II/2 210; LEE, Jesus 126.

[51] Vgl. später ApkSedr 13,6.

[52] Vgl. KLOSTERMANN, Mk 119.

auf semitischen Einfluß beruhen könnte,[53] nennt Jesus in der Protasis als Voraussetzung die Beantwortung einer von ihm selbst gestellten Frage (V. 29b)[54], um dann in der Apodosis (V. 29c) sich bei positiver Erfüllung dieser Aufgabe seinerseits auf eine Antwort zur Vollmachtsfrage zu verpflichten. Ohne ein Einverständnis der Fragesteller abzuwarten, realisiert der zweite Teil seiner Antwort (V. 30) diese Vorgehensweise, indem er asyndetisch die entscheidene Aufgabe zur Johannes-Taufe als Alternativfrage anschließt (V. 30a) und, wiederum asyndetisch gekoppelt, mit der Aufforderung an die Fragesteller zur Antwort endet (V. 30b). Das von Jesus vorgeschlagene Verfahren (V. 29bc) wird folglich in V. 30 inhaltlich abgearbeitet. Daß damit der erste Teil der Vollmachtsperikope erreicht ist (= V. 28*–30), läßt sich auch an der Antithetik beobachten, daß nämlich auf eine allgemeine Frage nach der Legitimation vollmächtigen Wirkens der Person Jesu (V. 28b) seine eigene Frage sich auf ein konkretes Handeln eines Menschen, nämlich auf die Johannes-Taufe konzentriert (V. 30a): Das Wesen einer Person artikuliert sich in ihrer Tat.[55] Man wird in diesem Zusammenhang folgern dürfen, daß die von Jesus eingebrachte Alternative zur Bewertung der Johannes-Taufe: entweder „von Gott"[56] oder „von Menschen" (V. 30aβ), eine grundsätzliche Bestimmung der Legitimationsproblematik im Frühjudentum ist.[57]

Teil II der Vollmachtsüberlieferung (Mk 11,31 f.*) schildert statt einer unmittelbaren Antwort der von Jesus dazu aufgeforderten Appellanten ihre Überlegungen im eigenen Kreis.[58] Durch sprachliche Wiederaufnahme des antithetischen Begriffspaares ἐξ οὐρανοῦ – ἐξ ἀνθρώπων aus V. 30aβ in V. 31b.32a

---

[53] BEYER, Syntax 251 ff., hat darauf hingewiesen, daß im hell. Bereich der Imperativ anstelle einer Protasis mit ἐάν treten kann (vgl. Stellenbelege ebd. 251 f.), daß aber diese Art des Konditionalsatzes, die er „konjunktionslose Hypotaxe" (251 ff.) nennt, häufiger im semitischen Bereich anzutreffen ist, und von daher in die Synoptischen Evangelien eingedrungen sei.

[54] Der Übergang der Bedeutung des Zahlwortes εἷς in die des unbestimmten Artikels τις beruht im NT auf semitischem Vorbild, vgl. BLASS/DEBRUNNER, Grammatik § 247₄.

[55] Mit LEE, Jesus 128; GARDNER, Appraisal 72, gegen TAYLOR, Mk 470. S. auch Mk 11,31c, wo grammatisch (Dat. Ntr.) nur ein Bezug zu τὸ βάπτισμα (!) τὸ Ἰωάννου möglich ist (vgl. LEE, Jesus 140), inhaltlich aber ein Bezug zur *Person* von Johannes dem Täufer gegeben sein wird (vgl. SCHOLTISSEK, Vollmacht 194), da sein Beiname festhält, daß die Taufe an seine Mittlerfunktion als die die Taufe spendende Person gebunden ist (vgl. BECKER, Johannes der Täufer 61 f.).

[56] Jüd. Frömmigkeitsstil liegt der Umschreibung der Gottesbezeichnung und dadurch ihre Vermeidung durch die Himmelsmetapher zugrunde. Zur Wendung ἐξ οὐρανοῦ vgl. 1 Makk 3,19; 12,15; 2 Makk 7,11. Rabb. Stellenbelege bei BILL. I 862 ff.; DALMAN, Worte 180; TRAUB, Art. οὐρανός 512.

[57] Mit KREMER, Antwort 131; GNILKA, Mk II/2 138 f.; TAYLOR, Mk 469, gegen DAUBE, New Testament 217, der meint, Jesus solle sein rabb. Schuloberhaupt, dem er sich durch Ordination verpflichtet weiß, nennen.

[58] S. o. den Abschnitt 1.1.2 dieser Untersuchung. Vgl. SHAE, Question 10; LEE, Jesus 137; KITTEL, John 132; WEBB, John 54; GUNDRY, Mk 668. Anders CRANFIELD, Mk 363; KLOSTERMANN, Mk 120; GARDNER, Appraisal 67.

wird angezeigt, daß die Fragesteller den Verfahrensvorschlag von Jesus zunächst einmal widerspruchslos akzeptieren.[59] In zwei Konditionalgefügen (V. 31bc + V. 32ab[*]c) wird nun ausgeführt, wie sie sich prospektiv über die beiden alternativen Möglichkeiten, die Jesus-Frage zur Johannes-Taufe zu beantworten, unterhalten (Protasis: ἐάν + Konjunktiv in V. 31b, verkürzt zum Konjunktiv in V. 32a). Dabei spielen sie auch die von Jesus eingegangene Selbstverpflichtung[60] durch (Apodosis: Futur in V. 31c.32c). Dieser hatte ja bindend erklärt, daß er bei einer Antwort nach den beiden Möglichkeiten seiner Aufgabe die an ihn gestellte Vollmachtsfrage ebenfalls beantworten werde (vgl. V. 29c). Der erste Eventualis rechnet mit einer weiteren Gegenfrage Jesu über das Verhältnis der Appellanten zur Verkündigung des Täufers (V. 31c)[61], der zweite elliptische Eventualis bringt als Jesus-Antwort eine (positive) Bewertung der Wirksamkeit Johannes des Täufers durch das (jüd.) Volk zum Ausdruck (V. 32c[62]). Beide prospektiv erwarteten Antworten Jesu lassen für die Appellanten nur den Schluß zu, daß eine Beantwortung der alternativen Jesus-Frage zur Vollmacht der Johannes-Taufe so oder so Jesus leichtes Spiel haben läßt, für sein eigenes Wirken *göttliche Vollmacht* abzuleiten.[63] Mit anderen Worten: das von Jesus vorgeschlagene Verfahren, seine eigene duale Vollmachtsproblematik mit einer gleichfalls dualen Vollmachtsproblematik von Johannes dem Täufer zu koppeln, stellt keine offenes Vorgehen dar. Es wird den sich jetzt (V. 33ab) als Gegner zu erkennen gebenden Appellanten[64] vielmehr als ein (hinter-)listiges Vorgehen offenkundig,[65] sich den eigenen Vollmachts-Anspruch[66] kraft der positiven Bewertung einer anderen Person (Johannes des Täufers) bestätigen zu lassen. Gegen ihre eigene Überzeugung wollen die Antagonisten aber nicht zu Jesu (göttlicher) Legitimation beitragen.

Ohne daß von dieser heuristischen Erkenntnis der Jesus-Antagonisten im III. Teil der vormarkinischen Tradition (Mk 11,33) die Rede ist, läßt ihre negative Antwort auf die Johannes-Frage (V. 33b) nur die Folgerung zu, daß sie Jesu Verfahrenstrick durchschaut haben und sich darum einer (irgend-

---

[59] Vgl. HOWARD, Ego 114.

[60] Vgl. KITTEL, John 132.

[61] Gegen MUNDLA, Jesus 17, der Mk 11,31c als „Selbsteinwand der Gegner" bezeichnet.

[62] Das imperfektische ἦν hat plusquamperfektischen Sinn (= „gewesen war"), vgl. BLASS/DEBRUNNER, Grammatik § 330. Die grammatische Form ἔχειν τινὰ ὅτι (= „halten für, ansehen als") dürfte wohl kein Latinismus sein (so noch die Vermutung von BLASS/DEBRUNNER, aaO. § 397₅) sein, vgl. die hell. Belege bei ALAND/ALAND, Wörterbuch Sp. 673.

[63] Anders HOWARD, Ego 115, der meint, daß die Gegner das Fehlen einer Vollmachtsausstattung Jesu belegen wollen. Anders die psychologisierende Interpretation von ZIZEMER, Verhältnis 236.

[64] Vgl. MUNDLA, Jesus 26f.

[65] IRELAND, ‚Autority' 74: „The episode … presents Jesus as a deft and shrewed protagonist".

[66] Daß die Antagonisten versuchen, Jesus als Pseudopropheten zu entlarven, steht nicht im Text, gegen BACKHAUS, ‚Jüngerkreise' 87.

welchen) Antwort zur Johannes-Taufe nach den von Jesus vorgegebenen Alternativen verschließen. Um den Beweis der göttlichen Vollmacht Jesu über die von Johannes dem Täufer zu verhindern, müssen sie versuchen, die wahre Identität des Täufers zu unterdrücken: „wir wissen es nicht".[67] Die Perikope kontert nun ihrerseits, sachgemäß konsequent, mit einer Antwort-Verweigerung Jesu auf die Vollmachtsfrage (V. 33d), da Jesus seine Antwort nach seiner eigenen Legitimation ja an eine Beantwortung der Johannes-Frage gebunden hatte (vgl. V. 29bc).[68]

Wirft man nach dieser beschreibenden Analyse aller formgebenden Elemente der vormarkinischen Perikope über die *Frage nach der Vollmacht Jesu* (Mk 11,28a*b. 29–32*.33) einen Blick auf ihren dreiteiligen Aufbau,[69] so stellt er sich folgendermaßen dar:

Teil I: Unbekannte Antagonisten und Jesus (V. 28a*b.29 f.)
1. Problemfrage nach der Vollmacht Jesu (V. 28b)
2. Zweiteilige Jesus-Antwort (V. 29 f.):
   – das formale Verfahren, bestehend aus Bedingung (V. 29b) und Selbstverpflichtung (V. 29c)
   – das inhaltliche Verfahren, bestehend aus der Frage nach der Vollmacht Johannes (V. 30a) und der Aufforderung zur Antwort (V. 30b)

Teil II: Beratung der Antagonisten (V. 31 f.)
1. Erste mögliche Antwort: Die Johannes-Taufe ist „von Gott" (V. 31b) sowie die mögliche Antwort Jesu auf die Vollmachtsfrage (V. 31c)
2. Zweite mögliche Antwort: Die Johannes-Taufe ist „von Menschen" (V. 32a) und die mögliche Antwort Jesu auf die Vollmachtsfrage (V. 32c)

Teil III: Antagonisten und Jesus (V. 33):
1. Negative Antwort der Antagonisten auf die Frage nach der Vollmacht Johannes (V. 33b)
2. Antwort-Verweigerung Jesu auf die Vollmachtsfrage (V. 33d).

Als Formparallelen für diesen Text kommen alle diejenigen synoptischen Apophthegmata[70] in Betracht, in denen Jesu Gesprächspartner von dessem grundsätzlichen Machtanspruch ausgehen, auf die Beantwortung einer von Jesus gestellten Alternativfrage aber verzichten, weil eine Antwort gegen ihre subjektive Überzeugung Jesu Wirken ins Recht und ihre kritische Haltung dagegen ins Unrecht setzen würde (vgl. für Mk: 3,1–5).[71]

---

[67] Anders SCHMITHALS, Mk 2/2 508–11, der über den Gegensatz von ‚subjektivem' Glaubensvollzug und ‚objektiver' Glaubensauskunft BULTMANNS existenzialtheologischen Ansatz wiederholt (vgl. bes. 511).

[68] Vgl. GNILKA, Mk II/2 140; MAKRIDES, Considerations 51; SCHOLTISSEK, Vollmacht 194.

[69] Vgl. den Gliederungsvorschlag von ZIZEMER, Verhältnis 233 f.

[70] Vgl. LÜHRMANN, Mk 197.

[71] Von einem „gattungskritische[-n] Sonderfall" zu sprechen (SCHOLTISSEK, Vollmacht 196), ist aufgrund der vorhandenen synoptischen Formparallelen unnötig.

An Form und Aufbau der matthäischen Sondergut-Perikope *Die Tempelsteuer* (Mt 17,24–27) läßt sich die Schulgesprächs-Variante zur Form von Mk 11,28–33* als Untergattung des Apophthegmas studieren: Statt anonymer Gesprächspartner schlüsselt Jesus einem namentlich genannten Jünger (17,24 f.) ein judenchristliches Problem, nämlich die Zahlung der jüd. Tempelsteuer an Jerusalem,[72] durch eine Alternativfrage auf (V. 25cd). Statt in (geheimer) Beratung die möglichen Antworten beider Gesprächspartner durchzuspielen, bezeugt die Mt-Perikope ein offenes Gespräch des Jüngers mit Jesus (V. 26), wobei sich jener von der Schlußfolgerung Jesu überzeugen läßt (V. 26b). Die Diskrepanz zwischen Überzeugung (V. 26b) und Jesu Handeln (V. 24 f.) wird geschickt mit einer Wundererzählung (V. 27) überspielt.

Aufgrund der Formmerkmale der (geheimen) Beratung und des anschließenden Boykotts des von Jesus angebotenen Prozedere läßt sich die vormarkinische Perikope über die Vollmacht Jesu eindeutig einer Untergattung der Apophthegmata, nämlich den *Streitgesprächen*[73] zuordnen: die Frage nach der Vollmacht Jesu (V. 28b) wird von einer anonymen (jüd.) Menge in kritisch-ablehnender Haltung gestellt. Sie fürchtet – wider besserer negativer Meinung – zum Zeugen für den Anspruch Jesu auf göttliche Vollmacht instrumentalisiert zu werden. Einige semitisierende Formulierungen in den V. 29b.30a.33a[74] weisen die Perikope ins Sprachmilieu des hell. Frühjudentums ein. Da die inhaltliche Pointe der Perikope die Vollmachtsproblematik Jesu mit der von Johannes dem Täufer verknüpft (V. 30–32), ist die Perikope ins *hell. Judenchristentum*[75] zu verweisen, da nur in urchristlicher Überlieferung eine Beziehung von Johannes dem Täufer zu Jesus tradiert wird (vgl. Mt 3,11 f. par.; Mk 1,7 ff.; 6,14–16; 8,27–30).[76] Dieses

---

[72] Dazu vgl. Luz, Mt I/2 532 ff.

[73] Mit Bultmann, GST 18; Marucci, Christologie 298; Shae, Question 10 f.; Grundmann, Mk 316; Mundla, Jesus 19; Lohmeyer, Mk 243; Scholtissek, Vollmacht 185 ff., gegen Pesch, Mk II/2 209. Unklar Backhaus, ‚Jüngerkreise', der Mk 11,27b.31–33 für ein „Streitgespräch" (83), V. 28–30 jedoch für ein Schulgespräch (85) hält, ebenso Lührmann, Mk 197: „Schul- oder Streitgespräch". Anders Lee, Jesus 71 ff., der die Einheit Mk 11,27b–12,12 als Streitgespräch bezeichnet; Lee setzt methodisch unzureichend die red. Einheit mit der ursprünglichen formkritischen Einheit gleich.

[74] 1. Der Übergang der Bedeutung des Zahlwortes εἷς zu der des unbestimmten Artikels τις (vgl. Blass/Debrunner, Grammatik, § 247₄). 2. Die Verwendung eines Imperatives anstelle einer Protasis mit ἐάν (vgl. Beyer, Syntax 251 ff.). 3. Die Umschreibung der Gottesbezeichnung durch die Metapher ἐξ οὐρανοῦ. 4. Die Zusammenstellung des Partz. von ἀποκρίνομαι mit λέγουσιν (vgl. Blass/Debrunner, aaO. § 420.2).

[75] Ob die Perikope ins palästinische Judenchristentum (so Bultmann, GST 19; Taylor, Mk 469; Gnilka, Mk II/2 137, vgl. Shae, Question 14: „Aramaic-speaking Christian Church") gehört, ist aufgrund allein von Semitismen nicht mehr feststellbar, schon gar nicht über die historische Feststellung, daß Johannes der Täufer „seine Tätigkeit nur in Palästina … ausgeübt" habe (Mundla, Jesus 28).

[76] Gegen Backhaus, ‚Jüngerkreise' 84, der Mk 11,28–30 für „ipsissima vox Jesu" hält (vgl. auch Albertz, Streitgespräche 35; Daube, New Testament 217 f.; Cranfield, Mk 362; Gardner, Appraisal 73; Grundmann, Mk 316; Shae, Question 14 f., Hultgren, Je-

Judenchristentum existiert noch innerhalb der Synagoge, da es versucht, seine entscheidende Lehrautorität, Jesus, gegenüber negativer synagogaler Kritik in Schutz zu nehmen.[77] Da bei einem innerjüdischen Legitimationsstreit um Personen keine gruppenimmanenten, also innerchristlichen Verifikationsmuster wie Heilstitulaturen und -bekenntnisse über und zur Person Jesu Außenstehende (z. B. Juden) überzeugen können, wird auf quasi ‚objektive' Argumente einer jüd. Öffentlichkeit über die Popularität Johannes des Täufers zurückgegriffen.[78] Doch diesen inhaltlichen Skopus der vormarkinischen Perikope soll der nun folgende rezeptionskritische Teil vorbereiten.

1.2.2 Zur Rezeptionskritik von Mk 11,28–33*

Steht die Frage an, welche spezifische Rezeptionsstrategie der Erzähler seiner vormarkinischen Perikope über die *Frage nach der Vollmacht Jesu* (Mk 11,28–33*) unterlegt hat, so muß im Sinne der von ihm beabsichtigten Pointe zwischen zwei Erzählaspekten differenziert werden: Und zwar muß einmal zwischen der am Schluß (V. 33d) an die Antagonisten ergehenden, quasi öffentlichen *Antwortverweigerung* der Vollmachtsfrage von der durch namentliche Nennung herausgehobenen Hauptperson Jesu und sodann den einer *verschlüsselten Antwort* nahekommenden Erwägungen der in der Perikope anonym bleibenden Nebenpersonen unterschieden werden, die sich im privaten Kreis prospektiv über Jesu mögliche Stellungnahmen zu der von ihnen bewerteten Vollmacht Johannes des Täufers äußern (V. 31 f.*). Den Erzähler dieser vormarkinischen Überlieferung zeichnet Ubiquität aus, insofern er seinen Rezipienten ohne Umschweife an dem (von Jesu) abgeschiedenen Gespräch der unter sich befindlichen Appellantengruppe teilnehmen lassen kann (V. 31a). Natürlich mit dem naheliegenden Ziel, diese Besprechung seinem Rezipienten zu veröffentlichen. Mit dieser Rezipientenführung verfolgt der Erzähler selbstverständlich einen bestimmten Zweck: Er konterkariert damit

---

sus 72; MUNDLA, Jesus 27 f., die sich für die Historizität der Perikope einsetzen). Die im Anschluß an LOHMEYER, Mk 243 (vgl. GRUNDMANN, aaO. 316), von BACKHAUS u. a. genannte Begründung (aaO. 84): „Vor allem ist keine Situation in der nachösterlichen Gemeinde vorstellbar, in der diese die Vollmacht ihres Herrn mit dem Rekurs auf die Dignität der Taufe des Johannes erklären konnte", nimmt von der die Rivalität von Täufer- und Christusgemeinde christlicherseits beendenden Degradierung des Täufers von einem eigenständigen eschatologischen Umkehrprediger zum ‚Vorläufer' des Christus keine Kenntnis (vgl. Mt 3,11 f. par.; Mk 1,7 ff.).

[77] Vgl. KREMER, Antwort 133; SCHWEIZER, Mk 129 f.; ANDERSON, Mk 269; GNILKA, Mk II/2 137.140; MARUCCI, Christologie 299.

[78] S. u. den Abschnitt 1.2.3 dieser Untersuchung. Das Gespräch ist also sehr wohl „aus den Voraussetzungen des Judentums begreifbar", gegen BACKHAUS, ‚Jüngerkreise' 85.

nämlich eine *explikative Auskunftverweigerung* Jesu[79] mit einer *impliziten Auskunfterteilung* durch den Mund der anonymen Gegenspieler Jesu, und zwar gleichfalls als (mögliche) Jesus-Rede (vgl. V. 31c.32b* mit V. 33c).

Durch diese Verschiebung der rezeptionsstrategischen Gewichte weg von der inhaltslosen Schlußantwort Jesu hin zur inhaltlich profunden Imagination von Anonyma über mögliche Stellungnahmen Jesu hat die Vollmachtsperikope einen rückläufigen Spannungsbogen erhalten. War der Rezipient bis unmittelbar vor der Antwort der Antagonisten zur Qualität der Johannestaufe (= Mk 11,33a) vom Erzähler mit der Erwartung infiziert, aufgrund einer geschickten Erwiderung der Antagonisten Jesus gemäß eigener Festlegung zur Preisgabe seiner Vollmachtsidentität gezwungen zu sehen,[80] so bricht die so aufgebaute Spannung mit der Antwortverweigerung der Antagonisten (= V. 33b) urplötzlich zusammen. Bei Nichterfüllung der von Jesus aufgestellten Bedingung (V. 29b) ist dem Rezipienten klar, daß auch Jesus sich zur Offenlegung seiner Vollmachtsidentität – wie es dann auch geschieht (V. 33d) – nicht verpflichtet weiß. Durch den inhaltlich enttäuschenden Perikopenschluß wird der Rezipient jetzt aber gezwungen, der hypothetischen Diskussion erwartete Jesus-Antworten nach einer Stellungnahme der Fragesteller zur Johannestaufe entsprechend der von Jesus vorgegebenen Alternative mehr Aufmerksamkeit zu schenken, als er vordem noch dachte. Der Erzähler führt seinen Rezipienten zu der Annahme, daß in diesen hypothetischen Erwägungen der V. 31 f.* der Schleier des Geheimnisses, der über Jesu Vollmacht liegt (vgl. V. 33d), gelüftet wird. Erschwerend ist dabei für den Rezipienten, daß die von Jesus erwarteten Stellungnahmen sich entweder auf die *göttliche* oder auf die *menschliche Vollmacht* der Person Johannes des Täufers und seines zentralen Anliegens, seiner Taufe, beziehen, aber auf diese Weise nicht das Schlußverfahren preisgeben, weshalb die Gegner Jesu jedes Mal meinen, mit einer Antwort zur Bewertung der Johannestaufe nach Jesu Vorgaben ungewollt zum Beleg der *göttlichen Vollmacht Jesu* beizutragen.[81] Denn das wäre selbstver-

---

[79] Wenn z. B. MAKRIDES, Conciderations 52 (vgl. TAYLOR, Mk 469; KREMER, Antwort 132; HAENCHEN, Weg 394 ff.; LANE, Mk 413; WEISS, ‚Lehre‘ 161, die in der Perikope die Kategorie des *Messiasgeheimnisses* angesprochen sehen), den Grund für die Gegenfrage Jesu an die Antagonisten darin sieht, „that in all probability Jesus ... avoided his self-revelation as Messiah", um anschließend den historischen Beweis für die von politischer Seite ausgehende Lebensgefahr Jesu anzutreten, so trifft er nur die (historisch mögliche) Intention von Mk 11,30, nicht aber den Grund für den vom vormk. Erzähler ausgeführten Bericht über die geheimen Überlegungen der Appellanten (= V. 31 f.).

[80] Vgl. KITTEL, John 132 f.

[81] Vgl. die Frage von MUNDLA, Jesus 24 (auch LAMBRECHT, Redaktion 42; SCHOLTISSEK, Vollmacht 195): „Was hat seine Taufe (sc. des Johannes) bzw. seine Sendung mit der Frage nach der Vollmacht Jesu zu tun?" und seine Vermutung: „Jesu Hinweis auf Joh.[-hannes] den Täufer ist vielmehr eine, wenn auch zunächst dunkle und verhüllte, dennoch präzise Antwort".

ständlich gegen ihre eigene Überzeugung und veranlaßt sie ja deshalb zur Antwortverweigerung.

Diese feinsinnige, dem stilistisch vom Achtergewicht und der schlagwortartigen Schlußaussage des Weisheitslehrers lebenden (Normal-)Apophthegma zuwiderlaufende, textlich *rückläufige Rezeptionsstrategie*, läßt sich angemessen wohl am besten in zwei Arbeitsschritten bewältigen. Zunächst wird es in dem folgenden rezeptionskritischen Abschnitt darum gehen, die Komplexivität der Legitimationsproblematik von charismatischen Lehrern im Frühjudentum über das semantische Feld der ἐξουσία ἐξ οὐρανοῦ bzw. ἐκ Θεοῦ/ἐξ ἀνθρώπων anzusprechen. Über die Illustration frühjüdischer Alternativen zur ἐξουσία-Verifikation von charismatischen Lehrpersonen soll dann im darauffolgenden Abschnitt[82] auf das von der Perikope zur Legitimation Jesu eingesetzte Institut des „(wahren) Propheten" (Mk 11,31c.32c) eingegangen werden.

1.2.2.1 Zur Legitimationsproblematik charismatischer Lehrautorität

Die Frage der anonymen Appellantengruppe in Mk 12,28b nach der Legitimationsinstanz (ἐν ποίᾳ ἐξουσίᾳ …;), die das im Frühjudentum Aufmerksamkeit erregende, weil mit dem Anspruch von Vollmacht auftretende Verhalten einer charismatischen Lehrperson wie der von Jesus zu rechtfertigen in der Lage ist (… ἐξουσίᾳ ταῦτα ποιεῖς;), kann sich nur zwei Verifikationsmöglichkeiten vorstellen: entweder das Wirken ist von Gottes Autorität – ἐξ οὐρανοῦ bzw. ἐκ Θεοῦ – gedeckt und damit eo ipso aufgrund der höchstmöglichen religiösen Instanz gerechtfertigt, oder es ist von Menschen abhängig – ἐξ ἀνθρώπων – und ob seiner pejorativen Herkunft pluraler Art von vornehrein kompromittiert.[83] Tertium non datur (V. 30). Dies ist für das moderne Bewußtsein, welche das Zeitalter der Aufklärung als Autoritätskritik absoluter Legitimation durchlaufen hat, eine bemerkenswert steile *alternative Bewertung* menschlichen Verhaltens. Im Rahmen des antiken Frühjudentums kann sie jedoch eine überzeugende Wirksamkeit entfalten. Und zwar deshalb, weil sich spätestens seit der zweiten Hälfte des 2. Jh. v. Chr. die jüd. Religionsgemeinde nicht allein durch die „kultpriesterlichständische *Hierokratie*" in Jerusalem mit ihren festgelegten Ämtern des Hohenpriesters, Oberpriesters, Priester und Leviten repräsentiert sieht, sondern sich auch gleichberechtigt in den „weniger ortsgebundenen, genossenschaftlich organisierten *Religionsparteien* …, deren Mitglieder aus Priestern und Nichtpriestern" sich zusammensetzen und „deren Integrationszentren

---

[82] S. u. den Abschnitt 1.2.2.2 dieser Untersuchung.

[83] Eine religionsgeschichtliche Ableitung von der jüd. Vertretungslehre und ihrem spät bezeugten שׁליח-Institut kommt aufgrund dieser semantischen Polarität nicht in Frage, vgl. Bühner, Gesandte 193 ff.

neben dem Tempel die Synagoge und das Lehrhaus" sind,[84] vollgültig wiederfindet. Diese religionssoziologisch im 1. Jh. n. Chr. immer heftiger zu beobachtende Tendenz, sich gruppenbildend um (einzelne) *charismatische Lehrautoritäten* wie Schriftgelehrte, Propheten, Weise und Fromme zu sammeln, schlägt sich beim historischen Betrachter in Form des Bildes von einer gemäßigten Pluralität des antiken Frühjudentums der Zeit vor 70 n. Chr. nieder. Es ist aufgesplittet in apokalyptisch-weisheitliche Chassidim-Gruppen, in Pharisäerschulen, in Zeloten bzw. Sikariern, in Essenern bzw. Qumrangemeinde, in den Johannes-der-Täufer-Schülerkreis usw., um hier die meisten der diversen Gruppierungen zu nennen. Diese konventikelhafte Aufteilung der frühjüdischen Gemeinde bringt es mit sich, daß sich die einzelnen Religionsparteiungen, die allesamt am frühjüdischen Glaubenskonsens über den in der Mose-Thora offenbarten Gotteswillen zum Leben partizipieren, in ihrer priesteramts-unabhängigen *menschlichen Lehre*, und das bedeutet, in ihrer Auslegung der *göttlichen Thora* voneinander, wenn auch (vielleicht) nur in Teilen, unterscheiden. Da alle diese frühjüdischen Gruppen dabei vor der Aufgabe stehen, sich sowohl gruppenintern über den zeitgemäßen Thoragehorsam zu vergewissern, als auch sich nach außen hin von der, von ihrem (jeweiligen) Standpunkt aus gesehenen, *falschen Lehre* anderer jüd. Gruppen abzugrenzen, gehört die Frage der Verifikation der von Menschen betriebenen Aufgabe einer schriftgelehrten Thoraauslegung vor dem eindeutig göttlichen Anspruch der Schrift ihre besondere Aufmerksamkeit (vgl. Röm 2,29). Die in Krisenzeiten bis zur Gewaltanwendung ausartenden Streitigkeiten zwischen den Religionsgruppen[85] zeigen an, wie labil der frühjüdische Konsens über die Offenbarung des göttlichen Willens in der Thora und wie stark das Bedürfnis nach klärender Eindeutigkeit in der menschlichen Auslegungslehre war.

Der Legitimationsnachweis gewinnt im Frühjudentum gesteigerte Bedeutung, wenn sich Einzelpersonen, die von der Gemeinschaft Traditionskundiger unabhängig sind, mit einem ungewohnten Programm zum Aktualisierungsprozeß der Thora an die Öffentlichkeit wenden. Darunter fällt auch der vom Mk-Evangelium als gruppenunabhängigen Nonkonformisten beschriebene Jesus. Bei der Betrachtung des Frühjudentums gilt es aber, zwei Epochen, die Zeit vor 70 n. Chr. und die Zeit danach, streng zu unterscheiden.

Während die jüd. Gruppierungen *vor 70 n. Chr.* zunächst über das jeweilige Ansehen des charismatischen Gelehrten bei seiner Anhängerschaft seine herausragende Stellung in der jüd. Gemeinschaft definieren ließen,[86] entwickelt

---

[84] Thoma, Art. Amt 504.
[85] Zur gewalttätigen Auseinandersetzung zwischen der Hillel- und Schammai-Schule vgl. Shab 17ᵃ; Sot 47ᵇ, zwischen Pharisäern und Sadduzäern vgl. Act 23,6–10; Yad IV,6; Ed VIII,7, zwischen Zeloten und andersdenkenden Juden vgl. Jos Bell 7,254 f.409 f.; Ant 18,7.
[86] Vgl. Thoma, Art. Amt 505.

sich im Laufe der Zeit bei der pharisäisch notwendig werdenden, kasuistischen Adaption jüd. Thora die Festlegung schriftadäquater Auslegungsprinzipien. So bilden die sieben Middot, deren Definition in der rabb. Tradition Hillel dem Alten (T 1) zugeschrieben wird (tSan VII,11),[87] ein geeignetes Mittel, die halakhische Meinungsvielfalt im Gelehrtengremium auf ein erträgliches Maß zu reduzieren. Bei weisheitlich-apokalyptischen Schriftforschern bewährt sich das schriftgelehrte Verfahren, neuentwickelte Gegenwarts- und Zukunfts-deutung zitathaft an die interpretierte, schriftlich vorliegende atl. Überliefe-rung anzulehnen, um auf diese Weise einen legitimierenden Rückbezug auf die Gottesthora zu bewahren.[88]

Gerät die weitere Entwicklung des Legitimationsprinzips im pharisäisch dominierten rabb. Judentum *nach 70 n. Chr.* in den Blick, so muß dessen be-sonderes Verfahren angesprochen werden: In dieser Zeit verstand sich näm-lich das richtende jüd. Gelehrtengremium „als in einer mit Mose begonnen [-en], lückenlosen Kette von Tradenten und Auslegern der Offenbarung"[89] (vgl. Av I,1). Die eigene Überlieferung, wie sie sich sukzessiv später u. a. in den Traktaten der Mischna schriftlich manifestieren sollte, wurde zu der von Gott bereits am Sinai dem Mose überlieferten, sog. *mündlichen Thora* ge-zählt.[90] Durch diese Geschichtstheorie gelang es hervorragend, die (propheti-sche) Kontinuität der (späten) Rabbinica zur göttlichen Sinai-Offenbarung zu institutionalisieren. Auch wurde es möglich, die Autorität vergangener Einzelgelehrter mit göttlichem Glanz zu versehen (vgl. Av I,1–11). Zum un-verwechselbaren Kennzeichen des rezitierenden rabb. Schulbetriebes gerät darum die legitimierende Rückführung einer Halakha über eine Tradenten-kette auf eine respektable Lehrautorität.

Wo, wie im Rabbinat, Lehrer und Schüler an einem Ausbildungsprozeß par-tizipieren (vgl. Mt 10,24 f.; Lk 6,40), entwickelt sich je länger je mehr auch das zur Rechtsinstitution strebende Konzept der Bevollmächtigung eines Schülers durch seinen Lehrer.[91] Die Vollmachtsübertragung sieht vor, daß nach einer (langjährigen) Vorbereitungszeit des Schülers im Studium der Lehrtradition die Kompetenz zur selbständigen Lehr- und Rechtsentscheidung durch einen formellen Einsetzungsakt verliehen wird (vgl. ySan 1,19ᵃ,43, ca. 70/80 n. Chr.[92]). Die Zeremonie der Lehrer-Schüler-Ordination überträgt nach atl. Vorbild dem Promovenden unter Handauflegung den „Geist der Weisheit"

---

[87] Vgl. STEMBERGER, Einleitung 26 ff.
[88] Vgl. dazu MELL, Schöpfung 113 ff. bes. 173 f., zur traditionsfixierten Behandlung des Motivs einer *neuen Schöpfung* im apokalyptischen Schrifttum.
[89] THOMA, Art. Amt 505.
[90] Vgl. MARTI/BEER im Kommentar zu Av I,1.
[91] Zur jüd. Ordination vgl. die grundlegenden Arbeiten von LOHSE, Ordination 28 ff.; NEWMAN, Shemikah 1 ff.
[92] BILL. II 650.

(Dtn 34,9) und setzt ihn in das mosaische Amt (vgl. Num 27,18.23) des bevollmächtigten Lehrers und Richters ein. Das schließt ein, daß der Schriftgelehrte „in eine von Mose herrührende Traditionskette" hineingestellt wird.[93] Als ein durch institutionalisierte *Rechtsform* geordnetes Sukzessionsprinzip des rabb. Judentums bildet die Institution der Gelehrtenordination aber den entwikklungsgeschichtlichen *Abschluß* der virulenten Legitimationsproblematik *charismatischer Lehrautorität* im Frühjudentum.

Schaut man jetzt von dieser im pharisäisch beherrschten (späteren) Rabbinat wirksam werdenden amtsrechtlichen Kompensation des durch den jüd.-röm. Krieg eingetretenen Verlustes von religionsstaatlicher Autorität zurück auf die Legitimationsschwierigkeiten charismatischer Einzelgelehrter *vor 70 n. Chr.*, so treten in den Vordergrund des Interesses zwei markante frühjüdische Persönlichkeiten: Zum einen der die essenische Qumrangemeinde als *Lehrer der Gerechtigkeit* führende ehemalige Hohepriester aus sadoqidischem Geschlecht[94] und sodann der die Christus-Offenbarung als Ereignis von Gottes Gerechtigkeit durch Auslegung der Thora (vgl. Röm 3,21) in „allen (christlichen) Gemeinden weltweit lehrende" (1 Kor 4,17) pharisäische Judenchrist *Paulus* aus Tarsus.

Die sich von dem seiner Ansicht nach verunreinigten Zionstempelkult abwendende priesterliche Lehrautorität der Qumran-Essener mit dem Titel *Lehrer der Gerechtigkeit*[95] sammelt mit einem besonderen Thoraprogramm Anhänger um sich. Es sieht vor, daß bis zur Wiederherstellung des legitimen Jerusalemer Kultus die priesterliche Heilsgemeinschaft von Qumran ersatzweise Tempelfunktionen, einschließlich der Sühnestiftung für Israel, übernehmen soll.[96] Damit befindet er sich im grundsätzlichen Dissens zum zeitgenössischen zionsorientierten Judentum. Darüber hinaus unterscheidet er sich in wichtigen halakhischen Fragen von seinen Gegnern (vgl. 4Q 394–399 = 4Q MMT[a–f]). Bringt nun zwar der *Lehrer der Gerechtigkeit* die in Mk 11,28–33* thematisierte Vollmachtsproblematik in seinen schriftlichen Selbstzeugnissen[97], z. B. den ihm in der Qumranforschung unter der Bezeichnung *Lehrerlieder*[98] zugeschriebenen Danklieder von 1QH, explizit nicht zur Geltung, so bleibt nichtsdestotrotz seine Figur interessant. Und zwar gerade deshalb, weil der *Lehrer der Gerechtigkeit* vor der Aufgabe stand, seine ehemali-

---

[93] VON LIPS, Glaube 225.

[94] Zur Entstehung der Qumrangemeinde und zur Biographie des *Lehrers der Gerechtigkeit* vgl. STEGEMANN, Entstehung 198–252; ders., Essener 205 ff.; JEREMIAS, Lehrer 9 ff.

[95] Zur Interpretation des hebräischen status constructus מורה הצדיק als Genitivus objectivus vgl. JEREMIAS, Lehrer 308 ff.

[96] Vgl. STEGEMANN, Essener 227 ff.

[97] Zur Interpretation sekundärer Aussagen von Qumrantexten über Person und Funktion des *Lehrers der Gerechtigkeit* vgl. JEREMIAS, Lehrer 140 ff.

[98] Zur Terminologie vgl. KUHN, Enderwartung 22 f.

ge (hohe-)priesteramtliche durch eine charismatische Legitimation als Führer der Essener ersetzen zu müssen. Zudem läßt die Untersuchung von *Gert Jeremias* erkennen, daß man nicht umhinkommt, in den genannten *Lobliedern eines Einzelnen* die Vollmachtsproblematik verarbeitet zu sehen.[99]

Für seine elitäre endzeitliche Thoraauslegung nimmt der *Lehrer der Gerechtigkeit* unmittelbar von Gott erhaltene Beauftragung und Gelehrtheit in Anspruch. Dieses läßt sich anhand der Frömmigkeitsstereotypen nachvollziehen, die in den der liturgischen Selbstvergewisserung dienenden *Lehrerliedern* erscheinen, nämlich z. B. bei Aussagen wie: „du hast mich gestellt …" (1QH 7,8), „gesetzt" (2,9.13; 5,7; 7,20), „mich belehrt" (7,10, vgl. 2,17), „hast in meinen Mund gelegt" (8,16). An ihnen läßt sich doch ansatzweise erkennen, um welche auszeichnende Nähe Gottes diese sendungsbewußte Lehrerpersönlichkeit weiß. Das eschatologische Heilswissen (vgl. 4,28), das er seiner Gemeinde als geoffenbarte Thora weitergibt, hat Gott als Lehre „in sein Herz gegraben" (4,10). Es ist darum nicht untypisch für diesen Sonderweg der Tempelsubstitution, daß der *Lehrer der Gerechtigkeit* in seinen Lobliedern, wenn auch psalmodierend überzeichnend, die immense Kritik beklagt, die er von seiten seiner Gegner (z. B. 2,10f.16f.31f.; 7,12.22f.) wie eigener Freunde (z. B. 4,9; 5,22f.) einstecken muß. Doch hält sich der *Lehrer der Gerechtigkeit* für unfehlbar, da Gott selbst es war, der ihn „erleuchtet" (4,5) und ihm die wahren Geheimnisse der Thora (4,27, vgl. 11,4–6.9f.), die Gott einzig seinem Auserwählten offenbart, übergeben hat. Als Mittlerperson zwischen Gott und seiner eschatologischen Heilsgemeinde[100] bildet seine Lehre, weil allein sie um „Gottes Heilswirken, seine Vergebungen, sein Erbarmen, seine Gnadenerweise"[101] weiß, das entscheidende „Heilskriterium"[102] der essenischen Qumrangemeinde. Es ist nicht von ungefähr, daß im Anschluß an die Fremd-Bewertung von 1QpHab 2,1ff. dieser übersteigerte Hoheitsanspruch des *Lehrers der Gerechtigkeit* von *Gert Jeremias* mit dem Anspruch der prophetischen Vollmachtsausrüstung verglichen wird.[103]

Gegenüber der gemeindeinternen Verständigung der Hodajot über die göttliche Legitimität des *Lehrers der Gerechtigkeit* unter Anhängern gleicher Überzeugung bieten die Paulusbriefe aufgrund ihres gemeindeöffentlichen Charakters (vgl. 1 Thess 5,27) darüber hinaus Gelegenheit, Einblick zu nehmen, wie der Evangelist *Paulus* bei der rhetorischen Entfaltung des gesetzes-

---

[99] Lehrer 325f. Nach JEREMIAS, aaO. 168ff., bes. 171, haben folgende Hodajot-Psalmen den *Lehrer der Gerechtigkeit* als Verfasser: 1QH 2,1–19.31–39; 3,1–18; 4,5–5,4; 5,5–19; 5,20–7,5; 7,6–25; 8,4–40. Die Angaben zu den Psalmen der Hodajot-Rolle erfolgen hier und im Folgenden nach der Erstveröffentlichung von SUKENIK/AVIGAD bis eine Edition die überzeugende Rekonstruktion von STEGEMANN allgemein zugänglich gemacht hat.
[100] Vgl. BECKER, Johannes der Täufer 59.
[101] JEREMIAS, Lehrer 198.
[102] JEREMIAS, Lehrer 199.
[103] Lehrer 200.324, vgl. BECKER, Johannes der Täufer 58.60.

freien Christusevangeliums zugleich den Einspruch seiner außenstehenden
jüd. (vgl. 2 Kor 11,25.26b) wie gemeindeinternen judenchristlichen Gegner
(vgl. Gal; Phil 3; 1 Kor; 2 Kor 10–13) abwehren muß. Der Streit um das den
jüd. Glauben in seinem Fundament erschütternde, weil eminent thorakritische
Christus-Evangelium bringt es mit sich, daß Paulus die Legitimationsproblematik seiner Lehre (und Person) wie keine andere Autorität der
Urchristenheit neben ihm (vgl. aber 3Joh) bewältigen muß.[104]

Ohne Zweifel rekurriert Paulus im Zusammenhang seines Selbstverständnisses als durch göttliche Gnade (vgl. Röm 15,15; 1 Kor 3,10; Gal 2,9) berufe-
ner Apostel Jesu Christi (Röm 1,1; 1 Kor 1,1; 2 Kor 1,1 usw.) auf die Auszeichnung der von Gott übergebenen ἐξουσία, wenn er gegenüber
konkurrierenden Gemeindeautoritäten die apostolische Führung der (korinthischen) Gemeinde beansprucht (2 Kor 10,8; 13,10) und sein Recht und Freiheit auf gemeindlichen Unterhalt für sich als Apostel reklamiert (1 Kor
9,1 ff.). Ist Paulus doch als δοῦλος Jesu Christi (Röm 1,1; Gal 1,10; Phil 1,1)
unmittelbar von seinem (jetzt auf Erden abwesenden) κύριος zum prophetischen Werk[105] der Sammlung endzeitlicher Heilsgemeinde von Christus-
gläubigen aus allen Völkern zur Ehre Gottes mit der göttlichen ἐξουσία be-
traut worden (vgl. Mk 13,34, dazu 1 Kor 3,5). Als „Diener Christi" ist er der
das Eigentum seines Herrn verwaltende „Haushalter", dem – gleichermaßen
wie dem *Lehrer der Gerechtigkeit* (vgl. 1QH 4,27) – die „Geheimnisse Gottes" anvertraut sind (1 Kor 4,1). Sie werden in der apostolischen Lehrver-
kündigung des Kreuzesevangeliums (vgl. 2,1 f.7) offenbar. Bei dem Anspruch
auf Vollmachtsausrüstung ist sich Paulus aber im Gegensatz zum Essener-
Lehrer der Ambivalenz seiner ἐξουσία bewußt: Verweist er doch gegenüber
den mit ähnlichen Ansprüchen[106] in Korinth auftretenden *Superaposteln* (vgl.
2 Kor 11,21 ff.) seine Gemeinde darauf, daß der Richtungssinn der göttlichen
Vollmacht menschlicherseits in der „Erbauung" – „Vollmacht εἰς οἰκοδομήν
und nicht zur Zerstörung" (13,10, vgl. 10,8) – der Gemeindeglieder erfahrbar
werden muß. Und zu der aus dem Apostelstatus abgeleiteten Vollmacht zu einer von der Gemeinde unterhaltenen Lebensführung bemerkt der Apostel im
1 Kor kritisch, daß erst durch den das Kreuzesevangelium (vgl. 1 Kor 1–4)[107]
manifestierenden Verzicht auf angestammte (Apostel-)Rechte (vgl. 9,18) die
christliche „Vollmacht" des (apostolischen) Verkündigers ihr wahres Kriterium findet.

Daß mit der Sache, nämlich der Verkündigung der christlichen Wahrheit
des Evangeliums, zugleich das Amt ihres Heroldes, das Apostolat, auf dem

---

[104] Vgl. dazu BECKER, Paulus 73 ff.

[105] Vgl. die in dtr. Tradition als „Knechte Jahwes" bezeichnete Propheten, dazu s. u. den
Abschnitt 1.3.3.1 dieser Untersuchung.

[106] Vgl. nur den Streit um den ἀπόστολος wie διάκονος-Χριστοῦ-Titel, 2 Kor 11,13.15.

[107] Vgl. BECKER, Paulus 216 ff.

Spiel steht, spiegelt sich auch in der paulinischen Verwendung der Alternative „von Gott oder von Menschen" (Mk 11,30a.31b.32a) wider. So blickt Paulus in Korinth dankbar auf die (jüngste) Geschichte zurück, daß nämlich auf seiner Missionsreise durch Mazedonien sich eine christliche Gemeinde in Thessaloniki bildete, die das gesetzesunabhängig formulierte Völkererwählungsevangelium[108] nicht als ein λόγον ἀνθρώπων, sondern als ἀληθῶς λόγον Θεοῦ annahm, „das sich an den Glaubenden wirksam erweist" (1 Thess 2,13). Mit dieser Formulierung weist Paulus nicht nur auf die rhetorische Überzeugungskraft seines Missionsevangeliums[109] hin, sondern spielt zugleich auf seine Geistwirkung an (vgl. 1 Kor 12,11; Gal 3,3). Ist Paulus damit der Überzeugung, daß die von Gott durch das Christusevangelium erwählte Endzeitgemeinde eine pneumatisch-enthusiastische Größe ist, so verteidigt er folgerichtig in dem einer deliberativen Rede[110] ähnelnden Zirkularschreiben an die Gemeinden in Galatien[111] die These der Gottunmittelbarkeit und Selbständigkeit seines Apostolats, das er nicht „ἀπ᾽ ἀνθρώπων οὐδὲ δι᾽ ἀνθρώπου, sondern durch Jesus Christus und Θεοῦ den Vater, der ihn von den Toten auferweckt hat" (Gal 1,1), empfangen hat. Gegenüber den sog. Judaisten, Judenchristen, die auf der (nachträglichen) Beschneidung von bekehrten Heidenchristen beharren,[112] entkräftet er in der gemäß antiker Rhetorik als narratio zu bezeichnenden Abschnitt 1,11–2,21[113] zwei Anfeindungen: einmal den Vorwurf, sein heidenchristliches Evangelium ohne Beschneidungszwang sei, da es die Gottesforderung der Thora (vgl. Gen 17) umgehe, in menschlicher Rücksichtnahme ermäßigt (Gal 1,11: κατὰ ἀνθρώπων),[114] indem er auf einen direkten göttlichen Empfang dieses Evangeliums durch eine Offenbarung Jesu Christi verweist (V. 12.15 f.). Und sodann beseitigt er den Vorwurf, wider besserer Belehrung durch Menschen (1,12: παρὰ ἀνθρώπον) ein gesetzesfreies Evangelium zu lehren, mit dem biographischen Nachweis, Jerusalemer judenchristliche Gemeindeautorität gemieden (1,17 ff.), ja auf dem sog. Apostelkonzil in Jerusalem ausdrücklich von ihr die Anerkennung als selbständiger Prediger des Gottesevangeliums erhalten zu haben (2,8 f.). Was heißt das anderes für Paulus' Apostolat, als daß er eine enthusiastischpneumatische, mit direkter göttlicher Autorität ausgestattete Größe ist (vgl. 1 Kor 15,7 f.).

---

[108] Dazu BECKER, Erwählung 82 ff.
[109] Vgl. BECKER, Erwählung 86: „Neben ‚Evangelium' wird ohne Unterschied (sc. im 1 Thess) von ‚Wort Gottes' (2,13 zweimal) und vom ‚Wort des Herrn' (1,8) geredet".
[110] Vgl. VOUGA, Gattung 291 f.; WOLTER, Evangelium 184.184, Anm. 11.
[111] Dazu BETZ, Gal 92.
[112] Dazu MELL, Schöpfung 285–7.
[113] Vgl. BECKER, Paulus 291.
[114] Vgl. MUSSNER, Gal 63 ff.

Für den offenbarungstheologischen Weg des Paulus läßt sich auf eine Auseinandersetzung des rabb. Judentums um eine Halakha von R. Eliezer ben
Hyrkanos (T 2) verweisen (Rez. A: yMQ 81c,67–81d,11; Rez. B: BM 59^b)[115].
Er war ein pharisäischer Lehrer, der sich partout nicht der Mehrheits-
entscheidung des Rabbinenkollegiums beugen wollte und daher vom Kollegi-
um via R. Aqiba (T 2) mit dem Bann[116] belegt wurde (BM 59^b; par. MHG Wa
282 f.). Nachdem die rabb. Überlieferung geschildert hat, wie R. Eliezer drei
Wundertaten zum (göttlichen) Beweis der Gültigkeit seiner eigenwilligen
Halakha vollbracht hatte, heißt es weiter[117]:

> „Da sprach er (sc. R. Eliezer b. Hyrkanos) wiederum zu ihnen: ‚Wenn die Halakha
> nach meiner Ansicht ist, so möge man es vom Himmel her (מן השמים[118]) beweisen!‘
> Da ging eine bat qol aus und sprach: ‚Was wollt ihr neben R. Eliezer? Die Halakha
> ist überall nach seiner Ansicht!‘.“

Interpretiert man überlieferungsgeschichtlich richtig, so darf wohl angenommen werden, daß diese Haggada ein erzählerischer Reflex auf die vom Dissi-
denten R. Eliezer angestrengte Berufung für die Gültigkeit seiner halakhischen Lehre auf eine außerordentliche göttliche Offenbarung ist.[119]

Wollte Paulus also (s. o.) versuchen,[120] mit der aktuellen (gottesdienst-
lichen) Verlesung seiner den göttlichen Fluch (Gal 1,8 f.) wie Segen (6,16)
ansagenden Gal-Schrift die geschichtliche Zukunft der verworfenen Anhänger des widergöttlichen Anti-Evangeliums sowie der ins eschatologische Heil
gesetzten Parteigänger seines göttlich legitimierten Evangeliums selbst zu bestimmen, so beschreitet nach Lukas der sog. *Rat des Pharisäers Gamaliel*[121]
an das Jerusalemer Synhedrium den umgekehrten Weg (Act 5,38): Er vertraut
nämlich gläubig auf die (nachträgliche) Legitimationsfähigkeit der von Gott
gelenkten Geschichte.[122] Was Lukas den berühmten Gamaliel als Lehre aus
der (jüngsten) Geschichte messianischer Bewegungen – der brutalen Vernich-

---

[115] Analyse und Lit. bei Kuhn, Bat Qol 30, Anm. 102; Tilly, yMQ 81c,68 z. St.

[116] Bei diesem Bann handelt es sich wahrscheinlich nicht um die Exkommunikation aus
der pharisäischen Gemeinschaft, sondern um eine gruppeninterne, zeitlich begrenzte
Isolationsstrafe, dazu Hunzinger, Art. Bann 163.

[117] Übersetzung nach Kuhn, Bat Qol 31, hebr. Text nach Goldschmidt.

[118] Griechisch: ἐξ οὐρανοῦ bzw. οὐρανῶν.

[119] Vgl. Thoma, Art. Amt 505.

[120] Vgl. zum Gal als einem Versuch, die schon zum (Groß-?)Teil das Anti-Evangelium der
Judaisten begrüßenden Gemeindeglieder (vgl. 1,6; 3,3 f.; 4,9 f.19) zur apostolischen „Wahr-
heit" (2,5.14) des einzigen (vgl. 1,7a) Evangeliums zurückzubringen Becker, Paulus 288:
„Mit einer paulinischen Niederlage muß … gerechnet werden".

[121] Vgl. Act 5,34. Gemeint ist mit dieser Person vom Verfasser der Act wohl R. Gamaliel
der Alte bzw. I., der von 25–50 n. Chr. als „einer der angesehensten jüdischen Schriftgelehrten" (Weiser, Act 5/1 156 f.) galt, vgl. Act 22,3.

[122] Vgl. Schneider, Act V/1 402; Pesch, Act V/1 219.

tung der Anhänger von Theudas und Judas, dem Galiläer (V. 36 f.)[123] – den versammelten Ratsherren für den Umgang mit den Jesus-Anhängern empfiehlt (V. 38b–39b), dürfte in der vorlukanischen Version[124] folgendermaßen gelautet haben (Act 5,38b.39ab*):

εἴ ἐστιν[125] ἐξ ἀνθρώπων τὸ ἔργον τοῦτο[126],
    καταλυθήσεται,
εἰ δὲ ἐκ Θεοῦ ἐστιν,
    οὐ δυνήσωνται[127] καταλῦσαι αὐτό[128].

Übersetzung:
„Wenn diese Sache von Menschen stammt,
    wird sie zunichte werden;
wenn sie aber von Gott stammt,
    kann man sie nicht zunichte machen".

---

[123] Zur Fehldatierung wie Fehlinterpretation der historischen Fakten der sich dadurch als fiktiv erweisenden Gamaliel-Rede von Act 5,35–39 vgl. HAENCHEN, Act 251; PESCH, Act V/1 218 f.; WEISER, Act 5/1 162.

[124] Analytische Kriterien für die Rekonstruktion von vorlk. Tradition (anders HAENCHEN, Act 252; SCHNEIDER, Act V/1 388) sind in diesem Fall das ὅτι-recitativum am Anfang (Act 5,38b, vgl. SCHNEIDER, Act V/1 402, der V. 38b.39a für einen „(parenthetischen) ὅτι-Satz" hält) sowie die dann folgenden zwei alternativen, sich gegenseitig interpretierenden, allgemein formulierten Konditionalsätze; diese Einheit läßt sich als vorlk. Weisheitsregel ansprechen. Sodann tritt der Umstand hinzu, daß sich die geringe lk. Red. relativ leicht abheben läßt (s. die folgenden Anmerkungen). Die vorlk. Einheit endet, wo Lk das Theomachie-Motiv aufgreift (vgl. auch die Statistik zum Sprachgebrauch von εὑρίσκω: 27/11/45[35]).

[125] Die lk. Red. wird die in der vorlk. Fassung vorliegende Protasis des ersten Konditionalsatzes εἰ + Ind. Präs. aus narrativem Grunde durch ἐάν + Konj. Präs. abgeändert haben. Durch diese grammatische Veränderung wird nämlich aus dem sog. indefiniten Fall des Konditionalsatzes, in dem der Sprechende das Verhältnis der Protasis zur Wirklichkeit *unbestimmt* sein läßt – „ob es der Fall ist, lasse ich unentschieden" (BORNEMANN/RISCH, Grammatik 290, vgl. BLASS/DEBRUNNER, Grammatik § 371₁) – ein sog. prospektiver Fall oder Eventualis, in dem der Sprechende in der Protasis kundtut, womit man regelhaft rechnen kann und muß (vgl. BORNEMANN/RISCH, aaO. 291; BLASS/DEBRUNNER, aaO. § 373.1). Vom erzählerischen lk. Kontext ist diese Korrektur der vorlk. selbständigen Einheit notwendig, da der Sprecher, Gamaliel, als Mitglied des Synhedriums vorgestellt wird (Act 5,34) und damit eindeutig Partei ist, d.h. zu den Gegnern der auf der Anklagebank sitzenden Jesusanhängern zählt. Gamaliel macht aus seiner Überzeugung von der menschlichen Abkunft der messianischen Jesus-Bewegung durch Bemühung zweier negativer Geschichtsbeispiele keinen Hehl: Er meint, „daß (auch) die von Jesus ausgelöste Bewegung nach dessen Tod sich verlaufen werde" (PESCH, aaO. 220).

[126] Die Sprachstatistik macht es wahrscheinlich, daß es sich bei ἤ βουλὴ (0/0/2[7]) αὕτη (149/79/229[237]) ἤ um einen ergänzenden lk. Zusatz handelt (vgl. Lk 23,51): Für Lk „intendiert ist die Korrespondenz von *Plan* und *Ausführung*" (SCHNEIDER, Act V/1 399, Anm. 116).

[127] Da der erzählerische Kontext voraussetzt, daß die Mahnung Gamaliels an das Synhedrium adressiert ist (Act 5,38a), ist in der allgemeinen vorlk. Fassung der Gebrauch der 3. Pers. im Sinne eines unpersönlichen Plur. vorauszusetzen.

[128] Da Act 5,38 definiert, um welche „Tat" (V. 38b) es sich im vorliegenden Fall handelt, nämlich um das Auftreten „dieser Menschen" bzw. „von ihnen" (sc. Petrus und der Apostel, vgl. V. 38a), wird in der vorlk. Überlieferung eine neutrale Form vorauszusetzen sein.

Diese weisheitliche Sentenz, die aus zwei alternativ formulierten (ἐξ ἀνθρώπων; ἐκ Θεοῦ) und parallelen Konditionalsätzen[129] besteht, ist aufgrund der rabb. Formparallele Av IV,11b[130] sowie der inhaltlich-konkreten Ausführung von Mk 11,30a (τὸ βάπτισμα τὸ Ἰωάννου) als Beitrag eines Weisheitslehrers einzuschätzen, der sich zur Bewertung eines mit göttlichem Glanz versehenen historischen Vorganges äußert. An seiner konditionalen Formulierung (εἰ + Präs. = indefiniter Fall) ist zu erkennen, daß er in der zur Bewertung anstehenden Angelegenheit die Rolle eines neutralen Schiedsmannes spielt. Er benennt innerhalb des synthetischen Weltbildes den Indikator *Geschichte* und empfiehlt seiner in der Sache engagierten Appellantenschaft weise Zurückhaltung. Gott lenkt souverän Geschichte auch gegen menschliche Ambitionen und Aktivitäten. Erst *ex eventu* kann ein historisches Ereignis zutreffend beurteilt werden.

Ist damit das Ende eines rezeptionskritisch angelegten Rundganges zur dualen ἐξουσία-Problematik von charismatischer Lehrautorität im Frühjudentum erreicht, so lassen sich die Möglichkeiten ihrer Bewältigung referieren: Wo eine quasi amtsrechtliche Ordnung, wie sie die späte pharisäisch-rabb. Lehrer-Schüler-Ordination darstellt, fehlt, können hermeneutische Grundsätze zur atl.-jüd. Tradition den Vorgang der *menschlichen Adaption der göttlichen Thora* gewiß leiten, ohne daß sie jedoch in der Lage sind, Eindeutigkeit zu erzielen. Daher steht die charismatische Lehrindividualität vor der Notwendigkeit, sich auf eine direkte göttliche Beauftragung wie Erleuchtung für die sich in ihrer Lehre offenbarenden Geheimnisse Gottes zu berufen (R. Eliezer, der Lehrer der Gerechtigkeit, Paulus) bzw., und das ist die Kehrseite der Medaille, ihre Gruppenunabhängigkeit im biographischen Nachweis zu bewahren (Paulus). Im Streit um göttliche Vollmachtsansprüche ist dabei der Versuch des Paulus bemerkenswert, die Ambivalenz des Vollmachtsbegriffes zu erkennen, um ihn durch Kriterien des Verkündigungsinhaltes (Stichwort: Kreuzestheologie) und seiner gemeindlichen Wirkung (Stichwort: Erbauung) zu überwinden. Will man auf sein Angebot einer inhaltlichen Auseinandersetzung um das göttliche Kreuzesevangelium von Jesus Christus und die

---

[129] Auch im formalen Aufbau entsprechen sich die parallelen Konditionalsätze: Auf eine verhältnismäßig lange Protasis und verhältnismäßige kurze Apodosis folgt im zweiten Konditionalsatz das umgekehrte Verhältnis (kurze Protasis – lange Apodosis). Verbirgt sich hinter dem Passiv Futur des ersten Konditionalsatzes (καταλυθήσεται) ein sog. Passivum divinum (gegen SCHNEIDER, Act V/1 402, Anm. 156, der sich für „medialen Charakter" ausspricht), das Gottes Handeln unter Vermeidung des Gottesnamens ansagt, so hinter der im Aktiv formulierten, negativen Aussage des zweiten Konditionalsatzes – „Menschen können sie (sc. die Sache) nicht zunichtemachen" – die positive Aussage: weil Gott es so gefällt.

[130] Übersetzung und hebr. Text nach MARTI/BEER: „R. Jochanan ha-Sandelar (T 3) sagte: ‚Jede Versammlung, die im Namen des Himmels (לשם שמים) (stattfindet), wird am Ende bestehen. Die aber nicht im Namen des Himmels (ושאינה לשם שמים) (stattfindet), wird am Ende nicht bestehen'" (par. ARN א 40 [Schechter]; ARN ב 46).

menschlichen Strukturen christlicher Ekklesiologie nicht eingehen, so bleibt nur übrig, den Rat eines Weisheitslehrers nach Act 5,38b.39ab* anzunehmen, nämlich gläubig auf den von Gott geführten Ausgang seiner Geschichte zu warten.

Läßt sich also rezeptionskritisch zeigen, daß in frühjüdischer Zeit prinzipiell jede charismatisch-gruppenunabhängig agierende Lehrperson der dualen ἐξουσία-Problematik unterliegt und daß *allgemein*[131] ein aktuelles Bedürfnis für eine überzeugende göttliche Referenz besteht, so konnte auf diese Weise keine inhaltliche Parallele zum Lösungsvorgang von Mk 11,28–33* aufgezeigt werden. In welcher Hinsicht der vormarkinische Text aber den oben zuletzt genannten Vorschlag, den Ausgang der Geschichte zum Erweis der göttlichen Vollmachtslegitimation einer charismatischen Lehrperson einzusetzen (vgl. Act 5,38b.39ab*), für die (göttliche) Rechtfertigung Jesu aufgreift, soll der nun folgende Abschnitt zeigen. Benutzt wird ein im AT höchst ausdifferenzierter Entscheidungsweg, der greift, wenn Legitimationsanspruch gegen Legitimationsanspruch steht.

1.2.2.2 Das Legitimationsinstitut des wahren Propheten (Mk 11,31 f.*)

Durch das in Mk 12,29 f. benannte Prozedere verschiebt sich *vordergründig* das Anliegen der Antagonisten auf Feststellung der Vollmachtsausrüstung Jesu von seiner Person zu der von Johannes dem Täufer,[132] um jedoch *hintergründig* auf diesem Weg in den Augen der Antagonisten für eine eindeutig göttliche Vollmachtsausstattung Jesu zu sorgen. Diese (positive) Rückkoppelung, von der Vollmacht Johannes des Täufers auf die von Jesus zu schließen,[133] erreicht der Text mit Hilfe der prospektiv vorgetragenen Überlegungen der Antagonisten über Jesu Konterstellungnahme zu ihrer Antwort (V. 31c.32c): Wie auch immer sie sich auf die ‚Gretchenfrage' Jesu (V. 30a) einlassen, ob sie der Johannes-Taufe „göttlichen Ursprung" oder, das glatte Gegenteil, „menschliche, d. h. widergöttliche Abstammung" attestieren, Jesus selbst wird durch ihre Antwort immer in die Lage versetzt, seine eigene duale Vollmachtsproblematik aufzuheben und sich selbst und seinem Wirken göttliche Vollmacht zu attestieren.

Um den Grund für diese, von den Gegnern selbstredend abgelehnte Option Jesu in Erfahrung zu bringen, bietet es sich an, Mk 11,31bc.32c als ein sich

---

[131] Aus diesem Grund ist die Annahme bzw. Vermutung nicht berechtigt, für die Appellanten der Vollmachtsfrage ausschließlich Täuferjünger in Frage kommen zu lassen, gegen BULTMANN, GST 18, Anm. 2; SCHMIDT, Rahmen 294 f.; BURKILL, Revelation 200, Anm. 23; SHAE, Question 18.28; GNILKA, Mk II/2 137.140; WEISS, ‚Lehre' 159.

[132] Vgl. den formkritischen Fauxpas von RIESNER, Lehrer 240, Mk 11,27 ff. als „Streitgespräch über die Vollmacht des Täufers" zu bezeichnen.

[133] Vgl. BACKHAUS, ‚Jüngerkreise' 85: „So fragt sich der vorliegende Passus im Ausgang von Johannes auf Jesus vor".

gegenseitig ergänzendes Gesamtbild zur Deutung von Person wie Werk von Johannes dem Täufer zu interpretieren.[134] Und das macht rezeptionskritisch auch Sinn. Denn die Aussage von V. 31bc, daß irgendwelche (jüd.) *Menschen* einer von *Gott* beauftragten (ἐξ οὐρανοῦ) *Person* (αὐτῷ) *Glauben* schenken sollen (ἐπιστεύσατε),[135] erscheint in atl., frühjüdischer und ntl. Literatur in *einem geprägten semantischen Wortfeld* verbunden mit der Aussage von V. 32c, daß (jüd.) *Menschen* (ἅπαντες) einer *Person* (in diesem Fall: Ἰωάννης) zubilligen, ein *Prophet* (προφήτης) zu sein. Zwei Beispiele mögen als Belege genügen: So steht in 2 Chr 20,20 LXX (vgl. Sir 36,15b) der zweifache Imperativ an „Juda und die Bewohner von Jerusalem", der da lautet:

> „Glaubt (ἐμπιστεύσατε) an den Herrn, euren Gott (Θεῷ),
> und ihr bleibt bestehen![136]
> Glaubt (ἐμπιστεύσατε) an seinen Propheten (ἐν προφήτῃ),
> und es wird euch gelingen!"

Als Nachweis aus frühjüdischer Literatur[137] sei aus dem reichen literarischen Werk des Josephus Flavius zitiert, wo es in Ant 11,96 (vgl. 9,72; 10,178) heißt:

> „... zwei Propheten (προφῆται), ..., Haggai und Sacharja, flößten ihnen (sc. den Juden) Mut ein und ließen sie keine Schwierigkeit von den Persern beargwöhnen, weil diese Dinge (ihnen) Gott (Θεοῦ) vorhergesagt hatte. Und im Vertrauen (πιστεύοντες) auf die Propheten (προφήταις) ..."

Im NT ist schließlich auf zwei Stellen aufmerksam zu machen. In Act 26,27 heißt es in dem Gespräch von Paulus mit dem Statthalter Festus vor dem König Agrippa (V. 24–27):

> „Glaubst du (πιστεύεις), König Agrippa, den Propheten (προφήται)? Ich weiß, du glaubst (πιστεύειν)."

Und im 1Joh ist zu lesen (4,1):

> „Geliebte, glaubet (πιστεύετε) nicht jedem Geist, sondern prüfet die Geister, ob sie aus Gott (ἐκ τοῦ Θεοῦ) sind;
> denn viele Pseudopropheten (ψευδοπροφῆται) sind in die Welt ausgegangen."

Aus dieser Sprachfeld-Analyse darf zunächst der Schluß gezogen werden, daß die Antagonisten Jesu damit rechnen, auf ihre alternativ ab- oder aufwer-

---

[134] Vgl. LEE, Jesus 149: „Dieser Gedanke (sc. Mk 11,32c) ist parallel zum Satz ‚Warum habt ihr ihm denn nicht geglaubt?'".

[135] Vgl. MARSHALL, Faith 198 f. Darum ist es abwegg, wenn BACKHAUS, ‚Jüngerkreise' 84 (vgl. DONAHUE, Christ 118 f.; SCHMITHALS, Mk 2/2 509; SCHOLTISSEK, Vollmacht 195 f.), behauptet, in Mk 11,32c sei von „einer christlich verstandenen πίστις" die Rede.

[136] Vgl. Jes 7,9b.

[137] Vgl. noch Philo Agr 50.

tende Beurteilung der Vollmacht Johannes des Täufers von Jesus mit der
(jüd.) Einschätzung dieses Mannes als eines *Propheten Gottes* konfrontiert zu
werden. Die Vollmacht Johannes des Täufers ist seine „prophetische Sendung"[138]: Seiner, die Zukunft wahrhaft voraussagenden prophetischen Verkündigung hätten sie, so lautet Jesu Vorwurf, Gehör schenken sollen.[139] So hat
es (anscheinend) das gesamte jüd. Volk getan.

Nicht einsichtig aber wird aus dieser Wortfelduntersuchung, wieso nach
Auffassung der vormarkinischen Perikope es Jesus gelingt, von der göttlichen
Legitimation Johannes des Täufers seine eigene, keineswegs prophetische,[140]
aber dennoch göttliches Vollmachtssignum tragende Identität abzuleiten. Die
zentrale inhaltliche Frage lautet darum: Weshalb ist die Johannes-Taufe bzw.
Johannes der Täufer „der sachliche Grund der Vollmacht Jesu"[141]? Diese besondere Textintention läßt sich aus der im AT entstehenden Kriterienbildung
zur Unterscheidung von *wahrer* und *falscher Prophetie* in den Blick nehmen.
Eine Urteilsbildung, die in Teilen der LXX (vor allem[142] im Jer[143]) zu einer
begrifflichen Ausdifferenzierung geführt hat, indem nämlich auf der negativen Seite der Begriff des ψευδοπροφήτης eingeführt wurde und sich so terminologisch der *Prophet* vom *Falsch-Propheten* abgrenzen ließ. Der
vormarkinische Text partizipiert an dieser auch dem Frühjudentum geläufigen[144] Sprachregelung, insofern er umgekehrt in Mk 12,32 die positive Würdigung Johannes des Täufers als „wahren Propheten" adverbial mit ὄντως
zum Ausdruck bringt.

Wie nun das legitime prophetische Reden im Namen Jahwes, jenseits von
den der subjektiven Manipulation unterliegenden Kriterien[145] möglichst objektiv festgestellt werden kann, hat Israel – in seiner Geschichte nur zu oft
konfrontiert mit der Rivalität von *Prophetie* und *(Anti-)Prophetie* (vgl. 1 Kön
22; Neh 6,1–14; Jer 6,9–15; 14,10–17a; 23,9–32; Ez 13) – in ein historisches

---

[138] Pesch, Mk II/2 211.
[139] Vgl. Howard, Ego 115.
[140] Gegen Kremer, Antwort 131; Roloff, Kerygma 95; Howard, Ego 114; Mundla, Jesus 28.
[141] Lohmeyer, Mk 242, Anm. 3.
[142] Vgl. noch Sach 13,2.
[143] Stellenangaben und Besprechung bei Reiling, Use 148 ff.
[144] Vgl. Jos Ant 8,236.318.402.409; 9,134; 10,66.104.111; Bell 2,261; 6,285 (dazu
Reiling, Use 155 f.); 1QH 4,16.
[145] Zu den atl. Texten des Kriterienkataloges wie moralisch-sittliche Integrität des Propheten, seiner Unterscheidung von heidnischen Mantikern, dem Ausweis seiner göttlichen Sendung, der adäquaten Offenbarungsform wie Verkündigungsnorm (Erstes Gebot; Gerichtsan-
drohung – Umkehrforderung) vgl. die Arbeiten von Münderlein, Prophetie 23 ff.;
Hossfeld/Meyer, Prophet 15 ff.

Erkenntnisprinzip gefaßt.[146] Das sog. *Prophetengesetz* des Dtn (18,9–22)[147] definiert es in folgender „Faustregel"[148] (18,22):

> „Das Wort, das der Prophet im Namen Jahwes spricht,
> das aber nicht geschieht und nicht eintrifft,
> dies ist das Wort,
> das Jahwe nicht gesprochen hat."

Was das Deuteronomium damit gegenüber der mit Gottes Wahrheitsanspruch auftretenden Unheilsprophetie formuliert (s. V. 22 fin., vgl. Ez 33,33; Sach 1,6), aber grundsätzlich gegenüber jeder Prophetie gilt (vgl. 1 Sam 9,6a; zur Heilsprophetie Jer 5,12 f.; 28,9), nämlich, daß erst die (von Gott geleitete) Geschichte über die (göttliche) Legitimität der Prophetie ex eventu befindet, ist auch dasselbe sachliche Prinzip, wie der Mk-Text von 11,28–33* die göttliche Legitimation der Lehrperson Jesu durch den Propheten Johannes den Täufer begründet. Der Text blickt nämlich auf die (historische) Wirkungszeit Johannes des Täufers als eine abgeschlossene, in der Vergangenheit liegende zurück (zweimal bzw. viermal Imperfekt in V. 30a.31b.32a.c; einmal Aorist V. 31c),[149] so daß die besprochene Jetzt-Zeit des Textes, mithin die der Wirksamkeit Jesu, in dem Bereich der vom wahren Propheten Johannes des Täufers angekündigten Zukunft liegt. Besitzt nun Jesus nach Meinung der Antagonisten die Option, sich mit der vergangenen, sich gegenwärtig als wahr erweisenden Prophetie Johannes des Täufers zu schmücken, so heißt das letztendlich nichts anderes, als daß Jesus selbst der von Johannes dem Täufer vorausgesagte Zukunftsinhalt ist (vgl. Mk 1,7 f.; Mt 3,11 par.).[150] Mit anderen Worten: Den Legitimationsbeweis göttlicher Vollmachtsausrüstung läßt der vormarkinische Text seiner Hauptperson Jesus dadurch gelingen, daß er auf die vom jüd. Volk anerkannte Prophetie Johannes des Täufers anspielt, die ihn selbst, seine Person und sein Werk, als wahre Prophetie Gottes in der (jüngsten) Vergangenheit angekündigt hat (Mk 11,31c.32bc).[151] In diesem Beweisverfahren liegt kein Entsprechungs- oder Kontinuitätsverhältnis,[152] kein

---

[146] Was auf den ersten Blick wie „eine volkstümliche Regel, ein Ausdruck von Bauernschläue" erscheint (HOSSFELD/MEYER, Prophet 97) dürfte für Israel in der Erfahrung des Exils der eigentliche ‚Motor' zur Bewahrung und schließlichen Kanonisation der vorexilischen wie exilischen, das eingetroffene (Exils-)Gericht angesagt habenden Schriftprophetie gewesen sein.

[147] Dazu RÜTERSWÖRDEN, Gemeinschaft 87 f.

[148] MÜNDERLEIN, Prophetie 107.

[149] Vgl. WOLFF, Johannes Sp. 862; MUNDLA, Jesus 39.

[150] Vgl. KREMER, Antwort 132.

[151] Vgl. MARSHALL, Faith 198; GUNDRY, Mk 658.

[152] Gegen LOHMEYER, Mk 243; JEREMIAS, Theologie 62; GRUNDMANN, Mk 316 f.; PESCH, Mk II/2 211.

Analogieschluß[153] und keine Parallelisierung[154] zwischen Johannes Vollmacht und der von Jesus vor, sondern eine schlichte prophetische Erfüllungsrelation, christlich gedeutet auf Jesus ex eventu historiae. Das von dieser vormarkinischen Tradition vermutlich abhängige Überlieferungsstück[155] aus der vom Joh-Evangelisten verarbeiteten Semeia-Quelle von Joh 10,40–42[156] drückt diese urchristliche Deutung einer Relation zwischen dem ankündigenden Propheten Johannes dem Täufer und der geschichtlichen Erfüllung in der Person Jesus folgendermaßen aus[157] (10,41bc):

> „Johannes tat keine Zeichen. Doch alles, was Johannes über diesen (sc. Jesus, vgl. 10,34a) sagte, war wahr/hat sich wahrhaft ereignet[158]".

1.2.3 Die Grenze der göttlichen Vollmachtslegitimation Jesu mittels des wahren Propheten Johannes

Der Aussageabsicht des vormarkinischen Streitgespräches über die *Frage nach der Vollmacht Jesu* (Mk 11,28–33*) auf den Grund gegangen, läßt behaupten, daß hier Judenchristen versuchen, die von der Synagoge abgelehnte göttliche Vollmachtsautorität der charismatischen Lehrperson Jesu durch die vergangene, vorhersagende Prophetie Johannes des Täufers ins göttliche Recht zu setzen. Das Kernstück dieses literarischen Versuches ex eventu historiae ist erstens die Meinung, daß Johannes der Täufer ein vom jüd. Volk allseits akzeptierter göttlicher Prophet (V. 32c) und daß zweitens Jesus in seiner Funktion als Gottes Beauftragter die inhaltliche Mitte der prophetischen Ankündigung des Täufers gewesen sei (V. 31c). Gegenüber diesem eindeutigen apologetischen Versuch judenchristlichen Legitimationsbedürfnisses scheint die Anfrage erlaubt, ob er sich in der Lage zeigt, jüd. Ohren zu überzeugen.

---

[153] Gegen BULTMANN, GST 18.
[154] Gegen GARDNER, Appraisal 73 f.; ROLOFF, Kerygma 95; KLOSTERMANN, Mk 119; GNILKA, Mk II/2 140 f.; ERNST, Johannes 35; BACKHAUS, ‚Jüngerkreise' 85; KATO, Völkermission 127; ZIZEMER, Verhältnis 236 f.; MARSHALL, Faith 198.
[155] Vgl. BECKER, Joh 4/1 136.
[156] Die Gründe für diese Quellenzuweisung sind folgende (vgl. BECKER, Joh 4/1 396): 1. enthält die Tradition eine mit Joh 1,28 (vgl. 3,26) vergleichbare Ortsangabe: πέραν τοῦ Ἰορδάνου (= Peräa). 2. wird der Terminus σημεῖον gebraucht, vgl. 2,11; 4,48.54; 6,2 usw. 3. wird wieder Johannes der Täufer mit Jesus kontrastiert, vgl. 3,22–30. Und 4. bringt der Text zum Ausdruck, daß man über das jesuanische Wunderzeichen zum Glauben an seine Person kommt, vgl. 1,35 ff.; 2,1 ff.; 4,1 ff. usw.
[157] Vgl. BAMMEL, John 192 f.
[158] Eine präsentische Übersetzung des Imperfekts ἦν aus Joh 10,41b (so BECKER, Joh 4/1 392) übersieht das der Perikope zugrundeliegende geschichtliche Beweisverfahren über den wahren Propheten: für den Verfasser der Semeiaquelle müssen sich dessen Ankündigungen von Johannes dem Täufer bereits in der Vergangenheit als wahr, d. h. als geschichtlich eingetroffen, erwiesen haben.

Daß die urchristliche Literatur der Ansicht Vorschub leistet, das Verständnis Johannes des Täufers als eines Propheten sei im Bewußtsein des jüd. Volkes fest verankert (Mt 11,9 par.; 14,5, vgl. Mk 1,4–6; Lk 1,76; 3,2b; Joh 1,21.25; 10,41), kann aus verständlichen Gründen ein historisch sachgerechtes Urteil zur frühjüdischen Volksmeinung über seine Person allein nicht stützen.[159] Zu sehr sind die urchristlichen Äußerungen der legitimierenden Begründung der eigenen Bewegung im Judentum bzw. als dessen wahre Fortsetzung verdächtig. Das wäre allerdings anders, wenn auch eine außerchristliche Quelle für die öffentliche jüd. Ansicht über Johannes den Täufer einstände.

Als einzige von der urchristlichen Täuferinterpretation unabhängige und einigermaßen historisch zuverlässige[160] Nachricht von einem Ἰωάννης ὁ ἐπικαλούμενος βαπτιστής (vgl. Ant 18,116) darf die Täufernotiz des Josephus Flavius in Ant 18,116 9 gelten. Sind die Ausführungen über Gestalt und Wirken Johannes des Täufers zwar von dem bekannten darstellungsleitenden Interesse dieses jüd. Historikers im Dienste Roms belastet, „die Juden (nämlich) gegenüber der römischen Hegemonialmacht zu verteidigen" sowie „jüdischer Eigenart entsprechende Entwicklungen der hellenistischen Vorstellungswelt angepaßt darzustellen",[161] so ist ihr historischer Bedeutungsgehalt doch darum nicht gleich unglaubwürdig.[162] Über Johannes weiß Josephus zu berichten, daß er „in seiner jüdischen Umwelt … eine starke Umkehr- und Taufbewegung auszulösen und zu lenken (vermochte), bis der Machthaber (Herodes Antipas) ihn aus politischen Motiven beseitigen" ließ.[163]

Über die außerordentliche Ausstrahlungskraft der Verkündigung Johannes des Täufers auf die jüd. Öffentlichkeit, die beim Tetrarchen Herodes Antipas (4 v.–39 n. Chr.) Furcht vor einem gegen ihn gerichteten Volksaufstand auslöste und ihn darum zu der Präventivmaßnahme veranlaßte, den Täufer auf seine Festung Machairos zu verschleppen, um ihn dort (später) hinzurichten (Ant 18,119), heißt es in Ant 18,118 lapidar:

„Denn alles schienen sie (sc. die Juden) auf seinen Rat (συμβουλῇ) zu tun."

Schimmert hier durch den josephischen Kommentar hindurch, um welch einen für das jüd. Volk einflußreichen „Ratgeber"[164] es sich bei der Person von

---

[159] So aber z. B. unkritisch ERNST, Johannes 35 (vgl. SHAE, Question 15), dessen umfangreiche Untersuchung mit kaum einem Wort, geschweige denn einer eigenständigen Auswertung auf den Bericht eines outsiders wie den des Jos eingeht.
[160] Zu den nichtauthentischen Traditionen über Johannes den Täufer im Slawischen Josephus und der mandäischen Literatur vgl. jetzt WEBB, John 43 ff.
[161] BACKHAUS, ‚Jüngerkreise' 267.
[162] Vgl. BACKHAUS, ‚Jüngerkreise' 267–74.
[163] BACKHAUS, ‚Jüngerkreise' 274.
[164] Vgl. Ant 18,117: „Johannes war einer, der den Juden befahl (κελεύοντα)"; 118: das jüd. Volk war „erfreut über den Vortrag der Worte (τῶν λόγων)".

Johannes dem Täufer handelt, insofern dieser bereit war, sich in Kopf und Kragen kostenden (hoch-)politischen Angelegenheiten zu engagieren, so wirft die Rückfrage, warum denn der Täufer bei seinem öffentlichen Auftreten solche Popularität genoß, ein bezeichnendes Licht auf seine Stellung.[165] Nach Meinung des Josephus ist es nämlich in erster Linie der *prophetische Rat*, der das jüd. Volk zur (politischen) Tat motivieren kann (vgl. 9,169; 10,179).[166] So heißt es anderwärts von einem messianisch-eschatologischen Propheten[167], der sich anmaßte, Josuas wundersame Eroberung von Jericho (vgl. Jos 6) an Jerusalem vom Ölberg aus (vgl. Sach 14,1–4) als eschatologischen Reinigungskrieg gegen die röm. (heidnische) Provinzialherrschaft zu wiederholen (Ant 20,169, vgl. Bell 2,261–3):

> „Zu dieser Zeit (sc. des Procurators Felix, 52–60 n. Chr.) kam auch irgendeiner aus Ägypten nach Jerusalem, der sich für einen Propheten ausgab und das gemeine Volk verleiten wollte (συμβουλεύων), mit ihm auf den Ölberg zu steigen ...“

Auch jetzt ist es die politische Macht, in diesem Fall in Gestalt des röm. Procurators Felix, die den öffentlich wirksamen Propheten und seine (große) Anhängerschaft als politisches Aufrührertum aufs Äußerste (militärisch) bekämpft (Ant 20,171 f.). Doch anders als Herodes Antipas war den Römern, da der Person des unbekannten Ägypters die Flucht gelingt, kein Erfolg beschieden.

Da sich aus außerneutestamentlichen Quellen nichts Näheres über den urchristlich behaupteten, auf Jesus bezogenen *Inhalt* der prophetischen Verkündigung Johannes des Täufers ausmachen läßt, tritt mit obigem Hinweis aus dem Opus von Josephus zur jüd. Akzeptanz des Täufers als eines (wahren) Propheten die argumentative Grenze der Überlieferung von Mk 11,28–33* in den Blick. Das judenchristliche Ansinnen, jüd. Skeptikern der göttlichen Vollmachtslegitimität Jesu mit Hilfe der positiven frühjüdischen Volksmeinung über Johannes den Täufer vom Gegenteil zu überzeugen, muß auf halbem Wege steckenbleiben. Kann die Frage nach der Vollmachtslegitimation der Johannes-Taufe (V. 30) vom kollektiven jüd. Geschichtsbewußtsein über diesen wahren Gottes-Propheten zwar nur positiv beantwortet werden (V. 31c.32c) – und begibt sich so die Antwortverweigerung der Antagonisten (V. 33b) ins jüd.-öffentliche Abseits –, so folgt für jüd. Ohren daraus nicht zwingend, daß sich in der Person Jesu die prophetische Ankündi-

---

[165] Zur Beschreibung des öffentlichen Wirkens Johannes des Täufers bei Jos bemerkt WEBB, John 308: „If in his (sc. Jos) public speaking John was functioning in a prophetic role, Josephus' negative view of most post-canonical prophets may explain the ambiguity with which he has described John".

[166] Vgl. SCHLATTER, Johannes 59: „Wußte er (sc. Jos), daß das Volk bereit war, ‚alles auf seinen Rat zu tun‘, wußte er nicht auch, daß sie ihn alle ‚für einen Propheten hielten‘?"

[167] Zur Klassifizierung vgl. BECKER, Johannes der Täufer 49 f.

gung des Täufers realisiert habe und damit die Vollmacht dieser charismatischen Lehrperson prophetisch legitimiert sei – und deshalb ist die Antwortverweigerung der Antagonisten jüdischerseits auch wieder im Recht: ein Glaube an den Propheten wie an die Prophetie von Johannes dem Täufer führt nicht automatisch zur Anerkenntnis Jesu als Gottes Gesandten. Es ist aufgrund dieser halbherzigen judenchristlich-apologetischen Argumentation nicht ohne sachlichen Anhalt, daß die Perikope mit einer Antwortverweigerung Jesu auf die Frage nach seiner Vollmacht schließt, ja vielleicht sogar schließen muß. Die hintergründige, hypothetische Argumentation zur göttlichen Vollmachtslegitimation Jesu der V. 31 f., insofern diese behauptet, daß in seiner Person die Prophetie Johannes des Täufers in Erfüllung gegangenen sei, bleibt glaubende (judenchristliche) Ansichtssache. Es darf darum mit Fug und Recht behauptet werden, daß dieser vormarkinischen Perikope ein eindeutiger, jüd. Skeptiker überzeugende Vollmachtsbeweis zur charismatischen Lehrautorität Jesu fehlt.

1.2.4 Zusammenfassung

Das vormarkinische Streitgespräch stellt den objektiv nicht überzeugenden literarischen Versuch einer hell.-judenchristlichen Gemeinde dar, die von der Synagoge in Frage gestellte Lehrautorität Jesu mit einem im innerjüdischen Legitimationsstreit gültigen Argument zu verteidigen: nämlich mit Hilfe der jüd. Popularität von Johannes dem Täufer. Unter dem theologischen Anspruch einer gottgewollten Lebensregulierung gehört im Frühjudentum die Klärung der Legitimation einer das Auslegungsgeschäft der göttlichen Lebensthora betreibenden Lehrperson die volle Aufmerksamkeit. Während im (späten) pharisäisch geprägten Rabbinat die prophetische Vollmacht durch die die Sukzession zu Mose garantierende Lehrer-Schüler-Ordination rechtlich geordnet wird, steht vor 70 n. Chr. die charismatische Lehrindividualität unter dem Legitimationsdruck, sich auf eine unmittelbare göttliche Beauftragung zu berufen und/oder ihre Gruppenunabhängigkeit unter Beweis zu stellen (vgl. R. Eliezer b. Hyrkanos, der Lehrer der Gerechtigkeit', Paulus). Es sei denn, man verzichtet resignierend auf gegenwärtige Klarheit und stellt die Eindeutigkeit der regulierenden Zukunftsgeschichte Gottes anheim (Act 5,38b–39b*).

Um die duale Legitimationsproblematik Jesu (ἐκ Θεοῦ/ἐξ οὐρανοῦ oder ἐξ ἀνθρώπων) einer Klarheit zuzuführen, koppelt die Perikope den Erweis der Vollmacht Jesu hinterlistig an die Vollmacht Johannes des Täufers (vgl. Mk 11,30–32). Da der Täufer im kollektiven jüd. Bewußtsein als wahrer Prophet gilt (vgl. V. 32c mit Jos Ant 18,118), kann es seiner Verkündigung gegenüber nur ein glaubendes Einverständnis geben (vgl. V. 31c). Blickt der vormarkinische Text nun auf die ankündigende Wortprophetie von Johannes dem Täufer als eine in der Vergangenheit liegende zurück (vgl. V. 30–32), so kann er das Erkenntnisprinzip des dtn. Prophetengesetzes anwenden, das nämlich das geschichtliche Eintreffen zum Kriterium der wahren Jahweprophetie erhoben hatte (Dtn 18,22): der Gottesprophet Johannes der Täufer hat das Kommen Jesu angekündigt, Jesus ist die Erfüllung seiner prophetischen Ankündigung. Der Fehlschluß in diesem Beweisverfahren ex eventu historiae liegt in der christlichen Deutung der täuferischen Verkündigung auf die Person Jesu. Ein jüd. Zeitgenosse wird hier seine Zweifel anmelden.

1.3 Die Interpretation der vormarkinischen Perikope: Das *Gleichnis von den Weingärtnern* (Mk 12,1b–11*)

1.3.1 Zur Formkritik von Mk 12,1b–11*

Im Zentrum der formkritischen Analyse der vormarkinischen Tradition des *Gleichnisses von den Weingärtnern* (Mk 12,1b–11*) steht die z.T. kontrovers geführte Auseinandersetzung um seine Einordnung innerhalb der Gattung metaphorischer Gleichnisrede, indem es entweder[1] zu der Untergattung der *Allegorie*[2] oder der der *Parabel*[3] gerechnet wird. Betrachtet man diese keineswegs akademische, sondern für die adäquate Auslegung von synoptischen Gleichnissen[4] eminent wichtige formkritische Diskussion um Mk 12,1b–11*, so stößt man auf zwei von der Sache her unberechtigte geistes- und forschungsgeschichtlich bedingte Werturteile, die den interpretativen Frei-

---

[1] Der Versuch von MILAVEC, Analysis 81 ff., ein konzeptionelles Ineinander von *Allegorie* und *Parabel* (vgl. VINCENT, Parables 86; JONES, Art 36 f.; HUNTER, Parables 94.117; SCHMITHALS, Mk 2/2 512 f.; CARRINGTON, Mk 250 ff.) als textgemäß zu erweisen, darf als gescheitert angesehen werden.

[2] So JÜLICHER, Gleichnisreden 1,115 f.; 2,405; WELLHAUSEN, Mk 93; BULTMANN, GST 191; KLOSTERMANN, Mk 120; LOHMEYER, Gleichnis 244; ders., Mk 247 ff.; KÜMMEL, Gleichnis 210; HAHN, Hoheitstitel 316, Anm. 1; STECK, Israel 269; HAENCHEN, Weg 396 ff.; CROSSAN, Parables 86 ff.; BLACK, Gleichnisse 273–5; SCHWEIZER, Mk 136 f.; BURKILL, Revelation 201, Anm. 25; CRANFIELD, Mk 367, u. a. m.

[3] So DODD, Parables 97; TAYLOR, Mk 472 f.; DERRETT, Law 308 f.; LINNEMANN, Gleichnisse 17; PESCH, Mk II/2 213 ff.; LANE, Mk 416 u. a. m. Die formkritische Klassifizierung als „Gleichnis" (JEREMIAS, Gleichnisse 74; HENGEL, Gleichnis 31, vgl. GNILKA, Mk II/2 144) ist metapherntheoretisch ungenau. Unter der Parabelthese sind auch alle diejenigen Exegeten zu führen, die im Anschluß an eine Vermutung JÜLICHERS (Gleichnisreden 2,406) eine ursprüngliche *Jesus-Parabel* rekonstruieren, die dann sekundär von der Gemeinde durch allegorische Zufügungen zur *Allegorie* transponiert wurde (so DODD, Parables 99; BISER, Gleichnisse 141 ff.; JOHNSON, Mk 194 f.; JEREMIAS, Gleichnisse 68; HENGEL, Gleichnis 1 ff.; FRANKEMÖLLE, Jesus 196 ff.; HAMMER, Understanding 65; CROSSAN, Parable 451 ff.; NEWELL/NEWELL, Parable 229; ANDERSON, Mk 270 f.; CARLSTON, Parables 186; ERNST, Mk 339; WEDER, Gleichnisse 150.153 ff.; VIA, Gleichnisse 128 ff.; KLAUCK, Allegorie 309 f.315; HARNISCH, Gleichniserzählungen 55.61 f.; ders., Vorsprung 22 ff.; SCHRAMM/ LÖWENSTEIN, Helden 33 ff.; SCHOLTISSEK, Vollmacht 201 u. a. m.). Zur Kritik vgl. KÜMMEL, Gleichnis 211 f.; SCHMITHALS, Mk 2/2 513.

[4] Dazu SELLIN, Allegorie 375.

raum unnötig einengen. Nach ihrer Kritik scheint es angebracht, die eigene
dreiteilige formkritische Vorgehensweise[5] transparent zu machen, da der ausgesprochen komplexe und umfangreiche Gleichnistext im Vergleich zu den in
dieser Arbeit formkritisch zu besprechenden (relativ kurzen) Apophthegmata
besondere analytische Sorgfalt verlangt.[6]

Doch bevor in medias res gegangen werden kann, ist eine Vorbemerkung uner-
läßlich: Da es das erklärte Ziel dieser formkritischen Erörterung des *Winzergleichnisses* ist, aus der Analyse seines Textes den gattungsgemäßen Verständnisrahmen zu begründen, soll nicht am Beginn der formkritischen Betrachtung eine
literaturwissenschaftliche Definition zur hermeneutischen Funktion einer *Allegorie*
wie einer *Parabel* stehen. Die vorausliegende Theorie könnte das vorliegende metaphorische Textarrangement in ein Prokrustesbett zwängen. Kommt man aber bei einer Verständigung über den vormarkinischen Text nicht umhin, die *Allegorie* formkritisch von der *Parabel* zu unterscheiden, so soll hier ein vorläufiger Arbeitsbegriff
für beide metaphorischen Sprachfiguren gebildet werden. Ohne besondere Implikationen verschiedener Sprachtheorien zur Metapher- und zum Symbolbegriff zu
übergehen, darf vorläufig gesagt werden, daß im Folgenden unter einer *Allegorie*
eine literarische uneigentliche Redefigur verstanden wird, in der eine sinnvolle
Metaphernreihe über ein analogisierendes Substitutionsverfahren auf eine Doppelrede verweist, die vom Rezipienten hinsichtlich des intendierten Hintersinnes des
Autors eindeutig entschlüsselt werden kann und soll.[7] Auf der anderen Seite soll ein
Arbeitsbegriff *Parabel* derart gebraucht werden, daß unter dieser eigentlichen literarischen Redefigur eine relativ ausführliche dramatische Komposition von Einzelszenen verstanden wird, deren erzählerisches Beziehungsgeflecht eine pointiert zur
Geltung kommende metaphorische Einsicht für den Rezipienten bereithält.[8]

Aber nun zur Sache: Bei den Überlegungen zur formkritischen Katalogisie-
rung der vormarkinischen Gleichnisrede ist man gut beraten, die Gattung einer *Allegorie* gegenüber der einer *Parabel* nicht unter der Hand als literarische Redefigur minderen Typs abzuwerten.[9] Denn damit würde man in Gefahr
geraten, das besonders in der deutschen Ästhetik des 18./19. Jh. gepflegte
Vorurteil gegenüber der literarischen Sprachfigur einer *Allegorie* zu übernehmen.[10] „Gegenüber dem Postulat eines ästhetisch autonomen, intransitiven

---

[5] S. u. die Abschnitte 1.3.1.1–3 dieser Untersuchung.
[6] Vgl. Dodd, Parables 96: „The most difficult of the parables", ebenso Hengel, Gleichnis 9.
[7] Zur allgemeinen Gültigkeit dieser vorläufigen Definiton vgl. die Lit. bei Bjørndalen,
Untersuchungen 99f., Anm. 398. Dieser vorläufige Arbeitsbegriff *Allegorie* wird im Abschnitt 1.3.1.3 dieser Untersuchung gemäß dem Text Mk 12,1b–11* im Rahmen antiker
röm.-hell. Literaturtheorie adäquat aufgearbeitet.
[8] Zur allgemeinen Gültigkeit dieser vorläufigen Definition vgl. Harnisch, Gleichniserzählungen 71 ff.
[9] Vgl. Blank, Sendung 13.
[10] Vgl. Kurz, Metapher 53; Klauck, Beiträge 215. Klauck, Allegorie 8, Anm. 23, hat
auf Paul, Ästhetik 191, hingewiesen, den er mit den Worten zitiert: „Ein neues, zumal wit-
ziges Gleichnis ist mehr wert und schwerer als hundert Allegorien". Stern, Parable 46,

Kunstwerks wurde die Allegorie (nämlich) als eine heteronome, subalterne Zweckform verworfen: sie hat ihren Zweck nicht in sich, sondern außer sich"[11], hieß es. Dieses gegenüber der *Allegorie* gepflegte ästhetische Vorurteil eines biederen Schreibtischproduktes, das in die synoptische Gleichnisforschung mit dem epochalen Werk des der idealistischen Bildungstradition[12] verpflichteten liberalen Theologen[13] *Adolf Jülicher*[14] Eingang fand,[15] darf weder für die antike röm.-hell. Literaturtheorie, in der die literarische *Allegorie* ihren angestammten Platz in der Rhetorik besitzt,[16] noch für die atl. Literatur, die zahlreiche *Allegorien* enthält (z. B. Am 2,9b; 5,2; Jes 1,2b; Ez 17,3–10[17]), übernommen werden. Auch für das Urchristentum ist die *Allegorie* eine anerkannte Redefigur, wie sich bspw. an der allegorisierenden Bewahrung der für die nachösterliche Gemeinde nur als *Allegorien* verständlichen Jesus-Gleichnisse zeigen läßt.[18]

Ist der hermeneutische Standort unter den Bedingungen historischer Literatur und ihrer Theorie denn auch gewillt, die *Allegorie* neben der *Parabel* als gleichberechtigte metaphorische Redefigur zu akzeptieren,[19] so begegnet man

---

macht für diese ästhetische Abwertung der *Allegorie* „Romantic biases, widely held throughout the nineteenth century", verantwortlich.

[11] KURZ, Metapher 53.

[12] Vgl. KLEMM, Gleichnisauslegung 153 ff.

[13] Vgl. KÜMMEL, JÜLICHER 232 ff.

[14] Gleichnisreden. Bd. 1 erschien 1886, Bd. 1 (2. Aufl.) zusammen mit Bd. 2 1899.

[15] Vgl. die schlagende Parallele, die KLAUCK, Allegorie 8 (vgl. ders., Beiträge 214), zwischen der Bewertung der *Allegorie* durch HEGEL, Aesthetik I 529, der sie „frostig und kahl" nennt, „mehr eine Sache des Verstandes, als der konkreten Anschauung und Gemüthstiefe der Phantasie", und der bei JÜLICHER zieht, welcher die *Allegorie* als „eine der künstlichsten Redeformen" empfindet, für die das „Bedachte, Ueberlegte" charakteristisch ist, so daß sie oft doch „kalt und frostig" wirke (Gleichnisreden 1, 63 f.).

[16] Vgl. Cic., or. 27,94; Att. 2,20,3; Quint., inst. 8,6,44; 9,1,5; 9,2,46; Pseudo-Heraklit, All. Hom. 5,2; Philod., Rhetorik 4,3. Zu diesen und weiteren Belegen aus der antiken Rhetorik HAHN, Allegorie 57 ff.

[17] Weitere allegorische Texte sind bei BJØRNDALEN, Untersuchungen 135 ff., besprochen.

[18] Kenntlich ist diese allegorische Rezeption u. a. an der sekundären Erweiterung eines Jesus-Gleichnisses durch allegorisch zu interpretierende Einzelzüge (im Mk z. b. in 4,5 f.). „Für diese Umprägung der Sprachform eines Gleichnisses durch den Einbau allegorischer Elemente hat sich die Bezeichnung *Allegorisierung* eingebürgert" (HARNISCH, Gleichniserzählungen 43).

[19] Wirft man mit KURZ, Metapher 54 ff., einen Blick auf die neuere gegenwärtige hermeneutische Diskussion um die *Allegorie*, so ist es interessant festzustellen, daß „trotz des theoretischen Verdikts … die literarische allegorische Praxis in Fortsetzung alter und mit der Entwicklung neuer Formen weiter[-ging]" (ebd. 54; anders SELLIN, Allegorie 401 f., dazu SNODGRASS, Parable 21, Anm. 43: „surprising") und heutzutage „die Allegorie geradezu zum geheimen Paradigma literaturwissenschaftlicher Analyse avanciert … Im Strukturalismus und Poststrukturalismus wird Literatur [sogar] als reflexive Allegorie des Schreibens und Lesens definiert" (ebd. 56). Gegen den Wertverfall der *Allegorie* im Zeichen der aufkommenden Symboltheorie haben sich z. B. BENJAMIN, Ursprung 336 ff.; GADAMER, Wahrheit 66 ff., ausgesprochen, weitere Lit. bei BJØRNDALEN, Untersuchungen 103, Anm. 406; KURZ, Metapher 90, Anm. 69.

im Wirkungsfeld des obengenannten *Jülicherschen* Forschungsbeitrages einem weiteren Verdikt, nun einem historischen Vorurteil zu dem synoptischen Gleichnisstoff als authentischem Redegut des *historischen Jesus*. Diese aufgrund der tatsächlich vorhandenen Beziehung der synoptischen Gleichnispoesie zur jesuanischen Basileia-Thematik berechtigte historische Annahme führt jedoch bei der Kompositionskritik des *Gleichnisses von den Weingärtnern* zu einer methodischen Schieflage. Kämpfte *Adolf Jülicher* seinerzeit zu Recht gegen die bis dahin im Banne der allegorischen Metapherntheorie stehende ntl. Forschungsmeinung, daß synoptische Gleichnisse samt und sonders *dunkle Allegorien* darstellen, die einen versteckten moralischen Sinn in sich tragen, indem er am konkreten Gleichnistext zeigen konnte, wie zwischen dem ursprünglichen, nichtallegorischen *klaren Jesus-Gleichnis* und der späteren, *sekundären allegorischen Interpretation* durch die Evangelisten bzw. die tradierende Gemeinde zu unterscheiden sei, so hat sich im Zuge seiner axiomatischen kompositionskritischen Differenzierung in der ntl. Gleichnisforschung ein methodischer Allegorievorbehalt bei synoptischen Jesus-Gleichnissen etabliert.[20] Denn „because Jülicher claimed that allegorization had already contaminated the parables as preserved ... his approach ... forced the scholar to reconstruct the ‚original‘ parables before interpreting it".[21]

Da beim *Winzergleichnis* nun anscheinend eine parabolische Pointe neben allegorisch-verschlüsselten Einzelzügen auftritt,[22] hat es sich bei der kompositionskritischen Analyse des Gleichnisses eingebürgert, die sich mit dem Text des sog. *Weinbergliedes* des atl. Propheten Jesaja (Jes 5,1–7) in Verbindung zu bringenden Textteile als sekundäre gemeindliche Allegorisierung einer vormals authentischen Jesus-Parabel in Abzug zu bringen.[23] Der Meister urteilte da noch weit vorsichtiger als seine (über-)eifrigen Schüler! Das von *Adolf Jülicher* im Rahmen der liberalen Leben-Jesu-Forschung als Frage aufgegriffene Problem nach dem historischen Sprecher der Gleichnisrede von Mk 12,1b–11*: „Dürfen wir diese in nichts zweideutige Allegorie nun aber auch als Eigentum Jesu festhalten?"[24] beantwortete er mit dem für historische

---

[20] Vgl. STERN, Parable 45: „Virtually all modern critical scholarship about the parables has proceeded from the nearly dogmatic position that the literary form of the parable is not allegorical".

[21] STERN, Parable 47.

[22] Vgl. STECK, Israel 269, Anm. 3; SCHMITHALS, Mk 2/2 512.

[23] Vgl. HAMMER, Understanding 66; JEREMIAS, Gleichnisse 26 f.68; SUHL, Funktion 140; HENGEL, Gleichnis 6 f.16–19; CADOUX, Parables 38; VIA, Gleichnisse 129; PEDERSEN, Problem 172; FRANKEMÖLLE, Jesus 196 f.; ROBINSON, Parable 445.449.; WEDER, Gleichnisse 148.150; LANE, Mk 417; KLAUCK, Allegorie 287 f.; ders., Gleichnis 122; SCHRAMM/LÖWENSTEIN, Helden 27; HUBAUT, Parabole 105 ff.; KATO, Völkermission 122 f.; HARNISCH, Vorsprung 23.26; SCOTT, Parable 246 f.; SCHOLTISSEK, Vollmacht 201; ROEMER, Vineyard 258, u.a.m.

[24] Gleichnisreden 2,405.

Forschung korrekten methodischen Hinweis: „Jesus hat zwar sonst nicht in Allegorien, sondern in Parabeln gesprochen, aber niemand kann beweisen, dass er nicht auch aussergewöhnliche Redeformen einmal benutzt hat".[25] Und *Jülicher* fährt sodann gemäß seiner kompositionskritischen (Verfalls-)Theorie hypothetisch fort: „Es könnte eine Gleichnisrede Jesu von bösen Weinbergspächtern, die vielleicht Mc 1 9 [Druckfehler, gemeint ist 12,1–9] noch am meisten durchklingt und deren Idee Mt 43 [sc. Kap. 21] treffend wiedergibt, existiert haben", um dann abschließend aber sein Urteil anzugeben: „ein Versuch sie zu rekonstruieren, ist aussichtslos".[26]

Macht man sich das bescheidene historische Nichtwissen des ntl. Exegeten und Kirchenhistorikers *Adolf Jülicher* methodisch zu eigen, so muß es in einem neuen formkritischen Anlauf zu Mk 12,1b–11* zunächst darum gehen, die Funktion der inhaltlichen und strukturellen Bezüge des *Winzergleichnisses* zum jesajanischen *Weinberglied* zu klären. Da sich bis dato zur textlichen Großeinheit von Mk 12,1b–11* keine Formparallele finden läßt, deren charakteristisches Merkmal die an eine Erzählung (V. 1b–8) sich anschließenden Fragen (V. 9.10a) und Antworten (V. 9bc.10bcf.) eines Erzählers sind, wobei auffälligerweise Motive aus zwei verschiedenen sozialen Lebensbereichen gewählt werden, dem Wirtschaftsleben (V. 1b–9) und dem Handwerk (V. 10bcf.), legt der uneinheitliche Gleichnistext selbst einen kompositionskritischen Versuch nahe.[27] Die anschließenden formkritischen Bemerkungen zum *Winzergleichnis*[28] sichern die Ergebnisse dieser beiden diachronen Arbeitsschritte, indem sie synthetisch eine deskriptive Aufbauanalyse sowie gattungstheoretische Überlegungen zur Gleichnisrede, angefangen von der Interpretation der vermeintlich kleinsten kompositionskritischen Einheit vorlegen. Da ein grundsätzlicher Allegorievorbehalt bei synoptischen Jesus-Gleichnistexten methodisch unhaltbar ist, liegt auf dem Text der rekonstruierten ursprünglichen Einheit die historische Bürde, seine jesuanische Identität auszuweisen.

1.3.1.1 Die formkritische Auswertung der literarischen und strukturellen Bezüge zwischen Mk 12,1b–11* und Jes 5,1–9a LXX

Bei der literarkritischen Prüfung der wörtlichen Zitate und zitathaften Anspielungen sowie inhaltlichen und strukturellen Beziehungen[29], die zwischen dem

---

[25] Gleichnisreden 2,406 (vgl. ebd. 1,115), auch KÜMMEL, Gleichnis 214; MILLER, Scripture 8; CARLSTON, Parables 181.

[26] Gleichnisreden 2,406.

[27] S. u. den Abschnitt 1.3.1.2 dieser Untersuchung.

[28] S. u. den Abschnitt 1.3.1.3 dieser Untersuchung.

[29] Methodisch eingeschränkt ist das Vorgehen bei DODD, Parables 97; HENGEL, Gleichnis 16, die nur die wörtlichen Zitate von Jes 5,1–7 LXX aufsuchen. Schon MILLER, Scripture

vormarkinischen Text über das *Gleichnis von den Weingärtnern* (Mk 12,1b–11*) und dem *Weinberglied* des Propheten Jesaja (Jes 5,1–7) bestehen,[30] ist aufgrund der fast wörtlichen Aufnahme von Jes 5,2a LXX καὶ φραγμὸν περιέθηκα in Mk 12,1c mit καὶ περιέθηκεν φραγμόν[31], wo der MT im Unterschied zur LXX vom „Umgraben" (וַיְעַזְּקֵהוּ) als der ersten Kultivierungsmaßnahme des Weinberges spricht, der Vergleich mit dem LXX-Text zu führen.[32] Um der Übersicht halber sei darum der LXX-Text von Jes 5,1–9a[33] in deutscher Übersetzung[34] an den Anfang gestellt. In ihm sind die sprachlichen Übereinstimmungen (= griech. Text) und Anspielungen (= Kursiva) mit der vormarkinischen Tradition hervorgehoben, um anschließend im literarkritischen Vergleich erläutert zu werden:

Jes 5,1–9a (LXX):

V. 1a „Ich will nun singen anstelle des Geliebten ein Lied des Geliebten über meinen Weinberg:

   b ,*Ein* Weinberg (ἀμπελών) gehörte *dem Geliebten* auf einer Anhöhe an einem fetten Ort.

V. 2a Und *ich* machte einen Zaun darum (καὶ φραγμὸν περιέθηκα) *und* eine Pfahlreihe und *ich* pflanzte (καὶ ἐφύτευσα) einen Weinstock 'Sorech'

   b und baute einen Turm (καὶ ᾠκοδόμησα πύργον) in seiner Mitte

   c und *ich* hub eine Kufe (καὶ προλήνιον ὤρυξα) in ihm aus.

   d Und *ich* erwartete, daß er Trauben brächte, er brachte aber Dornen.'

V. 3a Und jetzt, Mann Judas und Bewohner von Jerusalem:

   b Richtet zwischen *mir* und *meinem* Weinberg!

V. 4a Was hätte *ich* noch (ἔτι) an *meinem* Weinberg tun können, das *ich* ihm nicht getan habe?

   b Warum erwartete *ich*, daß er Trauben brächte, er aber Dornen trug?

V. 5a Jetzt (νῦν) tue *ich* euch kund, was *ich* mit meinem Weinberg anstellen werde (τί ποιήσω):

   b Ich entferne seinen Zaun und er wird zur Plünderung frei,

   c und ich reiße seine Mauer ein und er wird zur Zertretung frei.

---

61 ff., überprüft, wenn auch noch unzureichend, wörtliche Anspielungen *und* strukturelle Gemeinsamkeiten.

[30] Ein literarischer Bezug des vormk. Gleichnistextes zu Jes 27,2–5; Ps 80,2 ff. oder Cant 8,11 f. ist aufgrund fehlender semantischer Bezüge nicht gegeben, vgl. MILLER, Scripture 83 ff.

[31] Vertauscht ist bei Mk 12,1cα die Wortstellung, ersetzt wird die 1. Pers. Sing. durch die 3. Pers.

[32] Gegen PESCH, Mk II/2 215.

[33] Interessanterweise kennt die LXX-Hss. R aus dem 6. Jh. n. Chr. (vgl. RAHLFS, Psalmi 10) das *Weinberglied* des Propheten Jesaja unter dem Namen ᾠδὴ Ἡσαιου in der Abgrenzung bis Jes 5,9a (zu den marginalen Textdifferenzen zur LXX-Fassung von Jes 5,1–9a vgl. Oden 10,1–9a). Kann man darum nicht berechtigterweise annehmen, daß sich in dieser Pss-Sammlung der alten griech. Kirche ein mit dem Mk-Text gemeinsamer rezeptionskritischer Standort zum jesajanischen *Weinberglied* bewahrt hat?

[34] Die Verseinteilung folgt der Wiedergabe von Oden 10 in der Göttinger LXX-Ausgabe, bearbeitet von RAHLFS.

V. 6a   Und ich werde meinen Weinberg preisgeben und weder soll er beschnitten noch behackt werden.

    b   Und es werden in ihm Dornen gleichsam zur Unfruchtbarkeit aufgehen.

    c   Und den Wolken werde ich befehlen, daß sie ihn nicht mit Regen befeuchten.

V. 7a   Denn der Weinberg des Herrn (ὁ ... ἀμπελὼν κυρίου) Zebaoth ist das Haus Israel

    b   und der Mann Judas ist die geliebte Pflanzung.

    c   Ich erwartete, daß Recht geschehe,

    d   es geschah aber Gesetzlosigkeit und keine Gerechtigkeit, sondern Geschrei.

V. 8a   Wehe denen, die Haus (οἰκίαν) an Haus (οἰκίαν) rücken

    b   und Acker an Acker nähern, damit dem Nächsten keinen Raum mehr bleibt!

    c   Werdet ihr etwa allein auf der Erde wohnen (οἰκήσετε)?

V. 9a   Denn diese Dinge sind gehört worden in den Ohren des Herrn Zebaoth."

Im literarischen Textvergleich sind bei dem das *Winzergleichnis* eröffnenden vormarkinischen Erzähltextes von Mk 12,1b–8 aufgrund der identischen Semantik als wörtliche Zitate aus dem Jes-Text die oben schon besprochene Wendung Mk 12,1c (καὶ περιέθηκεν φραγμὸν[35] = Jes 5,2aα)[36] sowie die Wortfolge καὶ ᾠκοδόμησεν πύργον (Mk 12,1ε = Jes 5,2b) anzusprechen, letztere auch wieder in der bei Mk erzählerisch notwendigen 3. Pers. Sing. (vgl. auch den MT Jes 5,2) und zur Anpassung an das erzählerische Gleichmaß von Mk 12,1cd gegenüber der Jes-Formulierung leicht verkürzt[37]. In diese Reihenfolge der Bearbeitungsmaßnahmen am Weinfeld schiebt sich mit der Wortreihe καὶ ὤρυξεν ὑπολήνιον (Mk 12,1d) eine Zitatanspielung an die in Jes 5,2c zuletzt genannte Arbeit καὶ προλήνιον ὤρυξα ein,[38] um im Mk-Text nun als zweite Tätigkeit zur Weinfeldanlage zu fungieren. Der vormk. Erzähler folgt mit der von ihm verwendeten Vokabel ὑπολήνιον für „Kufe" dem allgemeinen griech.[39] wie sonstigen Sprachgebrauch der LXX (Joel 4,13; Hag 2,16; Sach 14,10; Jes 16,10). Schließlich ist als Wiederaufnahme des Jes-Textes in Mk 12,1bf. der Erzählbeginn mit artikellosem ἀμπελῶνα (vgl. Jes 5,1bα: ἀμπελών) und die Benutzung des Verbs φυτεύω in der 3. Pers. Sing. Aor. (vgl. Jes 5,2aβ) zu erkennen.

Außerhalb des vormk. Erzählteiles begegnen in Mk 12,9a zwei zitathafte Anspielungen an Jes 5,5a.7a, insofern sich die Wendung in der 3. Pers. Sing. τί οὖν ποιήσει

---

[35] Vgl. auch, daß das Wort φραγμός in Jes 5,5 wiederkehrt.

[36] Die LXX-Wendung von Jes 5,2aβ καὶ ἐχαράκωσα „may simply have been felt to be redundant" (MILLER, Scripture 62) und wurde daher bei der Anspielung vom vormk. Autor übergangen.

[37] Ausgelassen wird die Ortsangabe ἐν μέσῳ αὐτοῦ.

[38] Andere Wortstellung, wieder 3. Pers. Sing., erneut ohne Ortsangabe.

[39] Gesetzt den Fall, die außer in der Zitation des jesajanischen *Weinbergliedes* in Oden 10,5 in der klassischen Gräzität nirgendwo sonst bezeugte Verwendung von προλήνιον für „Keltertrog" (vgl. LIDDELL/SCOTT, Lexicon s. v.) ist in Jes 5,2c LXX als fehlerhafte lectio difficilissima (vgl. Aquila, Symmachus und Hs 710 aus dem 10. Jh. n.Chr. ὑπολήνιον) in der Textüberlieferung tradiert worden, würde es sich sogar bei Mk 12,1d um ein (fast) wörtliches Zitat aus Jes 5,2c LXX handeln.

mit der jesajanischen Formulierung νῦν ... τί ποιήσω (Jes 5,5a) deckt[40] und der identifizierende Genitivausdruck ὁ κύριος τοῦ ἀμπελῶνος mit vertauschten Gliedern in Jes 5,7a (ὁ ... ἀμπελὼν κυρίου) erscheint. Abrunden lassen sich die festzustellenden literarischen Beziehungen beider Texte durch die Bemerkungen, daß in Mk 12,6a = Jes 5,4a das Adverb ἔτι in derselben Bedeutung („was noch übrig ist"), gebraucht, und beide Male im Anschluß an die Weinfeld-Thematik die οἶκος-Semantik verwendet wird: in Mk 12,10b ist die Rede von „Bauleuten" (οἰκοδομοῦντες), in Jes 5,8 kommt sie auf „Häuser" (οἶκος 2 x) und „Wohnen" (οἰκέω).

Als inhaltlich-strukturelle Übereinstimmungen zwischen beiden Texten dürften im Erzählteil der asyndetische Erzählungsbeginn (Mk 12,1bα = Jes 5,1bα), fortgesetzt mit fünfmaligem (!) reihendem καί (Mk 12,1c–g = Jes 5,2a–c), bezeichnet werden, die invertierte Voranstellung des Objektes ἀμπελών sowie die Unterscheidung zwischen einem *Weinfeldbesitzer* (Mk 12,1b: ἄνθρωπος = Jes 5,1b: ἀμπελὼν ἐγενήθη τῷ ἠγαπημένῳ) und einem *Weinfeldbearbeiter* (Mk 12,1f ff.: γεωργοί = die ab Jes 5,2a begegnende Ich-Rede des Weinfeldbearbeiters; anders MT).[41] Auch zeichnet es beide Erzählungen aus, daß es einen potentiellen Nutzer der Traubenfrucht des Weinfeldes gibt (Mk 12,2b = Jes 5,2dα), der jedoch in keinem Fall in den (teilweisen oder vollständigen) Genuß des angebauten Weines gelangt (Mk 12,3aβ.4b.5bc.8 = Jes 5,2dβ.4b).

Nach dem Erzählabschnitt ist in struktureller Hinsicht dieselbe Blickrichtung des Erzählers auf ein zukünftiges Handeln zu bemerken (Mk 12,9a = Jes 5,5 f.), das sich in der Ankündigung eines vollkommen physischen Vernichtungswerkes gleicht (Mk 12,9b = Jes 5,5bf.)[42]. Es zeigt sich, daß das in Mk 12,3 ff. beschriebene gewalttätige Verhalten der Weinfeldpächter unter die sozialgeschichtlichen Oberbegriffe der im deutenden Teil von Jes 5,7 beklagten ἀνομία und οὐ δικαιοσύνη fällt.

Um nun den literarischen Vergleich in inhaltlich-struktureller Hinsicht abzurunden, sei zuletzt die Gliederung beider Texte nebeneinandergestellt[43]:

Jes 5,1–9a LXX	*Mk 12,1b–11**
V. 1a: Verteilung der Sprecherrollen	—
V. 1b–2: (Kurz-)*Geschichte* über die ertraglose Bearbeitung eines Weinberges	V. 1b–8: *Geschichte* über die ertraglose Verpachtung eines Weinberges
V. 3: Appell des Erzählers an ein *Hörerurteil* über den unfruchtbaren Weinberg	V. 9a: *Erzählerfrage nach einem Hörerurteil* über die Reaktion des Wein-bergverpächters
V. 4: Rhetorische Frage über den *Einsatz* des Weinbergbearbeiters Wiederholung (= V. 2d) der Diskrepanz zwischen Erwartung und Ergebnis	(vgl. V. 6a: *Erzählung* über den *Einsatz* des Weinbergverpächters) —

---

[40] S. auch, daß in Jes 5,4a die Phrase τί ποιήσω erscheint.
[41] Ungenau MILAVEC, Parable 294.
[42] Vgl. MILLER, Scripture 300 f.
[43] Zur Gliederung von Jes 5,1–7 vgl. HÖFFKEN, Probleme 400.

V. 5 f.: *Ankündigung* des Erzählers über die Entscheidung zur totalen Zerstörung des Weinberges

V. 7: *Identifizierung* des Weinberges mit Israel/Juda / *Nebenidentifizierung* des Weinbergbesitzers mit Jahwe-Gott Deutung der Geschichte auf ein Fehlverhalten

V. 8.9a: Weheruf wider Häuserspekulanten und Großgrundbesitzer

—

V. 9bc: *Ankündigung* des Erzählers über die Entscheidung zur physischen Vernichtung der Weinbergpächter und zur Weiterverpachtung des Weinberges

—

(vgl. V. 9a: *Nebenidentifizierung* des Weinbergbesitzers mit Kyrios-Gott)

—

—

V. 10 f.: *Schrifteinleitung* mit LXX-Zitat Ps 117,22f über einen wunderhaften Vorfall beim Hausbau

Die Beziehungen von Mk 12,1b–11* und Jes 5,1–9a LXX im Aufbau sind frappierend, gleichwohl Unterschiede unverkennbar sind. Es gleicht sich im Wesentlichen die erzählerische Abfolge des Dreitaktes: Erzählung – Erzähleraufforderung zum Hörerurteil – Erzählerankündigung über eine zukünftige Strafexpedition. Deutlich zu erkennen ist, daß im vormk. Text zwar ein punktueller Teil *Identifizierung* vorhanden ist (Mk 12,9a), aber ein abschließender Teil *Deutung* der Erzählung auf ein konkretes menschliches Fehlverhalten fehlt (vgl. Jes 5,7). Der abschließende jesajanische Weheruf und das vormk. LXX-Schriftwort haben erkennbar formal und inhaltlich nichts miteinander gemein.

Als Folgerung aus dieser Gegenüberstellung ist für die Formkritik folgendes festzuhalten: Wer angesichts des oben angestellten literarkritischen Vergleiches (noch länger) der von *Adolf Jülicher* angeregten kompositionskritischen Auffassung huldigt, die literarischen Bezüge der vormarkinischen Gleichnisrede zu Jes 5,1b–7 LXX gehörten zu ihrer sekundären Nachgeschichte, der erhält – Konsequenz vorausgesetzt[44] – mit dem von Anspielungen auf den Jes-Text freien vormarkinischen Gleichnistext einen unverständlichen Texttorso (etwa: Mk 12,1f–8). Darum ist methodisch nur die entgegengesetzte Folgerung angebracht: Die literarischen und strukturellen Bezüge zu Jes 5,1b–7 LXX sind ursprünglicher und beabsichtigter Bestandteil einer Erzählerstrategie,[45] die es in der rezeptionskritischen Auslegung als Aktualisierungsprozeß des jesajanischen *Weingliedes* zu beschreiben gilt.[46] Da nun jedoch auch in formkritisch relevanter Weise strukturelle Beziehungen der vormarkinische Gleichnisrede zum atl. Prophetentext aufzuzeigen sind, liegt damit der Schlüssel bereit, sich einen ersten gattungstheoretischen Zugang zum literarischen Genre von Mk 12,1b–11* zu verschaffen.

---

[44] Vgl. MILLER, Scripture 298 f.
[45] Vgl. den parallelen Vorgang der Rezeption von Jes 5,1–7 in der sog. *Jesaja-Apokalypse* (Jes 24–27) in 27,2–5.
[46] S. u. den Abschnitt 1.3.3 dieser Untersuchung.

Mit der durch das *Weinberglied* des Propheten Jesaja (Jes 5,1–7) repräsentierten „übergreifenden Sprachform typisierter Natur" hat sich *Peter Höffken* beschäftigt und es als „gegliedertes literarisches Dokument"[47], bestehend aus:

Jes 5,1–7

I. Einleitung (5,1a)	Verteilung der Sprecherrollen
II. Erzählung (5,1b–2)	Arbeit und Enttäuschung eines Weinbauern
III. Hörerurteil (5,3 f.)	Die Erzählung als Rechtsfall unter Hervorhebung des Einsatzes des Weinbauern
IV. Zukunftsankündigung (5,5 f.)	Maßnahmen zur vollständigen Zerstörung des Weinberges
V. Deutung (5,7a)	Identifikation des Weinberges mit dem Volk Israel
VI. Präsentation des Vorfalls (5,7b)	Mangelnde Rechtsstaatlichkeit in Israel,

beschrieben. Durch einen formkritischen Vergleich der erzählerischen Verlaufsstruktur mit drei weiteren Paralleltexten im AT[48] ist es dabei möglich, das formmäßige Inventar einer literarischen Gattung zu erheben. Hinsichtlich ihres Aufbaues sind nämlich mit Jes 5,1–7 folgende drei Texte (2 Sam 11,1–12,5; 2 Sam 13,23–14,24; 1 Kön 20,26–42) vergleichbar (s. Tabelle S. 84).

Die drei Erzählungen des dtr. Geschichtswerkes und das Jes-Lied konvergieren darin, daß die weisheitlich-prophetischen Akteure ihre Gesprächspartner mit einem erzählerisch interessanten Einzelfall konfrontieren (Reicher bestiehlt Armen; Brudermord und Blutrache; Haftung bei Kriegsgefangenenflucht; fruchtloser Weinberg), um ihre Adressaten zu einer spontanen juristischen Stellungnahme zu provozieren. Haben sich ihre Gesprächspartner erst einmal festgelegt, leisten die Propheten im darauffolgenden Abschnitt *Deutung* durch Identifikation den Übertrag auf den von ihnen kritisierten Vorfall (Ehebruch und hinterhältige Anstiftung zum Mord; Vergebungsunfähigkeit zwischen Vater und Sohn; Vergehen gegen den Jahwe-Bann; mangelnde Rechtsstaatlichkeit) und behaften ihre Adressaten bei ihrem zur Erzählung abgegebenen Rechtsurteil (vgl. 2 Sam 12,1 LXX).[49] Sodann kündigen sie ihnen auf dem Weg prophetischer Unheilsverkündigung die göttliche Strafe für ihre Untat in genauer Entsprechung zu ihrem Vergehen an.

Somit ist für die vormarkinische Gleichnisrede ein erstes formkritisches Zwischenergebnis zu formulieren: Aufgrund derselben dreiteiligen Abfolge der Elemente: *weisheitliche Erzählung* (Mk 12,1b–8) – *Erzählerappell zur Rezipientenstellungnahme* (V. 9a) – *Erzählungsfortsetzung mit negativer*

---

[47] Probleme 395. HÖFFKEN nimmt mit seinen gattungskritischen Bemerkungen eine formvergleichende Analyse der AT-Texte auf, die bereits GRAFFY, Genre 404 ff., gemacht hat.

[48] In der Aufbausynopse wird auf den kurzen Text von Jer 3,1 verzichtet. Er „scheint eher als ‚Beispielfall' und ‚Anwendung' konstruiert zu sein" (HÖFFKEN, Probleme 401, Anm. 28).

[49] Vgl. BERGER, Materialien 21 f.

	2 Sam 11,1–12,15	2 Sam 13,23–14,24	1 Kön 20,26–42
0. Präsentation des Vorfalls	König David läßt den Hethiter Urija an der Front sterben, um dessen ihm schwangere Ehefrau Baathseba zu heiraten (11,1 ff.)	Absalom ermordet seinen Thronkonkurrenten und Stiefbruder Amnon (13,23 ff.)	König Ahab läßt im Jahwe-Krieg den geschlagenen Aramäerkönig Benhadad am Leben (20,26–34)
Einschub			Auftreten von Prophetenjüngern Prophetische Gleichnishandlung: Auftragsverweigerung führt zur Unheilsverkündigung (20,35–37)
I. Einleitung	Auftritt des Jahwe-Propheten Nathan (12,1)	Der zwischen Vater (David) und Sohn (Absalom) Versöhnung stiftende Joab instruiert eine weise Frau aus Tekoa (14,1–3)	Ein als Prophet Unkenntlicher tritt dem König entgegen (20,38)
II. Erzählung	Ein reicher Viehzüchter benutzt das einzige Tier eines Armen zur Bewirtung seines Gastes (12,1b–4)	Durch Brudermord ist durch das Recht auf Blutrache das Leben einer Familie bedroht (14,4–7)	Kriegsgefangener entkommt seiner Bewachung (20,39–40a)
III. Hörerurteil	David spricht spontan ein Rechtsurteil mit Strafmaßbestimmung und Wiedergutmachungspflicht (12,5 f.)	König David versichert spontan der betroffenen Frau seinen Rechtsbeistand, um den Vollzug der Blutrache zu verhindern (14,8–11)	Der König bestätigt spontan das Todesurteil bei fahrlässiger Fluchtermöglichung (20,40b)
IV. Deutung	Nathan identifiziert David mit dem reichen Viehzüchter und klagt das verbrecherische Verhalten gegenüber Baathseba und Urija an (12,7–9)	Die weise Frau behaftet den König auf seinen Selbstwiderspruch, das Leben (Absaloms) nicht gegen das Recht zur (Blut-)Rache des Vaters (David) zu bewahren (14,12–17)	Der Unbekannte gibt sich als Prophet zu erkennen und behaftet den König auf Verletzung des Bannes (20,41.42ab)
V. Zukunftsankündigung	Der Prophet Nathan spricht eine zweifache Unheilsankündigung in Entsprechung zur Tat Davids (Ehebruch; Mord) aus (12,10–12)	König David schickt Joab, Absalom an den Hof zurückzuholen (14,18–21)	Der Prophet spricht im Namen Jahwes eine Unheilsverkündigung über den König (20,42c)

Zukunftsankündigung (V. 9bc), gehört das *Winzergleichnis* gattungskritisch zu einem Sonderfall atl. Literatur. Es handelt sich um eine literarische Konzeption von *weisheitlich-prophetischer Gerichtsrede*, der es mit Hilfe einer spontanen Stellungnahme zu einer parabolischen Verfremdung gelingt, analoge Normen für den durch sein Handeln heillos in einem gegen Menschen und Gott gerichteten sündhaften Versagen Befindlichen zu entwickeln. Dieses geschieht mit dem Ziel, den Betroffenen seiner Sünde zu überführen, um ihn durch eine prophetische Zukunftsdrohung mit der rettenden Strafe Gottes zu behaften. In Anknüpfung an einen Vorschlag von *Adrian Graffy*[50] soll diese literarische Gattung als *weisheitlich-prophetische Gerichtsüberführungsrede* bezeichnet werden.

Nun ist aber bei den atl. Gattungsmustern ein entscheidender Unterschied[51] in der Abfolge des Gattungsinventares wahrzunehmen. Und zwar besteht zwischen der Form des *Weinbergliedes* im Jesaja-Buch und den sonstigen Mustern *weisheitlich-prophetischer Gerichtsüberführungsrede* eine Differenz derart, daß das vom Propheten kritisierte menschliche Fehlverhalten nicht am Anfang ausführlich erzählt (vgl. anders 2 Sam 11,1 ff.; 13,23 ff.; 1 Kön 20,26–34), sondern erst ganz am Schluß der literarischen Einheit, im Abschnitt *Deutung* genannt wird: „Ich hoffte auf Rechtsspruch, aber siehe da: Rechtsbruch" (Jes 5,7c MT)[52]. Soll die literarische Überführungsstrategie einer *weisheitlich-prophetischen Gerichtsüberführungsrede* für Jes 5,1–7 weiterhin in Geltung stehen, so ist anzunehmen, daß die anfängliche Erzählung von Jes 5,1bf. zugleich das vom Propheten kritisierte Fehlverhalten sowie den analogen Fremdfall präsentiert, mithin das klassische Konzept einer *allegorischen Doppelrede* darstellt.[53] Diese entscheidende formkritische Veränderung führt dazu, daß Jes 5,1–7 sich als ein Stück textlich ausgeführter Theorie zur hermeneutischen Funktion einer Allegorie entpuppt. Diese These ist in drei Schritten zu erläutern: Erstens aus der in Jes 5,1–7 veränderten erzähltechnischen Konstruktion der *weisheitlich-prophetischen Gerichtsüberführungsrede*, zweitens aus dem intentionalen Charakter der Erzählung von Jes 5,1bf. und drittens durch die Parallelität der Textorganisation von Jes 5,1–7 zum anvisierten Verstehensakt der *allegorischen Doppelrede*.

Ad 1: Die mäeutische Kraft der *weisheitlich-prophetischen Gerichtsüberführungsrede*, die ja durch den Propheten als Erzähler und Deuter zur indirek-

---

[50] GRAFFY, Genre 408, spricht von „self-condemnation parables", vgl. BJØRNDALEN, Untersuchungen 311.

[51] Zur überlieferungsgeschichtlichen Erklärung des weiteren markanten formkritischen Unterschiedes des Jes-*Weinbergliedes* zu den dtr. Erzählkompositionen wie er im Sprecherwechsel vorliegt, vgl. HÖFFKEN, Probleme 403 ff.

[52] Übersetzung des hebr. Wortspieles nach WILDBERGER, Jes X/1 163. Dort (ebd. 172 f.) auch weitere Versuche, eine angemessene deutsche Übersetzung zu geben.

[53] Zur interpretativen Entschlüsselung der Allegorie von Jes 5,1–7 vgl. BJØRNDALEN, Untersuchungen 302 ff.

ten Selbstverurteilung der der allgemeinen Kritik enthobenen Könige Israels
führt, und zwar als gegen ihre Mitmenschen und Gott sich versündigenden
Menschen, bezieht ihre Überzeugungskraft aus der analogisierenden Gegen-
überstellung von Untat/Fehlverhalten und erzähltem Fremdfall. Hat der Be-
troffene gegenüber der zunächst ungleichnishaften Erzählung[54] sein Normen-
Urteil gefällt, so wird ihm im Akt der vom Propheten vorgenommenen
Identifizierung – am deutlichsten ausgeprägt in 2 Sam 12,7: „Du bist der
Mann!" – bzw. durch Enthüllung der prophetischen Sprecheridentität (1 Kön
20,41) zu erkennen gegeben, daß die erzählte Geschichte einen doppelten
Boden hat. Diese Klarlegung des Parabelsinnes der Erzählung in Hinsicht auf
die menschliche Untat geschieht durch den prophetischen Akteur also *a
posteriori.* Im Falle des von David zur Vertuschung seines Ehebruches an
Baathseba veranlaßten heimtückischen Mordes an ihrem Ehemann Urija besteht bspw. das Analogon zur Erzählung vom Reichen, der einen Armen bestiehlt, darin, daß der mit einem Harem von Frauen reich gesegnete König
David (vgl. 2 Sam 12,11) sich trotzdem an der einzigen Ehefrau seines
Untertans verging.

Tritt man mit dieser Erzählerperspektive an die modifizierte Verlaufsstruktur von Jes 5,1–7 heran, so ist schon aufgefallen, daß der Teil *Deutung*
nicht unmittelbar nach dem Appell zur Urteilssprechung über die Erzählung
vom unfruchtbaren Weinberg vom Propheten vorgenommen wird. Für die
Form einer *weisheitlich-prophetischen Gerichtsüberführungsrede* geurteilt,
steht er beziehungslos am Schluß. Oder anders ausgedrückt: Der Abschnitt
Deutung verliert in der jesajanischen Version der *weisheitlich-prophetischen
Gerichtsüberführungsrede* seine beherrschende erzählerische Schlüssel-
funktion, nämlich den parabolischen Charakter der Erzählung dem Betroffenen nachträglich auf seine Untat zu entlarven und seine Quasi-Selbst-
verurteilung einzuleiten.

Diese Folgerung aus der veränderten erzählerischen Verlaufsstruktur erweist sich im Falle des Jes-Textes nur dann nicht als gültig, wenn für die Betroffenen, in diesem Fall die „Einwohner Judas und Jerusalems" (Jes 5,3) bzw.
Israel/Juda (V. 7), gilt, daß sie bereits an der *Erzählung* vom unfruchtbaren
Weinberg erkennen können, daß diese auf ein vom Propheten an ihnen kriti-
siertes Fehlverhalten anspielt. Ist es zwar richtig geurteilt, daß zur Zeit Jesajas
einerseits das/der Weinfeld/-berg (כרם) „keine geläufige Metapher für Israel"[55] ist, so ist andererseits aber doch das Motiv des unfruchtbaren Weinstok-
kes (גפן) als ideologische Chiffre für das sündige Israel prophetischer Rede
geläufig (vgl. Jer 2,21; 8,13; Hos 10,1) und dem Propheten Jesaja eine erzäh-

---

[54] Vgl. HÖFFKEN, Probleme 402 f.
[55] WILDBERGER, Jes X/1 172.

lerische Abwandlung dieses Motivs zuzutrauen (vgl. 3,14: כרם).[56] Kann vom
jüd. Rezipienten demnach das in der Jes-Erzählung verwandte Bildmotiv vom
unfruchtbaren Weinberg auf das *sündige Israel* übertragen werden, dann geschieht aber die Klarlegung des Parabelsinnes der Erzählung von Jes 5,1bf. *a
priori*. Eine Erzählung aber, die von Anbeginn durch ihren Metapherngebrauch einem Rezipientenkreis als *erzählerische Darstellung eines
menschlichen Verhaltens* wie *erzählerische Darstellung eines analogisierenden Fremdfalles* zugänglich ist, darf mit Fug und Recht als eine *allegorische
Doppelerzählung* aufgefaßt werden.

Ad 2: Auch an der Intentionalität der Kurzgeschichte von Jes 5,1bf. ist zu
erkennen, daß sie das vom Erzähler Gemeinte allegorisch-substituierend
widerspiegelt. Die Erzählung von der Anlage eines Weinberges beschreibt
zunächst einen typischen Vorfall, wie er für ein Weinanbaugebiet wie Palästina[57] überaus häufig anzutreffen und darum für die Rezipienten nur allzu verständlich ist. Dieser alltägliche Vorgang wird aber in V. 2d in ein a-typisches
Ereignis umgewertet. Aus der allgemeinen bäuerlichen Lebenserfahrung unter den vortrefflichen Bedingungen palästinischen Klimas ist es *unmöglich*,
daß ein Weinfeld, das auf einer Anhöhe mit nahrhaften Boden angelegt ist,[58]
bei der Ernte nur das Gegenteil der angepflanzten Frucht, statt Trauben nur
lauter Dornen hervorbringt. „In diesem Umkippen des Regulären ins Singuläre liegt denn auch die Pointe. Oder, vom Erzähler her formuliert: Er reorgani-
siert die gültige Lebenserfahrung seiner Hörer oder Leser unter den Bedingungen des Unregelmäßigen, des Paradoxen. Oder: Das Wahrscheinliche
wird zum Unwahrscheinlichen".[59] Ist demnach also die absurde Fiktionalität
der Geschichte der Erfahrungswelt ihres Rezipienten auf Anhieb zugänglich,
so ist dieser vom Autor provoziert, „sich nicht mit einem einfachen, wörtlichen Verständnis zufrieden zu geben, sondern eine zweite Bedeutung zu suchen"[60]. Diese textimmanente Aufforderung, über die Erzählung als *allegorischer Doppelrede* zu reflektieren, bedeutet für den Rezipienten, nach dem
sinnvollen Code der metaphorischen Erzählung zu suchen,[61] um die in der
Narration enthaltene Sondersprache auf das vom Autor hintergründig Gemeinte zu entschlüsseln.

Ad 3: Die in der literarischen Form von Jes 5,1–7 sich findende Umorgani-
sation der Formelemente einer *weisheitlich-prophetischen Gerichtsüberführungsrede* in der Abfolge *allegorische Erzählung* am Anfang, *Identifikation* und schließlich *Deutung* auf einen *Vorfall* am Schluß, läßt sich am besten

---

[56] Vgl. Bjørndalen, Untersuchung 294.
[57] Vgl. Dalman, AuS IV 298 f.
[58] Vgl. Dalman, AuS IV 319 f.
[59] Höffken, Probleme 406.
[60] Kurz, Hermeneutik 17.
[61] Vgl. Sellin, Allegorie 391.

über die Parallelisierung zur hermeneutischen Wirkungsweise der allegorischen Redefigur verständlich machen. Analysiert man den allegorischen Redeakt aus der Sicht des Rezipienten, so handelt es sich um einen Rekonstruktionsprozeß, „die erzählte Geschichte als eine erste zu verstehen, aus der er eine zweite erschließen" soll.[62] Der Akt des Verstehens stellt sich damit als ein Weg vom Verstehen des vordergründig Gesagten zum Verstehen des hintergründig eigentlich Gemeinten dar. Das hermeneutische Gefälle läuft „von der Verschlüsselung zur Entschlüsselung der Wahrheit"[63]. Dieser vom Rezipienten bei der allegorischen Redefigur einzuschlagende Verstehensweg, der über die Entschlüsselung des Codes des Gesagten im Akt der Identifizierung der Schlüsselworte zur Umsetzung auf das vom Autor Intendierte führt, gleicht nun der erzählerischen Anlage von Jes 5,1–7. Der *ganze* (!) Text ist also als eine *Allegorie* zu bezeichnen,[64] bestehend aus *Erzählung* (V. 1bf.), *Hörerurteil* (V. 3f.), *Zukunftsankündigung* (V. 5f.) und *Deutung* (V. 7). Durch diese Abbildung des hermeneutischen Stufenprozesses einer Allegorie begleitet dieser von direkten Bezügen zur Katastrophe von 587 v. Chr. freie redaktionelle Endtext des Jes-Buches den jüd. Rezipienten bei seiner immerwährenden theologischen Verstehensarbeit, daß sich der Bundes-Gott Israels bei seinem zukünftigen Gerichtshandeln an seinem Bundes-Volk nicht von Willkür leiten, sondern auf ein rechtlich geordnetes Verfahren stützt.[65] Wenn das Volk Israel die zwischen den Bundespartnern Gott und Israel vereinbarte gegenseitige Vertragstreue einseitig aufkündigt, hat es selber unentschuldbar die heilvollen Grundsätze dieses Verhältnisses verletzt und geht eigener Schuld zufolge dem Gericht Gottes entgegen.[66]

Die zweite wichtige Folgerung für die formkritische Bestimmung dieses Types *weisheitlich-prophetischer Gerichtsüberführungsrede*, dem neben Jes 5,1–7 auch Mk 12,1b–9* angehört, weil beide Male nicht mit einem geschichtlichen Bericht über das vom Propheten kritisierte menschliche Fehlverhalten, sondern mit einer weisheitlichen Erzählung namenloser Handlungsträger einsetzt wird (Mk 12,1b–8* = Jes 5,1bf.), ist mithin also die, daß von Anfang an eine *allegorische Doppelrede*, eine *Allegorie* vorliegt, die bis zum Ende des Textes in Mk 12,9 bzw. V. 11 nicht verlassen wird. Aufgrund des Fehlens des Abschnittes *Deutung* im Mk-Text wird deutlich, daß in der vormarkinischen *Allegorie* der allegorische Verstehensakt im Unterschied zum Jes-Text nicht vom Textablauf abgebildet, sondern vorausgesetzt wird.

---

[62] Kurz, Hermeneutik 17.
[63] Harnisch, Gleichniserzählungen 49.
[64] Vgl. das luzide erläuterte Ergebnis der Untersuchung von Bjørndalen, Untersuchungen 338 ff. (Lit).
[65] Vgl. Höffken, Probleme 408.
[66] Vgl. Höffken, Probleme 409.

1.3.1.2 Zur Kompositionskritik von Mk 12,1b–11*

Werden die vom Autor der vormarkinischen Gleichnisrede von Mk 12,1b–11* beabsichtigten inhaltlichen wie strukturellen Bezüge zu Jes 5,1b–7 LXX ausgewertet, so läßt sich ein kritisches Minimum der Gleichnisrede etwa folgendermaßen bestimmen: Die *Allegorie* beginnt mit einer metaphorisch codierten Erzählung von einem Weinfeldbesitzer, der sein Weingut verpachtet, aber von seinen Pächtern um den vereinbarten Pachtzins gebracht wird (Mk 12,1b–8 = Jes 5,1bf.). Darauf folgt eine Erzählerfrage und eine abschließende Erzählungsfortsetzung, die das zukünftige Strafhandeln des Weinfeldverpächters thematisiert (Mk 12,9 = Jes 5,4f.).[67] Dieser Umfang legt nun nahe, daß das in V. 10a mit einer Schrifteinleitungsformel asyndetisch einsetzende LXX-Zitat[68] von Ps 117,22f. (= Mk 12,10bf.)[69] als ein judenchristlicher christologischer Textzusatz zu betrachten ist.[70] Diese redaktionelle These zur Weiterführung der *Allegorie* aus einer neuen metaphorischen Perspektive hat durch die im urchristlichen Schrifttum zu beobachtende „selbständige Verwendung"[71] des LXX-Schriftzitates sowohl im Rahmen der christologischen Paränese von 1 Petr 2,4.7[72] als auch der Zitation allein von Ps 117,22 LXX im Zusammenhang des christologischen Schriftbeweises von Barn 6,4 (auch Lk 20,17, vgl. Act 4,11 die Anspielung des christologischen Schriftbeweises auf Ps 118,22

---

[67] Vgl. GNILKA, Mk II/2 142. Gegen DODD, Parables 96, Anm. 1; JEREMIAS, Gleichnisse 72; SUHL, Funktion 140; VIA, Gleichnisse 130; CROSSAN, Parable 454; ROBINSON, Parable 449; KLAUCK, Allegorie 288; WEDER, Gleichnisse 149f.; SCHRAMM/LÖWENSTEIN, Helden 26, die Mk 12,9a(–c) als sekundäre Expansion des ursprünglichen Gleichnisses aus formkritischen (DODD, aaO. 97: „application") oder überlieferungsgeschichtlichen Gründen (Bezug zu Jes 5,3) ausscheiden wollen.

[68] Γραφή im Sing. kann auch die einzelne Schriftstelle meinen, vgl. 4 Makk 18,14; Philo, Her 266; Lk 4,21; Joh 7,38.42; 19,37; Act 1,16; Jak 2,8.

[69] Für LXX-Benutzung spricht die Verwendung von ἀποδοκιμάζω. Zum grammatischen Phänomen der Attractio inversa von λίθος (Akk.) vgl. BLASS/DEBRUNNER, Grammatik § 295₂.

[70] Mit JÜLICHER, Gleichnisreden 2,405 f.; KLOSTERMANN, Mk 120; BOSCH, Heidenmission 120, Anm. 23; JEREMIAS, Gleichnisse 72.72, Anm. 1.107; TAYLOR, Mk 477; STECK, Israel 269, Anm. 3; HENGEL, Gleichnis 1; HAENCHEN, Weg 399; FRANKEMÖLLE, Jesus 197; ROBINSON, Parable 450; PRYKE, Style 57; GNILKA, Mk II/2 142; DONAHUE, Christ 124; ANDERSON, Mk 271; ERNST, Mk 340; ZIZEMER, Verhältnis 238; WEDER, Gleichnisse 150; KATO, Völkermission 122; PESCH, Mk II/2 213; SCHRAMM/LÖWENSTEIN, Helden 32; HARNISCH, Vorsprung 23, u. a. m. gegen BLANK, Sendung 18; SCHMITHALS, Mk 2/2 520–2; SNODGRASS, Parable 64f.; LEE, Jesus 174f.; DSCHULNIGG, Gleichnisse 109f.; GUNDRY, Mk 663.689f.

[71] GNILKA, Mk II/2 142.

[72] In 1 Petr 2,4 wird zunächst mit παρὰ δὲ Θεῷ auf παρὰ κυρίου von Ps 117,23 LXX angespielt, worauf dann in 1 Petr 2,7 Ps 117,22 LXX zitiert wird (der Nom. Sing. λίθος erklärt sich als Auflösung der Attractio inversa [vgl. BLASS/DEBRUNNER, Grammatik § 295]). Somit wird die Antithetik von Ps 117,22f.: οἰκοδομοῦντες – κύριος in 1 Petr 2,4 durch ἄνθρωποι – Θεός vollständig repräsentiert.

MT[73]) einiges für sich.[74] Die vormarkinische Redaktion kann zwar für einen
kohärenten Textzusammenhang von Mk 12,10f. mit V. 1b–9 auf die traditionelle Einheit von Jes 5,1–9a (s. Oden 10,1–9) verweisen, wo im Weheruf von
Jes 5,8.9a das Stichwort οἶκος bzw. οἰκέω (vgl. Mk 12,10b: οἰκοδομοῦντες)
erscheint, und darauf, daß der allegorische Anhang von V. 10f. durch Stichworte in der vorherigen Gleichnisrede vorbereitet ist (vgl. in V. 1e οἰκοδομέω,
V. 4b κεφαλίοω und in V. 9a κύριος)[75]. Jedoch muß die Redaktion die formmäßig feststehende einmalige Sequenz von Erzählerfrage und -antwort
(V. 9a.bc = Jes 5,4a.5f.) verdoppeln (Mk 12,10a.10bf.), führt aus dem Bereich
des Handwerkes eine neue allegorische Metapher ein,[76] kennt anders als die
vorherige Gleichnisrede jetzt eine Adressatengruppe (vgl. die 2. Pers. Plur. von
ἀναγινώσκω; das Personalpronomen ἡμῶν) und verläßt inhaltlich mit der Behauptung einer wunderhaften Kehre zum Guten das Thema der Gattung
weisheitlich-prophetischer Gerichtsüberführungsrede.

Erweist sich mithin der Schluß der vormarkinischen *Allegorie* als ein redaktioneller vormarkinischer Zusatz, so stellt sich die kompositionskritische Frage,
ob der Grundbestand Mk 12,1b–9* eine oder sogar mehrere sekundäre
urchristliche Erweiterungen erfahren hat.[77] Bei Bejahung dieser Frage muß in
der Folge das Problem gelöst werden, in welchem zeitlichen und sachlichen
Verhältnis diese immanenten Weiterungen der *Allegorie* zu dem Anhang von
V. 10f. stehen. Folgt man in diesem Falle einmal dem von *Adolf Jülicher* für
seine Forschung an den synoptischen Gleichnissen verwandten und für die historische Rekonstruktionsarbeit einleuchtenden Motto: simplex sigillum veri[78],
so soll im folgenden die kompositionskritische These einer neben dem Anhang
von V. 10f. einzigen weiteren Bearbeitungsstufe (V. 5cd.6aα.bβ.7b.d.8b) einer
ursprünglichen Allegorie vom Textumfang V. 1b–5b.6a*.b*.c.7a.c.8a.9 zum
Durchbruch verholfen werden.

Bei einer Verifikation dieser kompositionskritischen Hypothese ist zunächst in analytischer Hinsicht literarkritisch zu begründen, daß sich überhaupt an der *Allegorie* von Mk 12,1b–9 eine vormarkinisch-redaktionelle Bearbeitung erkennen läßt. Diese Annahme ist durch zwei Beobachtungen
zweifelsfrei gesichert: Schon immer ist in V. 5 „die zweifellos gestörte Satz-
konstruktion, die die Ergänzung eines Verbums zu πολλοὺς ἄλλους for-

---

[73] Für die Benutzung des MT spricht in Act 4,11 (vgl. SCHNEIDER, Act V/1 347f.) die Verwendung des Verbs ἐξουθενέω statt ἀποδοκιμάζω, vgl. DOS SANTOS, Index 102, zur Wiedergabe von מאס in der LXX mit ἐξουθενέω.

[74] Vgl. FRANKEMÖLLE, Jesus 197; GNILKA, Mk II/2 142; SCHRAMM/LÖWENSTEIN, Helden
33.

[75] Vgl. MILLER, Scripture 417.

[76] Vgl. SCHRAMM/LÖWENSTEIN, Helden 32f. Ein „Wechsel der Erzählform" (GNILKA,
Mk II/2 142) liegt nicht vor.

[77] Möglichkeit red. Bearbeitung abgelehnt von KÜMMEL, Gleichnis 209f.

[78] Gleichnisreden 1,322.

dert"[79], beobachtet und, „weil sich δέϱοντες mit dem regierenden Verbum ἀπέϰτειναν V. 5a (sc. V. 5b) stößt"[80], als literarkritische Spannung des Textes beurteilt worden.[81] Die summarische Aussage von V. 5cd verallgemeinert das zuvor erzählte Einzelschicksal des ersten (vgl. V. 3: ἔδειϱαν) und des dritten (vgl. V. 5b: ἀπέϰτειναν) zu den Pächtern ausgesandten Knechtes und stellt durch diese umgreifende Benennung eine inhaltliche Verdoppelung zu der dreifach gegliederten Sendungsaussage von V. 3–5b über die konstante und totale Ablehnung der Knechte durch die Pachtleute dar. Formal ist die redaktionelle „Erweiterung"[82] von V. 5cd[83] an dem literarischen Verfahren der sprachlichen Wiederaufnahme von ἄλλος (V. 4aβ.5a) und der Verben δέϱω (V. 3) und ἀποϰτείνω (V. 5b) zu erkennen.[84] Mit dieser Ergänzung „hängt [nun] V. 6a zusammen (,Da hatte er nur noch einen …'); V. 6a begründet nämlich die *Sendung des Sohnes* damit, daß der Besitzer *keine Knechte mehr hat*, weil er ja alle schon eingesetzt hatte. Dies steht [aber] im Gegensatz zur Begründung, die V. 6b (sc. V. 6c) enthält: ,Vor meinem Sohn werden sie sich scheuen.' Der Besitzer selbst motiviert die Sendung des Sohnes mit dem Respekt, dem man im Blick auf den Repräsentanten des Besitzers erwarten kann".[85] Als ein zur Kompositionskritik anleitendes erstes Symptom ist also der Zusammenhang von Mk 12,5cd.6aα festzuhalten.

Die zweite inhaltliche Doppelung[86] im Text von Mk 12,1b–9* ist in V. 7 zu beobachten, insofern in der direkten Rede der Weinfeldpächter, die sich mit

---

[79] KÜMMEL, Gleichnis 209, Anm. 12, vgl. JEREMIAS, Gleichnisse 69, Anm. 3; ROBINSON, Parable 446; HAENCHEN, Weg 399; SCHRAMM/LÖWENSTEIN, Helden 28.

[80] JEREMIAS, Gleichnisse 69, Anm. 3.

[81] Vgl. JÜLICHER, Gleichnisreden 2,389; WENDLING, Entstehung 152; JEREMIAS, Gleichnisse 69.69, Anm. 3; HENGEL, Gleichnis 8 f.; HAENCHEN, Weg 399; WEISER, Knechtsgleichnisse 49; PEDERSON, Problem 174; MILLER, Scripture 294; GRUNDMANN, Mk 322; KLAUCK, Allegorie 287; ders., Gleichnis 123; FRANKEMÖLLE, Jesus 198; WEDER, Gleichnisse 148.148, Anm. 7; SCHRAMM/LÖWENSTEIN, Helden 28.33 f., u. a. m.

[82] Mit JEREMIAS, Gleichnisse 69 (vgl. HAENCHEN, Weg 399; VIA, Gleichnisse 129; DERRETT, Law 288; SCHRAMM/LÖWENSTEIN 28), gegen JÜLICHER, Gleichnisreden 2,389; PESCH, Mk II/2 221; GUNDRY, Mk 685 f.

[83] Mit JEREMIAS, Gleichnisse 69.69, Anm. 3; WEDER, Gleichnisse 148, gegen DODD, Parables 100; CADOUX, Parables 38 f.; HENGEL, Gleichnis 6; VIA, Gleichnisse 129; FRANKEMÖLLE, Jesus 198; ROBINSON, Parable 446; KLAUCK, Allegorie 287; GNILKA, Mk II/2 143; HARNISCH, Vorsprung 23 f.26; SCHOLTISSEK, Vollmacht 199, die den ganzen Vers Mk 12,5 als vormk. Zusatz streichen möchte, womit sie aber die vom Erzähler feinsinnig gestaltete Einheit von Mk 12,2–5b (s. u. Abschnitt 1.3.1.3 dieser Untersuchung) zerstören.

[84] Vgl. VAN IERSEL, 'Sohn' 136 f.

[85] WEDER, Gleichnisse 149.

[86] Die zweimalige Beschreibung der „Tötung" eines Abgesandten des Weinfeldverpächters durch seine Pächter (Mk 12,5b.8a) stellt keine inhaltliche Doppelung dar, denn geht es das eine Mal um die Ermordung eines δοῦλος (V. 5a), so das andere Mal um die des υἱός (V. 6a.c). Darum ist die Spekulation unangebracht, ob Mk 12,5ff. nicht zum ursprünglichen Text des Gleichnisses gehören, mit SNODGRASS, Parable 50, gegen KLAUCK, Gleichnis 123.134; SCHRAMM/LÖWENSTEIN, Helden 28.

dem Sohn des Weinfeldbesitzers beschäftigt (V. 7b–d), zweimal die Erbe-Terminologie verwandt wird (V. 7b.d). Unter der vorläufigen Annahme, hier werde verwandtschaftsrechtlich gesprochen,[87] ist inhaltlich zwingend, daß eine
Erbanwartschaft des erbberechtigten Nachkommen auf ein Erbteil geht, mithin wirkt die zweifache Erbe-Aussage inhaltlich redundant. Im Zusammenhang der Überdetermination des Sohnes des Weinfeldverpächters in den
V. 6 f.,[88] wo er als „einziger" Sohn (V. 6aα)[89] bezeichnet wird, der zu den
Pächtern als „letzter" gesandt wird (V. 6b) und dem diese, so die Ansicht seines Vaters, „Achtung" entgegenbringen sollen (V. 6c), gibt die doppelte Er-
ben-Thematik literarkritisch Anlaß, hier für eine kompositionskritische Reduktion auf einen kürzeren Text der *Winzerallegorie* zu plädieren.[90]

Um nun nicht in eine Spekulation hinsichtlich des kompositionskritischen
Verhältnisses der ursprünglichen reinen Form der *Allegorie* und ihrer sekundären auffüllenden Bearbeitung zu geraten,[91] soll jetzt versucht werden, in
synthetisch-konstruktiver Weise ein theologische Konzept im Urchristentum
namhaft zu machen, das die analytisch eruierten Zusätze von Mk 12,5cd.7b.d,
aber u. U. auch weitere Einzelaussagen der *Allegorie* als stringente vormarkinische Redaktion erklären läßt. Dieser Nachweis ist mit folgenden
literarkritischen Beobachtungen am Text von Hebr 1,1–4 zu führen. Er lautet
in Übersetzung:[92]

V. 1 „Nachdem Gott einst auf vielgestaltige und vielartige Weise (πολυμερῶς
       καὶ πολυτρόπως) zu den Vätern geredet hat durch die Propheten,
V. 2a hat er am Ende (ἐπ ἐσχάτου) dieser Tage zu uns im Sohn (ἐν υἱῷ) geredet,
    b den er zum Erben (κληρονόμον) aller Dinge eingesetzt hat,
    c durch den er auch die Äonen geschaffen hat,
V. 3a der Abglanz der Herrlichkeit und Abdruck seines Wesens ist;
    b er trägt das All durch das Wort seiner Macht,
    c er hat bewirkt eine Reinigung von Sünden,
    d und sich zur Rechten der Majestät in der Höhe gesetzt.
V. 4a Er ist gegenüber den Engeln um soviel erhabener geworden,
    b als er ihnen voraus einen vorzüglicheren Namen ererbt (κεκληρονόμηκεν)
       hat."

---

[87] S. u. den Abschnitt 1.3.2.4 dieser Untersuchung.

[88] Vgl. Milavec, Analysis 100; ders., Parable 301; ders., Identity 32.

[89] Bei dem getrennten Ausdruck ἕνα υἱόν handelt es sich um eine grammatisch mögliche
Trennung von Adjektiv und Nomen, so daß nach ἕνα nicht δοῦλον zu ergänzen ist, gegen
Bosch, Heidenmission 119, Anm. 15.

[90] Vgl. schon Robinson, Parable 448: „It is ... worth asking whether this entire cal-
culation (that they would get the vineyard) is not secondary to the story".

[91] Zur Kritik an der überlieferungsgeschichtlichen Prämisse der klassischen Formgeschichte: ‚das Einfachere sei das Ursprünglichere', vgl. Hengel, Gleichnis 6, Anm. 25;
Haacker, Wissenschaft 57 ff.; Berger, Einführung 86–9.

[92] In der Übersetzung sind die semantischen Anklänge an Mk 12,1b–9* durch Beigabe des
griech. Textes gekennzeichnet.

Bei einem literarkritischen Vergleich mit Mk 12,1b–9* ist zunächst zu erkennen, daß sich anhand der geringen Übereinstimmungen mit Hebr 1,1–4 keine literarische Abhängigkeit der Texte in der einen wie der anderen Richtung belegen läßt. Jedoch läßt unter der oben analytisch benannten kompositionskritischen Vermutung zu Mk 12,5cd.6aα.7b.d die Häufung von Gemeinsamkeiten mit Hebr 1,1–4 aufmerken:

> In Hebr 1,1 findet sich im adverbialen Hendiadyoin[93] πολυμερῶς καὶ πολυτρόπως das einem vormk. Redaktor der *Allegorie* so wichtige summarische Adjektiv πολύς von Mk 12,5c semantisch wieder und im inhaltlich überladen wirkenden V. 6 wird der „Sohn" (Mk 12,6a–c = Hebr 1,2a) gleichwie in Hebr 1,2b als „Erbe" tituliert, wobei auch in Hebr 1,4b ein zweites Mal von der Erbe-Terminologie Gebrauch gemacht wird (Mk 12,7b.d = Hebr 1,2b.4b).

Für den Nachweis einer redaktionellen Bearbeitung des vormarkinischen Textes nach dem Muster von Hebr 1,1–4 gewinnen diese Gemeinsamkeiten aber erst dadurch an Bedeutung, insofern sich auch die inhaltliche Aussagestruktur beider Texte hinsichtlich des Verhältnisses von Kontinuität und Diskontinuität zur Deckung bringen läßt:

> Dem Aspekt *Kontinuität*, daß in der *Allegorie* von Mk 12,1b–9* von einem konkreten Weinfeldbesitzer, dessen Person auf den κύριος transparent ist (V. 9a), erzählt wird, wie er in geschichtlicher Zeit durchgehend via Abgesandte (vgl. V. 2a.4a.5a.6b) mit den Pächtern seines Weinfeldes verkehrt, entspricht die abstrakte Rede von Hebr 1,1 f., daß „Gott" zu Menschen in geschichtlicher Zeit durchgehend worthaft via Mittelsleute kommuniziert. Und bei dem Aspekt *Diskontinuität* gleichen sich die Texte darin, daß im vormk. Text erzählt wird, wie auf die „Knechte" als Abgesandte des Weinfeldbesitzers „als letzter" sein „Sohn" folgt (vgl. Mk 12,2 ff.6b), während es in Hebr 1,1 f. heißt, daß Gott „einst" durch „Propheten" redete, am „Ende dieser Tage" aber im „Sohn" gesprochen hat.

Da also bei den für Redaktion auffälligen Versen Mk 12,5cd.6aα.7b.d literarische Gemeinsamkeiten mit Hebr 1,1–4 auftreten und eine inhaltlich-strukturelle Ähnlichkeit von Mk 12,1b–9* und Hebr 1,1–4 besteht, darf der literarkritische Schluß gezogen werden, daß ein vormarkinischer Redaktor der Gleichnisrede diese als Allegorie auf einen geschichtlichen Entwurf entschlüsselt hat, so daß er sich autorisiert sah, den Text mit bestimmten geschichtstheologischen wie soteriologischen Implikationen so anzureichern, damit er auf einen neuen, für ihn jetzt allein gültigen, theologisch umfassenderen Entwurf von *Geschichte* nach dem Modell von Hebr 1,1–4 transparent wird.[94] Der Redaktor verwendet die bei der redaktionellen Bearbeitung von

---

[93] Vgl. WEISS, Hebr 138.
[94] Vgl. DORMANDY/HALL, Parable 371 ff.

synoptischer Gleichnisrede geläufigen Verfahren der Allegorisierung und Allegorese.[95]

Der Text von Hebr 1,1–4 ist als literarisches Exempel[96] dieses für den urchristlichen Redaktor so überzeugenden theologischen Konzeptes von *Geschichte* zunächst Anlaß, folgende Versteile des vormarkinischen *Allegorietextes* seiner Redaktion zuzuschreiben. Da ist zunächst die erzählerisch ausgestaltete Antithese von Mk 12,5cd.6aα, daß sich das vorläufige Handeln des Weinfeldbesitzers summarisch als Vielheit (πολύς) auszeichnen läßt, auf die ein endgültiges Handeln des Verpächters mit Hilfe der Sendung seines „einen/ einzigen" Sohnes erfolgt, als Transformation[97] der qualitativen Antithese von Hebr 1,1 f. zu identifizieren: Hier steht in V. 1 das Hendiadyoin πολυμερῶς καὶ πολυτρόπως, das als Wortpaar „bloße rhetorische Verdoppelung eines und desselben Begriffes" ist (= πολύς), „mit der … die wechselvolle Verschiedenheit der göttlichen Offenbarungen … betont werden soll"[98], im antithetischen Verhältnis zu der in V. 2a ausgedrückten überragenden Singularität der Offenbarung Gottes in dem „einen Sohn": es „gilt der Grundsatz des qualitativen Vorzugs der Einzahl bzw. der Einmaligkeit vor der Mehrzahl bzw. Mehrmaligkeit"[99].

Sodann ist in Mk 12,6bβ die erzählerische Zählung des „Sohnes" als „letzten" (ἔσχατος) Abgesandten des Weinfeldbesitzers zu den Pächtern als redaktionelle Transformation der zeitlichen Angabe von Hebr 1,2a zu sehen, daß Gott „am Ende (ἐπ' ἐσχάτου) dieser Tage" im „Sohn" geredet hat. Diese „bereits im Danielbuch (2,28; 10,14) … im gleichsam technischen Sinn in bezug auf die eschatologische Endzeit" gebrauchte[100] Zeitangabe, die in Hebr 1,1 antithetisch mit der abwertenden Terminierung πάλαι gekoppelt ist, bringt der Redaktor in die vormarkinische Erzählung konzinn ein, indem er das eschatologische Moment der Sendung des Sohnes als unwiderruflich endgül-

---

[95] Zur Definition der Allegorese vgl. HARNISCH, Gleichniserzählungen 55: „Für ein Verfahren, das nichtallegorisch geprägte literarische Dokumente als Allegorien behandelt, verwendet man den Terminus 'Allegorese'".

[96] Zur Frage des Verhältnisses von Tradition und Redaktion in Hebr 1,1–4 vgl. neben den Kommentaren von WEISS, Hebr 133 ff.; GRÄSSER, Hebr XVII/1 49, besonders die Versuche von GRÄSSER, Versuch 190–7; WENGST, Formeln 166–70; DEICHGRÄBER, Gotteshymnus 137–40; HOFIUS, Christushymnus 80–8.

[97] Vgl. die Antithese von εἷς und πολύς in Röm 5,15.

[98] GRÄSSER, Hebr XVII/1 52.

[99] WEISS, Hebr 134. Gegen GRÄSSER, Hebr XVII/1 52, der meint, daß der inhaltliche Gegensatz Vielheit-Einheit in Hebr 1,1 f. nicht wiedergegeben wird. GRÄSSER übersieht bei seiner Fixierung auf den Wortlaut die Implikation der strukturellen Disposition von Hebr 1,1 f., nämlich durch Doppelbegrifflichkeit und pluralische Mittlerinstanzen in V. 1 die Konzentration auf die einmalige und überwältigende Offenbarung in dem einen „Sohn" von V. 2 vorzubereiten.

[100] WEISS, Hebr 139.

tigen Abschluß einer langen Reihe von Gesandtschaften des Weinfeld-besitzers zu den Pächtern kennzeichnet.[101]

Schließlich ist an Hebr 1,2b zu erkennen, daß auf den urchristlichen Redaktor der vormarkinischen *Allegorie* in Mk 12,7b die in der wörtlichen Rede der Pächter zum Ausdruck gebrachte Bezeichnung des Sohnes als „Erben" von allem (!) zurückgeht (= Hebr 1,2b: κληρονόμον πάντων). Durch die vorausgehende, auf denselben Redaktor zurückgehende Bezeichnung des Sohnes als „einzigen" Nachkommen seines Vaters (V. 6aα) ist nämlich inhaltlich gesichert, daß der Sohn das *gesamte Erbe* seines Vaters versprochen erhält. Die hier in Mk 12,7 von dem Redaktor verwendete identifizierende Aussage mit Pronomen und Kopula fällt nun insofern auf, als die Wendung οὗτός ἐστιν … als „sprachliches Spezifikum" der Allegorese[102] allseits bekannt ist (vgl. Mk 4,15 f.18). Formkritisch ist an dieser Weise redaktionellen Verfahrens abzulesen, daß der Redaktor seine bisherige Bearbeitungsform der (sekundären) Allegorisierung der vorliegenden *Allegorie* verläßt (= 12,5cd.6aα.bβ), um in das zweiteilige Schema der Allegorese, der methodischen *Deutung* eines (Gleichnis-)*Textes* (vgl. im Mk das Verhältnis von 4,1–9 [Text] und 13–20 [Deutung]) überzugehen. Die Identifikationsformel der Allegorese geht in diesem konkreten Fall aufgrund des rückbezüglichen Pronomens von 12,7b auf die Aussage in der direkten, nichtallegorischen Rede des Weinfeld-verpächters, wo er seinen Sohn als ὁ υἱός μου bezeichnet hatte (V. 6c). Die hier redaktionell gebrauchte Stilform der Allegorese ist ein hermeneutisches Signal ersten Ranges: Zeigt sie doch an, daß bei der (redaktionellen) Allegorese der ursprünglichen Metaphernrede das Interesse „mit dem [ursprünglichen] Text derart konkurrieren (kann), daß dieser durch sachfremde Erwägungen überfrachtet, in seiner Aussagemöglichkeit eingeengt und im Grenzfall um sein Eigenes gebracht" werden kann.[103]

Sind mit diesen Hinweisen nun die direkten Bezüge von Hebr 1,1–4 zu Mk 12,1b–9* im Sinne einer neuen geschichtstheologischen Bearbeitungsstufe redaktionskritisch aufgearbeitet, so fällt es unter der Maßgabe, daß das rhetorische „Exordium"[104] des Hebr von 1,1–4 die thematische „Ouvertüre"[105] und als solche den „theologischen cantus firmus"[106] des ganzen Mahnschreibens bildet, nicht schwer, die Aussagen von Mk 12,7d.8b als redaktionelle Einträge der soteriologischen Aspekte dieses heilsgeschichtlichen Programmes zu benennen. Spielt der Begriff des „Erbes", wie bereits durch seine Doppelung im Anfangsteil des Hebräerbriefes angedeutet (Hebr 1,2.4), im weiteren Mahn-

---

[101] Vgl. HAMMER, Understanding 66.
[102] KLAUCK, Allegorie 355.
[103] HARNISCH, Gleichniserzählungen 60.
[104] GRÄSSER, Hebr XVII/1 46; WEISS, Hebr 133.
[105] GRÄSSER, Versuch 187.202.
[106] GRÄSSER. Hebr XVII/1 48; ders.. Versuch 187.

schreiben eine wichtige Rolle (vgl. 1,14; 6,12.17; 11,7; 12,17),[107] so ist mit dem Nomen κληρονομία die ekklesiologische Heilszukunft (9,15; 11,8) der berufenen Gläubigen benannt. Ganz adäquat trägt der urchristliche Redaktor diese soteriologische Komponente in den allegorischen Text von Mk 12,7 ein, insofern der parataktisch als „Konsekutiv- oder Finalsatz"[108] angeschlossene V. 7d nun als Folge des von den Pächtern angestrebten Todes des Sohnes (V. 7c) die Freisetzung des zukünftigen, ekklesiologisch beschränkten (ἡμῶν[109], vgl. Hebr 1,2a: ἡμῖν) Heilsgutes der κληρονομία ankündigt (ἔσται). Da Heil urchristlicherseits zwingend auf dem Mittlerwirken Christi im extra-nos-pro-nobis beruht, ist es gemäß Hebr 1,1–4 der Kreuzestod (vgl. 10,12; 12,2) des Sohnes, der „Reinigung von den Sünden bewirkt hat" (1,3c). In dieser schon an der Terminologie kenntlichen Kult-Christologie des Hebräer-briefes (Christus = Hohepriester – Selbstopfer – Altar) ist die sühnetheo-logische komparativisch-überbietende Deutung des Todes Jesu eingeschlos-sen, daß Christus, „um durch sein eigenes Blut das Volk zu heiligen, außerhalb des Tores (ἔξω τῆς πύλης) gelitten hat" (13,12). Diese gewichtige Facette des Sühnerituals des *Großen Versöhnungstages* (Lev 16), daß nämlich die zur Entsühnung des Hohepriesters und des Volkes bestimmten beiden Sündopfertiere *nach* ihrer Schlachtung (vgl. Lev 16,11.15 mit Mk 12,8a: ἀποκτείνω) zum Zwecke der Verbrennung aus dem Lager geschaffen werden (vgl. LXX Lev 16,27: ἐξοίσουσιν αὐτὰ ἔξω τῆς παρεμβολῆς mit Mk 12,8b: καὶ ἐξέβαλον αὐτὸν ἔξω τοῦ ἀμπελῶνος), setzt der Redaktor schließlich als sühnetheologische Inkraftsetzung der Erbe-Soteriologie in die vormarki-nische *Winzerallegorie* in Mk 12,8b ein.

Fragt man abschließend nach dem zeitlichen Verhältnis der beiden vonein-ander unabhängigen Bearbeitungsstufen des ursprünglichen Textes von dem *Gleichnis von den Weingärtnern*, des Anhangs Mk 12,10 f. einerseits und Mk 12,5cd.6aα.bβ.7b.d.8b andererseits, so läßt sich einzig ein inhaltliches Argu-ment hören: Da der heilsgeschichtliche Überblick nach Hebr 1,1–4 aus der eschatologischen Perspektive der himmlischen Erhöhung des Sohnes (vgl. V. 2b.3d) heraus formuliert ist,[110] wird eine redaktionelle Transformation die-ses geschichtstheologischen Konzeptes, die sich als Redaktion an dem *Ge-schichte* abbildenden Textes der *Winzerallegorie* festmacht, voraussetzen, daß diese von der nachträglichen Würdigung des zuvor gänzlich abgelehnten Soh-nes weiß. Dieser Fall ist aber erst mit dem allegorischen Anhang über die eschatologische Heilszeit von Mk 12,10 f. gegeben.

---

[107] Vgl. GRÄSSER, Hebr XVII/1 57.
[108] JÜLICHER, Gleichnisreden 2,393.
[109] Ein Genitivus possessoris, so JÜLICHER, Gleichnisreden 2,393.
[110] Vgl. GRÄSSER, Hebr XVII/1 58; WEISS, Hebr 142; HOFIUS, Christushymnus 76.

1.3.1.3 Formkritische Bemerkungen zum ursprünglichen Gleichnistext
sowie zu seinen beiden vormarkinischen Bearbeitungsstufen

Die im vorhergehenden Abschnitt zur Kompositionskritik von Mk 12,1b–11*
auf analytischem wie synthetischem Weg erhobene ursprüngliche Textfassung
des *Gleichnisses von den Weingärtnern* (Mk 12,1b–5b.6a*.b*.c.7a.c.8a.9) lautet folgendermaßen:

V. 1b 'Αμπελῶνα ἄνθρωπος ἐφύτευσεν
    c καὶ περιέθηκεν φραγμὸν
    d καὶ ὤρυξεν ὑπολήνιον
    e καὶ ᾠκοδόμησεν πύργον
    f καὶ ἐξέδετο αὐτὸν γεωργοῖς
    g καὶ ἀπεδήμησεν.
V. 2a καὶ ἀπέστειλεν πρὸς τοὺς γεωργοὺς τῷ καιρῷ δοῦλον,
    b ἵνα παρὰ τῶν γεωργῶν λάβῃ ἀπὸ τῶν καρπῶν τοῦ ἀμπελῶνος.
V. 3 καὶ λαβόντες αὐτὸν ἔδειραν καὶ ἀπέστειλαν κενόν.
V. 4a καὶ ἀπέστειλεν πρὸς αὐτοὺς ἄλλον δοῦλον.
    b κἀκεῖνον ἐκεφαλίωσαν καὶ ἠτίμασαν.
V. 5a καὶ ἄλλον ἀπέστειλεν.
    b κἀκεῖνον ἀπέκτειναν,
V. 6a* ἔτι εἶχεν υἱόν·
    b* ἀπέστειλεν αὐτὸν πρὸς αὐτοὺς λέγων ὅτι
    c ἐντραπήσονται τὸν υἱόν μου.
V. 7a ἐκεῖνοι δὲ οἱ γεωργοὶ πρὸς ἑαυτοὺς εἶπαν ὅτι
    c δεῦτε ἀποκτείνωμεν αὐτόν.
V. 8a καὶ λαβόντες ἀπέκτειναν αὐτόν.
V. 9a τί οὖν ποιήσει ὁ κύριος τοῦ ἀμπελῶνος;
    b ἐλεύσεται καὶ ἀπολέσει τοὺς γεωργοὺς
    c καὶ δώσει τὸν ἀμπελῶνα ἄλλοις.

Übersetzung:
V. 1b „„Einen Weinberg pflanzte ein Mann,
    c machte um ihn einen Zaun,
    d grub eine Kelter,
    e baute einen Wachturm,
    f übergab ihn an Bauern
    g und reiste ab.
V. 2a Und zur rechten Zeit sandte er zu den Bauern einen Knecht,
    b um von den Früchten des Weinberges bei den Bauern in Empfang zu
      nehmen.
V. 3 Und sie nahmen ihn, schlugen ihn und schickten ihn leer fort.
V. 4a Und er sandte zu ihnen einen anderen Knecht.
    b Auch jenem verunstalteten sie den Kopfputz und machten ihn (dadurch)
      verächtlich.[111]
V. 5a Und einen anderen sandte er.
    b Auch jenen töteten sie.

---

[111] S. u. den Exkurs in Abschnitt 1.3.1.3 dieser Untersuchung.

V. 6a*   Noch hatte er einen Sohn:
  b*   ihn sandte er zu ihnen und sprach (bei sich):
  c   'Vor meinem Sohn werden sie sich scheuen.'
V. 7a   Jene Bauern aber sagten zu einander:
  c   'Auf, laßt uns ihn töten!'
V. 8a   Und sie nahmen ihn und töteten ihn.'
V. 9a   ‚Was wird nun der Herr des Weinberges tun?'
  b   ‚Er wird kommen und die Bauern vernichten
  c   und den Weinberg anderen übergeben.'"

Dieser Text stellt eine selbständige, ort- und zeitlos überlieferte thematische Einheit dar, die auf eine Sprecher-[112] und Adressatennennung genauso wie auf die Beschreibung einer Reaktion auf das Gesagte verzichten kann. Aufgrund der offensichtlichen Kommunikationsaufnahme des Autors mit seinem Rezipienten durch eine Frage (V. 9a) kann formal zunächst eine dreiteilige Gliederung der Gleichniseinheit in *Erzählung* (I. = Mk 12,1b–5b.6a*.b*.c.7a.c.8a), *Erzählerfrage* (II. = V.9a) und *Erzählung (Fortsetzung)* (III. = V. 9bc) vorgenommen werden.

Der an der Dominanz narrativer Verbalformen im Aorist kenntliche anfängliche Erzählungsteil (I. = Mk 12,1b–5b.6a*.b*.c.7a.c.8a) läßt sich anhand seines szenischen Gepräges wiederum dreiteilen, und zwar in eine anfängliche Exposition (I.1 = Mk 12,1b–g),[113] einen konfliktträchtigen Mittelteil[114] (I.2 = V.2–5b) und einen dramatischen Höhepunkt (I.3 = V. 6a*.b*.c.7a.c.8a). Diese drei ersten, chronologisch geordneten Episoden des Dramas sind dabei an ihren je verschiedenen narrativen Strukturmerkmalen gut voneinander zu unterscheiden, wie im Folgenden verständlich zu machen sein wird.

Die *Exposition* (I.1 = Mk 12,1b–g), deren narrative Aufgabe darin besteht, das Sach- und Personeninventar der Erzählung bereitzustellen, setzt zu Beginn in Mk 12,1b mit einem invertierten Verbalsatz ein und legt durch die Voranstellung des Objektes ἀμπελών im Akkusativ (wörtlich: „ein Weinfeld pflanzte ein Mann/jemand[115] …") das Thema der nun folgenden gleichnisartigen Erzählung fest: der Autor stellt in den Mittelpunkt die *Geschichte eines Weinfeldes*. Dementsprechend wird sich auch der Schluß der Gleichnisrede mit dem Weinfeld beschäftigen (V. 9c).[116] Die am Beginn des einleitenden Erzählabschnittes stehende Wendung ἀμπελῶνα … ἐφύτευσεν findet sich in atl.-frühjüdischer wie ntl. Literatur für die Beschreibung der An-

---

[112] Gegen O'NEILL, Source 489, der in Johannes den Täufer den ursprünglichen Sprecher der Gleichnisrede zu erkennen meint.
[113] Anders BREYTENBACH, Nachfolge 97 f., der V. 1bf. als „Szene" abgrenzt.
[114] Von BREYTENBACH, Nachfolge 98, „*Komplikation*" genannt.
[115] Ἄνθρωπος = τις ist keineswegs als Semitismus zu bewerten, sondern in der Koine weit verbreitet, vgl. mit Belegen REISER, Syntax 20 f., gegen VAN IERSEL, 'Sohn' 133; PESCH, Mk II/2 215.
[116] Vgl. PESCH, Mk II/2 216.

pflanzung eines Weinfeldes aus einer Menge einzelner Rebstöcke.[117] Die Beschreibung der Anlage wird durch drei parataktisch angeschlossene Verbalsätze fortgesetzt (V. 1c–e), die im Anschluß an Jes 5,2 LXX[118] die funktionsfähige Ausstattung eines Weinfeldes zum zur Weinproduktion fähigen *Weingut* schildern[119]. Ein vierter, wiederum parataktisch angeschlossener Verbalsatz (V. 1 f) berichtet mit dem Terminus technicus ἐκδίδωμι[120] von der Verpachtung des intakten Weingutes an Pachtleute (γεωργοί)[121], ein juristisch-alltäglicher Vorgang, wie er im AT im Prahllied eines verliebten Jünglings vom königlichen Großgrundbesitzer Salomo besungen wird (Cant 8,11b[122], vgl. 1 Sam 22,7). Die stilmäßig sich mit einer fünfmaligen καί-Satzreihe betont monoton gebene, erzählerisch karge,[123] aber dadurch „Eindringlichkeit" und „schlichte Anschaulichkeit"[124] demonstrierende Exposition schließt mit der wieder parataktisch angefügten Breviloquenz, daß der Weinfeldeigentümer, auf den Anpflanzung, Ausstattung und Verpachtung seines Weingutes zurückgehen, den Ort seiner von jetzt an durch Pächter bewirtschaften Weinanlage durch Abreise verläßt (Mk 12,1g, vgl. Mt 25,14; Lk 15,13)[125]. Damit werden in der Exposition abschließend die beiden durch Vertrag aneinander gebundenen Akteure des Handlungsdramas, die Vertragspartei des *Verpächters* (ἄνθρωπος) und die Vertragspartei der *Pächter* (γεωργοί), durch

---

[117] Vgl. LXX: Gen 9,20; Dtn 20,6; 28,30.39; Jos 24,13; 1 Esr 4,16; 1 Makk 3,56; Ps 106,37; Koh 2,4; Am 5,11; Jes 37,30; Jer 38,5; Ez 28,26; Jub 7,1; 1 Kor 9,7, auch Am 9,14; Zeph 1,13; Trjes 65,21. S. auch die nüchterne Geschäftssprache der Zenon-Papyri PCZ 59300, Z. 1; 59352, Z. 5 f.; PCZ 59604, Z. 2.

[118] S. o. den Abschnitt 1.3.1.1 dieser Untersuchung.

[119] S. u. den Abschnitt 1.3.2.1 dieser Untersuchung.

[120] Vgl. mit Belegen ALAND/ALAND, Wörterbuch Sp. 480; s. auch PCZ 59172, Z. 32; 59422, Z. 5 f. Anders DOMBOIS, Bemerkungen 364.

[121] Γεωργός ist wahrscheinlich Terminus technicus für Pächter, vgl. BOLLA, Art. Pacht Sp. 2456 f. Siehe auch PCZ 59467, Z. 9.

[122] Ἔδωκεν (vgl. Mk 12,9c) τὸν ἀμπελῶνα αὐτοῦ τοῖς τηροῦσιν. Vgl. auch ARN 16, R. Simeon b. Jochai (T 2), BILL. IV/1 474.

[123] Vgl. HARNISCH, Gleichniserzählungen 35. Bemerkenswert dafür sind: Keine Angaben über die Motivation des Weingutbesitzers (Kapitalakkumulation?) sowie der Pachtleute (Bestreitung des Lebensunterhaltes?), keine, wenn auch nur kurze Skizzierung (vgl. die Pachtverträge bei PRENZEL, Pacht 34 ff.) der Bedingungen des Pachtvertrages (z. B. Beginn und Ende; Höhe des Pachtzinses).

[124] REISER, Syntax 102.

[125] Zur Bedeutung von ἀποδημέω = „verreisen" (ALAND/ALAND, Wörterbuch Sp. 180) s. auch PCZ 59368, Z. 31; 59569, Z. 55. Da ein Objekt zu ἀποδημέω in Mk 12,1g fehlt (anders z. B. Lk 15,13) bleibt es müßige Spekulation, ob der Verpächter nach erfolgter Verpachtung des Weingutes ins Ausland oder nur an einen anderen Ort abreist (mit SNODGRASS, Parable 35; KÜMMEL, Gleichnis 208, Anm. 10; CARLSTON, Parables 179, Anm. 6, gegen PESCH, Mk II/2 215). Vom Terminus nicht abzuleiten ist die Erwägung von JEREMIAS, Gleichnisse 73 (vgl. SCHWEIZER, Mk 132; SCOTT, Parable 249), daß der Weinguteigner Ausländer sei.

räumliche Trennung differenziert,[126] so daß alle erzählerischen Voraussetzungen für die (Ver-)Handlung um das mit dynamischer Qualität besetzte Weingut[127] geschaffen sind.[128] Hinsichtlich ihrer Figurenkonstellation realisiert die Erzählung also einen Typ der dramatischen Zweierformation.[129] Als in der Exposition eingeführte antagonistische Partizipanten(-gruppen) treten die beiden (Pacht-)Vertragsparteien in Erscheinung, die durch einen gegenseitigen Schuldvertrag einander als Partner verpflichtet sind: Während der Verpächter gebunden ist, den Gebrauch der verpachteten Sache, das Weingut, auf verabredete Zeit hin zu gewähren, hat die Pächterpartei beizeiten das vereinbarte Entgelt für die Pachtung des überlassenen Weingutes zu entrichten.

D-er zweite Akt der jetzt dramatische Züge[130] annehmenden Erzählung (I.2 = Mk 12,2–5b) klärt zu Beginn die erzählerische Figur des Handlungssouveräns sowie des Handlungsprovokateurs (V. 2a). Daß in der Person des Weingutbesitzers der Souverän der Handlung gekennzeichnet wird, „der diese [stilmäßig] eröffnet und beschließt",[131] ist nicht schwer zu erraten: Ohne seinen Reichtum wäre kein Weinanbau möglich. Von ihm wird wie bei der Weingutanlage (vgl. V. 1b–f), so auch im Folgenden die handelnde Aktivität ausgehen: Er wird zunächst versuchen, den im Pachtvertrag vereinbarten Pachtzins für die Nutznießung seines Weingutes zum vereinbarten Fälligkeitstermin einzutreiben (vgl. V. 2a.4a.5a.6b). Aufgrund mangelnden Erfolges wird

---

[126] Vgl. WEDER, Gleichnisse 148. S. auch JÜLICHER, Gleichnisreden 2,388. Unzureichend HENGEL, Gleichnis 33; SCHRAMM/LÖWENSTEIN, Helden 34.

[127] Dazu RICOEUR, Bible 57: Es „is an object with a dynamic, not a static value: it sprouts, grows, and does or does not bear fruit". Und als verpachtetes Weingut, um RICOEUR aufzunehmen, besitzt es dynamische Potentialitäten, insofern die Pächter Tag für Tag das Weinfeld bearbeiten und an ihrer Arbeit es liegt, ob das Weingut wenig oder viel Wein produzieren wird.

[128] Vgl. DOMBOIS, Bemerkungen 364.

[129] Gegen HARNISCH, Gleichniserzählungen 32.74.80 f. (vgl. ders., Vorsprung 27 f.; KLAUCK, Allegorie 295, ungenau LINNEMANN, Gleichnisse 21), der im Anschluß an FUNK, Struktur 224 (vgl. aber dessen Retraktation ebd. 246: „Möglicherweise kann die Erzählung von den bösen Winzern mit nur zwei Hauptdarstellern aufgefaßt werden ... und sollte daher von der Liste in § 1 gestrichen werden"), in der *Winzerallegorie* die klassische Personenkombination der Parabel, nämlich eine *„Dreierformation mit abfallender Rangfolge der Personen und Rollenwechsel der Mittelfigur* (modifiziertes dramatisches Dreieck)" meint erkennen zu können (Gleichniserzählungen 80). Sein Fehlschluß beruht auf der Einschätzung, „daß die Winzer in Opposition zu den Gesandten des Weinbergbesitzers in Erscheinung treten" (Gleichniserzählungen 32). Letztere sind aber nur Stellvertreter des in der Exposition vorgestellten Handlungssouveräns, des zu den *Pächtern* in Opposition stehenden *Weinfeldverpächters*. Eben diese beiden antagonistischen Vertragspartner beherrschen auch den Schluß der Erzählung (s. Mk 12,9bc)!

[130] Vgl. JÜLICHER, Gleichnisreden 2,388.

[131] HARNISCH, Gleichniserzählungen 76, vgl. WEDER, Gleichnisse 154 f. Wer wie HARNISCH, Vorsprung 26, der Erzählung aufgrund der Anklänge an Jes 5,1b–7 ihren Schluß in Mk 12,9bc nimmt, muß sich nicht wundern, wenn der Handlungssouverän „nach den Vorgaben des Gattungsmusters" (ebd. 28) die Ereignisfolge nicht mehr beschließen kann.

er dann am Schluß der Erzählung persönlich die Initiative ergreifen (V. 9bc).[132] Ihm stehen oppositionell gegenüber die Provokateure der Handlung, die besitzlosen Weingutpächter, die sich konsequent weigern, ihre als Schuldner eingegangenen Verpflichtungen des Pachtvertrages (V. 1 f) gegenüber dem Weingutbesitzer als ihrem Gläubiger zu erfüllen (V. 2–8a). Als Konflikt zweier narrativer Programme bildet sich jetzt in der Erzählung progressive Dynamik,[133] gewinnt die Handlung an spannungsvoller Dramatik. Erst am Schluß werden die Provokateure ihrer fälligen Bestrafung zugeführt (V. 9bc).

Auf Seiten des *Weingutverpächters* wird die zweipolige Figurenkonstellation des Stückes nach dieser Vorstellung sogleich durch Einführung eines δοῦλος erweitert (Mk 12,2aβ). Er agiert als Stellvertreter des Weingutverpächters[134] und tritt für die Wahrung seiner vermögensrechtlichen Interessen ein. Er hat erzählerisch die Aufgabe, als Mittelsmann die Distanz zwischen den räumlich getrennten Vertragspartnern zum Zwecke des Handlungsereignisses zu überwinden.[135] Obwohl also in der Geschichte um das Weingut mehr als zwei Personen auftreten, bleibt es bei der binären Opposition von Gläubiger- und Schuldnerpartei. Die Vertragspartei des Gläubigers gliedert sich im Laufe der Erzählung (V. 2a–8a) jedoch analog zur Vertragspartei der Schuldner zum Kollektiv auf. Allerdings ist jene im Unterschied dazu hierarchisch durchgestuft: Der autoritativen Verfügungsgewalt des (Haus-)Herrn unterstehen seine (Haus-)Sklaven (V. 2a.4a.5a), die wiederum rangmäßig unter dem Sohn stehen, der als (untergeordnetes) Familienglied erst auf dem dramatischen Höhepunkt der Erzählung (V. 6a–8a) eingeführt werden wird.

Doch nach diesem kurzen Vorgriff wieder zurück zur Beschreibung des Handlungsgerüstes des zweiten Aktes der Erzählung: Die geradlinig und einsträngig[136] – keine Überschneidung oder Verschachtelung von Einzelszenen[137] – verlaufende dreiteilige Handlungssequenz (1: V. 2a–3a; 2: V. 4; 3: V. 5ab),[138] die nach der epischen Norm der szenischen Zweiheit nicht mehr als zwei Figuren auf einmal auftreten läßt,[139] berichtet vom wiederholten Bemühen des Gläubigers (V. 2a.4a.5a), in den Genuß des als Fruchtteilhabe (V. 2b) vereinbarten Pachtzinses[140] zu gelangen: Dieser Ernteanteil kann zum ersten

---

[132] Vgl. WEDER, Gleichnisse 154.
[133] Vgl. RICOEUR, Bible 57, und ebd.: „In semiotic terms, it is a dysphoric course, that is, one that fails to unite its subject to its object".
[134] Vgl. SCOTT, Parable 249.
[135] Vgl. JÜLICHER, Gleichnisreden 2,388.
[136] Vgl. SCHRAMM/LÖWENSTEIN, Helden 34.
[137] Vgl. HARNISCH, Gleichniserzählungen 25.
[138] Vgl. JÜLICHER, Gleichnisreden 2,390.
[139] Vgl. OLRIK, Gesetze 62.
[140] Die Höhe des Pachtzinses wird in der Allegorie nicht thematisiert, seine Bestimmung ist also reine Spekulation, gegen DERRETT, Law 297.

Mal an dem durch die Natur gesetzten Termin (vgl. 11,13) – Jub 7,1 rechnet mit vier Jahren – fällig werden (vgl. Mk 12,2a).[141] Dreimal wartet der Verpächter vergeblich, weil die Schuldner nicht nur die Abgabe des gekelterten Weines[142] verweigern, indem sie seine Abgesandten mit leeren Händen zurückschicken (vgl. V. 3aβ)[143], sondern auch ihre konsequente Verweigerungshaltung – aus welchen Gründen auch immer[144] – durch den Einsatz von körperlicher Gewalt bis hin zum kaltblütigen Mord an den Gesandten des Weingutbesitzers unter Beweis stellen (V.3a.4b.5b, vgl. 13,9).[145]

Exkurs: Was haben die Weingutpächter mit dem zweiten Sklaven des Weingutverpächters getrieben (Mk 12,4)?

Versucht man sich an Verständnis und Übertragung des ntl. Hapaxlegomenons ἐκεφαλίωσαν, für das bis heute kein Beleg aus der Gräzität existiert,[146] so ist in Analogie nach den sich ergänzenden drei Grundregeln, die der Meister der hebräischen Wortforschung, *Wilhelm Gesenius*, aufgestellt hat,[147] zur Erhebung der richtigen Wortbedeutung dieses griech. Wortes die Interpretation seines Kontextes im NT, das Verständnis seiner ersten Rezipienten und die (vergleichende) Etymologie entscheidend. Bei einem Wort aus dem NT sind schließlich die atl. und frühjüdischen Paralleltexte nicht zu vernachlässigen.

Nach Ausweis des unmittelbaren Kontextes, Mk 12,2–5b, handelt es sich bei dem in einer dreigliedrigen Ereignis-Klimax[148] verwendeten Verb in V. 4b um die Darstellung einer körperlichen Mißhandlung, deren Schwere nicht unmittelbar zum Tode führt (vgl. V. 5b), aber für das Ehrgefühl eines Orientalen entwürdigender ist (vgl. V. 4b: ἀτιμάζω) als eine gehörige Tracht Prügel (vgl. V. 3). Eine Analogie zum vormk./mk. ἀποκεφαλίζω = „enthaupten" (6,16.27) ist darum vom Kontext her ausgeschlossen.[149] Desgleichen auch der oft zitierte Vorschlag, mit: „den Garaus machen", zu übertragen.[150] Fallen für das Verständnis der ersten Textrezipienten die beiden Seiten-

---

[141] Vgl. JÜLICHER, Gleichnisreden 2,388. BOLLA, Art. Pacht Sp. 2463, weist gegen DERRETT, Law 297, nach, daß καιρός den Zeitpunkt der Entrichtung des Pachtzinses nach der Ernte, bei neuangelegten Weinfeldern im vierten Jahr (vgl. Jub 7,1), meint. Ein sachlicher Bezug zum Gebot des Erstlingsopfers in Lev 19,23–25 ist nicht zu erkennen, gegen KLOSTERMANN, Mk 121; KLAUCK, Gleichnis 122; SNODGRASS, Parable 34. Es handelt sich dort um Fruchtbäume, die jährlich (!) tragen.
[142] Gegen LOHMEYER, Mk 244, der annimmt, daß der Pachtzins in Trauben gefordert wird. Dagegen spricht, daß ein zur *Weinproduktion* angelegtes *Wirtschaftsgut* verpachtet wird.
[143] Vgl. LXX: Gen 31,42; Dtn 15,13; Jdt 1,11; Hi 22,9. Anders DERRETT, Law 296f.
[144] DERRETT, Law 297, erwägt Zahlungsunfähigkeit der Weingutpächter.
[145] Gegen RICOEUR, Bible 59, der meint, daß „the beaten servant is sent back *instead* of the requisite fruits". Diese inhaltliche Text-Pressung steht im Dienst der gewollten Metaphorik: „So that the fruit may increase, life must decrease".
[146] Der Verweis von ALAND/ALAND, Wörterbuch Sp. 875, auf Phrynichus ist kein Beleg, sondern stellt eine Anmerkung des Herausgebers zur Wortbedeutung von γαστρίζειν dar.
[147] Vgl. Quellen IIIff.
[148] Vgl. KLAUCK, Allegorie 294.
[149] Vgl. GUNDRY, Mk 685.
[150] Mit ERNST, Mk 340f., gegen BJÖRCK, Markus-Stellen 4.

referenten aus, da sie beide Mk an dieser Stelle kürzen, so bleibt nur ein Blick in die Versionen der Handschriften-Überlieferung. Diese ist keineswegs eindeutig.[151] So schreiben bspw.[152]:

I. ἐκεφαλίωσαν B, ℵ, L, Ψ,

II. ἐκεφαλαίωσαν C, 33, Δ, 1241,

und III. ἐκεφάλωσαν 1424.

Wie ist diese divergierende Handschriften-Tradition zu erklären? Keinesfalls ist bei Schreibweise I und II, geschweige denn auch bei III, von der „lautlichen Gleichwertigkeit"[153] der Wortbilder auszugehen. In dem sich in der Koine durchsetzenden Itazismus wird ι, ει, η (ῃ), οι, υ (υι) wie i ausgesprochen, αι wie ε, u. a. m., ausgeschlossen jedoch ist, daß αι wie ι oder etwa ω gleichbehandelt wird.[154] Darum ist vielmehr anzunehmen, daß es sich bei den verschiedenen Lesarten um eine je verschiedene Bestimmung des Verbalstammes handelt, und zwar:

bei I. κεφαλι/όω von ἡ κεφαλί/ς, -ίδος = „das Köpfchen", Diminuitiv von ἡ κεφαλή,

bei II. κεφαλαι/όω von τὸ κεφάλαι/ον, -ου = „die Hauptsache, -summe" und

bei III. κεφαλ/όω von ἡ κεφαλ/ή, -ῆς = „der Kopf".

Grammatisch ist das Verb mit der Flexionsendung 3. Pers. Plur. Aor. 1 als ein von einem Substantiv abgeleitetes Verbum vocalium zu bezeichnen, das durch das Wortbildungssuffix -όω faktitative Bedeutung erlangt[155]. Für zwei Ableitungen sind Parallelen vorhanden, und zwar

für II. Sir 35 (32),8[156]: κεφαλαίωσαν λόγον = „bringe eine Rede auf den Hauptpunkt, fasse zusammen" und

für III. eine Stelle bei Simplicius, in Aristotelis Categorias commentarium 187.36 (6. Jh. n. Chr.)[157] in der Bedeutung „köpfen".

Beide Wortbedeutungen sind, vom vormk./mk. Kontext der Gleichnisrede aus betrachtet (s. o.), nicht möglich.

Darum bleibt nur noch das bestbezeugteste (B, ℵ) κεφαλι/όω (I.) übrig. „Von dem Namen eines Körperteiles kann [nun] das Griechische ein transitives Verbum unmittelbar ableiten, um eine Handlung zu bezeichnen, die ihr Objekt an dem betreffenden

---

[151] ALAND, Novum Testamentum[27] = ἐκεφαλίωσαν, und HUCK/GREEVEN, Synopse = ἐκεφαλαίωσαν, verzichten auf eine Variantendarstellung.

[152] Vgl. VON SODEN, Schriften 2, 196.

[153] BJÖRCK, Markus-Stellen 1.

[154] Vgl. BLASS/DEBRUNNER, Grammatik § 22₁.22–27.

[155] Vgl. BLASS/DEBRUNNER, Grammatik § 108.1.108₁.

[156] Weitere Belege aus der Gräzität bei ALAND/ALAND, Wörterbuch Sp. 874.

[157] S. LIDDELL/SCOTT, Lexicon Supplementband.

Körperteile trifft".[158] Als Beispiel[159] nennt *Henry B. Swete*[160] γναϑ-όω (von γνάϑος = „Kinnbacken"), dessen Übersetzung lautet, „(jemandem) einen Backenstreich geben". Analog ist κεφαλιόω mit „(jemandem) ein Köpfchen machen" zu übertragen.

Da nun die Etymologie sowie der unmittelbare Kontext des Wortes bei der Gewinnung seiner Bedeutung nicht weiterhelfen, scheint es geraten, eine atl. Parallele zu Mk 12,4 ins Spiel zu bringen. In 2 Sam 10,1–5 (par. 1 Chr 19,1–5) wird nämlich davon berichtet, wie König David an den Ammoniter-König Hanun Knechte (2 Sam 10,2 LXX: δούλων) zwecks diplomatischer Beileidsbekundung für dessen verstorbenen Vater Nachasch aussendet (V. 2: ἀπέστειλεν, vgl. V. 3.5). Davids Abgesandte werden jedoch als Spione denunziert (V. 3), von Hanun darum inhaftiert (V. 4: ἔλαβεν) und an Kopf und Kleidung geschändet (V. 5: ἠτιμασμένοι) zu David zurückgeschickt. Bei der körperlichen Verunstaltung am Kopf handelt es sich interessanterweise um die gewaltsame Entfernung der Hälfte (MT) bzw. des ganzen Bartes (2 Sam 10,4 LXX), ein Eingriff, der nach orientalischem Ehrgefühl einer Kriegserklärung gleichkommt (vgl. Jes 7,20; Jer 48,37; Ez 5,1). Für einen in den Bahnen atl.-jüd. Literatur denkenden und schreibenden vormk. Autor der Gleichnisrede (vgl. seine Rezeption von Jes 5,1b–7 LXX; Gen 37,20) bot sich diese Sachparallele von 2 Sam 10,4 wohl an, als er nach einem adäquaten Komparativ der Gewalt-Klimax von Mk 12,2–5b suchte. Sachlich korrekt hat seine Sprechweise von V. 4: „(jemand) ein Köpfchen machen", womit er eine den Mann der entehrenden Lächerlichkeit des Pöbels preisgebende körperliche Verunzierung des Kopfes anzeigen wollte,[161] wohl die lat. Afra, Handschrift k (4.–5. Jh. n. Chr.) wiedergegeben,[162] wenn sie überträgt[163]:

„et illum in capite vulneraverunt et contumeliis adfecerunt".

Diese Version von Mk 12,4 ist nach den obigen Ausführungen wohl im Deutschen am besten dahingehend mit:

„und jenem (sc. Sklaven) verunstalteten sie (sc. die Winzer) den Kopfputz
und machten ihn (dadurch) verächtlich",

zu präzisieren.

---

[158] BJÖRCK, Markus-Stellen 1, vgl. LOBECK, Phrynichus 95.

[159] Die Beispiele von BJÖRCK, Markus-Stellen 1: γαστρίζω = „auf den Bauch schlagen", κροταφίζω = „auf die Schläfe schlagen" und νωτίζω = „am Rücken geisseln", überzeugen nicht, da diese Verben mit dem Wortbildungssuffix -ιω gebildet werden. Zu beachten ist, daß damit auch nur eine Analogie zu κεφαλιόω hergestellt wird, die zudem gegen sich hat, daß mit dem Diminutiv κεφαλίς nur in der Medizin den Kopf, gewöhnlich den Fötus, bezeichnet wird (ebd. 3), und eine das bekannte Verb κεφαλίζω (vgl. BGU 341,9 nach LIDDELL/SCOTT, Lexicon s. v.) repräsentierende Lesart ἐκεφάλισαν in den Handschriften zu Mk 12,4 nicht belegt ist. Eine Konjektur ist aber angesichts der festzustellenden Tenazität ntl. Textüberlieferung (vgl. ALAND/ALAND, Text 67.293 f.) nicht ratsam. Von daher sind Übertragungen von Mk 12,4 mit „auf den Kopf schlagen" o. ä. (gegen HENGEL, Gleichnis 29, Anm. 95; HAENCHEN, Weg 398; WEISER, Knechtsgleichnisse 53 f.; DERRETT, Law 298; ROBINSON, Parable 446; BLANK, Sendung 17; SCHWEIZER, Mk 131; PESCH, Mk II/2 213; GNILKA, Mk II/2 141; SCHMITHALS, Mk 2/2 511; WEDER, Gleichnisse 154; LÜHRMANN, Mk 196; ALAND/ALAND, Wörterbuch Sp. 875, u. a. m.) methodisch nicht gutzuheißen.

[160] Mk 268.

[161] Da ein semitischer Sprachhintergrund der vormk. Gleichniserzählung nicht anzunehmen ist, ist eine Ableitung aus dem Aramäischen abzulehnen, gegen BLACK, Gleichnisse 272, Anm. 15.

[162] Mit KLAUCK, Allegorie 294, Anm. 42, gegen JÜLICHER, Gleichnisreden 2,389.

[163] JÜLICHER/ALAND, Itala 109.

Diese mittlere Erzähleinheit, thematisch als „*Sendung der Knechte*"[164] (Mk 12,2–5b) von der zweiten, der Sendung des Sohnes (V. 6–8a), zu unterscheiden, weist dabei eine schöne narrative „Formalstruktur auf"[165]: und zwar wird sowohl bei der Skizzierung der dreimaligen Aktion des Handlungssouveräns (V. 2.4a.5a) als auch bei der Beschreibung der dreimaligen Reaktion seiner oppositionellen Partizipanten (V. 3.4b.5b) in sprachlich verkürzender Weise erzählt.[166] Nachdem die erste Sendung eines Knechtes aus der Perspektive des Verpächters mit einem parataktisch angeschlossenen Hauptsatz (V. 2a) und einem seine Absicht benennenden ἵνα-Satz geschildert wurde (V. 2b), verzichtet die zweite Sendungsbeschreibung (V. 4a) auf die Motivierung der Handlung, läßt auch die Angabe des Fristtermins fort und pronominalisiert die Pächter als Zielpersonen der Handlung. Schließlich wird die Narrativik bei der dritten Sendungshandlung auf einen in der Kürze nicht mehr zu überbietenden (griech.) Drei-Wort-Satz reduziert (V. 5a): „und einen anderen sandte er". Unmißverständlich handelt es sich bei Sendung zwei und drei um eine Handlungswiederholung mit denselben anfänglich erzählten Intentionen (s. V. 2). Realitätsgerecht läßt sich erwägen, daß der Verpächter drei Jahre lang jeweils zur Erntezeit – nach Jub 7,1 im fünften, sechsten und siebenten Jahr der Pachtvergabe – einen seiner Knechte zu den Pächtern aussandte. Parallel dazu wird nun auch die Reaktion der Weingutpächter in sprachlich „*absteigender Linie*" erzählt (1. Sendung: sie packten ihn, verprügelten ihn, schickten ihn ‚leer' zurück, also *drei* Verben; 2. Sendung: sie schlugen ihm den Kopf blutig, sie schmähten ihn, also *zwei* Verben; 3. Sendung: sie töteten ihn, also *ein* Verb), *inhaltlich*" – und das ist nun anders – „dagegen in *aufsteigender Linie*"[167]: Auf die handfeste Verprügelung des ersten Knechtes folgt die die Mannesehre der Verhöhnung preisgebende Mißhandlung am Kopfputz des zweiten, eine gesellschaftliche Verneinung des Menschen, die aber von der gewalttätigen Tötung als Auslöschung des Lebens noch übertroffen wird. Nach dem epischen Gesetz der sich steigernden Wiederholung, die fast immer mit einer Dreizahl von Ereignissen verbunden ist,[168] stellt diese Eskalation der Gewalt eine *narrative Einheit* dar, die im Mord an dem „Knecht" als der erzählerischen Vorbereitung des nächsten Aktes, in dessen Mitte einzig der „Sohn" stehen wird, kulminiert (vgl. V. 5b mit V. 8a).[169] Ohne daß expressis

---

[164] WEDER, Gleichnisse 148.
[165] WEDER, Gleichnisse 148.
[166] Vgl. dazu WEDER, Gleichnisse 148; KATO, Völkermission 124.
[167] WEDER, Gleichnisse 148.
[168] Vgl. OLRIK, Gesetze 68.
[169] Vgl. WEDER, Gleichnisse 148; KATO, Völkermission 124. Der Bericht über das tödliche Ende des dritten Knechtes, einer Nebenperson der Erzählung, nimmt nicht die Pointe der Erzählung vorweg, die auf ihrem Höhepunkt von der Ermordung der *dramatischen Mittelperson*, des Sohnes des Weingutbesitzers, berichten wird, mit WEDER, aaO. 148 (vgl. PESCH,

verbis die Motive offengelegt werden, berichtet die Formation einerseits von der bis zum Äußersten[170] gehenden mörderischen Entschlossenheit der sich kategorisch vertragsbrüchig verhaltenden Pächter und andererseits von dem auf Vertragserfüllung pochenden Starrsinn sowie der Engelsgeduld des Verpächters und erhöht so die Spannung auf den die Krise lösenden Höhepunkt.[171]

Dieser nun sogleich folgende dramatische Hauptteil[172] der Erzählung (I.3 = Mk 12,6a*.b*.c.7a.c.8a) ist dialogisch strukturiert. Durch zweimalige wörtliche Rede (V. 6c.7c, jeweils eingeleitet mit einem ὅτι-recitativum) wird die Aufmerksamkeit auf die affektgeladenen Motive der beiden *Antagonisten* der Erzählung, Verpächter wie Pächter, konzentriert, die „ihren Konflikt in Rede und Gegenrede zum Austrag" bringen[173]. Doch bevor zunächst der Handlungssouverän im Selbstgespräch sein Inneres coram publico kehren darf, wird mit dem „Sohn" die letzte, die vierte zu unterscheidende Person der die Erzählung regierenden binären Figurenformation eingeführt (V. 6a*). Wie die Sklaven steht der (anscheinend einzige)[174] Sohn auf Seiten des Weingutverpächters und wird von ihm (nur) zur stellvertretenden Wahrung seiner schuldrechtlichen Interessen eingesetzt (V. 6b*). Doch besteht zwischen den Stellvertretern des Weingutbesitzers ein Unterschied: als Nachkomme der Familie steht der Sohn aufgrund seiner verwandtschaftsrechtlich engen Beziehung zum Weingutbesitzer, dem Hausvater, im Rang über den zum Sachbesitz zählenden, wenn auch zur familiären Hausgemeinschaft gehörenden Haus-Sklaven (vgl. Gal 4,1). Der Sohn ist (nach der Ehefrau) der unmittelbare Stellvertreter des Weingutbesitzers.[175]

Durch den effektvollen Gebrauch des Asyndetons im Sinne eines Doppelpunktes nach dem Hinweissatz von Mk 12,6a*[176] erreicht die Erzählung, daß dem Rezipienten bei der Person des Sohnes eine entscheidene Umakzentuierung der dramatischen Rollenverteilung gelingt. Spielten in der bisherigen Erzählung die abgesandten Knechte als Gesandte und Mißhandelte gegenüber den aktiven Provokateuren der Handlung, den Pächtern, eine eher passive *Nebenrolle*,[177] so wandelt sich der auch in der Rolle des stellvertreten-

---

Mk II/2 214), gegen DODD, Parables 100; SCOTT, Parable 247; JEREMIAS, Gleichnisse 69; VIA, Gleichnisse 128; SUHL, Funktion 139; GNILKA, Mk II/2 143.

[170] Vgl. BISER, Gleichnisse 139.

[171] Vgl. HENGEL, Gleichnis 32.

[172] Vgl. KATO, Völkermission 124.

[173] HARNISCH, Gleichniserzählungen 22.

[174] Vgl. DERRETT, Law 303.

[175] S. u. Abschnitt 1.3.2.2 dieser Untersuchung.

[176] Der Gebrauch des Asyndetons ist ein erzählerisches Mittel (vgl. mit Belegen REISER, Syntax 157.162; ders., Alexanderroman 138; GUNDRY, Mk 661), kein Semitismus, gegen HENGEL, Gleichnis 7, Anm. 31.

[177] Vgl. HARNISCH, Gleichniserzählungen 77; ders., Vorsprung 28.

den Emissärs des Weingutbesitzers auftretende Sohn[178] jedoch zur *dramatischen Mittelfigur*[179] der Erzählung. Sein unter einem besonderen Licht stehendes Auftreten wird durch den Weingutbesitzer mit einer optimistischen[180] Äußerung über den zu erwartenden Respekt, den ihm die Pächter als seinem unmittelbaren Repräsentanten zukommen lassen werden, angezeigt (V. 6c). Für den Rezipienten gilt, daß er als Gläubiger in seinem Inneren noch immer von der Möglichkeit einer Vertragserfüllung durch seine Schuldner überzeugt ist. Die Gegenrede der Pächter, die ohne Handlungsbeschreibung durch adversatives δέ in Juxtaposition plaziert ist (V. 7a.c),[181] beschäftigt sich ebenfalls mit der Mittelfigur des „Sohnes". Ihr Inhalt will den Rezipienten aber sofort von dem hoffnungslosen Gegenteil überzeugen: Die Pächter sind auch zum Mord an dem Sohn fest entschlossen. Ihre direkte Rede läßt insofern etwas von der Wahrnehmung der bedeutenden Stellung des neuen Unterhändlers erahnen, als sie eine gruppenstärkende Selbstaufmunterung zum schändlichen Tun darstellt. Als Zitat wird den Pächtern die wörtliche Rede von Gen 37,20, in der parallel zur Weingut-Erzählung in der atl. Josephs-Novelle Josephs Brüder seinen Tod in der Zisterne beschließen, untergeschoben.

Die Erzählung berichtet zum Abschluß ihrer dramatischen Phase[182] lakonisch von der Ermordung des Sohnes durch die Weingutpächter (Mk 12,8a, vgl. Gen 37,24 LXX). Dieser vorletzte Akt der Tragödie stellt – nicht nur sprachlich[183] – eine erneute Wiederholung der vorherigen Handlungssequenz dar. Zum vierten Mal versucht der Weingutverpächter an seinen Pachtzins zu kommen, zum vierten Mal vergeblich. Zum vierten Mal stellen seine Schuldner ihre unnachgiebige Vertragsbrüchigkeit gewalttätig unter Beweis, zum zweiten Mal durch einen kaltblütigen Mord. Die vom Besitzer erwartete Verhaltensänderung tritt nicht ein, der Tötungsbeschluß der Pächter erweist ihre durch keine Autorität in Schranken zu weisende Verweigerungshaltung. Kurz: „Die erhoffte Peripetie des Geschehens bleibt aus".[184] Der schematischen Erzählung fehlt auf ihrem dramatischen Höhepunkt jegliche Pointe.

Wie bei einem spannenden Jürgen-Roland-Krimi bricht aber der jetzt unvermittelt in Erscheinung tretene Erzähler seine bluttriefende Geschichte über eine Weingutverpachtung plötzlich ab[185] und sucht mit einer asyndetisch angeschlossenen Frage den direkten Kontakt zu dem schon von aufkommender

---

[178] Vgl. Weder, Gleichnisse 156, Anm. 44.
[179] Vgl. Harnisch, Gleichniserzählungen 77.
[180] Vgl. Carrington, Mk 254; Ernst, Mk 341.
[181] Vgl. Donahue, Gospel 54.
[182] Daß die Erzählung in dieser dramatischen Phase von einem „chiastischen Aufbau" (Weder, Gleichnisse 154) geprägt sei, läßt sich inhaltlich nicht nachvollziehen.
[183] S. die Wiederholung der Verben in Mk 12,8a λαμβάνω, ἀποκτείνω aus den V. 3.5b.
[184] Harnisch, Vorsprung 31.
[185] Vgl. Weder, Gleichnisse 149, Anm. 13.

Langeweile geplagten Rezipienten (II. = Mk 12,9a). Dieser wird von ihm aufgefordert, sich mit dem Handlungssouverän seiner Erzählung zu identifizieren und zu erwägen, welche zukünftige(-n) Maßnahme(-n) der Weingutbesitzer zur Wahrung seiner finanziellen Forderungen sowie gegen das zum
Himmel schreiende Unrecht an seinen Agenten gegenüber den vertragsbrüchigen und mordenden Pächtern einleiten wird (Tempuswechsel Futur).
Rezeptionstheoretisch gesprochen: Der Erzähler fordert seinen Rezipienten
auf, die angefangene Geschichte anstelle seiner selbst zu Ende fortzu-
spinnen.[186] Er beteiligt den Rezipienten sinnkonstituierend an seiner eigenen
Erzählung. Doch läßt der Wortlaut des Erzählerappells der narrativen Phantasie seines Rezipienten keinen großen Spielraum. Mit der literarkritisch als
Spannung, formkritisch aber als sachgemäße Nebenidentifizierung (vgl. Jes
5,7a LXX) zu beurteilende begriffliche Neufassung des am Anfang als (irgendein) ἄνθρωπος (Mk 12,1b) vom Autor eingeführten Weingutverpächters, nämlich nun als ὁ κύριος τοῦ ἀμπελῶνος tituliert (V. 9a), zwingt
er den Rezipienten mittels einer semantischen Ambiguität[187] – möglich wäre
z. B. ein einfaches ὁ κτηματικός – auf seine Bahn. Mit einer nur angedeuteten
Polysemie – der „Herr des Weinfeldes" ist der Weingutbesitzer der *Pachtgeschichte*, „der Herr, der Kyrios" ist der allmächtige Gott der *Weltgeschichte*[188]
– gestattet der Erzähler dem Rezipienten, den Übergang von der erzählten zur
intendierten Geschichte zu finden. Der aufgrund seiner hermeneutischen
Erwartung – in der LXX ist κύριος der Deckname für Jahwe/Gott – sensibili-
sierte Rezipient kann den gottesgeschichtlichen Hintersinn der Geschichte für
sich entdecken, um ihn auf Zukunft hin zu imaginieren. Formkritisch betrachtet – zu anderen Indizien s. u. – gibt es also spätestens mit V. 9a zwei Geschichten: eine vordergründige und eine hintergründige.[189]

Bevor aber dem bewußt angesprochenen Rezipienten Zeit gewährt wird,
seinen eigenen Schluß der Geschichte vorzutragen,[190] oder besser noch: im
Vorgriff auf die so oder so ähnlich erwartete Stellungnahme seines Rezipienten,[191] gibt der Autor der Geschichte vom Weinfeld und seiner Verpachtung

---

[186] Vgl. WEDER, Gleichnisse 149, Anm. 13.
[187] Vgl. FREUD, Witz 56, der Doppelsinn „als ein mehrfacher Deutung fähiges Wort, welches dem Hörer gestattet, den Übergang von einem Gedanken zu einem anderen zu finden,"
definiert.
[188] Vgl. MILAVEC, Analysis 104 f.
[189] Anders PESCH, Mk II/2 220.
[190] Vgl. BISER, Gleichnisse 140: „So scheinen sie (sc. die Synoptiker) darauf angelegt, diese Frage (sc. Mk 12,9a), kaum daß sie sich stellt, auch schon zu beantworten oder richtiger,
den Text in einer Weise darzubieten, daß sie gar nicht erst aufkommt".
[191] Nicht der Rezipient soll in die vom Erzähler vorgeführte Bestrafung der Pachtleute ein-
willigen (so SWETE, Mk 271; WEDER, Gleichnisse 155.157; BREYTENBACH, Nachfolge 99),
sondern eher ist es umgekehrt: der Rezipient wird dem Erzähler ihre konsequente Bestrafung – wie es dann auch geschieht – vorschlagen (vgl. HENGEL, Entstehungszeit 21: „die
Antwort, die sich die Hörer auf die Frage selber geben müssen").

selbst (anders Mt 21,41a) die Antwort auf seine eigene Frage[192] (III. = Mk 12,9bc). Im erzählerischen Futur trägt er das Ende[193] seiner Weinguterzählung[194] vor, indem er eine zweifache Reaktion des nun persönlich an den Ort des Geschehens geeilten[195] und damit jetzt in die unmittelbare Auseinandersetzung eintretenden Handlungssouveräns beschreibt: ihm bleibt die Entscheidung des Konflikts vorbehalten. Als unüberlegte[196] Vergeltungsmaßnahme wird der Eigner seine Pachtleute physisch „vernichten" (V. 9b, vgl. Lk 12,46; 19,27)[197] und sein Weingut an neue, an „andere" Winzerbauern per Vertrag weiterverpachten (V. 9c).[198] Anstatt, realitätsgerecht geurteilt, die einer persönlichen Schuld überführten Mörder zur Aburteilung den regionalen Ordnungsbehörden zu überstellen[199] sowie auf einer Konventionalstrafe, eventuell einer Schuldhaft, zur Erlangung des entgangenen Pachtzinses zu bestehen,[200] geht die Geschichte von der (Erst-)Verpachtung eines Weingutes brutal und blutrünstig unter erneutem Bruch bestehenden Rechtes zu Ende. Die Geschichte des Weingutes aber geht weiter: es wird erneut verpachtet werden. Auch dieser Schluß der Geschichte, „the defeat of the defeat",[201] stellt eine doppelte Handlungswiederholung dar. Einmal übernimmt der Handlungssouverän nur die Rolle seiner Gegenspieler (vgl. V. 5b.8a), indem

---

[192] Der festzustellende erzähltheoretische Widerspruch, daß die an einen Rezipienten gerichtete Frage nicht von diesem, sondern vom Erzähler selbst beantwortet und damit der „Einbezug des Hörers" wieder rückgängig gemacht wird (Weder, Gleichnisse 149, Anm. 14), ist formkritisch als Nachahmung von Jes 5,3–5 LXX zu beurteilen. Keinesfalls aber ein begründeter Anlaß, auf Redaktion zu tippen (gegen Weder, aaO. 149).

[193] Vgl. Jülicher, Gleichnisreden 2,394; Dodd, Parables 98.

[194] Mk 12,9bc als „Deutung" bzw. „Anwendung" des Gleichnisses zu bezeichnen (so Weder, Gleichnisse 149, vgl. Dodd, Parables 97; Jeremias, Gleichnisse 72; Crossan, Parable 454; Robinson, Parable 449; Schramm/Löwenstein, Helden 32), ist formkritisch illegitim. In Mt 21,31; Lk 7,42f.; 10,36f. ist zu beobachten, daß eine an die Rezipienten gerichtete Frage *im Anschluß* (!) an die abgeschlossene Gleichniserzählung erfolgt. Es gibt daher keine Möglichkeit, Mk 12,9 von der Gleichniserzählung als sekundär abzutrennen (gegen Scott, Parable 248; Crossan, aaO. 454; Schramm/Löwenstein, aaO. 26.33.40).

[195] Erzählerisch nimmt ἔρχομαι von Mk 12,9b antithetisch ἀποδημέω aus V. 1g auf und bildet so eine narrative Inversion der Verpachtungsgeschichte. Gegen Ricoeur, Bible 58, der die „spatial isotopy" der Erzählung als ein „movement from outside where the owner has departed to, to inside where the son is killed" beschreibt und dabei den narrativen Schluß der Geschichte vernachlässigt.

[196] Weder sein von den Pächtern getöteter Haussklave noch sein ermordeter Sohn sind durch *Rache* wieder zum Leben zu erwecken. Und nur arbeitsfähige Pächter sind in der Lage, den angerichteten Schaden wieder gutzumachen (vgl. Scott, Parable 250f.).

[197] Mit Aland/Aland, Wörterbuch Sp. 190 (Belege), gegen Derrett, Law 308.

[198] Gegen Jülicher, Gleichnisreden 2,394. Daß das Weingut verschenkt wird (so Harnisch, Vorsprung 35), läßt das zugegeben weite Verständnis des Verbs δίδωμι (Mk 12,9c) in diesem Falle von Weingutverpachtung nun doch nicht zu.

[199] Vgl. Haenchen, Weg 399; Lane, Mk 419.

[200] Mit Büchsenschütz, Besitz 91.93; Bolla, Art. Pacht Sp. 2463f.2469; Snodgrass, Parable 61f., Anm. 72 (Belege), gegen Madsen, Parabeln 75.

[201] Ricoeur, Bible 60.

er in Selbstjustiz seine für ihn zum unlösbaren Problem avancierten Vertragspartner beseitigt. Und zweitens ist die Neuverpachtung des Weingutes erzählerisch nur eine breviloquente Wiederholung von 12,1f, einer wirtschaftlichen
Maßnahme, mit der das ganze Unheil seinen Lauf genommen hatte.

Nach diesem beschreibenden Gang durch die Textelemente der metaphorischen Rede über *Die Geschichte von der Verpachtung eines Weingutes*, die in
ihrer ursprünglichen Form (Mk 12,1b–5b.6a*.b*.c.7a.c.8a.9) sich mit den vergangenen wie zukünftigen Ereignissen um ein Weinfeld beschäftigt, kann
jetzt eine Gliederung[202] wie folgt dargestellt werden:

I.   Erzählung, Teil 1 (V. 1b–5b.6a*.b*.c.7a.c.8a)
  1. Exposition: Die Verpachtung eines intakten Weingutes (V. 1b–g)
  2. Mittelteil: Die Weigerung der Pächter, den Pachtzins zu entrichten, und
          die Mißhandlung bzw. Ermordung der Agenten des Weingut-
          verpächters (V. 2a–5b)
  3. Höhepunkt: Die Ermordung des Sohnes des Weingutverpächters
          (V. 6a*.b*.c.7a.c.8a)
          a) Das Selbstgespräch des Verpächters (V. 6c)
          b) Das Gespräch der Pächter (V. 7c)
II. Erzählerfrage nach dem zukünftigen Vorgehen des Weingutbesitzers (V. 9a)
III. Erzählung, Teil 2 (V. 9bc)
  4. Schluß: Die Vernichtung der vertragsbrüchigen Pächter und die Neu-
          verpachtung des Weingutes.

Als zur Klasse der *„epische(-n) Miniaturstücke"*[203] gehörig, schildert die
chronologisch geordnete Perikope in einsträngiger, von szenischer Zweiheit
geprägter idealtypischer Szenenfolge mit vier Figurentypen polarer Gruppen-
Konstellation (Handlungssouverän – Antagonisten; Nebenpersonen – Mittelfigur) die dramatische Geschichte[204] der Erstverpachtung eines intakten
Weingutes als fragmentarischen Ausschnitt seiner gesamten Geschichte.
Formkritisch gehört sie damit eindeutig zur Sprachform der Gleichnisrede.[205]
Bei dieser vierteiligen (expositio – actio – actio – reactio),[206] auf sprachliche
Ausschmückung verzichtenden, vielmehr von motivarmen Lakonismus[207] ge-
kennzeichneten Tragödie[208] läßt sich aber keine besondere Struktur-
verwandtschaft zur synoptischen Parabel nachweisen,[209] abgesehen einmal

---

[202] Vgl. auch ERLEMANN, Bild 223f.
[203] HARNISCH, Gleichniserzählungen 107.
[204] Vgl. BLACK, Gleichnisse 272f.; PESCH, Mk II/2 216.
[205] Zu ihrem Kriterienkatalog vgl. HARNISCH, Gleichniserzählungen 15ff.71ff.
[206] Anders VIA, Parable 128f.
[207] Vgl. HARNISCH, Vorsprung 30.
[208] Vgl. MILAVEC, Analysis 98; ders., Parable 300.
[209] Mit JÜLICHER, Gleichnisreden 2,402; BULTMANN, GST 191; KÜMMEL, Gleichnis 210;
gegen KLAUCK, Allegorie 295; WEDER, Gleichnisse 154; DERRETT, Law 288.

von dem präteritalen Beginn (V. 1b–8a), eine gleichartige, episch perfekte[210] Erzählung eines geschichtlich einmaligen Ereignisses. Enthält diese Geschichte wie die Parabel sehr wohl eine dialogisch gestaltete Zuspitzung, so kennt sie jedoch keine aus dem Beziehungsgeflecht der Einzelszenen erwachsende Pointe, die nach dem epischen Gesetz des Achtergewichts den Rezipienten am Schluß konzentriert mit einer nachdenkenswerten Lösung der Krise überrascht. Ende wie Mittelteil der Gleichniserzählung bestehen vielmehr aus einer rituell stagnierenden, letztlich in die Zukunft extrapolierten Wiederholung von Handlung, der kein steigernder Effekt[211] abzugewinnen ist: Mord bleibt Mord.

Aufgrund ihres herausragenden Formmerkmals, der direkten Einbeziehung des Rezipienten mit der an ihn ergehenden Aufforderung, den Schluß der Geschichte fortzudichten (Mk 12,9a), nimmt die Perikope unter den synoptischen Gleichniserzählungen eine singuläre Position ein.[212] In atl. Literatur läßt sich jedoch eine weisheitlich-prophetische Gattung namhaft machen (vgl. 2 Sam 11,1–12,15; 13,23–14,24; 2 Kön 20,26–42; Jes 5,1b–7), die sich zum Ziel setzt, einen in großem Unheil heillos verstrickten Menschen durch seine eigene heuristische Stellungnahme zu einem analogen Fremdfall als Betroffenen, als Sünder vor Gott zu überführen:[213] ihr ist der direkte Rezipientenbezug inhärent.[214] Die parallele Abfolge der Formelemente *weisheitliche Erzählung, Erzählerappell an einen Rezipienten* und *Fortführung der Erzählung mit Zukunftsperspektive*, die mit dem *Weinberglied* Jesajas (Jes 5,1b–7 LXX) bestehen, lassen die vormarkinische Gleichnisrede zur Gattung der *weisheitlich-prophetischen Gerichtsüberführungsrede* zählen, die den unmittelbaren kollektiven (jüd.) Rezipientenbezug[215] in der metaphorischen Sprachform der *Allegorie* sucht. Das polysemische Konstruktionselement innerhalb des Rezipientenappells von Mk 12,9a gibt dabei dem Rezipienten den Entschlüsselungshinweis auf den verwendeten metaphorischen Code der *Allegorie*.

Für die *Allegorie* als poetischer Verfahrensweise der Textproduktion[216] ist für die hell.-röm. Literaturtheorie noch immer aufschlußreich, welche „wert-

---

[210] Vgl. KLAUCK, Allegorie 308.

[211] Vgl. WEISER, Knechtsgleichnisse 53.

[212] Vgl. SCOTT, Parable 248; KLAUCK, Allegorie 288; HARNISCH, Vorsprung 26. Mt 21,31; Lk 7,42f.; 10,36f. folgt eine an den Rezipienten gerichtete Frage im Anschluß (!) an die Gleichniserzählung, die von diesen und nicht von dem Erzähler des Gleichnisses beantwortet werden soll.

[213] Vgl. LINNEMANN, Gleichnisse 30, Anm. c.

[214] Vgl. EVANS, Vineyard 82. S.o. den Abschnitt 1.3.1.1 dieser Untersuchung.

[215] Anders ERLEMANN, Bild 236, der für die Gleichnisrede als *Sitz im Leben* die Auseinandersetzung der Gemeinde mit dem Judentum postuliert.

[216] Zu unterscheiden von der der Antike unbekannt bleibenden personifizierten Form, vgl. KURZ, Hermeneutik 13f.

volle Analyse der rhetorischen und poetischen Allegorie"[217] der röm. Reform-Rhetoriker Marcus Fabius Quintilianus (ca. 35–100 n. Chr.) in seinem Kompendium und Alterswerk der *Institutio oratoria* (ca. 90 ff. n. Chr.) gegeben hat.[218] Im Zusammenhang seiner Lehre von den Tropen, den indirekten Sprechakten (inst. 8,6,1 ff.[219]), definiert er die *Allegorie* folgendermaßen (8,6,44):

> Ἀλληγορία, quam inversionem interpretantur, aut aliud verbis aliud sensu ostendit, aut etiam interim contrarium. prius fit genus plerumque continuatis translationibus.

Übersetzung[220]:

> „Die Allegorie, die man (im Lateinischen) als Umkehrung bezeichnet, bringt etwas durch Worte, etwas anderes durch den Sinn, der gar zuweilen entgegengesetzt sein kann, zum Ausdruck. Die erstere Art erfolgt meist in fortgesetzten Bedeutungsübertragungen."

Nach einigen Beispielen für seine Definition der Allegorie führt Quintilian dann folgende Unterscheidung ein (8,6,47):

> habet usum talis allegoriae frequenter oratio, sed raro totius, plerumque apertis permixta est.

Übersetzung:

> „Für solche Allegorie (sc. Verg. ecl. 9,7–10) hat die Rede häufig Verwendung, aber selten für die vollständige (Allegorie); meist ist sie vermischt mit unmittelbar Gesagtem."

Schließlich beschäftigt sich Quintilian mit der Verwendbarkeit der Allegorie, die seiner Meinung keine Kunstsprache ist, wenn er sagt (inst. 8,6,51):

> ceterum allegoria parvis quoque ingeniis et cotidiano sermoni frequentissime servit,

Übersetzung:

> „Übrigens steht die Allegorie auch geringen Talenten und der Alltagssprache oft zu Diensten",

---

[217] KLAUCK, Allegorie 356.

[218] Die Definition der Allegorie, die Cic. schon im Jahre 55 v. Chr. in or. 27,94 abgegeben hat (dazu HAHN, Allegorie 56 ff.): „Iam cum fluxerunt continuo plures translationes, alia plane fit oratio; itaque genus hoc Graeci appellant ἀλληγορίαν: nomine recte, genere melius ille (sc. Aristoteles), qui ista omnia translationes vocat", deckt sich nach KURZ, Hermeneutik 23, Anm. 20, mit der von Quint. Auch Pseudo-Heraklit, All. Hom. 5,2 (dazu KLAUCK, Allegorie 45 ff.): Ὁ γὰρ ἄλλα μὲν ἀγορεύων τρόπος, ἕτερα δὲ ὧν λέγει σημαίνων, ἐπωνύμως ἀλληγορία καλεῖται, sagt mit seinem weiten Allegoriebegriff nichts Neues.

[219] Inst. 8,6,1: „τρόπος est verbi vel sermonis a propria significatione in aliam cum virtute mutatio" = „der Tropos ist die kunstvolle Wendung der eigentlichen Bedeutung eines Wortes oder einer Rede in eine andere" (Übersetzung KURZ, Metapher 35).

[220] Vgl. im Folgenden die Übersetzungsvorschläge der Ausgabe von RAHN z. St.

um dann abschließend über ihren Verwendungszweck zu befinden (8,6,57):

praeter haec usus est allegoriae, ut tristia dicamus ...

Übersetzung:

„Außerdem findet die Allegorie Verwendung, um Unerfreuliches zu sagen ..."

Zur Interpretation dieser gewiß nicht befriedigenden Definition der Allegorie von Quintilian,[221] die an der Unterscheidung verbis – sensu, „wörtlich – nicht wörtlich, oder ausdrücklich – unausdrücklich, direkt – indirekt"[222] hängt, können die instruktiven Ausführungen von *Gerhard Kurz* herangezogen werden, die in drei Punkten unterteilt folgendermaßen lauten:

1. „Die Allegorie ist also ein indirekter Sprechakt. Es ist nicht so, daß in diesem Sprechakt einmal dies und dann auch noch das gesagt wird, sondern: es wird eines zu verstehen gegeben, *dadurch daß* etwas anderes gesagt wird. Es wird etwas gesagt und *durch dieses Gesagte* etwas anderes (als das, was das Gesagte meint) gemeint".[223] „Der Verfasser einer Allegorie will das Gesagte so verstanden wissen, daß durch/in/vermittels der Bedeutung des Gesagten noch eine andere Bedeutung gesagt wird. Der allegorische Sinn ist der Hintersinn eines Vordersinns."[224]

2. „Die Form der Allegorie definiert Quintilian als einen Text, als eine Geschichte, einen Diskurs. Die Allegorie ist eine narrative Sequenz, eine Erzählung mit betonter Handlungsstruktur. Zeit ist ein konstitutives Element der Allegorie. Genetisch definiert Quintilian die Allegorie als eine fortgesetzte (*continuata*) Metapher."[225]

3. „Quintilian unterscheidet zwei Formen der Allegorie, die *permixta allegoria* und die *tota allegoria*". „... mit der Formel ,ist' ... wird [jedoch bei der *permixta allegoria*] explizit angegeben, was der *sensus* des allegorischen Diskurses ist."[226] Es „liegt ein explizites Substitutionsverhältnis zweier (fast) systematisch ausgeführter Diskurse in einem vor". „Im Unterschied zur *permixta allegoria* gibt es in der *tota allegoria* keine explizite Angabe des allegorischen *sensus*. Das Gesagte kann ausschließlich auf der wörtlichen Ebene (dem *sensus litteralis*) verstanden werden, d.h. auf der Ebene der Bedeutung, die ohne weiteres verstanden wird. Es ergibt sich ein kohärenter und sinnvoller Zusammenhang, ohne daß man an einen allegorischen Sinn denken müßte". „Der allegorische *sensus* ist Resultat einer systematischen Reinterpretation dieses Zusammenhangs, indem er mit Hilfe einer

---

[221] Quint. Verweis auf die aristotelische Metapherntheorie ist unter modernen, z.B. sprachtheoretischen Voraussetzungen nicht haltbar, vgl. KURZ, Hermeneutik 15. Zudem ist die ganze Bedeutungstheorie der antiken Rhetorik, die auf einer strikten Trennung von Sagen und Meinen beruht, dem Sprechakt unangemessen: „Es gibt ... kein Sagen ohne Meinen. Es gibt keinen Satz ohne illukutionäre Kraft" (KURZ, Metapher 35).
[222] KURZ, Hermeneutik 14.
[223] Hermeneutik 14.
[224] Hermeneutik 15.
[225] Hermeneutik 15.
[226] Hermeneutik 15.

strukturellen Entsprechung, eines Prozesses analogischer und identifikatorischer Reflexion aller diskursiven Elemente, d. h. aller relevanten, erschlossen wird."[227]

Da anders als in der *permixta allegoria* von Jes 5,1b–7 LXX (vgl. V. 6 f.) in der allegorischen Fassung der weisheitlich-prophetischen Gerichtsüberführungsrede von Mk 12,1b–5b.6a*.b*.c.7a.c.8a.9 keine, auch nur teilweise explizite Angabe des eigentlichen Sensus („dieses ist …) angegeben ist, handelt es sich hierbei nach Quintilians Definition um eine *tota allegoria*, die das jüd. Glaubensvolk in populärer Sprache als eingängige Narration mit einer für sie äußerst unangenehmen Nachricht, der Botschaft vom unausweichlichen Gottesgericht, konfrontieren will.

Der Sprecher dieser vormarkinischen Gerichts-Allegorie wird aufgrund von LXX-Benutzung (vgl. Mk 12,1c = Jes 5,2a) im hell. Frühjudentum[228] zu suchen sein. Welche fundamentale Kritik er am jüd. Glauben übt, wird erst eine genaue rezeptionskritische Entschlüsselung der allegorischen Doppelrede freilegen können.[229] Soviel aber kann jetzt schon gesagt werden: Daß in der Winzerallegorie der *historische Jesus* sein Selbstverständnis geklärt und sein zukünftiges gewaltsames Todesgeschick mitsamt seinen Folgen für das Judentum prophetisch antizipiert habe,[230] kann aus mehreren Gründen, einem formalen und drei inhaltlichen, ausgeschlossen werden: Erstens, die ohne Einleitung tradierte Gleichniserzählung beansprucht nirgends Jesus als ihren Sprecher. Läßt sich nun zweitens nicht grundsätzlich abstreiten, daß an Jesus zu Lebzeiten eine messianische Würde herangetragen wurde (vgl. Mk 8,29 f.;

---

[227] Hermeneutik 16.

[228] Auffällige Semitismen, die eine semitische Vorlage der Gleichnisrede wahrscheinlich machen, sind nicht zu erkennen, mit KÜMMEL, Gleichnis 211.211, Anm. 20, gegen HENGEL, Gleichnis 7 f., Anm. 31; FRANKEMÖLLE, Jesus 198; CARLSTON, Parables 187 f.; LEE, Jesus 80. Die Liste bei HENGEL, aaO. 7 f., Anm. 31, enthält großenteils keine Semitismen, sondern eine Aufzählung narrativer Stilmittel und LXX-tismen (vgl. GUNDRY, Mk 685). Beispiel: Das pleonastische Partizip λαβόντες in Mk 12,3.8 könnte hebr. Vorbild entsprechend in sprachlich abundanter Weise die Haupthandlung δέρω bzw. ἀποκτείνω vorbereiten (vgl. BLASS/DEBRUNNER, Grammatik § 419.2). Doch findet sich diese die Handlung akzentuierende Stilistik auch in der Josephs-Novelle, vgl. Gen 37,24.31 LXX. Zu Mk 12,1: ἄνθρωπος = τις s. o., zum Asyndeton V. 6 s. o. Das anscheinend überflüssige Demonstrativpronomen ἐκεῖνος ist stilistische Fortführung von V. 4b.5b. Einzig die konjunktionslose Hypotaxe von V. 7cd, bestehend aus einem Jussiv + καί + Futur (= Finalsatz), könnte auf semitischem Einfluß beruhen, vgl. BEYER, Syntax 253 f.

[229] S. u. den Abschnitt 1.3.3 dieser Untersuchung.

[230] Jesus als historischen Sprecher der Gleichnisrede nehmen mit unterschiedlichen Gründen DODD, Parables 102; VINCENT, Parables 87; JEREMIAS, Gleichnisse 68–70; HENGEL, Gleichnis 11 ff.; WEISER, Knechtsgleichnisse 50 f.; VIA, Gleichnisse 129; HAMMER, Understanding 65; ERNST, Mk 339; KLAUCK, Allegorie 309; FRANKEMÖLLE, Jesus 202 f.; PESCH, Mk II/2 221 f.; SNODGRASS, Parable 80 ff.; WEDER, Gleichnisse 153.153, Anm. 34.156 f.; SCHRAMM/LÖWENSTEIN, Helden 34 ff. an. Ältere Lit. bei KÜMMEL, Gleichnis 207, Anm. 1; WILLIAMS, History 288 ff. Anders urteilen JÜLICHER, Gleichnisreden 1,162; BULTMANN, GST 191.215 f.222; KÜMMEL, Gleichnis 214–6; SELLIN, Allegorie 370; BLANK, Sendung 21 f.; GNILKA, Mk II/2 148.

12,35–37a; 14,61 f.; 15,26)²³¹, so konnte – Jesus als Sprecher der Gleichnisrede angenommen – kein zeitgenössischer Jude in der metaphorischen (Selbst-) Chiffrierung von 12,6c (vgl. V. 6a): ὁ υἱός μου, Sohn des göttlichen Kyrios (vgl. V. 9a),²³² einen messianischen Anspruch erkennen.²³³ Die fehlenden jüd. Belege einer im Anschluß an 2 Sam 7,14; Ps 2,7; 89,27 f.; 1 Chr 17,13 f. formulierten *titularen Sohn-Gottes-Messianologie* sprechen eine beredte Sprache.²³⁴ Drittens spricht der geschichtsphilosophische Grundsatz von der grundsätzlichen Ereignisoffenheit der Geschichte gegen eine prophetische Vorhersage Jesu von seinem gewaltsamen Todesgeschick. Da die formkritisch selbständige Einheit der Winzerallegorie keine aussichtslose Verfolgungssituation als reale Lebensbedrohung des angenommenen Erzählers Jesus preisgibt²³⁵ – Tötung von göttlichen Gesandten ist ein Motiv des dtr. Geschichtsbildes, es hat keinen zwingenden Anhalt in Israels historischen Auseinandersetzung mit seinen Propheten²³⁶ –, bleibt eine monoteleologische Geschichtsbetrachtung Postulat. Und wenn schließlich viertens in der jesuanischen Verkündigung zwar Logien namhaft gemacht werden können, die Israels Heilssicherheit bis in die Grundfeste hinein erschüttern wollen (vgl. nur Mt 8,11 f. par. Lk 13,28 f.; Mk 8,38; Lk 13,3.5), so gibt es doch keine Aussage Jesu, die wie Mk 12,9c ganz Israel die Heilsgrundlage entziehen will.²³⁷ Im Gegenteil, die jesuanische Predigt von der Umkehr Gottes in der

²³¹ Vgl. STUHLMACHER, Theologie 107 ff.
²³² Ungenau WEDER, Gleichnisse 157, Anm. 48.
²³³ Vgl. KÜMMEL, Gleichnis 216; CARLSTON, Parables 187. Mit FRANKEMÖLLE, Jesus 203 (vgl. HENGEL, Gleichnis 37), gegen WEISER, Knechtsgleichnisse 51 (vgl. WEDER, Gleichnisse 156; SNODGRASS, Parable 87; KLAUCK, Allegorie 309), der meint, daß im Winzergleichnis das jesuanische Selbstverständnis von einer unmittelbaren „Einheit mit dem Vater" abgebildet werde.
²³⁴ Vgl. KLAUCK, Allegorie 303; ders., Gleichnis 134; BREYTENBACH, Grundzüge 171. Erst gegen Ende des 1. Jh. n. Chr wird in 4 Esr 7,28 f; 13,32.37.52; 14,9 der Messias als „mein (sc. Gottes) Sohn" bezeichnet. Dabei ist aber zu beachten, daß das filius meus auf ein ursprüngliches עבדי zurückgeführt werden muß, dazu HAHN, Hoheitstitel 285; LOHSE, Art. υἱός 362, auch KÜMMEL, Gleichnis 215, Anm. 36; JEREMIAS, Gleichnisse 70 f.; HENGEL, Gleichnis 35. Zu der unmessianischen Deutung von Ps 2 in 4QFlor 1,14–26 vgl. neuerdings MAIBERGER, Verständnis 93–100. Zum noch endgültig zu veröffentlichen Text 4Q 246 vgl. FITZMYER, Contribution 92–4.105 f.
²³⁵ Die kontextuelle Verankerung der Winzerallegorie in den letzten Tagen Jesu in Jerusalem geht auf mk. Red. zurück (s. o. den Abschnitt 1.1.1 dieser Untersuchung), deren Intention erst einmal daraufhin zu prüfen ist, inwiefern sie historische Umstände des Lebens Jesu adäquat wiedergibt, gegen JEREMIAS, Gleichnisse 74 f.; HENGEL, Gleichnis 37; FRANKEMÖLLE, Jesus 202 f.; KLAUCK, Allegorie 309; BLOMBERG, Interpreting 250; SNODGRASS, Parable 100; BAYER, Predictions 97 f.
²³⁶ Überliefert ist atl. nur die Ermordung des Uria ben Schemaja (Jer 26,23) und die Steinigung von Sacharja ben Jojada (2 Chr 24,21). VitProph 2,1; 3,2.18; 6,2; 7,2 bezeugen die gewaltsame Tötung von Jeremia, Micha und Amos. S. u. den Abschnitt 1.3.3.1 dieser Untersuchung.
²³⁷ Vgl. JÜLICHER, Gleichnisreden 2,404.

sich dem Menschen nähernden Basileia (vgl. 1,15) baut auf die Umkehr des Juden zu seinem Gott (vgl. Lk 10,13–15 par. Mt 11,21–24; Lk 11,31 f. par. Mt 12,41 f.).[238]

Die *erste Bearbeitungsstufe der vormarkinischen Gerichtsallegorie* (Mk 12,10 f.), das mit Einleitungsformel angeschlossene LXX-Psalmwort 117,22 f., tauscht den Code der *tota allegoria*, indem die Metaphorik in den Bereich des Handwerkes überwechselt, ein für (modernes wie) antikes Stilempfinden auffälliger, wenn auch geläufiger Fauxpas. So weist Quintilian in seiner Rhetorik-Theorie über die Allegorie denn auch besonders darauf hin (inst. 8,6,50):

> … ut, quo ex genere coeperis translationis, hoc desinas. multi autem, cum initium tempestatem sumpserunt, incendio aut ruina finiunt, quae est inconsequentia rerum foedissima!

Übersetzung:

> „… daß man die Art der Bedeutungsübertragung, mit der man begonnen hat, auch zu Ende führe. Viele aber hören, wenn sie als Anfang ein 'Unwetter' genommen haben, mit einem 'Brand' oder 'Einsturz' auf – das ist der scheußlichste Verstoß gegen die sachliche Folgerichtigkeit!"

Doch bewegt sich dieser im zweiten narrativen Schluß[239] der Allegorie sich eindeutig als hell. Judenchrist zu erkennen gebende Redaktor, der vom transmortalen, von Gott initiierten Heil des Sohnes (λίθος = υἱός) überzeugt wie von einer tiefen ekklesiologischen Erfahrung geprägt ist (V. 11b), in den zulässigen Bahnen (Quint.: multi) des allegorischen Sprechaktes. Endete aber vormals die Weinfeld-Allegorie in einer radikalen Unheilszukunft, so mutiert sie jetzt zur Gründungslegende einer eschatologischen Heilsgemeinde.[240]

Die *zweite*, den metaphorischen Text wiederum als Allegorie verstehende punktuell redigierende *Bearbeitungsstufe* (Mk 12,5cd.6aα.bβ.7b.d.8b) bleibt in dem durch den Anhang V. 10 f. vorgegebenen formkritischen Rahmen der prophetischen Gattung *weisheitlich-prophetischer Gerichts- und Heilsrede*, verschiebt aber bei der erweiternden Allegorisierung und Allegorese der zugrundeliegenden Winzer-Allegorie die erzählerischen Gewichte hinsichtlich der Zeitvorstellung und der Bedeutung des Sohnes. Durch die narrative Verdoppelung der Aussendung von Knechten durch den Weingutbesitzer (V. 5cd) verlängert sich die vom Mittelteil (V. 2–5) besprochene Zeit: Die Betonung von langer, sich im Ergebnis wiederholender Zeit dient der erzählerischen Vorbereitung des alles entscheidenden eschatologischen Momentes. Dementsprechend wird von der Redaktion auch der einzigartige und letztmalige Charakter der Sendung des Sohnes des Weingutverpächters (V. 6–8) heraus-

---

[238] Dazu MERKLEIN, Umkehrpredigt 109–26.
[239] Vgl. SCHRAMM/LÖWENSTEIN, Helden 32.
[240] Vgl. CARLSTON, Parables 189.

gestrichen (vgl. V. 6aα.bβ). Der erzählerische Höhepunkt wird zur qualitativ überragenden Zeitstufe ausgebaut, die noch folgende Zukunft des Gerichtes wie des Heiles dadurch herabgestuft: der Erzähler identifiziert sich über alle Maßen mit der Zeit des Sohnes. Dessen Mittelrolle als dem durch seine Verwandtschaft zum Vater zu seinem unmittelbaren Stellvertreter Avancierten greift die vormarkinische Letztredaktion auf, um ihn als „Erben" zu identifizieren (V. 7b), der das väterliche „Erbe" erhält (V. 7d). Nach den Maßstäben von Quintilians Rhetoriktheorie geurteilt (vgl. inst. 8,6,47.50), bringen diese letztgenannten redaktionellen Erweiterungen jedoch eine Veränderung der *tota allegoria* zur *permixta allegoria* mit sich, insofern jetzt die Angabe eines expliziten Sinnes vorliegt. Schließlich bekommt in Mk 12,8b der an sich aussagelose Tod des Sohnes eine heilvolle, also soteriologische Bedeutung, weil er die sühnetheologische Inkraftsetzung der Wende zum Guten (= V. 10f.) bedeutet. Inwiefern nun durch diese Redaktion der bestehende metaphorische Code der *allegorischen Doppelrede* verändert wird, kann erst ein Vergleich auf der Basis der rezeptionskritischen Entschlüsselung der ursprünglichen *tota allegoria* zeigen.[241] Als ein Schritt auf diesem Wege ist der nächste Abschnitt zu verstehen, insofern er helfen soll, das sozialgeschichtlich-realistische Kolorit der Weinguterzählung von der allegorischen Erzählerfiktion zu trennen.

1.3.2 Zum sozialgeschichtlichen Hintergrund von Mk 12,1b–11*

Bei dem Anliegen, das *Gleichnis von den Weingärtnern* (Mk 12,1b–11*) im Unterschied zu dem (lange) dominierenden Vorschlag von *Adolf Jülicher* nicht als heilsgeschichtlich konstruierte Allegorie der urchristlichen Gemeinde, sondern als lebensnahe und echte Jesus-Parabel auszulegen, hat es seit den Bemerkungen von *Charles H. Dodd*[242] nicht an Versuchen gefehlt,[243] am ausführlichsten wohl *Martin Hengel*[244], das sozialgeschichtliche Kolorit der Gleichnisrede zu erläutern. Auf diesem Weg sollte belegt werden, daß die vermeintliche Parabelerzählung den Rezipienten mit einem im bäuerlichen Milieu Palästinas anzutreffenden realistischen sozial-ökonomischen Vorfall konfrontiere. Nun ist es gewiß methodisch nicht hinreichend, „ein an reale Verhältnisse anknüpfendes Gleichnis"[245] als alleinigen Beleg für authentische

---

[241] S. u. Abschnitt 1.3.3.1 dieser Untersuchung.

[242] Parables 97: „The parable, in fact, …, may be taken as evidence of the kind of thing that went on in Galilee during the half century preceding the general revolt of A.D. 66".

[243] S. Billerbeck, Kommentar I 871 f.; Bammel, Gleichnis 11 ff.; Jeremias, Gleichnisse 72 f.; Derrett, Law 286 ff.; Newell/Newell, Parable 235–7.

[244] Gleichnis 11 ff.

[245] Jeremias, Gleichnisse 74, vgl. Suhl, Funktion 139; Schramm/Löwenstein, Helden 34.

Jesus-Überlieferung zu beanspruchen,[246] wie es andererseits auch nicht genügt, eine *„fiktionale Erzählung"*[247] schon als Allegorie – eine Erzählung ist per definitionem kein Dokumentarbericht – zu bezeichnen. Die Probleme liegen tiefer. Beide metaphorischen Sprachformen, die Parabel wie die Allegorie, beziehen nämlich ihre den Rezipienten verwickelnde Dynamik aus der erzählerischen Ambivalenz von *allgemeiner Realistik*, dem Gewöhnlichen, und *überraschender Einmaligkeit*, dem Außergewöhnlichen der Erfahrung.[248] Während aber die allegorische Verfremdungskunst der *paradoxen Alltäglichkeit* den Rezipienten auf eine analytische Durchdringung des Stoffes in Hinsicht auf den anvisierten Zweitsinn einstellt, gelingt es der extravaganten Parabel, durch eine überbietende Verschränkung des Alltäglichen mit dem Ungewohnten die ganz andere neue Lebensmöglichkeit metaphorisch auszusagen.[249]

Daß also bei der Parabel wie der Allegorie sprachlich gewollte Neben-, ja Ineinander von *Realistik* und *Fiktion* läßt den z. T. überbewerteten Stellenwert[250] der agrarischen[251] wie sozio-ökonomischen Lebensfaktoren[252] der ursprünglichen Gleichniserzählung von Mk 12,1b–5b.6a*.b*.c.7a.c.8a.9 auf die rezeptionskritische Unterscheidung zurückführen, welche ihrer narrativen Einzelzüge allgemeiner (palästinischer) Erfahrungswelt zugänglich sind und an welchen erzählerischen Fixpunkten der Rezipient eine absichtsvoll gestellte (Schein-)Wirklichkeit bemerken kann und soll.[253] Die interpretatorische Streitfrage, ob Allegorie oder Parabel, läßt sich über die Erörterung der sozialgeschichtlichen Bezüge des Gleichnisses nicht abschließend beantworten, aber jedoch entscheidend vorbereiten. Die Frage steht dabei im Raum, ob der Rezipient durch eine werkimmanente Absurdität zur allegorischen Lektüre gezwungen werden soll oder nicht. Schließlich möchte abschließend in zwei unabhängigen Arbeitsschritten der bautechnische[254] und angeblich juristische Hintergrund[255] der die Gleichnisrede bearbeitenden zwei vormarkinischen Redaktionsstufen ausgeleuchtet werden.

---

[246] Vgl. WEDER, Gleichnisse 153, Anm. 34.155, Anm. 41.

[247] HARNISCH, Gleichniserzählungen 49.

[248] Vgl. MADSEN, Parabeln 75.

[249] Vgl. HARNISCH, Gleichniserzählungen 141 ff. bes. 154 ff, auch KLAUCK, Gleichnis 133; FRANKEMÖLLE, Jesus 189.200.

[250] Vgl. HARNISCH, Vorzug 36.

[251] S. u. den Abschnitt 1.3.2.1 dieser Untersuchung.

[252] S. u. den Abschnitt 1.3.2.2 dieser Untersuchung.

[253] Zu behaupten, daß Gleichnis sei auf dem Hintergrund der sozialen Spannungen zwischen abhängigen palästinischen Bauern und fremden Feudalherren verständlich, also ohne die konkret berichtete Handlungsweise im Einzelnen an der Wirklichkeit zu verifizieren, reicht hin, gegen DODD, Parable 97; JEREMIAS, Gleichnisse 72 f.; FRANKEMÖLLE, Jesus 200; ERLEMANN, Bild 228.

[254] S. u. den Abschnitt 1.3.2.3 dieser Untersuchung.

[255] S. u. den Abschnitt 1.3.2.4 dieser Untersuchung.

1.3.2.1 Zur agrarischen Praxis des (palästinischen) Weinbaues

Mit dem Pflanzen von jungen Setzlingen durch den mit ἄνθρωπος pauschal gekennzeichneten, mutmaßlichen Grundherren des Weingartens[256] beginnt die Erzählung vom Weingut und seiner (Erst-)Verpachtung (Mk 12,1b.f). Es handelt sich anscheinend um eine Neuanpflanzung,[257] da V. 1c von der Errichtung einer Schutzwehr um den Weingarten berichtet, ein mauerartig aufgebauten Wall,[258] zu dem man die bei der Weingarteneinrichtung entfernten größeren Steine verwendet (Jes 5,2 MT).[259] Dieser Grenzwall um das Weinfeld dient dem Schutz vor wilden Tieren,[260] aber auch davor, daß nicht „in der Nähe weidendes Vieh" (vgl. Ex 22,4; Jes 5,5) „nach Einbruch in den Weingarten ... dort Schaden anrichten" kann,[261] ja verhindert das Eindringen von bösen Dieben.[262] Nur für den (durch Erfahrung) kundigen Weinbauarbeiter ist das Aufschütten eines Schutzwalles untrennbar mit der mühevollen (Erst-)Behackung des Weingartens (Jes 5,2 MT) zur Öffnung des Bodens für den (Winter-)Regen sowie der Beseitigung von dem dem Boden Kraft entziehenden Unkraut verbunden.[263] Da die Lage dieses neu angelegten Weingartens nicht verortet ist (vgl. anders Jes 5,1b), kann davon ausgegangen werden, daß der dem Judentum nahestehende Autor allgemeine palästinische Anbauverhältnisse vor Augen hat: dort ist der ohne künstliche Bewässerung auskommende Weinanbau, entsprechende Bodenverhältnisse vorausgesetzt, über das ganze sonnengewärmte Land[264] – sei es an terrassierten Berghängen, sei es in fruchtbaren Ebenen[265] –, besonders in Judäa (vgl. Gen 49,11), verbreitet gewesen.[266]

Als Nächstes beschreibt der Erzähler den Bau einer Weinkelter (Mk 12,1d), die als eine mehr oder minder große künstlich gegrabene (ὀρύσσω) Einsenkung im hergerichteten Weingarten (vgl. Kil V,3, R. Eliezer [T 2][267]) gut zu erkennen ist.[268] Der Gebrauch des Wortes ὑπολήνιον[269] statt ληνός (Mt

[256] Vgl. DERRETT, Law 289; DOMBOIS, Bemerkungen 362.
[257] Vgl. DALMAN, AuS IV 311; DERRETT, Law 289. S. auch PCZ 59352, Z. 5 f.; 59604, Z. 2.
[258] Vgl. Num 22,24; Ps 80,13a; Prov 24,31; Kil IV,2 f., R. Jehuda [ha-Nasi], T 4; TQid 1,11, R. Gamaliel [T 1], BILL. I 867, dazu DALMAN, AuS IV 316.334 f.
[259] Vgl. DALMAN, AuS IV 309.
[260] Vgl. Jdc 15,4 f.; Ps 80,14; Cant 2,15; TQid 1,11 (R. Gamaliel T 1), dazu DALMAN, AuS IV 297.305 f.
[261] DALMAN, AuS IV 305, vgl. MILLER, Scripture 63 f.
[262] Vgl. Ps 80,13; Jer 49,9; Ob 5.
[263] Vgl. DALMAN, AuS IV 303.323.
[264] Vgl. Num 13,23.27; Dtn 8,8; 1 Reg 5,5; Mi 4,4; Sach 3,10.
[265] Vgl. BEN-DAVID, Ökonomie 107 f.
[266] Vgl. DALMAN, AuS IV 309. „Deshalb ist es für Palästina nicht passend schlechtweg von ‚Weinbergen' zu reden" (ebd. 309).
[267] BILL. I 869.
[268] Beschreibungen bei DALMAN, AuS IV 359–63.
[269] Vgl. LXX: Joel 4,13; Hag 2,16; Sach 14,10; Jes 16,10.

21,33)[270] für „Kelter" impliziert wie analog προλήνιον (Jes 5,2 LXX), daß eine zweiteilige, eine obere und untere Kelter vorgestellt wird.[271] Die obere muß der Tretplatz für das Auspressen der Trauben sein, die untere die tieferliegende Kufe, die über eine Rinne zur Aufnahme des ausgepressten Traubenhonigs vorbereitet ist.[272] Ein Weingarten kann auf eine Kelter,[273] aber keineswegs auf einen Wachturm verzichten: „*Bewachung* des Weingartens war stets nötig".[274] Vorzustellen ist bei diesem Bauwerk (οἰκοδομέω) wohl[275] ein „turmartiger Bau, auf dessen flacher umrandeter Spitze dann die Laubhütte steht"; „in die Außenwand eingesetzte Trittsteine ermöglichten den Aufstieg".[276] Das Innere des Wachthäuschen dient der Vorratshaltung und als Kochhütte für die Wache,[277] die den luftigen Überblicksort (vgl. MTeh 16 § 11 (41ᵇ), R. Jose ha-Gelili [T 2][278]) für mehrere Monate der Weinlese bewohnt.[279] Hungrige Vögel, wilde Tiere und böse Menschen sollen die Reife der wertvollen Trauben nicht hindern.

Was der Erzähler mit seinem wohlgestalteten Anfang hier seinen Rezipienten vor Augen malt, ist also nicht nur eine schön anzuschauende palästinische Weinkultur, sondern ein vollständig *intaktes Weingut*. Nicht die Sorgfalt[280], nicht „die hohe Investition"[281] des Besitzers gegenüber seiner Weinfeldanlage[282], auch nicht das minimale „Notwendige"[283], sondern die „treffliche Ausstattung"[284] des Weingutes schildern die einzelnen Arbeitsgänge zur Weingutanlage. Der sich durch die aus eigenem Beutel bestrittenen Maßnahmen als außerordentlich reich erweisender Grundbesitzer des Weinfeldes übergibt an seine Pächter eine funktionsfähige Wirtschaftseinheit, die, entsprechendes Geschirr und williges Arbeitsgeschick einkalkuliert, mit an Sicherheit grenzender Wahrscheinlichkeit das Endprodukt *Wein* erwirtschaften wird. In der Beschreibung widerspricht nichts der bäuerlichen Erfahrung eines Landes, das einträglichen Weinbau kennt. Und doch wird der Rezipient an zwei Stellen verwundert aufhorchen: Einmal wird er sich fragen, warum der von technisch-präziser Weinbausprache geprägte Erzählungsbeginn den Be-

---

[270] Vgl. LXX: Num 18,30; Prov 3,10; Sir 33,17; Trjes 63,2; Thr 1,15.
[271] Vgl. KLOSTERMANN, Mk 121.
[272] Vgl. BORNKAMM, Art. ληνός 259f.; KRAUSS, Archäologie II 233f.
[273] Vgl. DALMAN, AuS IV 354.
[274] DALMAN, AuS IV 332.
[275] Vgl. DALMAN, AuS IV 333.
[276] DALMAN, AuS IV 317.
[277] Vgl. DALMAN, AuS IV 317.
[278] BILL. I 868.
[279] Vgl. DALMAN, AuS IV 317.
[280] Gegen BILLERBECK, Kommentar I 867; BOSCH, Heidenmission 118.
[281] HENGEL, Gleichnis 16, vgl. PESCH, Mk II/2 215; ERNST, Mk 340.
[282] Gegen HAENCHEN, Weg 398, Anm. 8.
[283] HENGEL, Gleichnis 27.
[284] JÜLICHER, Gleichnisreden 2,387.

sitzer im Unterschied zu den (pachtenden) Winzerbauern nicht als solchen
(z. B. als ὁ κτηματικός) kennzeichnet (vgl. Joel 1,11). Und zweitens muß ihn
beschäftigen, warum der Erzählungsbeginn in vier Wendungen (Mk 12,1b–e)
zitathaft auf den LXX-Text von Jes 5,2 eingeht, Teil eines prophetischen Jes-
Textes, der genauso an der Beschreibung eines intakten Weingutes (diff. zu
MT) und an der Unterscheidung zwischen Weinfeldbesitzer und -arbeitern
Interesse zeigt.[285] Sollte der von einem individuellen Gattungswesen, einem
ἄνθρωπος, abgeschlossene Pachtvertrag (Mk 12,1 f) den Rahmen des Gewohnten sprengen?

1.3.2.2 Die Verpachtung von (palästinischem) Großgrundbesitz

Die im vorherigen Abschnitt offengelassene Frage, ob der in Mk 12,1f beschriebene Pachtvertrag über das Weingut einschließlich seiner Modalitäten
(V. 2) auffällige Besonderheiten aufweise, ist vom kodifizierten jüd. Recht
her eindeutig zu verneinen.[286] Es kennt die wirtschaftliche Institution der
Pacht, einen schriftlichen[287] Vertrag zwischen dem Eigentümer und u. U.
mehreren arbeitslosen Lohnarbeitern[288] über ein Stück Wirtschaftsland, für
dessen vereinbarte[289] zeitliche Nutzung der/die Pächter eine festgesetzte Leistung in Naturalien aus der von ihnen erwirtschafteten Ernte zu entrichten hat/
haben (Bik I,11, R. Jehuda [ha-Nasi] T 4[290]).[291] Wird der „Pachtzins nicht in
bestimmter Höhe zum voraus vereinbart …, sondern als Anteil des Ernte-
ertrages: …, (so) … lag das größere Risiko immer beim Verpächter"[292] (vgl.
Mk 12,2b). „Der Grundeigentümer muß (dann) bei der Teilung der Ernte anwesend sein, um seinen relativen Anteil, über dessen Höhe nichts ausgesagt
ist, zu sichern"[293] (vgl. TBM IX,13[294]). In diesem Fall läßt er sich durch autorisierte Sklaven bzw. seinen Sohn vertreten.

---

[285] S. o. den Abschnitt 1.3.1.1 dieser Untersuchung.
[286] Vgl. BILLERBECK, Kommentar I 869; DALMAN, AuS II 158; KRAUSS, Archäologie
108 ff.; DODD, Parables 96.96, Anm. 3; PRENZEL, Pacht 7–10.28 f.; SNODGRASS, Parable
32 ff.; KIPPENBERG, Religion 147 f.
[287] Aufgrund der räumlichen Trennung der Vertragspartner (vgl. Mk 12,1g) ist wohl ein
schriftlich abgefaßter Vertrag anzunehmen. Aramäischer Wortlaut eines schriftlichen Vertrages in TBM IX,13, BILL. I 873.
[288] Vgl. Pea V,5; Dem VI,8, BILL. I 872.
[289] Vgl. BM IX,9 f.; TBM IX,31, vgl. BILL. I 872.
[290] BILL. I 870, vgl. TDem VI, 2 (BILL. I 870).
[291] Vgl. KRAUSS, Archäologie 109 f.; BILLERBECK, Kommentar I 871 f.; BEN-DAVID, Ökonomie 62 f., dazu auch DevR 7 (204ª), R. Simeon b. Chalafta (T 5), BILL. I 866.
[292] BEN-DAVID, Ökonomie 64, vgl. schon KRAUSS, Archäologie 111.
[293] KIPPENBERG, Religion 148.
[294] BILL. I 873.

Martin Hengel[295] hat nun darüber hinaus im Anschluß an Beobachtungen von *Joachim Jeremias*[296] an der sog. Zenon-Korrespondenz (3. Jh. v.Chr.) gezeigt, die ein gewisser Zenon als Agent des Dioiketen Apollonius, einem Verwalter des Königs Ptolemaios II. Philadelphos (285–246 v.Chr.), gesammelt hat, daß es in Galiläa kapitalistisch bewirtschaftete Domänen gab. Eine davon war das große Weingut Beth-Anath. Sein vornehmer Besitzer, Apollonius, residierte in Alexandrien, im fernen *Ausland* und ließ die Ausbeutung des durch Pacht an die galiläische Landbevölkerung[297] vergebenen Großgutes durch von ihm beauftragte Agenten überwachen.[298] Aus Sicht dieser Korrespondenz ist es leicht vorstellbar, daß ebensogut ein (etwa) in Jerusalem, Tyros, Sidon, Sebaste oder Cäsarea wohnender aristokratischer (jüd. oder sogar heidnischer) Großgrundbesitzer im 1. Jh. n.Chr. irgendwo in Palästina in die kapitalintensivste Landwirtschaft,[299] den Weinanbau, investiert (= Mk 12,1b–e), um sich nach erfolgreicher Pachtvergabe an eine Vielzahl einheimischer Winzerbauern (V. 1 f)[300] in die standesgemäße vornehme hell. Polisgesellschaft zurückzuziehen.[301] Durch Bestellung von Agenten sichert er sich die (ansehnliche) Rendite seines eingesetzten Kapitals (V. 2).

Interessanterweise berichtet ein leider nur fragmentarisch erhaltener Papyrus[302] von Verhandlungen, welche Agenten von Apollonius mit aufsässigen Wein-Bauern führen, „die wegen der Ablieferung verschiedener Früchte, insbesondere Wein, … Schwierigkeiten machten".[303] Die das alleinige Ertragsrisiko tragenden Winzer bitten vermutlich um eine (angemessene) Herabsetzung des vertraglich im voraus vereinbarten Fruchtzinses,[304] während hingegen die Agenten, die „die Leistung mit befreiender Wirkung in Empfang"[305] nehmen können, sie ermahnen, voll und pünktlich zu zahlen, um alle „Erweise der Philanthropie des Eigentümers" zu erlangen (PSI V, Z. 35 f.). Man sieht an diesen Geschäftsunterlagen gut, daß die Erzählung von Mk 12,2ff. in der termingerechten (!) Ablieferung des vollen (!) Pachtzinses zur Erntezeit trefflich die heikelste Angelegenheit und den konfliktträchtigsten Punkt des in Palästina üblichen Pachtverhältnisses benennt. Die einheimische

---

[295] Gleichnis 11 ff.
[296] Gleichnisse 73, Anm. 1.
[297] Zur Gemeinschaftspacht vgl. PCZ 59340.
[298] Vgl. WESTERMANN, ‚Taxes' 38.51; HERMANN, Studien 16–39.98–111.217–222.
[299] Vgl. DERRETT, Law 290; HENGEL, Gleichnis 15 f.
[300] Vgl. APPLEBAUM, Judea 367 f., der in herodianischer Zeit ein starkes Anwachsen der Pächterklasse in Judäa beobachtet.
[301] Vgl. HENGEL, Gleichnis 21 f.; PESCH, Mk II/2 215, dazu APPLEBAUM, Judea 356–67. Als Städter ist er nicht gleich als „foolish-landlord" (CARLSTON, Parables 183) moralisch zu disqualifizieren.
[302] PSI 554, dazu HENGEL, Gleichnis 14. Vgl. auch PCZ 59300; 59624.
[303] HENGEL, Gleichnis 14.
[304] Vgl. HENGEL, Gleichnis 14.
[305] DOMBOIS, Bemerkungen 366.

kleinbäuerliche Landbevölkerung war nicht ohne Weiteres gewillt, sich dem drückenden Abgabensystem ihrer fremden Oberherren zu beugen. Aus Sicht der fremden Agenten aber stellt sich die investive Unternehmung ihres Arbeitgebers im palästinischem Ausland als wirtschaftliche Wohltat dar, gibt sie doch (einem Teil) der bäuerlichen Masse Lohn und Brot.

Zudem wird aus diesen Geschäftspapieren, anders als es unsere heutigen rechtsstaatlich geprägten Vorstellungen zulassen, nur allzudeutlich, wieviel schwieriger es damals für einen ortsabwesenden Domänenbesitzer war, einen Schuldtitel gegen eine ansässige Gruppe aufrührerischer Rechtsbrecher durchzusetzen.[306] So schildert ein weiterer Zenon-Papyri[307] den vergeblichen Ausgang einer Schuldeintreibung durch obengenannte Agenten Zenons. Selbst Inanspruchnahme von hoheitlicher Rechtshilfe durch Regionalbehörden kann nicht verhindern, daß Unteragenten von Handgreiflichkeiten bedroht und tatkräftig aus dem Dorf gejagt werden. Daß also ein in der Ferne weilender Besitzer, der durch stellvertretende Agenten seinen rechtlich gesicherten Schuldanspruch bei der ortsansässigen Landbevölkerung durchzusetzen sucht (Mk 12,2), schnell ins Hintertreffen kommen kann,[308] indem die sich verweigernden Pächter seinen Agenten übel mitspielen (V. 3 f.), wird wohl in Palästina nicht selten vorgekommen sein. Da „unter Umständen … den örtlichen Behörden die Erhaltung der Ruhe bei den Bauern im Lande wichtiger als die wirksame Rechtshilfe für ortsfremde Gläubiger" war,[309] wird es zudem verständlich, daß der Eigentümer sich schließlich genötigt sieht, seine rechtliche Notlage mit eigenem gewaltsamen Eingreifen zu kompensieren (V. 9b).

Schließlich läßt sich erwägen, daß die Ultima ratio des Weingutbesitzers, der sich, nachdem drei von ihm in Stellvertretung handelnden (Haus-)Sklaven an der Eintreibung des Pachtzinses schmählich gescheitert waren, dazu entschließt, als viertem seinem eigenen Sohn das Mandat zu übertragen, sein sozio-kulturelles fundamentum in re hat. Ist zur Wahrung des im jüd. Boten- und Stellvertretungsrecht[310] festgelegten Rechtsprinzips: „Der Gesandte eines Menschen ist wie dieser selbst" (Qid 41ᵇ, R. Jehoschua b. Qarcha [T 3][311]) eine abgestufte juristische Vertretungsgewalt unter den Bevollmächtigten gerade ausgeschlossen, so könnte die Überlegung des (Haus-)Vaters, daß man seinem Sohn die nötige Ehre nicht versagen wird (Mk 12,6c), dennoch berechtigt sein. In der im Kern sicher alten Mischna[312] über das Regenwunder

[306] Vgl. HENGEL, Gleichnis 26; SNODGRASS, Parable 36f.
[307] PCZ 59018 = CPJ 1,129f. Nr.6, vgl. PCZ 59368, Z. 30.
[308] Vgl. DODD, Parables 96.
[309] HENGEL, Gleichnis 27.
[310] Dazu BÜHNER, Gesandte 188ff. (Lit.).
[311] BILL. I 590.
[312] Zur Datierung in vorherodianische Zeit vgl. CORRENS, Taanit z. St.

von Choni, dem Kreiszieher, heißt es nämlich in seinem (zweiten) Bittgebet
(Taan III,8b)[313]:

> „Herr des Himmels, deine Söhne haben sich an mich gewandt; denn ich bin wie ein
> Sohn des Hauses vor dir ...“

Die sich anschließende Kritik von Simeon b. Schetach (T 2) an der theologischen Kühnheit des Regenmachers, sein Verhältnis zum furchtgebietenden
Allmächtigen nach Analogie des engen familiären Vertrauensverhältnisses
zwischen Vater und Sohn zu gestalten, läßt erwägen, daß den Weingutbesitzer
keine juristische Überlegung – etwa: sein Sohn als Generalbevollmächtig-
ter[314] –, sondern *sozio-kulturelle Normen* bei seinem Vorgehen leiten. In der
patriarchalen kleinbäuerlichen Gesellschaft Palästinas Landbevölkerung steht
zu erwarten, daß der in den Geschäftsangelegenheiten seines Vaters agierende
Sohn ehrvollen Respekt genießen wird.[315]

So wenig also die Usancen des Pachtvertrages, so wenig der gewalttätige
Widerstand der einheimischen armen Landbevölkerung gegen die Ausbeutung durch fremde Feudalherren, so wenig die Abordnung des Sohnes als Re-
spektsperson und so wenig schließlich das persönliche gewalttätige Eingreifen des Weinbergbesitzers bei einem Kenner der kulturellen, rechtlichen,
sozialen und ökonomischen Verhältnisse Palästinas Verwunderung hervorru-
fen können, so wird nichtsdestotrotz diese an entscheidenden Punkten eigen-
artige Erzählung über die Verpachtung eines Weingutes mitsamt ihren Folgen
bei ihrem Rezipienten nur verständnisloses Kopfschütteln bewirken. Schon
die Verunzierung am Kopfputz des zweiten Knechtes gilt unter Orientalen als
unmißverständliches Bekenntnis zur offenen Revolte (Mk 12,4b),[316] so daß
sich dem Grundherrn ein Einschreiten gegen die vertragsbrüchigen Pächter
nur unter hoheitlicher Rechtshilfe durch örtliche Regionalbehörden empfiehlt.[317] Einen wehrlosen dritten Knecht aber dem Aufstand zu opfern, ist
mehr als mangelnde Fürsorgepflicht des (Haus-)Herrn gegenüber seinen eigenen (Haus-)Genossen zulassen darf. Und ein glatter Mord an diesem (V. 5b)

---

[313] Zitiert nach CORRENS, Taanit.

[314] Gegen HENGEL, Gleichnis 10.38; GRUNDMANN, Mk 323; SCHWEIZER, Mk 131;
PESCH, Mk II/2 217f; SCHRAMM/LÖWENSTEIN, Helden 25; ERLEMANN, Bild 226,
Anm. 469. Die von BÜHNER, Gesandte 196–8, angeführten Belege Shevi VII,8; Shevi 48[b]
sind anonym überliefert. Gegen DERRETT, Law 302, der mit der späten Überlieferung BB
38[a] (R. Zebit, bA5) zu begründen versucht, daß der Sohn gegenüber dem zeugnisunfähigen
Sklaven (Shevi IV,12 anonym) besser geeignet sei, das Einspruchsrecht des abwesenden
Besitzers gegenüber einer räuberischen Ersitzung durchzusetzen. Gegen SCHENKER,
Gleichnis 264f., der das Senden des Sohnes als Vergleichsangebot des Verpächters interpretiert. Schade, daß die Pächter der Erzählung diese subtile Demonstration nicht verstanden haben (vgl. V. 7f.).

[315] Vgl. DOMBOIS, Bemerkungen 366; BÖHLIG, ‚Knecht‘ 60f.

[316] Gegen DERRETT, Law 305.

[317] Vgl. MILAVEC, Analysis 97; ders., Parable 299; ders., Identity 32.

wird keinen Familienvater der Welt dazu veranlassen, sehenden Auges auch seinen eigenen Sohn ohne jeglichen Schutz ins offene Messer der brutalen Gewalt laufen zu lassen (V. 6b*).[318] Und weiter: Werden sich die mit den widerspenstigen Winzerbauern sympathisierenden einheimischen Ordnungsbehörden bei Rechtshändeln tunlichst hüten, sich vor den Karren fremder Feudalherren spannen zu lassen, so werden sie sich bei einem Kapitalverbrechen, und hier werden gleich deren zwei berichtet (V. 5b.8a), zum Einschreiten gegen die Gewalt genötigt sehen, ob sie nun wollen oder nicht. Denn wie der Akt der rächenden Selbstjustiz der (Gegen-)Gewalt des Weingutbesitzers demonstriert (V. 9b), steht sonst die öffentliche Ordnung in ihrem Zuständigkeitsbereich vor dem Ruin, droht die totale Anarchie. Und schließlich: Wollen die (sicherlich) für mehr Gerechtigkeit eintretenden grundbesitzlosen Winzerbauern nicht ihre Familien verlassen, um bei den bestehenden Gruppen von Sozialbanditen im Gebirge Unterschlupf zu suchen, so wissen sie, daß sie sich nach einer puren Demonstration ihrer Konfliktbereitschaft zu einem Kompromiß mit dem verhaßten reichen Großgrundbesitzer finden müssen. Denn auch nächstes Jahr werden sie bemüht sein, wenn auch unter gleichbleibenden oder noch schlechteren Konditionen, ihre Familie bei dem Arbeit und Brot versprechenden Großgrundbesitzers zu verdingen.[319]

So ist das Resultat eindeutig: der Erzähler der ursprünglichen Weingutgeschichte ist mit den sozio-kulturellen wie sozio-ökonomischen Verhältnisse des fremden Großgrundbesitzes in Palästina vertraut, ja könnte darum selbst aus dem Agrarland Palästina stammen. Er „verarbeitet auf der erzählerischen Ebene realistische Versatzstücke“[320] und begründet damit geschickt eine Verständigungsgemeinschaft mit seinem Adressaten. Und trotzdem bleibt bei genauerem Zuhören und Hinsehen „nichts übrig von einer Geschichte, die jeden Tag vorkommen könnte“.[321] Zu stark wird die Wirklichkeit strapaziert und verfremdet.[322] Zu gütig wirkt die naive Philanthropia des Weingutbesitzers, zu unverständlich bleibt das selbstmörderische Vorgehen der im

---

[318] Vgl. JOHNSON, Mk 195; CRANFIELD, Mk 367; KÜMMEL, Gleichnis 212; CROSSAN, Parable 459; LINNEMANN, Gleichnisse 36; HARNISCH, Gleichniserzählungen 148; ders., Vorzug 37; MILAVEC, Analysis 103; CARLSTON, Parables 183; DONAHUE, Gospel 52.

[319] Mit SNODGRASS, Parable 35, Anm. 16, gegen NEWELL/NEWELL, Parable 235 ff., die behaupten, daß das Winzergleichnis „speaks to the violent methods of the Zealots and their sympathizers" (ebd. 235). Sieht man einmal von der von den Autoren konservierten sozialrevolutionären Zelotenkarikatur ab, so spricht schon gegen ihre These der Text, nämlich daß vertragsschliessende Winzerbauern (Mk 12,1 f) kaum etwas mit heroischen Aufständischen gemein haben werden.

[320] KLAUCK, Allegorie 297.

[321] JÜLICHER, Gleichnisreden 2,402, vgl. AURELIO, Disclosures 197 f. Gegen HENGEL, Gleichnis 25; SNODGRASS, Parable 40.

[322] Mit WEDER, Gleichnisse 155, gegen KLAUCK, Allegorie 297.308; ders., Gleichnis 133; HARNISCH, Vorsprung 23.32 f.

Weingut ihr Auskommen findenden landlosen Bauern, zu abstrakt ist der
Gegensatz von Macht und Ohnmacht auf beiden Seiten[323] des Vertrages
gezeichnet, zu unvermittelt stehen vertraglich vereinbartes Recht und rächen-
des Unrecht nebeneinander als daß die Geschichte in der wirklichen Welt
anzusiedeln wäre. Eine differenzierende Analyse der sozialgeschichtlichen
Faktoren der Weingutgeschichte in wirklichkeitsgerechte und wirklichkeits-
fremde Züge läßt darum feststellen, daß der Autor durch eine werkimmanente
Absurdität[324] des wörtlichen Verständnisses der ursprünglichen Gleichnisrede
„intendiert, daß der Leser erkennt, daß die erzählte Geschichte noch eine
zweite Bedeutung hat und daß der Leser erkennt, daß diese zweite Bedeutung
eine von ihm intendierte Bedeutung ist".[325] Der Umschlag vom Wahrscheinli-
chen zum Unwahrscheinlichen, vom Regulären ins Irreale, die beabsichtigte
μετάβασις εἰς ἄλλο γένος will den Rezipienten provozieren, den metaphorischen Code der Allegorie von Mk 12,1b–5b.6a*.b*.c.7a.c.8a.9 zu entschlüsseln.

1.3.2.3 Der Eckstein des Hauses

Die erste vormarkinische Redaktion des *Gleichnisses von den Weingärtnern*
(Mk 12,1b–5b.6a*.b*.c.7a.c.8a.9) benutzt bei ihrer allegorischen Fort-
interpretation in den V. 10f. ein LXX-Zitat (Ps 117,22f.), das als Bildwort ein
gewiß selten vorkommendes Ereignis bei der handwerklichen Errichtung eines Hauses schildert. In Frage steht dabei, ob bei dem Stein, der gegen den
erklärten Willen der Bauhandwerker[326] schließlich doch in der statisch wichtigen Funktion als „Eckenspitze" (= κεφαλὴ γωνίας) Verwendung findet,[327] an
einen Schlußstein gedacht ist, der einen Portalbau in der Mitte abschließt,[328]
oder an einen Stein, der an den vier Ecken eines Hauses, besonders beim Fundament, die äußere Begrenzung von zwei Hausmauern bildet.[329]

Das markinische Hapaxlegomenon κεφαλὴ γωνίας ist wie 1 Petr 2,7b (anders Act 4,11) Bestandteil der formalen Übersetzung des MT von Ps 118,22

---

[323] Dazu die Frage von CROSSAN, Parables 90 (vgl. DONAHUE, Gospel 52; CARLSTON,
Parables 183): „Whence this sudden change from impotence to vengelance on the part of the
owner?" Und umgekehrt: warum verzichten die Pächter plötzlich auf ihren geübten Widerstand beim Erscheinen der Einzelperson des Verpächters?

[324] Vgl. KURZ, Hermeneutik 17f.; ders., Metapher 61f.

[325] KURZ, Hermeneutik 17.

[326] Vgl. äthHen 99,13; Fragmente Achiqar 105.

[327] Anders JEREMIAS, κεφαλὴ γωνίας 267f.

[328] So JEREMIAS, Eckstein 65ff.; ders., κεφαλὴ γωνίας 264ff.; ders., Art. γωνία 793; ders.,
Art. λίθος 277–9; ders., Gleichnisse 71; KLAUCK, Gleichnis 126; BRUCE, Corner Stone 232;
STERN, Parables 67.

[329] So MCKELVEY, Christ 355ff.; DONAHUE, Christ 126, Anm. 1; DERRETT, ‚Stone'
61.61, Anm. 1; KRÄMER, Art. γωνία Sp. 647; SNODGRASS, Parable 103; BAYER, Predictions
107f.

durch die LXX (Ps 117,22).[330] Der hebr. Verfasser der Torliturgie mit einge-
rahmten Danklied des Einzelnen[331] (Ps 118) verwendet in V. 22 den status
constructus אֶבֶן פִּנָּתָה = „Eckstein"[332] (Hi 38,6, vgl. Jer 51,26: אֶבֶן לְפִנָּה), indem er אֶבֶן an den Beginn der Verseinheit und פִּנָּה an den Schluß stellt, so daß
„the psalmist effects the breakup of a composite phrase"[333]. Der dadurch vom
Psalmisten im antithetischen Parallelismus sprachlich neugeschaffene und
damit künstliche – atl. Hapaxlegomenon – status constructus (לְ)רֹאשׁ פִּנָּה
(griech. = κεφαλὴ γωνίας), das „eckige Äußerste", bringt tautologisch[334] die
extreme Position des (Eck-)Steines im Bauwerk zum Ausdruck.

Der vom Psalmdichter verwendete Ausdruck אֶבֶן פִּנָּתָה bzw. der griech.
Terminus λίθος γωνιαῖος (Hi 38,6, vgl. Jer 28,26) oder λίθος τῆς γωνίας
(äthHen 18,1) oder λίθος ἀκρογωνιαῖος[335] (Jes 28,16, vgl. Eph 2,20[336]) bezeichnet nach Ausweis des jeweiligen Kontextes[337] in Hi 38,6[338] (vgl. äthHen
18,2); Jer 51(28),26[339] und Jes 28,16[340] (vgl. 1QS 8,7bf.) immer einen nach
Maß behauenen und mit einer Steinsäge zugeschnittenen, somit äußerst wertvollen quaderförmigen Grundstein (vgl. 1 Kön 5,31; 7,10; Jes 28,16). Er dient
an einer Ecke der Statik eines massiven Großbauwerkes (Palast o. ä.).[341] Mit
den Fundamentecksteinen wird der Bau begonnen und in seiner Lage festgelegt.[342] Als solchen Fundamentstein wird ihn die die LXX von Ps 117,22 zitie-
rende vormarkinische Redaktion verstanden haben.

---

[330] Vgl. JEREMIAS, κεφαλὴ γωνίας 265; KRÄMER, Art. γωνία Sp. 646.

[331] Vgl. RUPPERT, Der leidende Gerechte 206, Anm. 99.

[332] MEYER/DONNER, Handwörterbuch 9.

[333] DAHOOD, Ps III 159.

[334] Vgl. JEREMIAS, Eckstein 67.

[335] Vgl. KRÄMER, Art. γωνία Sp. 647 (vgl. MCKELVEY, Christ 354): „ἀκρογωνιαῖος ist ein
für die Koine typisches Kompositum zur Verstärkung v.(on) γωνιαῖος ‚eckig‘ (dieses Simplex bereits klass.[isch])", dazu LIDDELL/SCOTT, Lexicon 364; JEREMIAS, κεφαλὴ γωνίας
265 f.

[336] Zur Interpretation von Eph 2,20 vgl. SCHNACKENBURG, Eph 123–5 (Lit.).

[337] Vgl. MCKELVEY, Christ 353 f.

[338] Im Parallelismus membrorum von Hi 38,6 sind in V. 6a die Sockelfundamente der die
Erdscheibe tragenden Pfeiler gemeint (אֶדֶן = „Fundament, Pfeiler", s. MEYER/DONNER,
Handwörterbuch 17; טבע = „einsenken"), vgl. LXX und äthHen 18,1 f., anders JEREMIAS,
Eckstein 66.

[339] Der zum „Stein für die Ecke" (אֶבֶן לְפִנָּה) parallele Ausdruck (anders JEREMIAS, Eckstein 65) in Jer 51,26 אֶבֶן לְמוֹסָדוֹת meint einen Fundamentstein (יסד = „gründen"), vgl.
LXX: λίθον εἰς θεμέλιον, der aus einem Steinbruch gebrochen wird.

[340] Mit dem אֶבֶן בֹּחַן in Jes 28,16 ist ein Festungsquader gemeint (vgl. TSEVAT, Art. בֹּחַן
Sp. 591 f.), der im Zionsbau an einer unteren Ecke (מוּסָד 2x = „Grundfeste"; LXX: εἰς τὰ
θεμέλια 2x) als Fundament eingebaut (vgl. 1 Kön 5,31; 7,10) und mit einer Inschrift behau-
en war (dazu auch WILDBERGER, Jes X/3 1063–8 [Lit.]).

[341] Archäologica bei GRESSMANN, Eckstein 38–41.

[342] Vgl. KRÄMER, Art. γωνία Sp. 647.

1.3.2.4 Zum Erb- wie Ersitzungsrecht

Bei der von der zweiten vormarkinischen Redaktionsstufe der Winzerallegorie (Mk 12,5cd.6aα.bβ.7b.d.8b) vorgenommenen Benennung des Sohnes des Großgrundbesitzers als „einzigen" (V. 6aα) erbberechtigten Nachkommen, als dem „Erben" (V. 7b) auf das ganze väterliche „Erbe" (V. 7d), besteht unter der in der exegetischen Zunft kaum problematisierten Prämisse,[343] hier werde *erbrechtliche Terminologie* verwendet, der Sohn also als alleiniger Erbanwärter bezeichnet, bei einem realistischen Verständnis der Weingutgeschichte eine beträchtliche Verstehensschwierigkeit: Es fragt sich nämlich, ob das hinterlistige Vorgehen der Pächter, sich durch Ermordung des Erben (V. 7c) in den Besitz eines Teiles der väterlichen Erbmasse (V. 7d) zu setzen, nämlich des von ihnen gepachteten und bewirtschafteten Weingutes, überhaupt als realitätsgerecht zu beurteilen sei.[344] Und zwar besteht das Verständnisproblem in zweierlei Dingen: Erstens läßt der Plan der Pächter die erbrechtliche Frage aufwerfen, ob es überhaupt möglich sei, daß der Tod eines Erbanwärters zu *Lebzeiten des Erblassers* (s. V. 6b) dessen Erbe freisetzen kann.[345] Und, darauf aufbauend, muß zweitens erläutert werden können, ob *nichterbberechtigte Pächter* sich je in irgendeiner Weise in den Besitz von herrenlosem Wirtschaftsland bringen können. Nur wenn beide sozialgeschichtlichen Fragen realitätskonform geklärt werden, kann die erzählte mörderische Absicht der Pächter (V. 7c) und ihre Durchführung (V. 8a) einen realitätsnahen Sinn für sich beanspruchen. Da diese Erörterung des sozialgeschichtlichen Hintergrundes der Gleichnisrede eine Bringschuld derjenigen Exegeten darstellt, die anders als die hier vorgelegte These von einer *geschichtstheologischen Erweiterungsstufe* der Allegorie[346] von einer milieugerechten Jesus-Parabel ausgehen, kann es sich hier nur darum handeln, das vorgelegte Material zum privatrechtlichen Erbe-Institut sachgemäß zu prüfen.

Wolfgang Pöhlmann hat in einem grundlegenden Aufsatz zur erbrechtlichen Institution der sog. *Abschichtung*[347] anhand von Tob 8,21; Sir 33,22; BB VIII,7, R. Jose/R. Jehuda (T 3)[348] (vgl. Spr 20,21) vorgetragen, daß es sowohl im jüd. wie hell. Erbrecht den normalen Rechtsfall gibt (vgl. Lk 15,12), daß bereits zu Lebzeiten ein Vater seinen (Allein-)Erben durch förmliche Abtretung in den sofortigen Besitz und die volle Verfügungsgewalt über sein ge-

---

[343] Vgl. einzig Derrett, Law 306, der κληρονομία als erbrechtlichen Terminus bestreitet.
[344] Das Entfernen der Leiche des Sohnes aus dem Weinberg (Mk 12,8b) versucht Derrett, Law 307, mit der Reinheitsthora zu begründen. Ohol 16,3 gilt aber expressis verbis nicht bei Mord!
[345] Vgl. Robinson, Parable 448.
[346] S. o. den Abschnitt 1.3.1.2 dieser Untersuchung.
[347] Abschichtung 194 ff.
[348] Bill. III 551.

samtes Vermögen einsetzen kann. Die anscheinend erbrechtliche Bezeichnung des Sohnes als des (Allein-)Erben durch die nach Eigentum strebenden besitzlosen Pächter (V. 7b.d) könnte demnach insinuieren, daß dieser von ihnen als durch erbrechtliche *Abschichtung* eingesetzter förmlicher Besitzer des Pachtlandes, als *Verpächter* wahrgenommen wird.

Doch bei dem unter dieser Prämisse in Mk 12,7 f. erzählten Vorhaben, daß die Pächter durch den Tod des durch *Abschichtung* zum Besitzer des Weingutes gewordenen Sohnes versuchen, sich dessen herrenloses Land anzueignen, haben die Winzerbauern gewissermaßen ‚die Rechnung ohne den Wirt gemacht'. Will sagen: Wenn der aktuelle Besitzer des väterlichen Gutes, der Sohn, (durch ihre Hand) stirbt, wird, gesetzt er ist kinderlos,[349] nach geltendem Erbrecht sein nächster lebender Verwandter erbberechtigt. Dies ist sein Vater.[350] Wird doch nirgends in der *Allegorie* von seinem Ableben berichtet.[351] Der Grundbesitz würde beim Ableben des Sohnes vom Sohn wieder an den Vater zurückgehen,[352] die Pächter würden leer ausgehen.

Um diese Mißlichkeit zu umgehen, hat *Joachim Jeremias* postuliert, daß „das Erscheinen des Sohnes [die Pächter] … annehmen [läßt], daß der Besitzer verstorben sei und daß der Sohn komme, um sein Erbe in Besitz zu nehmen. Wenn sie ihn töten, wird, so spekulieren sie, der Weinberg herrenloses Gut, von dem sie als Erste an Ort und Stelle Besitz ergreifen können".[353] Sieht man einmal davon ab, daß der Erzähler der Weingutgeschichte nirgends vom Tod des Weingutbesitzers berichtet (vgl. V. 9b),[354] ja, im Gegenteil schildert, daß die Sendung des Sohnes von einem quicklebendigen Grundherrn veranlaßt wurde (V. 6b*c),[355] so ist der von *Jeremias* eingebrachten hypothetischen Perspektive der Pächter hinsichtlich ihrer angeblichen Spekulation auch noch der förmliche Rechtsgrund zu entziehen: Um eine jüd. Rechtsgrundlage für ein Ersitzungsrecht von herrenlosem Kulturland zu konstruieren, ist es unzulässig,[356] wenn „*Jeremias* die kasuistischen Bestimmungen über das Gut von Proselyten

[349] Vgl. ROBINSON, Parable 448.
[350] Gegen DERRETT, Law 303–5. Vgl. die Kritik von JEREMIAS, Gleichnisse 74, Anm. 1, an BAMMEL, Gleichnis 13 f.
[351] Vgl. STECK, Israel 271, Anm. 6; MADSEN, Parabeln 74.
[352] Vgl. KATO, Völkermission 126; CARLSTON, Parables 184, Anm. 35. Die von BAMMEL, Gleichnis 14, eingebrachte Annahme, daß die Pächter es aufgrund der Ortsabwesenheit des Besitzers für unwahrscheinlich halten mußten, daß der Vater das Erbe seines Sohnes auch antreten wird, läßt sich durch die Geschichte selbst entkräften: sie berichtet nämlich, daß der in der Fremde residierende Besitzers es sich nicht nehmen ließ, die Anlage des Weingutes an Ort und Stelle zu überwachen und persönlich mit den Pächtern einen Vertrag aufzusetzen (vgl. Mk 12,1b–g).
[353] JEREMIAS, Gleichnisse 73 f.
[354] Vgl. CARLSTON, Parables 184.184, Anm. 34; SCHMITHALS, Mk 2/2 517.
[355] Vgl. SCHWEIZER, Mk 132.
[356] Mit BAMMEL, Gleichnis 15 f., gegen JEREMIAS, Gleichnisse 73 f. (übernommen von BÖHLIG, ‚Knecht' 61), vgl. JEREMIAS, Jerusalem 363.

heranziehen möchte, die *nach ihrer Konversion* zum Judentum keine erbberechtigten Kinder gezeugt haben.[357] In der Weingutgeschichte ist nicht die geringste Spur zu erkennen, daß der fremde Weingutbesitzer als Proselyt vorzustellen sei.[358] Sieht man sich sodann die z. T. anonym überlieferten, den (späteren) röm. Bestimmungen aber parallel laufenden[359] allgemeinen Grundlagen der Mischna für das Ersitzungsrecht (חזקת הבתים) u. a. von Kulturland an (BB III,1–4), so sind die Bestimmungen eindeutig: Wohnen Eigentümer und Ersitzer nicht gemeinsam in einer Provinz, sondern weit entfernt auseinander, so ist zum Schutz des Eigentums eine ausdrückliche Benachrichtigungspflicht des Eigentümers durch den Ersitzer vorgesehen (BB III,2, R. Jehuda [T 2]). Sodann ist eine Ersitzung ohne einen Erwerbstitel bona fide, Kauf- oder Schenkungsvertrag, von vorneherein unzulässig (BB III,3a[360]). Und schließlich sind expressis verbis Pächter (אריסין) von der Ersitzung ausgeschlossen (BB III,3b).[361]

Darum läßt sich zur These der erbrechtlichen Terminologie in Mk 12,7b.d abschließend Folgendes sagen: Nach dem Duktus der Weingutgeschichte und den jüd.(-hell. bzw. -röm.) Rechtsgrundlagen entbehrt das vorgeblich rechtliche Kalkül der galiläischen Winzerbauern, die keinen Kauf- oder Schenkungsvertrag vorweisen können, nicht erbberechtigt und dazu noch Pächter sind, sich durch Ermordung des Erben in den Besitz des Weingutes zu bringen, jeglicher juristischer Grundlage[362]: Für einen Erfolg ihres Vorhabens gibt es nicht den Hauch einer Chance.[363] Eine sozialgeschichtliche Analyse

---

[357] Da die jüd. Konversionstheologie mit der Vergebung vergangener Sünde rechtlich insofern ernst macht, als der neue Status des Proselyten, der „einem Kinde gleicht, das eben geboren ist" (Yev 48[b], R. Jose [b. Chalafta], T 3) bzw. „wie ein eintägiges Kind" (TrGerim 2 Ende, R. Jehuda [T 3]) ist (vgl. MELL, Schöpfung 182–6), seine heidnische Vergangenheit außer Kraft setzt, gelten seine vormals als Heide gezeugten Kinder vor dem jüd. Recht als nicht erbberechtigt. Eventueller Nachlaß des Proselyten an Wirtschaftsland ist darum als herrenloses Gut zu betrachten.

[358] Vgl. ROBINSON, Parable 448.

[359] Vgl. den Kommentar von WINDFUHR z. St.; DERRETT, Law 301 (Lit.).

[360] „Sagt der [Ersitzer einfach] zu dem [Eigentümer]: ‚Was tust du auf meinem Eigentum? Mir hat doch nie jemand etwas gesagt', so ist das keine Ersitzung" (Übersetzung WINDFUHR).

[361] Mit der spät datierten Talmudstelle BB 47[a]: „R. Jochanan (A 1) sagte: ‚… der Sohn des Pächters (בן אריס) hat Ersitzungsrecht", zu argumentieren, daß „das Vorhandensein eines Pachtverhältnisses das Ingeltungtreten der Fristen für die Erwirkung eines Ersitzungsrechts hemmt" (BAMMEL, Gleichnis 15), ist mehr als kühnste rabb.-kasuistische Talmud-Rabulistik sich träumen ließe. Und wie es möglich ist, daß die Winzerbauern ihre Tinte unter den Pachtvertrag über Nacht verblassen lassen können, bleibt das Geheimnis von DERRETT, Law 301.

[362] Mit SCOTT, Parable 251; JOHNSON, Mk 195; ROBINSON, Parable 448; CARLSTON, Parables 184, gegen JEREMIAS, Gleichnisse 73 f.; DERRETT, Law 300 f.; HENGEL, Gleichnis 30.30, Anm. 97; SCHRAMM/LÖWENSTEIN, Helden 25.

[363] Gegen VIA, Gleichnisse 130 f. (vgl. die Kritik von GNILKA, Mk II/2 147, Anm. 28), der das Ansinnen der Weingärtner als blinde Torheit des Immer-mehr-Besitzen-Wollens

der von der zweiten Redaktionsstufe in Mk 12,7b.d der Weinguterzählung eingebrachten angeblich erbrechtlichen Zusätze muß diese eindeutig als der Wirklichkeit widersprechend beurteilen. Da ansonsten der agrarische wie rechtliche Rahmen der Winzergutverpachtungsgeschichte[364] wirklichkeitskonform ist, steht eine adäquate Interpretation der Erbe-Terminologie noch aus[365].

1.3.3 Zur Rezeptionskritik von Mk 12,1b–11*

Bei der Diagnose der vom Autor der ursprünglichen Weingut-Allegorie (Mk 12,1b–5b.6a*.b*.c.7a.c.8a.9) intendierten Rezeptionsstrategie, die auch für ihre beiden allegorischen Fortschreibungen (I.: V. 10f.; II. V. 5cd.6aα.bβ.7b.d.8b) gilt, ist bei der von jeher gemachten Beobachtung einzusetzen, daß der Text in besonders ausgeprägter Weise das Gespräch mit einem Rezipienten sucht, der mit der LXX vertraut ist.[366] Gleich zu Beginn der Allegorierede setzt der Erzähler in V. 1b–e mit einer vierfachen zitathaften Anspielung an das *Weinberglied* des Propheten Jesaja (Jes 5,1b–7 LXX) die entscheidende Marke seiner Rezipientenführung[367]. Einem auf diese allzu deutliche Weise auf den atl. Propheten-Text aufmerksam gemachten Rezipienten wird weiterhin nicht entgehen können, daß der Autor der Allegorie auch die jesajanische Redefigur einer *allegorischen Gerichtsüberführungsrede* übernimmt, wenn auf eine weisheitliche Erzählung namenloser Handlungsträger (Mk 12,1b–8a = Jes 5,1bf.) die Bitte um eine Stellungnahme des Rezipienten folgt (Mk 12,9a = Jes 5,3) und der Erzähler schließlich die Geschichte in die Zukunft weiterführt (Mk 12,9bc = Jes 5,5f.). Mit diesem in Mk 12,1bff.* auftretenden literarischen Phänomen eines textlichen Rückbezuges auf den jesajanischen Prophetentext hat sich bereits *Aaron Milavec* auseinandergesetzt und bemerkt, daß „Mark's Parable both Contrasts and Parallels Isaiah 5"[368]. Seine instruktiven Bemer-

---

existenzialisieren will. Gegen PESCH, Mk II/2 220, der den in Mk 12,7 beschriebenen Zug „als hybride Selbstüberschätzung verstanden" wissen will.

[364] S.o. die Abschnitte 1.3.2.1 und 1.3.2.2 dieser Untersuchung.

[365] Vgl. STECK, Israel 271, Anm. 6. Dazu s.o. den Abschnitt 1.3.2.2 dieser Untersuchung.

[366] Zu Jes 5,1b–7 LXX s.o. den Abschnitt 1.3.1.1 dieser Untersuchung. In Mk 12,4b wird offensichtlich an 2 Sam 10,4f. LXX angespielt (s.o. den Abschnitt 1.3.1.3 dieser Untersuchung) und in Mk 12,10f. findet Ps 117,22f. LXX Verwendung.

[367] Vgl. auch, daß KURZ, Metapher 38, die hermeneutische Beziehung einer Allegorie zwischen ihrem initialen Text und seiner allegorischen Bedeutung bereits durch das Mittel der „systematisch durchgeführten *Anspielung*" hergestellt sieht. Aus den zitierten Elementen des Bezugstextes, in diesem Fall Jes 5,1b–7 LXX, soll demnach der Rezipient den hermeneutischen Bezugsrahmen der Allegorie rekonstruieren (vgl. auch MILLER, Scripture 244).

[368] Parable 294.

kungen zum rezeptionsstrategischen Standort der Allegorie lauten dabei folgendermaßen:

> „A professional storyteller today might well object that Mark's wordy details (sc. Mk 12,1b–e) serve only to distract his hearers and to stall the build-up of the story". In jüdischen Ohren jedoch „Mark's wordy details are deliberately crafted to evoke ... a resonance with the parable of the vineyard found in Is. 5:1 ff.“[369]. Ist deutlich zu sehen, „that Mark's version has some parallels but is not identical to Isaiah's“[370], so widmet *Milavec* besondere Obhut „to the fact that Mark did not repeat verbatim the Greek opening of Isaiah's parable" und zieht daraus die Folgerung: „Should Mark have repeated Isaiah's opening word-for-word, he would have set up the expectation that Jesus was about to repeat the familiar *old* parable. By borrowing and noticeably modifying a familiar opening, an artfull storyteller evokes the mood and theme of a familiar story, while simultaneously signalling that a *new* version of the old parable is about to begin“[371].

Durch das Interesse weckende Gemisch aus Tradition und Innovation, aus Textanklang und Textevolution, aus Formenkontinuität und Formentwicklung gibt der Autor der *Winzerallegorie* seinem Rezipienten deutlich zu erkennen, daß er in der folgenden Rede über das Bild des Weinfeldes gewillt ist, eine an die LXX-Fassung des jesajanischen *Weinbergliedes* anknüpfende, aber entscheidend neue Version vom kollektiven Schuldaufweis Israels vorzutragen. Diese theologisch aktualisierte Variation über ein altbekanntes jüd. Thema will die Andeutungen des LXX-Textes von Jes 5,1b–7 auf ein Verhältnis von Besitzer und Bearbeiter des Weingutes aufnehmen und in der Geschichte von der Verpachtung eines Weingutes kreativ weiterverarbeiten.

Mit dem Ansinnen einer Neuerzählung des *Weinbergliedes* reiht sich der Autor der Pachtgeschichte von Mk 12,1bff.* in die Reihe der ehemals großen Gruppe frühjüdischer Ausleger des Jesajatextes ein. In einer Tradition des Jerusalemer Talmuds heißt es nämlich (yHag 78d,14–31)[372]:

> „R. Jona (A 5) im Namen von R. Chigga II. b. Abba (A 3): es geschah, daß sieben Älteste in der Talebene Rimmon (nördlich von Nazareth) zusammentraten, um ein Schaltjahr anzuordnen. Und wer waren die (sieben Ältesten)? R. Meir, R. Jehuda, R. Jose, R. Simeon, R. Nechemja, R. Eliezer b. Jakob II. und R. Jochanan ha-Sandelar ... Sie sagten: R. Jochanan ha-Sandelar aus Alexandria hat es richtig (gesagt). Und sie standen von dort mit (gegenseitigem) Kuß auf. Und jeder, der keinen Überwurf hatte, dem schnitt sein Genosse eine Hälfte seines Überwurfs ab und gab sie ihm. Und warum machten sie das so? Das folgt daraus, daß sie alle diesen Vers von sieben einzelnen Gesichtspunkten aus vortrugen (= deuteten): *Ich will singen von meinem Geliebten, ein Lied für meinen Geliebten von seinem Weinberg* (Jes 5,1).“

---

[369] Parable 293, vgl. ähnlich ders., Analysis 90 f.; ders., Identity 34.
[370] Parable 294.
[371] Parable 295.
[372] Übersetzung nach WEWERS, Hagiga 77.

Sollen nach der Aussage dieser Überlieferung also bereits sieben Schüler von R. Aqiba (T 3) je sieben verschiedene Deutungen von Jes 5,1 ff. vorgetragen haben,[373] so ist der damalige frühjüdische Rezipient aufgrund der seinerzeit reichen jüd. Auslegungsgeschichte von Jes 5,1b–7 geschult, darauf achtzugeben, worin das eigentlich Neue einer Variation über ein altes Thema liegt.[374] Er wird denn auch erst beim Abbruch des von Jesaja her Gewohnten (Jes 5,1bf. LXX = Mk 12,1b–e), also bei der Erzählung von der Verpachtung des Weingutes hellhörig werden (= Mk 12,1f–2b) und erst[375] an dieser Stelle mit der allegorischen Entschlüsselung der metaphorischen Rede beginnen.

1.3.3.1 Die Theologie der Krise oder das unwiderrufliche Ende der Erwählungsgeschichte Israels (Mk 12,1b–5b.6a*.b*.c.7a.c.8a.9)

Nach Quintilians rhetorischer Theorie[376] besteht eine Allegorie aus einem Text, der in fortgesetzter Weise „Bedeutungsübertragungen" vornimmt bzw. vornehmen läßt (inst. 8,6,44), der also aus einer kontinuierlichen Reihe von einzelnen „Metaphern" ($\mu\epsilon\tau\alpha\varphi\epsilon\rho\omega$ = „anderswohin tragen" = lat. transfero bzw. translatio) besteht.[377] Die quantitative Ableitung der Allegorie von der Metapher exemplifiziert Quintilian an einem poetischen Text von Horaz (c. 1,1,1–2) in inst. 8,6,44, wenn er dort ausführt:

„‚o navis, referent in mare te novi fluctus:
o quid agis? fortiter occipe portum'
totusque ille Horati locus,
quo navem pro re publica,
fluctus et tempestates pro bellis civilibus,
portum pro pace atque concordia dicit."

Übersetzung:
„‚O Schiff, dich treibt die Flut wieder ins Meer zurück!
Was tust du jetzt? Tapfer strebe dem Hafen zu!'
und die ganze Stelle bei Horaz,
an der er Schiff für das Gemeinwesen,
Fluten und Stürme für Bürgerkriege,
Hafen für Frieden und Eintracht sagt."

---

[373] Vgl. auch die Allegorie QohR 5,10 (R. Jehuda [ha-Nasi], BILL. I 665) sowie die allegorische Auslegung von Cant 1,6a in ARNa.20 (R. Chananja, Vorsteher der Priesterschaft, T 1), dazu INSTONE BREWER, Techniques 22.70.

[374] Vgl. auch MILAVEC, Analysis 92, im Anschluß an die atl. Variation des Weinfeld-Themas in Jer 2,21; Hos 10,1.

[375] Aufgrund dieser offensichtlichen Rezeptionsstrategie der Allegorie ist darum für Mk 12,1c–e der Versuch einer allegorischen Entschlüsselung unnötig (vgl. TAYLOR, Mk 472), gegen EVANS, Vineyard 83 ff.; MILLER, Scripture 72 f.

[376] S. o. den Abschnitt 1.3.1.3 dieser Untersuchung.

[377] Vgl. LAUSBERG, Handbuch § 895; BJØRNDALEN, Untersuchungen 97; KURZ, Hermeneutik 15, der sich jedoch in ders., Metapher 36, korrigiert.

Methodisch ist zu lernen, daß Quintilian den Horazschen Text in mehrere, das sind drei[378] Einzelmetaphern (navis, fluctus, portus) zerlegt und für jede ihren allegorischen sensus (res publica, bellum civilis, pax) mit Hilfe eines Substitutionsverfahrens (Horaz x pro y dicit) erschließt. Auf diese Weise wird die Schiffahrts-Geschichte auf das zwischen Krieg und Frieden stehende Staatswesen transparent. Diese (zu) kurzen Ausführungen Quintilians enthalten jedoch in Hinsicht auf eine methodisch adäquate Auslegung der Winzerallegorie zwei entscheidende Desiderate:

Erstens gibt Quintilian nicht zu verstehen, auf welchem methodischen Wege der „strukturellen Entsprechung, eines Prozesses analogischer und identifikatorischer Reflexion"[379] der metaphorische Code der (Horazschen) Allegorie beruht. Man wird annehmen dürfen, daß diese Selbstverständlichkeit sich der unreflektierten Übernahme der Aristotelischen Metapherntheorie durch Quintilian verdankt. Im aristotelischen System wird bekanntlich die Metapher als die Kurzform des Vergleichs definiert[380] und die Übertragung der (fremden) Metapher auf das (eigentlich) Gemeinte folgt den begriffslogischen Ähnlichkeitsrelationen zwischen *Gattung* und *Art*.[381]

Entscheidendes Manko von Quintilians Ausführungen ist aber nun zweitens, daß sie ausschließlich die Perspektive des Autors, des Produzenten der allegorischen Redefigur (Horaz … dicit) realisieren. „Vom Autor aus gesehen [aber] ist die Frage, ob eine Allegorie vorliegt, oder nicht, einfach".[382] Warum? Weil der Autor im allegorischen Redeakt das von ihm in Wahrheit Gesagte durch ein vermeintlich Gesagtes metaphorisch verschlüsselt. Bei diesem Produktionsvorgang der metaphorischen Verschlüsselung aber liegen die reichen analogischen Möglichkeiten – vgl. Quint., inst. 8,6,17, wo er vor Metaphern warnt, „die aus einer zu weitläufigen Ähnlichkeit gewonnen sind" – allein beim Autor und werden von ihm im allegorischen Doppeltext anspruchsvoll und zugleich innovativ selektiert. Der Rezipient hingegen, der im Akt des rückerschließenden Verstehens der Allegorie den Weg vom vordergründig Gesagten zum vom Autor hintergründig Gemeinten, „von der Verschlüsselung zur Entschlüsselung der Wahrheit"[383] beschreitet, muß das verwendete Analogon der allegorischen Doppelrede auf ihren anvisierten Bedeutungstext erst imaginierend und kombinierend aus den in ihr verwendeten Metaphern erschließen. Diese Verstehensschwierigkeit der Allegorie-Rezeption besteht um so mehr, wenn es sich um eine *tota allegoria*, eine Allego-

---

[378] Gegen Bjørndalen, Untersuchungen 106, Anm. 435.
[379] Kurz, Hermeneutik 16.
[380] Vgl. Quint., inst. 8,6,8 mit Aristot., rhet. 3,4 p.1406b,20.
[381] Vgl. Quint., inst. 8,6,17–20 mit Aristot., poet. 21 (1457b.6–9). Dazu Bjørndalen, Untersuchungen 13 ff. (Lit.).
[382] Kurz, Hermeneutik 17.
[383] Harnisch, Gleichniserzählungen 49.

rie ohne Angabe ihres expliziten Sinnes handelt. „Als indirekter Sprechakt verlangt ... die Allegorie [also immer] ein stabiles und vom Autor und Leser (sc. Rezipienten) gemeinsam geteiltes, stillschweigendes Wissen. Dies muß ersetzen, was explizit nicht angegeben wird",[384] soll denn die indirekte Rede gelingen. Steht der Rezipient dabei konventionellen „Allegorieräumen"[385], z. B. der Zuordnung der Schifffahrtsmetaphorik zum Staat, fern, so kann sich u. U. die mehr oder minder leicht entschlüsselbare Allegorie für ihn zu einem Rätsel, zu einer obskuren Allegorie (vgl. Quint., inst. 8,6,52) wandeln.[386] Diese Gefahr droht in besonderem Maße dem Exegeten späterer wie heutiger Zeit, dessen Kulturraum mit der antiken, in diesem Fall der frühjüdischenhell. Metaphorik nicht mehr in dem hermeneutisch notwendigen Maße vertraut ist. Die aufgrund des gemeinsamen metaphorischen Sprachraumes von Autor und Rezipienten ursprünglich rhetorisch überzeugende, klare Allegorie mutiert für ihn zu einem dunklen Enigma, einem Text mit unverständlicher metaphorischer Chiffrierung.[387]

Für eine methodisch stringente Auslegung der ursprünglichen Winzerallegorie von Mk 12,1b–5b.6a*.b*.c.7a.c.8a.9 im hermeneutischen Kontext ihrer Zeit stehen mithin zwei Prämissen fest: Aufgrund der tannaitisch datierbaren Tradition von yHag 78d,14–31[388] ist im frühjüdisch-hell. Sprachraum erstens ein bestehender *Allegorieraum* anzunehmen, der Weinfeldgeschichten auf das Verhältnis von Israel zu seinem Gott bezieht. Und zweitens ist aufgrund des vorhandenen gemeinsamen Verständigungshorizontes von Autor und Rezipienten die aus mehreren, sprachlich aufeinander bezogenen und zusammenhängenden Einzel-Metaphern bestehende narrative Allegorie *rhetorisch verständliche Rede.*[389] Es gilt darum, den erprobten rezeptionskritischen Weg einzuschlagen,[390] in der atl., frühjüdischen und ntl. Literatur nach konventionalisierten Metaphern des hell.-jüd./judenchristlichen Kulturraumes zu fahnden, um mit ihrer Hilfe die narrative Metaphorik der Winzerallegorie sachlich umschreibend wiederzugeben, so daß der von ihr anvisierte hermeneutische Übertragungsvorgang inhaltlich transparent wird. Bevorzugt wird dabei nach Texten gesucht, die die Bedeutung einer Metapher identifikatorisch festlegen. Das Ziel dieser Vorgehensweise ermöglicht es, die „vertikalen Korresponden-

---

[384] Kurz, Hermeneutik, 16, vgl. ders., Metapher 39.

[385] Lausberg, Handbuch § 897.

[386] Vgl. Kurz, Hermeneutik 19: „Wie jede indirekte Kommunikation ist die Allegorie in besonderem Maße der Gefahr ausgesetzt, nicht verstanden zu werden".

[387] Gegen Sellin, Allegorie 392 ff., der die Allegorie in die Nähe des Rätsels rückt (vgl. Snodgrass, Parable 21, Anm. 43) und damit eine mögliche Ausformung zur Gattungsdefinition erhebt.

[388] S. o. den Abschnitt 1.3.3 dieser Untersuchung.

[389] Vgl. Kurz, Hermeneutik 16.

[390] Mit Klauck, Allegorie 298 ff., gegen Erlemann, Bild 229 f. (vgl. Lohmeyer, Gleichnis 247 ff.), der nach „Entsprechungen" sucht.

zen der *relevanten* Handlungen und Akteure"[391] der Winzerallegorie zu rekonstruieren. Da die ursprüngliche Winzerallegorie sich gliederungstechnisch in
vier Teile strukturiert, bilden diese Einzelabschnitte den jeweiligen Ausgangspunkt für die semantisch programmierte, aufgrund der bis dato überlieferten
Texte notgedrungen fragmentarisch bleibenden Suche nach im Text verwendeten Metaphern. „Die erkannten deutbaren Metaphern des Textes erweisen
sich ... (sodann) als Kanon für die Bestimmung der semantischen Funktions-
weise weiterer metaphorischer Textteile"[392] im erzählerisch vorgegeben Kontext der Weingutgeschichte. Dadurch ist es möglich, „eine horizontale Analogie der relevanten Beziehungen zwischen den relevanten Handlungen und
Akteuren" der Allegorie wiederherzustellen.[393] Anschließend bleibt es Aufgabe, die nichtmetaphorische Rede, z.B. die Zitierung von Gen 37,20 in Mk
12,7c, auf den Inhalt des entschlüsselten Textes der Allegorie zu beziehen.

Fragt man bei der in palästinischcs Lokalkolorit getauchten Winzerallegorie nach dem metaphorischen Gebrauch eines *Pachtvorganges* (Mk
12,1bf),[394] daß etwa ein *Besitzer* (ἄνθρωπος) ein *Weingut* an *Pächter* übergibt
([ἐκ-]δίδωμι), so tritt der rabb. Vergleich aus PRK XI (99ª), der im Namen
von R. Nechemja (T 3) überliefert ist (par. Tan ראה 13ª, R. Chijja [T 5])[395], in
das Blickfeld.[396] Dort heißt es:

> „Im Namen des R. Nechemja (T 3) ist gelehrt worden: ‚Im gewöhnlichen Leben ist
> es so, daß, wenn ein Mensch (אדם) ein Feld (שדה) besitzt, er es ausgibt (נותנה) (an
> einen Pächter) zur Hälfte, zu einem Drittel oder zu einem Viertel (des Ertrages);
> aber Gott verfährt nicht so (אינו כן): sondern er läßt Winde wehen und Wolken auf-
> steigen und Regen herabfallen und Tau hervorbrechen und Gewächse groß werden
> und Früchte (פירות) fett werden, und er hat uns befohlen, ihm nur den zehnten Teil
> abzusondern. Deshalb ermahnt Mose die Israeliten (ישראל): 'Du sollst gewissen-
> haft verzehnten' (Dtn 14,22)'."

Diese tannaitische Haggada zu Dtn 14,22 setzt in einem ausgeführten antithetischen Vergleich (כן) das Verhältnis zwischen Israel (ישראל) und seinem
Gott mit einem Pachtvertrag (נתן) zwischen einem Besitzer (אדם) und Pächtern über ein Stück Wirtschaftsland (שדה) gleich. Die mosaische Thora, ins-

---

[391] KURZ, Metapher 64.
[392] BJØRNDALEN, Untersuchungen 123.
[393] KURZ, Metapher 64.
[394] Nicht das Weingut (so Jes 5,1), sondern der Pachtvorgang steht im Mittelpunkt der Erzählung (vgl. Mk 12,1bf.9c). Darum ist es abwegig (gegen LOHMEYER, Gleichnis 246 ff.;
Sandvik, Kommen 55) anhand von Suk 49ª (R. Jose [b. Chalafta], T 3) die Anlage des Weingutes zionsallegorisch auszudeuten. Das gibt die Talmudstelle auch nur indirekt her (s. die
Interpretation von BILLERBECK, Kommentar I 867); primär geht es ihr um den Nachweis,
daß der שית, der „Hohlraum unter der südwestlichen Ecke des Brandopferaltars, in den der
Trankopferwein abfloß" (aaO. I 867, Anm. 1) bis in die Urtiefe der Schöpfung hinabreicht.
[395] Vgl. auch Pesk 16,9 (R. Berekhja A5), dazu DSCHULNIGG, Gleichnisse 330 f.
[396] Zur Übersetzung vgl. BILL. I 869 f.; WÜNSCHE, Pesikta 125. Hebr. aus MANDELBAUM,
Pesikta I 171.

besondere das Gebot der Verzehntung (Dtn 14,22), legt die Modalitäten der Pacht, nämlich die Abgabe des zehnten Teiles der auf dem Pachtland, dem אֶרֶץ־יִשְׂרָאֵל erwirtschafteten Frucht fest. Gottes übergroße Güte erweist sich darin, daß der die continuata creatio gewährende Allmächtige im Gegensatz zu zwischenmenschlichen Verabredungen einen verhältnismäßig niedrigen Pachtzins, eine verschmerzbare kultische Abgabe verlangt (vgl. Mt 11,30).

Daß sich bei dieser Haggada die gewissenhafte Ablieferung (des zehnten Teiles) der Frucht metaphorisch auf den (freudigen) Treue-Gehorsam gegenüber dem Lebens-Gebot der göttlichen Bundesthora bezieht, läßt sich darüber hinaus noch angemessener an dem weisheitlich-schriftgelehrten Thora-Psalm 1 zeigen: In V. 3a wird der Thora-Gerechte metaphorisch (LXX: ὡς) mit einem an den Wassern gepflanzten Baum identifiziert und anschließend heißt es in V. 3b, daß er:

„… seine Frucht (καρπόν) bringt zu seiner Zeit (ἐν καιρῷ)."

Weisheitlich-schriftgelehrte Thorafrömmigkeit (vgl. V. 2) verfügt nach ihrem Selbstverständnis eo ipso über ein gelungenes Leben.

Aus diesen beiden Belegen ist zu schließen, daß mit der Metaphorik vom Pachtvertrag[397] der Autor der Winzerallegorie eingangs in der Erzählung von Mk 12,1bf detailliert in den *bundestheologischen Ideal-Zustand* dtn./dtr. Glaubensverständnisses (vgl. Dtn 7,6–11; 10,12–15)[398] einführt: Der Pachtvertrag zwischen dem reichen Großgrundbesitzer und den landbesitzlosen Winzerbauern über eine Weingutanlage bringt metaphorisch das ungleichgewichtige Bundesverhältnis zwischen dem dieses Verhältnis gewährenden Allmächtigen und seinem aus den vielen Völkern der Erde auserwählten einem Bundespartner Israel zum Ausdruck.[399] Wie der Großgrundbesitzer die Weinfeldanlage, so stellt der (Bundes-)Gott Israels in seinem Beziehungsverhältnis zu seinem Volk das ganze Lebensheil zur Verfügung,[400] das je nach der theologischen Provenienz des einzelnen Israeliten im (Nahrungs-)Segen des Landes, im Schalom stiftenden Kult oder in der die Gerechtigkeit ermöglichenden Thora gipfeln wird. Gott hat sich in freier Entscheidung Menschen erwählt, die zu ihm in ein Treueverhältnis eintreten, um ihr(-en) Leben (-sunterhalt) in einem unversehrten und vorbereiteten Lebenszusammenhang

---

[397] Analog vgl. 4 Esr 5,23–27 die Metaphorik vom vinea = „Weinstock/Weingarten".

[398] Vgl. Koch, Geschichte 214 ff.; Quell, Art. ἐκλέγομαι 167 ff.; Seebass, Art. בחר Sp. 602 ff. (Lit.).

[399] Mit Scholtissek, Vollmacht 203, Anm. 579, gegen Lohmeyer, Mk 245.248, der im Anschluß an Mt 21,43 auf die Basileia interpretiert und gegen Scott, Parable 251, der von der Herr-Sklave-Metaphorik aus interpretiert.

[400] Zu welcher theologischen Fehlinterpretation der Theologie des Winzergleichnisses mangelnde Gleichnismethodik führt, ist negativ an Erlemann, Bild 232, zu studieren, wenn er behauptet: „Im Vordergrund des Bildes Gottes von Mk 12,1–12 parr steht Gott als der Fordernde".

zu bestreiten. Die zur Erntezeit erwirtschafteten und nur teilweise abzulie-
fernden Früchte bilden die in der Bundestreue erwachsenen Thoragebotser-
füllungen, die als lebenserhaltene Arbeit – nicht als Leistung! – und die mit
(fast) zwangsläufiger Notwendigkeit – das Weinfeld trägt sonnengereifte
Frucht, die Weinfeldanlage stellt eine intakte Produktionsstätte dar – von den
Weinbauern, den in Gottes Kulturraum existierenden (jüd.) Menschen er-
bracht werden können.[401] Die göttliche Lebensthora stellt keine Überforde-
rung des Menschen dar.

Ist man erst einmal auf die Fährte gestoßen, daß in der Pacht-Allegorie die
Metapher ἄνθρωπος auf Gott (= Kyrios) auszudeuten ist (vgl. Mt 18,12 par.
Lk 15,3; Mt 25,14; Mk 13,34)[402] und in den Metaphern γεωργοί *und*[403]
ἀμπελών „Israel … in doppelter Hinsicht gesehen" wird,[404] einmal im Hinblick auf die Erwählung als das eine Bundesvolk Gottes aus vielen Völkern,
und zum anderen im Hinblick auf die durch die Erwählung dem einen
Bundesvolk Israel gewährte Teilnahme am Segensverhältnis des Lebens (vgl.
Hab 2,4; Dtn 30,15 ff.), so fällt es nicht schwer, im zweiten Gliederungsteil
der vormarkinischen Allegorie (Mk 12,2–5b) eine absolut negative frühjü-

---

[401] Daß der Weinbergbesitzer nach erfolgter Pachtvergabe in seine kulturelle Heimat abreist (Mk 12,1 f), darf nicht metaphorisch überzogen auf die Abwesenheit Gottes von Israel
gedeutet werden (gegen ERLEMANN, Bild 233), da der Autor der Winzerallegorie zugleich
eine sofortige und unmittelbare Anwesenheit Gottes demonstrieren kann (V. 9b). Eher ist im
Sinne des Erzählers der Akzent des unendlich qualitativen Abstandes zwischen Gott und
Mensch zu betonen.

[402] Vgl. MILAVEC, Analysis 94.114, Anm. 27; BOSCH, Heidenmission 118.

[403] Mit MILLER, Scripture 70, gegen CARLSTON, Parables 185, der einen Wechsel der metaphorischen Bezeichnung annimmt.

[404] STECK, Israel 271 (vgl. DOMBOIS, Bemerkungen 369; BLANK, Sendung 15; SNODGRASS,
Parable 75; WILLIAMS, History 285). STECK, aaO. 273.277, spricht von: „Erwählung" –
„Verheißung"; ERLEMANN, Bild 229, von: „Vorzug" – „Anspruch"; BOSCH, Heidenmission
121, von: „Gesetz" – „Verheißung". – Gegen JÜLICHER, Gleichnisreden 1,115 f.; DODD,
Parables 98; JEREMIAS, Gleichnisse 68.75.166 f.; VIA, Gleichnisse 129; HENGEL, Gleichnis
32, Anm. 102.34 f.; WOHLENBERG, Mk 310; GRUNDMANN, Mk 322 ff.; VAN IERSEL, 'Sohn'
144; STERN, Parables, 65; MILAVEC, Analysis 106; SCHMITHALS, Mk 2/2 515; BÖTTGER,
König 29 ff.; LOHMEYER, Mk 245; EVANS, Vineyard 84; SNODGRASS, Parable 77;
CARRINGTON, Mk 254 f.; ANDERSON, Mk 270; BLOMBERG, Interpreting 248, u. a. m., die im
Anschluß an Jes 5,7ab das Weingut von Mk 12,1bff.* mit *Israel* und in Aufnahme von Mk
12,12 die Weingutpächter mit den *Führern Israels* gleichsetzen. Schon STECK, aaO. 270,
Anm. 6 (vgl. CARLSTON, Parables 186.189; GNILKA, Mk II/2 146.146, Anm. 25; WILLIAMS,
History 285, Anm. 6), hat darauf aufmerksam gemacht, daß in der gesamten Überlieferungsgeschichte der dtr. Prophetenaussage die Propheten zum gesamten *Volk Israel, nie* aber zu
den *Führern Israels* gesandt werden. Sodann müßte folgerichtig mit den ἄλλοις in Mk 12,9c
die Führer der christlichen Urgemeinde gemeint seien (vgl. DODD, aaO. 98; GUNDRY, Mk
663.668). Dieser These aber, daß die Apostel der christlichen Kirche an die Stelle der alten
jüd. Hierarchie getreten seien, fehlt jeglicher Beleg im Urchristentum (vgl. BOSCH, Heidenmission 122; SCHMITHALS, Mk 2/2 514 f.). Mt 19,28 par.; 1 Kor 6,2 (vgl. Weish 3,8) beziehen sich auf den durch Christus erlangten Rechtfertigungsstatus, begründen aber keine
Herrschaftsfunktion, gegen GUNDRY, Mk 663 ff.

dische Geschichtsanschauung[405] über Israels Umsetzung des einmal geschlossenen Bundesverhältnisses zu entdecken. Das Motivfeld vom *Aussenden der Knechte* steht schon atl. als geprägte Metaphorik für die geschichtliche Kommunikation Jahwes mit Gesamtisrael über autorisierte Jahwewort-Träger, den Propheten, fest.[406] Einschlägig bekannt[407] ist der unheilsgeschichtliche Rückblick[408] von Jer 7,25 f. LXX[409], der die Knecht-Gesandten-Metaphorik identifikatorisch klärt, wenn es dort heißt:

„Von dem Tag an, da ihre Väter auszogen aus dem Lande Ägypten,
bis zu diesem Tag
sandte (ἐξαπέστειλα) ich (sc. Kyrios, s. V. 21) zu euch alle meine Knechte
(δούλους), die Propheten,
täglich und frühmorgens habe ich (sie) gesandt (ἀπέστειλα),
aber sie hörten nicht auf mich und neigten ihre Ohren nicht,
sondern sie versteiften ihre Nacken schlimmer als ihre Väter."

In seiner bahnbrechenden Untersuchung zur atl. (z. B. dieser Text Jer 7,25 ff.), frühjüdischen[410] und urchristlichen Rezeption der dtr. Geschichtstheologie (vgl. 2 Kön 17,7–20.bes.13), die die für das politische Israel einschneidenden Katastrophen von 722 und 587 v. Chr. in einer Art Gerichtsdoxologie verarbeitet hat, gelang es nun *Odil H. Steck* zu zeigen, daß die dtr. Analyse der permanenten *Halsstarrigkeit Israels* im Bundesverhältnis (z. B. 17,14) sich zur geschichtlichen Aussage gewandelt hat, die ganz Israel ohne Unterschied zum aktiven *„Täter eines generell gewaltsamen Geschicks der Propheten"*[411] macht. Weiß der vom Deuteronomisten geprägte Rückblick in 2 Chron 36,14–16 davon zu berichten, daß das (Bundes-)„Volk" Israel die zu ihnen von „Kyrios, dem Gott ihrer Väter", gesandten Propheten schmählich ablehnte und damit Gott selbst traf, wenn es in V. 16 heißt:

„Aber sie (sc. das Volk [Israel], s. V. 15) spotteten über seine (sc. des Kyrios, s. V. 15) Boten, verachteten seine Worte und trieben ihr Spiel mit seinen Propheten bis der Zorn des Kyrios über sein Volk aufstieg, bis kein Heil mehr war",

so steigert sich sodann beim Chronisten die Aussage der gewaltsamen Ablehnung der Propheten in 2 Esr 19,26 LXX (= Neh 9,26)[412] zu der Ansicht:

---

[405] Vgl. LOHMEYER, Gleichnis 245 f.
[406] Vgl. LXX: Ps 104,26; Jer 7,26; 25,4; 33,5; 42,15; 51,4; Bar 1,21. 4Q 390 2i, Z. 5.
[407] Vgl. LOHMEYER, Mk 245, Anm. 3; BLANK, Sendung 16; KLAUCK, Allegorie 301 f.; GNILKA, Mk II/2 146; MILAVEC, Analysis 93 f.; ders., Parable 296; ders., Identity 31.
[408] Vgl. BLANK, Sendung 16.
[409] Vgl. Bar 1,21; äthHen 89,51.53.
[410] Vgl. Tob 3,1 ff.; Bar 1,15–3,8; Dan 9,4b–19; ZusDan 3,24 ff.; Jub 1,7–26; 4QDibHam 1,8–7,2; 1QS 1,24–2,1; CD 20,28–30.
[411] Israel 80, vgl. ebd. 77 ff.
[412] Vgl. dazu STECK, Israel 60 ff.

„Und sie (sc. die Söhne der Väter Israels, s. V. 23 ff.) wurden widerspenstig, fielen von dir (sc. dem Kyrios, s. V. 5) ab und warfen dein Gesetz hinter sich und töteten (ἀπέκτειναν) deine Propheten, die unter ihnen Zeugnis ablegten, daß sie sich zu dir wenden sollten."

In bemerkenswerter Weise ist der jüd.-röm. Geschichtsschreiber Josephus schließlich Beleg für die frühjüdische Aktualität der gesteigerten dtr. Prophetenaussage (vgl. auch Jub 1,12), wenn er sich in Ant 9,265 (vgl. auch 9,281) bei der Wiedergabe des dtr. Geschichtsbildes nach 2 Chron 30,10 f.[413] über das Schicksal der Propheten folgendermaßen äußert:

> „… Auch die Propheten, die ihnen (sc. den [Nord-]Israeliten) gut rieten und großes Unheil verkündeten, wenn sie nicht bald zur Verehrung des wahren Gottes zurückkehrten, verhöhnten sie und brachten sie zuletzt sogar ums Leben (ἀπέκτειναν)."

Wohlgemerkt, bei dieser im Frühjudentum virulenten (dtr.) Aussage vom gewaltsamen Todesgeschick der prophetischen Gesetzesmahner und Umkehrprediger handelt es sich nicht um eine historisch verifizierbare,[414] sondern um „eine theologische Aussage im Gewande einer geschichtlichen"[415]: Losgelöst von der dtr. Beschränkung auf die Zeit bis 587 v. Chr. erscheint das Motiv der gewaltsamen Tötung der Propheten in der Gerichtsrede judenchristlicher Propheten (vgl. Mt 23,31 f.; Lk 11,49 f. par. Mt 23,34–36; Lk 13,34 f. par. Mt 23,37–39; Act 7,52; 1 Thess 2,15 f.). Demonstriert wird mit seiner Hilfe das bis zur Gegenwart andauernde, auf dem ganzen Volk Israel lastende Versagen am Bundesverhältnis, das „nur in *einem* Gerichtsgeschehen geahndet … [werden kann], das als definitives am Ende der ganzen Geschichte Gottes mit seinem Volk stehen wird".[416]

Die Folgerung für die Entschlüsselung des *zweiten Gliederungsteiles* der ursprünglichen Allegorie von Mk 12,2b–5 liegt auf der Hand: Wenn vom Pachtherrn die Pächter durch seine Agenten zur vereinbarten Ablieferung des Pachtzinses aufgefordert werden, so ist auf Gottes mühende Vermahnung an ganz Israel zu schließen, einem Gott, der in unermüdlicher und langmütiger Weise[417] durch alle[418] seine Propheten zur Einhaltung der von Israel zu seinem

---

[413] Analyse bei Steck, Israel 81 f.

[414] Tötung von Propheten wird im AT nur von Urija ben Schemaja (Jer 26,32 LXX) sowie Sacharja ben Jojada (2 Chr 24,21) und in pauschaler Weise in Anlehnung an den Dtr. in 1 Kön 18,13; 19,1.10.14 berichtet. Bei der überreichen israelitischen Prophetengeschichte eine Marginalie.

[415] Steck, Israel 79.

[416] Steck, Israel 104, vgl. ebd. 220.

[417] Vgl. Neh 9,30; Jer 25,4; 26,5; 29,19; 35,15; 44,4, dazu Lohmeyer, Mk 245; Carlston, Parables 185; Gnilka, Mk II/2 146; Pesch, Mk II/2 217; Erlemann, Bild 237 f.

[418] Die dreimalige, sich zweimal wiederholende und steigernde Aussendung der Knechte in Mk 12,2–5b ist nach der narrativen regle de tri eine Vollkommenheitsaussage (s. o. den Abschnitt 1.3.1.3 dieser Untersuchung).

Heil eingegangenen Bundestreue aufruft (vgl. Jer 7,25).[419] Wenn die Adressaten dieser Vermahnung in der Figur der sich von Anfang an verweigernden Pachtleute erscheinen, so müssen sie auf das völlig ungehorsame Israel bezogen werden, das von alters her nicht bereit war, die Anforderungen des Bundesverhältnisses zu erfüllen.[420] Die zur Verweigerungshaltung hinzutretende gewaltsame Verprügelung, schmähliche Verspottung und letztlich brutalen Tötung der den Pachtzins einfordernden Agenten ist schließlich als *pseudohistorischer Erweis des Ungehorsams Israels*, seiner aktiven Auflehnung gegen den Bundesherrn–Kyrios zu entschlüsseln (vgl. 2 Kön 17,14).[421]

Daraus folgt einerseits, daß die vormarkinische Winzerallegorie in ihrem zweiten Gliederungsteil Mk 12,2–5b aus der frühjüdisch virulenten Tradition der gesteigerten (dtr.) Prophetenaussage vom Wirken und gewaltsamen Geschick der Propheten gestaltet ist. Darüber hinaus repräsentiert die gesammte Pachtallegorie in ihren handlungsorientierten Teilen in den Grundzügen: *Sendung der Propheten* und *gewaltsame Ablehnung durch Israel* (= V. 2b–5) – *Gericht Gottes* (V. 9)[422], die bestimmenden Ordnungsfaktoren der dtr. Geschichtstheologie über das Bundesverhältnis zwischen Jahwe-Kyrios und Israel als eines Unheilsverhältnisses von Anfang bis Ende (vgl. 2 Kön 17,7–23; 2 Chr 36,14–16; Jer 44,2–6).[423] Durch den handlungsstrukturierten „Kontrast von unermüdlicher Zuwendung Gottes und permanenter Ablehnung"[424] wird das Gottesverhältnis als eine wechselseitige Geschichte beschrieben, die eine längere Zeit umfaßt und an derem allerletzten Ende, so der die Winzerallegorie abschließende Gliederungsteil vier (Mk 12,9), die „definitive Ahndung der permanenten Abweisung"[425] durch das Gericht Gottes steht. Bevor nach dem dtr. Deuteschema das Gericht als unmittelbare Folge des Unheiles eintreten wird, erfolgt aber nach der Erzählung der Winzerallegorie mit der *Sendung des Sohnes* (Mk 12,6a*.b*c.7a.c.8a) eine qualitativ neue und verhältnismäßig kurze, aber entscheidende Zeitepoche, die die Vorgaben des dtr. Geschichtsbildes in bemerkenswerter Weise zu steigern weiß.[426]

---

[419] Mit STECK, Israel 101.220, gegen LOHMEYER, Mk 245.

[420] Vgl. STECK, Israel 220.

[421] Die Ausdeutung von Mk 12,2–5b auf bestimmte historische Prophetengestalten ist aufgrund der Verwendung der gesteigerten dtr. Prophetenaussage als pauschale Ganzheitsaussage darum unzulässig, mit JÜLICHER, Gleichnisreden 2,391; STECK, Israel 269, Anm. 4; WEISER, Knechtsgleichnisse 53–5; MILAVEC, Analysis 94 f.; ders., Parable 297 f.; ders., Identity 31, gegen PESCH, Mk II/2 216 f.

[422] Vgl. STECK, Israel 269.

[423] Weitere Stellen zur dtr. Gerichtsaussage bei STECK, Israel 102, Anm. 6.

[424] STECK, Israel 269 f.

[425] STECK, Israel 269.

[426] Mit SCHOLTISSEK, Vollmacht 200, gegen STECK, Israel 271, der meint, daß „der Auftrag der gesandten Knechte *und* des Sohnes" (Hervorhebung der Verfasser) dem „Element B der dtr PA" entsprechen solle: zwar ist das Sendungsmotiv und die Tötungsverwirklichung (Mk 12,6b.8a) im dtr. Prophetenbild angelegt, nirgends kennt der Dtr. wie seine Tradentenkreise

Daß die in Mk 12,6a*.b*.c.7a.8a verwendete Metaphorik von der „Aussendung" des „Sohnes" durch den Vater, den „Kyrios des Weinfeldes", zu den Pächtern seines Weingutes und sein gewaltsamer „Tod" durch diese, auf einen urchristlichen Autor der Winzerallegorie hinweist, läßt sich anhand von Joh 8,40–42 (vgl. auch V. 37) nachvollziehen. In diesem Text, einem Dialog Jesu mit den „Juden" (V. 31) über ihre Abrahamskindschaft, werden nämlich dieselben semantischen Aussageelemente von Mk 12,6a*.b* in einer Selbstaussage Jesu über sein menschliches Schicksal[427] verwendet, wenn es dort heißt (V. 40.42):

> „,Nun aber sucht ihr (sc. die Juden, s. V. 31) mich (sc. Jesus, s. V. 39) zu töten (ἀποκτεῖναι), einen Menschen, der ich euch die Wahrheit gesagt habe, die ich von Gott gehört habe'. … Sagte Jesus zu ihnen: ‚Wäre Gott (ὁ Θεός) euer Vater, liebtet ihr mich, denn ich bin von Gott (ἐκ τοῦ Θεοῦ) ausgegangen und gekommen. Denn nicht von mir aus bin ich gekommen, sondern jener hat mich gesandt (ἀπέστειλεν)'."

Läßt sich aus dieser Joh-Parallele entnehmen, daß Mk 12,6a*.b* im Rahmen der zweiteiligen dtr. Prophetenaussage die Metaphorik der Vater-Sohn-Beziehung einsetzt, um das Jesus-Ereignis[428] von seiner thorainterpretierenden Gottesverkündigung zur Umkehr Israels zu verschlüsseln, so will die Tötungsaussage von V. 8a nicht mehr wie bei der dtr. Prophetenaussage (vgl. V. 5b) pseudohistorische Metaphorik über Israels Ungehorsam sein. Nein, sie meint ein realistisches Gewaltverbrechen, das zugleich als Ausdruck der Ablehnung Jesu durch ganz Israel gedeutet wird (vgl. Joh 8,59).[429] Doch bevor auf die historische Situation des urchristlichen Verfassers der Winzerallegorie und die spezifische Art seiner Deutung der Gegenwart genauer eingegangen werden soll, muß auf einen weiteren urchristlichen Text aufmerksam gemacht werden. Ist Joh 8,40–42 als Teil von 8,31 ff. ein im Verhältnis zum vor-

---

aber eine Beauftragung einer neuen Figur wie bspw. den Sohn! Auch Jer 7,25–28 führt mit dem Bezug auf Jeremias in den V. 27 f. als *letzten Gottesboten* keine gegenüber den *Propheten* gänzlich neue Kategorie von *Gesandten* ein, gegen BLANK, Sendung 16.

[427] Daß der auf der Prophetensendung aufbauenden, *geschichtlich* denkenden (vgl. SCHWEIZER, Anmerkungen 102, Anm. 35; BLANK, Sendung 17) Sendungschristologie der (vormk.) Winzerallegorie die Präexistenzvorstellung inhärent sei (so z. B. Gal 4,4a), darf wohl mit Fug und Recht abgelehnt werden, mit VIELHAUER, Erwägungen 200; SCHWEIZER, aaO. 102, Anm. 35; BLANK, aaO. 17–20; KLAUCK, Allegorie 310; SNODGRASS, Parable 87, gegen HAHN, Hoheitstitel 315 f.; SCHREIBER, Christologie 166 f.; SCHENKE, Markusevangelium 114 f.

[428] Anders MILLER, Scripture 377 ff.; LOWE, Parable 257 ff.; STERN, Parables 65, die im Anschluß an Mk 11,27 ff. den „Sohn" von Mk 12,6 ff. auf Johannes den Täufer deuten. Sie bleiben jedoch den Beleg schuldig, daß in jüd. und/oder urchristlichen Quellen Johannes der Täufer als *Sohn* bezeichnet wird (vgl. MILAVEC, Analysis 104).

[429] Vgl. BECKER, Joh 4/1 353, zu Joh 8,31–59: „Dieses Gefälle des Dialoges, …, ist konstruierte, kämpferische Aufarbeitung des Judenproblems, das die joh Christen haben. Die Juden sind am Kreuzestod Jesu schuld".

markinischen Text (Mk 12,6a*.b*.c.7a.c.8a) relativ späte urchristliche Überlieferung, die zudem von johanneischer Christologie sowie dem
johanneischen Dualismus in markanter Weise überformt ist[430] und die entscheidenden Charakteristika des verchristlichten dtr. Geschichtsbildes (bereits?) vermissen läßt (Aussendung der Propheten und ihre andauernde Ablehnung durch Israel; totale Gerichtsansage), so erfüllt die vorpaulinische
Tradition von 1 Thess 2,15 f. als Paralleltext zum vormarkinischen Text von
Mk 12,1b–5b.6a*.b*.c.7a.c.8a.9 das Kriterium der zeitlichen Koinzidenz.

Exkurs: Zur Bestimmung der vorpaulinischen Tradition von 1 Thess 2,15 f.

Nachdem die Hypothese einer nachpaulinischen antijüdischen Glosse in 1 Thess
2,15 f. aufgrund ihrer Kritik in der Paulus-Exegese heutzutage keine ernstzunehmen-
den Vertreter mehr findet,[431] hat sich als Common sense in der Paulus-Forschung die
These etabliert,[432] daß in 1 Thess 2,15 f. eine vorpaulinische Tradition vorliegt, die
Paulus unter Bearbeitung[433] in seinem Schreiben (ca. 50/51 n. Chr.) aus Korinth (vgl.
1 Thess 1,7; 3,1) an die von ihm erst kürzlich gegründete Christengemeinde von Thessaloniki (ca. 49/50 n. Chr.) verwendet. Allerdings ist umstritten, welchen genauen Umfang die vorpaulinische Überlieferung hat.[434]
    Vom näheren Kontext aus gesehen erhält die ausschließliche Frage nach den Juden
(= 1 Thess 2,15 f.) im Zusammenhang der christlichen Leidenssolidarität zwischen den
palästinischen Gemeinden[435] und der von Thessaloniki (V. 14) ein unverhältnismäßig
großes Gewicht. „Es ist [nämlich] nicht sicher, ob sie [sc. die Juden] bei der Verfolgung in Thessalonich … überhaupt die Hand im Spiel haben".[436] Das Thema vom Gericht über die Juden wird zudem anschließend in den V. 17–20 von Paulus nicht weiter
verfolgt,[437] wenn er sich dort über die Verhinderung eines abermaligen Besuches in
Thessaloniki äußert.

---

[430] Näheres s. bei BECKER, Joh 4/1 353 ff.
[431] Zur Darstellung und Kritik der Interpolationshypothese zu 1 Thess 2,15 f. bzw. 16c vgl.
BROER, ‚Antisemitismus' 63–9; ders., ‚Zorn' 149 ff.; WEATHERLEY, Authenticity 79 ff.
[432] Zur Forschungsgeschichte vgl. SCHIPPERS, Tradition 231 f. Vertreter sind u. a. HAHN,
Mission 90, Anm. 1; SCHIPPERS, aaO. 233; STECK, Israel 274–6; ZELLER, Christus 258;
BECKER, Paulus 490; BROER, ‚Antisemitismus' 72.
[433] In Frage steht, ob auf Paulus die Voranstellung der Tötungsaussage des „Kyrios Jesus"
(1 Thess 2,15a) zurückgeht, vgl. anders Mk 12,1ff.*; Act 7,52 f. „Gemeint ist natürlich …,
daß der Frevel an der Würde des Kyrios jeden anderen Frevel aufwiegt" (MICHEL, Fragen
55).
[434] Während STECK, Israel 274–6; BECKER, Paulus 490, für ein einheitliches Traditionsstück eintreten, wollen KÜMMEL, Problem 412; HAHN, Mission 90, Anm. 1; ZELLER, Christus 258; BROER, ‚Antisemitismus' 72, in 1 Thess 2,15 f. nur einige vorpaulinische Topoi
verwendet sehen.
[435] Anders MICHEL, Fragen 52.
[436] ZELLER, Christus 258.
[437] Neueinsatz mit Anrede ἀδελφοί und δέ in 1 Thess 2,17, vgl. 4,1.13; 5,12.14; auch
KÜMMEL, Problem 412, Anm. 29. ZELLER, Christus 258 (vgl. HAACKER, Elemente 409 f.),
vermutet den Grund für das Judenthema in 1 Thess 2,15 f. darin, daß Paulus bei der Abfassung des 1 Thess in Korinth eine Verfolgung durch die Synagoge auszustehen hatte (vgl.
1 Thess 3,7; Act 18,6.12 f.).

Läßt sich also vom Kontext her eine literarkritische Spannung bemerken, so sprechen für einen unpaulinischen Text in 1 Thess 2,15 f. zunächst die an dieser Stelle gehäuft auftretenen, bei Paulus sonst nicht belegten Vokabeln, als da sind[438]:

- ἐκδιώκω (ntl. Hapaxlegomenon)
- ἐναντίος (paulinisches Hapaxlegomenon)
- ἀναπληρῶσαι τὰς ἁμαρτίας (ntl. Hapaxlegomenon)
- φθάνειν ἐπί τινα (ntl. Hapaxlegomenon) und
- εἰς τέλος (paulinisches Hapaxlegomenon)[439].

Für vorpaulinische Diktion sprechen sodann eine Reihe unpaulinischer Formulierungen und Gedanken, als da sind[440]:

- die Verwendung von ἀποκτείνω im Blick auf den Tod Jesu Christi[441]
- die Aussage vom Tötungsgeschick der Propheten[442]
- der Gebrauch von ἐκδιώκω in Hinsicht auf die Verfolgung als Apostel[443]
- der Verkündigungsterminus λαλῆσαι ἔθνεσιν[444] und
- die Behauptung, daß die Juden einerseits „Gott nicht gefallen"[445] sowie
- andererseits generelle „Feinde des Menschengeschlechts" seien.
- In Röm 11,1 ff. weiß Paulus anders zwischen dem Israel des Heils und dem der Verstockung zu differenzieren
- und kennt schließlich jenseits des sich in der Gegenwart erweisenden göttlichen Zornesgericht an Israel die christlich-eschatologische Heilsperspektive über Israels Vollheil (Röm 11,26).

Da auch einige formale Strukturmerkmale der zweiteiligen (I: V. 15a–16b; II: V. 16c) prophetischen Gerichtsrede über Israel zu bemerken sind: in gehobenem Partizipialstil (V. 15a–16a) wird wortreich der Schuldaufweis Israels (V. 16b[446]) für alle geschichtliche Zeit[447] dokumentiert, um darauf[448] (fast) einsilbig[449] das göttliche Gericht anzusagen,[450] wird man an ein spätestens mit V. 15a einsetzendes einheitliches Traditions-

---

[438] Vgl. STECK, Israel 274; SCHADE, Christologie 127.
[439] Anders 2 Kor 3,13: εἰς τὸ τέλος.
[440] Vgl. STECK, Israel 274.
[441] Vgl. sonst bei Paulus das Kreuzesthema, z. B. Phil 2,8.
[442] In Röm 11,3 bei Paulus nur im Zitat von 1 Kön 19,10.
[443] Sonst: διώκω, vgl. 1 Kor 4,12; 2 Kor 4,9; Gal 5,11.
[444] Sonst εὐαγγελίζωμαι ἐν τοῖς ἔθνεσιν Gal 1,16; κηρύσσω ἐν τοῖς ἔθνεσιν Gal 2,2.
[445] Anders Röm 9,4.
[446] Grammatisch ein substantivierter Infinitiv in anaphorischer Bedeutung, der mit εἰς die konsekutive Wirkung (vgl. BLASS/DEBRUNNER, Grammatik § 402.2) bezeichnet.
[447] Das Zeitadverb πάντοτε will die perennierende Auffüllung des Hohlmaßes (vgl. STECK, Israel 38 f., Anm. 4) von geschichtlichen Sünden bis zum Erreichen des Vollmaßes ausdrücken und ist wohl am besten mit „immerdar, für alle Zeit" zu übertragen, vgl. Gen 15,16; Weish 9,4; 2 Makk 6,14 f.; ZusDan 4,34, dazu BROER, ‚Zorn' 154 f.
[448] Δέ hat hier kopulative Bedeutung.
[449] Vgl. BECKER, Paulus 491.
[450] Vgl. HAHN, Mission 90, Anm. 1 (vgl. STECK, Israel 275, Anm. 2; GEORGI, Kollekte 34; KÜMMEL, Problem 412; BROER, ‚Antisemitismus' 85): „Dieses Zorngericht steht nicht erst noch aus, sondern ist bereits über die Juden hereingebrochen, wie der Aorist ἔφθασεν deutlich macht". Daß der göttliche Zorn sich an einem innergeschichtlichen Ereignis festmachen

stück zu denken haben. Es ist eng an das (diesseitige) synthetische Weltbild vom Tun-Ergehen-Zusammenhang gebunden,[451] insofern die jüd. Untaten keine Aussicht auf ein (postmortales) endzeitliches Gericht begründen, sondern als heidnische Greuel (vgl. Gen 15,16)[452] bereits in der Gegenwart die strafende Gottesverwerfung über Israels Erwählung[453] (vgl. TestLev 6,11) freisetzen.[454]

Nun hat *Jürgen Becker* es wahrscheinlich gemacht, daß die Partizipienreihe zum Schuldaufweis Israels (1 Thess 2,15–16a) christlicherseits bereits erweitert worden ist.[455] Der letzte Vorwurf über die Behinderung der christlichen Heidenmission durch die Juden (Partz. Präs.) in V. 16a ist nämlich formal nicht mit καί angereiht und stellt inhaltlich eine Parallele zur jüd. Behinderung der Israel-Mission(-are) (vgl. 1 Kor 15,9; Gal 1,13.23; Act 6,8 ff.) in V. 15c[456] dar (Partz. Aor.).[457] Seine nachgeordnete Stellung im Traditionsstück korreliert mit einer historisch späteren Phase urchristlicher Mission. Während anfänglich sich die (juden-)christliche Mission um die Umkehr Israels bemühte, geschah in Erfüllung der Verheißung von Trjes 66,19(?) in der antiochenischen Missionsgemeinde (vgl. Act 11,20 f.) die Wende zur von der Israelmission unabhängigen Heidenmission[458]: Deren judenchristliche Missionare (u.a. Paulus, vgl. Gal 2,2.8) trieben gesetzesfreie (vgl. Act 13,38 f.) Völkermission (14,27) und gründeten heidenchristliche Gemeinden (vgl. 13,44–52; 14,21–23). Dadurch kam es zu der prekären Situation, daß die um Proselyten werbende Synagoge mit den die Glaubenstaufe anbietenden judenchristlichen Missionaren um (gottesfürchtige) Heiden mit demselben jüd.-eschatologischen Heilsangebot konkurrierte. Die Synagoge hat der (christlichen) Soteria-Zusage an die sich bekehrenden Heiden, die am Erwählungsheil Israels, der Inkorparation in das jüd. Bundesvolk durch Übernahme

---

läßt, wird nirgends angedeutet (mit KÜMMEL, Problem 412; STECK, Israel 277; SCHADE, Christologie 267, Anm. 111; BROER, aaO. 84 f.; ders. ‚Zorn‘ 153 f., gegen BAMMEL, Judenverfolgung 295 ff.308). Darum ist bei dem sachlich parallel gehenden Text von Mk 12,9bc eine historische Anspielung auf die Zerstörung Jerusalems ausgeschlossen, mit HENGEL, Entstehungszeit 21, gegen VIELHAUER, Geschichte 347; KLAUCK, Gleichnisse 125; SUHL, Funktion 140.

[451] Vgl. GEORGI, Kollekte 34.

[452] Wenn GEORGI, Kollekte 34, recht hat, daß 1 Thess 2,16b in Anspielung auf Gen 15,16 LXX eine reziproke Aufnahme von Gen 15,13–16 sei (vgl. aber ähnlich 2 Makk 6,14; Dan 8,23; Jub 14,1b; LibAnt 36,1; 41,1, schließlich 26,13 über Israel!), dann würde das sich schon ereignende Gottesgericht über die sündigen Juden im Dienst des göttlichen Rettungsplans für die Heiden stehen.

[453] Mit STECK, Israel 277; SCHADE, Christologie 127, gegen ZELLER, Christus 260; MICHEL, Fragen 53.

[454] 1 Thess 2,16c εἰς τέλος übersetzt man am besten nach der Parallele TestLev 6,11 (vgl. 2 Chr 12,12; Ez 13,13) qualitativ (vgl. SCHADE, Christologie 127) mit: „völlig/ganz und gar" (s. BLASS/DEBRUNNER, Grammatik § 207.5). – „Ὀργή ist somit Bezeichnung des eschatologischen Gottesgerichts" (HAHN, Mission 90, Anm. 1), vgl. die weitere vorpaulinische Tradition von 1 Thess 1,9 f. in V. 10.

[455] Vgl. Paulus 490 f. (s. schon KÜMMEL, Problem 412).

[456] Vgl. STECK, Israel 275, Anm. 2. STECK, aaO. 275, Anm. 2, diskutiert historisch zutreffend, ob an die Vertreibung der Hellenisten aus Jerusalem (vgl. Act 8,1 f.) angespielt wird.

[457] Vgl. MICHEL, Fragen 55; STECK, Israel 274.

[458] Vgl. STECK, Israel 275, Anm. 1, der auf die sprachlichen Beziehungen zum „'antiochenischen' Traditionsgut der Apg" aufmerksam macht. In Act 11,20 f. findet sich z.B. λαλεῖν als Terminus der Missionspredigt und κύριος Ἰησοῦς als Jesus-Bezeichnung.

der Beschneidung, vorbeiführt, ihr entschiedenes Nein entgegengesetzt und solche
judenchristlichen Missionare mit überaus harten Strafmaßnahmen aus der Synagoge
gewiesen (vgl. 2 Kor 11,24 f.).[459] Durch diese Ausweisung wurde die (juden-) christliche Heidenmission entscheidend geschwächt, da ihr die über die ganze Diaspora
verteilten Synagogengemeinden als inhaltlich-theologische Plattform (z. B. der Monotheismus) und logistische Operationsbasis (z. B. die Gastfreundschaft) entzogen
wurden.

Weist mithin der Vorwurf über die Behinderung der (judenchristlichen) Heidenmission durch die Synagoge (1 Thess 2,16a) auf eine literarische Reflexion einer be-
stimmten (späteren) antiochenische Missionssituation,[460] so fallen auch die beiden
Sündenplakate von 1 Thess 2,15d.e: „die Juden können Gott nicht gefallen und sind
Feinde des Menschengeschlechts" (wieder im Partz. Präs.), inhaltlich aus der Anklage-
Reihe pseudohistorischer[461] Untaten von V. 15a–c (Mord am Kyrios Jesus; Mord an
(allen) Propheten; Verfolgung aller/der [juden-]christlichen Israelmissionare, jeweils
Partz. Aor.) heraus.[462] Dieser doppelte Vorwurf, der nach hell. Vorbild[463] die Maxime
der menschlichen Sittlichkeit als eine Einheit von Frömmigkeitspflicht gegenüber
Gott und Gerechtigkeitshandeln gegenüber Menschen definiert, will die Juden aus der
menschlichen (Polis-)Gemeinschaft ausschließen (vgl. Tac., hist. 5,5,1)[464] und ist diesen wohlbekannt (vgl. 3 Makk 3,7; Jos Ap 1,310; 2,125.148.291, auch Ant 11,212).
Judenchristen, die unter solcher Anklage vormals als Juden selber litten, haben sie
wohl benutzt, um ihre verbale (!) Kritik an der gegen ihre Heidenmissions-Rettung
eingenommenen Synagoge zu vervollständigen.[465]

Beobachtet man vergleichend, daß in der variablen urchristlichen Aktualisierung des
dtr. Geschichtsbildes alle sonstigen Elemente der ursprünglichen Tradition von 1 Thess
2,15a–c.16bc enthalten sind (vgl. Mk 12,1bff.; Lk 11,47f. par.; 13,34f. par.; Act 7,52;
zu 1 Thess 2,16b vgl. Mt 23,32), so ist nach dem (syntaktischen) Anfang der von Paulus
verarbeiteten judenchristlich-dtr. Überlieferung über das Gericht an der jüd. Erwählung
zu fragen. Sicher scheint wohl,[466] daß Paulus in 1 Thess 2,14 auf der Basis der von der
dtr. Prophetenaussage geprägten vierten judenchristlichen Q-Seligpreisung (Mt 5,11 f.
par. Lk 6,22 f.) analogisiert[467] (vgl. 1 Thess 2,15c): Wie die judenchristliche Israel-

---

[459] Vgl. MICHEL, Fragen 56. Gegen BROER, ‚Antisemitismus' 76, der die Möglichkeit einer judenchristlichen Verfolgung der paulinischen Mission (vgl. Gal) diskutiert. Wurde der
1 Thess etwa nach dem Gal geschrieben?

[460] Da Paulus einmal an diesem Missionskonzept beteiligt war, ist es nicht zufällig, daß
gerade 1 Thess 2,16a „einen stark paulinischen Eindruck" macht (HAHN, Mission 90,
Anm. 1, vgl. KÜMMEL, Problem 412; ZELLER, Christus 259; MICHEL, Fragen 55; zu κωλύω
vgl. Röm 1,13, zu λαλέω als Verkündigungsterminus vgl. 1 Thess 2,2.4, zu ἵνα σωθῶσιν
vgl. 1 Kor 10,33.

[461] Vgl. BROER, ‚Antisemitismus' 74.

[462] MICHEL, Fragen 54, wertet 1 Thess 2,15de als einen Einschub.

[463] S. u. den Abschnitt 2.4.3 dieser Untersuchung.

[464] Vgl. HAACKER, Elemente 408. Anders MICHEL, Fragen 57.

[465] Vgl. BECKER, Paulus 489; BROER, ‚Antisemitismus' 82.

[466] Vgl. ZELLER, Christus 258. Inhaltliche Übereinstimmung herrscht zwischen 1 Thess
2,14 und Mt 5,11 f. par. Lk 6,22 f. in der positiv gesehenen Verfolgungssituation von judenchristlichen Israelmissionaren sowie darin, daß Israel für diese Unterdrückung die alleinige
Verantwortung trägt.

[467] Vgl. MICHEL, Fragen 51.

mission in Palästina „in ihrem Wirken am eigenen Volk von Juden schmähliche und verleumderische Abweisung erfahren"[468] hat, so muß die (heidenchristliche) Mission, ja die Existenz der (überwiegend) heidenchristlichen Gemeinde von Thessaloniki (vgl. 1,8 f.) die gleiche Behinderung und den gleichen Widerstand durch heidnische Behörden[469] erleben. Was für die Q-Gemeinde Signum der Zugehörigkeit zur erwählten jüd.-endzeitlichen Heilsgemeinde ist, darf für die heidenchristlichen Ekklesia, so Paulus, ein Beleg der (Geist-)Wirkung des völkererwählenden Gotteswort-Evangeliums (2,13 vgl. V. 14: γάρ) sein. Ob aber darum der vorpaulinische Partizipalsatz von V. 15a–c nach dem Q-Makarismus zu ergänzen bzw. zu gestalten ist,[470] muß wegen der Differenz in Formulierung (Anrede in der 2. Pers.) wie im Inhalt (keine Prophetenmorde, sondern nur Verfolgung derselben) offenbleiben.

Läßt sich auch der genaue Wortlaut der ursprünglichen vorpaulinischen palästinisch-judenchristlichen Gerichtsprophetie über Israels Erwählungsheil von 1 Thess 2,15a–c.16bc nicht exakt rekonstruieren, so ist der vorstellungsmäßige Zusammenhang zu dem bereits bis Mk 12,8a in seiner allegorischen Metaphorik entschlüsselten Winzergeschichte von 12,1b–5b.6a*.b*.c.7a.c.8a.9 so eng,[471] daß er als sachliche Parallele den frühen palästinisch-judenchristlichen Entstehungsort[472] dieser urchristlichen Verarbeitung des dtr. Geschichtsbildes in einer griech.-sprechenden Gemeinde erläutern kann. Es entsprechen sich nämlich die Darstellung der beiden Freveltaten, erstens die dtr., pseudohistorische Prophetenaussage, daß (ganz) Israel die Propheten getötet hat (Mk 12,2–5b als erzählerische Klimax zu V. 5b = 1 Thess 2,15b[473]), und zweitens, daß (ganz) Israel auch für die Tötung einer markanten Einzelperson (Mk 12,6a*.b*.c.7a.c.8a = 1 Thess 2,15a), in der Winzerallegorie metaphorisch als υἱός bzw. υἱός μου verschlüsselt (Mk 12,6a*.c), in 1 Thess 2,15a als κύριος Ἰησοῦς benannt[474], verantwortlich ist.[475] Sodann entspricht sich

---

[468] STECK, Israel 259.

[469] Anders MICHEL, Fragen 52.

[470] Vorstellbar wäre, daß auf einen prophetischen Makarismus oder Freudenaufruf der 2. Pers. Plur. über die Behinderung der judenchristlichen Israelmissionare (= Mt 5,11 f. par.; 1 Thess 2,15c) eine pseudohistorisch-dtr. Begründung folgt (= V. 15ab), die als Schuldaufweis (= V. 16b) die Verwerfung Israels als Erwählungsvolk ankündigt (= V. 16c).

[471] Vgl. STECK, Israel 276.

[472] Mit SCHWEIZER, Mk 131; HENGEL, Gleichnis 34; FRANKEMÖLLE, Jesus 198; BLANK, Sendung 18 f.; SNODGRASS, Parable 107; SCHOLTISSEK, Vollmacht 201, gegen STECK, Israel 271.273.276.278.311, Anm. 3; GNILKA, Mk II/2 144.148.

[473] Ἀποκτεινάντων bezieht sich auf τὸν κύριον Ἰησοῦν und τοὺς προφήτας, vgl. STECK, Israel 275, Anm. 2; MICHEL, Fragen 54.

[474] Zur Bedeutung von „Kyrios Jesus" für das hell. Judenchristentum (1 Kor 11,23b) vgl. HAHN, Hoheitstitel 112 ff.

[475] Durch diese vorpaulinische Parallelüberlieferung 1 Thess 2,15a–c.16bc läßt sich nochmals zeigen, daß die Erzählung von der zweifachen „Tötung" von Abgesandten des Weinbergverpächters (Mk 12,5b.8a) in der Winzerallegorie ursprünglich ist, gegen DODD, Parables 100; CADOUX, Parables 34 f.; JEREMIAS, Gleichnisse 69; HENGEL, Gleichnis 6; VIA, Gleichnisse 129; FRANKEMÖLLE, Jesus 198; ROBINSON, Parable 446; KLAUCK, Allegorie 287.

die im dtr. Geschichtsbild verankerte endzeitliche göttliche Gerichtsaussage über Israel,[476] in Mk 12,9bc als ein zukünftig unabweisbares Handeln prophetisch antizipiert, in 1 Thess 2,16c als ein bereits gegenwärtig wirksames Zornesereignis angesagt.

Aufgrund der differentia specifica dieser beiden frühen palästinisch-judenchristlichen Aktualisierungen dtr. Geschichtstheologie läßt sich formkritisch ihr verschiedener *Sitz im Leben* bestimmen: Als funktionaler Hintergrund der vorpaulinischen Gerichtsprophetie über Israel von 1 Thess 2,15a–c.16bc ist dabei die das Selbstverständnis der frühen (juden-)christlichen Heilsgemeinde als die der Auserwählten von ganz Israel zutiefst bedrohende Tatsache anzunehmen (vgl. Röm 10,3.16; 11,25), daß ihre Israelmission in der Synagoge überwiegend keinen Widerhall fand.[477] Und aus der Frage Mk 12,9a, die auf das in V. 8a kurz zuvor berichtete Geschehen reflektiert, läßt sich schließen, daß für die palästinisch-judenchristliche Gemeinde das unmittelbare Erschrekken über die den Sündenbecher Israels übervoll (vgl. 1 Thess 2,16b) machende Freveltat des gewaltsamen Todes an dem jüd. Umkehrprediger Jesus so groß war,[478] daß sie dringenden Anlaß gab, die gesamte Bundesgeschichte Israels theologisch reflektierend aufzuarbeiten.

Der plötzliche Tod des sich in seiner Basileia-Verkündigung in einer bemerkenswerten Ausschließlichkeit an seinen Gott bindenden Juden Jesus bildet denn auch den vorausliegenden historischen Sachgrund, der zur metaphorischen Verschlüsselung des geschichtlichen Bundesverhältnisses zwischen Jahwe/Kyrios und Israel bis zur Zeit des Auftretens von Jesus in der allegorischen Geschichte von den bösen Pächtern eines Weingutes führte. Die Erzählerfrage in Mk 12,9a nach der Handlungskonsequenz des Weingutbesitzers ist die Frage eines Judenchristen, oder angemessener: ist die Frage eines zutiefst von dem Verkündigungsanspruch Jesu überzeugten Jesus-Anhängers der ersten Stunde an seinen jüd. Nächsten, an sein eigenes jüd. Erwählungsvolk.[479] Angesichts der Außerordentlichkeit des gewaltsamen Vergehens an Jesus, eine Bluttat an einem Menschen, der in seinem besonderen Verhältnis zu Gott mit einem stellvertretenden Gesandten vergleichbar war, ja, dessen interpretative Nähe zu Gott nur noch adäquat über das familiäre Vater-Sohn-Verhältnis beschrieben werden kann, sieht er Gott selbst tätlich angegriffen (vgl. 2 Chr 36,16). Ohne zwischen jüd. Tätern und röm. Exekutoren (vgl. anders Act 13,28), ohne zwischen Mitläufern und politisch-admini-

---

[476] Vgl. STECK, Israel 275.275 f., Anm. 3. Anders KLAUCK, Gleichnis 125. Zur (dtr.) Rede vom (Gottes-)Zorn vgl. 2 Kön 17,18; Jer 44,6, auch 1 Makk 3,8; Ps 106,40; Thr 1,12; 2,1.22.
[477] Vgl. als Sachparallele den jüd. Zusatz von Jub 1,12c zur jüd. Rezeption der dtr. Geschichtstheologie in 1,7–26, der auf die Asidäer des 2. Jh. v. Chr. zu beziehen ist.
[478] Vgl. JÜLICHER, Gleichnisreden 1,116.
[479] Vgl. JÜLICHER, Gleichnisreden 2,406; BLANK, Sendung 19.

strativ Verantwortlichen zu differenzieren,[480] steht er ganz im Banne des den Erwählungsstand Israels reflektierenden dtr. Geschichtsbildes und sieht ganz Israel seiner außerordentlichen Wertschätzung als von Gott akzeptiertes und begünstigtes Bundesvolk verlustig gehen. Durch die literarische Form der Allegorie richtet der Autor der Winzererzählung die affektive Einstellung seiner Rezipienten auf das kürzlich geschehene Jesus-Geschick und sorgt auf diese Weise dafür, daß es nicht als eines unter vielen unmenschlichen Schicksalen der Welt im Bewußtsein seiner Nachwelt verlorengeht.

Die zweiteilige Strafexpedition (Mk 12,9b+c), die mit dem zukünftigen „Kommen" des Weingutbesitzers zum Ort seines palästinischen Eigentums einsetzt (V. 9bα), geht konzinn auf den konzeptionell doppelsinnigen Beginn der Winzerallegorie ein: Hatte der reiche Großgrundbesitzer seine wertvolle Weingutanlage einer bestimmten Gruppe aus der großen Masse besitzloser palästinischer Landbevölkerung anvertraut (V. 1b–g), so beseitigt er auf dem Wege der eigenmächtigen Lynchjustiz die Landarbeiter, weil diese sich als unwürdige Vertragspartner erwiesen haben (V. 9bβ). Hatte der kapitalstarke Weingutbesitzer sein Eigentum per Vertrag an palästinische Winzer zur Bestreitung ihres und ihrer Familien Lebensunterhalt vergeben und damit sich auf Zeit an sie gebunden, so hebt er das bestehende Vertragsverhältnis durch die Installation neuer Pächter für jedermann sichtbar auf (V. 9c). Allegorisch entschlüsselt geht das zukünftige Gericht Gottes also harmonisch auf den soteriologischen Doppelaspekt *Israel* ein: Dem Bundesvolk wird die göttliche Gnade der Erwählung, die es als eines aus vielen Völkern der Erde würdigte, entzogen. Gleichermaßen wird Israel auch die nur im Erwählungsverhältnis liegende Chance genommen, eine Existenz nach den Segensgrundsätzen der göttlichen Lebensordnung zu führen. Auffällig dabei ist, daß die strafende ‚Abrechnung' mit den säumigen und mordenden Pächtern nicht wie in der Allegorie von Jes 5,1b–7 nach einem förmlichen Rechtsverfahren zwischen den Beteiligten einsetzt (s. V. 3 f.). Zwischen den (Rechts-)Parteien gibt es angesichts des extraordinären Frevels der Pächter keinen Rechtsgrundsatz mehr, der die Verfahrensbeteiligten trotz aller (un-)menschlicher Gewalttat bindet. Das synthetische Weltbild, das im Kern als Weltordnungsdenken ein Urteil über den Schuldigen ermöglicht (vgl. Jes 5,4), ist mit dem den Weingutgrundherrn treffenden tätlichen Angriff auf seinen Sohn keine Basis der Auseinandersetzung mehr. In der allegorischen Umsetzung heißt das: Ultima ratio der den Frevel am Gottessohn beantwortenden Tat ist das um seine eigene Existenz kämpfende Gerichtshandeln Gottes[481]: sofort und ohne Rechtsverfahren (vgl. 1 Thess 2,16c).

---

[480] Vgl. Steck, Israel 270.

[481] Vgl. Biser, Gleichnisse 139: „Darum haftet seiner (sc. Gottes) ... Strafaktion ... etwas Ohnmächtiges, um nicht zu sagen Verzweifeltes an. Weil sie zu spät kommt, ist diese Strafe nur noch Rache".

Für den ersten Teil des Gerichtswortes (Mk 12,9b) läßt sich anhand atl. und ntl. Paralleltexte zeigen, daß die Metaphernrede vom aktiven „Kommen zum Verderben", wiewohl sie gleichwohl die böse Tat des Menschen beschreiben kann (Joh 10,10), zum traditionellen Bildbestand weisheitlicher und prophetischer Mahnrede über das Gottesgericht an Israel[482] gehört.[483] Für Mk 12,9b ist nun die Beobachtung interessant, daß im hell. Judenchristentum neben und vor Paulus, in dem von Paulus in 1 Thess 1,9bf. rezipierten, in der antiochenischen Missionsgemeinde entstandenen,[484] judenchristlichen Schema einer Missionspredigt an die Heiden[485] neben der eschatologischen Erlösungsfigur des „Sohnes" (V. 10, vgl. Mk 12,6a*.c) die Rede vom „Kommen des [göttlichen] Zornes" (1 Thess 1,10) vorhanden ist. Ist demnach das hell. Judenchristentum von Antiochia bei seiner Heidenmission von dem eschatologischen Verwerfungshorizont über die generell sündigen (Heiden-)Völker überzeugt (= 1 Thess 1,10), so steht nach Mk 12,9b für das palästinische Judenchristentum in seiner prophetischen Gerichtsüberführungsrede an Israel gleichermaßen derselbe endzeitliche Ausgang der Bundesunheilsgeschichte zwischen dem Kyrios und seinem jüd. Erwählungsvolk fest[486]: Gott wird, Gott muß Israel ob der Strafe für seine antigöttliche Sünde (vgl. 1 Thess 2,16b) verwerfen,[487] definitiv[488].

Der zweite Teil des Gerichtswortes über Israel (Mk 12,9c) reflektiert sodann über das bundestheologische Konzept der Erwählung. Läßt sich belegen, daß ἀπόλλυμι als prophetischer Terminus des Gottesgerichtes[489] oftmals in Verbindung mit δίδωμι erscheint,[490] so steht V. 9c ganz im Dienst der *Gerichtsaussage*, nämlich Israel die Heilsgabe des Bundes endgültig und unwiderruflich zu entziehen.[491] Wird die Gnadengabe neu, an ein „anderes"

---

[482] Vgl. auch die Vorstellung, daß Jahwe sich als Kriegsgott vernichtend an Israel wendet, dazu OTZEN, Art. אבד 22.

[483] Vgl. Dtn 28,45; Hi 20,28; Prov 6,15; Jes 13,9; Jer 46 (26),21; 47 (29),4; Bar 4,25, auch Mt 10,28b par.; 25,19ff. par.; Lk 13,6ff.; Jak 4,12. Dazu OEPKE, Art. ἀπόλλυμι 395; SCHNEIDER, Art. ἔρχομαι 667; PESCH, Mk II/2 219; BÖTTGER, König 28, Anm. 68.

[484] Vgl. BECKER, Paulus 113–5.

[485] Daß 1 Thess 1,9bf. weitgehend traditionell sind, legt sich durch die Hinweise von WILCKENS, Missionsreden 81 f.; FRIEDRICH, Tauflied 502 ff.; STUHLMACHER, Evangelium 258–66; BUSSMANN, Missionspredigt 39–56, SCHADE, Christologie 31–4, nahe.

[486] Gegen KÜMMEL, Gleichnis 210.

[487] Geht das Gericht über das Theologoumenon vom Erwählungsstatus des jüd. Volkes, so sind im Ansatz alle Versuche ausgeschlossen, in Mk 12,9b einen Reflex auf zeitgeschichtliche Ereignisse zu entdecken, mit BURKITT, Parable 323; STECK, Israel 273, Anm. 1.277; SNODGRASS, Parable 90, gegen DODD, Parables 98; SUHL, Funktion 140; HAHN, Mission 95, Anm. 4; LÜHRMANN, Mk 200.

[488] Vgl. STECK, Israel 273, Anm. 1.277, Anm. 3; GOPPELT, Typos 92f.; CARLSTON, Parables 189.

[489] Vgl. KAZMIERSKI, Jesus 134.

[490] Vgl. Jes 13,9f.; Jer 51(28),55; 48(31),8; Ez 25,7; 29,12; 30,12.14–16; 32,15; 33,28 usw.

[491] Mit JÜLICHER, Gleichnisreden 2,394; MILLER, Scripture 430, gegen KÜMMEL, Gleichnis 210.

Bundesvolk vergeben werden, so ist, juridisch konsequent, auch jeder nach-
wachsenden Generation in Israel die Chance genommen, ein noch bestehen-
des Bundesverhältnis als Kinder der (verstorbenen) Eltern wieder mit neuen
Leben zu füllen. Das Verwerfungsgericht über Israels Erwählung gilt vielmehr für alle Zeit.[492]

Das hinter der Winzerallegorie stehende palästinische Judenchristentum
folgt also mit der absoluten Gerichtsmanifestation über das Ende der Erwählung Israels der Infragestellung des jüd. Selbstverständnisses als Kinder Abrahams, wie sie bereits Johannes der Täufer (vgl. Mt 3,9 par.) und Jesus von
Nazareth (vgl. Mt 8,11 f. par.) kritisch geübt hatten. Durch seine endgültige
Gerichtsaussage über das Judentum als dem auserwählten Volk Gottes sprengt
es aber die Grenzen einer innerjüdischen Erneuerungsbewegung wie sie die
Gerichtsdoxologie des dtr. Geschichtsbildes sowie seiner frühjüdischen Aktualisierungen darstellen. Trotz aller Gerichts- und Verwerfungsankün-
digungen Gottes reißt nämlich der Erwählungsgedanke für jüd. Denken und
Hoffen niemals ab. Verbannung und Exil sind vorübergehend, Gottes Zorn
dauert nicht ewig (vgl. Ps 103,9 ff.; Jer 3,12; LibAnt 19,2). Nach der Strafe
und der erfolgten Umkehr folgt die Erneuerung der Verheißung, entweder an
ganz Israel oder an die heilige Restgemeinde.[493]

In ihren unerhörten Konsequenzen wird die definitive Gerichtsaussage über
Israel vielleicht erst deutlich, wenn man *hypothetisch* (!) die schöpfungstheologische Dimension der Winzerallegorie von Mk 12,9c reflektiert. Die
Aussage von der postjuridischen Zukunft des Weingutes in einer neuen Verpachtung sagt nämlich allegorisch entziffert, daß *das bundestheologische
Konzept* weiterhin in Geltung bleiben wird: Gott kann sich in seiner Zuwendung zu seiner Schöpfung nicht untreu werden. Die von der Weingutallegorie
eingebrachte Kategorie der „anderen" Bundespartner ist aber nicht sogleich
auf die Menschen(-klasse) der Nichtjuden, ergo die jüd. als Heiden(-Völker)
tituliert werden, zu beziehen.[494] Sie erklärt dem jüd. Gegenüber in erster Linie, daß die für ihn bisher unumstößlich feststehende Soteriologie, als Jude
(mit der Beschneidung am achten Tag) sich im Status der Erwählung zu befinden, endgültig abgeschafft, keine Wirklichkeit mehr für Gott ist. Der nächste
Bundespartner Gottes, mit dem er seinen neuen Bundesvertrag über ein Leben
in der Verheißung abschließen will, kann ein (ehemaliger) Israelit sein, ge-

---

[492] Mit STECK, Israels 273, Anm. 2.277, Anm. 3, gegen MILAVEC, Analysis 105.110; ders.,
Parable 291.310 f.; ders., Identity 34.36.; ERLEMANN, Bild 235.

[493] Vgl. ERLEMANN, Bild 238.

[494] Mit KÜMMEL, Gleichnis 214; BOSCH, Heidenmission 126, gegen DODD, Parables 99;
JEREMIAS, Gleichnisse 68; LOHMEYER, Mk 246, Anm. 4; BURKILL, Revelation 201, Anm. 25;
SCHWEIZER, Mk 132; WREGE, Gestalt 61 ff. Die Deutung der ἄλλοι (Mk 12,9c) auf die
πτωχοί (vgl. Mt 5,3), so JEREMIAS, aaO. 74, ist durch nichts begründet (vgl. KÜMMEL,
Gleichnis 214, Anm. 29; VINCENT, Parables 85).

wiß,[495] nur ist sein Status-Verweis nicht mehr gültig: erst wenn er sich von der soteriologischen Konzeption freimacht, die das Judentum als das einzige Erwählungsvolk Gottes kennt, wird er neuer Bundespartner Gottes werden können.

Und einem theologischen Schockerlebnis kommt die Gerichtsaussage der Winzerallegorie für einen Juden gleich, wenn man *hypothetisch* (!) auch die zweite in Mk 12,9c enthaltene postjuridische Heils-Möglichkeit durchspielt. Denn auch ein von Juden als *Heide* bezeichneter Mensch, z. B. ein Gottesfürchtiger, kann unmittelbar zum neuen Bundespartner Gottes werden, d. h. ohne den Umweg der Inkorporation in die Synagoge über den Weg der Beschneidung als Übernahme des Bundesverhältnisses, eben weil dieses ja nicht mehr existent ist. Ist Israels soteriologische Exklusivität erst einmal demontiert, dann gilt die göttliche Verheißung *jedem Menschen*.[496]

Der Wert dieser hypothetischen, schöpfungstheologischen Überlegungen zur Gerichtsansage der Winzerallegorie liegt somit darin, den in der Verwerfungsaussage nicht thematisierten, aber doch bereitliegenden Zug zur Universalisierung des Heils freizulegen.[497] Die die Winzerallegorie tradierende Gemeinde kann das Heil auch den (nichtjüdischen) *Gottesfürchtigen* anbieten (vgl. Act 8,38), sie muß es nicht. Sie kann das Heil auch den „Griechen" offerieren (11,20 f.), sie muß es nicht. Sie kann zur weltweiten thoraunabhängigen Völkermission aufrufen (vgl. 1 Thess), sie muß es nicht. Der von der soteriologischen Grundlage des Judentums emanzipierten judenchristlichen Gemeinde steht die neue Möglichkeit Gottes offen. Für welche missionstheologische Strategie sie sich entscheiden wird, gibt der ursprüngliche Text der Winzerallegorie nicht preis. Hier hat die Allegorie ihre Kraft verloren, ist ihre metaphorische Sprache verbraucht.

Ist die Metaphorik der allegorischen Doppelerzählung über die Verpachtung eines Weingutes als *palästinisch-judenchristliche Gerichtsüberführungsrede über das definitive Ende von Israels Erwählungsheil* adäquat entschlüsselt, so ist es nunmehr an der Zeit, den beiden nichtmetaphorischen Teilen, der direkten Rede von Mk 12,6c und V. 7c Aufmerksamkeit zuteil werden zu lassen. Beginnt man mit der Bedeutungsklärung des Zitates von Gen 37,20 im kollektiven Selbstgespräch der Pächter über den Sohn des Weinguteigners (= Mk 12,7c), so würde sich auf den ersten Blick eine christologische Josephstypologie (αὐτόν = ὁ υἱός μου [V. 6c] = Jesus [vgl. 1 Thess 2,15a] = Joseph) nahe-

---

[495] Vgl. MILAVEC, Analysis 110; ders., Parable 311.

[496] Gegen WEDER, Gleichnisse 159.159, Anm. 56 (vgl. KATO, Völkermission 126), der den theologischen Universalismus von Mk 12,9c auf den Austausch Israels durch die christliche Gemeinde reduziert. Damit interpretiert er Mt 21,43.

[497] Vgl. STECK, Israel 273: „Es will streng beachtet sein, daß die Absicht der Allegorie nicht die ist, zu erklären, wie es zur Heilsteilhabe der Heiden gekommen ist …, sondern einzig, warum das Heil von Israel als solchem genommen ist!"

legen. Jedoch hat *Hans-Josef Klauck* unmißverständlich klargemacht, daß eine
solche Vermutung schlicht am Mangel an frühjüdischen wie urchristlichen
Belegen scheitert.[498] Sieht man sich jedoch den näheren Kontext des Zitates
aus Gen 37,20 in 37,18–25[499] an, so ist zu erkennen, daß in diesem Teil der
Josephserzählung (Gen 37–50) nicht so sehr die Person Josephs im Mittelpunkt des Interesses steht. Vielmehr geht es um die den erzählerischen Ausgangspunkt der Novelle markierende böse Absicht seiner (elf) Brüder (vgl. den
Kohortativ der Selbstermunterung von Gen 37,20 = Mk 12,7c), gegen den
Träumer Joseph (vgl. Gen 37,5 ff.) mit aktiver Gewalt vorzugehen, um ihn an
der zukünftigen Realisierung seiner in Traumgesichten antizipierten Herr-
scherambitionen über seine eigenen Brüder zu hindern. *Gerhard von Rad* hat
nun in überzeugender Weise belegt,[500] daß die Josephsnovelle mit ihrem für
alle Beteiligten glücklichen Ausgang an der Theologie der verborgenen Führung von menschlicher Geschichte auch gegen allen erklärten menschlichen
Widerstand partizipiert (vgl. Gen 50,20 mit Prov 16,9) und damit die theologische Grundüberzeugung der altisraelitischen Weisheitslehre repräsentiert.[501]
Die theologische Vorstellung von der provozierenden Erprobung des *einzelnen
Gerechten* (= Joseph) durch ein Kollektiv von ihn *bedrängenden Feinden* (=
seine Brüder) hinsichtlich der Falsifikation seines (Herrscher-)Anspruches
zeichnet sich dabei als ein Generalmotiv des jüd. Weisheitsschrifttums aus, das
sich mit dem individuellen Tun-Ergehen-Grundsatz des synthetischen Weltbildes im Zusammenhang eines Streites um die richtige Thoraauslegung kritisch
auseinandersetzt.

An dem vorweisheitlichen literarischen *Diptychon*[502] von Weish 2,12*–20;
5,1–7,[503] einer aktualisierenden Interpretation (ca. 100–70 v. Chr.) des sog.

---

[498] Vgl. Allegorie 288, Anm. 8, ders., Gleichnis 124 f., s. auch HENGEL, Gleichnis 18 f.,
Anm. 60. Anders MILLER, Scripture 98 ff.; LEE, Jesus 168; PESCH, Mk II/2 219. Zur christlichen Redaktion von TestBenj 3,8 s. BECKER, Untersuchungen 51 ff.; POPKES, Christus 47–
55; DEJONGE, Test. Benjamin 3:8 S. 204 ff. Zu den (späten) rabb. Zeugnissen über einen
kriegerischen Messias ben Joseph vgl. BILLERBECK, Kommentar II 292–9; MILLER,
Scripture 60–2. Act 7,9–16; Hebr 11,21 f. tragen nur exemplarischen Charakter, vgl.
RUPPERT, Josefserzählung 250–3.

[499] Dazu MILLER, Scripture 395, Anm. 170: „The words (sc. Mk 12,7c) ... ring a bell".
Vgl. auch Mk 12,6b* mit Gen 37,14d LXX: ἀπέστειλεν αὐτόν; Mk 12,8a mit Gen 37,24
LXX: καὶ λαβόντες αὐτόν.

[500] Vgl. Josephsgeschichte 272 ff.

[501] Deshalb ist es auch nicht verwunderlich, daß in der späteren atl. Weisheitsliteratur die
Wirkungsgeschichte der Josephsgeschichte zu verfolgen ist, vgl. Ps 105,17 ff.; Weish
10,13 f.; Sir 49,15. Dazu RUPPERT, Josephserzählung 239 ff.; NICKELSBURG, Resurrection
48 ff.; KLEINKNECHT, Gerechtfertigte 110.

[502] Zur Rekonstruktion dieses literarischen Quellentextes von Weish, vermutlich ursprünglich in Hebräisch abgefaßt, vgl. RUPPERT, Der leidenden Gerechte 70 ff.; ders., Gerechte 7 ff. Nach RUPPERT, aaO. 81; ders., Gerechte 7 f., ist Weish 2,12 im ersten Halbvers
nachträglich durch die Red. von Weish aufgefüllt worden.

[503] Zu den literarischen Beziehungen des *Diptychons* zur Josephsnovelle vgl. Weish 2,17
mit Gen 37,20, dazu RUPPERT, Der leidenden Gerechte 77.

vierten Gottesknechtsliedes (Dtjes 52,13–53,12)[504], in dem sich eine wegen ihres spezifischen Gesetzesverständnisses unterdrückte chassidisch-pharisäische Gruppe zu Wort meldet,[505] sowie seiner redaktionellen Überleitung durch den hell.-jüd. Verfasser von Weish in 2,10f.[506] läßt sich nun mit Hilfe eines literarischen Vergleiches mit Mk 12,6a*.b*.c.7a.c.8a zeigen, daß die Winzerallegorie Jesus in der Figur des *von seinen Feinden den Tod erleidenden Gerechten* auftreten läßt.

In dem ersten Teil des *Diptychons* (Weish 2,12*–20) findet sich die zweimalige Bemerkung, daß ein einzelner *Gerechter* (vgl. V. 12*) zu Gott in einem besonderen Sohn-Vater-Verhältnis steht (V. 16d: καὶ ἀλαζονεύεται πατέρα Θεόν; V. 18a: ὁ δίκαιος υἱὸς Θεοῦ, vgl. 5,5), was der zweimaligen Angabe der Winzerallegorie entspricht, wenn ihr Erzähler den vierten Agenten als υἱός des Großgrundbesitzers einführt (Mk 12,6a*) und ihn in einem Selbstgespräch desselbigen als (ὁ) υἱός μου vorstellen läßt (V. 6c). Auch findet sich in der direkten Rede der *Feinde des Gerechten* (vgl. Weish 2,12*–20 mit Mk 12,7a.c) eine fünfmalige Selbstermunterung (vgl. Weish 2,12*.17a.b.19a.20a mit Mk 12,7c), deren (sich steigernde) Reihe in Weish 2,20a mit dem Ansinnen des Mordplanes endet, wenn es kohortativisch heißt: θανάτῳ ἀσχήμονι καταδικάσωμεν αὐτόν. Da in Weish 5,1–5 die Reflektion von der postmortalen Situation des Gerechten ausgeht,[507] läßt sich auch hier die Parallele zur Winzerallegorie ziehen: Die Pächter fassen ja den Plan zur Ermordung des Sohnes des Verpächters (Mk 12,7c) und der Erzähler der Winzerallegorie weiß den Vollzug zu berichten (V. 8a).

Auch hinsichtlich der Darstellung des Verhältnisses des *Einzelnen und der Menge* läßt sich eine Entsprechungsrelation zwischen beiden Texten konstatieren: Übernehmen die in Weish 5,4 als „Toren" bezeichneten *Feinde des Gerechten* die ihn aktiv unterdrückende Rolle (vgl. 2,12*–20; 5,1f.4), so wird der *Gerechte* bis auf eine Ausnahme (2,12b–d) als passiv leidend beschrieben. Gleichwohl kennt es auch die Winzerallegorie, insofern der zu den Pächtern Gesandte zwar in der Figur des den Pachtzins aktiv Einfordernden auftritt (vgl. Mk 12,6b), aber ansonsten nur in der Rolle als entweder besprochenes (V. 6c.7c) oder aber schließlich leidendes Objekt erscheint (vgl. V. 8a).[508]

Schließlich läßt sich sehen, daß in der überleitenden Redaktion vom *Diptychon* in Weish 2,10f., wo vom Weish-Redaktor vor das Thema des bis zum Tode verfolgten Gerechten die passio pauperum (Armut; Witwenstand; Greisenalter) gestellt wird, das Motiv des *Sich-Scheuens* auftritt,[509] wenn es in der Selbstrede der Bedränger heißt (V. 10): „Laßt uns nicht scheuen (μηδὲ ... ἐντραπῶμεν) das Haar des hochbetagten Greises". Auch die Selbstreflektion des Weingutbesitzers in Mk 12,6c be-

---

[504] Vgl. RUPPERT, Der leidende Gerechte 87; ders., Jesus 23; ders., Gerechte 22ff.
[505] Vgl. RUPPERT, Der leidende Gerechte 89–95; KLEINKNECHT, Gerechtfertigte 105f.
[506] Vgl. RUPPERT, Wortfelduntersuchung 130; ders., Der leidenden Gerechte 75f.96f.
[507] Vgl. RUPPERT, Spätschriften 79.
[508] Vgl. STECK, Israel 15, Anm. 1.
[509] Vgl. Psalmenmotiv vom bedrängten Frommen Ps 35,4.26; 40,15; 70,3, auch 71,24; 83,18.

müht ja mit derselben Vokabel die Hoffnung auf den Respekt, den das Auftreten seines eigenen Sohnes bei den Pächtern erheischen soll.[510]

Gibt es nun innerhalb der atl. Tradition vom *leidenden Gerechten* dieselbe Konkretisierung der (gedeuteten) Winzerallegorie, daß als Feinde des Frommen das ganze (jüd.) Volk auftritt (Ps 3,7; 22,7, vgl. Sir 51,2)[511] und sind zwischen dem dritten Abschnitt der ursprünglichen Winzerallegorie (Mk 12,6a*.b*.c.7a.8a) und dem ersten Teil des *Diptychons* von Weish 2,12*–20; 5,1–5 genügend motivgeschichtliche Übereinstimmungen nachzuweisen (s. o.), so ist in der vormarkinischen Winzerallegorie eine Beziehung des (judenchristlich) aktualisierten dtr. Geschichtsbildes und der weisheitlichen Tradition von der bis zum Todesleiden ausgezogenen Bedrängnis des einzelnen Gerechten (Weish 2,12*–20, vgl. äthHen 103,9–15. bes. V. 15)[512] nachgewiesen (vgl. auch Lk 6,22 f. par.).[513] Nach der Geschichtsanschauung der Winzerallegorie ist die zweite und letzte (kürzere) Epoche der jüd. Bundesgeschichte von den von Gott zu Israel gesandten *leidenden Gerechten* gekennzeichnet. Die prophetischen Gesetzes- und Umkehrprediger zum offenbarten Bundeswillen Gottes (vgl. Mi 6,8) wurden abgelöst von einzelnen Exponenten thorafrommer Kreise in Israel,[514] den *Gerechten*, deren vorrangiges Ziel darin lag, in rückhaltloser Ergebung in den für sie selbst wohl eher dunklen Gotteswillen mit ihrem Lebenswandel für Gott und ihre Auslegung seines Thora-Bundes zu werben (vgl. Dtjes 53,7–10; Weish 2,12.15).[515] Jesus ist für den judenchristlichen Autor der Winzerallegorie das treffendste Beispiel der sich auf den (verborgenen) Gotteswillen (vgl. Mk 4,1 ff.) bis in den Tod (vgl. 14,25) verpflichtenden Thoragerechten. Sein Wirken an Israel war von dem Anspruch der Gottunmittelbarkeit gekennzeichnet (vgl. Weish 2,12; Mk 2,10), Jesus besaß eine am mosaischen Gesetz orientierte Gotteserkenntnis (vgl. Weish 2,12; Mk 3,4) und hielt an der eschatologischen Lebensverheißung der Thora fest (vgl. Weish 2,16b, dazu Dtn 30,15 f.19 f.; Mk 10,29 f.).

Wenn nun nach der Winzerallegorie ganz Israel zu den erklärten Feinden des mit seiner ganzen Existenz für sein Verständnis des Thora-Bundes werbenden Gerechten zählt, die von der Scheinheiligkeit und Vermessenheit des Frommen (vgl. Weish 2,12.14.16a; Gen 37,20 im Kontext von 37,8 ff.) wie andererseits

---

[510] Gegen PESCH, Mk II/2 218, der meint, daß der Begriff in den Kontext der dtr. Prophetengeschicktradition gehört. Aber in 2 Chr 36,12 LXX hat ἐντρέπω ἀπό τινός die Bedeutung „sich beugen, sich demütigen".

[511] Vgl. auch die Bezeichnung אדם Ps 56,12; 119,134 oder אישׁים, אישׁ Ps 31,21; 141,4 oder בני אדם Ps 31,20; 1QH 5,11.15 oder בשׁר Ps 56,5 oder דור Ps 12,8 als Feinde des Frommen.

[512] Vgl. auch Ps 10,8; 94,6; äthHen 99,15; Ps 61,4 LXX.

[513] Vgl. STECK, Israel 255; KLEINKNECHT, Gerechtfertigte 82.

[514] Vgl. RUPPERT, Spätschriften 82.

[515] Vgl. RUPPERT, Spätschriften 78.

von der Richtigkeit des eigenen Lebenswandels in Übereinstimmung mit dem
Gotteswillen der Thora überzeugt sind (vgl. Weish 2,12.15.16), so wird „durch
ihre Feindschaft gegen den … Gerechten … ihre Feindschaft gegen Gott offen-
bar"[516]. Wenn Israel schließlich sich sogar bereit findet, für die eigene Thora-
Überzeugung und damit im vermeintlichen Interesse Gottes den *Gerechten* mit
einem Justizverfahren zu überziehen (vgl. 2,20) bzw. dem Tod auszusetzen
(Mk 12,7c), so ist ihr Unternehmen der Prüfung des von dem *Gerechten* groß-
sprecherisch[517] vertretenen Thoraanspruches „*letztlich eine Herausforderung
Gottes* selbst, eine ‚tentatio Dei'"[518]. Um zu erweisen, daß Gott wahrhaftig
Gott ist, daß die Gewährung und Verheißung von Leben im Bundesverhältnis
für seinen zu Israel gesandten Thora-Gerechten, Jesus, in Kraft bleibt, muß
Gott die antigöttliche Erwählungsgeschichte mit seinem Negativpartner Israel
um seiner selbst willen beenden.

Der jüd. Adressat der ursprünglichen Winzerallegorie, der aufgrund ein-
dringlicher *prophetischer Gerichtsüberführungsrede* unausweichlich mit dem
definitiven Ende seiner Bundesgeschichte mit dem Gott Israels rhetorisch
überzeugend konfrontiert wird, steht paradoxerweise nicht am ausweglosen
Ende, sondern erst am Anfang: Wie es das generelle Ziel der dtr.[519] wie dtr.
aktualisierten frühjüdischen Geschichtspredigt[520] war, mit Hilfe penetrant-ne-
gativer Stilisierung des geschichtlichen Versagens Israels im Bundesverhältnis einerseits die Rehabilitierung des im (Exils-)Gericht an Israel am
Werke seienden Gottes einzuleiten und andererseits ganz Israel mit seiner und
seiner Väter Schuld[521] zu behaften, um es gerade dadurch zur Reue und zur
Umkehr gegen seinen Gott zu bewegen,[522] so versteht sich auch der judenchristliche Erzähler der Winzerallegorie vollends als *Erweckungsprediger an
Israel*. Stehen denn die Worte, die von der Zukunft des Gottesgerichts handeln, im grammatischen Futur (Mk 12,9bc), so hat die judenchristliche Aktualisierung der dtr. Geschichtstheologie das Ziel vor Augen, den gegenwärtigen
Bußakt Israels hervorzurufen.[523] Kann aber dieser judenchristliche Prediger
seinen jüd. Volksgenossen in seiner Bußpredigt gerade nicht mehr die Rückkehr zur mosaischen Bundesthora empfehlen wie er auch nicht genau erklären
kann, welche Konturen den neuen universalen Bund Gottes mit den Men-

---

[516] RUPPERT, Wortfelduntersuchung 271.
[517] Vgl. RUPPERT, Spätschriften 80.
[518] RUPPERT, Der leidende Gerechte 79.
[519] Dazu WOLF, Kerygma 322 f.
[520] Dazu STECK, Israel 110–21.
[521] Vgl. STECK, Israel 33, Anm. 6.
[522] Vgl. BROER, Antijudaismus 330 f.
[523] Vgl. BOSCH, Heidenmission 123; MICHEL, Fragen 55; SCHWEIZER, Mk 132 f.; WEDER,
Gleichnisse 157.157, Anm. 50.

schen auszeichnen werden (vgl. Mk 12,9c),[524] so wagt er es doch in der
schöpfungstheologischen Überzeugung, daß Gott seiner Lebensverheißung
treu bleiben wird (vgl. Gen 8,21 f.), die historisch mit zu den ersten Versuchen
einer Judenmissionspredigt zählende Winzerallegorie zu verfassen,[525] um für
Gottes neuen Bund zu werben. Die Theologie der Krise vertraut auf die neue
Möglichkeit Gottes.

1.3.3.2 Die Ermöglichung eschatologischen Heiles über die göttliche Rechtfertigung des leidenden Gerechten (Mk 12,10f.)

In Mk 12,10 f. begegnet man der ersten vormarkinisch-redaktionellen Fortschreibung der ursprünglichen Winzergut-Allegorie (V. 1b–5b.6a*.b*.c.7a.c.
8a.9) durch die sie als *missionarische Bußpredigt an Israel* tradierende hell.-
judenchristliche Gemeinde (Ps 117,22 f. LXX). Der *allegorische Anhang*
verläßt mit der Metapher vom wunderhaften Ereignis beim Hausbau den
metaphorischen Code der wirtschaftsrechtlich ausgerichteten Pacht-Allegorie, um jenseits der geschichtstheologischen Demontage jüd. Bundessoteriologie ein eschatologisches Heil für Israel zu begründen. Der judenchristliche
Israel-Missionar führt damit die *potentielle* postjuridische Soteriologie der
weisheitlich-prophetischen Gerichtsüberführungsrede von Mk 12,9c[526] inhaltlich aus. Er bewegt sich mit seinem Heilsangebot an Israel auf den gewohnten redaktionellen Bahnen prophetischer Gerichtsrede (vgl. z. B. die Redaktion des Am in 9,11 ff.), die aber nur allzuleicht in der Gefahr steht, den
Ernst der prophetischen Gerichtsbotschaft zu konterkarieren.

Um diesem Mißverständnis vorzubeugen, versucht der Israel-Prediger
durch ein Schriftwort der jüd. Bundes-Thora einen möglichst eigenständigen
Erkenntnisprozeß bei den jüd. Rezipienten der Winzerallegorie einzuleiten.
Wie die fragende, behutsam auf eine Schriftstelle aufmerksam machende
Schrifteinleitung (Mk 12,10a) andeuten will,[527] spricht ein Judenchrist zu seinen ihm eng verbundenen jüd. Volksgenossen.[528] Er steht als solcher seinen
jüd. Glaubensgenossen (noch) nicht so fern, als daß er sich nicht doch als Erzähler im *Wir* des Psalmwortes (V. 11b) mit ihnen, mit seinem von der
Winzerallegorie angesprochenen jüd. Volk zusammenschließen könnte.[529]

---

[524] Vom *Glauben* ist hier (noch, vgl. erst Mk 12,11b) nicht die Rede, gegen KLAUCK, Gleichnis 140.

[525] Vgl. noch Lk 11,49–51 par. Mt 23,34–36; Lk 13,34f. par. Mt 23,37–39; Act 7,52; 1 Thess 2,15a–c.16bc.

[526] S. o. den Abschnitt 1.3.3.1 dieser Untersuchung.

[527] Vgl. ERNST, Mk 343.

[528] Vgl. zum Ihr-Stil an Israel den Judenchristen Paulus in Röm 10,1 f.

[529] Der metaphorische Anhang kennt also im Unterschied zur ursprünglichen WinzergutErzählung (s. o. den Abschnitt 1.3.1.3 dieser Untersuchung) eine Dreierformation von
Personen (ὁ λιϑός = ὁ υἱός; οἱ οἰκοδομοῦντες = οἱ γεωργοί; ὁ κύριος = ὁ κυρίος τοῦ

Das zweiteilige, vom Israel-Missionar zitierte Psalmwort (I.: Mk 12,10bc; II.: V. 11ab), das erstens im antithetischen Parallelismus das Ereignis der Rehabilitierung eines Bausteines als statisch unverzichtbaren Fundament-Eckstein eines Hauses schildert und zweitens im poetischen Parallelismus membrorum diesen Vorgang[530] als von Menschen bestauntes Wunder eines unverfügbaren Gotteshandelns[531] interpretiert, stammt aus der atl.-weisheitlichen Tradition vom leidenden Gerechtfertigten.[532] Von Ps 118 ist bekannt, daß er zu den sog. *Dankliedern des Einzelnen*[533] gehört.[534] Der gottesdienstliche Anlaß der *Toda*, der kultischen Dankopferfeier aus Gründen der Errettung aus schwerer Not,[535] gibt dem Psalmbeter lehrend Gelegenheit, der Gemeinde Israels seinen Lobpreis Gottes vorzutragen. Im Rahmen einer Torliturgie (vgl. Ps 118,1–4.19 f.) stellt der Psalmist seine Errettung aus lebensbedrohender Feindbedrängnis vor (V. 5–18), die ihn veranlaßt hat, in den Jubelruf der „Gerechten" (צדיקם bzw. δίκαιοι) einzustimmen (V. 15). Denn Gott hat ihn trotz seiner Züchtigung für würdig erachtet, zu den Gerechten zu gehören, da er durch die „Pforte Jahwes", durch welche die „Gerechten" einziehen (V. 20), zum Zion kommen darf.

Indem nun die Redaktion das Psalm-Bildwort von der wunderhaften göttlichen Errettung des leidenden Gerechten aus Feindbedrängnis an die Winzerallegorie anfügt, nimmt sie die in der allegorischen Pachtgeschichte schon vorhandene Stilisierung von dem letzten Agenten des Weingutverpächters als dem *leidenden Gerechten* (Mk 12,6c.7c)[536] auf.[537] Statt der die Erzählung dominierenden Hauptperson des Winzergutverpächters, statt *Gottes* Heils- (V. 1b–f) und seines Gerichtshandelns (vgl. V. 9bc), soll am Ende der Geschichte wieder sein *Sohn*, Jesus (vgl. V. 6*–8a), die Mittelfigur der Erzäh-

---

ἀμπελῶνος, dazu LEE, Jesus 174), wobei sich „Stein/Sohn" und „Bauleute/Winzer" antagonistisch gegenüberstehen. Daneben erscheint in der Überleitung (vgl. Mk 12,10a mit V. 11b) die Rezipientenschaft als *Wir-Gruppe*.

[530] Aὕτη ist als feminines Demonstrativpronomen nicht auf ἡ κεφαλὴ γωνίας zu beziehen, sondern auf den Vorgang der Rehabilitierung, mit BLASS/DEBRUNNER, Grammatik § 138.2 gegen GUNDRY, Mk 663. Da im Hebräischen זאת Femininum und Neutrum ist, handelt es sich um einen Hebraismus.

[531] Vgl. JÜLICHER, Gleichnisreden 2,396.

[532] Vgl. RUPPERT, Der leidende Gerechte 39.

[533] Z. B. auch Ps 30; 32; 34; 40 f.; 66; 92; 116; 138.

[534] Vgl. SEYBOLD, Psalmen 100.

[535] Vgl. GESE, Psalm 50 S. 69–73; ders., Herkunft 117–22.

[536] S. o. den Abschnitt 1.3.3.1 dieser Untersuchung.

[537] Da keine semitische Vorform der Winzerallegorie zu erkennen ist (s. o. den Abschnitt 1.3.1.3 dieser Untersuchung), bleibt das angebliche Wortspiel בן/אבן (vgl. BLACK, Use 12 f.; SNODGRASS, Parable 63.113–8; KIM, Jesus 135; BAYER, Predictions 105 f.) Spekulation. Eine messianische Deutung von Ps 118,22 liegt im Judentum erst im Mittelalter vor, s. BILLERBECK, Kommentar I 876.

lung, im Zentrum stehen.[538] Und zwar geschieht die Wiederaufnahme im Schema von *Aktion und Reflexion*: Die *Feinde des Gerechten*, die seinen Tod vorsätzlich verschuldet haben (= V. 6a*.b*.c.7a.c.8a), müssen seine postmortale *göttliche Rettung* bekennen (= V. 10bf.). Dieses Widerspiel von aktiver Provokation des leidenden Gerechten bis hin zur Lancierung seines Todes und das sich anschließende selbstprüferische Nachdenken seiner erklärten Feinde angesichts der von Gott inszenierten Rettung ist literarisch im atl. *Diptychon* von Weish 2,12*–20; 5,1–5 vorgebildet.[539] In dessen zweitem Teil (5,1–5) müssen die *Widersacher des Gerechten* – eine Wir-Gruppe, vgl. Mk 12,11b – „mitansehen" (vgl. ἰδόντες Weish 5,2 mit Mk 12,11b: ἐν ὀφθαλμοῖς), daß der von ihnen wegen seines Anspruches zu Tode bedrängte *Gerechte* doch „zu den Söhnen Gottes gezählt wurde" (vgl. das Passivum divinum Weish 5,5a, mit Mk 12,10c: ἐγενήθη[540]), d. h. nach seinem Ableben eine engelgleiche Apotheose erfahren hat (Weish 5,5b)[541]. Diese wunderbare postmortale Rettung des Gerechten ist für seine Feinde, die damit konfrontiert werden, so unglaublich, daß sie außer sich geraten (vgl. Weish 5,2 mit Mk 12,11b). Sie hatten im Gegenteil erwartet, daß der Tod des lästigen Thoralehrers seine Verworfenheit durch Gott bestätigt und auf diese Art auch seine Thoraauslegung endgültig diskreditiert werde.

Durch eine redaktionelle Anfügung dieser Metaphorik von der *göttlichen Rechtfertigung*[542] des den Tod erleidenden Thora-Gerechten wird die ursprüngliche Bußpredigt der Winzerallegorie geschichtstheologisch zweiteilig und damit neu konzipiert (I.: Mk 12,1b–5b.6a*.b*.c.7a.c.8a.9ab; II.: V. 9c. 10f.): Postjuridisch gibt es jetzt jenseits der vergangenen[543] Bundesgeschichte Israels das neue göttliche Heilsangebot in der Zugehörigkeit zur *eschatologischen Heilsgemeinde*.[544] In Fortführung der entschlüsselten Winzerallegorie ist diese metaphorische Rede des Psalmwortes von der unverfügbaren göttlichen Wende des Jesus-Geschehens etwa folgendermaßen zu paraphrasieren: Wenn Israel[545] sich als Bundespartner Gottes ehemals kritisch gegenüber dem für seine Thoraauslegung werbenden Gerechten Jesus stellte, um mit seinem Tod zu erweisen, daß die für sein spezifisches Thoraverständnis beanspruchte Segensverheißung der Bundesthora, daß der Ge-

---

[538] Mit HENGEL, Gleichnis 36; SCHWEIZER, Mk 131; CARLSTON, Parables 181; HORSTMANN, Studien 25; BÖTTGER, König 29; KATO, Völkermission 122, gegen SANDVIK, Kommen 53; FRANKEMÖLLE, Jesus 201, Anm. 53; RICOEUR, Bible 61.

[539] S. o. den Abschnittf 1.3.3.1 dieser Untersuchung.

[540] Vgl. KAZMIERSKI, Jesus 135, Anm. 23.

[541] Vgl. KLEINKNECHT, Gerechtfertigte 107.

[542] Vgl. KLEINKNECHT, Gerechtfertigte 107: „Die Auferstehung ist also als der göttliche Rechts- und Gnadenakt der Tradition vom leidenden Gerechten verstanden".

[543] Vgl. SCHMITHALS, Mk 2/2 522.

[544] Vgl. MILLER, Scripture 345.

[545] Vgl. GNILKA, Mk II/2 148.

rechte Leben erlangen wird, hinfällig ist (= V. 6a*.b*.c.7a.c.8a), so kennt es doch (= V. 10a) die atl. Überlieferung von der wunderhaften göttlichen *Errettung des leidenden Gerechten* wider alle hoffnungslose Wirklichkeit (= V. 10bc). Wenn Israel mit dieser neuen Möglichkeit Gottes rechnet, der gerade den von Menschen[546] als schwach beurteilten Verworfenen zum neuen Bau-Prinzip des Lebens einsetzen will (= V. 11), dann kann dieses Volk zu dem theologischen Grundsatz der sich unter ihrem Gegenteil offenbarenden Bundesgerechtigkeit Gottes finden und einen neuen Bundesschluß – metaphorisch: dasselbe Weingut wird erneut vergeben[547] – in der eschatologischen Heilsgemeinde (vgl. 1QS 8,7 f.; 1QH 6,26 f.) mit Gott eingehen (= V. 9c.11c). Als neuer Bundespartner Gottes werden sie dann allerdings anerkennen müssen, daß in der vergangenen Thoraverkündigung des den Tod erleidenden Gerechtfertigten Jesus von Nazareth, seiner Gesetzeskritik wie Basileia-Verkündigung, die entscheidenden materialen Grundlagen des neuen Bundes bereitliegen (vgl. Weish 2,12 f.). Und mit einer zweiten ungewohnten Bundesmaxime müssen sie sich unweigerlich abfinden: Die Gemeinde, in der ehemalige Israeliten sich als Gott-in-Christus-Glaubende wiederfinden, legt keinen Wert auf ihren bisher gültigen jüd. Erwählungsstatus, macht prinzipiell keinen soteriologischen Unterschied (mehr) zwischen umgekehrten Juden und umgekehrten (gottesfürchtigen) Heiden, zwischen (Juden-)Christen und (Heiden-)Christen. Denn ist ersteinmal die Erwählungsgeschichte Israels von dem totalen Gottesgericht kassiert (Mk 12,9bc), so steht der eschatologische Bund, der im gläubig anerkennenden Staunen über die göttlich veranlaßte postmortale Heilswende des Jesus von Nazareth besteht (V. 11b), *jedem Menschen* offen: dem Juden zuerst, gewiß, insofern er auf seinen dem Gericht verfallenen Heilsprimat verzichten kann, aber auch dem bisher aus jüd. Sicht in einem erwählungstheologischen Negativstatus sich befindenden (ehemaligen) Heiden, insofern jener zum Auferstehungsglauben von Christus findet. Erst der judenchristliche Primär-Redaktor der Winzerallegorie verwirklicht damit durch seinen Anhang von Ps 117,22 f. LXX den ehemals in der eindeutigen Gerichtsaussage von Mk 12,9c verschlossenen soteriologischen Universalismus.[548] Was einst gerichtstheologische Demonstration der definitiven Verwerfung von Israels Erwählungsprärogativen war – „das Weingut wird anderen

---

[546] Die rabb. Bezeichnung der Gelehrtenschüler als „Baumeister" (Belege bei BILL., Kommentar I 876) ist eine spätere, auf der Anschauung der Thora als mittlerische Schöpfungsweisheit beruhende Tradition. Mit den „Bauleuten" von Mk 12,10b sind deshalb kontextkonform mit der vormk. Allegorie (s. o. den Abschnitt 1.3.3.1 dieser Untersuchung die allegorische Entschlüsselung der γεωργοί als ganz Israel) in dem metaphorischen Anhang alle Israeliten gemeint, gegen SNODGRASS, Parable 96; BAYER, Predictions 102 ff.

[547] Vgl. SCHMITHALS, Mk 2/2 522.

[548] S. o. den Abschnitt 1.3.3.1 dieser Untersuchung.

gegeben" –, verwandelt sich durch die Redaktion zur *Gründungslegende einer von jüd.-soteriologischen Vorrechten befreiten eschatologischen Heilsgemeinde* – „das Weingut wird *anderen* gegeben".

Es ist in der Forschung schon darauf hingewiesen worden, daß eine urchristliche geschichtstheologische Allegorie, die auch das irdische Geschick von Jesus von Nazareth deutet, kaum ohne das urchristliche Bekenntnis zu seiner Auferstehung von den Toten, besser: zu seiner Erhöhung, auskommen kann.[549] Daß diese Annahme nicht zwingend ist, belegt die vorpaulinisch-palästinische Tradition von 1 Thess 2,15a–c.16bc (vgl. Act 7,52), die wie Mk 12,1b–5b.6a*.b*.c.7a.c.8a.9 die dtr. Geschichtstheologie judenchristlicherseits aktualisiert.[550] Daß nun eine hell.-judenchristliche Redaktion der Winzerallegorie sich aufmacht, dieses christliche Manko bei der ersten sich bietenden redaktionellen Gelegenheit zu beheben (= V. 10 f.), ist, von der Mitte des urchristlichen Glaubensverständnisses her betrachtet, nur allzu verständlich. Lebt die spiegelbildliche weisheitliche Tradition von der postmortalen Erhöhung des dem Todesschicksal überantworteten Gerechten (Weish 2,12*–20; 5,1–5) von der unausgesprochenen (endzeitlich-apokalyptischen) Überzeugung,[551] daß der Gerechte an der dem (jüd.) Thora-Märtyrer zugesprochenen soteriologischen Hoffnung (vgl. Weish 5,2) auf die (leibliche) Auferstehung der Toten[552] partizipieren wird (vgl. Dan 12,2 f.),[553] so tradiert die judenchristliche Redaktion in Mk 12,11a das Bild von Gott als dem Garanten des Tun-Ergehen-Zusammenhangs wider alle sichtbare Wirklichkeit: Gott steht in Treue zu seinem Gerechten Jesus: er hat ihm selbst im Tod das Lebensheil bewahrt. Gottes neue Bundesgerechtigkeit läßt sich unter ihrem Gegenteil finden.

Was der neue judenchristliche Erzähler der Winzerallegorie darum seinen jüd. Rezipienten durch das fragend eingeleitete Psalmwort in einer „höchst zurückhaltenden Weise"[554] begreiflich machen möchte, ist, daß die Auferweckung Jesu Christi von den Toten[555] als Glaube an die Treue Gottes zu seinem Thora-Gerechten in ihrer Unverfügbarkeit das Fundament des neuen Glaubensheiles für Israel jenseits des göttlichen Gerichtshandelns sein kann.

---

[549] Vgl. BURKITT, Parable 321; CADOUX, Parables 41; JEREMIAS, Gleichnisse 70; CROSSAN, Parable 455; VINCENT, Parables 86; BLANK, Sendung 18; KLAUCK, Allegorie 308.

[550] Vgl. STECK, Israel 269, Anm. 3.

[551] KLEINKNECHT, Gerechtfertigte 104, Anm. 50, erwägt, „daß ein ursprünglich vorhandener Mittelteil zwischen ihnen (sc. den beiden literarischen Teilen des *Diptychons*) bei der Übernahme in Weish ersetzt wurde". Darum vermutet er (vgl. ebd. 107), daß die dem Hoffnungskonzept von Weish widersprechende Rede von der Auferweckung des den Tod erleidenden Gerechten bei der red. Einfügung in Weish weggefallen sei.

[552] S. u. den Abschnitt 2.3.4.1 dieser Untersuchung.

[553] Vgl. RUPPERT, Jesus 40; ders., Spätschriften 83 f.

[554] BLANK, Sendung 18.

[555] Mit BLANK, Sendung 18, gegen ERLEMANN, Bild 230 f., Anm. 480.

Werden in der atl. Weisheit die Widersacher des leidenden Gerechten zur Re-
vision ihrer bisherigen Überzeugung von der richtigen Thorafrömmigkeit
durch die von ihnen selbst ausgesprochene Anerkenntnis seiner göttlichen Errettung gezwungen (Weish 5,1–5) und wegen ihrer Schuld dem Endgericht
Gottes überstellt (vgl. 5,1 f.),[556] so kennt der vormarkinische Redaktor nur die
andere, die positive Möglichkeit (vgl. anders Lk 20,18; 1 Petr 2,7): Wenn der
jüd. Rezipient auf seinen jüd. Heilsprimat verzichtet und im Glauben an die
Auferstehung Jesu als göttliche Rechtfertigung des Gerechten die Stiftung des
neuen Gottesverhältnisses akzeptiert, dann ist Gott so gütig, ihm das eschatologische Heil im neuen Bundesverhältnis zu versichern. Der judenchristliche Missionar lebt aus dieser Israel geschenkten neuen Möglichkeit Gottes
und zählt sich bereits zur soteriologisch neuorientierten eschatologischen
Heilsgemeinde (vgl. Mk 12,11b).

1.3.3.3 Die Grundzüge einer judenchristlichen Geschichtstheologie

Nachdem die erste judenchristliche Redaktion der ursprünglichen Winzergut-
Allegorie (Mk 12,1b–5b.6a*.b*.c.7a.c.8a.9) durch einen Anhang (V. 10 f.) die
ehemals totale Verwerfung Israels als dem Bundesvolk Gottes (vgl. V. 9bc)
zur Stiftung eines eschatologischen Heiles für Israel umgemünzt hat (vgl.
V. 11a mit V. 9c), ist nun der Weg für eine zweite judenchristliche Redaktion
der Winzerallegorie vorbereitet. Diese kann jetzt in dem in einer eschatologischen Heilszeit aufgehenden *Entwurf von Geschichte* die ihrer Ansicht
nach noch fehlenden essentiellen Elemente einer judenchristlichen Geschichtstheologie eintragen. An der auf christlichen Traditionen beruhenden
Ouvertüre des Hebräerbriefes, Hebr 1,1–4, läßt sich exemplarisch nachvollziehen[557], daß erstens die Eschatologisierung der Geschichte (Mk
12,5cd.6aα.bβ), zweitens das soteriologische Erbe-Konzept (V. 7b.d) und
drittens dieses in Kraft setzende sühnetheologische Heilsverständnis des
Todes Jesu Christi (V. 8b) an die (erweiterte) Winzerallegorie redaktionell
herangetragen wurde.

Ad 1: Ist in dem redaktionell ergänzten vormarkinischen Geschichtsent-
wurf, einer jüd. Unheilsgeschichte (Mk 12,1b–9b), auf die abschließend eine
(kurze) jüd. Heilsgeschichte der eschatologischen Gemeinde aufbaut (V. 9c–
11), das endzeitliche Moment der postmortalen Erhöhung, der engelgleichen
Apotheose des Thora-Gerechten Jesus durch seine Auferstehung von den Toten (vgl. V. 11a mit Weish 5,5) geschichtlich (!) integriert (= V. 10bc), so
nimmt es nicht wunder, daß eine judenchristliche Redaktion, die davon überzeugt ist, daß der zu Gott erhöhte Heilsmittler Jesus Christus einen viel erha-
beneren Status als alle Engel innehat (Hebr 1,4), sich motiviert sieht, dessen

---

[556] Vgl. RUPPERT, Spätschriften 85; KLEINKNECHT, Gerechtfertigte 105.
[557] S. o. Abschnitt 1.3.1.2 dieser Untersuchung.

irdische Wirksamkeit als das *eschatologische Ereignis der Geschichte* in der
Geschichte auszudeuten. Die judenchristliche Fortschreibung der (erweiterten) Winzerallegorie trägt in Mk 12,5cd.6aα die *zeitliche Antithese* von der
ehemaligen geschichtlichen Vielheit der durch Propheten an Israel vermittelten Gottesoffenbarung ein, um darauf kontrapunktiv die eschatologische Einmaligkeit des Christusereignisses als das die Zeit der Geschichte entscheidend qualifizierende Finalgeschehen der worthaften Gottes-Offenbarung
(vgl. Hebr 1,1 f.) auszusagen.[558] Dieses Ereignis geht dem bisherigen Gotteshandeln, der geschichtlichen Sendung von Propheten und ihrer Ablehnung
durch Israel, als einem dazu gleichartigen Sendungsgeschehen (vgl. Mk 12,2–
5b mit V. 6b) konform, ist also in den Geschichtsverlauf zutiefst eingegangen,
um dennoch keinesfalls in ihm verrechenbar als ein Geschehen unter vielen
aufzugehen. Ist es als „letztes" Gotteshandeln von der judenchristlichen Redaktion ausdrücklich terminologisch fixiert (V. 6bβ), so ist es als die
unüberholbare endzeitliche Gottesoffenbarung derart stigmatisiert, daß alle
bisherige vielfältige geschichtliche Entfaltung der einen Offenbarung Gottes
in der vergangenen Geschichte gestoppt wird und auch die Zukunft nur noch
enthüllen kann, was die Gegenwart, die eschatologische Gottesoffenbarung
im getöteten und auferweckten Jesus Christus von Gottes Wirklichkeit bereits
offenbart.[559]

Ad 2: In dem Wörterbuch-Artikel zur Wortgruppe κληρονόμος erhebt
Werner Foerster den sprachlichen Befund im NT sachlich richtig, wenn er
feststellt, daß die expressis verbis vorgenommene „*Betonung* einer Verbindung von Sohnschaft und Erbschaft" „in religiösem Sinn"[560] außer Mk 12,7
parr. nur noch in Röm 8,17[561]; Gal 3,29[562]; 4,7[563] und Hebr 1,2 vorkommt.
Wenn er dann jedoch anschließend bei der Interpretation von Mk 12,6 f. fortfährt, daß hier „eine feste Verbindung zwischen Sohnschaft und Erbschaft geschaffen (sei), die im AT und im Spätjudentum im theologischen Gebrauch
des Wortes fast ganz fehlte",[564] so ist um der Entstehung der urchristlichen
Sohn-Erbe-Soteriologie eine wichtige Beobachtung zu machen. Stimmt es,
daß das Frühjudentum keine theologische Interpretation der Beziehung von
absolutem Sohn und dem Terminus *Erbe* kennt,[565] so liegt in dem im NT am
häufigsten zitierten Ps, in Ps 2,7 f., der einzige AT-Beleg für diese theologisch

---

[558] Vgl. KLEIN, Art. Eschatologie 270.
[559] Vgl. KLEIN, Art. Eschatologie 270.
[560] Art. κληρονόμος 781.
[561] Vgl. Röm 8,15: υἱοθεσία.
[562] Vgl. Gal 3,26: υἱοί Θεοῦ.
[563] Vgl. Gal 4,5: υἱοθεσία; V. 6a: υἱοί; V. 7ab: υἱός.
[564] Art. κληρονόμος 781. Gegen LANGKAMMER, ‚Erben‘ 273.
[565] Vgl. FOERSTER, Art. κληρονόμος 779–81. Zur Verbindung von *Sohn* und *Erbe* im Erbrecht vgl. HESTER, Concept 22 ff.

signifikante Sprachbeziehung vor.[566] Die dort literarisch vorliegende Kombination drängte sich dem Urchristentum förmlich auf, um seinen evangeliumstheologisch motivierten Universalismus schriftgemäß zu legitimieren. Die Psalmstelle lautet nach der LXX:

> „Den Beschluß des Kyrios will ich verkünden: Der Kyrios sprach zu mir: ‚Mein Sohn (υἱός μου) bist du, ich habe dich heute gezeugt. Verlange von mir und ich werde dir Völker (ἔθνη) zu deinem Erbe (τὴν κληρονομίαν σου) und die Enden der Erde zu deinem Eigentum geben (δώσω)‘.“   .

War das Frühjudentum überwiegend an einer weisheitlichen Interpretation von Ps 1 bzw. 2[567] als einer „Anleitung und Wegweisung zur Gerechtigkeit"[568] interessiert, so findet sich ausschließlich in dem pharisäischen Psalm PsSal 17 eine Anspielung auf Ps 2,9 (PsSal 17,23b.24b), die eine messianische Interpretation des ursprünglichen Königliedes von Ps 2 in Teilen des Frühjudentums annehmen läßt.[569] Eine messianische Deutung von Ps 2 unter ausdrücklichem Einsatz von V. 7 f. im Sinne der von Gott seinem Messias-Sohn zugeteilten universalen Königsherrschaft (vgl. V. 2.8) liegt aber erst eindeutig im Judenchristentum vor (Hebr 1,2.5; 5,5).[570] Es steht ja in der verheißungstheologischen Linie des Urchristentums, das die messianische Heilserwartung des AT in Jesus als dem Christus/Messias erfüllt sieht. Dieser konkordante Befund macht aber auch missionstheologisch guten Sinn! Denn erstmals in der jüd. (Diaspora-)Geschichte stand die gemischt juden-/heidenchristliche Gemeinde von Antiochia[571] und nach ihr auch die spätere urchristliche Mission (z. B. Paulus) vor der historischen Aufgabe, den Weg des göttlichen Evangeliums zu der von Israel unabhängigen (universalen) Heidenmission zum Ziele ihrer Rettung mit dem paradoxerweise in der Schrift ausschließlich *israelzentristisch* offenbarten Gotteswillen zu begründen. Der Gottesspruch von Ps 2,7 f. gab ihr Gelegenheit, den Universalismus des Evangeliums als Erfüllung dieser endzeitlichen Verheißung (δώσω) zu verstehen, wenn der von Gott (durch seine Auferstehung, vgl. Röm 1,4) legitimierte Herrscher-Messias sein universales Eigentums-Reich[572] auch über die Heiden (τὰ ἔθνη)

---

[566] Vgl. Weiss, Hebr 141.

[567] Zur zählerischen Einheit von Ps 1+2 als dem 1. Psalm des Psalters (vgl. Act 13,33) im Frühjudentum vgl. Maiberger, Verständnis 85–9.

[568] Maiberger, Verständnis 89.

[569] Vgl. Klauck, Allegorie 303. Zu der unmessianischen Deutung von Ps 2 in 4QFlor 1,14–26 vgl. Maiberger, Verständnis 93–100.

[570] Vgl. Lohse, Art. υἱός 361–3; Maiberger, Verständnis 105 ff. – ÄthHen 52,4 liegt wohl eine messianische Anspielung auf Ps 2,8 f. nur derart vor, daß auf die irdisch-politische Macht des Messias für Israels reflektiert wird.

[571] S. o. den Abschnitt 1.3.3.1 dieser Untersuchung.

[572] Durch den Parallelismus membrorum von Ps 2,8, wo synonym zu κληρονομία κατάσχεσις (= „Besitz, Eigentum") gebraucht wird, läßt sich zeigen, daß κληρονομία nicht mehr einen erbrechtlichen Fachbegriff über das Teil(-erbe) eines Erbberechtigten dient, son-

antreten wird.[573] Im Unterschied zur atl. Königsideologie herrscht allerdings der auferstandene Gekreuzigte über die Welt nicht durch Macht, sondern durch das schwache Wort des Evangeliums (vgl. Ps 2,10f.).

Der judenchristliche Redaktor, der sich bereits zur eschatologischen Ekklesia des in Mk 12,9c.11b angedeuteten neuen universalen Gottesbundes zählt, sieht sich darum befugt, die in der (erweiterten) Winzerallegorie in einer Gottesrede – der Winzergutverpächter ist metaphorisch entschlüsselt κύριος/Gott – vorgenommene Bezeichnung des Gottessohnes mit τὸν υἱόν μου (Mk 12,6cβ) als zitathafte Anspielung auf Ps 2,7 (υἱός μου εἶ σύ) mittels einer literarischen Allegorese (Mk 12,7b: οὗτός ἐστιν ὁ κληρονόμος) auf das universale Soteria-Konzept der κληρονομία (V. 7d = Ps 2,8) auszuziehen.[574] Wird der einzige Sohn Gottes gemäß der Königsideologie von Ps 2,7f. in der redaktionell bearbeiteten Allegorie zum *alleinigen Besitzer* des väterlichen, des göttlichen Vermögens- und Herrschaftsbesitzes eingesetzt,[575] so ist diese Terminologie *erbrechtlich unabhängig* (vgl. 1 Kön 20,15f.)[576]. Wie Gott nicht sterben muß, damit der von ihm legitimierte (judäische) König seine Herrschaft über sein Reich[577] – idealtypisch gesehen: die ganze Welt – antreten kann (vgl. Ps 2,8ff.), so auch hier: Nirgends in der (erweiterten) Winzerallegorie wird berichtet, daß der Weingutverpächter stirbt, damit der Sohn als Alleinerbe sein Erbe antreten kann. Und doch wird der Sohn mittels der Erbephraseologie als der *Eigentümer* (Mk 12,7b) des Weingutes geführt.

Mit der Applikation der königsideologischen Erbe-Sprache nimmt der Zweitredaktor aber nun eine entscheidende *Veränderung* am metaphorischen Code der (erweiterten) Winzerallegorie vor: Das Weingut, seine Anlage und gewinnbringende Verpachtung, ist als die dem Sohn übertragende väterliche Herrschaft nicht mehr nur metaphorisch transparent auf die Gabe und Aufgabe des geschichtlichen göttlichen Erwählungsbundes mit Israel, sondern darüber hinaus auf das gesamte Handeln Gottes an und mit seiner *Schöpfung*. Der

---

dern der grundsätzlichen Anzeige des „ *dauernden Besitzes* " (FOERSTER, Art. κληρονόμος 777, vgl. HOFIUS, Christushymnus 77) dient.

[573] Vgl. KÜMMEL, Gleichnis 216.

[574] Anders SCOTT, Parable 252.

[575] Vgl. DALMAN, Worte 230f.

[576] Die sozialgeschichtliche Nachfrage zur Erbe-Terminologie in Mk 12,7b.d (s.o. den Abschnitt 1.3.2.4 dieser Untersuchung) leidet also unter der unausgesprochenen Prämisse, daß die Erbe-Aussagen nur in verwandtschaftsrechtlicher Weise das Handeln der Pächter motivieren kann. – Aufgrund der redaktionellen Allegorese von Mk 12,7b.d nach Hebr 1,2 läßt sich also erweisen, daß das κληρονομία-Motiv eine „eigenständige christologische Bedeutung" (HENGEL, Gleichnis 36, Anm. 114) in der vormk. Letztfassung der Winzerallegorie erlangt.

[577] Vgl. LIPINSKI, Art. נחל Sp. 355, der aus einem Mari-Dokument (A 1121) zitiert: In einem Orakel erinnert der Gott Adad von Kallassu, daß er dem König Zimri-Lim „auf den Thron seines Vaters gehoben hat, daß er aber in gleicher Weise ,das Erbe aus seiner Hand zurücknehmen' kann".

Sohn ist, wie es in Hebr 1,2 ausgedrückt wird, zum alleinigen κληρονόμον πάντων, zum „Eigentümer des ganzen Alls", zum Allherrscher der Schöpfung Gottes inthronisiert (vgl. V. 3dff.).

Es ist nicht von ungefähr, daß Philo von Alexandrien als hell.-jüd. Religionsphilosoph bei seinem allegorischen Midrasch über Gen 9,20 in De Plantatione angesichts des „Weinfeldpflanzers Noah" auf den „großen Pflanzer und Aufseher" „über die vollkommensten Pflanzen im Weltall" zu sprechen kommt (Plant 2) und daran anschließt:

> „Der größte und kunstfertigste aller Pflanzer (φυτουργῶν)[578] ist der Lenker des Alls, und die Pflanze (φυτόν), welche die vielen Tausende Einzelpflanzen zugleich in sich fasst wie Triebe, die aus einer Wurzel sprossen, ist diese Welt (ὁ κόσμος)."

Für einen judenchristlichen Zweitredaktor der (erweiterten) Winzerallegorie liegt damit im hell. Frühjudentum die Denkmöglichkeit bereit, die in der allegorischen Doppelrede geschilderte Verpachtung eines intaktes Weingutes metaphorisch auf die *göttliche Gnadengabe seiner Schöpfung* auszudeuten.[579] Israel hat im Bundesschluß am Sinai zwar einen nationalen Sonderbund mit Gott geschlossen, aber es besitzt in der Mose-Thora die Lebensgrundlage für die gesamte Schöpfung. Diese Ansicht von der kosmologischen Bedeutung der jüd. Bundes-Thora läßt sich nun als die theologische Überzeugung der sich dem Hellenismus öffnenden jüd.-weisheitlichen Thora-Ontologie[580] identifizieren, wie sie sich bspw. in Prov 8,22 ff.; Sir 24,3 ff.; Bar 3,9–4,4 literarisch artikuliert. Hier wird im Frühjudentum die universale Ordnungsmacht des Kosmos, die göttliche Weisheit, mit der jüd. Thora, dem „Buch des Bundes Gottes, des Allerhöchsten" gleichgesetzt (Sir 24,23, vgl. Bar 4,1). Wurde mit der Thora die Welt erschaffen (Av III,14, R. Aqiba [T 2][581]), so ist sie Ausdruck der den Kosmos durchwaltenden Schöpfungs- und Heilsordnung. Interpretiert man im Sinne der damals aktuellen jüd. Thoralogie diese judenchristliche Redaktion der (erweiterten) Winzerallegorie, so war Israel in der Treue zum Bund Gottes die Möglichkeit gegeben, in Übereinstimmung mit der Schöpfungsordnung zu leben. Sein Boykott und gewalttätiger Widerstand gegen die in der Thora offenbarte göttliche Schöpfungsordnung läßt Israel in die Anti-Position der schlechthinnigen schöpfungsfeindlichen Macht, der „Feinde Gottes und des ganzen Menschengeschlechtes" (1 Thess 2,15cd) eintreten.

Wird der Sohn-Gottes-Messias von Israel in seinem gottesfeindlichen Wahn, wie Gott sein zu wollen, getötet, aber durch das eschatologischen Gotteshandeln in der Auferstehung von den Toten rehabilitiert (Mk 12,10 f.),

---

[578] Vgl. Plat., polit. 597d.
[579] Erwogen einzig von DERRETT, Law 309.
[580] Dazu HENGEL, Judentum 307 ff.
[581] BILL. II 357.

so ist die an die (erweiterte) Winzerallegorie redaktionell herangetragene Erbe-Terminologie in der Lage, theologisch ein Zweifaches zu leisten: Ist der (erhöhte) Jesus als der den Kosmos regierende universale Herrscher-Messias eingeführt, so wird erstens das ganze Geschehen der (Un-)Geschichte des israelitischen Gottesbundes zur (Un-)Geschichte der ganzen Menschheit. Das Versagen am Gottesverhältnis und damit der göttliche Gerichtshorizont betrifft nicht mehr nur das jüd. Volk als dasjenige, das quasi in einem privaten Beziehungsverhältnis zu Gott existiert. Nein, die jüd. Bundesgeschichte, literarisch gesprochen, das ganze AT, ist die exemplarische (Un-)Geschichte der Menschheit mit Gott auf Christus hin. Heidenvölker, gemäß jüd. Bundessoteriologie ehemals vom Heil ausgeschlossen, können darum neben Israel sich gleichberechtigt der für das eschatologische Heil werbenden Missionspredigt der Winzerallegorie öffnen, um in reuevoller Umkehr zu der sich unter ihrem Gegenteil offenbarenden Bundesgerechtigkeit Gottes zu finden.

Und noch für ein zweites Moment ist die Erbe-Terminologie schließlich gut: Setzt sich die eschatologische Heilsgemeinde aus soteriologisch gleichberechtigten Menschen, Juden- wie Heiden-Christen, zusammen, so steht das jüd. Beharren auf dem exklusiven Erwählungsstatus[582] gegen Gottes Rechtfertigungsentscheid in Christus und damit unter dem Gericht. Diese in Mk 12,7d narrativ zum Ausdruck gebrachte Nuance von „Herrschaftsanmaßung"[583] – Israel erkennt in dem von Gott gesandten Sohn den Erben, den erhöhten All-Kyrios, und versucht, durch seinen Tod sich den exklusiven Erwählungsstand einschließlich seines Anspruches auf Weltgeltung[584] zu sichern[585] – muß sich dem irreversiblen Urteil Gottes in der Erhöhung seines Kyrios beugen. Als auferweckter Herr der Schöpfung kann er der Herr aller Menschen werden: ubi et quando Deus vult.

Ad 3: Für die (unausweichliche) Grunderfahrung des Menschen, sich „in einem irreparablen Unheilsgeschehen"[586] schuldig verstrickt zu haben, kennt das synthetische Weltverständnis den kultischen Vorgang der Sühne, der existenzstellvertretenden Hingabe. Haben Menschen, wie hier in der (erweiterten) Winzerallegorie geschichtlich beschrieben, gegen Menschen mordend gefrevelt (vgl. Mk 12,5b.d), ja gegen den Gottessohn als „Besitzer der Schöpfung" (V. 7b) sich wider besseren Wissens als Mörder vergangen (V. 8a), so stellt dieses Unheil eine solche Verschuldung am Gottesverhältnis dar, daß

---

[582] Vgl. die Verbindung der Weinfeld-Metapher mit der Erbe-Terminologie (Israel als Gottes Erbe) in LibAnt 12,9; 28,4f.; 30,4, vgl. 39,7 (Weinstock).

[583] Dombois, Bemerkungen 370.

[584] Vgl. Jub 17,3; 22,14; 32,19; äthHen 5,7; GenR 11(8c), R. Jose b. Chalafta (T 3), Bill. I 200.

[585] Vgl. Steck, Israel 272f.; Gnilka, Mk II/2 147; Burkill, Revelation 201, Anm. 25. Anders Hammer, Understanding 65.70; Miller, Scripture 252f.

[586] Gese, Sühne 86.

das Sein des Menschen verwirkt ist.[587] Die fundamental gestörte kosmische Ordnung bedarf des Ausgleiches, da nur so eine menschliche Neu-Existenz mit Gott (vgl. V. 9c–11) begründet werden kann.

Wenn der judenchristliche Zweitredaktor mit der Schilderung der Ausbringung der Leiche von Jesus Christus aus dem Treue-Bereich der göttlich wohlgeordneten Schöpfung als dessen totale Nichtung (Mk 12,8b)[588] eine nur im atl.-jüd. Ritual vom *Großen Versöhnungstag* (Lev 16) anzutreffende Facette in die (erweiterte) Winzererzählung allegorisierend einbringt, so deutet er in sprachlich reduzierter Weise den gesamten Vorgang der göttlichen Sendung und des Todesleidens seines Gerechten Jesus als einen *kultischen Sühne-Vorgang*.[589] Gott bietet (vgl. Röm 3,25; 2 Kor 5,18) durch seinen Christus dem aufgrund seiner vielfältigen Freveltat dem Tode verfallenen Menschen Versöhnung an. Nur über den kultischen Sühnegedanken des Todes Jesu Christi, der von Gott dem Menschen gewährten Lebensstellvertretung seines Sohnes, ist die Heiligung des Menschen (vgl. Hebr 11,12), ist die das Leben gewährende Gottesbegegnung[590] wieder möglich, kann der neue Gottesbund universal in Kraft gesetzt werden.

1.3.4 Zusammenfassung

Die Auswertung der literarischen sowie strukturellen Beziehungen, die zwischen der vormarkinischen Metaphernrede von Mk 12,1bff.* über das *Gleichnis von den Weingärtnern* und dem sog. *Weinberglied* des Propheten Jesaja Jes 5,1b–7 in der Fassung der LXX bestehen, erbringt, daß die Gleichnisrede formkritisch zu der atl. Gattung *weisheitlich-prophetischer Gerichtsüberführungsrede* (vgl. 2 Sam 11,1–12,15; 13,23–14,24; 1 Kön 20,26–34; Jes 5,1b–7) gehört. Da Mk 12,1bff.* gleichwie Jes 5,1b–7 nicht mit einem geschichtlichen Bericht über das vom Propheten kritisierte menschliche Fehlverhalten (vgl. 2 Sam 11,1 ff.; 13,23 ff.; 1 Kön 20,26–34), sondern mit einer weisheitlichen

---

[587] Vgl. GESE, Sühne 87.104.

[588] Es handelt sich also nicht um eine für die Antike empörende Schändung des Leichnams durch fehlende Bestattung, so JÜLICHER, Gleichnisreden 2,394; KLOSTERMANN, Mk 122; JEREMIAS, Gleichnisse 71; HENGEL, Gleichnis 31; KÜMMEL, Gleichnis 210; KLAUCK, Allegorie 290; GNILKA, Mk II/2 147; PESCH, Mk II/2 220, Anm. 25; LEE, Jesus 168 f.; ERNST, Mk 342; LOHMEYER, Mk 246; GRUNDMANN, Mk 323; WEDER, Gleichnisse 149; SCHRAMM/ LÖWENSTEIN, Helden 35; GUNDRY, Mk 602, u. a. m. Der von KLOSTERMANN, aaO. 122, beigebrachte Beleg nennt denn auch ausdrücklich die fehlende Beisetzung des Leichnams (Plat., leg. 10,909c: ἀποθανόντα δὲ ἔξω τῶν ὁρίων ἐκβάλλειν ἄταφον), vgl. ähnlich auch 1 Sam 17,44.46; Jes 14,19; Jer 16,4a.

[589] Aufgrund dieser sühnetheologischen Deutung von Mk 12,8b ist eine Bezugnahme auf das historische Geschehen von Jesu Tod ausgeschlossen, vgl. auch MILAVEC, Analysis 102.

[590] Vgl. GESE, Sühne 104.

Erzählung namenloser Handlungsträger einsetzt (Mk 12,1b–8 = Jes 5,1bf.), handelt es sich von Beginn an um eine *allegorische Doppelrede*, die über die in der Erzählung verwandten Metaphern dem jüd. Kollektiv die unausweichlichen Folgen der sein Gottesverhältnis zutiefst belastenden Schuld nahezubringen versucht. Da die textanalytisch (s. den grammatisch defizienten Anschluß von V. 5cd und die rhetorische Überqualifikation des „Sohnes" in V. 6f.) sowie durch unterschiedlichen Metapherngebrauch (s. den Wechsel vom Wirtschaftsleben [Pachtvertrag] zum Handwerk [Hausbau]) uneinheitlich wirkende Winzerallegorie zur Kompositionskritik zwingt, kann die Annahme greifen, daß Mk 12,5cd.6aα.bβ.7b.d.8b nach dem Modell der theologischen Ouvertüre des Hebräerbriefes, Hebr 1,1–4, eine geschichtstheologische Vervollkommnung einer zuvor um V. 10f. (Ps 117,22f. LXX) zur Heilsperspektive erweiterten ursprünglichen Pacht-Allegorie ist.

Bei der *ursprünglichen Winzerallegorie* von Mk 12,1b–5b.6a*.b*.c.7a.c.8a.9, die nach ihrem literarischen Vorbild von Jes 5,1b–7 LXX in *Erzählung, Teil 1* (Mk 12,1b–8a = Jes 5,1bf.), *Erzählerfrage* (Mk 12,9a = Jes 5,3f.) und *Erzählung, Teil 2* (Mk 12,9bc = Jes 5,5f.), zu gliedern ist, handelt es sich, da kein explikativer Sinn der Metaphernreihung angegeben ist (so aber Jes 5,7), nach den Maßstäben der röm.-hell. Rhetoriktheorie von Quintilian (inst. 8,6,44–57) um eine *tota allegoria*. Als *episches Miniaturstück* schildert die metaphorische Erzählung in einsträngiger Szenenfolge mit vier Figuren antagonistischer Gruppen-Konstellation die dramatische Geschichte einer Erst-Verpachtung eines *intakten Weingutes*. Die aus rituell stagnierenden Handlungsstereotypen bestehende, von motivarmem Lakonismus sowie Wortarmut gekennzeichnete Tragödie provoziert den Rezipienten zusammen mit ihrer *werkimmanenten Absurdität*, den metaphorischen Code auf den vom Autor anvisierten Zweitsinn zu imaginieren: Der zu naiv-depressiver Philanthropia wie zu plötzlich-manischer Lynchjustiz neigende Weingutverpächter sowie die sich zur unüberlegt selbstmörderischen totalen Verweigerungshaltung hingebenden, aber doch ihren Lebensunterhalt im Weingut findenden Winzergutpächter markieren die situativ unausgewogene Paradoxität eines irrealen Verhältnisses von Macht und Ohnmacht. Schließlich macht der den unmittelbaren Rezipientenbezug suchende Vers Mk 12,9a durch das Mittel der sprachlichen *Ambiguität* – der κύριος des Weingutes ist transparent auf den κύριος der (Welt-)Geschichte (vgl. die Gottesbezeichnung in der LXX) – unmittelbar auf den *geschichtstheologischen Hintersinn* der metaphorischen Pachtgeschichte aufmerksam.

Funktioniert die *tota allegoria* als indirekter, aber sehr wohl allgemeinverständlicher Redeakt auf der Basis eines von Autor und Rezipienten geteilten metaphorischen Wissens, so bleibt dem heutigen Exegeten, der dem im Frühjudentum wohlbekannten *Allegorieraum* von Weinfeldgeschichten (vgl. yHag 78d) kulturell fernsteht, nur methodisch übrig, gemäß der semantischen Vorgabe der Winzergutallegorie nach in atl., frühjüdischer und judenchristlicher

Literatur tradierten, konventionalisierten Metaphern zu fahnden, um auf diese Weise die narrative Metaphernreihung identifikatorisch auf ihren intendierten Zweitsinn zu entschlüsseln. Die Metaphorik vom Pachtvertrag (vgl. PRK XI [99a] in Verbindung mit Ps 1,3) führt in das bundestheologische Idealbild dtn./dtr. Glaubensverständnis ein (Mk 12,1b–g). In den Metaphern γεωργοί und ἀμπελών ist *Israel* unter einem *Doppelaspekt* gesehen, insofern es einerseits der göttlichen Gnade zur Erwählung als Bundesvolk aus vielen Völkern teilhaftig wurde und andererseits gleichzeitig in der Bundesthora den Zugang zur Segensverheißung des Lebens von Gott geschenkt bekommen hat. Die Metaphorik von der Sendung der den Pachtzins einfordernden Abgesandten des Verpächters wie die sich bis zur Ermordung der Gesandten steigernde Verweigerungshaltung der Pächter (Mk 12,2–5b) läßt sich als die im Frühjudentum in ähnlicher Klimax (vgl. Jos Ant 9,265) kultivierte pseudohistorische, dtr. geprägte Aussage vom Wirken und gewaltsamen Geschick der von Gott zu Israel gesandten Propheten (vgl. 2 Chron 30,19 f.; Neh 9,26; Jer 7,25 f.) entziffern. Die Israel zur Bundestreue mahnenden Umkehrpropheten treffen auf die bis zur aktiven Gewalt stilisierte Halsstarrigkeit des sich zur Bundestreue verpflichtet habenden Erwählungsvolkes. Ein Versagen, das nach dem Tun-Ergehen-Weltbild der dtr. Geschichtstheologie nur in einem am Ende der Geschichte stehenden göttlichen Gericht zum Ausgleich kommen kann (= Mk 12,9bc). Die die frühjüdischen Vorgaben dtr. Gerichtsdoxologie schließlich steigernde Metaphorik vom abgesandten Wirken und gewaltsamen Tod des Sohnes (V. 6a*.b*.c.7a.c.8a) erweist sich aufgrund Joh 8,40–42 sowie des vorpaulinischen Paralleltextes von 1 Thess 2,15a–c.16bc als frühe palästinisch-judenchristliche Aktualisierung der dtr. Bußpredigt an Israel angesichts der Freveltat an dem in seiner Basileia-Verkündigung in einer bisher nicht gekannten Ausschließlichkeit an seinen Gott sich bindenden Jesus.

Die nichtmetaphorischen Redeteile der Pacht-Allegorie von Mk 12,6c.7c deuten das Wirken und Todesleiden Jesu auf dem Hintergrund der weisheitlichen Version vom *leidenden Gerechten* (vgl. Gen 37,20 in Verbindung mit Weish 2,12*–20). Danach war Jesu Exponent thorafrommer Kreise in Israel, die für ihre Auslegung des göttlichen Thora-Willens unter Einsatz ihres Lebens warben. Wenn Israel sich anmaßt, die Falsifikation der durch eine spezifische Gottesnähe ausgezeichneten Verkündigung Jesu durch die Lancierung seines Todes zu betreiben, dann war Gott nach judenchristlicher Überzeugung dazu gezwungen, die versucherische Herausforderung seiner selbst mit dem definitiven Ende seiner Bundesgeschichte mit Israel zu beantworten. Die gerichtsterminologische Endgültigkeits-Demonstration der theologischen Aussage, daß die Erwählung von Israel genommen und an ein „anderes" Erwählungsvolk übergehen wird (Mk 12,9c), sprengt die Grenzen der dtr. orientierten Bußbewegung als einer innerjüdischen Reform, ohne daß diese judenchristliche *Theologie der Krise* die soteriologischen Folgen ihres prophetischen Ernstes ermessen kann. Erst eine judenchristliche Redaktion legt mit einem allegorischen Anhang an die Winzerallegorie von Mk 12,10 f. den dort in V. 9c bereitliegenden soteriologischen Universalismus frei. Gemäß der spiegelbildlichen weisheitlichen Version von der postmortalen Rechtfertigung des ‚leidenden Gerechten' (vgl. Weish 5,1–5) beschreibt sie mit der Metapher von der wunderhaften Rehabilitation eines behauenen (Fundament-)Ecksteines (Ps 117,22 f. LXX) die durch die von Gott inszenierte Auferstehung Jesu von den Toten eingeleitete eschatologische Wende. Nach der vergangenen Bundesunheilsgeschichte kann ein sich bekehrendes Israel zur eschatologischen Heilsgemeinde finden. Doch muß es anerkennen, daß erstens sich die neue Bundesgerechtigkeit Gottes unter ihrem Gegenteil im auferweckten Jesus offenbart, daß zweitens die vergangene Verkündigung des Thora-Lehrers Jesus die materialen Grundlagen des neuen Bundes gelegt hat und daß drittens sich das bekehrte Israel von seinen gewohnten soteriologischen Prärogativen trennen muß.

Die durch diese christologische Erweiterung in einer eschatologischen Heilszeit endende Geschichtsanschauung der Winzerallegorie wird von einer zweiten judenchristlichen Redaktion zu einer umfassenden Geschichtstheologie auf dem Hintergrund frühjüdisch-weisheitlicher Thoralogie ausgebaut. Bei der sekundären Erbe-Terminologie in V. 7b.d handelt es sich nicht um erbrechtliche, sondern königsideologische Sprache, die in V. 7b via literarischer Allegorese des nichtmetaphorischen Textes von V. 6cβ gemäß Ps 2,7 auf die messianologische Aussage von der soteriologischen κληρονομία-Herrschaft des *Sohnes Gottes* über alle „Völker" (Mk 12,7d = Ps 2,8) zielt. Der endzeitlichen Erfüllung der messianischen Verheißung von Ps 2,7 f. entspricht die eschatologische Stilisierung des geschichtlichen Christusereignisses in Mk 12,5cd.6aα.6bβ, insofern es zum Ausdruck bringt, daß die vergangene Vielheit der Gottesoffenbarung durch die letzte Einmaligkeit in Christus überboten ist. Das alle Völker der Welt gleichberechtigt zum eschatologischen Heil führende Christusevangelium ist die Offenbarung des Gottes, der durch seinen die universale Königsherrschaft antretenden erhöhten Messias herrscht. Durch die metaphorische Stilisierung des „Sohnes" als „Erben des Alls" (Hebr 1,2) ändert sich redaktionell der Code der allegorischen Doppelrede. Entsprechend frühjüdisch-weisheitlicher Thora-Ontologie, die die Sinai-Thora mit der die Schöpfung durchwaltenden göttlichen Weisheit gleichsetzt (vgl. Sir 24,23), ist die den göttlichen Erwählungs- und Segensbund metaphorisch substituierende Weingutverpachtung auf das Israel zuteil gewordene Handeln Gottes mit seiner Schöpfung transparent (vgl. Philo, Plant 2). Kann Israel im Erwählungsbund das schöpfungsgemäße Lebensheil realisieren, und hat es sich doch in antigöttlicher Weise verweigert, so ist die atl. bezeugte jüd. Bundes(-un-)geschichte exemplarisch die

Bundes(-un-)geschichte der ganzen Völkerwelt. Nichtjuden, bisher trotz ihrer Zugehörigkeit zur Schöpfungsgemeinschaft vom Lebensheil ausgeschlossen, können gleichberechtigt neben Israel in reuevoller Umkehr zu der sich in Christus unter ihrem Gegenteil offenbarenden Bundesgerechtigkeit Gottes finden und so an der eschatologischen, neuen Bundesgemeinde teilnehmen (Mk 12,9c–11). Zum Ausgleich der durch tiefste Verschuldung gestörten Schöpfungsordnung hat Gott die sühnetheologische Existenzstellvertretung seines Sohnes zur Versöhnung der Welt verfügt (V. 8b). Damit ist der neue universale eschatologische Gottesbund in Kraft gesetzt.

1.4 Die Interpretation der markinischen Redaktion von Mk 11,27–12,12

Nachdem die jeweilige Intention der beiden vormarkinischen Überlieferungen über die *Frage nach der Vollmacht Jesu* (Mk 11,28–33*) und der über das *Gleichnis von den Weingärtnern* (Mk 12,1b–11*) in nachvollziehender Interpretation beschrieben wurde,[1] soll es in diesem Abschnitt darum gehen, den redaktionellen Vorgang nachzuzeichnen, wie der Gliederungsteil Mk 11,27–12,12 zu einem unverzichtbaren Bestandteil der markinischen Evangelienerzählung wurde. Da der analytische Arbeitsgang bereits zeigte,[2] daß der Redaktor Markus seine vormarkinischen Textmaterialien inhaltlich fast unbearbeitet übernimmt, beschränkt sich dieser synthetische Arbeitsschritt der Textinterpretation einerseits auf die Auslegung der redaktionellen Zusätze des Evangelisten an den Einzelperikopen, um andererseits, motiviert durch den redaktionellen Rahmen um die beiden vormarkinischen Überlieferungen (11,27; 12,12d), anschließend zu versuchen, die markinische Überlegung zur narrativen Verortung der beiden Perikopen in eben dieser Reihenfolge im Mk-Evangelium als eine eigenständige theologische Konzeption des Redaktors anzusprechen.

1.4.1 Die Interpretation der markinischen Bearbeitung von Mk 11,28–33

Auf den ersten Blick läßt sich sagen, daß die unmittelbare markinische Redaktion in den vormarkinischen Aussagegehalt der Tradition über die *Frage nach der Vollmacht Jesu* (Mk 11,28–33*)[3] kaum eingegriffen hat. Dennoch setzt die geringfügige markinische Redaktion zwei neue inhaltliche Akzente:

---

[1] S. o. die Abschnitte 1.2 und 1.3 dieser Untersuchung.

[2] S. o. die Abschnitte 1.1.1–3 dieser Untersuchung.

[3] In der erzählerischen Einleitung der Perikope von Mk 11,27 identifiziert Mk die vormk. noch anonym bleibende Gruppe von Jesus-Antagonisten mit einer Dreier-Gruppierung. Diese Information stellt selbstverständlich eine direkte red. Bearbeitung des vormk. Textes von 11,28–33 dar. Da sie jedoch in Verbindung mit der historisierenden Verortung der Perikope über die *Frage nach der Vollmacht Jesu* steht (V. 27ab) und zugleich der ganze V. 27 im Verbund mit 12,12d eine red. Klammer um *Vollmachtsfrage* und *Winzergleichnis* legt, wird diese red. Identifizierung von Jesu Gesprächspartnern, um Wiederholungen zu vermeiden, erst unten im Abschnitt 1.4.3 dieser Untersuchung besprochen.

Erstens gibt Markus mit seiner narrativen Bemerkung von V. 32bc der Antwortverweigerung der Antagonisten in V. 33a eine unmißverständliche Motivation: „sie fürchteten das Volk", und zweitens verleiht er dem rückbezüglichen Demonstrativpronomen von V. 28bc.29c.33d durch die Stellung der
Perikope im Mk-Evangelium, und d. h. durch den vorhergehenden Mk-Text,
einen profunden Inhalt. Es ist im Folgenden daran zu zeigen, daß beide redaktionellen Komponenten bereits vorhandene Aussagelinien der vormarkinischen Tradition aufnehmen und verbreitern, und es eben dadurch dem Mk-
Redaktor gelingen lassen, seine Einzeltradition in den neuen Kontext
einzubinden, nämlich die die Erzählung von der öffentlichen Wirksamkeit
Jesu Christi abschließende Jerusalemszene.

Bei dem im Mk-Evangelium textlich rückweisenden pluralischen Demonstrativpronomen ταῦτα ist unter Exegeten strittig, ob es sich im Kontext[4] auf
den in Mk 11,15bf. beschriebenen Akt der sog. *Tempelreinigung*[5] oder ob es
sich auf die von Markus erzählerisch zuvor entfaltete gesamte Wirkungszeit
Jesu Christi[6] als „Sohn Gottes" (1,1) beziehen soll. Gegen die zuerst genannte
These spricht die fehlende textliche Kohäsion[7] der markinischen Erzählung
an dieser Stelle.[8] Markus setzt nämlich mit 11,27 erzählerisch neu ein:[9] Er
hatte bekanntlich schon in 11,18 eine eindeutige Reaktion der „Oberpriester
und Schriftgelehrten" auf die unmittelbar zuvor beschriebene *Tempelreinigung* Jesu geschildert und damit dieser Perikope ihren Abschluß gegeben.[10] Sodann hatte er in 11,19f. von dem den Anfang der Jerusalemszene
gestaltenden (Drei-)Tagesschema Gebrauch gemacht und eine deutliche Zäsur gesetzt: Der Vorgang der *Tempelreinigung* und der der Nachfrage zu Jesu
Vollmacht werden von ihm chronologisch-redaktionell auf zwei verschiedene
Ereignistage des Jerusalem-Aufenthaltes Jesu verteilt.[11] Und schließlich:
wenn vom Redaktor trotzdem ein unmittelbarer Bezug zum einmaligen Ereig-

---

[4] Ein inhaltlich möglicher Rückbezug auf das von Mk in 11,27b berichtete „Umherge-
hen" Jesu im Jerusalemer „Tempel" wird gemeinhin aufgrund dieser allgemeinen, wenig
Anstoß erregenden Handlungsweise Jesu für unwahrscheinlich erachtet, vgl. LEE, Jesus 111.

[5] Vgl. WELLHAUSEN, Mk 92; DONAHUE, Christ 119; SHAE, Question 25; GRUNDMANN,
Mk 317; HOWE, Jesus 125 f.; GUNDRY, Mk 657, u. a. m.

[6] Vgl. KREMER, Antwort 131; SCHWEIZER, Mk 130; MAKRIDES, Considerations 48, u. a. m.

[7] Vgl. HOWARD, Ego 109; WEISS, ‚Lehre' 161.

[8] Eine Analyse des ταῦτα-Gebrauches bei Mk am Perikopenanfang führt zu keinen
zwingenden Analogien (anders DONAHUE, Christ 119, Anm. 2): Mk 6,2b ist keine Parallele
(gegen WEISS, ‚Lehre' 145), weil sich das ταῦτα dort auf die zuvor berichtete Lehre Jesu in
der Synagoge bezieht (V. 1, vgl. Mt 21,23 f.); Mk 13,4 erscheint das ταῦτα eingebunden in
den apokalyptisch-endzeitlichen Fachterminus ταῦτα πάντα (vgl. Mt 4,9; 23,36; 24,8; Mk
13,30 parr.).

[9] WEISS, ‚Lehre' 161: „Obgleich das Tempelgeschehen noch präsent sein soll, beginnt
mit 11,27 ein neuer (Unter-)Abschnitt".

[10] Gegen KREMER, Antwort 131.

[11] Vgl. GNILKA, Mk II/2 137.

nis der *Tempelreinigung* gemeint wäre, hätte er dann nicht analog zu Act 4,7 (in Verbindung mit 3,1 ff.) den Singular des Demonstrativpronomens, also τοῦτο verwenden müssen?[12]

Aufgrund der redaktionellen Textsignale des episodisch gegliederten und damit thematisch geordneten Mk-Evangeliums läßt sich darum besser annehmen, daß das ταῦτα der *Vollmachtsfrage* sich im markinischen Verständnis auf die ganze Wirkungszeit Jesu selbstverständlich einschließlich der *Tempelreinigung* beziehen soll. Markus geht es bei dem Neueinsatz der thematischen Episode von Mk 11,27 ff. um *die letzte Bewertung* und den wahren Richtungssinn *des gesamten Wirkungslebens Jesu Christi*. Das war gewiß auch in der vormarkinischen Einzelperikope über die Vollmacht Jesu der Fall. Jedoch mit einem nicht unwichtigen Unterschied: Setzte die vormarkinische Tradition mit dem summarischen ταῦτα bei ihren Rezipienten eine bestimmte Anschauung von der gesamten Tätigkeit Jesu als bekannt voraus[13] – sei es aus eigenem Miterleben, sei es aus (bestimmten) mündlichen oder schriftlichen Quellen –, so erläutert der Mk-Redaktor durch den zuvor erzählten „Anfang des Evangeliums von Jesus Christus, dem Sohn Gottes" (1,1) seinen Rezipienten materialiter, was sich denn genau in der Wirkungszeit Jesu ereignet hat. Durch die Stellung der Perikope über die *Frage nach der Vollmacht Jesu* ziemlich am Ende der markinischen Erzählung über die öffentliche Wirksamkeit Jesu gibt Markus den Gehalt des entscheidenden letzten Reflektionsaktes über dessen Wirken vor: Es ist das markinische Bild vom irdischen Jesus, vom eschatologischen Basileia-Verkündiger, vom profunden Thora-Kritiker, vom charismatischen Wunderheiler, vom Propheten, der in seine Nachfolge ruft und seine Schüler katechisiert, der aber als Menschensohn-Messias bei jüd. Religionsgruppen auf Ablehnung stößt und dessen Leben darum bedroht ist. Es ist dieses facettenreiche markinische Jesus-Bild, das jetzt abschließend in einer Art „Bilanzfrage"[14] auf seine göttliche Vollmachtsidentität geprüft werden soll. Zu Jesu letzten öffentlichkeitswirksamen Aktionen gehört dabei die Unterbrechung des Jerusalemer Tempelkultes (11,15b–16). Diese Tat Jesu will keineswegs als innerjüdische Kultreform verstanden werden, sondern ist vom Ziel der gänzlichen Abschaffung des für Israel sühnestiftenden Opferkultus motiviert:[15] Der Zionstempel wird zum Gebetshaus für alle Völker, zur öffentlichen Synagoge umgewidmet (11,17). An seine Stelle tritt, wie Jesus seinen Jüngern anschließend am Symbol des verdorrten Feigenbaumes demonstriert (11,20–25), der christliche Gottesglaube (V. 22b), der das individuelle Gottesverhältnis im Gebet realisiert und dabei zwischenmenschliche

---

[12] Vgl. MAKRIDES, Considerations 47.
[13] Vgl. KATO, Völkermission 120.
[14] SCHOLTISSEK, Nachfolge 67.
[15] Vgl. GNILKA, Mk II/2 129.

Vergebung übt (V. 24 f.). So wird die bisher durch das Kultopfer gewährleistete vergebende Barmherzigkeit Gottes gegenüber menschlichen Verfehlungen möglich.

Die gegen dieses Programm feindlich eingestellten jüd. Gruppen der „Oberpriester, Schriftgelehrten und Ältesten" (vgl. Mk 8,31; 14,43.53; 15,1, auch 10,33; 11,18; 14,1; 15,31) sind maßgeblich am gewaltsamen Tod Jesu Christi beteiligt (14,1; 15,1). Wenn Markus diesen wichtigen Handlungssubjekten seiner Erzählung in der entscheidenden Reflektionsszene über das gesamte Wirken Jesu von Mk 11,27 ff. in V. 32bc (vgl. 12,12b) auf polemische Weise[16] Furcht vor der öffentlichen Volksmeinung[17] unterstellt, disqualifiziert er sie moralisch[18] zu bloßen Opportunisten[19]. Deutete die vormarkinische Tradition noch einen (subjektiven) *Unglauben* der Jesus-Antagonisten gegenüber der (angeblich) jesusbezogenen prophetischen Botschaft Johannes des Täufers an, ein Standpunkt, der sie schließlich den göttlichen Vollmachtsanspruch Jesu ablehnen ließ,[20] so zieht der markinische Erzähler diese negative Einstellung zur Karikatur einer rückgratlosen Israel-Repräsentanz aus, die gänzlich von der momentanen Stimmungslage der Masse abhängig ist.[21] Zeigt sich das jüd. Volk nach Mk 8,27 f. noch fähig, sich eine Meinung über die Heilsperson Jesu zu bilden, eine Überzeugung, die gewiß nicht an das christliche Glaubensbekenntnis zum Menschensohn-Messias heranreichen kann (vgl. 8,29 ff.), so sind nach Markus die religiös-politischen Autoritäten Israels zur (differenzierten) Meinungsbildung gänzlich unfähig: Ihr Nicht-Wissen (11,33b) ist schon nicht mehr Position, sondern Korruption.

1.4.2 Die Interpretation der markinischen Bearbeitung von Mk 12,1–12c

Bei der Beschreibung der markinischen Redaktion der vormarkinischen Überlieferung vom *Gleichnis von den Weingärtnern* (Mk 12,1–11*) trennt man darstellungstechnisch am besten die Erläuterung der beiden geringen gleichnistextimmanenten Zusätze in V. 4a und V. 6a (= 1) von der Besprechung der relativ ausführlichen sekundären Rahmung um die Gleichnisrede (V. 1a und V. 12[a–]c = 2).

Ad 1: Sowohl bei dem eine Wiederholung eines Ereignisses anzeigenden πάλιν (Mk 12,4a) als auch bei der Kennzeichnung des „Sohnes" als eines vom Vater „geliebten" (V. 6a) wird sich bei der folgenden Betrachtung ergeben, daß

---

[16] Vgl. GNILKA, Mk II/2 139.
[17] Vgl. LEE, Jesus 146.
[18] Vgl. PESCH, Mk II/2 212.
[19] Vgl. GRUNDMANN, Mk 318; GNILKA, Mk II/2 140.
[20] S. o. den Abschnitt 1.2.2.3 dieser Untersuchung.
[21] Vgl. LEE, Jesus 146.

der umsichtige Letztredaktor Markus nur eine bereits vorhandene Facette seiner vormarkinischen Überlieferung ausgearbeitet hat. Da ansonsten keine weitere markinische Bearbeitung des Gleichnistextes zu erheben ist, darf darum vorausgeschickt werden, daß der Redaktor den vormarkinischen Text in seinem inhaltlichen Gehalt (fast) unverändert in seine Evangelienschrift übernommen hat.[22]

War bei der vormarkinischen Beschreibung der dreimaligen *Sendung der Knechte* zu den Weingutpächtern (Mk 12,2–5b) der inhaltliche Aspekt der zweifachen Wiederholung narrativ äußerst geschickt in der bei der Schilderung der zweiten Sendung (V. 3) einsetzenden verkürzenden Redeweise implizit enthalten,[23] so hebt der End-Redaktor mit dem ihm geläufigen πάλιν diesen Gehalt nur expressis verbis hervor. Läßt sich in dieser markinischen Veränderung nur eine andere narrative Stilistik sehen, so stellt demgegenüber die von Markus herausgestellte Qualifizierung von Jesus Christus als des „geliebten Sohn" Gottes – so die entschlüsselte Metaphorik von V. 6a – ein besonders makronarrativ wirkendes christologisches Signal dar (vgl. 1,11b; 9,7c). Um den auf diesem Adjektiv liegenden inhaltlichen Aspekt markinischer Christologie herauszuarbeiten,[24] ist zu berücksichtigen, daß die vormarkinische Letzt-Redaktion der Winzerallegorie um der Stilisierung der Sohnes-Sendung als dem eschatologischen Ereignis der Geschichte mit dem numerischen εἷς (V. 6aα) bereits die komparativische Antithese zur vormaligen vielfachen Sendung der Propheten (V. 5cd) eingetragen hatte. Haben aber nun Eltern nie mehr als ein Kind, so impliziert diese Tatsache nach hell. wie jüd. sozio-kultureller Auffassung ein besonders fürsorgliches Eltern-Kind-Verhältnis: das einzige Kind ist zugleich das über alle Maßen

---

[22] Vgl. Kato, Völkermission 122.

[23] S. o. den Abschnitt 1.1.3 dieser Untersuchung.

[24] Eine Isaak-Typologie liegt bei dieser Komponente mk. Christologie nicht vor (mit Klauck, Allegorie 287, Anm. 6, gegen Blank, Sendung 36; Wood, Typology 586). Wird zwar in Gen 22,2.12.16 LXX (s. auch Am 8,10; Sach 12,10; Jer 6,26; TestAbr 2 3,6; 7,4; TestLev 18,2 Suppl. III,58) mit dem Adjektiv ἀγαπητός auf die außerordentliche Beziehung von Abraham zu seinem einzigen Sohn Isaak aufmerksam gemacht, so lehnt aber die Väter-Erzählung von Gen 22,1 ff. ganz im Gegensatz zu Mk 12,8a trotz liturgisch-ritueller Terminologie das Opfer ab, da das Kind durch den Widder ausgelöst wird (Gen 22,13, dazu Gubler, Deutungen 350). Erst eine späte jüd. Überlieferung (vgl. ShemR 15; MekhY 8a; Taan 16ᵃ; PRE 31), die Isaak-Aqeda und Passah-(Opfer) miteinander verbindet (vgl. Jub 17,16), intendiert eindeutig (nach LibAnt 18,5 besitzt die freiwillige Bereitschaft Isaaks trotz seiner Auslösung bereits sühnende Wirkung) das Opfer und damit die Tötung Isaaks (vgl. Gubler, aaO. 347f.). Hebr 11,17–19 ist ntl. Zeuge, daß die Tötung Isaaks im Frühjudentum noch nicht vorausgesetzt wird, denn die Rückgabe des Verheißungsgeschenk ist παραβολή = Typos (!) der Auferstehung (V. 19b). Hinzu kommt, daß Abraham (Mk 12,6a redet der vormk. Erzähler über den κύριος τοῦ ἀμπελῶνος) jüd. und christlich nicht Typus auf Gott, sondern den *Gerechten* ist. Schließlich ist darauf hinzuweisen, daß explizite Bezugnahmen zur Isaak-Tradition in frühen (vgl. Gubler, aaO. 340–9) wie sonstigen ntl. Schriften äußerst rar sind (vgl. allein Röm 8,32, dazu Blank, Paulus 294–8).

geliebte.[25] Erst recht, wenn es sich um den einzigen Sohn handelt, der nach dem genealogischen Denken patriarchaler Familienordnung die zukünftige (Namens-)Fortexistenz der Familie sichert, besteht zwischen Eltern und Kind ein besonders vertrauliche Beziehung.[26] Überträgt Markus diese familiäre Komponente auf das einzigartige Verhältnis der Nähe Gottes zu seinem die Gottes-Thora auslegenden Messias-Sohn, so ist er der Wegbereiter[27] des bekenntnisartigen christologischen μονογενής[28] (vgl. Joh 1,14.18; 3,16.18; 1Joh 4,9).[29]

Ad 2: Mit Hilfe einer kurzen Einführung zur drittlängsten Jesus-Rede im Mk-Evangelium (Mk 12,1a), der nach ihrer Beendigung eine Reflexion über ihre beim Zuhörer erzeugte Wirkung korrespondiert (V. 12c),[30] legt der Redaktor Markus die rhetorische Gattung dieser Rede sowie ihre Adressatenfunktion fest. Danach geht es bei der Jesus-Ansprache um einen indirekten Sprechakt, der durch Metaphern einen Gedanken bildhaft zum Ausdruck bringt (vgl. Ps 77,2 LXX). Als solcher ist er aber in der Lage, eine unmittelbare und sofortige Selbsterkenntnis bei seinen Rezipienten hervorzurufen.[31] Dies weiß der allwissende Erzähler in Mk 12,12c zu berichten. Ist also keine anschließende Interpretation der Metaphernrede nötig, so handelt es sich nach Markus bei der *Winzerguterzählung* keineswegs um eine obskure Rätselrede,[32] sondern um eine aufgrund des von Autor und Rezipienten geteilten Metaphernwissens sehr wohl gelungene Rhetorik an ein frühjüdisches Publikum.[33] Die Metaphernrede muß für diese Zuhörerschaft eine äußerst unangenehme Wahrheit enthalten, denn anders ist der sofort erfolgende Angriff auf

---

[25] S. Tob 3,10(S): μία und ἀγαπητή über eine Tochter, vgl. Jdc 11,34(A); äthHen 100,2.

[26] Vgl. μό(υ)νος und ἀγαπητός Hom., Od. 2,365; Aristot., rhet. 1365b 16f.; Pollux 3,19 (2. Jh. v. Chr.); Philo Ebr 30; Abr 168.

[27] S. Tob 3,15(S): μονογενής als Zusammenfassung von 3,10(S), vgl. Pollux 3,19.

[28] Zur Frage von LENTZEN-DEIS, Taufe 188, Anm. 432, warum Mk denn nicht gleich μονογενής in Mk 12,6 eingesetzt hat, ist zu bemerken, daß dann ja das schon vormk. vorhandene εἰς verdoppelt worden wäre.

[29] Vgl. DALMAN, Worte 230.

[30] Vgl. KATO, Völkermission 119.

[31] Vgl. RÄISÄNEN, Parabeltheorie 28: „Eben deshalb, weil sie die Pointe des Gleichnisses verstanden, werden die Hörer böse".

[32] Gegen SCHMITHALS, Mk 2/2 523; KAZMIERSKI, Jesus 135f.; KATO, Völkermission 128, vgl. HAENCHEN, Weg 401.

[33] Vgl. WELLHAUSEN, Mk 93. Die oben gegebene Deskription der mk. Auffassung der Winzergut-Gleichnisrede in Mk 12,1b–11 will der Definition der *Allegorie* als einer indirekten, von Metaphern geprägten, aufgrund des gemeinsamen Allegorieraumes aber sehr wohl verständlichen, ja populären Redeform möglichst nahekommen. Da Mk entsprechend dem atl. weiten Maschal-Begriff jedoch keinen rhetorisch durchreflektierten Parabelbegriff wie eine literarische Metapherntheorie erkennen läßt, ist die hier angestellte rhetorische Fassung der mk. Gattungstheorie zum Winzergleichnis von der Sache her zwar naheliegend, aber dennoch letztlich nur hypothetisch.

die Person Jesu Christi, der Versuch, sich des unliebsamen Sprechers der Gleichnisrede zu entledigen, nicht zu erklären (V. 12a).

Bei dieser von Markus zum Ausdruck gebrachten effektiven[34] Rezipienten-wirkung einer Jesus-Ansprache ἐν παραβολαῖς hat man nun gemeint, einen Widerspruch zur sog. markinischen Parabeltheorie von Mk 4,10–12 zu ent-decken,[35] insofern dort die missionarische Jesus-Rede ἐν παραβολαῖς (vgl. 4,2.11) zur Nicht-Erkenntnis (V. 12b) und damit zur umkehrverneinenden, das Gottes-Gericht nach sich ziehenden Verstockung gereicht. Hat nun bereits *Heikki Räisänen* in redaktionskritischer Analyse gezeigt, daß Mk 4,10–12 kei-neswegs die Mitte des markinischen Parabelverständnisses darstelle,[36] so muß weiter darauf hingewiesen werden, daß Markus (mindestens) zwei prinzipiell voneinander zu unterscheidende Weisen einer Jesus-Rede ἐν παραβολαῖς kennt: Die eine Art der Bildrede (4,1 ff.; 7,14 ff.) gilt als grundsätzlich verständliche Rede (4,33; 7,14b) an die Allgemeinheit (4,1; 7,14a), kann aber von dem jüd. Volk in seiner Intention nicht wahrgenommen werden (vgl. den Weckruf 4,9; 7,16), so daß Jesus der Jünger-Gruppe privatissime ihre Deu-tung vortragen muß (4,2 ff.bes.13–20; 7,14 ff.bes.17–23). Die andere Weise von Jesu Christi Lehre in Gleichnisform, und zu ihr gehört neben 3,22–30 der hier zu besprechende Text 11,27–12,12,[37] setzt sich mit erklärten jüd. Gegnern auseinander (3,22a: οἱ γραμματεῖς; 11,27: οἱ ἀρχιερεῖς καὶ οἱ γραμματεῖς καὶ οἱ πρεσβύτεροι). Sie erheben gegen den Weisheitslehrer Je-sus einen diesen aufs Äußerste diskriminierenden Vorwurf: einmal, er sei mit dem Teufel im Bunde (vgl. 3,22),[38] das andere Mal, daß Jesus keine bzw. eine nur pejorativ zu bewertende menschliche Vollmacht ausübe (vgl. 11,28.30a). Und obwohl bei beiden Gleichnisvorträgen Jünger stillschweigend als anwe-send gedacht sind (vgl. 3,13–19; 11,27a über V. 21a zu V. 14b), erhalten sie im Anschluß keine Deutung der Metaphernrede.[39] Aufgrund ihrer direkten Art, eine böswillige Anschuldigung von Gegnern mit einer gerade durch die metaphorische Rhetorik trefflich wirkenden, unmißverständlich klaren Ent-gegnung zu kontern, hat *Räisänen* diese Gleichnisse im markinischen Sinn zutreffend als „eine Waffe in Jesu Kampf gegen die Schriftgelehrten"[40] be-zeichnet. Daß diese Waffe auf dem Höhepunkt der Auseinandersetzung um die Konsequenzen des Vollmachtsanspruchs Jesu nicht stumpf geblieben,

---

[34] Vgl. RÄISÄNEN, Parabeltheorie 28.

[35] So PESCH, Mk II/2 223; RÄISÄNEN, Parabeltheorie 28 f.28 f., Anm. 3 (Lit.).31, vgl. GNILKA, Mk II/2 145. Anders ZIZEMER, Verhältnis 239.

[36] Vgl. Parabeltheorie 27 ff.

[37] Vgl. VON DER OSTEN-SACKEN, Streitgespräch 385.

[38] Auf den indirekten Bezug zur Vollmachtsproblematik in Mk 3,22–30 hat VON DER OSTEN-SACKEN, Streitgespräch 385, aufmerksam gemacht, indem er auf die dort besproche-nen Vollmacht der Jünger hinweist, ἐκβάλλειν τὰ δαιμόνια (3,15).

[39] Vgl. RÄISÄNEN, Parabeltheorie 28.

[40] Parabeltheorie 28, vgl. ZIZEMER, Verhältnis 239.

sondern im Gegenteil den Nerv der Sache getroffen hat (vgl. 12,12ab), gilt es in dem folgenden Abschnitt über die hinter dem markinischen Arrangement zu erkennende redaktionelle Theologie herauszuarbeiten.

1.4.3 Die markinische Theologie des redaktionellen Arrangements von Mk 11,27–12,12

Bei der Aufgabe, einen literarisch-theologischen Entwurf von spezifisch markinischem Zuschnitt[41] für den redaktionell geordneten Gliederungsteil von Mk 11,27–12,12[42] nachzuzeichnen, bilden die Ergebnisse der redaktionskritischen Analyse[43] den methodischen Ausgangspunkt. Danach geht auf Markus der redaktionelle Rahmen um die beiden Gespräche von 11,28–33 und 12,1–12c in 11,27;12,12d sowie die metapherntheoretische Einbettung der Gleichnisrede in 12,1a.12a–c zurück. Der historisierende Redaktor ist dabei für die Festlegung des Jerusalemer Tempels als Ort der beiden Dialoge sowie für ihre zeitliche Einordnung als Geschehen am (Anfang des) dritten Tag(-es) des Jerusalem-Aufenthaltes von Jesus Christus verantwortlich. Markus gibt weiterhin mit den „Oberpriestern, Schriftgelehrten und Ältesten" die Kontrahenten Jesu vor, wie er auch Jesus als Sprecher der Gleichnisrede einsetzt (vgl. 12,1a mit 11,33c) und diese Metaphernrede in einen formkritischen Rahmen einpaßt (12,1a.12c). Schließlich läßt er seine Rezipienten daran teilhaben, welche nachhaltige Wirkung dieses zweiteilige Wortgefecht bei den Gegnern Jesu zeitigt (12,12a–c).[44] Mit dieser keineswegs sparsamen redaktionellen Bearbeitung nimmt Markus in absichtsvoller Weise auf das inhaltliche Verständnis seiner beiden Überlieferungen Einfluß. Als vormarkinische Texte standen ihm ja bekanntlich[45] nur zwei selbständige, voneinander gänzlich unabhängige, ohne Orts- und Zeitangabe sowie ohne Adressatennennung und, was besonders die Winzergutgleichnisrede betrifft,[46] völlig anonyme judenchristliche Traditionen zur Verfügung.[47] In dem vormarkinischen Streitgespräch über die *Frage nach der Vollmacht* (11,28–33*) versucht eine hell.-judenchristliche Gemeinde den göttlichen Vollmachtsanspruch ihres Thora-Lehrers Jesus gegen ablehnende jüd. Kritik mit Hilfe des als Propheten anerkannten Johannes den Täufer in Schutz zu nehmen. Und in der

---

[41] Vgl. BERGER, Exegese 207.
[42] Vgl. LAMBRECHT, Redaktion 43.
[43] S. o. die Abschnitte 1.1.1–1.1.3 dieser Untersuchung.
[44] Vgl. KATO, Völkermission 126.
[45] S. o. die Abschnitte 1.1.2–1.1.3 dieser Untersuchung.
[46] Für die vormk. Vollmachtsperikope Mk 11,28–33* ist der Jesus-Namen in Mk 11,28a* anzunehmen.
[47] Vgl. LAMBRECHT, Redaktion 43.

Allegorie über das *Gleichnis von den Weingärtnern* (12,1b–11[*]) bedenkt eine
hell.-judenchristliche Gemeinde die geschichtstheologischen Folgen des gewaltsamen Todesgeschickes Jesu für Israels Erwählungsprivileg, um dabei zu
dem endgültigen Urteil zu gelangen, daß nicht anders als in einer sich zu
Gott-in-Christus bekehrenden universalen eschatologischen Gemeinde die
göttliche Erwählungsgnade neu wirken wird. Da diese beiden vormarkinischen Texte formkritisch sowohl zu unterschiedlichen Gattungen (Apophthegma und Metaphernrede) zuzurechnen als auch funktional zu einem je
verschiedenen *Sitz im Leben* (judenchristliche Apologetik gegenüber und
judenchristliche Mission am Judentum) zuzuweisen sind, kann die redaktionskritische Sicht, die im Evangelisten Markus primär einen Tradenten von
bereits zu einem bestimmten formkritisch-einheitlichen Zweck zusammengestellten Jesus-Gutes sieht, nicht greifen.[48] Da auf den End-Redaktor in diesem Fall in 12,1a auch eine Bemerkung zurückzuführen ist, die eine
Scharnierfunktion zwischen den beiden Gesprächen darstellt[49] und die durch
ihren formkritischen Hinweis auf ein von Markus bereits in 3,22–30 vorge-
stelltes rhetorisches Konfliktmodell verweist, ist die gesamte Gestaltung der
kleine Szene zu einer einzigen Gesprächseinheit[50] als kreative Leistung des
Mk-Redaktors zu bewerten. Die Frage stellt sich, welche theologische Maxime den Redaktor bei seinem Vorgehen leitet?

Beginnt man die Interpretation der Letzt-Redaktion mit der von Markus
vorgenommenen chronologischen Einordnung der Gesprächsszene von Mk
11,27–12,12, die als *Die direkte Auseinandersetzung über die Vollmacht Jesu
Christi* angesprochen wird, insofern sie ihre unmittelbare Fortsetzung im
nächsten Teil über *Die indirekte Auseinandersetzung über die Vollmacht Jesu
Christi* (12,13–34) erfährt,[51] so läßt die Plazierung ziemlich am Ende der Erzählung von der öffentlichen Wirksamkeit Jesu (bis 12,44 bzw. 13,2) einen
narrativen Spannungsbogen vermuten. Die Mk-Rezipienten, vom Ende der
galiläischen Gesprächsreihe darauf eingestellt, daß der durch Jesu Verkündigung wie Handeln ausgelöste Konflikt mit den Pharisäern und Schriftgelehr-

---

[48] Bekanntlich hatte schon ALBERTZ, Streitgespräche 17, die vormk. Überlieferung vom
Gleichnis von den Weingärtnern (Mk 12,1b–11[*]) wegen fehlender Gattungskonformität aus
seiner Annahme einer vormk. Sammlung von fünf Jerusalemer Streitgesprächen ausgeklammert (s. u. den Abschnitt 2.5.4 dieser Untersuchung). Auch die Vermutung, daß nur Mk
11,28–33[*] zu einer vormk. Streitgesprächssammlung formkritisch-einheitlicher Abzwek-
kung gehört, scheitert an der Differenziertheit der vormk. Traditionen (vgl. DEWEY, Public
Debate 60 f.): Auf ein Streitgespräch mit einer anonymen Menge (11,28–33[*]) folgt ein
halakhisches Schulgespräch (12,14–17[*]), das wiederum auf ein Streitgespräch mit erklärten
Gegner (12,18–27[*]) und auf ein schriftgelehrt-partnerschaftlichen Lehrgespräch (12,28–
34b[*]) trifft.
[49] Vgl. KATO, Völkermission 120.
[50] Vgl. LÜHRMANN, Mk 196 ff.; LEE, Jesus 22 f.; GUNDRY, Mk 656 ff., die bei ihrer Auslegung Mk 11,27–12,12 als eine zusammenhängende mk.-red. Gliederungseinheit besprechen.
[51] S. o. die Einführung, s. u. den Abschnitt 2 dieser Untersuchung.

ten eine Auseinandersetzung auf Leben und Tod ist (3,6, vgl. dann 8,31; 9,31; 10,33 f.), werden vom Autor bis zum Anfang des dritten (Tages-)Aufenthaltes Jesu in Jerusalem hingehalten, um erfahren zu können, ob der Vollmachtsanspruch Jesu seine endgültige Bewährungsprobe bestehen wird: Erst wenn die Krisis ihrem Höhepunkt zutreibt, soll die Ambivalenz der Vollmacht Jesu geklärt werden. Wenn Markus Jesu letzte öffentliche Entgegnung vor seinem Tod im Jerusalemer Tempel[52] spielen läßt, so denkt er an den bereits zur Synagoge umgewidmeten (vgl. 11,17) überdimensionalen Gebäudekomplex (vgl. 13,2), der dem Gebet wie der Lehre dient (vgl. 11,17; 12,35) und als geweihte Stätte des Judentums den Mittelpunkt[53] der *Heiligen Stadt*[54] Jerusalem bildet. Da die Stadt Jerusalem der Stammsitz der gegenüber Jesus von Anfang an negativ eingestellten Schriftgelehrten und Pharisäer zu sein scheint (vgl. 3,22; 7,1), klingt mit der Nennung von Jerusalem (und seines Tempels) zugleich das psychologische Moment der gegen Jesus gerichteten Feindschaft des ungläubigen Judentums[55] an.

In letzterem Sinne muß wohl auch die Tatsache gedeutet werden, daß Jesus Christus sich im Mk-Evangelium überwiegend mit einem anonymen Kollektiv verschiedener frühjüdischer Gruppierungen auseinanderzusetzen hat[56]: Die feindselige Bedrohung des *Einzelgängers* Jesus wird narrativ in der ihm kritisch gegenüberstehenden vielköpfigen Parteien-Macht symbolisiert. Wenn jetzt nach Mk 11,27 sogar eine Vollkommenheit anzeigende unübersehbare Personenmenge dreier organisierter Gruppen Jesus gegenübersteht, so spricht diese Massierung für die Charakterisierung des nun folgenden

---

[52] Τό ἱερόν ist ein feierliches hell. Allgemeinwort für die Bezeichnung des Kultplatzes wie -gebäude als einer *heiligen Stätte* (vgl. SCHRENK, Art. ἱερός 232), das auch in den LXX-Büchern aus hell. Zeit für den Jerusalemer Tempel Verwendung findet (vgl. 1 Esr 1,8; 1 Makk 15,9; 2 Makk 2,9; 3 Makk 3,16 u. ö.).

[53] Nach Mk 11,11a.15ab.27ab soll der Rezipient des Mk den topographischen Eindruck gewinnen, daß die von Vororten (vgl. 11,1) umgebene größere Stadt Jerusalem in der Hauptsache aus dem Tempelbezirk (vgl. 11,25 f.) besteht. Erst die Passionsgeschichte (vgl. ab 14,13) wird ihm erlauben, zwischen mehreren Örtlichkeiten innerhalb der Stadt zu differenzieren.

[54] Das von Mk wie Mt (Ausnahme 23,37 als Q-Zitat) und Joh durchgehend verwendete Nomen proprium (τὰ) Ἱεροσόλυμα ist stark hellenisiert (MT: ירושלם und fünfmal versehentlich ירושלים; die griech. Transkription Ἱερουσαλήμ beruht auf dem Ketib, vgl. die bibl.-aramäische Form, dazu Fohrer, Art. Σιών 295), insofern seine Angleichung an ἱερός = „heilig" und an den Namen Σόλυμαι = ‚Heiliges Solyma' (vgl. BLASS/DEBRUNNER, Grammatik § 39.1; 56.1) „der phantasievollen Etymologie der Antike eine ehrenvolle Verbindung J.[erusalem]s mit dem in der Odyssee (V,283) und in der Ilias (I,184 VI,184) genannten Berg Solyma, einem s[üdlichen] Vorgebirge des Taurus und dem Volk der Solymier (vgl. Jos Ap I,172 f.; Tac Hist V,2.3)" zuließ (KÜCHLER, Art. Jerusalem Sp. 295) und so betont die altehrwürdige Heiligkeit der Bergstadt Jerusalem als Zentrum des jüd. Volkes anklingen lassen will.

[55] Vgl. GNILKA, Mk II/1 28.

[56] Vgl. Mk 2,6.16.18.24; 3,3.22; 7,1; 8,11; 9,14; 10,2; 12,13.18 gegenüber 10,17; 12,28.

Gesprächsablaufes als den entscheidend letzten Gang des Konfliktes: möglichst alle Beteiligten sollen an ihm teilnehmen.[57] Diese Dreier-Gruppierung der „Oberpriester, Schriftgelehrten und Ältesten" ist, wenn auch in anderer Reihenfolge, den Mk-Rezipienten schon von der ersten Leidens- und Auferstehungsvorhersage Jesu her bekannt (8,31). Sie wird auch in der Passionsgeschichte als Antipode Jesu benannt (14,43.53; 15,1). Wie kommt es zu dieser Zusammenstellung?

Eine erste Antwort stellt sich ein, wenn man sich die Verteilung dieser drei Gruppen im Mk-Evangelium anschaut.[58] So werden in Mk 10,33; 11,18; 14,1; 15,31 die Zweier-Gruppierung der „Oberpriester" und „Schriftgelehrten" genannt, niemals jedoch treten *Schriftgelehrte* und *Älteste* sowie *Oberpriester* und *Älteste* im Mk-Evangelium gemeinsam auf. Als einzelne Gegnergruppe beherrschen die „Oberpriester" die Jerusalemer Passionsgeschichte (14,10; 15,3.10 f.),[59] während die „Schriftgelehrten" als Einzelschar schon in Galiläa auftreten (2,6; 3,22; 9,14). Nirgends aber läßt Markus die Partei der „Ältesten" für sich in Erscheinung treten. Daraus darf der Schluß gezogen werden, daß die summarische Dreier-Gruppierung in 11,27 (wie bereits 8,31[60]) als markinisch-redaktioneller Ausgleich zweier Traditionsstränge gewertet werden darf.[61] Während das eine (galiläische) Überlieferungsmaterial sich in der Hauptsache die „Schriftgelehrten" (im Zusammenwirken mit den „Pharisäern", vgl. 2,16; 7,1.5) als Gegner Jesu vorstellt, ist der andere Traditionsstrang (zur Jerusalemer Passion) von den „Oberpriestern" als den Hauptkontrahenten Jesu geprägt.[62] In Mk 10,33; 11,18; 14,1; 15,31 werden „die Gegner Jesu in Galiläa, die γραμματεῖς, ... mit den ἀρχιερεῖς red.[aktionell] zusammengetan", um sodann mit den πρεσβύτεροι in 8,31; 11,27; 14,43. 53b; 15,1 „vervollständigt" zu werden.[63]

Eine zweite Antwort sieht folgendermaßen aus: Da aus Mk 15,1 (vgl. 14,55) zu entnehmen ist, daß die Aufzählung der drei Gruppen (vgl. Jos Bell 2,411: οἱ δυνατοί, οἱ ἀρχιερεῖς, οἱ Φαρισαῖοι) mit dem Ausdruck ὅλον τὸ συνέδριον konkurriert, konfrontiert nach der markinischen Redaktion in 11,27 die *offizielle Institution des Judentums* Jesus Christus mit der Vollmachtsfrage. Als Teile des Thora-Autorität genießenden Jerusalemer Gremiums werden von Markus erstens die geschlossene Fraktion der Oberpriester-

---

[57] Vgl. KLAUCK, Allegorie 311.311, Anm. 138.
[58] Vgl. die Aufstellung bei DORMEYER, Passion 69.
[59] Vgl. MALBON, Leaders 268.
[60] Vgl. HOFFMANN, Mk 8,31 S. 178; HORSTMANN, Studien 25.
[61] Anders MUNDLA, Jesus 9.
[62] Vgl. DORMEYER, Passion 70, anders COOK, Treatment 4 f.. Daß sich diese drei Gruppen bei dem Jerusalemer Aufenthalt Jesu „verbünden" (DORMEYER, aaO. 70; LEE, Jesus 89), steht als psychologische Erklärung nicht im Text.
[63] DORMEYER, Passion 70.

schaft des Jerusalemer Tempels vorgestellt. Sie bekleidet die führenden Ämter der Tempelhierarchie[64] und wacht damit über die kultische Existenz des Volkes. Folgen läßt Markus zweitens den Laienberufsstand der „Schriftgelehrten", die als „im mosaischen Gesetz bewanderte" (1 Esr 8,3) neben der theologischen Weiterbildung der israelitischen Überlieferung (vgl. Mk 9,11; 12,28.32.35) sich besonders mit der rechtlichen Anwendung der göttlichen Thoranorm unter den sich wandelnden Zeitbedingungen beschäftigen (vgl. 2,6.16; 3,22; 7,1.5) und insofern als juristisch Gebildete der gerichtlichen Rechtssprechung dienen (vgl. 12,40).[65] Schließlich wird drittens mit der Gruppe der thoragebildeten *Ältesten* (vgl. TBer 7,18, R. Jehuda [T 3])[66] von Markus die einflußreiche Laienaristokratie, deren mächtige Häupter jüd. Patriziergeschlechtern vorstehen,[67] benannt.

Durch das Auftreten des ganzen Synhedriums verleiht Markus der Vollmachtsbefragung einen offiziösen Charakter[68]. Ohne daß die halbamtlichen Umstände näher geklärt werden – wie soll man sich eine (spontane) Ratsversammlung aller Mitglieder des Synhedriums im Jerusalemer Tempelbezirk vorstellen?[69] –, will Markus anzeigen, daß bei der Beurteilung des gesamten Verkündigungswirkens Jesu Christi (vgl. ταῦτα in Mk 11,28b) nur ein jüd. Leitungsgremium die notwendige Zuständigkeit besitzt. Das Synhedrium ist für ihn in der Lage, in wichtigen Fragen, die die jüd. Kultusgemeinde betreffen,[70] mit Kompetenz zu entscheiden. Nicht eine mächtige, vom Volk isolierte jüd. Führungsoligarchie, sondern das in der göttlichen Thora sachverständig urteilende offizielle jüd. Vertretungsorgan, das ganz Israel repräsentiert[71], soll klären, ob die Thoraverkündigung des jüd. Weisheitslehrers Jesus im Rahmen des offenbarten göttlichen Willens bleibt und damit toleriert werden kann.

Der erste Gesprächsabschnitt zum Legitimationserweis der charismatischen Lehrautorität Jesu Christi (Mk 11,28–33) wirft mehr Fragen auf, als er

---

[64] Mit JEREMIAS, Jerusalem 197–202 (vgl. VERMES u. a., History II 235 f.; SCHRENK, Art. ἱερός 271), gegen SCHÜRER, Geschichte II 274–7. Als einflußreiche Ämter sind der Tempeloberst, die Häupter der Wochen- und Tagesabteilungen, der Tempelaufseher und der Schatzmeister zu vergeben.

[65] Vgl. SCHÜRER, Geschichte II 372–89, JEREMIAS, Jerusalem 267 ff.; HENGEL, Judentum 242 ff. S. u. auch den Abschnitt 2.4 dieser Untersuchung.

[66] BILL. II 495.

[67] Vgl. JEREMIAS, Jerusalem 252–7; BORNKAMM, Art. πρέσβυς 659.

[68] Ähnlich KATO, Völkermission 118–20 (vgl. MUNDLA, Jesus 39 f.; PESCH, Mk II/2 210), der von der Stilisierung als einer offiziellen Befragung ausgeht. Man vermißt aber an dieser Stelle die Schilderung von konkreten Prozeßumständen, vgl. anders Mk 14,53 ff.

[69] Das übliche Versammlungslokal des Synhedriums, das nach Jos Bell 5,144 in der Nähe des sog. Xystos, einer Sportstätte, lag, befindet sich *außerhalb* des Tempelbezirkes (vgl. VERMES u. a., History II 224, Anm. 100), ist aber „auf dem Tempelberge selbst an dessen westlicher Grenze" zu suchen (SCHÜRER, Geschichte II 263).

[70] Vgl. LOHSE, Art. συνέδριον 863.

[71] Vgl. KUHN, Problem 300, Anm. 7.

beantwortet: Gemäß seiner Verabredung mit den Synhedristen (vgl. V. 29bc) muß Jesus zur Vollmachtsfrage selbst nicht Stellung beziehen. Sie bleibt somit als unbeantwortete Problemfrage im Raum stehen. Und der vom apologetischen Text hintergründig artikulierte Hinweis, daß Jesus durch die wahre Prophetie von Johannes dem Täufer göttlich legitimiert ist (vgl. V. 31 f.), geht vom judenchristlich gedeuteten Inhalt der täuferischen Ankündigung aus. Kritische (jüd.) Zeitgenossen werden dieses Verständnis als unbegründet zurückweisen. Damit bleibt an Jesus weiterhin der Makel haften, eine nur menschliche und eben nicht notwendig göttliche Legitimation für sein Verkündigungshandeln vorweisen zu können.

Mit Hilfe eines rhetorischen Konflikt-Schemas, welches Jesus Christus ein *Kampfgleichnis* im Sinne einer *parade reposte* auf einen von den Gegnern gegen ihn erhobenen diskriminierenden Vorwurf setzen läßt (vgl. Mk 3,22 mit V.23–27), gibt Markus Jesus in einem zweiten Gesprächsgang Gelegenheit, das Defizit des ersten wettzumachen und mit der Winzerguterzählung (Mk 12,1 ff.) den notwendigen Vollmachtserweis seiner göttlichen Lehrautorität anzutreten. Die Weingut-Gleichnisrede ist damit einerseits Jesu „,positive' Antwort"[72] auf die Frage nach seiner Vollmachtsidentität und andererseits zugleich eine Entgegnung, die die geschichtstheologische Summe der jüd. Bundesgeschichte zieht. Was Jesus als Vorwurf treffen sollte, nämlich als jüd. Weisheitslehrer außerhalb der göttlichen Segensthora zu agieren, soll als Bumerang auf seine jüd. Kritiker zurückschlagen:[73] Allein in einer neuen, von Israels Bundesthora emanzipierten eschatologischen Heilsgemeinde wird der mißachteten göttlichen Gnade noch zu begegnen sein. Um allen in falscher Überzeugung sich der Nähe Gottes sicher wähnenden Israeliten ihrer gegen Gott gerichteten Sünde zu überführen, läßt Markus Jesus in der Manier des atl. Propheten Jesaja auftreten, der mit Hilfe einer *weisheitlich-prophetischen Gerichtsüberführungsrede* die Vertreter der jüd. Thora-Kompetenz zur schmerzlichen Einsicht zwingt, daß die Erwählungszeit Israels, daß ihre eigene Zeit abgelaufen ist. Wie der atl. Prophet mit der Weinfeldmetapher den Rechtsstreit und das Gericht Gottes über sein Volk (vgl. Jes 5,7) wie über seine Ältesten und Fürsten (vgl. 3,14 LXX: πρεσβύτεροι τοῦ λαοῦ, οἱ ἄρχοντες) trefflich ansagen konnte, so auch der markinische Jesus.[74] Das Synhedrium ist

---

[72] MUNDLA, Jesus 39, vgl. KLAUCK, Allegorie 311; LEE, Jesus 23, Anm. 6; KATO, Völkermission 128; WEISS, ‚Lehre' 162.

[73] Vgl. LOHMEYER, Mk 244 (auch IRELAND, ‚Authority' 74): „... daß der ein Angeklagter werden sollte, zum Ankläger wird, seine Richter zu Angeklagten macht und ihnen ihr Urteil verkündet".

[74] Mit den *bösen Winzergutpächtern* sind aufgrund der Schilderung ihrer Selbsterkenntnis (Mk 12,12c) im mk. Sinne die mit der Allegorie angeredeten, also alle Mitglieder des Synhedriums gemeint (vgl. 11,27; 12,1a, dazu BÖTTGER, König 29). Kennt das Mk eine Differenzierung des jüd. Volkes in das Synhedrium und diverse frühjüdische Gruppierungen, so darf der Unterschied Synhedrium-Volksmenge (vgl. V. 12b, dazu VON DER OSTEN-SACKEN,

der thora-kompetente Ansprechpartner, der die geschichtstheologische Wahrheit der dtr. Bußpredigt angesichts Israels totalem Ungehorsam bestätigen wird (vgl. Mk 12,2–5). Erst recht, daß Israel in der momentanen Gegenwart in der Gefahr steht, das Problem der theologisch nicht aufzulösenden Ambivalenz um den Vollmachtsanspruch des Thora-Lehrers Jesu mit einer Bewährungsprobe auf Leben und Tod zu lösen, um auf diese Weise ein Gottesordal herbeizuführen (vgl. V. 6–8; 8,31).

Durch die erzählerische Bezeichnung des letzten Gesandten des Weinfeldverpächters als seines „eingeborenen Sohnes" (Mk 12,6a) ist den Mk-Rezipienten unmittelbar präsent, daß damit nur der von Beginn des Mk-Evangeliums (1,1) als solcher durch himmlische Autorität legitimierte (vgl. 1,11b; 9,7b) irdische Jesus Christus gemeint sein kann. Ist Jesus bei Markus selbst zum Sprecher der Weingut-Allegorie avanciert, so spricht er metaphorisch chiffriert über seine eigene Person[75]: allegorisch deutet er sich selbst als den eschatologischen Umkehrmahner Gottes; an ihm entscheidet sich letztgültig, ob die Langmut Gottes auf Israels Umkehr treffen wird (vgl. V. 6). Und er ist zugleich der legitimierte *Sohn-Gottes-Messias*, durch den Gott *die universale Königsherrschaft über alle Völker* antreten will (vgl. V. 7). Darin liegt seine göttliche Vollmachtsausrüstung. Kündigt Jesus nun in seiner chiffrierten Rede nicht nur seinen gewaltsamen Tod durch das ihn als Gerechten prüfende thorafromme Israel an (vgl. V. 6–8), sondern ist er auch von seiner postmortalen Rettung durch Gottes neuschaffendes Rechtfertigungshandeln überzeugt (V. 10 f.),[76] so deutet er in prophetischer Vorhersage seine eigene Zukunft. So bewährt Jesus für Markus seine göttliche Vollmacht durch seine wahre

---

Streitgespräch 383, Anm. 18) nicht der Ausgangspunkt für den mk. Adressaten der Winzerallegorie werden, nämlich derart, daß nur eine jüd. Führungsclique kritisch angesprochen werden soll. Die Gründe sind genannt: 1. die zur dtr. Theologie zählende Allegorie kennt nur das Verwerfungsgericht über *ganz Israel* (vgl. die vorpaulinische Tradition 1 Thess 2,15a–c.16, gegen BÖTTGER, König 29, Anm. 73). 2. der die im Anschluß an Jes 5,1–7 LXX konzipierte Allegorie inhaltlich (fast) unverändert in seine Schrift übernehmende Red. braucht wie Jes 3,14; 5,7 keinen Unterschied zwischen den führenden Schichten des Volkes und diesem selbst machen (vgl. LOHMEYER, Mk 248). 3. besitzt das Volk in der mk. Narration nur Chor-Funktion (vgl. GNILKA, Mk II/1 28) bzw. sind die Synhedristen als Gegner des leidenden Gerechten durch die vormk. Passionsgeschichte Mk an dieser Stelle vorgegeben. Und schließlich läßt 4. der Red. in Mk 7,3 f. erkennen, daß er keinen Unterschied zwischen „allen Juden" und den Pharisäern machen will (vgl. GNILKA, Verstockung 85).

[75] Vgl. VON DER OSTEN-SACKEN, Streitgespräch 389; LEE, Jesus 166; POKORNY, Markusevangelium 1991.

[76] Durch die mk. Red, die Jesus als Sprecher der Winzergut-Allegorie (Mk 12,1b–11) einsetzt (V. 1a), entsteht eine sachliche Inkongruenz, insofern sich Jesus unter dem ekklesiologischen Plur. von V. 11b subsummiert (vgl. BÖTTGER, König 30). Daraus kann nicht gefolgert werden, daß nach Mk Jesus sich als neuen Führer des jüd. Volkes sieht (gegen BÖTTGER, aaO. 30), sondern nur, daß Jesus (und die Jünger) im mk. Sinn mit der urchristlichen Gemeinde gleichgesetzt werden (s. u. die Auswertung dieser Untersuchung).

Zukunftsansage: er ist der *eschatologische Prophet Gottes* (vgl. 6,4.15b). Sein zu Lebzeiten angekündigter Leidens-Tod (vgl. 8,31; 9,31; 10,33 f.) hat sich in der für den Rezipienten des Mk-Evangeliums bereits zurückliegenden Ge-.schichte in dramatischer Weise bestätigt (vgl. 15,37).[77] Als der von den Toten auferweckte Gekreuzigte (vgl. 16,1–8) ist er das eschatologische Ziel des göttlichen Erwählungsprogramms und insofern *Mittler des eschatologischen Heiles der Christenheit* (V. 11b).

Mit der Beschreibung der ablehnenden Reaktion der Jesu Christi Vollmacht prüfenden jüd. Thora-Autorität setzt Markus im unmittelbaren Anschluß an Jesu Gleichnisrede dessen kurz zuvor getätigte prophetische Vorhersage erzählerisch in Kraft (Mk 12,12a–c). Erneut sind die von den Sympathien der großen Masse abhängigen Schrift-Autoritäten zu keiner inhaltlichen Entgegnung willig und fähig (vgl. 11,32b.33b).[78] Sie sind bei Markus in die Rolle der *Gegner des leidenden Gerechten* gezwängt und dadurch moralisch disqualifiziert. Trachten sie doch nur danach, sich Jesus zu bemächtigen.[79] Das markinische Vokabular von 12,12a erinnert dabei den Rezipienten an den Bericht über das gewalttätige Schicksal des jüd. Propheten Johannes des Täufers, das der Viertelsfürst Herodes Antipas diesem in seiner Festungshaft bereitet hatte (vgl. 6,17). Es scheint nur noch eine Frage der Zeit zu sein, wann sich die erzählerische Antizipation Jesu Passion an seinem Geschick als eschatologischen Propheten-Messias verifizieren wird (vgl. 14,1.43 ff.).[80] Ist mit der definitiven Ablehnung des Jesus-Programmes eines neuen Bundesvertrages der Point-of-no-return der jüd. Bundesgeschichte überschritten (12,12), so ist die Frage des Mk-Rezipienten nach der *Zukunft des Judentums* allemal beantwortet: Die Unfähigkeit, den kritischen Thora-Lehrer Jesus mitsamt seiner demonstrativen Basileia-Verkündigung und charismatischen Wundertätigkeit in einem zur Umkehr bereiten Israel zu integrieren, muß das *definitive Ende der Erwählungsgeschichte Israels* heraufbeschwören: Der Untergang des von Gott erwählten Jesus ist der Untergang der dem jüd. Volk geschenkten Erwählung.[81]

---

[77] Vgl. HOWARD, Ego 115; LEE, Jesus 157.169.
[78] Vgl. SMITH, Opponents 178. Die Einführung des Volkes in Mk 12,12b hat wohl „eine rein literarische Funktion …: nämlich die, zu verhindern, daß Jesus von seinen Feinden schon jetzt festgenommen würde und der Erzählfaden dann direkt mit der Passionsgeschichte im engeren Sinn (Mk 14,1 ff.) fortgeführt werden müßte" (ZIZEMER, Verhältnis 242).
[79] Vgl. ζητέω als Bestandteil des atl. Motives vom Trachten nach dem Leben des Gerechten: Ps 34,4; LXX: 36,32; 37,13; 39,15, auch 4QpPs 37 IV,14, dazu SCHLARB, Suche 163 f.
[80] Vgl. KATO, Völkermission 119, der anhand der Verwendung von ζητέω und κρατέω in der vormk. Passionserzählung (vgl. 14,11.44.46.49.51.55) auf den die Passion Jesu antizipierenden Charakter von Mk 12,12 aufmerksam macht.
[81] ZIZEMER, Verhältnis 242, beobachtet richtig, daß Mk mit der Allegorie das Gericht Gottes über die Erwählung des Judentums, nicht aber über die „Individuen jüdischer Herkunft" angesagt hat, insofern er den Repräsentanten des Judentums, den Synhedristen, das

Hinzu kommt, daß der von seinen Volksgenossen abgestoßene jüd. Um-kehrprediger Jesus in prophetischer Vollmacht zugleich die neuen Bedingun-gen für das an seine Person gebundene eschatologische Bundesformular for-mulieren kann (vgl. 12,9c–11): Die „anderen" Winzer, die zukünftig als Pächter in Gottes Weinfeld, seiner Schöpfung, ihr Leben sich erarbeiten, wer-den im Glauben an seine, Christi Auferstehung von den Toten zu der sich un-ter ihrem Gegenteil offenbarenden Bundestreue Gottes finden. Sie können sich nicht mehr *Israel* nennen, denn zu dieser eschatologischen Heils-gemeinde kann und darf sich *jeder* zur Umkehr bereite Christus-Gläubige aus Israel wie aus allen Völkern zählen. Schließlich werden sie in der Thora-verkündigung des mit dem Tode Geprüften die materialen Grundlagen des neuen eschatologischen Bundes besitzen. Doch soll sich Geschichte nicht wiederholen, soll der neue Bundesvertrag nicht am Menschen als seinem Part-ner scheitern und wieder in der bekannten Unheilsgeschichte des alten enden, muß der Thora-Prediger Jesus Christus in reflektierter Weise sich über die theologischen Konturen des neuen eschatologischen Gottesbundes äußern. Das aber soll nach Markus dem zweiten narrativen Teil der *Auseinanderset-zung über die Vollmacht Jesu Christi*, nämlich Mk 12,13–34 vorbehalten blei-ben.

Volk gegenübergestellt. „Denn das Volk als Individuen jüdischer Herkunft kann sich durchaus positiv zu Jesus stellen" (ebd. 242), ist „durchaus noch zum Glauben fähig" (ebd. 343).

Hauptteil 2

Die narrative Episode von Mk 12,13–34:
Die indirekte Auseinandersetzung
über die Vollmacht Jesu Christi

2.1 Die Analyse der markinischen Redaktion von Mk 12,13–34

In Übereinstimmung mit der in der *Methodischen Erklärung* zu dieser Untersuchung aufgestellten Texttheorie zum Mk-Evangelium soll zu Beginn der Interpretation der narrativen Episode von Mk 12,13–34 mit dem Thema *Die indirekte Auseinandersetzung über die Vollmacht Jesu Christi* anhand von sprachlichen Indizien und literarkritischen Kriterien die redaktionelle Bearbeitung der Markus schriftlich vorliegenden Einzeltraditionen erhoben werden. Die folgenden Überlegungen beginnen deshalb bei der Analyse des redaktionellen Rahmens der in 12,13–34 zusammengestellten drei Überlieferungen,[1] um dann die redaktionelle Aufbereitung des Textes der drei Einzelperikopen zu klären.[2] Diese analytischen Bemerkungen zur Trennung von vormarkinischer Tradition und markinischer Redaktion werden wieder aufgenommen, nachdem die vormarkinischen Überlieferungsstücke interpretiert wurden[3] und sich die Untersuchung der narrativen Letztstufe dieses Mk-Textes zuwenden wird. Dies ist der Moment, an dem die markinische Fassung der jeweiligen Überlieferung sowie die markinische Theologie der redaktionelle Zusammenstellung der drei Perikopen zu dem größeren Komplex von 12,13–34 behandelt werden soll.[4]

2.1.1 Der markinische Rahmen (Mk 12,13.34c)

Bei der redaktionellen Zusammenstellung dreier Einzeltraditionen, nämlich den Überlieferungen *Vom Zinsgroschen* (Mk 12,14 ff.), *Von der Auferstehung* (12,18 ff.) und über *Die Frage nach dem obersten Gebot* (12,28 ff.) hat Markus durch einen erzählerischen Rahmen, einer Einleitung (V. 13), der am Ende des Abschnittes ein Abschluß korrespondiert (V. 34c), einen eigenen Gliederungsteil im Mk-Evangelium geschaffen.[5]

---

[1] S. u. den Abschnitt 2.1.1 dieser Untersuchung.
[2] S. u. die Abschnitte 2.1.2–2.1.4 dieser Untersuchung.
[3] S. u. die Abschnitte 2.2–2.4 dieser Untersuchung.
[4] S. u. die Abschnitte 2.5.1–2.5.4 dieser Untersuchung.
[5] Anders JOHNSON, Mk 196, der im Anschluß an DAUBE, New Testament 158 ff., Mk 12,35–37 zur red. Einheit hinzuzählt. Vgl. aber WEISS, ,Lehre' 250, Anm. 7: „Der Neueinsatz in V 35 ist evident".

Diese Überlegung zur redaktionellen Vorgehensweise des Markus leuchtet ein, wenn das Ende der Dreier-Sequenz von Perikopen in Mk 12,34c betrachtet wird,[6] da dort die Argumente für markinische Redaktion[7] am überzeugendsten sind.[8] Dem von Markus nach der positiven Feststellung einer Übereinstimmung zwischen Schriftgelehrten und Jesus (V. 34ab) unvermittelt[9] in den Text eingebrachten Resümee, daß weitere Versuche, „Jesus eine Frage zu stellen", eingestellt werden (V. 34c, vgl. 9,32), korrespondiert am Beginn der „Gesprächsreihe"[10] die Absichtserklärung von 12,13b: Hier wird der Plan benannt, Jesus in einer Stellungnahme mit seinen „eigenen Worten zu fangen". Das böse Vorhaben verschiedener Gegnergruppen, welches an Jesu qualifizierten Antworten scheitert und darum aufgegeben wird, stellt eine gelungene redaktionelle Einfassung der drei Überlieferungen dar, in deren Mitte eine jeweils andersgelagerte Problem-Frage steht (12,14de.23a.28c). Trotz des ntl. Hapaxlegomenons ἀγρεύω ist es darum möglich, auch für 12,13b markinische Redaktion anzunehmen.[11]

Als Auftraggeber der List – grammatisch: als Subjekt des Hauptsatzes von Mk 12,13a, von dem der folgende Finalsatz V. 13b abhängig ist – agiert, vom vorherigen Kontext aus gesehen (s. über 12,12 nach 11,27, vgl. 8,31), das Synhedrium, das aus den „Oberpriestern und Schriftgelehrten und Ältesten" besteht (vgl. 14,53; 15,1). Seine Mitglieder sind es, die zunächst „irgendwelche (Leute) der Pharisäer und Herodianer" zu Jesus – zuletzt namentlich genannt in 11,33 – „senden" (12,13). Da 11,27; 12,12d Produkt markinischer Redaktion sind,[12] geht die Darstellung, daß das Synhedrium durch Abgesandte die Prüfung der Vollmachtsautorität Jesu Christi fortsetzt (vgl. 11,28 ff.), auf Markus zurück. Insofern nun die markinische Einleitung von 12,13 mit V. 34c einen erzählerischen Zusammenhang für die ganze dreiteilige Perikopenreihe herstellt, indem jede Einheit für sich von einem (mißglückten) Versuch berichtet, Jesus eine Falle zu stellen, werden auch die nachfolgenden Akteure, die „Sadduzäer" (V. 18a)[13] und schließlich auch „einer von den

---

[6] Vgl. Weiss, ‚Lehre' 249.

[7] So Bultmann, GST 21; Lambrecht, Redaktion 47; Burchard, Liebesgebot 44; Kuhn, Problem 302, Anm. 11; Furnish, Love Command 30; Gaston, Horae 6; Fuller, Doppelgebot 322 f.; Pryke, Style 169; Prast, Appell 82; Merklein, Gottesherrschaft 101; Gnilka, Mk II/2 163, u.a.m. Anders Suhl, Zitate 87, Anm. 83, unschlüssig Pesch, Mk II/2 236.

[8] Οὐδείς mit doppelter Verneinung (in diesem Fall οὐκέτι) ist red. (1/15/18) genauso wie ἐπερωτάω (8/25/17), vgl. Lambrecht, Redaktion 47, Anm. 1; Mundla, Jesus 126.126, Anm. 92; Sariola, Markus 193; Weiss, ‚Lehre' 249 f., Anm. 7.

[9] Vgl. die Bewertungen von Suhl, Zitate 87, Anm. 83: „deplaziert"; Prast, Appell 81: paßt schlecht; Weiss, ‚Lehre' 249: „überraschend".

[10] Burchard, Liebesgebot 44.

[11] Vgl. Lambrecht, Redaktion 46; Schrage, Christen 31; Hultgren, Jesus 76; Mundla, Jesus 42; Weiss, ‚Lehre' 205 f.

[12] S. o. den Abschnitt 1.1.1 dieser Untersuchung.

[13] Gegen Stock, Gliederung 494; Lührmann, Mk 203.

Schriftgelehrten" (V. 28a)[14] vom Erzähler stillschweigend in die Auftragsabhängigkeit zum Synhedrium gebracht.[15] Auch diese Sicht wird der ein- und überleitenden Redaktion von Markus zuzuschreiben sein.[16] Die Überlegungen zur redaktionellen Rahmung von drei Perikopen in Mk 12,14 ff. lauten, daß der Text Mk 12,13.34c markinischen Ursprungs ist:

V. 13a   Καὶ ἀποστέλλουσιν πρὸς αὐτόν τινας … καὶ τῶν Ἡρῳδιανῶν
b   ἵνα αὐτὸν ἀγρεύσωσιν λόγῳ.
…
V. 34c   καὶ οὐδεὶς οὐκέτι ἐτόλμα αὐτὸν ἐπερωτῆσαι.

Übersetzung:

V. 13a   „Und sie senden zu ihm Leute der Pharisäer und Herodianer,
b   um ihn in einem Worte zu fangen
…
V. 34c   Und niemand wagte, ihn (noch) irgendetwas zu fragen."

2.1.2 Die markinische Bearbeitung von Mk 12,14–17

Ist der erzählerische Rahmen von Mk 12,13.34c um die drei Perikopen von 12,14–34b als markinische Redaktion zugestanden, so ist nun zu fragen, wie die an den Anfang gestellte vormarkinische Überlieferung *Vom Zinsgroschen* (12,14 ff.) ursprünglich einsetzte, speziell, ob in ihr eine oder sogar mehrere Personengruppen als Fragesteller Jesu Christi eingeführt waren. Dabei sind nun grundsätzlich vier Möglichkeiten der markinischen Redaktion denkbar:

1. Markus war die vollständige Wendung τινας τῶν Φαρισαίων καὶ τῶν Ἡρῳδιανῶν in seiner Tradition vorgegeben[17] oder
2. Markus hat diesen gesamten Ausdruck redaktionell hinzugesetzt.[18]
3. Nur ein Teil, nämlich entweder τινας τῶν Φαρισαίων oder
4. τινας τῶν Ἡρῳδιανῶν[19] ist von ihm ergänzt worden, während die jeweils andere Gruppe in seiner Überlieferung genannt war.

---

[14] Gegen Stock, Gliederung 495.

[15] Vgl. Pesch, Mk II/2 236. Ἀποστέλλω (22/20/26) πρός (5/5/4) wird mk. Red. sein, vgl. Mk 3,31. Daß ἀποστέλλουσιν als unpersönlicher Plural (= „man") aufgefaßt werden muß (Cranfield, Mk 369; Anderson, Mk 273, unentschlossen Taylor, Mk 478), ist „unwahrscheinlich, wenn auf der anderen Seite das Objekt (Pharisäer und Herodianer) ausdrücklich angegeben wird" (Weiss, ,Lehre' 204).

[16] Mit Klostermann, Mk 123; Hultgren, Jesus 76; Mundla, Jesus 42 f.; Gnilka, Mk II/2 150; Lührmann, Mk 201; Weiss, ,Lehre' 203 f., gegen Pesch, Mk II/2 225.

[17] So Gnilka, Mk II/2 151; Wengst, Pax 203, Anm. 17.

[18] So Schrage, Christen 31; Mundla, Jesus 43; Weiss, ,Lehre' 205, vgl. Hultgren, Jesus 76; Roemer, Vineyard 259.

[19] So Lohmeyer, Mk 251.

Welcher redaktionskritische Ansatz gibt diesem Problem eine Entscheidungshilfe, ist doch für das Mk-Evangelium unter den Evangelienschriften die Erwähnung der Gruppe der „Herodianer" (Mk 3,6; 12,13) singulär[20] und die Zusammenstellung der „Herodianer" bzw. „Herodes" mit den „Pharisäern" charakteristisch (3,6; 8,15; 12,13)? Beginnt man die Klärung dieser redaktionellen Frage bei 3,6, so läßt sich feststellen, daß Markus dort die Gruppenbezeichnung τῶν Ἡρῳδιανῶν eingefügt hat.[21] In 8,15 ist anzunehmen, daß das traditionelle Logion[22] vom „Sauerteig der Pharisäer" (Lk 12,1b, vgl. Mt 16,11b) durch Hinzufügung des Imperativs βλέπετε[23] und die Erwähnung des „Sauerteigs des Herodes" von Markus erweitert wurde. Es legt sich daher nahe,[24] daß Markus auch in 12,13a „die Herodianer" unter Verwendung eigenen Sprachgebrauchs[25] hinzugesetzt hat. Für Markus stehen dabei die *Herodianer* auf der gleichen moralischen Stufe wie die *Pharisäer*: Sie sind für ihn die schlechthinnigen Feinde Jesu.[26] Mit der Zusammenstellung von „Herodianern" und „Pharisäern" in V. 13a erreicht Markus schließlich über seine redaktionellen Bemerkungen in 12,12 und 11,27 Vollständigkeit bei Jesu Gegnern in der letzten großen Auseinandersetzung vor der Passion.[27] Da Mk 12,14 einen selbständigen Perikopenanfang darstellt, könnte die vormarkinische Überlieferung folgendermaßen begonnen haben[28]: καὶ ἐλθόντες οἱ Φαρισαῖοι[29] λέγουσιν Ἰησοῦν[30] …

Ist der Anfang der Perikope redaktionskritisch besprochen, steht jetzt zu prüfen an, ob innerhalb der vormarkinischen Tradition *Vom Zinsgroschen* markinische Eingriffe zu verzeichnen sind. Das ist nach den in der *Methodischen Erklärung* aufgestellten Prämissen nur an zwei Stellen der Fall.[31] Beide Male handelt es sich um eine Textüberfüllung.

---

[20] Die Erwähnung in Mt 22,16 ist quellenkritisch von Mk 12,13 abhängig.

[21] Μέτα cum genitivus + Personenbezeichnung auch in 1,29; 15,1.31. Mit SCHENKE, Wundererzählungen 165; KIILUNEN, Vollmacht 231, gegen THISSEN, Erzählung 85; HULTGREN, Jesus 92, Anm. 36.

[22] Vgl. BACON, Pharisees 104.

[23] Vgl. red. Mk 13,5.23, dazu SCHENKE, Wundererzählungen 294, Anm. 887.

[24] Mit LOHMEYER, Mk 251; SCHENKE, Wundererzählungen 164, gegen KIILUNEN, Vollmacht 231.

[25] Τις mit Genitivus partitivus ist mk. Red. (5/9/14), vgl. LAMBRECHT, Redaktion 46, Anm. 1.

[26] Vgl. WEISS, ‚Lehre' 205.

[27] Vgl. KATO, Völkermission 127 (auch KLAUCK, Allegorie 311, Anm. 138; HOWARD, Ego 107): „Damit werden diejenigen, die die Tötung Jesu in der galiläischen Zeit planten ([Mk] 3,6; 8,11 f), in die endgültige Durchführung des Mordes in Jerusalem hineingezogen".

[28] Vgl. WEISS, ‚Lehre' 206.

[29] Vgl. Mk 12,28.

[30] Dem Red. ist die Pronominalisierung des Namens „Jesus" zuzutrauen.

[31] Anders HULTGREN, Jesus 76, der Mk 12,17c, JOHNSON, Mk 197; MUNDLA, Jesus 44, die ὑπόκρισις in V. 15a für mk. Red. hält bzw. halten.

Zunächst fällt der überlange[32], durch die koordinierende Konjunktion γάϱ in zwei Teile gegliederte,[33] chiastische Parallelismus[34] der Captatio benevolentiae ins Auge (Mk 12,14b–e). „Die Gegenüberstellung ist zwar formal parallel",[35] jedoch stehen die Einzelglieder nicht pleonastisch zueinander,[36] sondern haben „jeweils ihre eigene inhaltliche Ausrichtung".[37] Folglich handelt es sich um einen uneinheitlichen, synthetischen Parallelismus. Da der Mittelteil von V. 14b–d mit dem einführenden οἴδαμεν ὅτι deutlich als zwischen Fragestellern und Jesus vorgegebene gemeinsame Überzeugung markiert[38] ist, tritt die Anrede διδάσκαλε als markinisch hervor,[39] die inhaltlich mit V. 14e (διδάσκεις) harmoniert. Wird erkannt, daß in 12,32b die Wendung διδάσκαλε, ἐπ' ἀληθείας εἶπες ... unvermittelt einsetzt, so ist anzunehmen, daß Markus in V. 14 im Sinne seines Bildes von Jesus als dem *Lehrer* (vgl. 1,22; 4,1 f.; 6,6.34 u. ö.[40]) redet.[41] Er redigierte die Captatio benevolentiae im Sinne einer Ring-Komposition.[42] Den Ausdruck ὁ ὁδὸς τοῦ θεοῦ, ein synoptisches Hapaxlegomenon, entnahm er dabei aus der atl.-jüd. Weisheitstheologie (Bar 3,13, vgl. Weish 5,7; 4 Esr 7,79; Jub 20,2).

Die zweite textliche Überfülle läßt sich in Mk 12,15a.b beobachten. Es handelt sich um das Nebeneinander der Gegner-Beurteilung einmal als ὑπόκρισις und einmal als πειράζειν.[43] Hier verstärkt die Erkenntnisrede Jesu: „Warum versucht ihr mich?" die vorherige Bemerkung des Erzählers, daß Jesus die „Heuchelei" seiner Kontrahenten erkennt. Da Markus bereits zweimal zuvor in seiner Evangelienschrift in nachklappender Weise davon spricht, daß die „Pharisäer" in Disputationen Jesus „versuchen" (8,11; 10,2), dürfte V. 15b markinische Hinzufügung sein.[44]

---

[32] Vgl. WEISS, ‚Lehre' 206: „Diese (sc. Captatio benevolentiae) wirkt breit überladen".

[33] SCHMITHALS, Mk 2/2 526: „In der Tat wird der erste Satz der *captatio* in 14a (sc. Mk 12) in der begründenden Fortsetzung 14b nur wiederholt".

[34] Es stehen sich Mk 12,14 b + e und c + d im chiastischen Parallelismus gegenüber, vgl. KLEMM, Censu 242; CROSSAN, Mk 12:13–17 S. 398.

[35] WEISS, ‚Lehre' 206.

[36] Vgl. WEISS, ‚Lehre' 206.

[37] WEISS, ‚Lehre' 206.

[38] Vgl. die gleiche Funktion von οἴδαμεν ὅτι als Anzeige der Übereinstimmung zwischen Adressat und Empfänger im Joh (3,2; 4,42; 9,20.24.29.31; 16,30) und bei Paulus (Röm 2,2; 3,19; 7,14; 8,22.28 u. ö.).

[39] 6/10/12.

[40] Διδάσκαλος 12/12/17.

[41] Anders WENDLING, Entstehung 152; SCHRAGE, Christen 32, Anm. 57; WEISS, ‚Lehre' 206–10.213.250.

[42] Dazu KLEMM, Censu 242: „Die Rahmung A:A wird durch das erste und durch das letzte Wort dieser Redepassage gebildet: διδάσκαλε ... διδάσκεις. Die Außenpositionen a:a sind durch ἀληθής : ἐπ' ἀληθείας, die Innenpositionen b:b durch οὐ μέλει σοι περὶ οὐδενός : οὐ βλέπεις εἰς πρόσωπον/ἀνθρώπων bezeichnet".

[43] Vgl. LAMBRECHT, Redaktion 49.

[44] Vgl. SCHRAGE, Christen 31, Anm. 55.

Die Exegese wird diese wenigen markinischen Eingriffe und Veränderungen weiter unten[45] in einer einheitlichen Richtung verfolgen können. Doch soll zunächst die hypothetisch rekonstruierte vormarkinische Überlieferung *Vom Zinsgroschen* (Mk 12,14–17*) als Arbeitshilfe für die weitere Interpretation vorgestellt werden:[46]

V. 14a*   καὶ ἐλθόντες οἱ Φαρισαῖοι λέγουσιν τὸν Ἰησοῦν·
     b*   οἴδαμεν ὅτι ἀληθὴς εἶ
     c   καὶ οὐ μέλει σοι περὶ οὐδενός
     d   οὐ γὰρ βλέπεις εἰς πρόσωπον ἀνθρώπων
     f   ἔξεστιν δοῦναι κῆνσον καίσαρι ἢ οὔ;
     g   δῶμεν ἢ μὴ δῶμεν;
V. 15a   ὁ δὲ εἰδὼς αὐτῶν τὴν ὑπόκρισιν εἶπεν αὐτοῖς·
     c   φέρετέ μοι δηνάριον ἵνα ἴδω.
V. 16a   οἱ δὲ ἤνεγκαν καὶ λέγει αὐτοῖς·
     b   τίνος ἡ εἰκών αὕτη καὶ ἡ ἐπιγραφή;
     c   οἱ δὲ εἶπαν αὐτῷ· καίσαρος.
V. 17a   ὁ δὲ Ἰησοῦς εἶπεν αὐτοῖς·
     b   τὰ καίσαρος ἀπόδοτε καίσαρι καὶ τὰ τοῦ Θεοῦ τῷ Θεῷ.
     c   καὶ ἐξεθαύμαζον ἐπ᾽ αὐτῷ.

Übersetzung:

V. 14a*   "Und Pharisäer kamen und sprachen zu Jesus:
     b*   ‚Wir wissen, daß du wahrhaftig bist
     c   und dich um nichts scherst,
     d   denn du schaust nicht auf die Person der Menschen:
     f   Ist es erlaubt, dem Kaiser Zensus zu zahlen, oder nicht?
     g   Sollen wir zahlen oder sollen wir nicht zahlen?'
V. 15a   Er aber durchschaute ihre Heuchelei und sagte zu ihnen:
     c   ‚Bringt mir einen Denar, damit ich (ihn) anschaue!'
V. 16a   Sie brachten (ihn) und er fragte sie:
     b   ‚Wem gehört dieses Bild und die Aufschrift?'
     c   Sie antworteten ihm: ‚Dem Kaiser'.
V. 17a   Und Jesus sagte zu ihnen:
     b   ‚Erstattet dem Kaiser, was dem Kaiser (gehört) und Gott, was Gott (gehört).'
     c   Und sie wunderten sich über ihn"

Entsprechend der oben erarbeiteten redaktionellen Gestaltung lautet der Text der markinischen Redaktion (Mk 12,14b*.e.15b):

V. 14b*   διδάσκαλε ...
     e   ... ἀλλ᾽ ἐπ᾽ ἀληθείας τὴν ὁδὸν τοῦ Θεοῦ διδάσκεις·
        ...
V. 15b   τί με πειράζετε;

---

[45] S. u. den Abschnitt 2.5.1 dieser Untersuchung.
[46] Vgl. auch KLEIST, Mk 62.

Übersetzung:

V. 14b* „„Lehrer …
e   sondern du lehrst wahrheitsgemäß den Weg Gottes:
      …'
V. 15b ‚Was versucht ihr mich?'"

2.1.3 Die markinische Bearbeitung von Mk 12,18–27

Die Art und Weise der markinischen Redaktion des Textes *Von der Auferstehung* (Mk 12,18ff.)[47] darf mit *Otto Schwankl* als „minimale Redigierung"[48] bezeichnet werden. Aufgrund markinischen Sprachgebrauchs dürfte V. 18c, die Wendung καὶ ἐπηρώτων αὐτόν[49], auf die kontextorientierte Redaktion von Markus (vgl. V. 28b.34c) zurückgehen. Ihr Ziel ist es, die drei vormarkinischen Perikopen von 12,13–34 zu einer Gliederungseinheit zusammenzubinden.[50] Es handelt sich um eine redaktionelle Arbeitsweise, wie sie in der Regel am Eingang einer Perikope anzutreffen ist (vgl. 12,13).[51]

---

[47] Textkritisch besprechungswürdige Probleme finden sich in Mk 12,23, die Frage nach der Ursprünglichkeit von ὅταν ἀναστῶσιν, sowie in V. 26c, wo sich das Problem stellt, ob im Zitat von Ex 3,6 bzw. 15.16 der Artikel vor Θεὸς Ἰσαάκ und Θεὸς Ἰακώβ im ursprünglichen Mk-Text stand. Beim 1. Textproblem ist die Auslassung eindeutig besser bezeugt (alexandrinische Textform [ℵ + B], D-Text und wichtige griech. Hss. wie Δ, W, Ψ, C, L, 33, 892, 579, 1342, 2427 stehen gegen Zeugen des byzantinischen Mehrheitstextes sowie A, Θ, 1, 1582), so daß gegenüber der textkritischen Vermutung einer sekundären Harmonisierung mit der Auslassung in den synoptischen Paralleltexten Mt 22,28; Lk 20,33 (vertreten von PESCH, Mk II/2 230, übernommen von SCHWANKL, Sadduzäerfrage 71, Anm. 13.353, Anm. 74, vgl. TAYLOR, Mk 482; GRUNDMANN, Mk 333; GNILKA, Mk II/2 156f., Anm. 1) die textkritische These, daß ein sekundärer Zusatz in Angleichung an Mk 12,25a (ὅταν … ἀναστῶσιν) vorliege, den Vorzug genießt (mit WEISS, ‚Lehre' 242f., Anm. 17). Inhaltlich stellt die Textverbesserung heraus, daß die Frage der Sadduzäer V. 23b nur hypothetisch gestellt wird (= „unter der Kondition, daß sie auferstehen"; die von WEISS, aaO. 241, Anm. 17, aufgestellte Alternative, ὅταν entweder hypothetisch konditional oder temporal aufzufassen, ist grammatisch nicht sinnvoll, s. ALAND/ALAND, Wörterbuch Sp. 1190), d.h., nach dem Korrektor bleiben die Sadduzäer bei ihrer grundsätzlichen Ablehnung der Auferstehung. – Beim 2. Problem ist die Bezeugung nach Hss.-Überlieferung nicht eindeutig. Bei D könnte eine sekundäre Angleichung an die LXX in Ex 3,6 bzw. 15.16 vorliegen (grundsätzlich kein Artikel vor Θεός), und die Lesart von B ist möglicherweise eine sekundäre Harmonisierung mit Lk 20,37 (nur Θεός Ἀβραάμ mit Artikel). Dann wäre der Text von ℵ und dem byzantinischen Mehrheitstext (noch A, C, L, Θ, Ψ, 1, 13, 33, 346, 543, 788, 983, 892, 1342, 1582), der grundsätzlich den Artikel vor dem dreimaligen Θεός führt, aufgrund eines Übergewichtes in der Güte der Hss.-Bezeugung zu bevorzugen, wie auch Mt als *erster Leser* des Mk (= Mk-Priorität in der 2-Quellentheorie) in 22,32 bezeugt.

[48] Sadduzäerfrage 420 (vgl. DSCHULNIGG, Sprache 261). Für unveränderte Übernahme des Textes aus der Tradition treten PESCH, Mk II/2 229; MUNDLA, Jesus 72, ein.

[49] Ἐπερωτάω 8/25/17. Καί + Form von ἐπερωτάω + αὐτόν 5/13/3, vgl. DONAHUE, Factor 575.

[50] Vgl. KEGEL, Auferstehung 67.

[51] S. o. den Abschnitt 2.1.1 dieser Untersuchung.

Hinsichtlich der weiteren markinischen Redaktion an der vormarkinischen Perikope ist, abgesehen von der als markinisch feststellbaren Anrede Jesu mit διδάσκαλε in V. 19a,[52] allein[53] zu fragen, ob der den Sadduzäernamen erläuternde Relativsatz V. 18b und die nachgestellte Begründung von V. 23b auf markinische Redaktionsarbeit zurückzuführen sei. Für den Erweis markinischer Redaktion von V. 18b reicht es dabei nicht aus, auf die eindeutig markinische[54] Ergänzung von 7,3 f. hinzuweisen,[55] daß nämlich Markus sich verpflichtet weiß, seinen Rezipienten spezielle jüd. Verhältnisse zum besseren Verständnis einer Konfliktszene nahezubringen. Sieht man sich die Erklärung in 7,3 f. näher an, so bemerkt man, daß sie syntaktisch in einer Parenthese geschieht, die sich auf die Erläuterung jüd.-ritueller *Reinheitsgebräuche* von „Pharisäern und allen Juden" bezieht. Im Unterschied dazu wird in 12,18b der *Name* einer jüd. Gruppierung, nämlich die der Sadduzäer als Auferstehungsleugner, syntaktisch glatt in einem Relativsatz verdeutlicht. Da der Redaktor auch sonst sich in seinem Evangelium nicht genötigt sieht, Schriftgelehrte, Pharisäer, Oberpriester u. a. seiner Gemeinde vorzustellen[56] und sich in V. 18b keine markinischen Spracheigentümlichkeiten nachweisen lassen,[57] ist seine redaktionelle Hand hier nicht zu vermuten.[58]

Anders aber stellt sich die redaktionskritische Frage bei der „nachgetragene(-n) Notiz"[59] von Mk 12,23b dar, da es sich hier um eine Textüberfülle handelt. V. 23b ist nämlich „sachlich eine Wiederholung von VV 21–23"[60] und dürfte aus dreierlei Gründen auf Markus zurückgehen[61]: Erstens, weil die Terminologie zu V. 19–21, λαμβανεῖν (τὴν) γυναῖκα bzw. αὐτήν, mit ἔχειν

---

[52] 5/10/12, s. o. den Abschnitt 2.1.2 dieser Untersuchung.

[53] Wenn Mk 12,27b zu V. 24a durch Wiederholung von πλανᾶσθε eine Inklusion schafft, so läßt sich hier Red. nicht schon mit dem Hinweis belegen, daß Inklusionen im Mk häufig seien (so DONAHUE, Factor 575; SCHWANKL, Sadduzäerfrage 357.420.420, Anm. 6, mit Hinweis auf LAMBRECHT, Redaktion 272, Anm. 2; NEIRYNCK, Duality 132, s. auch WEISS, ‚Lehre' 248), da erst zu belegen ist, daß sich diese überwiegend mk. Red. verdanken. Zudem ist πολύς in V. 27b mk. Hapaxlegomenon. Dieselbe Kritik richtet sich auch gegen WEISS, ‚Lehre' 248, der die Bearbeitung von V. 24b.26 f. Mk zuschreibt, weil „der Vorwurf mangelnder Schriftkenntnis ... in einer Reihe mit den Vorwürfen aus 2,25; 7,6.8 f.13; 10,5" stehe. Sind alle diese Stellen auf Eingriffe mk. Red. zurückzuführen? Vgl. aber KEGEL, Auferstehung 67, Anm. 33: „Auch wenn das Traditionsstück in sich zusammengesetzt ist ..., kann es Markus schon in der jetzigen Form vorgelegen haben".

[54] So z. B. HAENCHEN, Weg 262; GNILKA, Mk II/1 280; LÜHRMANN, Mk 126.

[55] Vgl. SCHWANKL, Sadduzäerfrage 420; GNILKA, Mk II/2 156.

[56] Vgl. MUNDLA, Jesus 72; LÜHRMANN, Mk 203.

[57] Ὅστις 29/5/18 und μή + Inf. 9/5/11.

[58] Mit SCHWANKL, Sadduzäerfrage 305.420, gegen GNILKA, Mk II/2 156; LÜHRMANN, Mk 203.

[59] GNILKA, Mk II/2 156, vgl. SCHWANKL, Sadduzäerfrage 304: „überflüssig".

[60] MUNDLA, Jesus 72.

[61] Mit GNILKA, Mk II/2 156; ROEMER, Vineyard 259, gegen MUNDLA, Jesus 72. Unentschieden SCHWANKL, Sadduzäerfrage 305.420; LÜHRMANN, Mk 203 f.

γυναῖκα in V. 23b differiert. Zweitens, weil diese Wendung Markus schon aus 6,18 geläufig sein dürfte. Und schließlich drittens, weil in 5,28; 6,48b; 11,13c; 16,4b für das Verständnis überflüssige, aber erklärende Begründungssätze mit γάϱ von Markus in seine Tradition eingefügt werden. Der Redaktor will ausschließen, daß das sechsmalige Zur-Frau-Nehmen nicht anders als eine sechsmalige Eheschließung verstanden werde (anders Dtn 25,5 f.).[62]

Der Text der hypothetisch rekonstruierten vormarkinischen Einheit von Mk 12,18–27[*] mit dem Thema *Von der Auferstehung* dürfte daher folgendermaßen gelautet haben und sei als Arbeitshilfe für die weitere Exegese hier vorgestellt[63]:

V. 18a[*] καὶ ἔϱχονται Σαδδουκαῖοι πϱὸς τὸν Ἰησοῦν[64],
  b οἵτινες λέγουσιν ἀνάστασιν μὴ εἶναι,
  c[*] λέγοντες (αὐτῷ)[65]·
V. 19a[*] Μωϋσῆς ἔγϱαψεν ἡμῖν ὅτι
  b ἐάν τινος ἀδελφὸς ἀποθάνῃ
  c καὶ καταλίπῃ γυναῖκα
  d καὶ μὴ ἀφῇ τέκνον,
  e ἵνα λάβῃ ὁ ἀδελφὸς αὐτοῦ τὴν γυναῖκα
  f καὶ ἐξαναστήσῃ σπέϱμα τῷ ἀδελφῷ αὐτοῦ.
V. 20a ἑπτὰ ἀδελφοὶ ἦσαν·
  b καὶ ὁ πϱῶτος ἔλαβεν γυναῖκα
  c καὶ ἀποθνῄσκων οὐκ ἀφῆκεν σπέϱμα·
V. 21a καὶ ὁ δεύτεϱος ἔλαβεν αὐτὴν
  b καὶ ἀπέθανεν μὴ καταλιπὼν σπέϱμα·
  c καὶ ὁ τϱίτος ὡσαύτως·
V. 22a καὶ οἱ ἑπτὰ οὐκ ἀφῆκαν σπέϱμα·
  b ἔσχατον πάντων καὶ ἡ γυνὴ ἀπέθανεν.
V. 23a ἐν τῇ ἀναστάσει τίνος αὐτῶν ἔσται γυνή;
V. 24a ἔφη αὐτοῖς ὁ Ἰησοῦς·
  b οὐ διὰ τοῦτο πλανᾶσθε
  c μὴ εἰδότες τὰς γϱαφὰς μηδὲ τὴν δύναμιν τοῦ Θεοῦ;
V. 25a ὅταν γὰϱ ἐκ νεκϱῶν ἀναστῶσιν οὔτε γαμοῦσιν οὔτε γαμίζονται,
  b ἀλλ᾽ εἰσὶν ὡς ἄγγελοι ἐν τοῖς οὐϱανοῖς.
V.26a πεϱὶ δὲ τῶν νεκϱῶν ὅτι ἐγείϱονται
  b οὐκ ἀνέγνωτε ἐν τῇ βίβλῳ Μωϋσέως ἐπὶ τοῦ βάτου
  c πῶς εἶπεν αὐτῷ ὁ Θεὸς λέγων·
  d ἐγὼ ὁ Θεὸς Ἀβϱαὰμ καὶ ὁ Θεὸς Ἰσαὰκ καὶ ὁ Θεὸς Ἰακώβ;
V. 27a οὐκ ἔστιν Θεὸς νεκϱῶν ἀλλὰ ζώντων·
  b πολὺ πλανᾶσθε.

---

[62] Vgl. WOHLENBERG, Mk 315; LÜHRMANN, Mk 204.
[63] Vgl. auch KLEIST, Mk 63 f.
[64] Dem Redaktor ist die Pronominalisierung des Jesu-Namens zuzuschreiben, vgl. SCHWANKL, Sadduzäerfrage 303, Anm. 9.
[65] Zum Perikopenanfang vgl. Mk 10,35.

Übersetzung:

V. 18a*	„Und Sadduzäer kamen zu Jesus,
b	die behaupteten, es gebe keine Auferstehung,
c*	und sagten:
V. 19a*	‚Mose hat uns (folgendes) aufgeschrieben:
b	Wenn irgendjemandes Bruder stirbt
c	und er eine Frau zurückläßt
d	aber kein Kind hinterläßt,
e	daß (dann) sein Bruder die Frau heiraten
f	und seinem Bruder Nachkommen erwecken solle.
V. 20a	Es waren (einmal) sieben Brüder.
b	Der erste heiratete eine Frau,
c	aber als er starb, hinterließ er keinen Nachkommen.
V. 21a	Da heiratete sie der zweite,
b	starb und ließ keinen Nachkommen zurück.
c	Und der dritte ebenso.
V. 22a	Alle sieben hinterließen keine Nachkommen.
b	Zuletzt von allen starb auch die Frau.
V. 23a	Welchem von ihnen gehört bei der Auferstehung die Frau?‘
V. 24a	Jesus sagte zu ihnen:
b	‚Irrt ihr nicht deshalb,
c	weil ihr weder die Schriften kennt noch die Kraft Gottes?
V. 25a	Denn wenn sie von den Toten auferstehen, heiraten sie nicht, noch lassen sie sich heiraten,
b	sondern sind wie Engel im Himmel.
V. 26a	Aber hinsichtlich der Toten, daß sie auferweckt werden,
b	habt ihr nicht in dem Buch von Mose beim Dornbusch gelesen,
c	wie Gott zu ihm sprach:
d	'Ich bin der Gott Abrahams und der Gott Isaaks und der Gott Jakobs'?
V. 27a	(Gott) ist nicht Gott der Toten, sondern der Lebenden:
b	Ihr seid sehr im Irrtum.‘“

Der markinische Zusatztext zu der vormarkinischen Perikope *Von der Auferstehung* lautet dann entsprechend (Mk 12,18c*.19aα.23b):

V. 18c*	... ἐπηρώτων αὐτὸν ...
	...
V. 19aα	διδάσκαλε ...
	...
V. 23b	οἱ γὰρ ἑπτὰ ἔσχον αὐτὴν γυναῖκα.

Übersetzung:

V. 18c*	„... und fragten ihn ...
	...
V. 19aα	‚Lehrer, ...
	...
V. 23b	Denn sieben hatten sie zur Frau.‘“

2.1.4 Die markinische Bearbeitung von Mk 12,28–34

Wendet man sich abschließend mit dem redaktionskritischen Anliegen der Perikope *Die Frage nach dem obersten Gebot* (Mk 12,28 ff.)[66] zu, so besteht bei gleichem texttheoretischen Ansatz Übereinstimmung darin, daß in V. 28ab als Überleitung von der vorhergehenden Perikope *Von der Auferstehung* (12,18–27) bzw. als Einleitung zu 12,28cff. und am Schluß dieser Einheit in V. 34c mit markinischer Redaktion zu rechnen sei.[67] Wurde schon die redaktionelle Funktion von V. 34c als markinische Klammer um die Dreier-Einheit von Thora-Gesprächen (12,14–34) analysiert,[68] so ist über die rahmende Redaktionstätigkeit hinaus auf markinische Bearbeitung innerhalb der Perikope, nämlich in V. 32, aufmerksam zu machen. Ansonsten kann festgestellt werden, daß die vormarkinische Überlieferung (12,28–34b*) unverändert vom Mk-Redaktor in seine Evangelienschrift eingefügt worden ist.[69]

Beim Versuch, in Mk 12,28ab zwischen vormarkinischer Tradition und markinischer Redaktion zu scheiden, sticht zunächst die markinischem Stil[70] entsprechende uneigentliche[71] asyndetische Reihung von (drei) Partizipien[72] ins Auge, wobei für den zweiten Partizipialausdruck über das markinische

---

[66] Als einziges textkritisch besprechungswürdiges Problem ist in Mk 12,34a die Zugehörigkeit von αὐτόν zu diskutieren. Spricht die äußere Bezeugung kein eindeutiges Urteil (wichtige griech. Hss. wie ℵ, L, W, Δ, Θ, 1, 13, 28, 33, 346, 543, 565, 579, 788, 892, 983 und 2542 lassen das Personalpronomen aus, andere wie A, B, Δ, Ψ, 087, 700, 1241, 1424, 2427 und 2542 führen es), so ist nach inneren Kriterien der Textkritik, nämlich nach der Regel lectio brevior probalior und dem Kriterium der Kontextkohärenz (Partz. von εἶδον + ὅτι im Mk meistens ohne Personalpronomen) gegen αὐτόν als Textbestandteil zu entscheiden.

[67] Mit BULTMANN, GST 21; SCHMIDT, Rahmen 283; KLOSTERMANN, Mk 127; TAYLOR, Mk 485.490; LOHMEYER, Mk 257; ERNST, Mk 354; GRUNDMANN, Mk 336; BORNKAMM, Doppelgebot 43; KUHN, Problem 302, Anm. 11; BERGER, Gesetzesauslegung 184; BURCHARD, Liebesgebot 44; AMBROZIC, Kingdom 177; FURNISH, Love Command 25 f.; FULLER, Doppelgebot 322 f.; DONAHUE, Factor 579 f.; GNILKA, Mk II/2 163; WEISS, ‚Lehre' 249; ROEMER, Vineyard 259. Anders SCHWEIZER, Mk 143; PESCH, Mk II/2 236; PRAST, Appell 81.83.

[68] S. o. den Abschnitt 2.1.1 dieser Untersuchung.

[69] Mit BURCHARD, Liebesgebot 44, gegen WEISS, ‚Lehre' 250 ff.; BANKS, Jesus 165.167; SARIOLA, Markus 189–92. PESCH, Mk II/2 238.242, verweist u. a. darauf, daß sowohl die Redeeinführung Mk 12,29a als auch V. 32a im Mk singulär sind. Zur kompositionskritisch begründeten These einer mk. Red. von V. 32–34 s. u. den Abschnitt 2.4.1 dieser Untersuchung.

[70] Vgl. TAYLOR, Mk 485; GNILKA, Mk II/2 163.

[71] Vgl. RUDBERG, Partizipien 2.5.7. RUDBERG weist darauf hin, daß asyndetische Partizipialkonstruktionen in hell. Texten narrativer Art üblich sind (ebd. 37 f.).

[72] Vgl. MUNDLA, Jesus 124, mit Hinweis auf Mk 1,41; 5,25–27; 14,67; 15,43. Gesehen von BULTMANN, GST 21; SCHMIDT, Rahmen 282 f.; WOHLENBERG, Mk 318; KLOSTERMANN, Mk 127; CRANFIELD, Mk 377; TAYLOR, Mk 485 f.; GRUNDMANN, Mk 336; LOHMEYER, Mk 257; HAENCHEN, Weg 30 f.; KUHN, Sammlungen 41.41, Anm. 185; ders., Problem 30 f., Anm. 11; BERGER, Gesetzesauslegung 184; FULLER, Doppelgebot 322; GNILKA, Mk II/2 163; ANDERSON, Mk 279 f., u. a. m.

Vorzugswort συζητέω[73] gewiß auf markinische Redaktion[74] zu schließen ist. Inhaltlich ist zur Aussage des ersten Partizipialausdruckes (προσελθών) eine leichte aussagelogische Inkonzinnität zu beobachten, insofern zuerst erzählt wird, daß „(irgend-)einer der Schriftgelehrten[75]" (zu Jesus, vgl. V. 24a.29a) „hinzutrat", sodann aber nachgeholt berichtet wird, daß dieser bereits am „Disput" von Jesus[76] mit den Sadduzäern (= 12,18–27) als „Hörer" (in einer Gruppe? der der Sadduzäer?) persönlich[77] teilgenommen hat[78]. Sieht man weiter, daß die sich zur Aussage der zweiten Partizipialkonstruktion ergänzend verhaltende dritte (ἰδὼν ὅτι καλῶς ἀπεκρίθη[79] αὐτοῖς) formal ihre Parallele in V. 34a besitzt (ἰδὼν ὅτι νουνεχῶς ἀπεκρίθη)[80] und die positive Stellungnahme des Schriftgelehrten zur Jesusäußerung in wörtlicher Rede in V. 32b (καλῶς als Interjektion) vorliegt[81], so ist zu schließen, daß in V. 28a ein redaktioneller Erzähler wie Markus[82] die positive Wertung des Schriftgelehrten aus V. 32b über Jesu Antwort aus seiner Tradition aufgenommen und als weitere Stellungnahme zur Antwort Jesu im Sadduzäergespräch (V. 24–27) vorgezogen hat. Die orts- wie zeitlos[83] überlieferte vormarkinischen Tradition 12,28–34b* wird daher ähnlich wie Mk 10,2 ff.[84] ursprünglich mit καὶ προσελθὼν εἷς τῶν γραμματέων[85] ἐπηρώτησεν αὐτόν[86] begonnen haben.

Als literarkritisches Indiz für weitere redaktionelle Veränderung am Text ist auf die doppelte Bewertung der Jesus-Antwort in Mk 12,32b mit καλῶς und ἐπ' ἀληθείας hinzuweisen. Dabei ist umstritten, worauf sich καλῶς und die Wendung ἐπ' ἀληθείας beziehen.[87] „Ist die Parallelität zu der captatio bene-

---

[73] 0/6/2(2), vgl. MUNDLA, Jesus 125. Das Verb wird als red. im Mk beurteilt von WEISS, ‚Lehre' 249, Anm. 2.

[74] Vgl. auch ἀκούω in mk.-red. Bemerkungen wie Mk 2,1; 3,8; 6,2.55; 7,25; 11,18; 12,37.

[75] Εἷς mit folgendem Genitivus partitivus = τις, s. ALAND/ALAND, Wörterbuch Sp. 466.

[76] Subjekt von ἀπεκρίθη ist Jesus, vgl. MUNDLA, Jesus 127.

[77] 'Ακούω mit Gen. und Partz. drückt das persönliche Hören aus, vgl. BLASS/DEBRUNNER, Grammatik § 416₅.

[78] Siehe das zweifache rückbezügliche Personalpronomen im Plur.

[79] 'Αποκρίνομαι ohne Einleitungsformel (5/10/4) ist mk.

[80] Vgl. PRAST, Appell 81.

[81] Vgl. PESCH, Mk II/2 238. Beachte, „daß das Adverb καλῶς eine Entlehnung von V. 32 (sc. Mk 12) ist" (SARIOLA, Markus 186).

[82] Gegen PESCH, Mk II/2 236.248; PRAST, Appell 81.83; KERTELGE, Doppelgebot 312, die eine vormk. red. Verbindung mit Mk 12,18–27 postulieren.

[83] Vgl. SCHMIDT, Rahmen 288; GRUNDMANN, Mk 335; MUNDLA, Jesus 127; PESCH, Mk II/2 236.

[84] Jedoch findet sich in Mk 10,2 das Partizip von ἐπερωτάω.

[85] Dieses Wendung ist singulär im Mk und dürfte deshalb als vormk. einzuschätzen sein, gegen BURCHARD, Liebesgebot 44, Anm. 17.

[86] So SCHMIDT, Rahmen 283; TAYLOR, Mk 485; LOHMEYER, Mk 257; MUNDLA, Jesus 125; GNILKA, Mk II/2 163, vgl. PESCH, Mk II/2 236. Anders LAMBRECHT, Redaktion 46 f., Anm. 3; BURCHARD, Liebesgebot 44, Anm. 17; FULLER, Doppelgebot 322 f.; SARIOLA, Markus 186.

[87] Vgl. WOHLENBERG, Mk 320, der fünf verschiedene Möglichkeiten nennt.

volentiae von 12,14 so offenkundig"[88] – V. 32b wirkt wie eine Ausführung des oben[89] als redaktionell festgestellten V. 14e: ἀλλ᾿ ἐπ᾿ ἀληθείας τὴν ὁδὸν τοῦ Θεοῦ διδάσκεις[90] – so legt sich der Schluß nahe, V. 32b sei gleich wie V. 14e von Mk gebildet.[91] Als vormarkinischer Text der Überlieferung *Die Frage nach dem obersten Gebot* (12,28–34*), der als Arbeitshilfe hier vorgestellt werden soll, schält sich mithin folgender heraus[92] :

V. 28a*	καὶ προσελθὼν εἷς τῶν γραμματέων ἐπηρώτησεν τὸν Ἰησοῦν[93] ·
c	ποία ἐστὶν ἐντολὴ πρώτη πάντων;
V. 29a	ἀπεκρίθη ὁ Ἰησοῦς ὅτι πρώτη ἐστίν·
b	ἄκουε, Ἰσραήλ, κύριος ὁ Θεὸς ἡμῶν κύριος εἷς ἐστιν,
V. 30a	καὶ ἀγαπήσεις κύριον τὸν Θεὸν σου
b	ἐξ ὅλης τῆς καρδίας σου καὶ ἐξ ὅλης τῆς ψυχῆς σου
c	καὶ ἐξ ὅλης τῆς διανοίας σου καὶ ἐξ ὅλης τῆς ἰσχύος σου.
V. 31a	δευτέρα αὕτη· ἀγαπήσεις τὸν πλησίον σου ὡς σεαυτόν.
b	μείζων τούτων ἄλλη ἐντολὴ οὐκ ἔστιν.
V. 32a*	καὶ εἶπεν αὐτῷ ὁ γραμματεύς· καλῶς εἶπες ὅτι
c	εἷς ἐστιν καὶ οὐκ ἔστιν ἄλλος πλὴν αὐτοῦ·
V. 33a	καὶ τὸ ἀγαπᾶν αὐτὸν ἐξ ὅλης τῆς καρδίας
b	καὶ ἐξ ὅλης τῆς συνέσεως καὶ ἐξ ὅλης τῆς ἰσχύος
c	καὶ τὸ ἀγαπᾶν τὸν πλησίον ὡς ἑαυτὸν
d	περισσότερόν ἐστιν πάντων τῶν ὁλοκαυτωμάτων καὶ θυσιῶν.
V. 34a	καὶ ὁ Ἰησοῦς ἰδὼν ὅτι νουνεχῶς ἀπεκρίθη εἶπεν αὐτῷ·
b	οὐ μακρὰν εἶ ἀπὸ τῆς βασιλείας τοῦ Θεοῦ.

Übersetzung:

V. 28a*	„Und einer der Schriftgelehrten trat hinzu und fragte Jesus:
c	,Welches ist das wichtigste Gebot von allem?‘
V. 29a	Und Jesus antwortete ihm: ,Das erste ist:
b	Höre, Israel, der Herr, unser Gott ist allein Herr
V. 30a	und du sollst den Herrn, deinen Gott, lieben
b	mit deinem ganzen Herzen, mit deiner ganzen Seele,
c	mit deinem ganzen Verstand und mit deiner ganzen Kraft.
V. 31a	Das zweite ist dieses: Liebe deinen Nächsten wie dich selbst.
b	Größer als diese ist kein anderes Gebot.‘
V. 32a*	Und der Schriftgelehrte sagte zu ihm: ,Gut hast du gesagt:
c	Es ist einer und es gibt keinen anderen außer ihm.
V. 33a	Und die Liebe zu ihm mit ganzem Herzen,
b	mit ganzem Verständnis und mit ganzer Kraft
c	und die Liebe des Nächsten wie sich selbst
d	ist weit mehr als alle Brandopfer und Opfer.‘

---

[88] Weiss, ,Lehre‘ 250.
[89] S. o. den Abschnitt 2.1.2 dieser Untersuchung.
[90] Vgl. Weiss, ,Lehre‘ 250, Anm. 8.
[91] Vgl. Weiss, ,Lehre‘ 250.
[92] Vgl. auch Kleist, Mk 64.
[93] Die Pronominalisierung des Jesus-Namens ist dem Red. Mk zuzuschreiben.

V. 34a   Und als Jesus erkannte, wie verständig er antwortete, sprach er zu ihm:
    b   ‚Du bist nicht fern vom Reich Gottes!'"

Komplementär zu dem vormarkinischen Text von Mk 12,28–34b* lautet der
Text der markinischen Redaktion folgendermaßen (V. 28b.32b):

V. 28a   ... ἀκούσας αὐτῶν συζητούντων,
    b   ἰδὼν ὅτι καλῶς ἀπεκρίθη αὐτοῖς ...
         ...
V. 32b   ... διδάσκαλε, ἐπ' ἀληθείας ...

Übersetzung:

V. 28a   „..., der hörte, wie sie miteinander disputierten
    b   und erkannte, wie gut er ihnen antwortete ...
         ...
V. 32b   ..., Lehrer, wahrheitsgemäß ...'"

2.2 Die Interpretation der vormarkinischen Perikope: *Vom Zinsgroschen* (Mk 12,14–17*)

2.2.1 Zur Formkritik von Mk 12,14–17*

In der formkritischen Diskussion um die selbständige, ein Thema abschließend behandelnde Einheit von Mk 12,14–17* hatte lange Zeit die Analyse von *Rudolf Bultmann* dominiert, daß Mk 12,13–17 ein „einheitlich konzipiertes und ausgezeichnet geformtes Apophthegma"[1] sei, das in V. 17 seine besondere Pointe besäße. Es ist das Verdienst der Untersuchung von *Wolfgang Weiß*,[2] diese glatte formkritische Sicht der Perikope widerlegt zu haben, indem er auf die Hauptschwierigkeit, daß die Pointe V. 17ab und die Szene V. 14–16 sich nicht entsprechen, hingewiesen hat.[3] Will man sich nicht seiner kompositionskritischen (Re-)Konstruktion anschließen,[4] weil der von *Weiß* vertretene Grundsatz, die einheitliche Form sei die ursprüngliche,[5] mit gleichem methodischen Recht umkehrbar ist,[6] so ist in dieser Arbeit nach der Problematisierung der Einheitlichkeit und der Analyse der formgebenden Elemente erneut auf die gattungskritische Zuordnung der Perikope einzugehen.

Zunächst: Als Haupteinwand gegen eine behauptete Einheitlichkeit[7] der Perikope muß die Beobachtung gelten, daß das Logion Mk 12,17b formal[8] und inhaltlich[9] nicht mit der Frage- und Demonstrationsszene (V. 14–16) harmoniert. Während die Alternativfrage das Thema der kaiserlichen Zensuszahlung mit dem Ausdruck δοῦναι κῆνσον anspricht (V. 14 f), gebraucht der respondierende Ausspruch V. 17b das polysemantische Verb ἀποδίδωμι, das neben seiner weiten Grundbedeutung im Aktivum von „ab-, her-, über- und

---

[1] GST 25, vgl. MUNDLA, Führer 61 ff., übernommen von SCHRAGE, Christen 30 f.
[2] ‚Lehre' 202 ff.
[3] Vgl. WEISS, ‚Lehre' 203.
[4] Vgl. WEISS, ‚Lehre' 206–20.
[5] Vgl. WEISS, ‚Lehre' 220.
[6] Vgl. HAACKER, Wissenschaft 59 f.
[7] So HULTGREN, Jesus 75.
[8] Es fehlt in Mk 12,17bα eine Folgerungspartikel, vgl. WOHLENBERG, Mk 314, Anm. 87; DERRETT, Law 320.
[9] Vgl. SCHRAGE, Christen 35 f.; WEISS, ‚Lehre' 203.

zurückgeben"[10] auch als Terminus technicus für „Steuer-Tribut zahlen" im hell. Judentum bekannt ist.[11] Das bedeutet zunächst, daß die Allgemeinheit des Wortes zum Kaiser- und Gottesverhältnis von Mk 12,17b,[12] welches durch Einführung des Jesus-Namens in der Redeeinleitung besonders gekennzeichnet ist (V. 17a) und durch seine Brachylogie in der doppelt elliptischen Struktur[13] als sprichwortartiger Merksatz erscheint, von der Denar-Szene im Sinne der Steuerzahlung konkretisiert wird.[14] Neben der semantischen Spannung zwischen V. 14f und V. 17b läßt sich gewiß auch inhaltlich fragen, an welcher Stelle die Aussage vom Gottesgehorsam (V. 17bβ) in den V. 14 ff. vorbereitend angelegt ist.[15]

Erkennt man nun durch einen Vergleich der Texte der Seitenreferenten, wie wenig Mk 12,17[16], etwa durch eine Folgerungspartikel (vgl. Mt 22,20: οὖν, Lk 20,25: τοίνυν), an den vorausgehenden Kontext angeschlossen ist[17] und daher „V 17 (sc. Mk 12) durchaus als ein selbständig tradierbares Logion angesehen werden kann"[18], so stellt sich das kompositionskritische Problem, ob es sich bei dem Gespräch um eine *ideale Szene* handelt, die vom entscheidenden Wort Jesu V. 17b provoziert wurde,[19] oder umgekehrt, ob V. 17 sekundär an die indirekte Antwort von V. 16 angehängt wurde.[20]

---

[10] Vgl. ALAND/ALAND, Wörterbuch Sp. 180 f.

[11] Vgl. Jos Ant 12,159; Philo Op 85.

[12] Vgl. SCHRAGE, Christen 35: „die allgemeine Fassung des Wortes". Auch SCHMITHALS, Mk 2/2 527 (vgl. SCHRAGE, aaO. 32, Anm. 57) bemerkt: „17 (sc. Mk 12) spricht gar nicht mehr speziell von der Steuerzahlung, sondern von der grundsätzlichen Anerkennung des Kaisers als des Landesherrn".

[13] Als Ellipse darf erstens die Gültigkeit des Vordersatzverbums (Mk 12,17bα) auch für den zweiten Teil V. 17bβ und zweitens die Brachylogie des durch den Artikel substantivierten Genitivausdruckes bezeichnet werden. Letzterer ist ein genitivus pertinentiae, der eine Zugehörigkeit im allgemeinen Sinn des Besitzes ausdrückt: τὰ καίσαρος = „die Dinge, die dem Kaiser gehören"; τὰ τοῦ Θεοῦ = „die Dinge, die Gott gehören".

[14] Vgl. SCHRAGE, Christen 35 f.

[15] Mit PETZKE, Jesus 231; BÜNKER, ‚Kaiser' 169; SCHMITHALS, Mk 2/2 527 f.; WEISS, ‚Lehre' 203, gegen KLEMM, Censu 244, Anm. 54.

[16] BRUCE, Render 258 (vgl. WENGST, Pax 78), macht es sich zu einfach, wenn er statuiert: „Mark does not explicitly say ‚*Therefore* ..., but the ‚therefore' is as clearly (sic!) implied in Mark's asyndeton as it is expressed by Matthew and Luke". Hier ist der Wunsch der Vater des Gedankens, nicht der (vormk./mk.) Text.

[17] Diese Beobachtung allein macht es schon unmöglich, die auf einem begründenden Zusammenhang von Mk 12,15 f. und V. 17 basierende Interpretation zu vertreten, daß, da die Münzen dem röm. Kaiser gehören, sie ihm eben als *Steuermünze* zurückgegeben werden müssen, mit PETZKE, Jesus 230; HAENCHEN, Weg 407, gegen DIBELIUS, Rom 47 ff.; STAUFFER, Botschaft 104; ders., Christus 140 ff.; CULLMANN, Staat 25; ders., Bedeutung 296; GOPPELT, Freiheit 211; GRUNDMANN, Mk 327; BRUCE, Render 258 f.; WENGST, Pax 78 ff. Erledigt ist folglich auch der Umkehrschluß, da Jesus keinen Umgang mit röm. Gelde pflege, sei er für eine ‚Münz- und Währungsverweigerung' (WENGST, aaO. 80) eingetreten.

[18] WEISS, ‚Lehre' 203, vgl. SCHRAGE, Christen 32, Anm. 57.

[19] So SCHRAGE, Christen 30 f., mit Verweis auf BULTMANN, GST 40 f.48 ff., dazu WENGST, Pax 202 f., Anm. 12.

[20] So WEISS, ‚Lehre' 215.

Es sind die Aporien im Textverständnis, die es geraten erscheinen lassen, von beiden kompositionskritischen Lösungen Abstand zu nehmen. Erklärt man nämlich einerseits Mk 12,16 für die ursprüngliche Antwort auf die Steuerfrage,[21] so bleibt unverständlich, wieso eine „demonstratio ad oculos"[22] (V. 15c.16) mit der *Betonung* auf der Verbalisierung des ikonographischen Eindrucks der Münze (V. 16c) gerade die das Problem der Steuerzahlung lösende Antwort enthalten soll. Etwa in dem Sinne, daß der „*Umgang* mit dem gängigen Zahlungsmittel die Steuerfrage schon längst beantwortet"[23] haben soll. Von einem Gebrauch des Denars oder Umgang mit demselben durch die Appellanten ist an keiner Stelle des Textes die Rede.[24] Und andererseits führt ein behaupteter ursprünglicher Zusammenhang von V. 16 f. im Sinne der gedanklichen Fortentwicklung zu der lapidaren Folgerung, daß die Fragesteller aufgefordert werden, ihre Zensus-Steuern in röm. *Kaiserdenaren* – d. h. τὰ καίσαρος in V. 17 erklärt sich durch τὸ δηνάριον καίσαρος in V. 15 f. – zu bezahlen, da sie als (Provinz-)Bewohner des röm. Imperiums das Geld des röm. Kaisers benutzen.[25] Wozu der Aufwand der Perikope, so fragt man sich, wenn es gilt, eine fiskalische Regel aufzustellen?

Sind beide kompositionskritischen Alternativen inhaltlich nicht stichhaltig und ist auch die reduktionistische Annahme, formkritisch ursprünglich sei ein einfach gebautes Apophthegma, bestehend allein aus der Einleitung (Mk 12,14a) zur Steuerfrage (V. 14g) und der Antwort Jesu (V. 17a.b), kompositionskritisch schwer beweisbar, so ist nach den formgebenden Elementen der vormarkinischen Perikope in ihrer vorliegenden Komposition zu fragen.

---

[21] Vgl. WEISS, ‚Lehre' 203, mit ebd. 211.214.
[22] KLOSTERMANN, Mk 124; SCHRAGE, Christen 34.
[23] WEISS, ‚Lehre' 214 (Hervorhebung U. M.). Zur Kritik an WEISS ist hinzuzufügen, daß er den Widerspruch nicht bemerkt, einerseits zu Recht z. B. STAUFFER, Christus 137.139; ders., Botschaft 100.106; BORNKAMM, Jesus 107 f.; HENGEL, Macht 20; ders., Zeloten 199; KLOSTERMANN, Mk 124; PETZKE, Jesus 230; HULTGREN, Jesus 77; CRANFIELD, Mk 371; TAYLOR, Mk 480; HAENCHEN, Weg 407; DERRETT, Law 334; SCHRAGE, Christen 34 f.; GRUNDMANN, Mk 327; GNILKA, Mk II/2 152 f.; STENGER, ‚Gebt' 11; GRANT, Christen 57; SCHMITHALS, Mk 2/2 528; LÜHRMANN, Mk 202; LANE, Mk 424; BÜNKER, ‚Kaiser' 168; ERNST, Mk 346; WENGST, Pax 78 f., vom Inhalt des Textes her zu kritisieren, insofern sie in ihn die Pointe auf das Bei-Sich-Tragen der Münze durch die Fragesteller bzw. des Nichttragens durch Jesus hineinlesen, aber andererseits in seiner eigenen Auslegung der „rekonstruierte[-n] Gesprächsszene" (aaO. 214) im Umfang von V. 14a.fin.15c.16.17c eben in diesem „Umgang" (aaO. 221, vgl. 222) der Fragesteller mit der Münze die Antwort auf die Steuerfrage zu sehen meint. – Die z. B. von SCHRAGE, aaO. 35, Anm. 67, gelobte subtile Auslegung von BORNKAMM, Jesus 107, hat den vormk. Text gegen sich: Danach müssen 1. die Pharisäer den Denar erst holen und 2. ist entscheidend, daß sie aufgefordert werden, den ikonographischen Eindruck zu verbalisieren.
[24] Mit TANNEHILL, Sword 190, Anm. 120, gegen BORNKAMM, Jesus 107.
[25] Vgl. GRANT, Christen 57.

Tastet man die Textstruktur ab, so sticht als formale Besonderheit der Perikope ihre Zweier-Gliederung ins Auge.[26] Die scheinbar überflüssige Doppelheit in der Aussage fällt zunächst bei der *Doppelfrage* Mk 12,14 fg, sodann aber auch bei der parallel geformten Captatio benevolentiae (V. 14cd) auf. Es legt sich nahe, auch die durch die Abfolge des demonstrativen Artikels im Nominativ (ὁ δέ – οἱ δέ) gegliederten V. 15–17 als eine *Doppelantwort*, bestehend aus der Verbalisierung des visuellen Eindrucks der Münze und einem gnomischem Merksatz,[27] zu bezeichnen.

Daß diese Doppelheit bei der Antwort im Sinne einer Komplementarität formkritisch gewollt ist, dafür spricht die rabb. Formparallele[28] BerR 4 (4a), R. Meir (T 3)[29]:

> „Ein Samaritaner fragte R. Meir und sprach zu ihm: ,… Ist es möglich, daß der, von dem geschrieben steht: 'Erfülle ich nicht den Himmel und die Erde?' (Jer 23,24), mit Mose zwischen den beiden (Trag-)Stangen der Bundeslade geredet hat?' Er antwortete ihm: ,Hole mir große Spiegel (d. h. Vergrößerungsspiegel aus geschliffenem Metall)!' Dann sagte er zu ihm: ,Schau dein Bild darin an!' Jener sah es groß. Darauf sagte R. Meir: ,Hole mir kleine Spiegel (d. h. Verkleinerungsspiegel)!' Er holte ihm kleine Spiegel. Er sprach zu ihm: ,Schau dein Bild darin an!' Er sah es klein. Da sprach er zu ihm: ,Wenn du, der du Fleisch und Blut bist, dich wandeln kannst in jede beliebige Größe, um wieviel mehr gilt das dann von dem, welcher sprach und es ward die Welt, gepriesen sei er! Folglich wenn er will: Erfülle ich nicht den Himmel und die Erde? und wenn er will, redet er mit Mose zwischen den beiden Stangen der Bundeslade'.“

An diesem Apophthegma läßt sich studieren, daß die Antwort auf eine Problemfrage wie hier bei Markus aus einer *visuellen Demonstration* bestehen kann, an die sich unmittelbar der *Ausspruch* eines rabb. Weisheitslehrers anschließt, so daß eine komplementäre Einheit von *Anschauung* und *Wort* die gesamte Intention trägt.[30] Dabei ist das Stilmittel der visuellen Demonstration – im rabb. Beispiel aus didaktischen Gründen dupliziert („Vergrößerungs-und Verkleinerungsspiegel") – gleichfalls zweiteilig, nämlich in *Experiment bzw. Präsentation* einerseits und *Auswertung des Geschauten* andererseits aufgebaut.[31] Bei der vormarkinischen *Zinsgroschenperikope* folgt genauso erstens auf die *Präsentation*, nämlich die Aufforderung an die Pharisäer, einen „Denar herbeizubringen" (Mk 12,15c), ein kurzer Bericht über seine Realisie-

---

[26] Herausgearbeitet von CROSSAN, Mk 12:13–17 S. 397 f.

[27] Vgl. TANNEHILL, Apophthegms 1795: „The response begins in Mark 12:15, when Jesus asks for the *denarius*, and the climactic utterance is found in 12:17".

[28] Hinweis von BULTMANN, GST 45 f.

[29] BILL. III 452.

[30] Aufgrund dieser jüd. Parallele scheint eine formkritische Ableitung aus der antiken hell. Rhetorik nicht angebracht, gegen BREYMAYER, Pragmatik 44.

[31] Aufgrund der rabb. Formparallele ist die historische Folgerung, weil Jesus sich einen Denar bringen läßt, sei er „arm" (GRUNDMANN, Mk 327), abwegig.

rung (V. 16a), um daraufhin zweitens die *Auswertung* des Experimentes zu bringen: Mit einem ikonographischen Fachterminus[32] werden die beiden Komponenten der Münzvorderseite abgefragt (V. 16b), worauf eine Antwort der Pharisäer in Kurzform (Genitivus pertinentiae V. 16c) gegeben wird. Erst nach der Behandlung des Formelementes *visuelle Demonstration* folgt an zweiter Stelle der lösende Spruch des Weisheitslehrers (V. 17ab). Bevor jedoch diese formkritische Parallele für die gattungskritische Zuordnung der komplexen Einheit von Mk 12,14–17* ausgezogen werden soll, ist noch kurz auf ihre beiden weiteren formgebenden Elemente, die *Captatio benevolentiae* und die *Doppelfrage*, einzugehen.

Entgegen Mk 10,17 f., Teil der Perikope *Der reiche Jüngling* (10,17–22), wo von Jesus Christus die als (kurze) *Captatio benevolentiae* eingebrachte Anrede, ein „guter Lehrer" zu sein, mit der Begründung abgelehnt wird, daß nur εἷς ὁ Θεός gut sei,[33] wird in 12,14b*–d zugelassen, „daß göttliche Attribute auf Jesus übertragen werden"[34]. Diese Einsicht ist deutlich bei der Aussage von der Unparteilichkeit gegenüber Menschen zu gewinnen, die mit einem begründenden γάρ in Mk 12,14d an die parataktisch nebeneinandergestellten Zuweisungen von Jesu „Wahrheit" und seiner „Unabhängigkeit" (V. 14b*c) angeschlossen ist. Denn im atl.-jüd. Verständnis ist einzig Gott allein unparteiischer Richter, wie der Hebraismus λαμβάνειν πρόσωπον[35] erläutert, der synonym der dem hell. Verständnis angepaßten Wendung βλέπειν πρόσωπον ist. Als Grundsatz der Thora gilt dabei: πρόσωπον ἀνθρώπου ὁ Θεὸς οὐ λαμβάνει[36]. In urchristlicher Christologie ist nun schon bei Paulus als Folge der Erhöhungsvorstellung Christi festzustellen, daß die Richterprädikation von Gott auf Christus projiziert wird (vgl. 2 Kor 5,10), so daß diesem auch nachpaulinisch das Attribut der Unparteilichkeit Gottes zugewiesen wird (Eph 6,9, vgl. Kol 3,25; Barn 4,12). In dieser Sicht „ist die Zuschreibung unparteiischen

---

[32] Vgl. Dio Chrysostomos 31,61 (1. Jh. n. Chr.). Hinweis von Weiss, ‚Lehre' 214, Anm. 50. Allerdings ist aus dem Kontext bei Dio Chrysostomos εἰκών auf *Standbild* zu beziehen: „tausende aber … erkauften sich mit dem Leben das Standbild und die Aufschrift (τὴν εἰκόνα καὶ τὴν ἐπιγραφήν)". Anders Stauffer, Botschaft 100, der das „Schauen" des Denars mit sokratischer Ironie vergleicht: „aposteriorische Maieutik".

[33] Vgl. LXX: 1 Chr 16,34; 2 Chr 5,13; Ps 117,1. Stellenbelege aus dem Hellenismus bei Aland/Aland, Wörterbuch Sp. 5.

[34] Weiss, ‚Lehre' 207, vgl. Viviano, Render 273; Donahue, Factor 572.

[35] Vgl. Lohse, Art. προσωπολημψία 780 (dazu Bassler, Impartiality 189 f.), der ausführt, daß sich die LXX mit λαμβάνειν πρόσωπον eng an die hebräische Wendung פָּנִים נָשָׂא (= „das Antlitz aufheben") hält, die wiederum auf das orientalische Begrüßungszeremonie zurückgeht, „bei der man das Antlitz demütig zu Boden senkt oder zur Erde niederfällt".

[36] Vgl. LXX Dtn 10,17; 2 Chr 19,7; 1 Esr 4,39; Hi 34,19; Sir 35,12 f. Aus der Fülle der jüd. und ntl. Belege vgl. noch Jub 5,16; 21,4; 30,16; 33,18; äthHen 63,8; LibAnt 20,4; Av IV, 22 (R. Eleazar ha-Qappar [T 4], Bill. IV/2 1107); Act 10,34; Röm 2,11; Gal 2,6; Kol 3,25, dazu Bassler, Impartiality 17 ff.

Urteils" an den irdischen Jesus in Mk 12,14cd einzuordnen,[37] wie auch die
jüd.-hell. Aussage, Gott sei ἀληθής[38], auf Jesus übertragen wird (vgl. Joh
7,18). Daß die gesamte Begrifflichkeit der Captatio benevolentiae in den
Traditionsbereich des hell. Judentums weist,[39] ist schließlich auch an der nicht
unklassischen[40] Formulierung οὐ μέλει σοι περὶ οὐδενός[41] festzustellen, die,
will man keine Doppelung zu V. 14d annehmen, am besten neutrisch zu verstehen ist.[42]

Was mit der formelhaften Einführung οἴδαμεν ὅτι[43] in der Captatio
benevolentiae mithin zwischen Fragestellern und Antwortendem als gemeinsame Überzeugung hingestellt wird, läßt sich also formal unterteilen. Einmal
wird Jesu Urteilsfunktion im Sinne eines positiv und negativ beschriebenen
absoluten Wahrheitsverständnis umschrieben (V. 14b*c), um ihn sogleich mit
einem relationalen Begriff von Unparteilichkeit (V. 14d) zu verbinden. Beide
Hälften verhalten sich komplementär zueinander, die Entscheidungsfähigkeit
Jesu ist von göttlich-unabhängiger und göttlich-wahrhafter Qualität.

Bleibt schließlich noch die Aufgabe, die *Doppelfrage* (Mk 12,14 fg) formkritisch zu analysieren. Die Frage nach dem Erlaubten besteht aus zwei Fragen, die beide komplementär das Problem der Zensus-Steuer vorstellen. Formal gemeinsam ist beiden Fragen die Ellipse[44] sowie das Aufzeigen einer
Alternative, und bei beiden Alternativfragen ist schließlich die Appellation an
eine höhere Norm oder Instanz[45] allgemeiner Art, die ein Tun legitimieren
kann und soll, ähnlich. In einem Frühjudentum, das von dem offenbarungstheologischen Grundsatz ausgeht, daß in der Sammlung „heiliger Schriften"
(Yad III,5) in abgeschlossener Weise der göttliche Wille für das menschliche
Leben präsent ist (vgl. Av I,1; Mt 23,2), bleibt die juristische Frage nach der
Weisung = Thora des göttlichen Willens für einen Kasus alltäglichen Lebens
konstitutiv. Vorausgesetzt wird bei der Frage ausdrücklich, daß „the Jewish
Law was obscure because it said, or appeared to say, nothing distinctly on the

[37] Weiss, ‚Lehre' 209.
[38] Vgl. Weish 12,27; 15,1 (vgl. 1,6); Philo SpecLeg 1,36; Jos Bell 7,323; Joh 3,33; 8,26;
Röm 3,4; Sib 5,499; Diog 8,8.
[39] Vgl. Lohmeyer, Mk 251; Weiss, ‚Lehre' 207.
[40] Vgl. Blass/Debrunner, Grammatik § 176.3; Klostermann, Mk 123. Stellenbelege
bei Liddell/Scott, Lexicon 1100.
[41] Vgl. Lukian., De mortuorum 22,3: Οὐδενὸς αὐτῷ μέλει (2. Jh. n. Chr.).
[42] Mit Derrett, Law 314 (übernommen von Stock, ‚Render' 931), gegen Weiss, ‚Lehre'
209.209, Anm. 37.
[43] Vgl. im NT: Joh 3,2; 4,42; 9,20.24.29.31; 16,30; Röm 2,2; 3,19; 7,14; 8,22.28; 2 Kor
5,1; 1Joh 3,2.14; 5,15.18–20.
[44] Bei der ersten Frage muß ein ἔξεστιν, bei der zweiten Frage der Ausdruck κῆνσον
καίσαρι ergänzt werden.
[45] Vgl. Foerster, Art. ἔξεστιν 557, dazu Epikt., Dissertationes 1,26,8; Plat., Krit. 51d;
LXX: 2 Esr 4,14; 1 Makk 14,44; NT: Joh 18,31; Act 22,25; 2 Kor 12,4, weitere Stellenbelege
vgl. ebd. 557 f.

point"[46]. Ist der Zensus zunächst „eine rechtlich unangreifbare Maßnahme der politischen Verwaltung, gegründet auf die tatsächliche Herrschaft des römischen Cäsar"[47], so begehrt die Zensusfrage eine autoritativ entscheidende Antwort eines Gesetzeskundigen für den jeden Juden betreffenden Handlungsfall *Zensus*, die absolut thoragemäß sein muß.

Der Unterschied beider Fragen liegt in der durch die Frageform induzierten möglichen Alternativantworten. Während die erste Frage gleich zu Beginn das Signalwort ἔξεστιν, das auf eine Thorafrage hinweist, einbringt, korrigiert bzw. präzisiert die zweite Frage die erste. Gemäß rabb. Frageübung[48] – vgl. R. Gamaliel (T 2): „Ist das Abendgebet ein Freigestelltes oder eine Pflicht" (Ber 27^(b[49])) – stellt nämlich die erste Frage die Alternative auf, daß Steuern zu zahlen, entweder von der Thora freigestellt, d. h. *erlaubt* – man kann es tun, man kann es aber auch lassen – oder von ihr *verboten* wird. Eine Antwort im erstgemeinten Fall zu geben, würde im Endeffekt bedeuten, daß die Steuerfrage für die Thora ein Adiaphoron ist. Ganz anders verhält es sich aber mit den möglichen Antworten auf die zweite Frage: Hier besteht nur die Alternative, daß die Thora entweder die Steuerfrage mit Nachdruck *gebietet* oder *verbietet*. Tertium non datur.

Nach der Bestimmung aller formkritischen Elemente der vormarkinischen Perikope *Vom Zinsgroschen* (Mk 12,14–17*) kann man jetzt einen Blick auf ihren modifiziert dreigliedrigen Aufbau werfen, der sich wie folgt darstellen läßt:

Exposition: Pharisäer und Jesus (V. 14a)
I. Einleitung: Captatio benevolentiae (V. 14b*–d)
II. Problemfrage: Der thoragemäße Umgang mit der Zensus-Steuer (V. 14 fg)
Überleitung (V. 15a)
III. Doppelantwort Jesu (V. 15c–17b):
   1. Visuelle Demonstration sowie Auswertung (V. 15cf.)
   2. Gnome (V. 17ab)
Schluß: Reaktion der Appellanten (V. 17c).

Als formkritische Parallele aus dem Mk-Evangelium tritt die Überlieferung *Der reiche Jüngling* in den Blick (10,17–22). Neben einem ähnlichen Aufbau[50] ist beiden Perikopen gemeinsam, daß die *Captatio benevolentiae* integraler Bestandteil der Überlieferung ist. Steht 10,18 stellvertretend für die Gebote der ersten Tafel, an die sich in V. 19 eine „soziale Reihe" im Anschluß

---

[46] Stock, ‚Render' 930.
[47] Lohmeyer, Mk 252.
[48] Ähnlich Lohse, Worte 86, Anm. 27.
[49] Bill. I 408.
[50] Exposition Mk 10,17a; Einleitung: Problemstellung mit (kurzer) Captatio benevolentiae V. 17b; zweiteilige Antwort V. 18 f.21 mit einer Überleitung V. 20.21a; Schlußbemerkung V. 22.

an die zweite Tafel des Dekalogs anschließt,[51] so dient 12,14b*–d dazu, die
göttliche Unabhängigkeit und Wahrhaftigkeit der Thoraauslegung Jesu zu sichern.

Gattungskritisch bietet es sich von dem bisher Bemerkten an, die kleine
Episode[52] von Mk 12,14–17*, „which happens to be unusually rich in dia-
logue",[53] ihrer Form nach als ein Apophthegma zu bestimmen,[54] das mit dem
Stilmittel der Komplementarität arbeitet: Captatio benevolentiae (V. 14b*–d),
Frage (V. 14 fg) und Antwort (V. 15–17) liegen jeweils in Doppelheit vor.
Dabei trägt der zweite Teil jeweils den Hauptton der Aussage. Seinen Zielpunkt besitzt das Apophthegma in der *Doppelantwort* V. 16bc.17b. In der
Form eines rabb. Schulgesprächs[55] nimmt die Überlieferung ihren Ausgang
bei der Feststellung Jesu göttlicher Kompetenz, um eine Frage zur Thora-
Auslegung für einen menschlichen Handlungsfall einzuholen. Ein hell.-
judenchristliches Urchristentum fragt Jesus nach einer autoritativ gültigen,
göttlich-wahren Halakha, nach einer staatsethischen Weisung des anerkannten Thora-Weisen[56], „die das praktische Leben des Frommen aus dem Geist
des Gesetzes regeln"[57] soll. Die Halakha des Thoraauslegers Jesus besteht
gemäß der weisheitlich-rabb. Lehrform (vgl. Ber 27[b]) aus verbalisierter visu-
eller Demonstration und Gnome.

2.2.2 Zum sozialgeschichtlichen Hintergrund von Mk 12,14–17*

Um die *Doppelantwort* (Mk 12,16bc.17b) der vormarkinischen Perikope *Vom
Zinsgroschen* (12,14–17*) auf das in ihr vorgelegte Problem der Thorakonformität der jüd. Zensuszahlung an Rom historisch möglichst adäquat zu erfassen, bedarf es einer Aufarbeitung der sozialgeschichtlichen Wirklichkeit
der Zensusfrage in der Zeit der ersten Hälfte des 1. Jh. n. Chr. Die Perikope
nötigt dabei zur Klärung dreier Fragenkomplexe:

---

[51] Vgl. BERGER, Gesetzesauslegung 418–421; GNILKA, Mk II/2 86 f.

[52] Vgl. DERRETT, Law 318.320.

[53] VIVIANO, Render 272.

[54] Vgl. BULTMANN, GST 25, anders BERGER, Formgeschichte 91.

[55] S. o. die Parallele Ber 27[b]. Vgl. PESCH, Mk II/2 225; GNILKA, Mk II/2 151: „Schulgespräch mit apoftegmatischen Charakter"; LÜHRMANN, Pharisäer 170, der die Perikope mit
Mk 10,2–9 zu den „*Pseudo*schulgesprächen" zählt. Die Perikope gattungskritisch als *Streitgespräch* zu bezeichnen (z.B. KLOSTERMANN, Mk 123; SCHRAGE, Christen 30; SCHMIT-
HALS, Mk 2/2 524; TANNEHILL, Sword 171) setzt voraus, daß die Gegenposition der Fragesteller zur Antwort Jesu expressis verbis genannt wird. Das aber ist in der vormk. Version
auch nicht indirekt der Fall.

[56] GRUNDMANN, Mk 325: „Jesus wird als Lehrer der Weisheit angeredet".

[57] GNILKA, Mk II/2 151, vgl. ERNST, Mk 345; BÜNKER, ‚Kaiser' 166.

Da ist erstens zu fragen, mit welcher politisch-sozialen Situation ein jüd. Provinzbewohner durch den staatlichen Zwang zur Steuerzahlung an den röm. Kaiser konfrontiert wird.[58]

Sodann ist zweitens zu untersuchen, welche ideelle Bedeutung der röm. Münztyp des *Denarius* als eine Realie für jüd. Erfahrungswelt besitzt. Es handelt sich dabei um eine soziale Lebenswelt, die am Anfang des 1. Jh. n. Chr. dem bestimmenden Einfluß des röm. Imperiums unterliegt.[59]

Schließlich ist drittens zu klären, ob es einen ursächlichen Zusammenhang zwischen dem Zwang zur röm. Steuer und der röm. Geldmünze *Denarius* gibt, eine Verbindung, die der Forderung nach dem Herbeischaffen dieser Münze zum Zwecke der visuellen Demonstration (Mk 12,16) eine sozialhistorische Plausibilität verleihen könnte.[60]

2.2.2.1 Der Zensus als Manifestation römischer Herrschaft

Das griech. Substantiv κῆνσος ist ein Lehnwort aus dem Lateinischen (census, censeo = „begutachten, schätzen, taxieren"[61]) und läßt sich in Verbindung mit dem Verb διδόναι im Deutschen mit „Steuern zahlen" wiedergeben.[62] Ist in Mk 12,14f schließlich als Empfänger dieser Steuerzahlung der röm. „Kaiser"[63] genannt, so läßt sich über Art und Bedeutung des zur Diskussion stehenden steuerlichen Tributes an den röm. Staat folgendes sagen: Erstens, daß die gemeinte Steuer an den röm. Kaiser Bürger einer *imperatorischen Provinz* betrifft, zweitens, daß das Berechnungssystem der Steuererhebung die Steuereinschätzung des Provinzialen ist und drittens, daß in der Perikope direkte Steuern angesprochen werden, die als Geldabgabe beim Provinzialen vom röm. Staat erhoben werden. Dies ist im Folgenden näher auszuführen:

Ad 1: Aufgrund der Expansion des röm. Imperiums, besonders im Jahrhundert vor der Zeitenwende, wurde ein steuerlicher Tribut de facto[64] nur von den

---

[58] S. u. den Abschnitt 2.2.2.1 dieser Untersuchung.

[59] S. u. den Abschnitt 2.2.2.2 dieser Untersuchung.

[60] S. u. den Abschnitt 2.2.2.3 dieser Untersuchung.

[61] Vgl. GEORGES, Handwörterbuch I Sp. 1070.

[62] Vgl. ALAND/ALAND, Wörterbuch Sp. 876.

[63] Ob es, wie ALAND, Novum Testamentum[27], vorschlägt, in Mk 12,14f.16c.17b berechtigt erscheint, den aus der Verwaltungssprache stammenden Latinismus καῖσαϱ (vgl. BLASS/DEBRUNNER, Grammatik § 5.1b) hier als Eigennamen zu verstehen (vgl. ebd. § 254.3: „καῖσαϱ ist noch halb Eigenname"), darf in Frage gestellt werden. Anders als der Gebrauch z. B. als Eigenname in Lk 2,1; 3,1 und als Titel in Joh 19,12a steht hier bei der Nennung von καῖσαϱ in der vormk. Perikope die Verwaltungsfunktion des röm. Kaisers im Mittelpunkt, vgl. V. 17b: τὰ καῖσαϱος = „das dem Kaiser Zukommende".

[64] De iure war im röm. Imperium jeder, auch der röm. Bürger tributpflichtig. Zur Zeit von Kaiser Augustus wurde allerdings tatsächlich wohl von röm. Bürgern nur eine fünfprozentige Erbschaftssteuer erhoben, vgl. dazu NEESEN, Untersuchungen 136 ff.; STENGER, ‚Gebt' 13–5.

Bewohnern röm. Provinzen aufgebracht, während sich die röm. Bürger der Steuerfreiheit erfreuen konnten (vgl. Mt 17,25 f.).[65] Im Unterschied nun zur senatorischen Provinz, in der „die ‚stipendia' in das ‚aerarium', die senatorisch verwaltete alte Staatskasse Roms aus republikanischer Zeit" (vgl. Gai. 2,21 [Anfang des 2. Jh. n. Chr.]) fließen, strömen in der dem Kaiser direkt unterstellten Provinz, der *imperatorischen Provinz*, „die ‚tributa' in die verschiedenen ‚Körbe' des Kaisers, die sogenannten ‚fisci'".[66] Wenn Mk 12,14f mit der Empfängerangabe des Steuertributes (Objekts-Dativ καίσαρι) zum Ausdruck bringt, daß die Steuern „im eigentlichen Sinne … ‚dem Cäsar' entrichtet"[67] werden, so trifft diese finanzpolitische Sprachregelung für den Bereich von Palästina am Anfang des 1. Jh. n. Chr. für folgende Zeiträume zu: Einmal nach der Schreckensherrschaft des Herodessohnes Archelaus über das Gebiet Judäas einschließlich von Samaria und Idumäa in der Zeit von 6–39 n. Chr. und wieder ab 44 n. Chr., in der Zeit nach dem Königreich Agrippas I., d. h. für das Gebiet Judäas[68] zuzüglich der ehemaligen Herrschaftsgebiete der Herodessöhne Herodes Antipas und Philippus, also Galiläa, Peräa, Batanäa, Trachonitis, Auranitis, Gaulanitis und vielleicht auch Ituräa.[69] In diesen Zeiten ist *Judäa* als *imperatorische Provinz* zweiten Grades[70] unter direkte röm. Verwaltung gestellt, und ein vom Kaiser eingesetzter Präfekt bzw. Prokonsul[71] übt die kaiserliche Steuerhoheit aus.[72]

Ad 2: Gemäß der sich in der Kaiserzeit des Prinzipats durchsetzenden Rechtsauffassung, derzufolge Grund und Boden der durch Krieg eroberten Provinzen sowie Leib und Leben seiner Bevölkerung Eigentum des röm. Vol-

---

[65] Vgl. STENGER, ‚Gebt' 13 f.; BLEICKEN, Sozialgeschichte 1, 195.

[66] STENGER, ‚Gebt' 17, vgl. 64. Angemerkt werden muß, daß dieses Steuergeld der röm. Staatskasse gehört, die vom Kaiser verwaltet wird (vgl. Gai. 2,7). Die Gelder des Tributes zählen also nicht zum kaiserlichen Privatvermögen, vgl. STENGER, aaO. 17.

[67] SCHÜRER, Geschichte I 474, vgl. STAUFFER, Botschaft 99.

[68] Inklusive Samaria und Idumäa.

[69] Vgl. SCHÄFER, Geschichte 116.

[70] Zur *imperatorischen Provinz* zweiten Grades zählte Judäa deshalb, weil es in röm. Augen eine Provinz mit ausgeprägter Kultur und barbarischer Bevölkerung war. Dies galt auch für die röm. Provinz Ägypten, die trotz ihrer Größe und Bedeutung nur von einem Präfekten regiert wurde, dazu SCHÜRER, Geschichte I 455; SCHÄFER, Geschichte 119.

[71] Zu beachten ist, daß es „erst unter Kaiser Claudius … üblich [wird], den Titel ‚praefectus' durch den Titel ‚procurator' zu ersetzen" (STENGER, ‚Gebt' 60, vgl. SMALLWOOD, Jews 145; SHERWIN-WHITE, Society 6), d. h. ab ca. 41 n. Chr.

[72] SCHWIER, Tempel 254: „Diese Präfekten und Prokuratoren wurden vom Kaiser überall dort eingesetzt, wo neue, noch nicht völlig befriedete Provinzen zu verwalten waren"; in der Regel blieben sie „dem kaiserlichen Legaten einer Nachbarprovinz zugeordnet" (BLEICKEN, Sozialgeschichte 1,149), d. h. im Fall Judäas Syrien.

kes geworden waren (vgl. Gai. 2,7[73]),[74] wurde unmittelbar mit der Umwandlung eines eroberten Gebietes in eine imperiale Provinz des röm. Reiches eine Steuereinschätzung durchgeführt (Gai. 2,21[75]). Sie bestand erstens in einer numerischen Bestandsaufnahme von Grund und Vermögen sowie der Bevölkerung nach Altersklassen (= descriptio, ἀπογραφή) und zweitens aus der eigentlichen Schätzung (= census, ἀποτίμησις).[76] Für die Präfektur Judäa z. B. erfolgte unter dem Präfekten über Judäa, Coponius (Jos Ant 18,1 f.),[77] im Jahre 6 oder 7 n. Chr. (vgl. Lk 2,1 f.[78]) zum ersten Mal ein röm. Zensus, von dem anzunehmen ist, daß er in bestimmten zeitlichen Abständen aktualisiert wurde.[79] Die beim Zensus durch Verhör festgestellten Steuerlisten bildeten die Grundlage zur Ermittlung der Höhe der Steuerveranlagung der einzelnen Provinzialen.[80]

---

[73] „…quia in eo (sc. prouinciali) solo dominium populi Romani est uel Caesaris, nos autem possessionem tantum uel usumfructum habere uidemur" (= „weil in ihr [sc. der Provinz] allein das Dominium dem röm. Volke oder dem Cäsar gehört, wir aber den vollständigen Besitz oder Nutznießung zu haben scheinen"), vgl. 2,21; 4,16; Plin. epist. 10,49,50; Dig. 41,1,7.

[74] Vgl. SCHWAHN, Art. Tributum Sp. 4 f.; HENGEL, Zeloten 137, Anm. 3; STENGER, ‚Gebt' 14.17. Anders FRANK, 'Dominium' 141 ff., der bezweifelt, daß diese fiskalische Theorie irgendwelche rechtliche Auswirkungen auf die röm. Provinzverwaltung in republikanischer und in der frühen Prinzipatszeit gehabt hat, noch anders JONES, Studies 143–9, der Gaius selbst für den Urheber dieser Rechtstheorie hält.

[75] „Tributaria sunt ea, quae in his prouinciis sunt, quae propriae Caesaris esse creduntur" (= „tributpflichtig sind die, die in solchen Provinzen sind, die als Eigentum des Cäsars angesehen werden"). Der röm. Staat benötigt diese Informationen, um das wirtschaftliche Leistungspotential der Provinz einschätzen und dadurch den Finanzhaushalt aufstellen zu können, vgl. SMALLWOOD, Jews 151.

[76] Vgl. NEESEN, Untersuchungen 43.

[77] Vgl. SCHWIER, Tempel 254. Zum unklaren Sprachgebrauch bei Tac. und Jos, „die beide Judäa einerseits als Provinz bezeichnen (cf bell 2,117; ann 2,42; hist 5,9), andererseits als Teil der Provinz Syrien (ant 17,355) bzw. als Annex Syriens (ant 18,2; ann 12,23)" führen (ebd. 254, Anm. 19), vgl. ebd. 254, Anm. 19: „Der erste und dritte Sprachgebrauch läßt sich harmonisieren und bezeichnet den neuen Status Judäas: Judäa ist eine verwaltungsmäßige Einheit, …, deren Statthalter dem syrischen Legaten in Konfliktfällen unterstellt ist".

[78] Zum *historischen Irrtum* des Lk, einen Reichs(!)-Zensus des Augustus zur Zeit von Jesu Geburt anzusetzen, vgl. SCHÜRER, Geschichte I 508–543; STERN, Province I, 1 S. 372–374.

[79] Vgl. KUBITSCHEK, Art. Census Sp. 1920 f.; NEESEN, Untersuchungen 41. Eine Veranlagung zur Kopfsteuer erfolgte z. B. in Ägypten alle 14 Jahre durch auf den neuesten Stand gebrachte Hauslisten, vgl. SCHALIT, Herodes 273; NEESEN, aaO. 125 ff.; STENGER, ‚Gebt' 25.

[80] Es ist verständlich, daß, wenn Steuerbeamten die Herren des Schätzungsverfahrens sind, Vermögensgeständnisse erpreßt und willkürliche Festsetzungen ausgesprochen wurden (vgl. Philo SpecLeg 3,158–163). Der Begriff und die Vorstellung einer Steuergerechtigkeit waren daher dem röm. Zensus fremd. Da zudem die Steuerlasten nicht unerheblich waren (zur Kalkulation ihrer Höhe, ca. 11 % des Gesamteinkommens, vgl. APPLEBAUM, Judea 376 f.), erklärt sich ein grundsätzlicher Widerstand jeder, d. h. auch der jüd. Provinzialbevölkerung gegen jegliche Steuerschätzung, vgl. HENGEL, Zeloten 133.

Ist das röm. System des Steuerzensus durch Schätzung in Palästina nicht neu – auch unter Herodes I.[81] hat es wohl eine allgemeine Registrierpflicht der Bevölkerung zur Festlegung von Boden-, Haus- und Kopfsteuern gegeben[82] – so ist doch für den präfektischen Zensus entscheidend, daß sich in ihm die *unmittelbare kaiserliche Steuerhoheit* manifestiert, die *gleichbedeutend* mit der *direkten röm. Herrschaftsgewalt* ist.[83] Der Zensus ist das „sinnfällige Kennzeichen der römischen Unterjochung von Volk und Land"[84] (vgl. Tert., Apologeticum 13,6 [2.–3. Jh. n. Chr.]: notae captivitatis). War das Land des Königreiches von Herodes I. schon seit der Eroberung Jerusalems durch Pompejus im Jahre 63 v. Chr. formal röm. Besitz, den der röm. Kaiser Antonius im Jahre 37 v. Chr. Herodes I. zur Nutznießung überlassen hatte,[85] so wurde jedoch diesem durch Vertrag assoziierten Klientelkönig von Roms Gnaden im Inneren seines „Herrschaftsbezirks weitgehende Steuerautonomie zugestanden"[86], und man gab sich mit einem vom Vasallen bezahlten (recht hohen) Pauschaltribut zufrieden. Diese auch für Herodes' Söhne geltende *begrenzte jüd. Selbständigkeit nach Innen* verfällt aber für jeden Provinzialen sichtbar mit der Installierung eines röm. Präfekten und der damit einhergehenden politischen Umwandlung von einem begrenzt unabhängigen röm. Vasallenstaat zu einer unmittelbar *abhängigen Provinz des röm. Imperiums*.

Ad 3: Wenn in der Perikope *Vom Zinsgroschen* nicht Zölle, d. h. Abgaben auf den Warenhandel z. B. an Distriktsgrenzen, nicht Fron, d. h. Arbeitsleistungen zur Verbesserung der kommunalen Infrastruktur, nicht Militärabgaben noch andere *indirekte Steuern* wie Kranz-, Umsatz- oder Gewerbesteuern[87] angesprochen werden, Steuern und Abgaben, die aus der Sicht des jüd. Provinzialen alle auf irgendeine Weise der röm. Provinzverwaltung Judäas zugute kommen, sondern sog. *direkte Steuern* diskutiert werden, so liegt auf diesem Ausschnitt röm. Steuerzwanges ein besonderer Akzent. Gemeint sind nämlich Steuern, die jeder jüd. Provinziale zahlen muß, weil er als Person eines von Rom eroberten Landes existiert. Ist er wohlhabend und besitzt er

---

[81] Es ist anzunehmen, daß Herodes' Söhne für ihre Teilgebiete dieselbe finanzielle Verwaltungspraxis durchführten, vgl. STENGER, ‚Gebt' 55 f.

[82] Vgl. SCHALIT, Herodes 274. Als hell. König folgte Herodes I. wohl der Steuerpraxis der Seleukiden, die Tribut und Kopfsteuer (Jos Ant 12,142–4) unterworfenen Völkern auferlegten, vgl. ebd. 266 ff. bes. 271. HEICHELHEIM, Syria 161, weist darauf hin, „that half or two-thirds of Herod's Kingdom was his private domaine, and that a census must have been held in these regions to facilitate the collection of poll and land taxes".

[83] Vgl. PETZKE, Jesus 228: „Die Steuereinziehung war die konkrete Form der Ausübung der Römerherrschaft"; KENNARD, Render 31: „Before A.D. 6, ..., the payments were indirect; or there may have been an inclusive tax, ..., which was at least less tainted with ties to Caesar than was the tribute".

[84] SCHALIT, Herodes 270.

[85] Vgl. SCHÄFER, Geschichte 104 f.

[86] STENGER, ‚Gebt' 15.

[87] Vgl. STENGER, ‚Gebt' 26–37.

Grundbesitz, so entrichtet er das *tributum soli*, eine Kombination von Grund-, Grundertrags- und Kopfsteuer, die wahrscheinlich in Natural- (vgl. Jos Vit 71 f.) wie Geldabgaben (vgl. Bell 2,405–7) zu entrichten war. Für alle anderen jüd. Provinzialen gilt das *tributum capitis* (App., Syr. 50[8]: ὁ φόρος τῶν σωμάτων), eine Vermögens- und Einkommenssteuer, die in Geld zu begleichen wár (vgl. Ulpian in Dig. 50,15,3 [3. Jh. n. Chr.][88]).

Verdient der Provinziale allein mit seiner Arbeitskraft für sich und seine Familie den täglichen Lebensunterhalt, z. B. indem er als Handwerker, Tagelöhner, Kolone oder Sklave tätig ist, so hat er *Kopfsteuer* auf seinem *Soma* als dem arbeits- und leistungsfähigen Kapital seiner Lebensexistenz zu zahlen. Diese systematisch-juristische Begründung der *Kopfsteuer*, die vermutlich auf die Institution der hell. Besitzsteuer zurückgeht,[89] macht darum jedem jüd. Provinzialen bewußt, daß er als Person Eigentum des röm. Staates ist, der ihm Leib und Leben zur Nutzung überläßt und die *Kopfsteuer* als Pacht vom Nutznießer verlangt.[90] „Sie war die Ertragsabgabe der nicht-agrarischen Wirtschaft und betraf gerade die unbegüterten Schichten".[91]

Diese eigentumsrechtliche Begründung für die Besteuerung einer imperialen Provinz ist, obwohl sie de facto in die fiskalische Sklaverei eines Volkes führt, de iure „nicht einseitig despotisch" orientiert, „denn Eigentum verpflichtet den Eigentümer auch, dafür in Gerechtigkeit zu sorgen".[92] So bezahlen die Provinzialen mit ihren Steuern die öffentliche Verwaltung ihrer ungeliebten Besatzungsmacht und es ist darum nicht von ungefähr, daß Steuern zahlen mit dem Fachterminus = φόρος ἀποδιδόναι = „Steuern zurückgeben, zurückzahlen, die man schuldet"[93] im Frühjudentum bezeichnet wird: der

---

[88] „Veluti in Syriis a quattuordecim annis masculi, a duodecim feminae usque ad sexagensimum quintum annum tributo capitis obligantur; aetas autem spectatur censendi tempore" (= „wie denn in Syrien die Männer vom vierzehnten, die Frauen vom zwölften Jahre an bis zum fünfundsechzigsten kopfsteuerpflichtig sind; es wird aber auf das Alter zur Zeit des Zensus gesehen"), vgl. Dig. 50,15.4.2; 8.7, dazu NEESEN, Untersuchungen 48 ff. bes. 65 f.

[89] Vgl. SCHWAHN, Art. Tributum Sp. 69. Vgl. (Pseudo)-Aristot., oec. II.II.5, 1347a (Ende des 4. Jh. v. Chr.): ... ὅτῳ δὲ μὴ ἦν κτῆμα μηθὲν, τὸ σῶμα διμναῖον τιμήσασθαι ... (= „... während die ohne jeglichen (Land-)Besitz mit zwei Minen pro Kopf eingeschätzt werden ...").

[90] STAUFFER, Botschaft 96: „Die ideologische Grundlage des römischen Steuerrechts ist die famose Theorie, daß der Grund und Boden der Provinzialbewohner ... in den Besitz des Römischen Volkes übergegangen sei. Das Römische Volk überläßt den unterworfenen Eigentümern ihren bisherigen Grundbesitz großzügig zur weiteren Bewirtschaftung, aber sie sind jetzt nicht mehr Besitzer, sondern nur noch so etwas wie Pächter", vgl. KENNARD, Render 104.

[91] KIPPENBERG, Religion 125.

[92] STENGER, ‚Gebt‘ 18.

[93] Vgl. SEVENSTER, Keizer 28 f., dazu Philo, OpMun 85; Jos Ant 8,146; 9,275; 12,159; 13,143; 14,203; Ap 1,119, vgl. Lk 20,22; Röm 13,7.

Provinziale trägt mit dem Tribut die öffentlichen Kosten der röm. Administration für die Erhaltung und Verwaltung seiner Provinz.[94] Zusammenfassung: Für den jüd. Bewohner einer imperialen Provinz des röm. Reiches wie Judäa/Syrien bedeutet die geldliche Tributpflicht an den röm. Kaiser, wie sie im (Erst-)Zensus als Zählung des eroberten röm. Eigentums und in der juristischen Begründung der *Kopfsteuer* als Nutzungsentgelt zum Ausdruck kommt, die soziale Erfahrung, unter das *direkte politische Primat Roms* gestellt zu sein. Den Tribut an den röm. Kaiser zu zahlen, ist äquivalent mit der Aussage, die unmittelbare Herrschaft Roms über das Land bzw. das Volk Israel anzuerkennen.[95]

2.2.2.2 Zur Münzpropaganda des *kaiserlichen Denars*

Der griech. Münzname δηνάριον ist ein Lehnwort aus dem Lateinischen (denarium = decem continens = „je zehn enthaltend, Zehner"[96]) und meint eine (geschlagene) röm. Silbermünze, die zwischen 140–130 v. Chr. auf den Gewichts-Wert von 16 (kupfernen) Assen umtarifiert wurde.[97] Bis zu Kaiser Neros Münzreform im Jahre 63 n. Chr. bestand der Denar aus wenig verunreinigtem Silber und wog ca. 3,89 Gramm. In der röm. Kaiserzeit übte das Münzrecht für die Reichsprägung allein der Kaiser aus,[98] der den Denar in erster Linie zur (jährlichen) Geldversorgung seiner Truppen und Beamten ausgeben ließ. Von diesen Empfängern röm. Gehälter im öffentlichen Dienst geriet der Denar durch Geldzirkulation über Händler und Kaufleute in die Hände und Taschen der Provinzialen.[99] Aufgrund seiner enormen Emissionshöhe[100]

---

[94] STAUFFER, Botschaft 104: „Die Steuerforderung des Kaisers [trägt] den Charakter einer partiellen Rückforderung". Zur Kritik an der dehnbaren Rückerstattungspflicht, aus der STAUFFER deduziert, vgl. SCHRAGE, Christen 36 f., Anm. 69.

[95] Vgl. LOEWE, Render 43 (auch HENGEL, Zeloten 141; STAUFFER, Botschaft 96; SCHRAGE, Christen 32 f.): „a visible sign of submission to Rome".

[96] Der Münzname rührt demnach von dem ursprünglichen Wertverhältnis des Denars zur röm. Münzeinheit des As her, den er bei seiner Einführung am Ende des 3. Jh. v. Chr. erhalten hatte: 1 Denar = 10 Assen, vgl. ALFÖLDI, Numismatik I 149 f.; GEORGES, Handwörterbuch I Sp. 2039 f.

[97] Vgl. GÖBL, Numismatik 73.

[98] Vgl. GÖBL, Numismatik 78.152; MOMMSEN, Münzwesen 745.

[99] Vgl. KENNARD, Render 52.55.

[100] Eine Berechnung der jährlich schwankenden Emissionshöhe erweist sich als äußerst schwierig, wenn nicht gar unmöglich. Besteht die röm. Geldpolitik darin, das röm. Silber in erster Linie zur Deckung der vielfältigen öffentlichen Verpflichtungen des röm. Staates zu prägen, so können monetäre Berechnungen von SUTHERLAND, Emperor 87, instruktiv sein. Er nimmt für den Hauptbereich der röm. Ausgaben, den Unterhaltskosten des stehenden Heeres an, daß „coins to the minimum value of some 90 million denarii had to be available annually to meet essential payments". Versucht man sich an einer genauen Ermittlung der tatsächlichen jährlichen Emissionshöhe, so muß beachtet werden, daß der (jährliche) Sold eines Legionärs (normal ein Wert von ca. 225 Denaren) sowohl in Gold-, Aes- als auch Silberprägung ausgezahlt, daß ein Teil des Soldes für Waffenkosten, Verpflegung usw. ein-

gilt der Denar als röm. Standardmünze[101], die als silberne Wertmünze von jedermann geschätzt war.

Wenn die vormarkinische Zinsgroschen-Perikope sich einzig für das Münzbild (εἰκών) des Denars und seine Legende (ἐπιγραφή) interessiert (Mk 12,16),[102] dann kommuniziert sie in erster Linie nicht mit dem ökonomischen Aspekt des Denars als einem anerkannten antiken (röm.) Zahlungsmittel, sondern mit der ideellen Bedeutung der Münze als dem ersten bedeutenden *Massenkommunikationsmittel* der Antike.[103] Die vormarkinische Perikope belegt als literarische Quelle, daß eine Münze – in diesem Fall der röm. Denar – in der röm. Provinz als ein *Propagandapamphlet* des röm. Staates bewertet wurde.[104] Als offizielles Dokument des röm. Staates darf die Münze dabei nicht beschränkt als Zeugnis geschichtlicher Fakten ausgewertet werden, sondern ist wegen ihrer gewollten überzeitlichen Symbolik als ein „Dokument für das religiöse und politische Selbstverständnis und die Selbstrechtfertigung des römischen Staates in seiner hellenistisch geprägten Umwelt"[105] auszuwerten.

Der von der Perikope nun bezeichnete Denar, welchen das Bild und Namen wie Titel[106] eines röm. Kaisers ziert, gehört zum Münztyp[107] des sog. *kaiserlichen Denars*[108], eine Prägung, die im Jahre 44 v. Chr. zum ersten Mal in der Geschichte von einer *röm. Münzverwaltung* in Umlauf gebracht wurde. Der Senat des röm. Reiches hatte nämlich beschlossen, daß das Bild des Diktators Gaius Julius Cäsar zu seinen göttlichen Ehren öffentlich „in allen Städten und in allen Heiligtümern Roms aufzustellen sei"[109], was auch dazu führte, daß sein Bildnis zu Lebzeiten auf Gold- und Silbermünzen ausgeprägt wurde.[110] Diese damit vom röm. Herrscher wahrscheinlich aus dem hell. Herrscherkult übernommene Tradition,[111] sein Herrscherbild als „Zeichen der Alleinherr-

---

behalten werden konnte (vgl. ders., Coinage 9 f.) und daß schließlich ein Großteil von Denaren natürlich aus den Steuereinnahmen des röm. Staates wieder zur Verfügung stand.

[101] Vgl. GÖBL, Numismatik 36: „Die römische Welt regiert der um 213 v. Chr. geschaffene Denar"; 72: „Hauptmünze".

[102] Bezogen wird sich wahrscheinlich auf die für die antike Münze so wichtige *Kopfseite*.

[103] Vgl. GÖBL, Numismatik 23.25.29 u. ö.

[104] Diese besondere Qualität macht sie für den Historiker heute zu einem historischen Dokument sui generis, vgl. dazu die methodische Hinführung von OSTER, Windows 201 ff.

[105] MANNSPERGER, Selbstdarstellung 924.

[106] Zur Aufschlüsselung der röm. Münzlegende vgl. GÖBL, Einführung 16 f.

[107] Zur exakten Definition der numismatischen Kategorie des *Münztypes* als einer Kombination zweier Seitentypen (Avers und Revers) vgl. GÖBL, Numismatik 43.

[108] Rabb. Beleg in AZ 66[b] (R. Resch Laqisch [A 2]), BILL. I 885.

[109] PEKARY, Kaiserbildnis 143. Zum sog. *kaiserlichen Bildnisrecht* der Prinzipatszeit vgl. MOMMSEN, Staatsrecht 1,450, zum republikanischen *ius imaginum* vgl. PEKARY, aaO. 143 ff.

[110] Cass. Dio, Romaika 44,4,4; App., civ. 2,16,106. Vgl. TAEGER, Charisma 2,67: „Bei aller Beweglichkeit gerade auch der Vorderseitenbilder hatte die römische Prägung dieses Recht bisher einem lebenden Staatsmann noch nicht zuerkannt".

[111] Zur Diskussion um die Frage, ob der röm. Kaiserkult primär von orientalischen oder primär von griech. Vorstellungen abzuleiten sei, vgl. den Überblick von WLOSOK, Einfüh-

schaft"[112] auf Münzen zu schlagen,[113] setzt sich bei den Imperatoren der julisch-claudischen Dynastie durch, so daß „von Augustus an ... das Kaiserbildnis die übliche Darstellung der Münzvorderseite" wird[114]. Von Kaiser Tiberius (14–37 n. Chr.) ist dabei bekannt, daß er diese Ausprägung des *kaiserlichen Denars* als Münztyp von seinem Vorgänger übernahm, und – „changing only the obverse – continued to use the same reverse type, and scarcely any other, throughout the twenty-three years of his reign"[115]. Gegenüber dem unablässigen Wandel der Münztypen des röm. Reiches besitzt mithin der des *kaiserlichen Denars* eine außergewöhnliche Konstanz. Die Abbildung des Kaiserbildnis auf röm. Münzen bot sich wohl den Imperatoren deshalb an, weil sie den von ihnen angestrebten Übergang der röm. Staatsverfassung von der einer Republik zu der einer monarchischen Alleinherrschaft[116] propagandistisch im Rahmen des Kaiserkultes in jeder Hand des Volkes demonstrieren konnten.[117]

Von untergeordneter, ja irreführender Bedeutung ist darum die auf historischer Ebene als authentischer Jesus-Geschichte von einigen Exegeten[118] bejahte sog. *Standardidentifikation* des Jesus angeblich gezeigten Denars. Sie nimmt an, daß es sich um einen Denar aus einer Münzserie handeln muß, die Kaiser Tiberius ab 15 n. Chr. in der Münzstätte von Lugdunum (Lyon) prägen ließ.[119] Diese historische Identifikation ist möglich, wird aber von der

rung 7 ff. Zum Herrscherkult bei Julius Cäsar vgl. den Sammelband, hg. v. ders., Kaiserkult, bes. 329 ff.

[112] VOLKMANN, Caesars 582.

[113] Da bis zu diesem Zeitpunkt röm. Münzgeschichte Bildnisse lebender Personen auf Münzen von der Prägung ausgeschlossen waren (vgl. HIESINGER, Portraiture 809), darf man mit Recht von „a revolution in the development of Roman portraiture and in the history of Roman numismatics" sprechen (so BIEBER, Development 880).

[114] BERNHART, Handbuch 31, vgl. MATTINGLY, Coins I, XXIV. Es nimmt denn auch nicht wunder, daß das Bildprogramm der Silberdenarprägung unter Kaiser Tiberius ausschließlich seinen Kaiserkopf mit Lorbeerkranz zeigt, vgl. SZAIVERT, Münzprägung 32.

[115] GRANT, Money 133, vgl. KENNARD, Render 81 (auch STAUFFER, Christus 134 f.; ders., Botschaft 100): „Tiberius was less adept at coin propaganda. He seemed content mainly to announce his debt to the deified Augustus".

[116] MOMMSEN, Staatsrecht II/1 727, der das kaiserliche Recht, auf Münzen des Staates das eigene Bildnis zu setzen, als „das formale Symbol der Monarchie" bezeichnet. Ähnlich auch TAEGER, Charisma 2,113; ALFÖLDI, Numismatik 166.

[117] Vgl. TAEGER, Charisma 2,241: „Die kaiserliche Propaganda verstand es ja meisterlich, die letzten Winkel des Imperiums zu erfassen. Ihre Methoden enthüllt die Prägung, an der sie ein besonders wirksames und geschmeidiges Instrument besaß, am eindrucksvollsten".

[118] Z. B. STAUFFER, Christus 135; SPIJKERMAN, Coins 288; BÜNKER, ‚Kaiser' 169; HORSLEY, Jesus 308 f. Dagegen hat sich dezidiert KENNARD, Render 51, ausgesprochen.

[119] So neuerdings wieder HART, Coin 243 f. Dieser Tiberius-Denar trägt auf dem Avers sein Kaiserbild, geschmückt mit dem Lorbeerkranz, und die Legende: TI(berius) CAESAR DIVI AVG(usti) F(ilius) AVGVSTVS = Tiberius (praenomen) Cäsar (cognomen), Sohn des göttlichen (Kaisers) Augustus, (Ehrenname) Augustus. Auf dem Revers ist das Bild einer sitzenden Dame, vielleicht die Kaiserinmutter Livia als Friedensgöttin (vgl. MATTINGLY, Coins I 124), abgebildet. Die dazugehörige Inschrift PONTIF(ex) MAXIM(us), der Titel

vormarkinischen Zensus-Perikope überhaupt nicht thematisiert, da sie nicht eine bestimmte *Münzausgabe*, sondern auf den *Münztyp* (!) des *kaiserlichen Denars* verweist. Kaiserbild und Inschrift des sog. Tiberius-Denars – „Sohn des (ver-)göttlich(-t-)en (Kaisers) Augustus" – können, und nur das ist wichtig, eine instruktive Anschauung von der politisch-religiösen Dimension der Kaiserideologie am Anfang des röm. Prinzipats sein, mehr nicht.[120]

Daß für den Römer das Verhältnis von einer figürlichen Abbildung der kaiserlichen Person im Porträt auf einer Sache wie der Münze sich zur Person des abgebildeten Kaisers nicht als ein Verhältnis von neutralem Objekt einerseits und „vergöttlichtem"[121] Subjekt andererseits darstellt, erläutert eine Überlieferung von Kaiser Tiberius: Er „soll es als ein Kapitalverbrechen angesehen haben, eine Münze mit dem Bild des Augustus in ein Bordell oder in eine öffentliche Bedürfnisanstalt mitzunehmen"[122]. Wenn also das Verhalten, das Bild des Kaisers auf einer Münze zu verunreinigen, vom röm. Kaiser als Majestätsbeleidigung geahndet wird, dann entspricht diese Vorgehensweise einer Auffassung, „nach der zwischen dem Bilde und der Person des Dargestellten eine außerordentlich enge Beziehung besteht, die so lebhaft empfunden wird, daß das Bild die Person geradezu vertritt"[123]. Diese weitgehende Gleichsetzung von Person und Bild läßt den *kaiserlichen Denar* als einen Münztyp sui generis in den Blick geraten. Er präsentiert die Majestät des Kaisers und dokumentiert zugleich das Hoheitsrecht seiner Regierung, insofern der röm. Kaiser die Wertgarantie für die Emission seiner Münze übernimmt.[124] Wer

---

des Vorsitzenden des höchsten röm. Priesterkollegiums, weist auf das von Tiberius von seinem Vorgänger Augustus übernommene Amt hin. Vgl. auch den Hinweis von STAUFFER, Botschaft 101, auf die syrischen Provinzialmünzen, „die denselben Text in griechischer Sprache bieten" (dazu WRUCK, Provinzialprägung 43 f.).

[120] Vgl. KLEMM, Censu 248: „Der Tiberius-Denar … kann als Muster gedient haben und darf auch dem Interpreten durchaus als Muster dienen, doch kommt es darauf nicht an. Jeder Denar aus der Zeit Jesu und der frühen Gemeinden dokumentiert dasselbe Generalthema und erfüllt in gleicher Weise die ihm in der Erzählung zugedachte Funktion"; RIST, Caesar 318: „The significance of this (and similar coins) for our discussion is that it is a symbol, in miniature, of the imperial cult"; BORNKAMM, Jesus 183, Anm. 26: „Beispiel"; SCHRAGE, Christen 34.

[121] Zu den Kriterien der sprachlichen Unterscheidung von *Vergöttlichung* und *Vergottung* bei der Beschreibung des röm. Kaiserkultes s. GESCHE, Vergottung 369.

[122] CRAWFORD, Geld 276. Suet., Tiberius 58,3 (Anfang 2. Jh. n. Chr.). „… daß auch folgende todeswürdige Verbrechen sind: … Geld oder einen Ring mit dem geprägten Bild (des Augustus) in eine Latrine oder ein Bordell zu nehmen (nummo vel anulo effigiem impressam [sc. Augusti], latrinae aut lupanari intulisse)", vgl. Philostr., Vita Apollonii 1,15,9 (3. Jh. n. Chr.). Vgl. Cass. Dio 77,16,5 (Anfang 3. Jh. n. Chr.), daß unter Caracalla (Ende 2. Jh. n. Chr.) „ein junger Ritter, der im Freudenhaus eine mit einem Kaiserbilde versehene Münze zur Zahlung verwandt hatte, zum Tode bestimmt" worden war (HERTER, Soziologie 108).

[123] KRUSE, Studien 10. Vgl. den analogen Vorgang bei der bildlichen Abbildung von göttlichen Personifikationen: „The literature of that epoch (sc. the early empire) … said that a Personification not only had a *numen*, but was a *numen*" (GRANT, Money 153).

[124] Vgl. KRUSE, Studien 13, Anm. 4.

aber als Jude mit dem *kaiserlichen Denar* umgeht, wird ihn darüber hinaus als Symbol der politischen Macht des röm. Imperiums ansehen, die aufs engste gekoppelt ist mit der religiösen, mit der für ihn widergöttlichen Apotheose des regierenden röm. Herrschers im Kaiserkult.[125] Wer als Jude das Bild des Kaiserdenars erkennt und die Legende liest, „must have been shocked out of any lingering complacency. Those … had before them unmistakable evidence of Caesar's blasphemous claims"[126].

2.2.2.3 Der Denar – die reichseinheitliche römische Steuermünze?

Von gewichtiger interpretatorischer Relevanz ist die Frage, ob der vormarkinische Text *Vom Zinsgroschen* (Mk 12,14–17*) auf einen Usus bzw. eine Anordnung röm. oder provinzialer Steuerbehörden anspielt, daß alle Provinzialen gehalten seien, ihre geldlichen Steuern in röm. Denaren abzuführen. In diesem Falle würde die Perikope voraussetzen, daß jeder Provinziale bei seiner Steuerzahlung automatisch mit dem röm. Denar, d. i. in der Regel mit der in der frühen Prinzipatszeit üblichen Prägung des *kaiserlichen Denars*, in Berührung kommen mußte. Es war *Ethelbert Stauffer*, der diesen mutmaßlichen Tatbestand in die Formulierung faßte, daß der Denar „die vorgeschriebene reichseinheitliche Steuermünze" sei.[127] Bei einer Prüfung dieser Theorie ist zunächst darauf hinzuweisen, daß diese fiskalische Situation erst bei der redaktionellen Bearbeitung des Mk-Textes durch den Seitenreferenten Matthäus in der Wendung ἐπιδείξατέ μοι τὸ νόμισμα τοῦ κήνσου (22,19) vorausgesetzt wird.[128] Erst hier wird der Denar expressis verbis als reichseinheitliche Steuermünze bezeichnet und verstanden. Da der vormarkinische Text diesen Hinweis entbehrt, ist erst einmal also sozialgeschichtlich zu fragen, ob der (kaiserliche) Denar als *Steuermünze* gilt.

---

[125] Ähnlich STAUFFER, Botschaft 102; ders., Christus 136: „Der Tiberiusdenar [ist] vielleicht das unscheinbarste, jedenfalls aber das amtlichste und universalste Wahrzeichen für die Apotheose der Macht … im Zeitalter Jesu Christi" (vgl. KENNARD, Render 77; GRUNDMANN, Mk 327; BÜNKER, ‚Kaiser' 163; STENGER, ‚Gebt' 135). S. dazu auch die Arbeit von ALBERT, Bild 133 ff.147 ff, der nachweist, daß die Denare BMC 633 = RIC 38 und RIC 39 = BMC 637 als Beispiele einer geschickten Münzpropaganda des röm. Kaisers Augustus zu bewerten sind, da ihre Abbildungen dem Betrachter nahelegen, Augustus mit einer bestimmten Gottheit (Jupiter Terminus bzw. Apollo) zu identifizieren (gegen TAEGER, Charisma 2,105).

[126] KENNARD, Render 87.

[127] Botschaft 99.

[128] Es ist bedauerlicherweise festzustellen, daß in der exegetischen Forschung vorschnell die spätere, zum Mk-Text sekundäre Mt-Redaktion in den vormk./mk. Text *Vom Zinsgroschen* eingetragen wird (vgl. z. B. STAUFFER, Christus 133; ders., Botschaft 99; KLOSTERMANN, Mk 124; HULTGREN, Jesus 75; HART, Coin 241; BÜNKER, ‚Kaiser' 162). Dieser exegetischen Forschung ist daher der Vorwurf zu machen, daß sie sich – wahrscheinlich wider besseren literarkritischen Wissens (Zwei-Quellen-Theorie o. ä.) – zum Zwecke der erleichterten Auslegung einen im NT nicht vorhandenen Text im Sinne einer Evangelien-Harmonie herstellt.

Wendet man sich der antiken röm. Sozialgeschichte des 1. Jh. n. Chr. zu, indem man sich Kenntnis von der Vielfältigkeit und regionalen Differenzierung des röm.-provinzialischen Verwaltungssystem anzueignen versucht und dabei das begrenzte Quellenmaterial studiert,[129] so stellt man fest, wie schwer diese sozialgeschichtliche Frage für den von den Römern erst kurze Zeit administrierten Raum Judäa-Syrien zu beantworten ist. Es kann also hier nur darum gehen, das bisher vorgelegte Material einer kritischen Sichtung zu unterziehen.

Als Beleg nämlich für die These, daß der Denar für den geldlichen Steuertribut in der röm. Provinz Syrien allgemein vorgeschrieben sei, wird[130] aus dem am 18. April 137 n. Chr. vom Senat der Karawanenoase von Palmyra[131] per Dekret verabschiedeten und später in Gestalt einer griechisch-palmyrenischen Bilingue veröffentlichten sog. *Zolltarif von Palmyra*[132] zitiert. Wie aus seiner „Präambel hervorgeht (CIS II 3913 gr. Z. 1–13, palm. Z. 1–11), diente diese lex vectigalis dazu, die Ein- und Ausfuhr von Waren sowie deren Verkauf innerhalb des palmyrenischen Stadtgebietes durch detaillierte Bestimmungen zur Warenbesteuerung gesetzlich zu verankern".[133]

Eine literarkritische Analyse des palmyrenischen Zolltarifes haben unter Verwendung von Vorarbeiten *Henri Seyrig*[134] und *A. Piganiol*[135] vorgelegt, die beide zu der Auffassung gekommen sind, daß folgender Text[136]:

181 τὸ τοῦ σφάκτρου τέλος εἰς δηνάριον ὀφείλει λο[γεύεσθαι]
182 καὶ Γερμανικοῦ Καίσαρος διὰ τῆς πρὸς Στατείλι[ον ἐπισ-]
183 τολῆς διασαφήσαντος ὅτι δεῖ πρὸς ἀσσάριον ἰτα[λικὸν[137]]
184 τὰ τέλη λογεύεσθαι ...

Übersetzung[138]:

„Die Steuer für Schlachtvieh soll in Denaren erhoben werden,
(wie) auch Germanicus Cäsar in dem Brief an Statilius anordnete:
‚Die Steuern müssen in it[alischen] As erhoben werden' ...",

---

[129] Vgl. SCHWAHN, Art. Tributum Sp. 13 f.

[130] Z. B. von DERRETT, Law 322, Anm. 3.

[131] Im AT (2 Chr 8,4, vgl. die Textüberlieferung zu 1 Kön 9,18) „Tadmor" genannt.

[132] CIS II Nr. 3913. Griech. Text auch bei DITTENBERGER, OGIS Nr. 629; COOKE, Textbook Nr. 147. Lit. s. ZAHRNT, Fiskalgesetz 279.

[133] JANOWSKI, Sühne 69 f.

[134] Vgl. Antiquites 158.

[135] Vgl. Observations 10 ff.

[136] CIS Z.181–184a.

[137] Während DITTENBERGER, OGIS 336, Z. 156 πά[ντα] rekonstruiert, ist aufgrund des unversehrt erhaltenen Paralleltextes im Mittelaramäischen (CIS Z. 105) mit Chabot, CIS 69; COOKE, Textbook 319, Z. 43 f.; SCHÜRER, Geschichte II 73, Anm. 191, ἰτα[λικόν] wiederherzustellen.

[138] Vgl. RECKENDORFF, Theil 387 f; BRODERSEN, Steuergesetz 156.

Teil des Ediktes eines gewissen Gaius (Licinius) Mucianus[139], röm. Statthalter von Syrien zwischen 67–69 n. Chr.[140], aus dem Jahre 68/9 n. Chr. „mit Gesetzesartikeln, die eine Verdeutlichung oder Bestätigung schon bestehender Artikel zu geben beabsichtigen"[141], ist. Dieses Edikt wurde dann später in den Zolltarif von Palmyra aus dem Jahre 137 n. Chr. aufgenommen.

Nun zeigt die Verordnung über die Schlachtsteuer[142], daß in der Tat für die in privaten und öffentlichen Räumen[143] vorgenommenen Schlachtungen – wie auch für manch anderen Bereich[144] palmyrenischer Steuererhebung – vorgeschrieben war, daß die Steuer in röm. Denaren abzuführen ist.[145] Der Rückgriff im Zolltarif bzw. Edikt auf ein Reskript von Germanicus (Julius) Cäsar (gest. 19 n. Chr.), der im Jahre 18 n. Chr. vom röm. Kaiser Tiberius das *imperium proconsulare maius* über die Provinzen des Ostens erhalten hatte[146] und in seinem Auftrag vermutlich der Oasenstadt Palmyra einen offiziellen Besuch abstattete,[147] an einen bis heute unbekannt gebliebenen[148] Statilius[149] besitzt nun den wichtigen Vorzug, daß es in röm. Bestimmungen zu den Steuerabgaben in früherer Zeit als die der Abfassungszeit des Ediktes (68 n. Chr.) bzw. Zolltarifes (137 n. Chr.) Einblick nehmen läßt. Wenn Germanicus also anordnet, daß Steuern in „italischen Assen" einzusammeln sind, so ist dies in zweierlei Hinsicht zu interpretieren: Erstens für die Zeit des palmyrenischen Ediktes bzw. mucianischen Zollgesetzes und sodann zweitens für die davor liegende Zeit des röm. Reskriptes.

Ad 1: Der palmyrenische Zolltarif bzw. Mucianus' Edikt setzt den röm. „(Silber-)Denar" mit dem „italischen As" aus dem Reskript von Germanicus wohl deshalb gleich, weil man Wert darauf legt, daß die Waren- und Handels-Umsatzsteuern in röm. Reichswährung, der sowohl der Denar als auch das As angehören, abzurechnen sind.[150] So ist es wahrscheinlich seit Augustus in den

---

[139] Mucianus ist eine sehr wahrscheinliche Ergänzung des Textes CIS Z. 150 von SEYRIG, Antiquites 157.

[140] Siehe KAPPELMACHER, Art. C. Licinius Mucianus Sp. 436 ff.; VERMES u. a., History I 265 f.

[141] DRIJVERS, Hatra 841.

[142] Für die antike Welt bezeugt die Schlachtsteuer wahrscheinlich noch Pollux, Onomastikon 10,97 (2. Jh. n. Chr.).

[143] Vgl. DESSAU, Steuertarif 519.

[144] Vgl. z. B. CIS Z.187.

[145] Bei der Schlachtsteuer sollen nur Beträge im Wert unterhalb eines Denars nach dem Kurs der Lokalmünze abgerechnet werden (CIS Z. 185).

[146] Vgl. HANSLIK, Art. Germanicus Sp. 769.

[147] Vgl. Tac., ann. 2,56,3–57,4, dazu MATTHEWS, Tax Law 164.

[148] Vgl. die Liste bei DESSAU, Inscriptiones III,1 135 f.

[149] Vielleicht war dieser Statilius zu der Zeit Präfekt von Syrien, vgl. STEIN, Art. Statilius Sp. 2185; Statilius ist ansonsten ein italischer Gentilname, bekannt in Rom seit dem 1. Jh. v. Chr.

[150] Vgl. DESSAU, Steuertarif 520.

meisten röm. Provinzen eingeführt.[151] Wenn sich für den Verfasser des Ediktes bzw. Zolltarifes die unterschiedlichen Aussagen von Reskript und Edikt/ Zolltarif nicht widersprechen sollen, dann ist schon für die Abfassungszeit des Ediktes, und erst recht für die des palmyrenischen Zollgesetzes, für den Ort Palmyra anzunehmen, daß der Denar – anstatt z. B. des kupfernen As – die röm. Münzeinheit geworden ist.

Ad 2: Betrachtet man hingegen das Reskript von Germanicus Cäsar an Statilius aus dem Jahre 18/19 n. Chr. für sich, so ergibt sich ein anderes Bild. Zwei Deutungsmöglichkeiten stehen offen: Einmal läßt sich annehmen, daß der Römer Germanicus in der röm. Provinz Syrien (?) der Münzreform von Kaiser Augustus aus dem Jahre 18 v. Chr. Geltung verschaffen wollte, die das As als Kreditmünze gegenüber der Silberwährung rehabilitierte,[152] oder zweitens, was näher liegt, daß nach Germanicus (alle?) Steuern (?) und Zölle (?) in der Provinz Syrien (?) in *einheitlicher Währung* – nicht einheitlicher Münze –, mithin in der röm. abzuführen sind[153]: Das As (lat.: „Einheit, Ganzes"[154]) ist nämlich im röm. Geldwesen die Münzeinheit in Kupfer.

Als Zwischenergebnis läßt sich bei der Interpretation des Zolltarifes von Palmyra also folgendes festhalten: Das Zollgesetz setzt für 68 n. Chr. und später voraus, daß die Waren- und Handelssteuern in röm. Denaren abzuliefern sind. Wer dieses Ergebnis für die hier interessierende sozialgeschichtliche Fragestellung zur Mk-Perikope auswerten will, muß beachten, daß der Steuertarif von Palmyra *allein Umsatzsteuern* auf Waren und Gewerbe, also nicht die zur Diskussion stehende *Kopfsteuer* behandelt. Die geographische und politische Sonderstellung aber von Palmyra vor 129 n. Chr.[155], verwaltungspolitisch zur röm. Provinz Syrien zu gehören, geopolitisch aber an der Grenze zwischen der (westlichen) röm. Provinz Syrien und dem (östlichen) Parther-

---

[151] Vgl. MOMMSEN, Münzwesen 729. Vgl. Cass. Dio, Romaika 52,30,9: In der Rede des C. Maecenas heißt es (3. Jh. n. Chr. über die Zeit 29 n. Chr.): „Keiner Stadt ist es erlaubt, ihr eigenes Münzwesen oder Gewichts- und Maßsystem zu führen … (νομίσματα ἢ καὶ σταθμὰ ἢ μέτρα …), vgl. dazu CHABOT in CIS 69.

[152] Augustus' Norm, das As als Kreditmünze aus reinem Kupfer mit dem Gewicht von ca. 11,2 Gramm durchzusetzen, versuchte, die anhaltende Reduktion beim As aufzufangen und hat sich bis ca. 200 n. Chr. gehalten, vgl. CHANTRAINE, Art. As Sp. 633.

[153] So SCHÜRER, Geschichte II 73: „Ein Reskript des Germanicus … schreibt für die Bezahlung der Zölle ausdrücklich den italischen Münzfuß vor" (ähnlich BRUCE, Render 258), vgl. MOMMSEN, Münzwesen 730: „Die Rechnung nach Assen (ἀσσάρια) kommt zwar auch im Orient vor, kann aber nicht wie die nach Denaren obligatorisch gewesen sein" (bes. Ausnahme: Ägypten, vgl. ebd. 729). S. auch die Inschrift von Syros, C.I.Gr. 2347 k, S. 1060, die nach Denaren und Assen abrechnet, vgl. ebd. 730, Anm. 225.

[154] Vgl. GEORGES, Handwörterbuch I 607.

[155] Zu diesem Zeitpunkt erhielt sie von Kaiser Hadrian den status einer civitas libera, dazu MATTHEWS, Tax Law 162; DAVIS/STUCKENBRUCK, Notes 283, Anm. 44.

reich gewisse Sonderrechte zu führen,[156] macht es dazu unmöglich, die hier gewonnenen historischen Erkenntnisse auf die ganze röm. Provinz Syrien bzw. auf Palästina/Judäa zu übertragen.

Auf der anderen Seite kann nun dieses negative Ergebnis der Untersuchung zum Steuertarif von Palmyra, daß nämlich wahrscheinlich erst zu *nachmarkinischer Zeit* der röm. Denar als „Steuermünze" (so Mt 22,19) eingeführt war, mit weiteren Hinweisen aus der antiken Numismatik korreliert werden. Bei der Auswertung von Münzfunden[157] stößt man nämlich auf die überraschende Tatsache, daß z. B. in Palästina an den wenigen bis heute entdeckten Fundorten (zwei) nur insgesamt 34 (sic!) Augustus- und Tiberius-Denare[158] gefunden worden sind. Das deutliche Fehlen von Münzhortungen des Denars in Palästina im Gegensatz zu anderen Provinzen des röm. Reiches zu vormarkinischer/markinischer Zeit[159] ist darum ein Indiz, daß der röm. Denar zur Abfassungszeit der vormarkinischen/markinischen Perikope *Vom Zinsgroschen* in Syrien/ Judäa *kein* gängiges Zahlungsmittel war.[160] Dazu paßt schließlich das Forschungsergebnis von *Arye Ben-David*, daß das zur Zeit der vormarkinischen/ markinischen Perikope „im jüdischen Palästina umlaufende offizielle Zahlungsmittel die in der autonomen Münze von Tyros von 126/25 vor der christlichen Zeitrechnung bis 56/57 nach der christlichen Zeitrechnung geprägten Tetradrachmen und Didrachmen waren".[161]

Geht man von der Tendenz aus, daß zu Beginn der röm. Verwaltungsübernahme von Syrien – die Präfektenprovinz Judäa zählte wahrscheinlich zum syrischen Münzgebiet – die Vielfalt der verschiedenen Münzwährungen von der röm. Provinzverwaltung akzeptiert werden mußte,[162] die sich bei längerer Verwaltungsdauer im Sinne der Durchsetzung des röm. Nominals von ihr vereinheitlichen ließ,[163] so ist davon auszugehen, daß der röm. Provinziale der vormarkinischen/markinischen Perikope die Wahl hatte,[164] seine Kopfsteuer[165] in röm. Silbergeld abzuführen, daß ihm aber zugleich offen-

---

[156] Dazu MATTHEWS, Tax Law 161 ff.; SEYRIG, Antiquites 164 f.171 f.; ZAHRNT, Fiskalgesetz 287 f.

[157] Zur begrenzten Aussagefähigkeit der Münzfundauswertung als Forschungsart der antiken Numismatik vgl. ALFÖLDI, Numismatik 57–9.

[158] Vgl. HART, Coin 245.248.

[159] Vgl. MOMMSEN, Münzwesen 771, sowie die Tabellen bei BOLIN, State 336 ff.

[160] Vgl. Ben-David, ‚Gebt' 1; KENNARD, Render 55.58.

[161] ‚Gebt' 1, vgl. KENNARD, Render 52.62.

[162] Vgl. KENNARD, Render 52; BANKS, Coins 90.

[163] Vgl. MOMMSEN, Münzwesen 734; SCHÜRER, Geschichte II 73.

[164] Ähnlich ROLLER, Münzen 5 f.; KENNARD, Render 51, übernommen von JOHNSON, Mk 197.

[165] Über die Höhe der durchschnittlichen jährlichen Kopfsteuer für die Provinzialen z. B. Judäas werden unterschiedliche Angaben gemacht. Für die Zeit Herodes I. überträgt SCHALIT, Herodes 272, ägyptische Verhältnisse, daß 40 Drachmen = 15 Denare durchschnittlich zu zahlen seien, auf Judäa. APPLEBAUM, Life 698, führt MekhY Ex 19,1 (R. Jochanan b. Zakkai [T 1]) an, wo 15 Schekel = 60 Denare als Kopfsteuer genannt werden. Jedoch ist bei

stand,[166] röm. Kupfergeld (Quinarius, Sestertius, Dupondius und Quadrans) oder (Lokal-)Kupfergeld des letzten Königs, z. B. Herodes I., oder tyrische Tetra- und Didrachmen oder auch Kupfernominalien der Provinzialprägung, die von den röm. Präfekten/Prokuratoren ausgegeben wurden, für die Bezahlung des röm. Provinzialtributes zu benutzen.[167]

Gerade letztgenannte Provinzialprägung bot Juden wie Judenchristen den Vorteil, daß ihre Prägung in der Regel[168] Rücksicht auf religiöse Empfindlichkeiten der Thorainterpretation nahm. Die Münzlegenden nennen zwar den Namen des Kaisers und sein Regierungsjahr, die Abbildungen dieser Münzen vermeiden jedoch tunlichst das Kaiserbild und tragen ein für jüd. Empfinden neutrales Design: Palme, Ähre, Weinblatt usw.[169] Ein Jude mußte also – das läßt sich als Resümee aus dem Gesagten ziehen – bei der Begleichung des Provinzialtributes nicht *zwangsläufig* durch Benutzung eines röm. *Kaiserdenars* in Konflikt mit einer rigoristischen Interpretation des Zweiten Gebotes kommen.[170] Die überprüfte These also, daß zur Abfassungszeit der vormarkinischen/markinischen Perikope der röm. Denar „die vorgeschriebene reichseinheitliche Steuermünze"[171] sei, muß, um zu überzeugen, erst noch durch andere historische Hinweise belegt werden.

2.2.3 Zur Rezeptionskritik von Mk 12,14–17[*]

Der rezeptionskritische Ansatz zur Textinterpretation legt sich für den vormarkinischen Text *Vom Zinsgroschen* (Mk 12,14–17[*]) deshalb nahe, weil in ihm die Begegnung von Pharisäern und Jesus über dem Zensusproblem aus der Perspektive eines *allwissenden Erzählers*[172] dargestellt wird. Ein vormarkinischer Erzähler beschreibt, wie „Pharisäer zu Jesus gekommen sind" (V. 14a) und daß Jesus an ihrer Rede, der an ihn gerichteten Captatio benevolentiae und der sich anschließenden Doppelfrage, „ihre Heuchelei erkennt"

---

dieser zuletzt genannten Höhe des Tributes fraglich, ob man in der Provinz Judäa tatsächlich in der Lage war, diese hohe Abgabenlast zu tragen.

[166] Vgl. Sutherland, Development 90–2.

[167] Mit Marquardt, Staatsverwaltung II 181: „Die Censussummen (sc. in der röm. Provinz) wurden nicht nach der römischen Formel ermittelt und nicht in römischem Gelde angesetzt", gegen Gundry, Mk 697.

[168] Eine Ausnahme bildet anscheinend nur der Präfekt Pontius Pilatus (26–36 n. Chr.), insofern er auf die Darstellung des röm. Herrscherkultes auf Münzen nicht verzichtete und Münzen mit der Abbildung von röm. Kultobjekten wie simpulvium (Schöpfkelle mit Henkel) und lituus (Augurstab) prägen ließ, vgl. Meshorer, Coins 105 f.

[169] Vgl. Reifenberg, Coins 27; Meshorer, Coins 102–6; Matthiae/Schönert-Geiss, Münzen 23.

[170] S. u. den Abschnitt 2.2.4.1 dieser Untersuchung.

[171] Stauffer, Botschaft 99.

[172] Zum Erzähltyp des *allwissenden Erzählers* im Mk vgl. Klauck, Rolle 18 f. (Lit.).

(V. 15a, vgl. Gal 2,13 f.). Der Erzähler berichtet ferner, wie die Pharisäer nach Aufforderung durch Jesus einen Denar zu ihm „bringen" (Mk 12,16a), daraufhin die an sie gestellte Frage beantworten (V. 16c), und konstatiert zuletzt, daß sie Jesu Antwort, bestehend aus dem Zusammenhang von verbalisierter Demonstration des Denars und Jesus-Logion, „bewundern" (V. 17c).

Aufgrund der Tatsache, daß der Erzähler Jesus durch direkte Namensnennung am Anfang und Schluß der Perikope als Einzelperson vorstellt (Mk 12,14a*.17a), dem auf der anderen Seite ein anonymes Kollektiv von „Pharisäern" (V. 14a*) gegenübersteht, lädt er seinen Rezipienten ein, sich mit den Aussagen seiner Hauptperson zu identifizieren. Das damit der Erzählplanung zugrundeliegende Kommunikationsmodell: *namhafte Hauptfigur* (= Jesus) – *anonyme Menge* (= Pharisäer) – Identifikations-Subjekt Mk-Rezipient, wird auf die Erzählstrategie des Autors der vormarkinischen Einheit zurückgehen, der aus der Perspektive eines *allwissenden Erzählers* seine Hauptfigur zum bevorzugten Träger seines Autorbewußtseins werden läßt.[173]

Wie nun der im hell. Judentum aktuelle *Schauspielervergleich* (Arist 217–9) erkennen läßt, hat der Autor sein Kommunikationsdreieck mit einer deutlichen (weiteren) Bewertung verbunden: der hohen Meinung des Erzählers von Jesu Kompetenz korrespondiert nämlich antithetisch ein eminent kritisches Verhältnis zu den Pharisäern (vgl. Mk 12,15a).

In Arist 217–9, Teil der Tischgespräche, die Ps.-Aristeas Ptolemais II. Philadelphos mit den 72 jüd. Übersetzern der LXX führen läßt, wird dem König auf seine Frage: „Wie kann ich alles unterlassen, was meiner unwürdig ist?" (217), folgender weiser Rat erteilt (218 f.): Da er seine „Herrschaft von Gott – seiner würdig – verliehen bekam", hat er im Gegensatz zu „den Schauspielern" (τῶν ὑποκριτῶν), die immer eine „Rolle" (πρόσωπον) spielen, „Schauspielkunst nicht nötig" (οὐχ ὑπόκρισιν ἔχεις). Denn da er „wahrhaft König ist" (ἀληθῶς βασιλεύεις), kann er allein auf seinen „Ruhm" und seine „hohe Stellung" blicken und sich (dabei) „bewußt werden", daß „alle seine Untertanen" von ihm in diesem Sinne „denken und reden". Aus seiner (göttlichen) Legitimation heraus kann er als König vor seinen Untertanen würdig handeln.

Wird dieses im hell. Judentum bekannte Motiv, das Dreieck von *König – Schauspieler – Untertan*, vom Autor der Zinsgroschenperikope im Sinne des Kommunikationsdreieckes von Jesus (Hauptfigur) – Pharisäer (Negativfigur) – Rezipient (Identifikationssubjekt) durch den vom Erzähler eingebrachten Heuchelei-Vorwurf an die Adresse der Pharisäer aktualisiert (Mk 12,15a), so wird das unvermittelbare Gegenüber von Jesus und den Pharisäern im Sinne von *ursprünglicher Wahrheit* und *nachahmender Verstellung* rezeptionsstrategisch eingesetzt: Von Anfang bis zum Ende der Perikope ist es dem

---

[173] Vgl. KLAUCK, Rolle 5.

Autor darum zu tun, den Rezipienten rückhaltlos auf die Seite Jesu zu ziehen und mit seiner Antwort zu verbinden.[174]

Auch der Gang des vorgeblichen Wechsel-Gespräches zwischen den Pharisäern und Jesus stellt sich für den Produzenten der Perikope nicht als ein offener Dialog dar. Dies ist an der inhaltlichen Nähe der markinischen Hapaxlegomena ὑπόκρισις und ἐκθαυμάζω in der Sprachwelt des hell. Judentums erkennbar. Daß nämlich der vormarkinische Erzähler in Mk 12,17c in keinem Fall eine auch nur widerwillige Zustimmung im Sinne der Bewunderung von Jesu Argumentation durch seine Gegner schildert,[175] läßt sich durch die pejorative Verwendung von ἐκθαυμάζω am Beispiel von Sir 27,23 erläutern:

> Der „Böses plant", so heißt es dort, „bewundert (ἐκθαυμάσει) deine Worte", indem er, so erläutert es der Parallelismus membrorum, „seinen Mund vor deinen Augen süßt (= süße Worte macht)", jedoch um „nachträglich sein Worte umzudrehen und aus deinen Worten ein Ärgernis zu machen".

Die Affinität zum Konzept der *Schauspielerei*, die durch den Gegensatz von äußerlicher Rolle und anthropologischer Integrität[176] gekennzeichnet ist, erscheint offenkundig.[177] Dabei geht das hell. Judentum so weit, die Schauspielkunst im Gegensatz zur klassischen Antike[178] pauschal negativ zu bewerten: Der ὑποκρίτης ist der schlechthinnige „Frevler" (Hi 34,30). Der devote Ton der Captatio benevolentiae soll also die Frage der Pharisäer von Mk 12,14 fg so beherrschen, daß sie nunmehr keine wirkliche Bitte um autoritative Belehrung mehr darstellt. „The compliment sound overdone and therefore hollow".[179] Entsprechend verweigert der Erzähler bis zum Schluß eine eindeutige, entweder bejahende oder ablehnende Stellungnahme der Pharisäer zu Jesu Antwort zum Zensusproblem.

Läßt der *allwissende Erzähler* die Pharisäer durch ihre von Jesus aufgedeckte Heuchelei und ihre bis zum Ende der Szene dauernde Falschheit als unbelehrbare Negativfiguren erscheinen, so hebt er im Sinne seiner Erzählstrategie die moralische Integrität seiner Hauptperson Jesus immer mehr auf den Schild. Selbst die Captatio benevolentiae als falsche Schmeichelworte löst beim Rezipienten nur umgekehrt die Bestätigung der unbestrittenen Thora-Kompetenz Jesu aus.[180] Besteht aber für den vormarkinischen Autor der Perikope kein konstruktiver, d. h. ein auf begründete Zustimmung oder Ableh-

---

[174] Vgl. LOHMEYER, Mk 250.

[175] Mit ERNST, Mk 347, gegen PETZKE, Jesus 190; LUZ, Jesusbild 369; PESCH, Mk II/2 225.228: „Admirationsnotiz"; LOHMEYER, Mk 253; KLEMM, Censu 247; WEISS, ‚Lehre‘ 224.

[176] Vgl. Mk 7,6 (= Jes 29,13 LXX): τιμεῖν τοῖς χείλεσιν-καρδία. Vgl. auch Sir 43,18 die Nebeneinanderstellung von ἐκθαυμαζεῖν und καρδία.

[177] Vgl. Sir 1,28–30; 2 Makk 6,21 ff.; Mt 23,28: ἔξωθεν – ἔσωθεν.

[178] Diese würdigt die Schauspielkunst u.a. in der Rhetorik als Kunst des guten Vortrages, s. WILCKENS, Art. ὑποκρίνομαι 559–62.

[179] TANNEHILL, Sword 172.

[180] TANNEHILL, Sword 172: „Yet for the followers of Jesus these statements are true".

nung hinauslaufender Dialog zwischen Jesus und den Pharisäern zum Problem der Zensuszahlung, so ist zu vermuten, daß er bei seinen Rezipienten nur
eine Bestätigung bzw. Verstärkung vom Inhalt der *Doppelantwort* Mk
12,16.17b erreichen will. Es stellt sich somit die Frage nach dem theologiegeschichtlichen Hintergrund des Zensusproblems, der Frage nämlich, welche
Antworten von seiten des Frühjudentums, insbesondere seiner pharisäischen
Richtung, zum röm. Zensus am Anfang des 1. Jh. n. Chr. vorlagen.

2.2.3.1 Der frühjüdische Streit um die Stellung zum römischen Zensus

Wie den Berichten des jüd.-röm. Geschichtsschreibers Josephus Flavius (Bell
2,118.433; 7,253 ff.; Ant 18,4 ff.23–25) zu entnehmen ist, war das sich im
Jahre 6 bzw. 7 n. Chr. zum ersten Mal in der jüd. Geschichte stellende Problem,
ob der röm. Zensus von den Juden in der zu Syrien zählenden imperatorischen
Provinz Judäa zu zahlen oder zu verweigern sei, „a burning question"[181] innerhalb frühjüdischer Theologie (vgl. Ant 18,3).[182] Ablehnung oder Annahme dieses von den Römern auferlegten Tributes neuer Qualität spaltete dabei nach
Josephus die jüd. „Religionspartei"[183] der Pharisäer (Ant 18,4.9.23) in zwei
verschiedene Gruppen: in die nun auch den neuen röm. Provinzialtribut zah-
lenden (Alt-)Pharisäer und die den Zensus verweigernden Anhänger der von
jetzt an nach Josephus neben den anderen jüd. Gruppen der Essener, der
Sadduzäer und der Pharisäer neu zu identifizierenden „vierten Philosophenschule" des Frühjudentums (Ant 18,9.23).[184] Diese wird heutzutage gemeinhin
mit dem Oberbegriff *Zeloten* belegt. Die pharisäische „Tochterpartei"[185] unter
Führung von Judas, einem „Gaulaniter" aus der Stadt „Gamala" (Ant 18,4),
genannt „der Galiläer" (Bell 2,433; Ant 18,23; 20,102; Act 5,37),[186] weil sich

---

[181] Loewe, Render 46, vgl. Horsley, Jesus 307.
[182] Nach Ant 18,1 ff. sind an diesem innerjüdischen Streit das jüd. Volk in genere, sodann
als Vertreter der Jerusalemer Priesteraristokratie der Hohepriester Joasar, Sohn des Boetos,
als Exponent der galiläischen Aufständischen Judas, der Gaulaniter aus Gamala (vgl. Mi-
chel/Bauernfeind, Josephus I 430, Anm. 34), und Zadok, ein (priesterlicher) Angehöriger
der Pharisäer, beteiligt. Nach Jos gelingt es zwar dem Hohenpriester Joasar, die Mehrheit
des jüd. Volkes in Juda zur Zensuszahlung zu bewegen. Um aber die wegen seines politischen Erfolges aufständischen Gruppen zu beruhigen, wird er vom röm. Präfekten Quirinius
zugunsten der Installation eines homo novos, nämlich von Annas (Ananus) als Hoher-
priester abgesetzt (so Ant 18,26, vgl. Smallwood, Jews 155).
[183] Αἵρεσις: Bell 2,162; Ant 13,288; Vita 12.191.197.
[184] Diese Hinweise auf die historischen Umstände, daß der Großteil der jüd. Bevölkerung
von Judäa (wohl mit Gründen) den röm. Zensus akzeptierte, machen es unwahrscheinlich,
daß die Fragestellung von Mk 12,14 fg als „Messiasfrage" (Eck, Urgemeinde 20.23) erlebt
wurde. Es sei denn, man will folgern, daß in Judäa im 1. Jh. n. Chr. die Messiaserwartung
weitgehend ad acta gelegt worden war.
[185] Meyer, Tradition 57; ders., Art. Φαρισαῖος 28, vgl. Hengel, Zeloten 341: „pharisäische Splittergruppe".
[186] Zur Ortslagenidentifikation vgl. Möller/Schmitt, Siedlungen 65 f. Judas stammte
aus dem Golan und konnte den Namen der Galiläer führen, weil der Galiläa benachbarte jüd.

sein Aktionsgebiet vornehmlich auf Judäa konzentrierte,[187] und dem „Pharisäer Zadok" (Ant 18,4), dessen Name ihn als Angehörigen der mit dem Zion-Tempel eng verbundenen sadduzäischen Aristokratie ausweist,[188] verleitete auch eine Anzahl weiterer Juden, sich dem röm. Zensus zu widersetzen (Bell 7,253 f.).[189] Dieser politische „Aufstand" des Judas (und seiner Anhänger) war nach der Auskunft von Lukas in der Acta aber nicht erfolgreich (5,37), so daß man berechtigterweise annehmen kann, daß Judas sich aus der Provinz Judäa in seine Heimat nach Galiläa zurückzog,[190] wo er selbst in den (späteren?) Aufstandswirren umgekommen sein könnte (vgl. 5,37), während seine Familiendynastie den Kampf gegen Rom fortsetzte (vgl. Bell 2,433.447; 7,253).[191]

Nun hat insbesondere *Günther Baumbach* mit Hinweis auf u. a. Bell 2,118 – „es war aber dieser Mann (sc. Judas) Schriftgelehrter einer eigenen Religionspartei, die den anderen in nichts gleicht" – die Angaben des Jos in Ant, daß die Anhänger der vierten Philosophenschule pharisäische Sezessionisten gewesen seien,[192] als historisch unzuverlässig bestritten.[193] Gegen seine Skepsis gegenüber der Darstellung des antiken Historikers Jos in Ant ist jedoch Folgendes einzuwenden: Die prorömische Tendenz des Bell (ca. 79 n. Chr.), die sich uneingeschränkt der Verherrlichung der unbesiegbaren Macht Roms widmet (vgl. nur Bell 3,108),[194] macht es nur zu verständlich, daß Jos in diesem Werk die rein negativ charakterisierten Aufständischen (vgl. Bell 5,433) von allen übrigen jüd. Gruppierungen als ihren passiven Opfern isoliert wissen will,[195] um einerseits die (Diaspora-)Juden vor einem Revancheakt gegen Rom zu warnen und ihnen andererseits möglichst die Religionsfreiheit im röm. Imperium zu bewahren.[196] Darum kann er in den späteren projüdischen Ant, die vor dem Forum der gebildeten griech.-röm. Welt die alte und ruhmvolle Ge-

---

Teil der Gaulanitis unter dem Namen *Galiläa* inbegriffen wurde, vgl. analog Joh 12,21: „Bethsaida in Galiläa".

[187] Mit HENGEL, Zeloten 343; GRUNDMANN, Judentum 287; RHOADS, Israel 48; SMITH, Zealots 15; STENGER, Bemerkungen 94, gegen MEYER, Ursprung 2,403, Anm. 1.

[188] Vgl. MEYER, Art. Σαδδουκαῖος 42, Z. 16 f.45, Z. 48 ff.

[189] Nach Ant 20,102 wurden die Söhne des Judas Galiläus, Jakobus und Simon, unter dem Prokurator Tiberius (46–48 n. Chr.) ans Kreuz geschlagen. Da der Kreuzestod eine Strafe für *auctores seditionis* (Dig. 48, 19,38 § 21, vgl. Petron. 111,5, dazu HENGEL, Zeloten 33 f.) war, steht zu vermuten, daß, wie der Erst-Zensus in Judäa, so auch der Erst-Zensus bei der Unterstellung von Judäa (zum zweiten Mal), Galiläa und Peräa nach der Herrschaft von Agrippa I. (41–44 n. Chr.) unter direkte röm. Oberhoheit als kaiserliche Provinz des Reiches (dazu SCHWIER, Tempel 256 f.) im Jahre 44 n. Chr. erneut antirömischen Widerstand entfachte (vgl. BAUMBACH, Einheit 95; HENGEL, aaO. 86).

[190] Vgl. BAUMBACH, Einheit 95; KENNARD, Judas 285.

[191] Vgl. HENGEL, Zeloten 338; APPLEBAUM, Case 161.

[192] So z. B. WELLHAUSEN, Pharisäer 22; MEYER, Tradition 54–57.69; HENGEL, Zeloten 341; ders., Sikarier 194; BLACK, Judas 50 f.

[193] Vgl. ders., Zeloten Sp. 738; Die Zeloten 7.5–7; ders., Jesus 14 f.23; ders., Einheit 102.106.106, Anm. 70 (übernommen von RHOADS, Israel 54; SCHUBERT, Religionsparteien 67 f.).

[194] Vgl. RHOADS, Israel 11 f.

[195] Vgl. HENGEL, Zeloten 88.

[196] Vgl. VOLLENWEIDER, Freiheit 136.

schichte des Judentums preisen (vgl. nur Ant 1,3.6), ein differenziertes Bild der jüd. Gruppenbildung zulassen.[197] Zollt Jos gewißlich schon mit den um 93/4 n. Chr.[198] geschriebenen Ant dem Führungsanspruch der Pharisäer, wie er sich nach 70 n. Chr. im rabb. Judentum sukzessive durchsetzte, seinen schriftstellerischen Tribut, indem er sowohl die vierte Philosophenschule als auch die Sadduzäer im Unterschied zum Bell in Beziehung zu den Pharisäern setzt (Ant 18,17.23),[199] so dürfte er jedoch schwerlich den „*Pharisäer* Zadok" als Mitglied der vierten Philosophenschule (Ant 18,4) erfunden haben.[200]

Dieser Hinweis von Jos auf einen pharisäisch geprägten Zelotismus (eines großen Teiles) der Aufständischen kann auch nicht durch das Argument entkräftet werden, Zadok und Judas seien nicht im historischen Sinne die Gründer der vierten Philosophenschule gewesen, da sie von Jos nur deshalb zusammen genannt werden, weil *Zadok* den priesterlich-zelotischen, aus Jerusalem stammenden Teil der zelotischen Bewegung[201] und *Judas* den galiläischen Sikarierflügel repräsentieren solle.[202] Denn schließlich belegen archäologische Ausgrabungen in Masada, z. B. die Entdeckung eines rituellen Bades sowie einer Synagoge,[203] daß Beziehungen der zelotischen Sikarier von Masada (Bell 4,400.516; 7,253.275.297.311) unter Führung von Menachem (Manaemos), einem Sohn bzw. Enkel[204] des Galiläers Judas (Bell 2,433 ff.), zum Pharisäismus bestanden haben.[205] Und letztendlich läßt die historische Episode von der Eidesverweigerung der Pharisäer gegenüber „dem Kaiser und der Regierung des Königs" Herodes I. (Ant 17,41 f.) erkennen, daß Pharisäer „eine kompromißlose Haltung hinsichtlich des Verhältnisses von Religion und Politik"[206] einnehmen konnten.

Da die vormarkinische Perikope *Vom Zinsgroschen* (Mk 12,14–17*) als Jesu Appellanten der Zensusfrage die „Pharisäer" auftreten läßt (12,14a*), bestätigt sie letztlich die josephische Angabe, daß besonders die Religionspartei der Pharisäer sich intensiv mit der Zensusfrage auseinandersetzte.[207] Da diese Überlieferung sich in ihrer Darstellung des Zensusproblems dabei auf die Frage nach der wahren, thorakonformen Weisung konzentriert, reflektiert sie im historischen Sinn auf den Zensus als einem Thoraproblem, an dem sich am Anfang des 1. Jh. n. Chr. die frühjüdischen Geister, speziell unter den Anhängern der pharisäischen Richtung schieden.

Aufgrund dieser Argumente scheint es darum geraten zu sein, den Implikationen des Zensusproblems als einer halakhischen Schlüsselfrage im sich an

---

[197] Vgl. BRANDON, Jesus 38; THOMA, Weltanschauung 51 auch 43 ff.; SMALLWOOD, Jews 154, Anm. 43. So ist Jos auch bei der Schilderung des Verhältnisses von Pharisäern und Sadduzäern in Ant 18,17 ausführlicher als in Bell 2,164 f.

[198] Zur Datierung von Bell und Ant vgl. MAYER, Art. Josephus 261 f.

[199] Vgl. SMITH, Judaism 74–7; RHOADS, Israel 54.

[200] Vgl. MEYER, Art. Φαρισαῖος 28; HENGEL, Jesus 30 f., Anm. 38; BRANDON, Jesus 54.

[201] Vgl., daß Jos den Terminus *Zeloten* im Bell für die priesterlichen Aufständischen mit ihrem Zentrum des Jerusalemer Tempels reserviert, dazu BAUMBACH, Die Zeloten 7 f.

[202] Vgl. STERN, Sicarii 300; RHOADS, Israel 60.

[203] S. YADIN, Masada 164 ff.180 ff.

[204] Vgl. KENNARD, Judas 281 ff.; APPLEBAUM, Judea 381 f.

[205] Vgl. HENGEL, Zeloten 91; ders., Sikarier 194; ders., Jesus 39, Anm. 38; MEYER, Art. Φαρισαῖος 27; ders., Tradition 54 ff.

[206] STEMBERGER, Pharisäer 22.

[207] Vgl. LÜHRMANN, Pharisäer 173; ders., Mk 201; STEMBERGER, Pharisäer 111.

ihr spaltenden Pharisäismus nachzugehen. Da Josephus die hauptsächlich zur Verfügung stehende Quelle zur Problematik darstellt,[208] muß versucht werden, vornehmlich aus seinen Angaben den entscheidenden Differenzpunkt der miteinander streitenden pharisäischen Gruppen zu rekonstruieren. Rabb. Belege aus der tannaitischen Zeit werden dazu ergänzend herangezogen.

Wenn Josephus den aufständischen Judas Galiläus als ἡγεμών (= „Fürst, König" Ant 18,23) und σοφιστής (= „Schriftgelehrter" Bell 2,118.433) bezeichnet, so stellt er ihn im Horizont des Frühjudentums einerseits als einen *messianischen Thronanwärter*,[209] der aus nationalpolitischem Interesse „die römische Provinzverwaltung [in Judäa] ablehnte und volle Autonomie [für Israel] beanspruchte"[210], und andererseits als einen pharisäisch geprägten schriftgelehrten *Weisen* vor (vgl. Bell 1,648),[211] der sich in der Lage zeigt, von der jüd. Thora aus durch Schriftauslegung „dem Zelotismus ein festumrissenes Programm"[212] zu geben.

Wie die Münzen aus der Zeit des jüd. Unabhängigkeitskrieges (66–70 n. Chr.), der unter maßgeblicher Führung des Zelotismus stattfand, belegen,[213] wenn sie die Aufschrift „Freiheit Zions" (צירת חרות) neben „Jerusalem ist hei-

---

[208] Die Angaben von Hippolyt, Refutatio 9,26,1 f. (3. Jh. n. Chr.) scheinen die Angaben des Jos z. T. aufzunehmen und sachlich falsch wiederzugeben, vgl. zu der Frage, ob diese Nachrichten auch einen historischen Hintergrund haben MICHEL/BAUERNFEIND, Josephus I 431, Anm. 34; HENGEL, Zeloten 23.73 ff.; BURCHARD, Essener 15 f.29 f.38; BAUMBACH, Die Zeloten 7.19.

[209] Vgl. KENNARD, Judas 283 f.; HENGEL, Zeloten 337 f.337, Anm. 4 (Lit.); ders., Sikarier 175 f.176, Anm. 4; STERN, Sicarii 268 f.; BAUMBACH, Jesus 20; ders., Die Zeloten 11; SCHUBERT, Religionsparteien 67.69; BLACK, Judas 46; LOFTUS, Revolts 88; APPLEBAUM, Case 159, u. a. m., die Judas Galiläus mit jenem „Judas", der 10 Jahre zuvor in Sepphoris mit dem Anspruch der Königswürde den Aufstand gegen Herodes I. leitete (vgl. Bell 2,56; Ant 17,271), gleichsetzen. Gegen diese Identifikation haben sich RHOADS, Israel 50 f.; STENGER, ‚Gebt' 140; SMALLWOOD, Jews 153, Anm. 40; KREISSIG, Zusammenhänge 114 f.; BRANDON, Jesus 53; HORSLEY, Jesus 79 f. (unentschieden MEYER, Ursprung II 403, Anm. 1) ausgesprochen.

[210] MEYER, Tradition 56, vgl. ders., Art. Φαρισαῖος 28. In der LXX werden u. a. die edomitischen Könige durchweg mit ἡγεμών bezeichnet (Gen 36,15–19.21.29f.40–43; Ex 15,15; 1 Chr 1,51–54).

[211] Vgl. MEYER, Tradition 56; ders., Art. Φαρισαῖος 28, dazu 20 f.; GRUNDMANN, Judentum 287; BRANDON, Jesus 32.37; KREISSIG, Zusammenhänge 116: „Schriftgelehrsamkeit"; HENGEL, Zeloten 339: „Gesetzeslehrer". Im Dan (LXX) wird Daniel als Führer der babylonischen „Weisen" (= σοφιστές = חכמים 2,48, vgl. 1,20; 2,14.18.24, auch Ex 7,11) bezeichnet.

[212] MEYER, Prophet 75. Vgl. GRUNDMANN, Judentum 286 f. (auch HORSLEY/HANSON, Bandits 192.198; HORSLEY, Jesus 81): „Der Widerstand ... bekommt durch Judas eine lehrhafte Begründung". Diese neue Lehre des Judas, die mit den bekannten jüd. Anschauungen der Essener, Pharisäer und Sadduzäer aufgrund ihres theokratisch begründeten Freiheitsgedankens nicht kommensurabel war, läßt wahrscheinlich Jos die These wagen, Judas habe eine vierte Philosophenschule des Frühjudentums gegründet; zur Frage der Sektengründung vgl. RHOADS, Israel 52 ff.

[213] Vgl. MESHORER, Coins Nr.153.153B.161–3; MATTHIAE/SCHÖNERT-GEISS, Münzen 26.42 f.86 f. Weitere Lit. bei HENGEL, Zeloten 120 f., Anm. 5.121, Anm. 6.

lig" (ירושלם קדשה) bzw. „Jerusalem, die Heilige" (ירושלים הקדושה) und „Für die Erlösung Zions" (לגאלת ציון) tragen,[214] kennzeichnet die jüd. Auf-standsbewegung ein Freiheitsverständnis, das politisch-nationale mit religiös-heilsgeschichtlichen Zügen nahtlos verbindet. Der „durch die Profeten vorge-gebene[-n] Doppeltradition von der endzeitlichen Heiligkeit und Freiheit Jerusalems und des Tempels"[215] (vgl. Dtjes 52,1 f.) entspricht die Hoffnung, daß Gott Israel aus seinem Elend am Ende der Zeit „erlösen" wird (vgl. Dtjes 41,14; 43,1.14; 44,6; 47,4, u. a. m): Von dieser endzeitlichen Befreiung des Jerusalemer Heiligtums hängt die Freiheit ganz Israels ab.[216] Wenn Josephus nun in einer für das Frühjudentum seiner Zeit einzigartigen Weise die *Freiheit Israels* zum „Leitmotiv seines Geschichtswerks"[217] macht, so kann er mit „his dual role as apologist"[218] auf der einen Seite im Blick auf die Vergangenheit durchweg positiv von Israels Freiheitsliebe sprechen[219] und z. B. die Makka-bäerkriege des 2. Jh. v. Chr. als Befreiungskriege darstellen,[220] um andererseits die gegenwärtig gegen Rom gerichtete, gewalttätige Freiheitssehnsucht der jüd. *Zeloten* als verabscheuungswürdige Tyrannis zu denunzieren.[221] Wie die jüd. Aufstandsmünzen aber nun zeigen, trifft Josephus den Kern des anti-römisch orientierten Widerstandes, wenn er bereits den bzw. die Gründer der zelotischen Aufstandsbewegung an erster Stelle zu den „herausragenden Trä-ger[-n] der Kampfparole Eleutheria"[222] macht, indem er ausführt, daß sie „das Volk baten, die Gelegenheit zur Erlangung seiner Freiheit zu ergreifen" (Ant 18,4), und kommentiert, daß „sich ihr (sc. der Anhänger des Judas) Eros un-überwindlich auf die Freiheit richtet" (Ant 18,23, vgl. Bell 2,264; 7,255[223]).

Wenn Judas bzw. Judas und Zadok also schon bereits bestehende praepoli-tische „Sozialbanditengruppen"[224], vornehmlich aus dem am meisten unter so-zialer Unterdrückung leidenden bäuerlichen Galiläa[225] sammeln, um sich mar-

---

[214] Zur inhaltlichen Deckungsgleichheit von Erlösung und Freiheit auf den Münzen s. HENGEL, Zeloten 120–3.

[215] HENGEL, Zeloten 123.

[216] Vgl. HENGEL, Zeloten 122.

[217] VOLLENWEIDER, Freiheit 133, vgl. seine Durchmusterung der Rengstorfschen Konkor-danz, aaO. 133 ff.

[218] FARMER, Maccabees 20, vgl. HENGEL, Zeloten 117 f.

[219] Vgl. Ant 2,92.281; 3,19 f.; 7,95, auch 12,5.

[220] Ant 12,280 f.302 f.; 13,1.5.198, vgl. 12,312.315.433 f.

[221] Bell 4,159; 7,256 ff.; Ant 18,7.25.

[222] VOLLENWEIDER, Freiheit 134, vgl. HENGEL, Zeloten 114 ff.; APPLEBAUM, Case 161 f.

[223] Weitere josephische Belegstellen zum zelotischen Freiheitsbegriff bei HENGEL, Zelo-ten 115 ff.; VOLLENWEIDER, Freiheit 134, Anm. 143.

[224] BAUMBACH, Einheit 99. dazu 98 f., vgl. die Untersuchungen von HORSLEY, Josephus 41 u. ö.: *„social banditry"*, auch ders., Zealots 166 ff.; ders., Jesus 37; ders., Banditry 412 ff.; STENGER, Bemerkungen 90 ff.

[225] Vgl. KIPPENBERG, Religion 118 f.

kanterweise in Judäa für die endzeitliche Freiheit ganz Israels einzusetzen,[226] so wurde die Einrichtung des röm. Provinzialzensus in Judäa zum Katalysator ihrer Bewegung und bewirkte, daß sie sich von einem vorideologischen Stadium sozialer Gerechtigkeit zum politisch-revolutionären Bewußtsein einer nationalen Widerstandsgruppe abwandelte.[227] Nach Josephus begründet diese zelotische Gruppierung ihren Widerstand gegen den röm. Zensus (Bell 2,118 f.) dabei weder

– mit verschärfter ökonomischer Ausbeutung durch die Römer[228], noch
– mit einer Verletzung des allein Jahwe zustehenden Rechtes zur Zählung des jüd. Volkes[229] und auch nicht
– mit der „israelitischen Glaubensüberzeugung ..., daß das Heilige Land das Israel von Gott selbst gegebene Erbe sei, das unveräußerlich ist"[230], sondern
– mit einem *radikaltheokratischen Verständnis*[231] des Ersten Gebotes jüd. Thora.

Sie behaupten nämlich (Ant 18,23, vgl. Bell 7,323.410.418), daß:

„allein (μόνον) Gott Fürst (ἡγεμόνα) und Herr (δεσπότην)" über Israel sei.

---

[226] Mit HENGEL, Sikarier 194; STENGER, ‚Gebt‘ 141; ders., Bemerkungen 94. Anders BAUMBACH, Einheit 98; ders., Jesus 18 ff.; ders., Zeloten 735; MICHEL/BAUERNFEIND, Josephus I 430, Anm. 34.

[227] Vgl. HENGEL, Sikarier 195 (auch ders., Zeloten 411; STENGER, Bemerkungen 92 f.), der Judas den „ersten ‚Ideologen‘ des Aufstandes" nennt.

[228] Gegen BAUMBACH, Einheit 99; SMALLWOOD, Jews 152, differenzierter STENGER, ‚Gebt‘ 136.

[229] Es soll nicht bestritten werden, daß der röm. Zensus mit seiner numerischen Bestandsaufnahme von Grund und Boden sowie der provinzialen Bevölkerung (s. o. den Abschnitt 2.2.2.1 dieser Untersuchung) als Schätzung (vgl. seine Bezeichnung als ἀπογραφή Ant 18,3, vgl. Bell 7,253; Lk 2,2; Act 5,37 bzw. ἀποτίμησις Ant 18,4.26) den Charakter einer *Volkszählung* erhielt und die Registrierung bei den Juden aufgrund negativer geschichtlicher Erfahrung – vgl. die λαογραφία (3 Makk 2,28 ff.), die unter dem Ptolemäerkönig Ptolemaios IV. Philopator (221–204 v. Chr.) in Ägypten durchgeführt wurde und den ägyptischen Juden einen verminderten Rechtsstatus (2,28: διάθεσις οἰκετική) verlieh (vgl. HENGEL, Zeloten 135 f.) – auf grundsätzlichen Widerwillen stieß. Da jedoch Steuerschätzungen in Judäa nicht zum ersten Mal stattfanden (s. o. den Abschnitt 2.2.2.1 dieser Untersuchung; mit APPLEBAUM, Case 162, gegen HENGEL, aaO. 136), ist die These einer Formierung des jüd. Widerstandes gegen ein historisches Novum unwahrscheinlich (anders DESSAU, Kaiserzeit 777 f.; BAUMBACH, Aufstandsgruppen 277; ders., Zeloten 731; HENGEL, aaO. 134–6; RHOADS, Israel 48). Zudem ließe sich für den „Schriftgelehrten" (Bell 2,118.433) Judas Galiläus aus der jüd. Thora *einzig* der Widerstand gegen eine von der *jüd. Administration* beauftragte und durchgeführte Volkszählung begründen (vgl. Num 1,2 ff.; 2 Sam 24; 1 Chr 21; Hos 2,1; ApkAbr 29,17; syrBar 75,6), nicht jedoch gegen die eines Fremdherrschers, der die atl.-jüd. Überzeugung von Jahwe als dem alleinigen Kriegsherrn Israels gemeinhin nicht teilt (anders RHOADS, Israel 48; SMALLWOOD, Jews 152, Anm. 38; BAUMBACH, Zeloten 731; HORSLEY/HANSON, Bandits 193; LÜHRMANN, Mk 201).

[230] GRUNDMANN, Judentum 289, vgl. APPLEBAUM, Case 162; WENGST, Pax 77.

[231] Vgl. HENGEL, Sikarier 180 (auch ders., Zeloten 393): „Am Anfang ... [steht] die Begründung einer ‚theokratischen Ideologie des Freiheitskampfes‘".

Der verwerfliche Charakter des röm. Zensus zeige sich für sie darin, daß er
(Ant 18,4, vgl. Bell 1,310–3; Ant 14,420–30):

> „nichts anderes als direkte/schlechthinnige[232] Sklaverei (ἄντικρυς δουλείαν) sei",

so daß, wer von den Juden auch diese neue Art des Tributes leiste (Bell 2,118,
vgl. 2,433; 7,418):

> „nach Gott (μετὰ τὸν Θεόν) irgendwelche sterbliche Gebieter ertrage".

Im Sinne des apokalyptischen Gerichtes (vgl. äthHen 91,12[10WA]) folgerichtig (Bell 2,264, vgl. 7,254 f.411; Ant 18,7):

> „bedrohten sie (sc. die zelotische Partei) mit dem Tode, die der römischen Herr-
> schaft weiterhin gehorchen wollten und behaupteten, man müsse die, die freiwillig
> die Knechtschaft vorziehen, mit Gewalt befreien".

In der späteren Konsequenz dieser gewalttätig-revolutionären Einstellung[233],
deren atl. Vorbild das Handeln des Pinehas (Num 25,7 ff.) war, liegt der jüd.
Bürgerkrieg *Israel* gegen *Israel* (vgl. Bell 7,255; Ant 18,7 f.). Dieser mündet
bei siegreicher militärischer Stärke unmittelbar in den kriegerischen Freiheits-
kampf gegen die heidnische Besatzungsmacht Rom im Sinne eines „heilseschatologischen Programm[-es]"[234] apokalyptischer Zeitenwende (vgl. Ant
18,5 f.) ein.[235]

Der radikaltheokratische Ansatz[236] des Judas Galiläus und seines Mitstrei-
ters Zadok, daß Gott der einzige Herr Israels nicht nur im religiösen, sondern
auch im politischen Bereiche seiner Königsherrschaft sei und aus diesem
Grunde die Anerkennung eines fremden Souveräns über Israel dem Bruch des
ersten Gebotes gleichkomme, kritisiert nach Josephus also vom Rechtsinstitut
antiker Sklaverei aus die neue Qualität des röm. Provinzialzensus: Nach Judas
akzeptiert durch seine Zahlung jeder Jude eine neue Herrschaft über Israel.
Deckt sich die während der Prinzipatszeit entwickelte eigentumsrechtliche
Begründung des röm. Zensus, daß der Cäsar bzw. das röm. Volk das *öffentliche
dominium* an der imperatorischen Provinz besitzt (Gai 2,7),[237] mit dem im röm.
Privatrecht[238] festgelegten Rechtsstatus des Sklaven als einem Rechtsobjekt
(res), das Eigentum (dominium[239]) in der Vollgewalt (potestas) seines Herrn

---

[232] Vgl. MENGE/GÜTHLING, Großwörterbuch 73.
[233] Vgl. GRUNDMANN, Judentum 288. Gegen HORSLEY/HANSON, Bandits 196 f.; ders., Jesus 88, der Judas' Bewegung jegliche Gewaltanwendung absprechen möchte.
[234] MEYER, Art. Σαδδουκαῖος 42.
[235] Vgl. HORSLEY, Jesus 39.
[236] Vgl. HENGEL, Zeloten 149 f.; RHOADS, Israel 48 f.
[237] S. o. den Abschnitt 2.2.2.1 dieser Untersuchung.
[238] Vgl. KASER, Privatrecht 63 f.; SOHM, Institutionen 168 f.
[239] Vgl. Phaedr., App. 20,13 (1. Jh. v. – 1. Jh. n. Chr.): „ein unglücklicher Talg (saevum
infelix) erträgt eine Herrschaft (dominium)", vgl. Sen., Ad Marciam 20,3,8 (1. Jh. v. – 1. Jh.
n. Chr.).

(dominus) ist,[240] so ist demnach für Judas Galiläus' Auffassung entscheidend, daß jeder Jude durch die Zensuszahlung an Rom sich zu einem unfreien Rechtsobjekt unter der Gewalt des röm. Kaisers degradiert. Damit ist er de iure zum Sklaven des röm. Volkes geworden. Es ist bezeichnenderweise der Judenchrist und ehemalige Pharisäer Paulus aus Tarsos, der in seinem Zirkularschreiben an die galatischen Gemeinden (ca. 56 n. Chr.) im Zusammenhang einer ihm vorgegebenen allegorisch-typologischen Schriftauslegung der Abrahamsnachkommenschaft (Gal 4,21 ff.)[241] davon spricht, daß das „Jetzt-Jerusalem sich mit seinen Kindern in der Sklaverei befindet" (V. 25b), und damit sein theologisch negatives Urteil über die Sklaverei des Sinai-Bundes (V. 24) in der aktuellen politischen Realität bestätigt sieht.

Der radikaltheokratische Ansatz von Judas Galiläus (und seiner Anhänger) wendet sich mit dem politischen Widerstand nicht von vornherein gegen die röm. Vorherrschaft als solche,[242] etwa mit der Behauptung, weil es nur den jüd. Gottesstaat geben dürfe, seien „alle anderen Staatsmächte ... eine Beeinträchtigung dieses einen göttlichen Vorrechtes"[243]. In dieser Sicht einer absoluten Herrschaftskritik wäre ein jüd. Aufstand gegen eine fremde Vorherrschaft in der überwiegenden Zeit des nachexilischen jüd. Tempelstaates gut begründet gewesen. Denn schließlich hatte „seit Jahrhunderten ... Israel unter fremder Herrschaft gelebt und sie als Zulassung und Gericht Gottes hingenommen und unter ihr seinem Gott gedient"[244] (vgl. Jer 27,4 ff.; 29,4 ff.). Nein, wenn Judas seine jüd. Volksgenossen von der Zensuszahlung an Rom mit Gewalt abhalten will, dann in der festen Überzeugung, daß bis dato der Einrichtung des röm. Provinzialzensus die Geltung der Thora als jüd. Rechtsverfassung in Israel unangetastet geblieben war. Denn auch unter den röm. Klientelfürsten wie Herodes I. und seinen Söhnen garantierte die jüd. Thora als theokratische Verfassung der nachexilischen Gemeinde nach Innen die Freiheit des jüd. Gemeindegliedes in der (priesterlich vermittelten) Unterordnung unter Jahwes Herrschaft. Erst mit dem Provinzialzensus hat sich *zwischen*[245] Jahwe und Israel (Bell 2,118.433) der röm. Kaiser als neuer Herr mitsamt einer neuen Rechtsordnung geschoben. Mit dem Sklavereivorwurf begründet also Judas Galiläus,

---

[240] Vgl. auch Lev 25,45b LXX, daß der Israelit die κατάσχεσις = „Besitz" (vgl. Act 7,5 f.) über den jüd. Fremdsklaven besitzt. Die Vulgata überträgt hier mit: „ac possidebitis in aeternum".

[241] Vgl. BECKER, Paulus 491 ff.

[242] Gegen GRUNDMANN, Judentum 288; SCHRAGE, Christen 20; SCHLATTER, Theologie 214.

[243] So KITTEL, Christus 10, vgl. WEGENAST, Art. Zeloten Sp. 2482; BRANDON, Jesus 48; HORSLEY/HANSON, Bandits 193.

[244] GRUNDMANN, Judentum 288, vgl. BRUCE, Render 255 f.

[245] Vgl. MICHEL/BAUERNFEIND I 431, Anm. 34: „μετά scheint hier (sc. in Bell 2,118. 433) nicht zeitlich, sondern wertmäßig gemeint zu sein". Anders HENGEL, Zeloten 108 f.

daß die jüd. Thora als priesterliche Rechtsnorm Israels von der durch den Zensus aufgezwungenen direkten röm. Kaiserherrschaft liquidiert wird.[246]

Wie sehr man in zelotischen Kreisen von der absoluten, d. h. keine Herrschaft *in Israel* (!) neben sich duldenden Theokratie Jahwes überzeugt war, zeigt letztlich eine Kritik am Usus der (Alt-)Pharisäer, die auf einer jüd. Urkunde, wie z. B. einem Scheidebrief, den Namen des Fremdherrschers zusammen mit dem Namen des Mose nennen. In Yad IV,8 ist nämlich überliefert[247]:

> „Ein galiläischer Minäer (גלילי מן)[248] sprach: ‚Ich beanstande an euch, Pharisäer, daß ihr im Scheidebrief den Herrscher(-namen) mit (dem Namen) Mose (zusammen) schreibt.‘
> Die Pharisäer erwiderten:
> ‚Wir beanstanden an dir, galiläischer Minäer (גלילי מן), daß du den (Gottes-)Namen mit dem Herrscher(-namen) (zusammen) auf ein Blatt (דף)[249] schreibst.
> Und nicht nur das, sondern ihr schreibt (sogar) den Herrscher(-namen) oben und den (Gottes–)Namen unten:
> Da sprach Pharao: 'Wer ist Jahwe, daß ich auf seine Stimme höre und Israel entlasse?' (Ex 5,2)
> Als er aber litt, wie sprach er da? 'Jahwe ist der Gerechte!'' (Ex 9,27).“

Da zu den wesentlichen Bestandteilen des Formulars eines Scheidebriefes[250] am Anfang das Datum in der landesüblichen Zeitrechnung nach (heidnischen) Herrscherjahren gehört (vgl. Git II,2; IX,4) und am Ende eine Formel: ‚Nach dem Recht Moses und Israels‘ o. ä., steht, protestiert der galiläische Aufständische dagegen, daß sich über der in *Israel* geltenden jüd. Rechtsnorm der Thora die Ordnung des heidnischen Fremdherrschers geschoben hat.[251]

Mit einem solcherart radikaltheokratisch begründeten Normenprogramm knüpft Judas an den religiös-politischen Widerstand der Makkabäerzeit an. Während sich die Makkabäer im 2. Jh. v. Chr. erfolgreich gegen die Einführung der hell. Polisverfassung im Zuge der Hellenisierungspolitik von Antiochus IV. Epiphanes mit Berufung auf die Thora als bestehender jüd. Verfassung des nachexilischen Israels wehrten,[252] wenden sich Judas und seine Parteigänger gegen die Gültigkeit und Anwendung röm. Herrschaftsnorm in Israel. In der jüd. Überlieferung gilt beider Widerstand als Freiheits-

---

[246] Vgl. RHOADS, Israel 49: „Probably it was the specific implementation of direct Roman rule in the land, …, which in Judas' view most clearly offended the lordship of God".

[247] Übersetzung nach LISOWSKY, Jadajim 79 f.

[248] Hier und im folgenden ist nach LISOWSKY, Jadajim 79, anstelle von גלילי צדוקין besser גלילי מן zu lesen, vgl. HENGEL, Zeloten 58 f. Zu den Identifikationsversuchen des „Minäers" vgl. LISOWSKY im Kommentar z. St.

[249] „Eigentlich ‚Brett' und bezieht sich auf die Tafel der Pinax; später ist es das Blatt des Kodex" (LISOWSKY im Kommentar z. St.).

[250] Exempel bei BILL. I 311 f.

[251] Zur Interpretation der (alt-)pharisäischen Richtung s. u.

[252] Vgl. BICKERMANN, Gott 73 ff. 80 ff. 117 ff.; STENGER, ‚Gebt' 135.

kampf.[253] Wenn Judas dabei im Unterschied zu den Makkabäern einen eschatologischen Freiheitsbegriff[254] entwickelt, kann er sich einerseits auf das „Urzeitideal"[255] der Exodustradition berufen, die im Frühjudentum seiner Zeit mit Hilfe des ἐλευθερία-Begriffes eine „politisch-heilsgeschichtliche Dimension"[256] erhalten hatte.[257] Und andererseits kann sich Judas, wenn er sich als jüd. Messiasprätendent empfiehlt, auf die apokalyptisch-eschatologische Erlösungs-/Befreiungshoffnung[258] stützen, wie sie sich gegen Rom als die Manifestation widergöttlicher Hybris artikulierte.[259] Wenn ein Boykott des röm. Provinzialtributes erfolglos bleibt und die Römer ihre neue Provinzial-Steuer auf den jüd. Einspruch nicht rückgängig machen, erhebt Judas gegenüber dem antigöttlichen Rom den messianischen Anspruch auf vollkommene Unabhängigkeit Israels, „mit dem Ziele, dem ,Gesetz' zum Siege zu verhelfen und somit die ,Freiheit' in Gestalt der Gottesherrschaft für immer herbeizuführen"[260] (vgl. Ant 18,4).

Da die vom Zelotismus erstrebte eschatologische Freiheit für Israel als „völlige Unterwerfung unter Gottes Herrsein die Befreiung von allen menschlichen Herren" intendierte, bedeutete sie „zugleich die Aufrichtung einer neuen eschatologischen Ordnung"[261] nach den Grundsätzen der jüd. Thora. Verständlicherweise beeilten sich darum die zelotischen Aufständischen, im Jahre 66 n. Chr. die Schuldverschreibungen der Gläubiger im königlichen Archiv des Römerfreundes Agrippa II. zu vernichten (Bell 2,427), um mit der jüd. Thora[262] eine neue Sozialordnung in Israel zu etablieren.

Bedeutend schwieriger als die soeben versuchte Darstellung der radikal-theokratischen Grundlinien der den röm. Zensus bekämpfenden zelotischen Judas-Position gestalten sich Überlegungen zur (alt-)pharisäischen Einstellung, die nach den bisherigen jüd. Tributleistungen an Rom nun auch die neue Provinzialsteuer tolerierte, wenn es denn erlaubt ist, das Schweigen von

---

[253] Vgl. VOLLENWEIDER, Freiheit 139; VON HENTEN, Selbstverständnis 150 ff., dazu 1 Makk 2,11; 10,33; 14,26; 15,7; 2 Makk 2,22; 9,14; Jos Ant 12,302.433 f.

[254] Vgl. GRUNDMANN, Judentum 289.

[255] VOLLENWEIDER, Freiheit 144.

[256] HEILIGENTHAL, Art. Freiheit 499, vgl. APPLEBAUM, Case 162.

[257] So stellt R. Gamaliel II. (T 2) die für Israel existenzstiftend wirkende Passahfeier die soteriologische Erlösungsterminologie neben die politisch-nationale Freiheitsthematik, wenn nach Pes X,5c der Lobpreis Gott gilt, „der uns aus der Knechtschaft zur Freiheit, ... aus der Unterjochung zur Erlösung herausgeführt hat" (BILL. IV,1 68). Philo und LibAnt erkennen in Mose den von Gott beauftragten „Schöpfer der Freiheit" seines Volkes (VitMos 1,71, vgl. Migr 25), wenn er die Israeliten „aus dem Land Ägypten befreite" (= liberavit LibAnt 10,1). Vgl. auch Artapanos 3,21; Jos Ant 4,42 f., die Mose die ἐλευθερία und σωτηρία seines Volkes garantieren sehen.

[258] Vgl. VOLLENWEIDER, Freiheit 155 f.

[259] 4 Esr 11,46; 12,34; 13,26, vgl. 13,29; 14,29; syrBar 75,7 f.

[260] MEYER, Tradition 56 f., vgl. HORSLEY/HANSON, Bandits 194.

[261] BAUMBACH, Freiheitsverständnis 17, vgl. ders., Einheit 100.

[262] Vgl. die Ausführungen zum Erlaßjahr; Lev 25,1–7; Dtn 15,2.

Josephus in diesem Sinne zu interpretieren.[263] Dieses Manko des Josephus dürfte in erster Linie auf das Konto seiner einseitig verzeichnenden Darstellungsweise des Frühjudentums gehen, die den destruktiv-verführerischen antirömischen Kräften des jüd. Zelotismus die alleinige Verantwortung für den für das (palästinische) Judentum negativen Ausgang des jüd.-röm. Krieges aufbürden will.[264] Diese Einseitigkeit führt dazu, daß er seinem (jüd. wie) röm. Leser kein differenziertes Urteil mittels einer Beschreibung der durch den Ausbruch des jüd. Bürgerkrieges unterlegenen friedenspolitischen Alternative ermöglicht.

Will man trotz dieser prekären Quellenlage zu einigen Andeutungen hinsichtlich der staatsethisch konservativen Einstellung des (Alt-)Pharisäismus kommen, scheint es geraten zu sein, die (späten, ca. 94 n. Chr.) biographischen Angaben des Josephus aus Vita 12 (vgl. 21) auszuwerten, daß er, der aus der vornehmen ersten Priesterklasse Jojarib stammte (Bell 1,3; Vita 1, vgl. 1 Chr 24,7–18), sich seit seinem 19. Lebensjahr in seinem *öffentlichen, politischen Handeln* nach den Prinzipien der einflußreichen (vgl. Ant 18,17) Pharisäergruppe richtete.[265] Nämlich seine eigenen Vorschläge, auf welche Art der Krieg mit den Römern von den Juden hätte vermieden werden können, als (alt-)pharisäische[266] Friedensalternative zu dem zelotisch-pharisäischen (Gewalt-)Widerstand zu betrachten. Diese Hinweise sind wieder mit den rabb.-pharisäischen staatsethischen Bemerkungen aus tannaitischer Zeit zu korrelieren.

In Bell 5,362 ff. schildert Josephus, wie er im Auftrag des röm. Feldherrn Titus, der im Jahre 70 n. Chr. Jerusalem mit seinen Legionen belagerte, kurz vor der Eroberung des Tempelberges durch die röm. Garnisonen die verbliebenen Einwohner zur (kampflosen) Übergabe und damit zur Abwendung der Zerstörung Jerusalems zu überreden versucht. Nachdem er in einer (fiktiven) Rede (5,362–374) zuerst die ökumenische Macht der Römer geschildert und aus der atl. Geschichte die Vergeblichkeit aktiven jüd. Kampfes illustriert hat (5,375 ff.), geht er schließlich auf die jüd. Schuld gegenwärtiger „Gottlosigkeit", wie sie sich im „Bürgerkrieg" und Fehlverhalten gegenüber Heiligtum und Gesetz äußert (5,395 ff., vgl. 6,109 f.), ein, um auf der anderen Seite

---

[263] Stellenbelege aus Jos zur Gruppe der *Pharisäer* sind bei SCHÜRER, Geschichte II 449–52, gesammelt.

[264] Vgl. THOMA, Weltanschauung 41 ff. Dazu Bell 1,10.27; 2,455; 5,444; 6,251; Ant 18,6 u. ö.

[265] Gegen THOMA, Weltanschauung 40. Vgl. jetzt MASON, Josephus 342–56. bes. 356, auch NEUSNER, Josephus's Pharisees 226. Anders STEMBERGER, Pharisäer 11, der Jos Entscheidung nur politisch-pragmatische Gründe zubilligen kann. COHEN, Josephus 223 f., führt sogar aus: „His (sc. Jos) Pharisaism is of the most dubious variety, and he did not discover it until the nineties of our era. In the sixties he was a Jerusalem priest and, in all likelihood, not a Pharisee".

[266] Anders MICHEL, Rettung 974.

gleichzeitig die Gerechtigkeit der Römer zu belegen (5,407), alles mit dem Ziel, das jüd. Vertrauen auf ein die Römer zuletzt noch strafendes Eingreifen durch Jahwe (endgültig) zu zerstören (5,389.403.458 ff., vgl. 6,99.101.285). Als für die Juden seiner Meinung nach akzeptable röm. Bedingungen eines Friedensschlusses nennt dabei Josephus folgende (Bell 5,405 f.):

„Die Römer dagegen[267] verlangen den gewöhnlichen Tribut (συνήθη δασμόν), den unsere Väter jenen Vätern zahlten; und wenn sie diesen erhalten haben, wollen sie weder die Stadt zerstören noch das Heiligtum anrühren, sondern euch alles andere geben: die Freiheit der Familien (γενεάς τ᾽ ἐλευθέρας) sowie die Verfügung über den eigenen Besitz, und den Schutz der heiligen Gesetze (τοὺς ἱεροὺς νόμους).“

Wie Josephus in Bell 2,411 f. u. a. die „Aristokratie der Pharisäer" gegen die vom zelotischen Tempelhauptmann Eleazar verfügte Einstellung des Kaiseropfers an Rom (vgl. 409) das in der Stoa gebräuchliche[268] konservative Argument der von den Vorfahren bereits geübten Praxis (412, vgl. 410) gegen die zelotisch-priesterliche „Neuerung einer fremden Gottesdienstregel" (414) vortragen läßt,[269] so weist er auch hier bei seiner Kapitulationsaufforderung an die aufständischen Juden auf den unbestreitbaren historischen Tatbestand hin, daß die Juden von Beginn der röm. Vorherrschaft über Israel – also seit der Eroberung Jerusalems durch Pompejus im Jahre 63 v. Chr. – die röm. Tributforderung akzeptiert und damit die röm. Oberherrschaft über Israel prinzipiell anerkannt haben (vgl. 5,365 f.). Auch ein Tribut neuer Qualität, wie ihn der röm. Provinzialzensus darstellt, bedeutet für den politisch als Pharisäer denkenden Josephus nur die von Gott als dem allmächtigen Geschichtsherrn unterstützte (vgl. 5,367) Fortsetzung röm. Vorherrschaft, der zu widerstreben gerade das momentane Unglück des jüd. Volkes ist. Umgekehrt beinhaltet für Josephus die Akzeptanz röm. Herrschaft durch die Zahlung des jüd. Provinzialtributes, daß Rom die Freiheit des jüd. Volkes, seinen Landbesitz sowie die Existenz der Stadt Jerusalem und des Tempels, über die Thora als jüd. Verfassung garantieren will. Für die momentane geschichtliche Situation empfiehlt der ‚Pharisäer' Josephus seinem Volk die „von ihm als αὐτονομία bezeichneten Freiheit unter römischer Schutzherrschaft"[270] (vgl. Bell 2,22.53; 4,176; 6,215; Ant 17,300). Beschreibt Josephus die innere Verfassung des Judentums in nachexilischer Zeit zu Recht als θεοκρατία (Ap 2,165, vgl. Ant 4,201.223; 5,93), so ist ihm bewußt, daß das jüd. Volk nach Außen als Volksnation keineswegs unabhängig und souverän ist, da Rom die Garantiemacht seiner relativen theokratischen Freiheit nach Innen darstellt (zur δουλεία Israels vgl. Bell 2,355–7; 5,395 f.408).

---

[267] Im Gegensatz zu den eidbrüchigen Assyrern, vgl. Bell 5,405 mit 2 Kön 18,14 f.25.
[268] Vgl. VOLLENWEIDER, Freiheit 49 f.
[269] Vgl. Bell 2,118; 5,402; Ant 18,9.
[270] HEILIGENTHAL, Art. Freiheit 500.

Diese *theokratische Spannung* der (alt-)pharisäischen Position, daß nämlich gerade Jahwe als Himmelsgott nicht vom Zion-Tempel aus über seine Hierokratie auch die nationale Souveränität Israels in der politischen Auseinandersetzung mit den Heidenvölkern bewirkt, sondern gegenwärtig als universaler Geschichtsherr über die von ihm sanktionierte Vorherrschaft der Römer[271] Israels eingeschränkte Freiheit verfügt,[272] löst sich für den röm. loyalen ‚Pharisäer‘ Josephus erst in der Zukunft: Wenn Israel gehorsam ist,[273] gehört seiner politischen Herrschaft einmal die ganze Ökumene (Ant 4,114–7)[274]. Liegt jetzt die Weltherrschaft bei den Römern,[275] so gilt dennoch, daß das Römerreich nicht das letzte sein wird.

Gegenüber den galiläischen Widerstandskämpfern hält der (Alt-)Pharisäer also an der Duplizität von Gottesordnung und heidnischer Ordnung fest (s. o. Yad IV,8), ja, er kann sogar aus der Thora die Vorherrschaft der Fremdherrschaft über Israel begründen – in Ex 5,2 wird der heidnische Pharao vor Jahwe/Gott erwähnt[276] –, um zugleich seiner Überzeugung Ausdruck zu geben, daß letztendlich der Fremdherrscher der eschatologischen (Königs-)Herrschaft Gottes weichen wird, eben so wie der ägyptische Pharao durch Gottes Eingreifen seine Herrschaft über Israel aufgeben und zur Anerkenntnis von Jahwes Gerechtigkeit genötigt wurde (vgl. Ex 9,27). Um die allein von Gott endzeitlich zu realisierende Königsherrschaft aber kann der pharisäisch-rabb. Jude nur Gott im täglichen Gebet anflehen und erinnern (vgl. die 11. Berakha des 18-Gebetes[277]): In ihr wird sich zukünftig Israels nationale Freiheit (vgl. die 10. Berakha des 18-Gebetes[278]), die gleichzeitig das definitive Ende des röm. Reiches bedeutet (vgl. die 12. Berakha des 18-Gebetes[279]), realisieren.[280] Zählt man das zuletzt noch in den hebräischen Kanon aufgenommene Danielbuch unter die pharisäischen Literaturwerke,[281] so läßt sich zu-

---

[271] Vgl. atl.: Jes 5,25–29; Jer 27,6 ff., dazu PsSal 2,1.7; 8,15.19.

[272] Vgl. den nach 70 n. Chr. formulierten Gedanken von R. Jose b. Qisma (T 2) in AZ 18ᵃ Bar (BILL. III 303 f.): „Weißt du nicht, daß man diese (römische) Nation vom Himmel her zur Herrscherin gemacht hat? Denn sie hat sein Haus zerstört und seinen Tempel verbrannt und seine Frommen getötet und seine Edlen vernichtet und sie besteht noch immer!".

[273] Vgl. Bell 5,19.390.400.414; 6,103.

[274] Vgl. DE JONGE, Josephus 211 ff.; RHOADS, Israel 13.

[275] Vgl. LINDNER, Geschichtsauffassung 144.

[276] Vgl. HENGEL, Zeloten 59.

[277] „Setze unsere Richter wieder ein wie vormals und unsere Ratgeber wie anfangs und sei König über uns, du allein" (Übersetzung: SCHÄFER, Gottesdienst 405), vgl. GOPPELT, Freiheit 210.

[278] „Stoße in die große Posaune zu unserer Befreiung" (Übersetzung: SCHÄFER, Gottesdienst 405).

[279] „… und das frevelhafte Königreich rotte eilends aus in unseren Tagen" (Übersetzung: SCHÄFER, Gottesdienst 405).

[280] Vgl. PsSal 17 f., daß der pharisäische Jude auch die Hoffnung auf einen davidischen Messias nur als sehnsuchtsvolle Bitte vorbringen kann.

[281] S. o. den Abschnitt 2.3.4.3 dieser Untersuchung.

sammenfassend sagen, daß die (Alt-)Pharisäer etwa „unter Berufung auf Dan 2,21.37 ff; 4,14.29 die Auffassung [vertreten haben], daß man bis zur ersehnten und im Gebet erflehten endzeitlichen Erlösung den Fremdherrscher tragen müsse"[282].

Bis zur seligen Endzeit ist der (Alt-)Pharisäer also völlig auf den Gehorsam zur Thora konzentriert. So hat R. Nechonja b. ha-Qana (T 1)[283] dem „kämpferisch-politischen Freiheitsideal" der Zeloten gegenüber als den „wahre[-n] Weg zur Freiheit"[284] den Juden den aktiven Thoragehorsam eingeschärft, wenn es in Av III,5 heißt (par. ARN 32 (B), vgl. ARN 20, R. Chananja, Vorsteher der Priesterschaft [T 1]):

> „Jeder, der das Joch der Thora auf sich nimmt, wird vom Joch der Regierung (על מלכות) und vom Joch weltlicher Beschäftigung (על דרך ארץ) frei, aber jedem, der sich vom Joch der Thora losmacht, wird das Joch der Regierung (על מלכות) und das Joch weltlicher Beschäftigung (על דרך ארץ) auferlegt".

Daß die Hingabe Israels an die Thora politische Freiheit bewirkt,[285] lehrt auch eine rabb. Auslegung von Ex 32,16: „die Schrift war Gottes Schrift, auf den Tafeln eingegraben (חרות)", die als Kontroverse zwischen R. Jehuda (T 3) und R. Nechenja (T 3) in verschiedenen Versionen[286] überliefert wird. Sie lautet in dem gemäß seiner Endredaktion wohl ältesten Text[287] WaR 18,3[288]:

> „Lies nicht חירות, eingegraben, sondern חירות, frei. ... Nach R. Jehuda waren sie frei vom Todesengel, nach R. Nachman frei von den Reichen (מן המלכיות) ..."

Wenn der rabb.-pharisäische Jude folglich mit seinem Thoragehorsam das Joch der (universalen) Königsherrschaft auf sich nimmt[289], geht er einen Lebensweg, der von politischen und materiellen Sorgen befreit ist, weil er diese Gottes geschichtsmächtiger Fürsorge übereignet hat. Er erwartet mit Gewißheit die endzeitliche Freiheit Israels von Unterdrückung und Fremdherrschaft, die aber eben nur Gott, und nicht er als Mensch durchsetzen kann (vgl. Mt 6,33). So ist von dem mit den Römern kollaborierenden Jochanan b. Zakkai (T 1) als Reaktion auf das Desaster der Zerstörung Jerusalems im Jahre 70 n. Chr. folgende Einstellung zur Thora überliefert (Ket 66[b])[290]:

---

[282] PESCH, Mk II/2 226, vgl. GOPPELT, Freiheit 209.

[283] Falls der Name dieses Rabbinen (lies statt הקנה lediglich הקנא) „Sohn des Zeloten" meint (vgl. HENGEL, Zeloten 71), wäre seine Lebensregel als kritische Stellungnahme zur zelotischen Haltung seines Vaters zu verstehen.

[284] HENGEL, Zeloten 71, vgl. ROTH, Pharisees 78; BILLERBECK, Kommentar I 609.

[285] Gegen VOLLENWEIDER, Freiheit 161, der nur von einer „innere[-n] *Freiheit von allen Peristasen des Lebens*" spricht.

[286] Stellen bei SCHÄFER, Rivalität 149–52.

[287] Vgl. SCHÄFER, Rivalität 153.

[288] Übersetzung und hebräischer Text nach WÜNSCHE, Bibliotheca Rabbinica V 119 f.

[289] Belege bei BILL. I 176 ff.

[290] Die Übersetzung nach BILL. I 467, vgl. ARN 17 (A); MekhY zu Ex 19,1, dazu NEUSNER, Life 139 f.

„Heil euch, Israeliten! Wenn ihr den Willen Gottes tut, hat kein Volk und kein Stamm Gewalt über euch! Aber wenn ihr nicht den Willen Gottes tut, gibt man (= Gott) euch hin in die Gewalt eines niederen Volkes, und nicht nur in die Hand eines niederen Volkes, sondern auch in die Gewalt der Tiere eines niederen Volkes".

An die Stelle des zelotischen Freiheitsgedankens, der über die nationale Unabhängigkeit Israels der universalen Königsherrschaft Gottes eine Bahn brechen möchte, propagiert der (Alt-)Pharisäer den universalen schöpfungsgemäßen Frieden, in dem auch das nationale Heil Israels beschlossen liegt. So ist von R. Chananja, Vorsteher der Priesterschaft (T 1), ein Ausspruch überliefert, der „nur vor dem Ausbruch des jüdischen Krieges gesprochen sein und als Warnung vor dem Aufstand gegen die Römer verstanden"[291] werden kann. Av III,2a (vgl. ARN B 68 [Saldarini]; AZ 4ᵃ[292]) lautet nämlich:

> „Bete für das Wohl der Regierung; denn wenn es keine Furcht vor ihr gebe, hätten wir schon einander lebendig verschlungen".

Hier findet sich der von Josephus in seinen Schriften unterstützte Leitgedanke (vgl. Bell 5,334.556; 6,128.337), daß eine starke (röm.-)heidnische Regierung das Chaos unter den miteinander verfeindeten Menschen, so auch in Israel abwehren kann. Daß die Chaosabwehr im Dienst der Schöpfung steht, ist dem atl. Schöpfungsglauben inhärent und läßt sich als Grundsatz der (alt-)pharisäischen Friedenspartei gleichfalls durch eine Schriftauslegung von Dtjes 45,7[293] durch R. Chananja belegen. In SifBam 42 heißt es nämlich in seinem Namen[294]:

> „Groß ist der Friede, denn er wiegt das ganze Schöpfungswerk auf."

Zusammenfassung: Neben der unterschiedlichen Bewertung des röm. Zensus – von der zelotischen Gruppierung als die die jüd. Thora als theokratische Verfassung Israels liquidierende Herrschaft des kaiserlichen Roms interpretiert, von der (alt-)pharisäischen Position als legitime Fortsetzung der von Rom garantierten jüd.-theokratischen Freiheit nach Innen aufgenommen – ist es schließlich die unterschiedliche Auffassung über Gottes präsentisches Handeln in der Geschichte, die die jüd. Religionspartei der Pharisäer in zwei Lager spaltet.[295] Die Crux ist, daß beide Gruppen die jüd. Thora auf ihrer Seite haben. Entweder nämlich setzt Gott – und er allein – seine universale Königsherrschaft gegen die heidnischen Völker im Sinne von Israels national-politi-

---

[291] MARTI/BEER im Kommentar z. St.

[292] BILL. III 304.

[293] Gedeutet wird Dtjes 45,7b und dabei wird רע = „das Böse" im Sinne von aramäisch: „unten, niedrig" (vgl. LEVY, Wörterbuch s. v.) = „Erde", verstanden.

[294] Übersetzung nach KUHN, Sifre Numeri 136.

[295] Vgl. LOHMEYER, Mk 254 (auch BAUMBACH, Jesus 23): „In ihr (sc. der Zensusfrage) geht es um das Recht einer Fremdherrschaft über Gottes auserwähltes Volk, oder auch um das Verhältnis Gottes zu der Geschichte Seines Volkes".

scher Freiheit zukünftig unter der Kondition durch, daß alle Juden gesetzes-kasuistischen Gehorsam gegenüber dem geoffenbarten göttlichen Willen in der Thora üben,[296] so die passiv leidende, aber aktiv hoffende (alt-)pharisäische Richtung. Oder der Akzent liegt auf dem aktiven Eintreten – Eifern – für die göttliche Thora im konsequenten Gehorsam der apodiktischen Forderung des Ersten Gebotes gegenüber, jeglichen Götzendienst in Israel zu vermeiden (vgl. Ex 20,5; Dtn 5,9; Vorbild: „Pinchas" Num 25,7 ff.[297]), und darum allein aus „Religionsnot"[298] (!) gegen die das Fundament Israels, die jüd. Thora, be-drohende widergöttliche Weltmacht Rom vorzugehen, so die zelotische Rich-tung: „In der Gehorsamsverweigerung gegenüber dem Kaiser bestand dann die Umkehr zum wahren Gotteswillen, sie bildete die Voraussetzung zu Got-tes helfendem Eingreifen, zum Anbruch der messianischen Heilszeit"[299]. Ent-scheidend ist in diesem *pharisäischen Konflikt* also die Frage, ob angesichts der Auflage des röm. Provinzialzensus das Erste Gebot zum harrenden Glau-ben an die Geschichtsmächtigkeit Gottes oder der Glaube Israels zur aktiven Mitwirkung an dem endzeitlichen Hereinbrechen des Gottesreiches führt.

2.2.4 Die Doppelantwort Jesu im Horizont frühjüdischer Theologie (Mk 12,15c–17)

Nachdem der rezeptionskritische Ansatz auf den im Pharisäismus bestehenden theologischen Streit um die Thorakonformität des röm. Zensus aufmerksam gemacht hat,[300] gilt es jetzt, die von der Formkritik[301] angestellten Beobach-tungen, daß das Aussageziel der vormarkinischen Perikope *Vom Zinsgroschen* (Mk 12,14–17*) in der *Doppelantwort* von V. 16c.17b liegt, interpretativ zu erarbeiten. Vorausgesetzt werden die Ergebnisse der sozialgeschichtlichen Untersuchung, die u. a. einerseits die Eignung der Kaiserdenar-Münze als Propagandapamphlet des röm. Staates im Dienste seiner totalitären Kaiser-staatsideologie festgestellt[302] und andererseits den fiskalischen Zusammen-hang von Zensuszahlung und röm. Denar in Frage gestellt hat.[303] Es geht also

---

[296] Vgl. Schab 118[b], R. Simeon b. Jochai (T 3): „Wenn die Israeliten nur zwei Sabbate vorschriftsmäßig hielten, würden sie sofort erlöst werden" (BILL. I 600).

[297] Nach Bell 4,153 ff. führte die priesterliche Richtung der Zeloten in Jerusalem eine Neu-ordnung des Hohepriesteramtes durch, indem sie per Losverfahren aus der Hohenpriester-sippe Eniachin = Jakim (vgl. 1 Chr 24,12) einen gewissen Pinehas, Sohn des Samuel, aus dem Dorf Aphtia, wählten (vgl. JEREMIAS, Jerusalem 216 f.; SCHWIER, Tempel 139–42). Nomen est omen.

[298] HENGEL, Zeloten 155 u. ö., vgl. ebd. 70.154 ff.175 ff.

[299] HENGEL, Zeloten 131, vgl. BAUMBACH, Zeloten Sp. 737 f.

[300] S. o. den Abschnitt 2.2.3 dieser Untersuchung.

[301] S. o. den Abschnitt 2.2.1 dieser Untersuchung.

[302] S. o. den Abschnitt 2.2.2.2 dieser Untersuchung.

[303] S. o. den Abschnitt 2.2.2.3 dieser Untersuchung.

erstens darum, nach dem Grund der Verbalisierung des ikonographischen Eindruckes des röm. *Kaiserdenars* zu fragen (V. 15cf.) sowie die Zusammenstellung von Verbalisierung (V. 16c) und Gnome (V. 17b) zu begründen, um dann
zweitens den besonderen Akzent der durch diese Hinführung herausgestellten
Aussage von V. 17b[304] im Kontext der staatsethischen Diskussion frühjüdischer Theologie herauszuarbeiten[305].

2.2.4.1 Jüdisches Bilderverbot und römischer Kaiserkult

Gemäß der rezeptionskritischen Perspektive, daß jeder Text immer schon auf
einen bestimmten Rezipienten entworfen ist,[306] soll an dieser Stelle gefragt
werden, welchen Verständnishorizont der vormarkinische Text mit der visuellen Demonstration des röm. *Kaiserdenars* ansprechen will.[307] Da es sich um
ein Thora-Auslegungsproblem handelt, muß an einen judenchristlichen Adressaten gedacht werden.

Eine erste – vorschnelle – Kombination von Mk 12,14g mit V. 15 f. nämlich
derart, daß es sich bei der Erhebung der röm. Kopfsteuer ja um geldliche Abgaben handelt, und insofern die röm. Münze des *Kaiserdenars* den umfassenden röm. Herrschaftsanspruch über den Geltungsbereich der röm. Währung
augenfällig demonstrieren soll,[308] übersieht, welche theologische Konnotati-
on die Aussage[309]: „Das Bild (ἡ εἰκών) und die Aufschrift des Denars präsen-
tieren den Kaiser" (vgl. V. 16bc), für einen judenchristlichen Rezipienten haben muß.[310] Für ihn stellt sich beim Stichwort (Kaiser-)*Bild* eine gedankliche

---

[304] S. u. den Abschnitt 2.2.4.2 dieser Untersuchung.

[305] S. u. den Abschnitt 2.2.4.3 dieser Untersuchung.

[306] Vgl. BERGER, Exegese 94.

[307] Aufgrund des von der Perikope eindeutig herausgestellten Aktes der Betrachtung des
röm. Denars (Mk 12,15c: ἵνα ἴδω), ist es abwegig (mit HART, Coin 242; GUNDRY, Mk 698,
gegen BÜNKER, ‚Kaiser' 167, vgl. LOHMEYER, Mk 253, Anm. 1), Jesus mit der theologisch
motivierten Haltung eines rigoristischen Bilderverbotes in Verbindung zu bringen, wie es
z. B. bei Hippolyts verzeichnender Darstellung der Zeloten bzw. Sikarier erscheint (Refutatio
9,26,1 f. [3. Jh. n. Chr.]): „Die einen übertrieben die Vorschriften in dem Maße, daß sie nicht
einmal eine Münze anrühren mit der Begründung, man dürfe ein Bild weder tragen noch ansehen noch verfertigen" (Übersetzung PREYSING, Widerlegung 260). Dasselbe gilt für den
Hinweis (vgl. STAUFFER, Botschaft 103; HENGEL, Zeloten 200) auf yMeg 1,72ᵇ.51 (= Meg
3,74ᵃ,35; ySan 10,29ᶜ,39): „Warum wurde Nachum (b. Simai) der ‚hochheilige Mann' genannt? Weil er sein lebenlang kein Bild einer Münze angeblickt hatte" (BILL. II 692, vgl. Pes
104ᵃ,17 [= AZ 50ᵃ,24]; yAZ 43ᶜ,1; KohR 9,10 § 2; TSchab 17,1; anders MQ 25ᵇ).

[308] Vgl. WETTSTEIN, Novum Testamentum I 474; BILLERBECK, Kommentar I 884;
STAUFFER, Botschaft 104; KLOSTERMANN, Mk 124 f.; LOHMEYER, Mk 252; ZSIFKOVITS,
Staatsgedanke 47; TAYLOR, Mk 480; SCHRAGE, Christen 34; SCHMITHALS, Mk 2/2 528;
STENGER, ‚Gebt' 134, dazu kritisch DERRETT, Law 321.321, Anm. 2 f. Vom Text eindeutig
abzulehnen ist die Annahme, daß Jesus nach der Betrachtung der Münze diese dreht und
deren Revers bespricht, so LOEWE, Render 103 ff.

[309] Vgl. STAUFFER, Botschaft 100: „Er (sc. Jesus) legt Wert darauf, daß sie (sc. die Pharisäer) es aussprechen".

[310] Vgl. SCHRAGE, Christen 34.

Verbindung zum atl. Bilderverbot[311] ein.[312] Die Frage stellt sich, welche besondere Bedeutung das atl. Bilderverbot für einen *Juden*christen zu ntl. Zeit hat?

Dabei ist festzustellen, daß es entgegen anderslautenden antiken christlichen[313] und jüd.[314] Quellen zu ntl. Zeit keineswegs ein dogmatisches Verbot im Frühjudentum gab, das die Anfertigung und/oder Aufstellung jedweden Kunstbildes, sei es von beseelter oder unbeseelter Natur, durch einen Juden untersagte.[315] Diese rigoristische Interpretation des atl. Bilderverbotes ist bereits in der jüd. Tradition selbst, dem AT, nicht vorhanden[316] und widerspräche dem Vorhandensein einer antiken jüd. Bildkunst, wie sie durch archäologische Befunde[317] und literarische Belege[318] eindeutig erwiesen ist.

Man muß deshalb bei der Einordnung dieser anscheinend widersprüchlichen Tatbestände beachten,[319] daß die primäre Intention des atl.-jüd. Bilderverbotes

---

[311] Vgl. εἰκών in Dtn 4,16; 2 Chr 33,7; Weish 14,12–21; Hos 13,2; Ez 7,20 sowie die Auseinandersetzung in Dan 2,31 ff.; 3,1 ff.

[312] Der zur Illustrierung des Imperativs von „Gebt Gott, was Gottes ist" (Mk 12,17bβ) herangezogene anthropologische Text von Gen 1,27 LXX, daß der Mensch κατ᾽ εἰκόνα Θεοῦ geschaffen sei und er sich analog wie der Kaiserdenar, der dem Kaiser gehört, als Bild Gottes sich Gott selbst schuldet (vgl. BORNKAMM, Jesus 108; LOHMEYER, Mk 253; GRUND-MANN, Mk 327; SCHRAGE, Christen 39; GIBLIN, ‚Things' 510 ff.; LANE, Mk 425; PESCH, Mk II/2 227; ANDERSON, Mk 275; WENGST, Pax 79), beruht 1. auf dem oben abgelehnten, von der Perikope nicht geteilten Gedanken, daß alle Kaiserdenare dem Kaiser als Steuer zurückzufließen haben, und stellt 2. eine rezeptionskritisch nicht zu verifizierende Scheinlösung dar (ähnlich TANNEHILL, Sword 199, Anm. 125; GUNDRY, Mk 700).

[313] Vgl. z. B. Orig., Celsum 4,31 f.; Clem. Alex., Stromata 5,5.

[314] Vgl. z. B. Philo Gig 59; Decal 66 f.; Bell 2,195; Jos Ant 3,91; 15,276. Bei dem jüd.-hell. Religionsphilosophen Philo scheint ein Echo auf Platos Konzeption eines Idealstaates vorzuliegen, während bei dem jüd. Tendenzschriftsteller im röm. Auftrag, Josephus Flavius, sich deutlich apologetische Interessen zeigen, wenn er z. B. aufständische, gegen die Herrschaft von Roms Klientelfürsten gerichtete Aktionen – 4 n. Chr. gegen den herodianischen Tempeladler (Bell 1,648 ff./Ant 17,149 ff., dazu OTTO, Herodes Sp. 112 f., der im Herodesadler Züge der von den Seleukiden übernommenen röm. Kaiserapotheose sehen will), 66 n. Chr. gegen den mit Tierbildern geschmückten Palast von Herodes Antipas in Tiberias (Vita 65 ff.) – mit einer allgemein-jüd. *absoluten* Bilderfeindlichkeit religiös zu motivieren und damit politisch zu entkräften sucht, dazu BLAU, Archaeology 177 f.; MEYER, Figurendarstellung 4; GUTMANN, ‚Commandment' 169 ff.; SCHUBERT, Entstehung 5; MAIER, Art. Bilder 521 f., vgl. ROTH, Ordinance 172 ff.; HORSLEY, Jesus 76.

[315] Gegen FREY, Question 265 ff.; GOODENOUGH, Symbols 4 S. 11 f.; RIST, Caesar 319–24. Vgl. noch die undifferenziert argumentierende ‚ältere' frühjüdische Forschung: SCHÜRER, Geschichte II 65; BILLERBECK, Kommentar IV/1 386.

[316] Vgl. Ex 31,3 ff.; 1 Kön 6,23; 7,13 ff.25, dazu GUTMANN, ‚Commandment' 164–6; KONIKOFF, Commandment 19 ff.bes.26 f.33 f.; DOHMEN, Bilderverbot 277; PRIGENT, L'image 1 ff.

[317] S. SCHUBERT, Entstehung 1; KLEINKNECHT, Art. εἰκών 382 f.; KÜMMEL, Kunst 126 ff.; MEYER, Figurendarstellung 25 ff.; KONIKOFF, Commandment 37 ff.bes.57.65 ff.; SCHRAGE, Art. συναγωγή 819 f.; PRIGENT, L'image 36 ff.

[318] Vgl. SCHLATTER, Theologie 180 f.; GUTMANN, ‚Commandment' 171 f.; SCHUBERT, Problem 4 f.; MAIER, Art. Bilder 522.

[319] Die Aufteilung der jüd. Gesellschaft in einerseits eine theologisch liberale Oberschicht, die angeblich gesetzeswidrig bilderfreundlich lebt, und andererseits eine opposi-

nicht kunstfeindlich, sondern *kultisch* ist: Für das jüd. AT ist das Bilderverbot der Spezialfall des Fremdgötterverbotes einer intoleranten Jahwe-Monolatrie.[320] Da im kultischen Bilderverbot die konkrete Seite der abstrakten Forderung nach ausschließlicher Jahweverehrung zutage tritt,[321] hat sich der jüd. Glaube konsequent gegen jegliche *Bilderverehrung* – nicht der Verwendung von Bildern generell[322] – im Tempelkult und Synagogengottesdienst zur Wehr gesetzt (vgl. Tac., hist. V,5 [1. Jh. n. Chr.]). Um seine kultische Identität, die Verteidigung der Einzigartigkeit Jahwes zu wahren, hat das Judentum mit dem Bilderverbot erfolgreich alle Versuche des röm. Kaiserkultes unterbunden, Kaiserbilder oder -statuen im Tempel[323] oder in der Synagoge[324] aufzustellen.[325] Das Götzenbild im Kult- und Versammlungsraum induzierte den Status confessionis (vgl. judenchristlich Apk 13,14 f.).

---

tionelle superfromme Unterschicht, die eine rigoristische Interpretation des Bilderverbotes vertritt, scheint ein soziologisches Vorurteil über die Normenwirksamkeit in der modernen Gesellschaft zu sein (vgl. z. B. SCHWIER, Tempel 113; THEISSEN, Schatten 17), klammert aber den historischen Zusammenhang mit den theologischen Richtungen im Frühjudentum aus.

[320] Vgl. DOHMEN, Bilderverbot 275 f. Zur Entwicklungsgeschichte des atl. Bilderverbotes vgl. ebd. 236 ff.

[321] Vgl. DOHMEN, Bilderverbot 277.

[322] Vgl. die bildnerische Ausgestaltung der Synagogen (Lit. s. Anm. 317) sowie die Jerusalemer Tempelwährung, der tyrische Schekel, der auf dem Avers den heidnischen Gott Melkart, den Stadtgott von Tyros, in Gestalt des Zeus-Sohnes Herkules zeigt und auf dem Revers den ptolemäischen Adler darstellt, der als Vogel des Zeus galt (dazu Ben-David, Jerusalem 5 f. 50).

[323] Vgl. Jos Bell 2,195 ff./Ant 18,261 ff.; Ap 2,73 ff.; Philo LegGai 188.265.346.

[324] Vgl. Jos Ant 19,300–11; Philo Flacc 41 f.; LegGai 134 f.346.

[325] In diese vom religiösen Ausschließlichkeitsgedanken der Jahwereligion motivierte Ablehnung des röm. Kaiserbildes gehört auch der erfolgreiche jüd. Widerstand gegen das Zeigen von röm. Feldzeichen in Jerusalem (Jos Bell 2,169 ff./Ant 18,55 ff.; Philo LegGai 299 ff. [zur Identität des von Jos und Philo verschieden beschriebenen Ereignisses vgl. SCHWARZ, Josephus 26 ff., McLAREN, Power 82 f., Anm. 1, anders SMALLWOOD, Philonis 302; MAIER, Episode 113; HOEHNER, Herod 177; FUKS, Episode 504 f.], vgl. Meg Taan 20, dazu LICHTENSTEIN, Fastenrolle 299 f.; BEYER, Texte 357) unter dem röm. Präfekten Pontius Pilatus (26–36 n. Chr., nach HOEHNER, Herod 173, spielte sich der Vorfall im ersten Winter der Präfektur von Pilatus ab, nach SCHWARZ, Josephus 32 „Josephus did not have an accurate picture of the order of events during that emperor's reign [sc. Tiberius]"), nach Ant 18,121 ff. auch unter Vitellius ca. 38 n. Chr. (dazu SCHWIER, Tempel 111–7). Da an den sog. *signa* einer röm. Legion oder Cohorte „unmittelbar am Schaft Phalerae mit dem Bildnis eines Kaisers oder einer Gottheit angebracht" waren (SESTON, Art. Feldzeichen Sp. 694, Näheres bei DOMASZWESKI, Fahnen 69 ff.; ZWIKKER, Bemerkungen 7 ff.), die im röm. Heer in der „religio signorum" (SESTON, aaO. 701) als *numina* (vgl. Jos Bell 3,123; 6,316) verehrt wurden (vgl. 1QpHab 6,3 f.; Tert., apologeticum 16, dazu RICHMOND, Army 185 f.), stellte die Überführung dieser Feldzeichen in das Praetorium von Jerusalem, der Burg Antonia auf dem Zionsberg, einen religiösen Affront dar, da sie auf jüd. Seite als Kaiserverehrung (dazu SCHWIER, Tempel 96.96, Anm. 40) verstanden werden mußte: „It gave occasion to the performance in the fortress of acts of religious devotion in which the image of the Emperor was involved and thereby not only jeopardized the sanctity of the official vestments but also threatened the supremacy of Yahweh on his holy hill" (KRAELING, Standards 280, vgl.

Wichtig ist nun im Zusammenhang von Mk 12,16 zu sehen, daß rabb. Gelehrte der tannaitischen Zeit bei heidnischen Bildwerken zwischen *profanen*, z. B. der Dekoration dienenden Ikonen (vgl. AZ III,4, R. Gamaliel II. [T 2][326]), und Statuen, die *kultischer* Verehrung unterliegen, unterschieden haben (AZ III,1, R. Meir [T 3][327]). Der pragmatische Grundsatz, daß nur diejenigen Bildwerke verboten sind, die (mindestens einmal im Jahr) angebetet werden (AZ III,1, vgl. III,4), verbietet den Kontakt mit Plastiken von Menschen, die auf Straßen und Plätzen stehen, weil sie im Verdacht der Ikonolatrie stehen (TAZ V,2, R. Eleazar b. Tsadoq [T 2][328], vgl. Weish 14,12–21; Jos Ant 15,272 ff.). Diese Regel läßt aber den *Umgang* mit dem profanen Bildnis von Menschen zu (vgl. Jos Ant 15,25–27), wie ja auch Mk 12,16a berichtet, wenn hier in selbstverständlicher Weise von dem Herbeischaffen und *Betrachten* des röm. *Kaiserdenars* erzählt wird.[329]

Die Verbalisierung des ikonographischen Eindruckes vom *Kaiserdenar* will also den Rezipienten der vormarkinischen Perikope *Vom Zinsgroschen* in besonderer Weise auf das atl.-jüd. Kultbilderverbot ansprechen. In den Vordergrund wird die religiöse Attitüde von Roms kaiserlicher Herrschaft gestellt: das Bild des *Kaiserdenars* und selbstverständlich auch die Münzlegende[330] repräsentieren neben dem politischen eindeutig den *religiösen*, gegen den Alleinvertretungsanspruch der Jahwereligion (Erstes Gebot) gerichteten Totalitätsanspruch des röm. Kaisers.[331] Insofern aber in jüd. Tradition das Bilderverbot (Zweites Gebot) praktische Explikation des Ersten Gebotes ist, bereitet die *Kaiserdenarszene* mit der Aussage von Mk 12,16c den religiösen Antagonismus von καίσαρ und Θεός in der Schlußaussage V. 17b vor. Der sachliche Zusammenhang von Erstem und Zweitem Gebot in der jüd. Überlieferung besitzt Leitfunktion für die zweiteilige *Doppelantwort* von V. 15c–17. Erst die Herausarbeitung der religiösen, gegen Jahwes Alleinvertretungsanspruch gerichteten, im Zensus demonstrierten Komponente röm.-kaiserlicher Macht durch ein allgegenwärtiges röm.-kaiserliches Bild-

---

HORSLEY, Jesus 103). Gegen die durch solcherart röm. Kaiserkult auf dem Zionsberg induzierte Bestreitung der einzigartigen Göttlichkeit Jahwes, dem Tempelgott des Zions, mußten sich die Juden zur Wehr setzen (vgl. FUKS, Episode 507, anders BRANDON, Jesus 74; MAIER, Episode 114.117 f.).

[326] BILL. IV,1 385, dazu die Übersetzung von SCHUBERT, Entstehung 6: „Es heißt nun ‚ihre Götter‘, das Verbot gilt nur bezüglich dessen, dem gegenüber man sich wie vor einem Gott benimmt, wovor man sich aber nicht wie vor einem Gott benimmt, das ist erlaubt".

[327] BILL. IV,1 392.

[328] BILL. IV,1 391, dazu MEYER, Figurendarstellung 13.

[329] Vgl. MAIER, Art. Bilder 522; „Mk 12,16 [ohne negative Reaktion auf das kaiserliche Münzbild]", auch GOODENOUGH, Art 275; ROTH, Ordinance 170 (gegen RIST, Caesar 324). S. auch die Münzen, die der Jude Herodes Agrippa I. (37–44 n. Chr.) mit seinem eigenen und dem Bild des röm. Kaisers prägen ließ, dazu MESHORER, Coins 79.

[330] Vgl. SCHRAGE, Christen 34; HAACKER, Kaisertribut 290 f.

[331] Vgl. BÖTTGER, König 79.

dokument wie dem *Kaiserdenar* bringt die ganze Tiefe des Problems, wie auch die Spitze der Antwort zum Zensusproblem auf den Punkt einer religiösen Alternative.

2.2.4.2 Die Hierarchie in der doppelten Loyalität

Höhepunkt und letztes Ziel der vormarkinischen Perikope *Vom Zinsgroschen* (Mk 12,14–17*) „ist das bekannte, so problematisch unproblematische Logion"[332] : „Gebt dem Kaiser, was des Kaisers ist, und Gott, was Gottes ist" (V. 17b). Es handelt sich bei dem doppelt elliptischen[333] Logion um eine zweifache Aufforderung (Imp. Aor.: ἀποδότε), die durch die koordinierende Konjunktion καί mit kopulativem Sinn den Charakter eines synthetischen Parallelismus annimmt.[334] Das Verständnis der Terminologie der Sentenz und die Klärung der Aussagerelation von Vorder- zu Nachsatz bereitet der Exegese große Schwierigkeiten.[335] Da die Begrifflichkeit von V. 17b zu V. 14 fg differiert (ἀποδίδωμι statt δίδωμι), das Thema des Gottesgehorsams (V. 17bβ) im bisherigen Text sprachlich nicht vorbereitet wird und anders als in Mt 22,21; Lk 20,25 keine Folgerungspartikel Mk 12,17b in den unmittelbaren Kontext, den ersten Teil der Doppelantwort (V. 15cf.), einbindet, ist man gezwungen, den besonderen Skopus des Doppelimperativs auf zweierlei Weise herauszuarbeiten: Erstens als textunabhängig überliefertes Einzellogion und sodann zweitens als (vorläufigen) Abschluß des vormarkinischen Textgewebes.[336]

Ad 1: Zunächst sind die zur Terminologie und Redeform des Einzellogions verwandten Aussagen zu prüfen. Zu Mk 12,17bα liegt eine Sachparallele bei Plutarch (mor. 736C = Quaest. conv. 9 prol. [1. Jh. n. Chr.])[337] vor.[338] Sie besagt:

---

[332] SCHRAGE, Christen 35.

[333] Einmal bezieht sich der Imp. von ἀποδίδωμι auch auf den Nachsatz (Ellipse ἀπὸ κοινοῦ, vgl. BLASS/DEBRUNNER, Grammatik § 479.1), zum anderen erscheint zweimal ein durch den Artikel (Neutr. Plur.) substantivierter verkürzter genitivus pertinentiae (τὰ καίσαρος; τὰ τοῦ Θεοῦ).

[334] Vgl. STAUFFER, Christus 144: „Beide Satzglieder sind durch parallelisierendes ‚und' verbunden und zeigen im ganzen Aufbau eine betonte Gleichförmigkeit … Dieser morphologische Gleichlauf fordert für beide Satzhälften eine streng parallele Interpretation".

[335] Eine Übersicht über die z.T. widersprüchliche Varianzbreite des Logions bieten PETZKE, Jesus 225–7; KLEMM, Censu 245f.; DERRETT, Law 319, Anm. 2. Resignierend STAUFFER, Gott 6 (vgl. 17), der es für ein Rätselwort hält.

[336] Vgl. SCHRAGE, Christen 35.

[337] Hinweis von WEISS, ‚Vollmacht' 216f. ALMQUIST, Plutarch 43, vermutet, daß die „Redeform … wohl auf allen Sprachgebieten verbreitet sein" wird, s. im NT Mt 8,33; Mk 8,33 parr.; Röm 2,14; 8,5; 14,19; 1 Kor 2,11.14; 7,32–34; 13,5.11; 2 Kor 11,30; 12,14; Phil 2,4.21; 2 Petr 2,22.

[338] Der gnomische Beleg bei Sextus 20 (3. Jh. n. Chr.) liegt in einer christlich bearbeiteten, ursprünglich wahrscheinlich pythagoreiischen Spruchsammlung vor, vgl. KROLL, Einleitung 625ff.

ἔδει γὰρ πάντα ταῖς Μούσαις ἀποδοῦναι τὰ τῶν Μουσῶν
καὶ μηδὲν ἀφελεῖν …

Übersetzung:

„Denn es muß alles, was die Musen betrifft, bei (der Besprechung von) den Musen
dargelegt werden,
und nichts darf unterschlagen werden …"

Plutarch spricht hier von einem Sachzwang (ἔδει): die Angelegenheit, nämlich die schriftstellerische Darstellung der Musen (Objekts-Dativ: ταῖς
Μούσαις) im Diskurs des Symposions erzwingt mit Notwendigkeit Vollständigkeit (genitivus pertinentiae: τὰ τῶν Μουσῶν), so daß bisher geltende Regeln des literarischen Gespräches (nur zehn erläuterte Fragen pro Thema) außer Kraft gesetzt werden müssen. Der Gebrauch von ἀποδίδωμι meint dabei
„umfassend die Verpflichtung zum Geben im Sinne einer Gegengabe".[339] Löst
man sich für das Verständnis von Mk 12,17ba von der semantischen Frage, ob
ἀποδίδωμι durch die Präposition ἀπό- von der bloßen Bedeutung „geben" zu
„zurückgeben, zurückerstatten"[340] oder nur zu „erstatten, leisten"[341] bzw. „bezahlen"[342] präzisiert wird, so wird der kontextuelle Sprachgebrauch wichtig,
daß ἀποδίδωμι bei „öffentlichen Leistungen"[343], seien sie geldlicher[344] oder
ideeller[345] Art, geläufig ist (vgl. Röm 13,7).

Zu Mk 12,17bβ existiert als Parallele ein Ausspruch von R. Eleazar b.
Jehuda aus Bartota (T 2), der da lautet (Av III,7a[346]):

„Gib' Ihm[347] von dem Seinigen (תֶּן לוֹ מִשֶּׁלּוֹ),
denn du und das Deinige (gehören) Ihm (שֶׁאַתָּה וְשֶׁלָּךְ[348]שֶׁלּוֹ).
Und so sagt sie (= die Schrift[349]) bei David: ,Denn von Dir (kommt)
alles und aus Deiner Hand haben wir (es) Dir gegeben' (1 Chron 29,14)".

Überraschenderweise findet sich hier die vollständige Aufforderung von Mk
12,17bβ auf Hebräisch in noch weiter verkürzter Form, bestehend aus dem
Imperativ von (ἀπο-)δίδωμι (= תֵּן),[350] dem Objekts-Dativ τῷ Θεῷ (= לוֹ) so-

---

[339] WEISS, ,Lehre' 216, Anm. 58, vgl. GIBLIN, ,Things' 521.

[340] So STAUFFER, Botschaft 105; ders., Christus 141.

[341] So STROBEL, Verständnis 87.87, Anm. 112.

[342] SEVENSTER, Keizer 29: „…,betalen dat wat iemand binnen het kader van een overeen-
komst toekomt'".

[343] STROBEL, Verständnis 87, Anm. 112. Belege bei ebd. 84, Anm. 97.87 f., Anm. 112 f.,
vgl. SEVENSTER, Keizer 28 f.

[344] Z. B. Steuern vgl. Philo Op 85; Jos Ant 8,146; 9,275; 12,159 u. ö.

[345] Z. B. τίμη, vgl. Jos Bell 7,11.

[346] Deutsche Übersetzung und hebräischer Text bei MARTI/BEER, Abot z. St.

[347] Gemeint ist Gott, s. das anschließende Schriftzitat.

[348] Vgl. Av II,10b.12a.

[349] Vgl. den Kommentar von MARTI/BEER.

[350] Von ca. 2 100 Belegen übersetzt die LXX נתן 23x mit ἀποδίδωμι, vgl. DOS SANTOS,
Index 138.

wie dem verkürzenden Genitiv-Ausdruck zur Anzeige des Besitzes: τὰ τοῦ
Θεοῦ (= מִשֶּׁלוֹ[351]). Auf die ethische Aufforderung zur Liebestätigkeit[352] folgt
eine schöpfungstheologische Begründung (Konjunktion שׁ) mit abschließen-
dem Schriftbeweis. Besteht die Pointe des Rabbinenausspruchs darin, daß
mitmenschliche Wohltätigkeit Dienst an Gottes Schöpfung, daß also „Menschendienst ... Gottesdienst" ist[353], so ist für Mk 12,17bβ ein schöpfungstheo-
logischer Begründungszusammenhang anzunehmen[354]: Da jeder Mensch sowie jeder menschliche Besitz sich Gottes Schöpfung verdankt, besteht die
menschliche Existenz im *Weitergeben* von Gottes Schöpfungsgaben an andere
Menschen, gleichfalls wie er selbst (empfangende) Geschöpfe Gottes.

Beiden Imperativen von Mk 12,17b ist nun gemeinsam, daß sie aus einem
Herrschaftsverhältnis heraus artikuliert werden. Wie der Redeform 1 Kor
7,32–34[355] zu entnehmen ist, korrespondiert der Nennung des Kaisers im ersten Imperativ ein Herrschaftsverhältnis von Herrscher und Untertan. Aus der
Perspektive des Untertans ist der Kaiser (Objekts-Dativ: καίσαρι) der Bezugs-
punkt seiner Untertanenexistenz (τὰ καίσαρος): diesem Herrschaftsverhältnis
entspricht ein bestimmtes Verhalten, das des Gehorsams (vgl. Mk 8,33).[356]

Die Abhängigkeitsbedingungen, denen der Untertan in seinem Verhältnis
zum Kaiser als seinem Herrscher unterliegt (Mk 12,17bα), sind, so lautet nun
die Aussage des durch Brachylogie des Verbums eng an den Vorsatz angeschlossenen zweiten Imperativs, strukturell dieselben wie im Gottesverhältnis
(V. 17bβ). Dem Herrn der Schöpfung, Gott, untersteht sein Geschöpf: der
Mensch. Rufen die Imperative von V. 17b zur Realisierung dieser beiden Ge-

---

[351] מִשֶּׁלוֹ ist zusammengesetzt aus der assimilierten Präposition מִן, dem Relativpronomen
שׁ (vgl. אֲשֶׁר) und der Präposition ל mit angeschlossenem Personalsuffix der 3. Pers. Sing.
Mask. Dieser Ausdruck, ein an die Präposition מִן angefügter Relativsatz mit einem unselb-
ständigen Nominalsatz, dient „hauptsächlich zur Angabe des Besitzers" (KAUTZSCH, Grammatik § 129h), wobei die Präposition ל zur „Umschreibung des *Genet.[ivus] possesoris*"
(ebd. § 119r) gebraucht wird. Im atl. Hebräisch erscheint diese Umschreibung für den Genitiv nur in Zusammensetzungen (vgl. Cant 1,6).
[352] Unter der Maßgabe, daß die Überlieferung Taan 24ᵃ (BILL. II 386) mit R. Eleazar b.
Jehuda aus Bartota zu identifizieren ist (so BACHER, Agada I 441, Anm. 3), entsprach dem
oben genannten „Wahlspruche" (ebd. 441) der Rabbinen eine unbegrenzte Wohltätigkeit:
Wenn Spendensammler ihn sahen, versteckten sie sich, weil er ihnen schlichtweg alles, was
er bei sich hatte, zu geben pflegte.
[353] MARTI/BEER im Kommentar z. St.
[354] Gegen STAUFFER, Botschaft 109.
[355] Paulus führt an dieser Stelle aus, daß aus der Perspektive des asketisch lebenden „Un-
verheirateten" sein Lebensmittelpunkt (τὰ τοῦ κυρίου) der „Herr" (τῷ κυρίῳ), aus der
Sicht des unasketisch lebenden „Verheirateten" die Mitte seines Lebenszentrums (τὰ τοῦ
κόσμου) seine „Frau" (τῇ γυναικί) ist usw.
[356] Zur Kritik an der einseitigen Interpretation des Syntagmas τὰ καίσαρος im Sinne des
Besitzes vgl. GIBLIN, ‚Things' 521: „The connotation is that of a corresponding action ...;
the scope of the expression obviously does not stop with the material item itself"; BÜNKER,
‚Kaiser' 171: es handele sich „um ein bestimmtes Verhalten, eine qualifizierte Praxis der
betroffenen Menschen".

horsamspflichten auf, so klärt das καί zwischen beiden Imperativen das bestehende Nebeneinander zweier Herrschaftsrelationen: der Mensch steht in einer *doppelten Loyalität*,[357] einmal als Untertan zum weltlichen Herrscher, dann als Geschöpf zu seinem Schöpfer. Da der zweite Imperativ die universalste, weil schöpfungstheologische Bestimmung aller menschlichen Relationalität beinhaltet, ist theoretisch der erste Imperativ, die Realisierung des Kaisergehorsams, in ihm enthalten[358]: auch der (menschliche) Dienst für den Kaiser ist Gottesdienst für den Schöpfer. Wird der Mensch jedoch expressis verbis zum Kaisergehorsam aufgefordert, so steht im Hintergrund ein möglicher Konflikt beider Loyalitäten.

Ad 2: Tritt man nun, im Sinne der Rezeptionsstrategie des Autors der vormarkinischen Zinsgroschen-Perikope, ausgehend vom bisherigen Text[359], dem ersten Teil der *Doppelantwort* (Mk 12,16bc), an das Jesus-Logion V. 17b heran, so hat die bisher in der Waage liegende Aussage des Einzellogions von V. 17b einen entscheidenden Schwerpunkt erhalten. Der Kaiser gilt beim Hörer bzw. Leser durch das von ihm autorisierte Dokument des Kaiserdenars als göttlicher, nämlich Jahwes Macht und Verehrung beanspruchender Antipode, ein aus judenchristlich-pharisäischer Sicht des Zweiten Gebotes blasphemischer Anspruch.[360] Aus dem abgestimmten Nebeneinander zweier Loyalitäten, zum röm. Kaiser und zu Gott dem Schöpfer, ist durch die numismatische Anspielung auf das atl.-jüd. Kultbilderverbot ein *Gegeneinander* von καίσαρ und Θεός geworden[361]: Der eifernde Gott duldet keine anderen Götter neben sich (vgl. Ex 20,3–6; Dtn 5,7–10). Es entsteht „zwischen den beiden auf Cäsar und auf Gott bezogenen Forderungen ein Gefälle"[362]. Der ganze Aussageschwerpunkt liegt jetzt auf dem Achterteil des inhaltlich überschießenden Themas von der *Gottesloyalität* (Mk 12,17bβ), ohne daß die erste Hälfte, die Loyalität zum Kaiser, von der zweiten völlig aufgezehrt wird.[363] Das καί nähert sich dem Verständnis eines καί-adversativums an.[364] Es bestehen zwei verschiedene Herrschaftsverhältnisse für den Judenchristen, gewiß, aber der Bereich der Gottesbeziehung ist dem Bereich der weltlich-herrschaftlichen Beziehung immer hierarchisch vorgeordnet[365] (vgl. Mt 6,24; Act 5,29). So

---

[357] Mit TANNEHILL, Sword 174, gegen LOHMEYER, Mk 254.

[358] Vgl. SCHRAGE, Christen 39, Anm. 77: „Indirekt ist freilich die 2. Hälfte des Logions nicht nur eine Begrenzung, sondern auch eine Begründung der 1. Hälfte".

[359] Vgl. KLEMM, Censu 244: „Der imperativische Parallelismus ... reproduziert *in nuce* die ganze bisherige szenische Entwicklung".

[360] Vgl. SCHRAGE, Christen 34.

[361] Vgl. KENNARD, Render 116.

[362] KLEMM, Censu 245.

[363] Vgl. BORNKAMM, Jesus 108; TANNEHILL, Sword 174; KLEMM, Censu 245.

[364] Mit HENGEL, Macht 20; ders., Jesus 24; WENGST, Pax 205, Anm. 30, gegen GUNDRY, Mk 699.

[365] Vgl. SCHRAGE, Christen 37: „Der Gehorsam gegenüber Gott ist allem anderen vor- und übergeordnet. Er bestimmt und begrenzt das, was des Kaisers ist". KLEMM, Censu 244:

geht es in der Doppelantwort durchaus noch um den Zensus – die Steuerzahlung wird zur Erfüllung der Untertanenpflicht „als geboten deklariert"[366] (vgl. Röm 13,7) –, aber auch schon nicht mehr bloß um diesen als Steuerfrage, sondern es geht auch um den religiös-politischen Machtanspruch des Kaisers als widergöttliche Herrschaft und „darum, daß es möglich ist, dem Kaiser den Census zu zahlen, aber ausgeschlossen sein muß, dem Kaiser das zukommen zu lassen, was er zwar durch die Münzpropaganda für sich in Anspruch nimmt, was aber nur Gott allein zusteht"[367]: die Ehre als Gott dem Schöpfer.

2.2.4.3 Mk 12,17b als staatsethisches Idealprinzip des Frühjudentums

Nachdem der vorherige Abschnitt das aufgrund literarkritischer Analyse festgestellte Interpretationsgefälle zwischen dem vormarkinischen Einzellogion Mk 12,17b und der vormarkinischen Komposition der Doppelantwort (V. 15–17b) aufgearbeitet hat, stellt sich jetzt die Frage, ob die Einzelüberlieferung von V. 17b aus einer staatsethischen Argumentation frühjüdischer Theologie erwachsen ist. Sich dieser Erörterung zuzuwenden, ist darum notwendig, weil nur sie die literarkritische Annahme einer sekundären Komposition der vormarkinischen Doppelantwort stützen kann: sollte sich ein frühjüdischer Beleg einstellen, würde die Perikope, wie oben in der Rezeptionskritik angedeutet,[368] mit einer vorgegebenen staatsethischen Aussage arbeiten. Auch könnte eine religionsgeschichtliche Parallelüberlieferung den formkritischen Skopus der Perikope bestätigen, der darauf hinausläuft, daß eine bekannte staatsethische Einstellung beim Mk-Rezipienten mit Hilfe eines Schulgespräches bestätigt werden soll.[369]

Das Recht zur rezeptionskritischen Rückfrage ergibt sich schließlich aus der literarkritischen Beobachtung, daß Röm 13,6 f., Teil des klassischen Textes paulinischer Paränese zum Verhältnis von christlich-bürgerlicher Existenz und staatlicher Gewalt (Röm 13,1 ff.), ähnliche literarkritische Spannungen wie die vormarkinische Perikope Mk 12,14–17* aufweist, so daß eine traditionsgeleitete Diktion von Paulus in Röm 13,7 vermutet werden kann.

„Was die im bestimmten konkreten Fall möglicherweise gegebene Verpflichtung gegenüber dem Cäsar betrifft, das wird eingegrenzt von der Verpflichtung gegenüber Gott" (ähnlich SEVENSTER, Keizer 31). Vorsicht sollte walten, die Opposition von „Kaiser" und „Gott" im Doppelimperativ auf den ganzen Spruch zu übertragen und beide Imperative als Antithese (dagegen TANNEHILL, Sword 173 f.) oder als „disjunktives Verhältnis" (KLEMM, aaO. 246) zu verstehen. Damit wird man der innewaltenden Dynamik der Vorordnung – nicht der Negation! – des zweiten Imperativs über den ersten nicht gerecht.
[366] SCHRAGE, Christen 35.
[367] KLEMM, Censu 254. Vgl. CULLMANN, Staat 26 (auch CRANFIELD, Mk 372): „Gebt dem Kaiser nicht *mehr*, als was ihm gebührt! Gebet ihm nicht, was Gottes ist".
[368] S. o. den Abschnitt 2.2.3 dieser Untersuchung.
[369] S. o. den Abschnitt 2.2.2 dieser Untersuchung.

Wie bei Mk 12,14–17* ist in Röm 13,1–7 nämlich erstens die praktische Frage nach der Entrichtung der *direkten Steuer* (Mk 12,14d: δοῦναι κῆνσον – Röm 13,6a: φόρους τελεῖτε, vgl. V.7b; Lk 20,22) Anlaß, über das theoretische Verhältnis des Christen zur Obrigkeit (Mk 12,16.17b: καίσαρ – Röm 13,6b: λειτουργοὶ Θεοῦ, vgl. 13,1 ff.) zu reflektieren.[370] Zweitens findet sich nur im NT in Mk 12,17b und Röm 13,7a der Imperativ des Verbums ἀποδίδωμι, der signifikanterweise beide Male einen vorher im Text gebräuchlichen Terminus für „Steuer zahlen" (Mk 12,14d: δοῦναι [κῆνσον] – Röm 13,6a: τελεῖτε [φόρους]) ablöst. Schließlich fällt auf, daß Mk 12,17b und Röm 13,7 gemeinsam eine „ähnliche Kurzstruktur"[371] besitzen: vgl. τὰ καίσαρος καίσαρι mit τῷ τὸν φόρον τὸν φόρον, die dem Stil des bisherigen Textes nicht entspricht und in beiden Fällen seine literarische Funktion als Abschlußsummarium hat.

Da Röm 13,7a ein einleitender paulinischer Vorsatz zu sein scheint (vgl. 1 Kor 7,3), könnte Röm 13,7bc eine literarische Parallele zu Mk 12,17b bilden. Differieren Diktion und Terminologie,[372] ist ein direkter literarischer Zusammenhang zwischen beiden Texten ausgeschlossen. Will man die überlieferungsgeschichtliche Hypothese, daß ein ursprüngliches Jesuswort auf die Paulusstelle eingewirkt hat,[373] nicht unterstützen, weil der Bezug zur genuinen Jesus-Verkündigung, bspw. zu seiner Gesetzeskritik oder Basileia-Thematik äußerst unscharf ist,[374] so muß man mit *Wolfgang Schrage* erwägen, ob „eine in Mk 12 (sc. V. 17b) faßbar werdende mündliche Tradition mit (sc. in Röm 13,7) eingeflossen ist", die „in seiner Gesamttendenz auf das hellenistische Judentum zurückweist".[375] Paulus hätte demnach eine mit Mk 12,17b harmonierende jüd.-hell. Tradition von der *doppelten Loyalität* des Menschen, zur Obrigkeit und zu Gott, – im vorpaulinischen Logion Röm 13,7bc bezieht sich φόβος auf Gott[376] – in Röm 13,1 ff. so eingearbeitet,[377]

---

[370] Zu Röm 13,6 f. vgl. MERKLEIN, Sinn 251 ff.264 ff.

[371] WILCKENS, Röm VI/3 38.

[372] In Röm 13,7bc finden sich ungleich Mk 12,17b nur Konkretionen: φόρος, τέλος, φόβος und τιμή. Statt des zweifach vorhandenen verkürzenden Genitiv-Ausdrucks in Mk 12,17b findet sich die Verkürzung in Röm 13,7 beim Dativobjekt: Es fehlt die Kopula ἐστιν.

[373] Vgl. STAUFFER, Botschaft 105; KITTEL, Urteil 655; ECK, Urgemeinde 42; ZSIFKOVITS, Staatsgedanke 47 f.; RIEKKINEN, Römer 13 S. 87, Anm. 3 (Lit.); WILCKENS, Röm VI/3 38; STUHLMACHER, Röm 179, mit Bezug auf Lk 20,20 ff.; NEUGEBAUER, Auslegung 165; GOPPELT, Freiheit 217. Abgelehnt von DIBELIUS, Rom 49, Anm. 4; KÄSEMANN, Röm 339; ders., Römer 13 S. 336; SCHRAGE, Christen 51.51, Anm. 106.

[374] Vgl. die andeutenden Ausführungen bei GOPPELT, Freiheit 210 ff.; BORNKAMM, Jesus 107 ff. Um Mk 12,17b als jesuanisches Logion halten zu können, muß z. B. DIBELIUS, Rom 48 (vgl. BORNKAMM, aaO. 112), den Parallelismus als Ironie verstehen, da Jesu Forderung nach weltlichem Kaisergehorsam (V. 17α) seiner eigenen eschatologischen Verkündigung des kommenden Gottesreiches, in dem jede weltliche Macht liquidiert wird, widerspricht. Zur Auseinandersetzung mit der Ironie-These vgl. ZSIFKOVITS, Staatsgedanke 48 f. (Lit.).

[375] Christen 151, Anm. 106, vgl. RIEKKINEN, Römer 13 S. 94.

[376] S. die Vermutung von SCHRAGE, Christen 61, Anm. 132; ders., Ethik 229, daß in Röm 13,7 die „Furcht" nicht der staatlichen Gewalt, sondern Gott zukommt.

[377] Denkbar ist, daß Paulus τέλος, die indirekte (vectigal) Steuer, und τιμή (vgl. 1 Kor 12,23 f.) dem vorpaulinischen Formelgut der Vollständigkeit halber hinzugesetzt hat.

daß er gemäß seines staatsethischen Ansatzes im Bezug auf die von Gott eingesetzte Obrigkeit *ausschließlich* die Verpflichtung des Christen zum Gehorsam der weltlichen Obrigkeit gegenüber bedenkt, d. h., im paulinischen Kontext von Röm 13,1 ff. beziehen sich φόβος und τιμή in V. 7bc auf die weltliche
Obrigkeit[378] (vgl. Tanch וישלח 39ª, R. Jischmael b. Elischa [T 2][379]).

Der einzige bisher diskutierte[380] rezeptionskritische Vorschlag zu Mk 12,17b stellt
der von *J. Duncan M. Derrett*[381] im Anschluß an *I. Abrahams*[382], *C. G. Monte-
fiore*[383], *George F. Moore*[384] und *Herbert Loewe*[385] unternommene Versuch dar, zu
belegen, daß Koh 8,2 „the source of Christ's *responsum*"[386] von Mk 12,17b sei. Diese Annahme zeigt sich jedoch nicht in der Lage, eine religionsgeschichtliche Parallele zur Aussage von der doppelten Loyalität des vormarkinischen Doppelimperativs herbeizubringen. Diese Kritik gilt es an der angeblichen Belegstelle Koh
8,2 LXX zu verifizieren, wo es heißt:

στόμα βασιλέως φύλαξον
καὶ περὶ λόγου ὅρκου Θεοῦ μὴ σπουδάσῃς.

Übersetzung:

„Beachtet den Mund (= Befehl) des Königs
und seid nicht erpicht, den Eid Gottes zu diskutieren".

Hier wird im Parallelismus der absolute Gehorsam zum Herrscher aus der Einsicht
in die einseitige Machtverteilung eingeschärft (vgl. Koh 8,2–5). Die Konzentration
des Untertans auf die widerspruchslose Beachtung königlichen Willens wird durch
den Hinweis auf die Legitimität des Herrschers, auf den man den Treueid vor Gott
abgelegt hat, verstärkt.[387] Will *Derrett* den rezeptionskritischen Bezug zu Mk
12,17b halten, dann muß er die vormarkinische Kaiserdenar-Szene als Imitation von
Koh 8,2 vertreten, weil *„piy-melech*[388] is metaphorically the king's proclamation,
and literally both the king's mouth and the profile on the actual coin"[389], und setzt

---

[378] Entscheidend für das paulinische Verständnis von φόβος in Röm 13,7bc ist also der
Kontext: In Röm 13,3 f. wird „Furcht" bzw. „sich fürchten" auf οἱ ἄρχοντες und ἡ ἐξουσία
bezogen. Zwar gilt in V. 3 das „Furcht"-Verhältnis zur Obrigkeit nur für τῷ κακῷ (ἔργα),
jedoch setzt V. 6 f. (διὰ τοῦτο) auf der antithetischen Argumentation von V. 5 ein: „... nicht
allein (!) aus Zorn, sondern auch aus Gewissensüberzeugung". V. 8 schließlich, die Aufforderung zur zwischenmenschlichen Liebe, greift formal auf V. 7a zurück, wie könnte sich
also im paulinischen Verständnis die „Furcht" in V. 7 auf Gott beziehen? (dazu MERKLEIN,
Sinn 253 f.).
[379] BILL. III 305.
[380] Vgl. KLEMM, Censu 234 ff.; STOCK, „Render,, 931 ff.
[381] Vgl. Law 324 ff.
[382] Vgl. Studies 63.
[383] Vgl. Literatur 311.
[384] Vgl. Judaism II 116–8.
[385] Vgl. Render 21 f.115 f.
[386] DERRETT, Law 323.
[387] Vgl. LAUHA, Koh 148.
[388] Vgl. MT von Koh 8,2: פִּי מֶלֶךְ.
[389] DERRETT, Law 333.

um der aufgestellten These willen σῶμα aus Koh 8,2 mit εἰχόν von Mk 12,16b ineins. Über eine symbolische Interpretation der Kaisermünze als Darstellung kaiserlicher Rechte nähert er sich schließlich mit der These, daß Mk 12,17b bedeute, „obedience even to non-Jewish rulers is within one's comprehensive obedience to God",[390] der staatsethischen Sicht von Röm 13,1 ff. und Tit 3,1 (so auch Koh 8,2 mit dem Hinweis auf den Gotteseid) an, nämlich, daß göttliche Herrschaft durch die weltliche Obrigkeit ausgeübt wird. Gerade aber die Dichotomie des Doppelimperativs von Mk 12,17b kann *Derrett nicht* erklären.

Um an dieser Stelle der Untersuchung nun einen neuen Vorschlag für eine rezeptionskritische Abhängigkeit der Weisung von Mk 12,17b (par. Röm 13,7bc) aus der staatsethischen Theologie des Frühjudentums zu machen, sei noch einmal auf die Bedingung für den Nachweis einer religionsgeschichtlichen Parallele aufmerksam gemacht: Mk 12,17b formuliert aus der Perspektive des (judenchristlichen) Untertans einer politischen (Fremd-)Herrschaft, daß für ihn eine doppelte Loyalität, erstens zu eben dieser Herrschaft und zweitens im Treueverhältnis zu Gott besteht.

Im Bericht des jüd.-hell. Religionsphilosophen Philo von Alexandrien (geb. 15/10 v. Chr.), niedergelegt in seiner Schrift LegGai (geschrieben nach 41 n. Chr.)[391], über die Auswirkungen des Befehls von Kaiser Gaius Caesar Germanicus (genannt Caligula, 37–41 n. Chr.) aus dem Jahre 40 n. Chr., im Rahmen des röm. Kaiserkultes auch im Jerusalemer Tempel sein Standbild in Gestalt einer Zeusstatue (LegGai 188.207.265.346) aufzustellen,[392] findet sich die Schilderung einer Massendemonstration palästinischer Juden. Sie demonstrieren vor dem Empfänger der kaiserlichen Order, Petronius, dem kaiserlichen Legaten von Syrien (39–42 n. Chr.), in Ptolemais, Provinz Syrien (vgl. Bell 2,192/Ant 18,263). Philo läßt dabei eine Schar jüd. Ältester ihren Protest gegen die Entweihung des Jerusalemer Heiligtums durch Überführung in ein röm. Staatsheiligtum auf den Namen des „Neuen Zeus Epiphanes Gaius" (vgl. LegGai 346) aussprechen (229 ff.) und dabei ankündigen, daß die Juden um des bestehenden Status quo eines Jahwe-Heiligtums bereit sind, aktiven Widerstand bis zum Tode zu leisten, ja, – was dem Resultat eines aussichtslosen Widerstandes gleichkommt – sofort kollektiven Selbstmord zu begehen (232 ff.).[393] Daß diese selbstvernichtende Handlungsweise von ihrer Religion, dem jüd. Glauben an den lebenerhaltenden Schöpfer- und Bundesgott, gedeckt wird, begründen sie wie folgt (LegGai 236):

---

[390] DERRETT, Law 335 f.
[391] Vgl. auch Bell 2,184 ff./Jos Ant 18,261 ff.
[392] Zur Ereignisgeschichte vgl. VERMES u. a., History I 388–98; SMALLWOOD, Jews 174–180; BILDE, Emperor 70–6.
[393] Zum nicht untersagten Suizid im Judentum vgl. Jdc 16,30; 1 Sam 31,4 f.; 1 Kön 16,18; 2 Makk 14,37–46; Jos Bell 3,362 ff.; 7,320 ff.; Mt 27,5.

μέμψαιτ' ἄν οὐδὲ Θεὸς ἡμᾶς ἀμφοτέρων στοχαζομένους,
καὶ τῆς πρὸς τὸν αὐτοκράτορα εὐλαβείας
καὶ τῆς πρὸς τοὺς καθωσιωμένους νόμους ἀποδοχῆς.

Übersetzung:

„Auch Gott dürfte uns nicht tadeln, die wir nach beidem gestrebt haben:
sowohl (nach) der Achtung des (unumschränkten) Gebieters[394]
als auch (nach) der Hochschätzung/Verehrung[395] der geheiligten Gesetze".

Was Philo hier als den bestehenden Grundsatz der staatsethischen Einstellung
des Frühjudentums vorstellt, stellt ein fragiles Zusammenspiel zweier (vgl.
ἀμφότερος) Loyalitätsverhältnisse des jüd. Untertans dar. Sie waren unter
den bisherigen politischen Bedingungen des status quo grundsätzlich miteinander zu vereinbaren. Erst die Anmaßung Caligulas, sich als himmlischer
Gottkönig im Jerusalemer Tempel wie auch in den Synagogen verehren zu
lassen (vgl. LegGai 117 f.), bringt das Prinzip aus seinem austarierten Gleich-
gewicht, indem es den jüd. Gottesgehorsam zu Jahwe als dem Himmelsherrn
bedroht (vgl. ähnlich 3 Makk 3,3 f.).

Was als Grundprinzip des Juden gilt, ist einerseits seine Verpflichtung zur
staatsbürgerlichen Loyalität zum jeweiligen Fremdherrscher sowie andererseits die Treue zum in der Thora geoffenbarten Gottesverhältnis.[396] Ein literarischer Vergleich mit Mk 12,17b (par. Röm 13,7bc) ergibt, abgesehen von
sprachlichen Differenzen, Übereinstimmung in der Sachaussage: Erstens, das
staatsbürgerliche und das religiöse Gehorsamsverhältnis werden eng beiein-
ander beprochen, wobei auch die Verpflichtung gegenüber dem politischen
Herrscher zuerst genannt wird. Es findet sich zweitens sodann bei Philo ein
analoger Begriff zu ἀποδίδωμι (= „zurückgeben, leisten"[397]) in dem Terminus
ἀποδοχή mit der Grundbedeutung: „zurückerhalten, wiederempfangen"[398].
Der einzige inhaltliche Unterschied besteht darin, daß LegGai 236 im Unterschied zu Mk 12,17b (par. Röm 13,7bc) die εὐλαβεία auf den weltlichen Herrscher, die ἀποδοχή auf die „geheiligten Gesetze", mithin den geoffenbarten
Gott, aufteilt (vgl. 1 Petr 2,17).

Der Vergleich von Mk 12,17b (par. Röm 13,7bc) mit LegGai 236 ergibt somit den positiven Nachweis, daß die vormarkinische wie vorpaulinische Tradition auf ein bei Philo genanntes Idealprinzip zum Verhältnis des jüd.
Untertans zu Staat und Gott zurückgreift. Durch die religionsgeschichtliche
Parallele wird das spielerische Element von Mk 12,17b (par. Röm 13,7bc) mit

---

[394] Gemeint ist in LegGai immer die röm. Kaiserherrschaft, vgl. 11.28 ff.53.119 u. ö.
[395] Vgl. LegGai 277; VitMos 2,19; SpecLeg 2,164; 4,179.
[396] Vgl. SCHRAGE, Christen 26: Nach Philo streben die Juden „nach Achtung und Gehorsam gegenüber dem Kaiser wie nach Treue gegenüber dem jüdischen Gesetz und der Tradition".
[397] Vgl. MENGE/GÜTHLING, Großwörterbuch s. v.
[398] Vgl. MENGE/GÜTHLING, Großwörterbuch s. v.

dem polysemantischen Terminus ἀποδίδωμι verständlich: als Relationsbegriff kann er wie ἀποδοχή bei Philo das Treueverhältnis zu Gott, und, da Mk 12,17b (par. Röm 17,7bc) nur einen Verhältnisbegriff für beide Loyalitäten kennt, auch die Achtung des jüd. Untertans vor dem röm. Kaiser umfassen. Zugleich bezeichnet der Imperativ aber auch den praktischen Inhalt des Untertan-Kaiser-Verhältnisses, da er im hell. Judentum als Terminus technicus für „Steuer zahlen"[399] bekannt ist. Um den Wert dieser singulären religionsgeschichtlichen Parallele bei Philo einzuschätzen, bedarf es nun allerdings einer begleitenden historischen Untersuchung, die das staatsethische Prinzip der doppelten Loyalität in seiner Entstehung und Bedeutung für das Frühjudentum konkretisieren kann.

Einen ersten Hinweis zur Illustration der jüd. Loyalität zur Fremdherrschaft des (röm.) Mächtigen gibt Philo selbst, insofern er die Rede der Ältesten vor Petronius auf das Beispiel der „Opfer für die Regierung des Gaius" lenkt (LegGai 232, vgl. 157.280.317.356). Diese täglichen Opfer am Jerusalemer Tempel für das Wohlergehen der heidnischen (röm.) Besatzungsmacht (vgl. Jos Ap 2,77) bestanden aus dem Brandopfer von zwei Lämmern und einem Ochsen (LegGai 317). Die Opfer wurden *an Jahwe*, den Jerusalemer Himmelsgott, adressiert und galten *für das Wohl* des (röm.-kaiserlichen) Fremdherrschers (LegGai 357: τεθύκατε, ἀλλ᾿ ἑτέρῳ κἂν ὑπὲρ ἐμοῦ[400]).[401]

Wie Josephus in seinem Parallelbericht über die jüd. Protestaktion bei Petronius hervorhebt (Bell 2,195–197, vgl. Ant 18,264–288), wurden die Opfer für den (röm.) Fremdherrscher „zweimal am Tag" (Bell 2,197) dargebracht, das bedeutet, wie das tägliche Tamidopfer des Tempels[402] auf morgens und abends verteilt vollzogen.[403] Das Tamid gleicht auch darin dem Kaiseropfer, daß es aus dem Ganzopfer von mindestens zwei Lämmern besteht (vgl. Num 28,3–8).[404] Die täglichen Opfer für den röm. Kaiser stehen also in Parallelität zum ,beständigen' täglichen Tamidopfer des Zionsheiligtums und erfüllen die Bedingungen für eine bemerkenswerte Illustration der Sentenz

---

[399] Philo Op 85; Jos Ant 12,159 u. ö.

[400] Vgl. Jos Ant 13,168; Arist 45; 1 Esr 6,30; 2 Esr 6,10; 1 Makk 7,33.

[401] Es bleibt eine Vermutung, ob das sog. *Kaiseropfer* „replace the offering of sacrifices to the emperor himself normal in other provinces" (SMALLWOOD, Jews 148) und es als „a substitute for the direct worship of the emperor as a deity" (ebd. 147 f.) in Israel galt.

[402] Vgl. 2 Kön 16,15; 1 Chron 16,40; 2 Chron 2,3; 13,11; Esr 3,3.

[403] Vgl. SCHÜRER, Geschichte II 361, Anm. 79.

[404] Ob das miteinander Vergleichbare zwischen Kaiser- und Tamidopfer auch auf die Bestreitung der Kosten auszudehnen ist, bleibt unklar: Nach Jos wurden auch die Kaiseropfer aus der Jerusalemer Tempelkasse bestritten (Ap 2,77), nach Philo geschah dies seit Augustus auf Kosten des röm. Kaisers (LegGai 157.317, vgl. Esr 6,10). Bei der Interpretation dieser divergenten Angaben nehmen MICHEL/BAUERNFEIND, Josephus II Anm. 189, deshalb an, daß nach Augustus eine Änderung eingetreten sei. Vielleicht aber wurden die Kosten generell aus dem jüd. Steueraufkommen gedeckt (so SMALLWOOD, Philonis 241, vgl. auch VERMES u. a., History II 312).

über die doppelte Loyalität des jüd. Staatsbürgers, der zum weltlichen Fremdherrscher und der zum göttlichen Weltenherrscher.

Ist damit das tägliche Hauptopfer am Jerusalemer Tempel, das Opfer,
welches die für die kultische Gemeinde Israel heilvolle Sühne-Institution des
Tempelkultes Tag für Tag aufrechterhält, aufs engste mit dem Opfer für eine
fremde, d. h. nicht national-jüd., staatliche Autorität an eben diesen höchsten
Gott gebunden, so kommt darin die *Verfassungslegitimität des Zweiten Jerusalemer Tempels* zur Zeit der röm. Fremdherrschaft zum Ausdruck.[405] Doch
nicht nur das. Nach dem Chronisten (4.–3. Jh. v. Chr.), der 2 Esr 6,10 (vgl.
1 Esr 6,30; Jos Ant 11,17) als Teil der vom Perserkönig Darius I. (522–486
v. Chr.) erlassenen Durchführungsbestimmungen zum Kyrosedikt (538
v. Chr., vgl. 2 Esr 3,3–5) an die persische Behörde erscheinen läßt, besteht diese „staatsrechtliche Legitimität des [Zweiten] Jerusalemer Tempels und des
Jerusalemer-judäischen Kultes"[406] von Beginn an der nachexilischen Tempel-
restauration (ca. 520–515 v. Chr.): Die israelitische Kultgemeinde verehrt im
Jerusalemer Tempel Jahwe als höchsten und einzigen Gott, ist aber als politische Größe, als jüd. Nation und Staat nicht souverän. Der persische Fremdherrscher regiert über Israel und anerkennt in seiner Erlaubnis des jüd. Tempelkultes die Universalität des von Israel verehrten Gottes. Er empfängt aber als
oberster „Kultherr des Tempels"[407] Israels an Jahwe gerichtete Bitte um Fürsorge für das politische Wohlergehen seiner Herrschaft, die der Perser auch
und gerade über Israel ausübt. Die Jerusalemer nachexilische Kultgemeinde
Israel ist also eine vom persischen Staat legitimierte Theokratie. In ihrem Innern herrscht Jahwe durch seine Priester, insbesondere durch den Hohenpriester, und die jüd. Thora ist die von der persischen Regierung anerkannte
Verfassung dieser Hierokratie.[408]

Wie nun Arist 45 und 1 Makk 7,33 (vgl. Jos Ant 12,406) zu entnehmen ist,
wurden die Opfer für den König auch unter ptolemäischer (3. Jh. v. Chr.) und
seleukidischer Vorherrschaft[409] (ab 198 v. Chr.) fortgesetzt.[410] Einzig in der
Zeit des politischen Machtvakuums in Syrien, als Israel unter dem Hohenpriester Simon (143–134 v. Chr.) mit der Eroberung der Akra (141 v. Chr.) für
eine gewisse Zeit selbständig geworden war, wird das sog. *Kaiseropfer*, so ist

---

[405] Vgl. Jos Bell 2,409.412–6; Ant 11,17; 12,406; 15,248.
[406] GUNNEWEG, Esr 106.
[407] METZGER, Geschichte 151, vgl. GUNNEWEG, Geschichte 139.
[408] Zur nachexilischen Verfassung Israels als Hierokratie vgl. WELLHAUSEN, Pharisäer
35 f. Über die Thora als Gesetz der Achämeniden in Jerusalem vgl. RENDTORFF, Esra 172.
[409] Nach Jos Ant 12,140 beschließt der syr. König Antiochos III. (233–187 v. Chr.), „aus
Frömmigkeit" den Juden einen Beitrag, teils in Geld, teils in Naturalien, „für die Opfer" zu
spenden. SCHÄFER, Geschichte 45, erwägt, „ob es sich hier um das tägliche Brandopfer ...
oder um ein spezielles Opfer für den König (oder beides)" handeln kann.
[410] Abwegig ist darum die Meinung von ROTH, Debate 93, daß die Opfer für den Kaiser
erst unter Augustus eingeführt worden seien, vgl. Bell 2,412 ff.

anzunehmen, nicht praktiziert worden sein. Diese Zeit der politischen Selbständigkeit (142–63 v. Chr.), deren Ausdruck das hasmonäische Königtum ist,
wird abgelöst von der röm. Vorherrschaft (63 v. Chr.), die Judäa die Tributpflicht als Zeichen seiner Vasallität auferlegt. Da literarische Zeugnisse für
das *Kaiseropfer* für die Zeit röm. Vormachtstellung über Israel erhalten sind
(vgl. Bar 1,10 f.[411]; 1 Esr 6,30; Jos Bell 2,197.409), wird man zusammenfas-
send[412] urteilen können, daß zur Zeit des Zweiten Jerusalemer Tempels, als
die Fremdherrschaft anderer Mächte Israels nationale Unabhängigkeit verhin-
derte, immer dieselbe verfaßte Legitimität einer nach Außen eingeschränkten
Theokratie in Geltung stand.[413] So berichtet es auch Josephus in Bell 2,417,
wenn er sagt:

„Alle Vorfahren nahmen die von den Fremden gebrachten Opfer an“.

In der Zeit röm. Vorherrschaft über Israel bedeutet die Aufkündigung dieser
bestehenden Konstitution, indem der zelotische Tempelhauptmann Eleazar,
Sohn des Hohenpriesters Ananias, im Jahre 66 n. Chr. unter dem Procurator
Florus mit priesterlicher Beteiligung, aber gegen den Widerstand jüd. Bürger,
die Einstellung des täglichen Opfers für den Kaiser verfügt (Bell 2,409 f.), den
„entscheidende[-n] Akt der Rebellion und“ den „offizielle[-n] Bruch der Jerusalemer Kultgemeinde mit der römischen Oberherrschaft“[414]. Er wird besie-
gelt durch den sofort erfolgten röm. Angriff auf die Antonia und ihre (teilweise) Zerstörung (vgl. Bell 2,430 ff.).[415] Der Eintritt des Kriegsfalles bedeutet
für die Römer den Kampf um die Wiederherstellung ihrer staatlichen Oberhoheit über Israel. Nach knapp vier Jahren nationaler Freiheit,[416] die einzige Zeit
während der röm. Vorherrschaft, in der die Jahwe-Theokratie zur Rekonstruktion des autonomen Staates Israel führte,[417] beendete die Zerstörung Jerusalems durch den Römer Titus im Jahre 70 den vorerst letzten Versuch religiös-
nationaler Unabhängigkeit Israels, indem der Tempel als Symbol nationaler
Souveränität zerstört wurde.

Bleibt hervorzuheben, daß auch in der jüd. Diaspora, dort, wo sich der Jude
grundsätzlich auf einen Gehorsam zum fremden Herrscher einstellen muß,
auch dieselbe, nur spiritualisierte Einstellung zur hell. Obrigkeit findet. In der
Synagoge, die vor 70 n. Chr. zwar noch keinen Ersatzkultort für den Jerusale-

---

[411] Zur Datierung von Bar ins 1. Jh. v. Chr. vgl. GUNNEWEG, Einleitung 168.
[412] Vgl. BIEHL, Gebet 28.
[413] RHOADS, Israel 20: „The ... empires permitted the Jews to have relative autonomy to
express their religious worship and traditions in their Israelite homeland“.
[414] SCHÄFER, Geschichte 135, vgl. ZEITLIN, Rise 239; MAYER/MÖLLER, Josephus 279.
[415] Dazu Näheres bei SCHWIER, Tempel 122 f.122, Anm. 20.
[416] Vgl. die Münzen des jüd. Freiheitskampfes mit der Aufschrift „Freiheit“ (s. o. Abschnitt 2.2.3.1 dieser Untersuchung).
[417] ROTH, Constitution 295 f. (vgl. 310 ff.): „a truly independent regime, which may fairly
be described as republican“.

mer Tempel darstellt, sondern als Proseuche (= „Gebetshaus"), so der Name des Synagogengebäudes, heilige Stätte eines vorrangig dem Gebet gewidmeten[418] Bekenntnis- und Thoragottesdienstes ist, wird von der anwesenden Gemeinde das Gebet für die fremde Obrigkeit in aller Öffentlichkeit gepflegt.[419] So kann Philo in seiner plerophoren Art sagen, daß (Flacc 49, vgl. 48):

> „Überall in der Ökumene für die Juden die Proseuchen Stätten sind,
> wo das Kaiserhaus verehrt wird (ὁρμητήρια τῆς εἰς τὸν Σεβαστὸν οἶκον)".

Wird also in jedem Synagogengottesdienst im unmittelbaren Zusammenhang des Lobgebetes an den Gott Israels auch der heidnischen Obrigkeit gedacht,[420] so ist auch dem Diasporajudentum der staatsethische Grundsatz der doppelten Loyalität nicht fremd.[421]

2.2.5 Die Pointe im jüdisch-judenchristlichen staatsethischen Diskurs

Die konvergierenden Ergebnisse der sozialgeschichtlichen[422], theologiegeschichtlichen[423] sowie rezeptionskritischen Fragestellung[424] zum Verständnis der vormarkinischen Perikope *Vom Zinsgroschen* (Mk 12,14–17*) lassen erkennen, von welcher außerordentlichen existentiellen und theologischen Bedeutung das Zensus-Problem für das palästinische Frühjudentum am Anfang des 1. Jh. n. Chr. ist. Die Zensus-Frage ist in ihrer religionspolitischen Dramatik – es führen direkte Linien zum jüd.-röm. Freiheits-Krieg 66–70 n. Chr. – mit den ideologischen und militärischen Auseinandersetzungen der sog. Makkabäerzeit, in der es um den Widerstand gegen die Einführung der hell. Reform in Israel ging, zu vergleichen. Daß eine judenchristliche Stellungnahme in Mk 12,14–17* zur Zensus-Problematik erhalten ist, zeigt, für wie wichtig das Judenchristentum diese staatsethische Frage, an deren unterschiedlicher Beantwortung im Frühjudentum ein schöpfungstheologisch-universales mit einem apokalyptisch-partikularen Konzept vom Handeln Gottes

---

[418] Vgl. HENGEL, Proseuche 162 ff.

[419] Vgl. 1 Esr 6,30; 2 Esr 6,10; Jer 29,7; Bar 1,11; Arist 45; Av III,2a (R. Chananja, Vorsteher der Priesterschaft, T 1); Yom 69ᵃ. Christlich: 1 Tim 2,1 f.; 1Clem 61,1; Polyk 12,3; Tert., apologeticum 10.28.30.34. Weitere Belegstellen aus der frühen Christenheit bei BIEHL, Gebet 30 ff. Vgl., daß es nach Philo LegGai 133 in den Synagogen zu Ehren des Kaisers Ehrenschilde, Kränze, Säulen und Inschriften gab, dazu SCHRAGE, Art. συναγωγή 825.

[420] Vgl. die 11. Berakha des 18-Bitten-Gebetes.

[421] Gegen STAUFFER, Botschaft 109, der meint, daß Jesus in Mk 12,17 mit der „Tradition der biblischen Staatsfrömmigkeit gebrochen hat". Vgl. aber HENGEL, Zeloten 94 f., der darauf hinweist, daß Judas, der Galiläer, mit der jahrhundertealten jüd. Einstellung der erduldenden Unterwerfung unter die Fremdherrschaft Schluß gemacht hat.

[422] S. o. den Abschnitt 2.2.2.1 dieser Untersuchung.

[423] S. o. den Abschnitt 2.2.3.1 dieser Untersuchung.

[424] S. o. die Abschnitte 2.2.1 + 2.2.4.2 dieser Untersuchung.

in der Geschichte konkurriert, zur Klärung seiner eigenen theologischen Existenz genommen hat. In einer Bündelung der vorliegenden Ergebnisse soll hier versucht werden, im Gegenüber zu den beiden vorliegenden jüd.-pharisäischen Antworten[425] die judenchristliche Pointe von Mk 12,14–17* zu formulieren.

Wenn die Person Judas Galiläus neben seinen unbestreitbaren militärischen Fähigkeiten etwas besonders auszeichnet, dann ist es sein ausgebildetes Gespür für feine, aber entscheidende Veränderungen des status quo, eine Sensibilität, die sowohl von der makkabäisch-religiösen Widerstandstradition als auch von der im bäuerlichen Galiläa offen zutage tretenden steuerlichen Ausbeutungspraxis des (röm.) Staates geschult worden war. Judas Galiläus entdeckt nämlich, daß der röm. Provinzialzensus seinem messianisch-politischen Kampf gegen die fiskalische Ausbeutungspraxis von Herodes I. (und seinen Söhnen) einen nationalen Glorienschein verleiht: wurde bisher im Innern Israels die theokratische Freiheit unter Jahwe als dem alleinigen Herrn des jüd. Volkes durch die Thora als jüd. Verfassung garantiert, so kann Judas mit Hilfe der eigentumsrechtlichen Begründung der röm. *Kopfsteuer* den Juden in der Präfektenprovinz Judäa erklären, daß die Römer mit ihrer Provinzialordnung die Thora als Verfassung Israels liquidieren. Gegen solcherart widergöttlichen Machtanspruch Roms, wie er sich in seinem religiös-politischen Totalitarismus als Zeichen der Endzeit geriert, läßt sich aus der Thora das Notrecht des aktiven zelotischen Widerstandes Pinehas' begründen (vgl. 1 Makk 2,19 ff.; 2 Makk 7,30). Wie bei den erfolgreichen Makkabäer-Aufständen wird Gott auf der Seite Israels den apokalyptischen Entscheidungskampf ausfechten.

Die gemäßigten (Alt-)Pharisäer auf der anderen Seite dieser pharisäisch-theologischen Kontroverse argumentieren gegen diese neue Lehre folgendermaßen: Sie verweisen darauf, daß Israels Tributpflicht der Preis für die von Jahwe als dem göttlich-souveränen Geschichtsherrn verfügte Vorherrschaft eines Fremdherrschers, in diesem Moment Roms, ist, um Israel zur Buße in Richtung auf den völligen Gehorsam unter die Thora zu bekehren. Die Umwandlung Judäas in eine röm. Provinz initialisiert zwar eine neue (Kopf-)Steuerbegründung, greift aber nicht in bestehende hierokratische Rechte Israels ein. Eine doppelte Loyalität, zum Kaiser und zu Jahwe, sei weiterhin zu üben. Ja, die machtvolle Pax Romana gewährt, pragmatisch gesehen, der Ökumene wie auch Jerusalem/Judäa einen schöpfungsgemäßen Frieden, indem mit Hilfe röm. Ordnungsmacht das politische Chaos unter den (jüd.) Menschen eingedämmt wird.

---

[425] S. o. den Abschnitt 2.2.3.1 dieser Untersuchung.

Schaut man jetzt, ausgehend von diesen beiden jüd.-pharisäischen Antworten zum röm. Zensus, auf die judenchristliche Ansicht, wie sie in Mk 12,14–17* zum Ausdruck kommt, so fällt dreierlei auf:

1. Der röm. Provinzialzensus wird von der vormarkinischen Perikope nicht eigens bewertet, sei es, daß er, verharmlosend, als „gewöhnlicher Tribut" (Bell 5,405) oder, anklagend, als „schlechthinnige Sklaverei" (Ant 18,4) bezeichnet wird. Das vormarkinische Judenchristentum geht von der (noch) gültigen Pflicht des Christen aus, daß (Kopf-)Steuern, wie auch immer sie letztendlich fiskalisch begründet werden, dem (Fremd-)Herrscher (vgl. Röm 13,7), in diesem Falle Rom, zu zahlen sind.

2. Das Zensus-Problem wird als ein menschlicherseits nicht zu lösendes Thoraauslegungsproblem den streitenden frühjüdischen Gruppen entzogen: die Pharisäer, seien sie nun eher zum konservativen oder eher zelotischen Flügel zu rechnen, bleiben die gegenüber der göttlichen Weisheit Jesu negativ eingestellten Heuchler und Frevler. Allein der mit göttlichen Attributen versehene, menschlichen Verpflichtungen enthobene Thora- und Weisheitslehrer Jesus ist in der Lage, den in der Mose-Thora niedergelegten göttlichen Willen für das korrekte Verhalten im Zensus-Kasus zu entziffern. Es gilt im Judenchristentum der hermeneutische Grundsatz, daß Gott nur von Gott (= Jesus) ausgelegt werden kann.

3. Die Antwort der vormarkinischen Perikope könnte man als göttlich-sibyllinisch oder – pragmatisch gesehen – als diplomatisch bezeichnen. Denn einerseits deutet sie in der Kaiserdenar-Szene (Mk 12,15cf.) unübersehbar den antigöttlichen, gegen das Erste Gebot als den Alleinvertretungsanspruch Jahwes gerichteten totalitären religiösen Machtanspruch des röm. Kaisers an[426] – und gesteht damit der zelotischen Widerstandsparole ein gewisses Recht zu –, um andererseits sofort im anschließenden Jesus-Logion V. 17b den Grundsatz der pharisäisch-konservativen Sicht zu etablieren, daß der Christ in einem doppelten Loyalitätsverhältnis, zum Kaiser und zu Gott, sich bewähren muß (vgl. LegGai 236).[427] Doch damit nicht genug: Als Doppelantwort stellt Mk 12,16f. schließlich heraus, daß es eine unbedingte Hierarchie der Loyalitätsverhältnisse gibt, daß der allumfassende Gehorsam zu Gott dem Schöpfer (V. 17bβ) niemals einem totalitären Obrigkeitsgehorsam geopfert werden

---

[426] Anders SCHRAGE, Christen 39, der meint, daß durch Mk 12,17 „jede Sakralisierung des Staates an der Wurzel" abgeschnitten wird. Das Gegenteil ist der Fall: wer zuerst das Erste Gebot seinen Rezipienten im Zusammenhang des röm. Staates einschärft, macht auf den gefährlichen politisch-religiösen Machtanspruch des antiken (röm.) Staates aufmerksam.

[427] „Den Zeloten ... mußte diese Antwort Jesu als ein kläglicher Kompromiß erscheinen" (CULLMANN, Jesus 64). „It is probable that his conviction ... was similar to that of the Pharisees, who advocated outward conformity to Roman rule, including the payment of the taxes that were levied, provided only that the Jews were not forced to deny their God or to abandon Torah" (RIST, Caesar 325).

darf.[428] Nur rechtfertigt der Steuer-Kasus (noch) nicht den Eintritt des religiös motivierten Widerstandsrechtes gegen den röm. Fremdherrschaftsstaat. Mit dieser, zwischen zelotisch-pharisäischem und konservativ-pharisäischem Pol lavierenden *Mittelposition* verteidigt die Perikope die Superiorität des Ersten Gebotes jüd. Thora und stellt zugleich dem (Juden-) Christen ein hermeneutisches Prinzip zur Verfügung, sein Verhältnis zu Gott und einem sich widergöttlich gebärdenen Staat immer wieder neu zu prüfen.[429]

Aus der eine Entweder-Oder-Antwort erzwingenden Zensusfrage, sich im jüd.-pharisäischen Streit entweder auf die Seite des zelotischen Widerstandes, der sich mit der Steuerverweigerung für den Kairos endzeitlicher Machtdemonstration Gottes einsetzt, oder auf die Seite der (alt-)pharisäischen Akzeptanz, geschichtstheologisch mit Gottes universaler Macht begründeter, momentaner Vorherrschaft Roms über Israel zu schlagen, wird im Judenchristentum zur Aufforderung an die Rezipienten, für sich selbst zu klären, ob der antike Staat trotz seiner antigöttlich-totalitären Forderung den Christen (noch) den Freiraum erlaubt, den Glauben an die Hierarchie Gottes zu leben.[430] Diese *Hypersensibilisierung* der vormarkinischen Perikope in der Auseinandersetzung zwischen der religiösen Rolle des antiken (röm.) Staates und dem Gehorsamsglauben jüd. Religion hat, wirkungsgeschichtlich beurteilt, dazu geführt, daß in dem Moment, als die Teilnahme am röm. Kaiserkult unabwendbar war, die Christen sich kompromißlos für die Verweigerung des Staatsgehorsams eingesetzt haben.[431]

2.2.6 Zusammenfassung

Das uneinheitliche Schulgespräch nötigt zu einer zweistufigen Interpretation: Erstens ist das unabhängige Logion Mk 12,17b im Rahmen der Staatsethik des Frühjudentums zu betrachten und sodann ist zweitens die Doppelantwort Jesu (V. 15c–17b) als dritter Weg einer hell.-judenchristlichen vormarkinischen Gemeinde gegenüber dem sich an der Zensusfrage spaltendem Pharisäismus (s. V. 14a*) einzubringen.

Dem Frühjudentum ist das staatsethische Prinzip einer doppelten Loyalität, zum Schöpfergott wie zum politischen Fremdherrscher (Mk 12,17b par. Röm

---

[428] Vgl. CULLMANN, Jesus 65: „Aber das (sc. Mk 12,17bα) schließt zugleich ein: Gebt ihm nicht mehr als das (zu ergänzen: falls er mehr verlangt, so verweigert es)".
[429] Vgl. TANNEHILL, Sword 174.
[430] Wenn SCHRAGE, Christen 38, ausführt: „Auch wenn Umfang und Grenzen dessen, was des Kaisers ist, nicht ein für allemal praktikabel zu fixieren, sondern stets neu zu finden sind …", so gilt diese Überlegung auch für den Gottesgehorsam Mk 12,17bβ.
[431] Vgl. RIST, Caesar 319.326–8, der zu zeigen versucht, welche Rolle die Perikope in der späteren Auseinandersetzung des Urchristentums mit dem röm. Kaiserkult spielen kann (vgl. Justin d. M., Apologie 17).

13,7bc) vertraut (Philo LegGai 236): Während der Zeit des Zweiten Jerusalemer Tempels, in der Israel nur für begrenzte Zeit (143–63 v. Chr.; 66–70 n. Chr.) politische Selbständigkeit erlangte, wird im Zionheiligtum parallel zu dem täglichen Tamid das *Kaiseropfer* dargebracht, das Jahwe für das Wohlergehen des Israel regierenden Fremdherrscher bittet (LegGai 357). Auch die Diasporasynagoge pflegt im öffentlichen Gottesdienst das Gebet für die (fremde) Obrigkeit (vgl. Flacc 49).

Die Übernahme dieser austarierten jüd. Loyalitätserklärung in die zweiteilige Antwort Jesu (= V. 17b), die aus einer verbalisierten (Mk 12,16c) demonstratio ad oculos (V. 15c.16ab) des Münztypes eines *kaiserlichen Denars* und der anschließenden Gnome (V. 17b) besteht, gibt letzterer einen neuen Aussageschwerpunkt. Die Verbindung zum röm. Denar geschieht nicht, weil dieser in Judäa/Syrien die für die Kopfsteuer gültige Steuermünze ist (anders später Mt 22,19), sondern aufgrund seiner Medienfunktion als Propagandapamphlet, insofern er die röm. Staatsideologie von der monarchischen Herrschaft des Kaisers verbreiten soll. Als Bedrohung der von der theokratischen Thoraverfassung garantierten Freiheit Israels nach Innen wird diese anläßlich des röm. Provinzialzensus für Judäa im Jahre 6/7 n. Chr. von Judas, dem Galiläer, und seinem Mitstreiter beim Aufstand, dem Pharisäer Zadok, benannt. In der eigentumsrechtlichen Begründung der Kopfsteuer sehen sie einen Verstoß gegen das Erste Gebot (Jos Bell 2,118; Ant 18,23), insofern de iure die jüd. Gemeinde unter einem sich absolutistisch gebärdenden Dominus/ Kyrios versklavt wird (Ant 18,4, vgl. Gal 4,25b). Aus Religionsnot (vgl. Num 25) sieht sich der aufkeimende Zelotismus befugt, zum jüd. Bürgerkrieg aufzurufen (Jos Bell 2,146), und glaubt, daß der messianische Anspruch auf Israels Freiheit synergistisch mit Gottes endzeitlicher Hilfe belohnt wird. Die (alt-)pharisäische Friedenspartei kann hingegen im neuen Provinzialtribut keine veränderte Rechtsstellung Israels erkennen und sieht in den Römern die von Gott über Israel sanktionierte Garantiemacht, um darauf zu hoffen, daß endzeitlich die Treue Israels allein durch Gottes Macht mit der Weltherrschaft gekrönt wird.

Die judenchristliche Alternative in diesem frühjüdischen Streit um den Glauben an das exklusive Erste Gebot und Gottes Größe berücksichtigt in der Kaiserdenarszene (Mk 12,15cf.) mit der Anspielung auf das das Erste Gebot explizierende Kultbilderverbot die zelotische Sensibilität gegenüber dem widergöttlichen totalitären Machtanspruch des röm. Kaisers, um gleichzeitig mit V. 17b die pharisäisch-konservative Friedenssicht zu etablieren, daß der Christ sich in einem doppelten Loyalitätsverhältnis zu bewähren hat. Ist derzeit die Steuer (noch) zu entrichten, so ist aber der Christ für die Zukunft nicht davon dispensiert, sich zu fragen, ob er die Hierarchie, die Vorordnung der Gottesbeziehung (V. 17bβ) vor jeder anderen Verehrung fordernden Macht (V. 17bα) in seinem Leben realisieren kann.

2.3 Die Interpretation der vormarkinischen Perikope: *Von der Auferstehung* (Mk 12,18–27*)

2.3.1 Zur Formkritik von Mk 12,18–27*

Bei der formkritischen Diskussion um die Einheitlichkeit bzw. Uneinheitlichkeit der das Auferstehungsthema orts- und zeitlos[1] für sich abgerundet[2] besprechenden vormarkinischen Perikope *Von der Auferstehung* (Mk 12,18–27*) stehen sich in der Forschung zwei (Extrem-)Positionen gegenüber. Man wird jeder einseitig argumentierenden Ansicht nur die halbe Wahrheit zubilligen können und eine textadäquate Lösung in der Verbindung von analytischer und synthetischer Argumentation versuchen.

Auf der einen Seite wird nämlich die Einheitlichkeit des Auferstehungsabschnittes vertreten und diese neuerdings mit der Behauptung verteidigt, daß „solange das *Daß* der Auferstehung nicht bewiesen ist, ... auch das *Wie* nicht recht überzeugen"[3] kann, d. h., die Jesus-Antwort Mk 12,24 f. sei ohne die anschließende V. 26 f. sachlich unvollständig. Das sich textanalytisch stellende Problem des divergenten Sprachgebrauchs, der Wechsel von ἀνίστημι (vgl. V. 23.25) zu ἐγείρομαι in V. 26, wird als Textunebenheit gesehen, aber mit dem Hinweis überspielt, daß das intransitive Verb ἐγείρω im Passiv sich besser in der Lage zeige, das Wirken der „Kraft Gottes" (V. 24c) bei der Auferstehung als sog. passivum divinum zu illustrieren.[4] Kritisch ist gegen diese Überlegungen einzuwenden, daß man auf diese Weise für den Text 12,18–27 nur „die Stimmigkeit der Entsprechung V 24/26, nicht [aber] die Einheitlichkeit der Tradition V 25.26f erwiesen"[5] hat. Von den Vertretern der Einheitlichkeitsthese[6] wird man aber für die Interpretation lernen können, daß auf der

---

[1] Vgl. SCHMIDT, Rahmen 289.

[2] Vgl. WEISS, ‚Lehre' 234; SCHWANKL, Sadduzäerfrage 303; SCHMIDT, Rahmen 288 f.

[3] MUNDLA, Jesus 73, vgl. SCHWANKL, Sadduzäerfrage 382.

[4] S. MUNDLA, Jesus 73.95, vgl. PESCH, Mk II/2 230.233, Anm. 10; GUNDRY, Mk 703.

[5] WEISS, ‚Lehre' 235 f.

[6] So ALBERTZ, Streitgespräche 31; LOHMEYER, Mk 256, Anm. 5; TAYLOR, Mk 480; CRANFIELD, Mk 373; VAN DAALEN, Observations 242; ERNST, Mk 348; ANDERSON, Mk 279; PESCH, Mk II/2 230; ELLIS, Jesus 274; SCHWANKL, Sadduzäerfrage 95.99.307; HOFFMANN, Art. Auferstehung 452; GUNDRY, Mk 703 ff., u. a. m.

synchronen Ebene des Textes die Zuordnung der Aussagen in einer noch näher zu bestimmenden Weise sinnvoll ist.[7]

Auf der anderen Seite geht man von der Uneinheitlichkeit des vormarkinischen Auferstehungstextes aus[8] und sieht überwiegend[9] in Mk 12,26 f. eine selbständige Einheit zum Beleg der *Tatsache* der Auferstehung. Sie suchte ein vormarkinischer[10] oder markinischer[11] Redaktor sekundär mit der ursprünglichen Antwort V. 24 f. zu verbinden und nahm dabei einschneidende Veränderungen – nach *Wolfgang Weiß*[12] jetzt: Historisierung als Sadduzäerdisput (V. 18a*b), διὰ τοῦτο V. 24b, Schriftenbezug V. 24c – am vorliegenden Text vor. Kritisch ist gegen diese Hypothese anzumerken, daß die von *Weiß* (re-)konstruierte ursprüngliche Tradition von 12,18c.19–23.24*.25 methodisch einseitig dem formkritischen Ideal der *reinen Form*[13] huldigt und die Ambivalenzen des Textes (V. 18–27*) dem (Un-)Geschick eines anonymen Bearbeiters zuweist. Man wird von dieser kompositionskritischen Hypothese jedoch lernen können, daß bereits der Text selbst entscheidende Hinweise auf seine literarische Wachstumsgeschichte enthält, um sodann das Problem von Einheitlichkeit bzw. Uneinheitlichkeit auf zwei überlieferungsgeschichtlich zu unterscheidenden Stadien des Textes zu beziehen. Das führt schließlich auf der synchronen Ebene des (vormarkinischen) Textes zu miteinander konkurrierenden Aussagen.

Den Einsatz in dieser formkritischen Debatte um Mk 12,18–27* wird man mit dem Altmeister der formkritischen Arbeit am Neuen Testament, *Rudolf Bultmann*, und seiner lapidaren Feststellung nehmen, daß „V. 26 f. eine Anfügung" ist[14], um sogleich anschließend an die Nennung der Gründe über ihn hinaus nach der formkritischen Bestimmung dieses angeblichen Debattenargumentes[15] zu fragen. Textanalytische Beobachtungen, die, diachron ausgewertet, für eine sekundäre Hinzufügung von V. 26 f. sprechen, sind dabei folgende: Erstens der schon oben genannte, von der Bezeichnung der zur Diskussion stehenden *Auferstehungsfrage* her unnötige Verbwechsel von ἀνίστημι zu ἐγείρω[16] und sodann zweitens die zumeist unbeachtet gebliebene

---

[7] Vgl. auch die linguistischen Ergebnisse bei SCHWANKL, Sadduzäerfrage 68 ff.

[8] So BULTMANN, GST 25, SUNDWALL, Zusammensetzung 74; KLOSTERMANN, Mk 125; HULTGREN, Jesus 124; SUHL, Funktion 70; GNILKA, Mk II/2 156 f., u. a. m.

[9] Anders die kompositionskritische Reduktion von HULTGREN, Jesus 130, auf die angebliche Ursprünglichkeit von Mk 12,25 als „dominical saying … [that] has been clothed with the material leading up to it (12:19–23)" (ebd. 126).

[10] So KEGEL, Auferstehung 67, Anm. 33; GNILKA, Mk II/2 156.

[11] So WEISS, ‚Lehre' 248.

[12] ‚Lehre' 236–43.

[13] Zur Kritik s. o. in Abschnitt 2.2.1 dieser Untersuchung.

[14] GST 25.

[15] BULTMANN, GST 25, übernommen von WEISS, ‚Lehre' 239.

[16] Zugegeben wechselt auch in der Sadduzäeranfrage Mk 12,19*–23a zweimal die Terminologie, doch läßt sich der Wechsel von τέκνον (V. 19d) zu σπέρμα (V. 19f.20c.21b.22a)

Alternanz der Einleitungsphrase zum Schriftzitat: während in V. 19a* der Anklang an Dtn 25,5 f. bzw. Ruth 1,5(3?) bzw. Gen 38,8[17] mit der Einleitungswendung Μωϋσῆς ἔγραψεν ... ὅτι[18] als Teil der Mose-Thora[19] ausgegeben wird, lautet Mk 12,26 die Phrase: ἐν τῇ βίβλῳ Μωϋσέως ἐπὶ τοῦ βάτου, womit der literarische Kontext, wie es bei Schriften ohne numerische Einteilung üblich ist,[20] des Schriftzitates von Ex 3,6 bzw. 15.16 mit dem bekannten Mnemo-Titel der Schriftpassage angegeben wird. Drittens kennzeichnet absolutes περὶ δέ am Satzanfang (Mk 12,26a) nicht nur im Mk-Evangelium (vgl. 13,32), sondern auch überwiegend[21] in ntl. Literatur[22] in einer Rede den „Neu-

---

auf atl. Text-Zitation zurückführen (s. die folgende Anm.) und das Springen von ἀφίεναι (V. 20c.22a) zu καταλείπειν (V. 21b) verdankt sich dem narrativen Geschick des Erzählers der Fallgeschichte, der unter Verwendung des Vokabulars von V. 19 vom Stilmittel *variatio delectat* (vgl. TAYLOR, Mk 482) Gebrauch macht (vgl. V. 20c mit V. 21b und wieder V. 22a). Diese beiden unterschiedlichen Bezeichnungen für gleiche Sachverhalte können darum nicht grundsätzlich gegen eine literarkritische Hypothese in Stellung gebracht werden, gegen SCHWANKL, Sadduzäerfrage 307; GUNDRY, Mk 707.

[17] In Mk 12,19* scheint trotz ausdrücklicher Zitateinleitung (vgl. zur Wendung Röm 10,5, im Mk noch 7,10; 10,3 f.) eine z. T. freie (vgl. WOHLENBERG, Mk 315, Anm. 92; PESCH, Mk II/2 231) und fragmentarische Benutzung (vgl. ähnlich TestSeb 3,4) der drei einschlägigen AT-Texte zur Leviratsehe vorzuliegen (vgl. aber auch ἐξανιστάναι σπέρμα in Gen 19,32.34; ἄφιημι τέκνον ?, ungenau SUHL, Funktion 67; JANZEN, Resurrection 46), um die grundsätzliche Kasuistik dieser familiären, sippenrechtlichen Institution thoragemäß zu beschreiben (vgl. SUHL, aaO. 67: „Es scheint hier nicht so sehr um den Wortlaut des Gesetzes zu gehen als vielmehr um die im Gesetz begründete Einrichtung als solche"). LXX-Benutzung ist wahrscheinlich (mit RENGSTORF, Einleitung 28*, Anm. 3, gegen WOHLENBERG, aaO. 315, Anm. 92; PESCH, aaO. 231), da der MT von Dtn 25,5 vom Kasus ausgeht, daß kein männlicher Nachkomme vorhanden ist (בן), während schon die LXX mit der Übersetzung σπέρμα auch das Fehlen weiblicher Nachkommenschaft (= τέκνον Mk 12,19) in die Kasuistik zur Leviratsehe einschließt. Beachte auch, daß Jeb II,5b in dem בן wieder ganz deutlich den „Sohn" sieht.

[18] Ein ὅτι-recitativum, so MUNDLA, Jesus 75; GUNDRY, Mk 701.

[19] Zur mosaischen Verfasserschaft des Pentateuchs vgl. Philo VitMos 2,291; Jos Ant 4,326; BB 14ᵇ.15ᵃ.

[20] Parallele: Philo Som 1,194: Τοῦτον τὸν τρόπον ἐπὶ μὲν τοῦ βάτου Μωϋσῆς ἀνακαλεῖται. Vgl. auch den rabb. Beleg aus Sifra I,1 (3. Jh. n. Chr.) bei BILL. II 28. Bekanntlich wurde die Unterteilung der atl. Bücher in Kapitel erst im 14. Jh. n. Chr. aus dem Usus der Vulgata übernommen (vgl. OESCH, Petucha 27) und die Nummerierung der Verse hat erst im 16. Jh. n. Chr. Eingang in die hebräischen Bibelausgaben gefunden (ebd. 28). Ob mit der Formulierung Mk 12,26b an eine ca. 154 Sedarim des liturgischen Drei- bzw. Dreieinhalbjahres-Lesezyklus der Thora oder an eine Parasche (so KLOSTERMANN, Mk 126; GRUNDMANN, Mk 333; GNILKA, Mk II/2 160; MUNDLA, Jesus 80; WEISS, ‚Lehre' 246, Anm. 38) von den 54 des einjährigen Vorlese-Zyklus der Synagoge gedacht wird (vgl. dazu OESCH, aaO. 32 ff.) ist unwahrscheinlich, da sich je nach Aufteilung immer ein entschieden größerer Leseabschnitt als nur der der Begegnung Mose mit Jahwe beim Dornbusch (= Ex 3,1–4,17) ergibt. Vgl. TAYLOR, Mk 483: ἐπὶ τοῦ βάτου „is a customary method of referring to the narrative of the burning bush".

[21] Bei den Ausnahmen handelt es sich einerseits in Mt 27,46 um Erzähltext und andererseits in Joh 16,11 um die Konstruktion περὶ μέν – περὶ δέ (vgl. 16,9).

[22] Mt 24,36; Act 21,25, vgl. 1 Kor 7,1.25; 8,1; 12,1; 16,1.12; 1 Thess 4,9; 5,1.

ansatz"[23]. Dazu kommt viertens hinzu, daß 12,19* vermutlich nach dem Text der LXX[24] gestaltet ist, während in V. 26d nach dem MT von Ex 3,6 bzw. 15.16 aus der jüd. Thora übertragen wird.[25] Schließlich ist fünftens „im form-kritischen Vergleich unwahrscheinlich, daß die ursprüngliche Überlieferung zwei gleichwertige Argumente enthalten" hat,[26] die zudem in unlogischer Rei-henfolge stehen: „For normally the fact [of the future life] must first be established, then the manner can be discussed"[27].

Für eine formkritische Bestimmung der darum als sekundär vermuteten Verse Mk 12,26 f. sei auf die Formparallele des rabb. Schriftbeweises für die *Tatsache* der Auferstehung aufmerksam gemacht. Am Beispiel von Sanh 91[b28] läßt sich am besten sein Beweisgang studieren. Die Baraita lautet[29]:

> „R. Meir (T 3) hat gesagt:
> a) ‚Woher ist die Wiederbelebung der Toten aus der Thora zu erweisen?
> b) s. Ex 15,1: 'Da wird Mose und die Kinder Israel Jahwe dieses Lied singen'.
> c) Es heißt nicht: 'Er sang' (שָׁר), sondern: 'er wird singen' (יָשִׁיר).
> d) Von hier aus hat man einen Beweis für die Wiederbelebung der Toten aus der Thora'."

Geht man von diesem rabb. Text zu einem Strukturvergleich mit Mk 12,26 f. über, so ergeben sich folgende Übereinstimmungen: Auf die zu beweisende These, die *Tatsache* der Auferstehung (a = 12,26a) aus der Thora zu belegen (vgl. a mit der Einleitungsphrase V. 26b), erfolgt der schriftgemäße Beweis in drei Sätzen, zwei Prämissen und einer Schlußfolgerung.[30] Die erste Prämisse bildet ein Schriftzitat (b [= Ex 15,1] = Mk 12,26c [= Ex 3,6 bzw. 15.16]), das durch Prämisse zwei (οὐκ – ἀλλά) präzisiert wird (c = Mk 12,27a). Eine aus beiden Voraussetzungen gezogene logische Schlußfolgerung (vgl. d: „von hier aus") bildet den Abschluß des Beweises (d = V. 27b). Da der einzige sach-liche Unterschied zwischen dem rabb. Beispiel und Mk 12,26 f. darin besteht,

---

[23] Weiss, ‚Lehre' 235, vgl. Schwankl, Sadduzäerfrage 305.

[24] S. o. Anm. 17.

[25] Hinweise sind 1. das Fehlen der Kopula εἰμί (anders Mt 22,32) und 2. die Konstanz des Artikels vor Θεός. Letzteres ist darauf zurückzuführen, daß im hebräischen Status constructus der Eigenname den Gesamtausdruck determiniert (vgl. Gesenius/Kautzsch, Grammatik § 127a), mit Gundry, Mk 703.707, gegen Klostermann, Mk 126; Gnilka, Mk II/2 157.159 f.; Mundla, Jesus 73; Weiss, ‚Lehre' 246. – „Durch die Weglassung von ‚der Gott deines Vaters'" (אֱלֹהֵי אָבִיךָ) „wird das Wort von der Person des Mose als einzigem Adressaten entbunden" (Schwankl, Sadduzäerfrage 385, Anm. 180).

[26] Weiss, ‚Lehre' 235.

[27] Strawson, Jesus 207.

[28] S. auch San 90[b] (R. Simai, T 5), Bill. I 894 f.; BerR 20 (14[a]), R. Simeon b. Jochai (T 3), Bill. I 894, vgl. ferner Sanh 90[b] (R. Simeon b. Jehotsadoq, A 1); Sanh 91[b] Bar (R. Jehoschua b. Levi [A 1], R. Jochanan [A 2] und R. Chijja II. b. Abba [A 3]).

[29] Übersetzung nach Bill. I 894.

[30] Anders Berger, Formgeschichte 102; ders., Auferstehung 386, Anm. 512; Schwankl, Sadduzäerfrage 404 f.

daß V. 27a nicht wie der Rabbi einen grammatischen Lesehinweis (auf den möglichen futurischen Aspekt des hebr. Imperfektes[31]), sondern bereits eine Interpretation[32] des Schriftzitates (Ex 3,6 bzw. 15.16) anbietet, ist anhand der Übereinstimmungen erwiesen, daß Mk 12,26 f. eine ehemals formkritisch selbständige Einheit,[33] einen (rabb.) Schriftbeweis für die Auferstehung der Toten, darstellt.

Der Gewinn aus der Einsicht in die formkritische Selbständigkeit von Mk 12,26 f. besteht nun darin, daß die Vorgehensweise der vormarkinischen Redaktion konkretisiert werden kann, von der anzunehmen ist, daß sie erstens sowohl an der selbständigen Überlieferung des Schriftbeweises für die Auferstehung als auch zweitens an dem ihr vorliegenden Text der Sadduzäerfrage, genauer: der Antwort Jesu (V. 24 f.), gearbeitet hat. Ihr Ziel war es, durch Ergänzung einen in ihrer Sicht harmonisch-vollständigen Text der Jesus-Antwort auf die Anfrage der Sadduzäer zu erhalten.

Ad 1: Der Neueinsatz mit περὶ δέ in Mk 12,26a betrachtet zunächst den rabb. Auferstehungsbeweis als ein in den V. 24 f. bisher nicht enthaltenes, mithin weiterführendes Argument. Die formale Umformung von Prämisse 1 des Schriftbeweises mit dem Rekurs auf Ex 3,6 bzw. 15.16 (Mk 12,26b–d) von der grammatischen Form der Aussage in eine von ἀναγίγνωσκω abhängige indirekte Frage[34] gleicht parallelisierend an die der Redaktion vorliegende, von πλανᾶσθε abhängige indirekte Frage von V. 24bc an.[35] Es entsteht ein zweiter Antwortteil (V. 26 f.). Durch das Stilmittel der Wiederholung in V. 27b (πλανᾶσθε) greift die Redaktion nun inventiv auf V. 24a (πλανᾶσθε) zurück[36] und zeigt damit an, daß das zweite Argument (V. 26 f.) der Jesus-Antwort eng mit seinem ersten (V. 24 f.) verbunden sein soll. Mit Hilfe des Adjektives πολύς im Neutrum Akk. (= „viel, sehr"[37]) macht sie auf den weiteren, den tieferen Irrtum der Sadduzäer in ihrer Anfrage zur Auferstehung (V. 19–23a) aufmerksam: Neben ihrer Unkenntnis „der Schriften" und in der Gotteslehre (V. 24bc) übersehen sie in ihrer Schriftgelehrsamkeit auch den Beweis für die Auferstehung aus einer bestimmten Schriftstelle. Die vormarkinische Redaktion gibt also, so läßt sich summieren, durch ihre angleichende Einarbeitung des (rabb.) Schriftbeweises (V. 26 f.) zu erkennen, daß sie die Sadduzäeräußerung mit der Frage nach dem *Wie* der Auferstehung (V. 23a) als grundsätzliche Kritik an dem *Daß* der Auferstehung auffaßt. Denn bereits V. 18b hatte ja die Sadduzäer als notorische Auferstehungsbestreiter einge-

---

[31] S. GESENIUS/KAUTZSCH, Grammatik § 107i.
[32] Vgl. SCHWANKL, Sadduzäerfrage 404.406.
[33] Vgl. SCHWEIZER, Mk 135.
[34] Vgl. BLASS/DEBRUNNER, Grammatik § 396₅.
[35] Vgl. WEISS, ‚Lehre' 237.
[36] Vgl. WEISS, ‚Lehre' 235.
[37] Vgl. ALAND/ALAND, Wörterbuch Sp. 1378 ff.

führt.[38] Die der vormarkinischen Redaktion vorliegende formkritische Einheit des (rabb.) schriftgemäßen Auferstehungsbeweises könnte etwa folgendermaßen gelautet haben:

a) ‚Woher ist aus der Thora zu erweisen, daß die Toten auferstehen?
b) Ihr habt in dem Buch des Mose bei (der Stelle von) dem Dornbusch gelesen, wie Gott zu ihm sprach, indem er sagte: 'Ich bin der Gott Abrahams und der Gott Isaaks und der Gott Jakobs'.
c) Es gibt keinen Gott der Toten, sondern nur der Lebenden.
d) Von hier aus hat man einen Beweis für die Auferstehung der Toten aus der Thora.‘

Ad 2: Die Eingriffe der vormarkinischen Redaktion in den ihr vorliegenden Text der Jesus-Antwort zur Sadduzäeranfrage (Mk 12,24 f.), um eben diesen Schriftbeweis einzupassen, werden als gering einzustufen sein. Eine Einfügung des Vorwurfs in V. 24cβ, daß die Sadduzäer „die Kraft Gottes" nicht kennen, ist unwahrscheinlich, da Mk 13,26 f. par. und 2 Thess 1,7 (vgl. Apk 12,9 f.) die motivgeschichtliche Verbindung von δύναμις mit ἄγγελοι und οὐρανός (vgl. 12,24cβ mit V. 25b) belegen. Es ist daher davon auszugehen, daß dieser Vorwurf bereits vorredaktionell im ursprünglichen Text der Jesus-Antwort enthalten war. Gleichfalls wird der Hinweis auf „die Schriften" (V. 24cα) nicht mit der Anfügung V. 26 f. in die Perikope gekommen sein,[39] da mit dem Ausdruck αἱ γραφαί (Plur.!) im ntl. Schrifttum bis auf eine Ausnahme (Mt 21,42) keine besondere *Schriftstelle* mit Zitat, sondern ein *Sammelbegriff* für die atl.-jüd. *Schrift* vorliegt.[40] Es hätte für die vormarkinische Redaktion nähergelegen, den Schriftbeleg in Mk 12,26d von Ex 3,6 bzw. 15.16 bspw. wie Mk 12,10 mit τὴν γραφὴν ταύτην (Sing.!) in V. 24cα vorzubereiten.[41] Damit wird auch der Hinweis auf „die Schriften" als erster Teil der vorredaktionellen Argumentation von V. 24c zu betrachten sein. Der Aufbau der *ursprünglichen Jesus-Antwort* (V. 24 f. = Version A) ist also zweigeteilt: Auf die These (V. 24bc), die formal (V. 24b) und inhaltlich unterteilt ist (V. 24c), folgt eine Begründung (V. 25 = γάρ). Dabei bildet der inhaltliche Teil der These (V. 24c) ein Doppelargument, bestehend aus dem Hinweis auf „die Schriften" (V. 24cα) und dem Verweis auf die Gotteslehre (V. 24cβ), und ist damit formal eng auf die gleichfalls zweigeteilte Begründung – zuerst negativ (V. 25a: οὔτε – οὔτε), dann positiv (V. 25b: ἀλλά) – bezogen. Die Begründung soll die indirekte, rhetorische[42] Frage von V. 24bc beantworten.

Bleibt nur noch zu fragen, ob das folgernde διὰ τοῦτο (Mk 12,24b) als Spur des vormarkinischen Redaktors erkennbar ist. Bei dieser Prüfung tritt das Problem auf, ob διὰ τοῦτο sich formal und inhaltlich auf das Vorhergehende,

---

[38] Vgl. ANDERSON, Mk 276.
[39] Mit SCHWANKL, Sadduzäerfrage 359, gegen GNILKA, Mk II/2 156.
[40] S. u. den Abschnitt 2.3.4.3 dieser Untersuchung.
[41] Vgl. GUNDRY, Mk 707.
[42] Vgl. SCHWANKL, Sadduzäerfrage 303.

die Frage der Sadduzäer (V. 23a), oder auf das Folgende, die Antwort Jesu (V. 24cff.), bezieht. Syntaktisch wird der formale Vorwurf des „Irrtums" (V. 24b) von den beiden partizipial angefügten Monita der Unkenntnis in der Schrift- und Gotteslehre (V. 24c) inhaltlich geklärt, so daß eine deutsche Übersetzung die partizipiale Unterordnung mit: „Irrt ihr nicht, indem ihr / weil ihr / die ihr …", wiedergeben kann. Nun muß jedoch mit *Alfred Suhl* darauf geachtet werden, daß das kausale διὰ τοῦτο nicht so in die Partizipialkonstruktion hineingenommen wird, daß stillschweigend ein διὰ τοῦτο mit folgendem ὅτι konstruiert wird,[43] um dann den Bezug auf das Nachfolgende zu belegen.[44] Vielmehr muß gemäß ntl. Sprachgebrauch das alleinstehende διὰ τοῦτο[45] als Folgerung auf das Vorhergesagte gelten, mithin auf die in der Sadduzäerfrage sich implizit artikulierende Auferstehungsvorstellung (V. 23a) bezogen werden.[46] Von daher läßt sich V. 24bc folgendermaßen paraphrasieren: „Irrt ihr nicht wegen der in eurer Frage vorausgesetzten Auferstehungsvorstellung, die erkennen läßt, daß ihr weder die Schriften noch die Kraft Gottes kennt?"

Das διὰ τοῦτο bildet also zwischen der asyndetisch an die Sadduzäeranfrage angeschlossene Antwort Jesu ein formales Scharnier, indem es zwei verschiedene und unterschiedlich begründete Auferstehungskonzeptionen, von denen die der Sadduzäer negativ als „Irrtum" (Mk 12,24b), die von Jesus demgegenüber stillschweigend als *Wahrheit* qualifiziert ist, antithetisch aufeinander bezieht.[47] Sieht man, daß der Vorwurf des Irrtums immer bereits eine fundamentale Kritik eines Diskussionsteilnehmers an einer vorhandenen, von ihm jedoch entschieden abgelehnten Meinung darstellt (vgl. 1 Kor 6,9; 15,33; Gal 6,7; Jak 1,16), so stellt das kausale διὰ τοῦτο zum ebenfalls sich vorwärts im Text beziehenden οὐ πλανᾶσθε (Mk 12,24b) eine Doppelung in der Textaussage dar, die der vormarkinischen Redaktion zuzuschreiben sein wird. Sie sieht ja in der Sadduzäeranfrage nach dem *Wie* der Auferstehung eine grund-

---

[43] Vgl. SUHLS Kritik (Funktion 69.69, Anm. 9) an LOHMEYER, Mk 256.

[44] So LOHMEYER, Mk 255 f. S. διὰ τοῦτο mit folgendem, inhaltlich klärenden ὅτι in Mt 13,13; 21,43; 24,44; Joh 5,16.18; 6,65; 8,47; 10,17; 12,18.39; 13,11; 16,15; 1 Thess 2,13; Apk 18,8.

[45] Neben einer Überleitungsfunktion (vgl. Joh 12,27; Röm 1,26; 4,16; 5,12; 13,6; 1 Kor 11,10; 2 Kor 4,1; Eph 1,15) übernimmt alleinstehendes διὰ τοῦτο rückbezügliche Aufgaben in Mt 12,27 par.; 13,52; 18,23; Mk 6,14; Lk 14,20; Joh 7,22; 15,19; 19,11; 1 Thess 3,5.7; 1Joh 4,5; 3Joh 10; Apk 12,12.

[46] Mit KLOSTERMANN, Mk 126; SUHL, Funktion 69; GNILKA, Mk II/2 159, Anm. 11; SCHWANKL, Sadduzäerfrage 357; GUNDRY, Mk 702.706, gegen WOHLENBERG, Mk 315 f.; CRANFIELD, Mk 374; TAYLOR, Mk 483; SCHWEIZER, Mk 135; GRUNDMANN, Mk 331; PESCH, Mk II/2 230. Unentschieden BRAUN, Art. πλανάω 245, übernommen von WEISS, ‚Lehre' 238.

[47] Vgl. SCHWANKL, Sadduzäerfrage 357: „Dabei wird, was den Sadduzäern abgesprochen wird, implizit für Jesus in Anspruch genommen. Ihrem Irrtum steht seine Wahrheit, ihrer Ignoranz sein überlegenes Wissen gegenüber".

sätzliche Kritik am *Daß* der Auferstehung und konzipiert die Antwort Jesu, die sich in erster Linie mit den falschen Prämissen der sadduzäischen Auferstehungslehre beschäftigen soll, dreiteilig (Version B): Sie besteht aus einer These[48] (Mk 12,24b.c), die formal („Irrtumsvorwurf" V. 24b) und inhaltlich zweifach als Doppelargument („mangelhaftes Wissen von den Schriften und Gottes Kraft" V. 24c)[49] präzisiert ist, und in zwei Argumentationsschritten (V. 25 = 1; V. 26 f. = 2) abgearbeitet wird.[50] Da die beiden indirekten Fragen Jesu an die Adresse der Sadduzäer (V. 24bc.26a–d) auf keine Antwort zielen,[51] werden sie als rhetorische Konstruktion zu gelten haben, die in der sich jeweils anschließenden Begründung bzw. Schriftauslegung (V. 25 bzw. 27) ihre Beantwortung finden sollen.[52] Zuerst wird „in chiastischer Umstellung"[53] in Mk 12,25 die Begründung für das zweite Monitum an der von den Sadduzärn vorgetragenen Auferstehungslehre, ihrem Nichtwissen in der Gotteslehre (V. 24cβ), gegeben, indem auf „die neue Seinsweise der Auferstehenden"[54] aufmerksam gemacht wird, um sodann den dahinterliegenden sadduzäischen Irrtum in „den Schriften" (V. 24cα) über das *Daß* der Auferstehung mit Hilfe des Schriftbeweises aufzuklären (V. 26 f.).[55]

Eine entscheidende Verständnisverschiebung hat die vormarkinische Redaktion durch ihr neues ergänzendes Arrangement der Antwort Jesu anscheinend nur an einer Stelle vorgenommen. War bislang der Hinweis auf die Unkenntnis „der Schriften" (Mk 12,24cα) der erste Teil eines in V. 25 begründeten Doppelargumentes, indem auf einen numerisch unbestimmten Sammelbegriff von anerkannten Schriften hingewiesen wurde, so bezieht es sich in der chiastisch-redaktionellen Neukonzeption der Jesus-Antwort auf eine bestimmte Schriftstelle in der Mosethora (vgl. Mt 21,42).[56] Die Exegese ist daher gehalten, dieses oszillierende Schriftverständnis auf der synchronen Ebene wahrzunehmen.[57] Das geschieht methodisch am besten so, daß man zunächst streng zwischen einer Interpretation der ursprünglichen kurzen Jesus-Antwort

---

[48] Vgl. WEISS, ‚Lehre' 236.

[49] Vgl. JANZEN, Resurrection 48; SCHMITHALS, Mk 2/2 534.

[50] Vgl. eine ähnliche Gliederung der Jesus-Antwort von LOHMEYER, Mk 256. Anders VAN DAALEN, Observations 241, JANZEN, Resurrection 50; PESCH, Mk II/2 230; WEISS, ‚Lehre' 234 f. Ungenau SCHWANKL, Sadduzäerfrage 356: „Die Antwort Jesu setzt … mit einem scharfen doppelten Vorwurf ein".

[51] Vgl. PESCH, Mk II/2 232.

[52] Anders PESCH, Mk II/2 230.

[53] HOFFMANN, Art. Auferstehung 451; SCHWANKL, Sadduzäerfrage 365, vgl. SCHMITHALS, Mk 2/2 534. Gesehen von PESCH, Mk II/2 232, ungenau WEISS, ‚Lehre' 235.

[54] SUHL, Funktion 69.

[55] Vgl. LOHMEYER, Mk 255.

[56] Vgl. SUHL, Funktion 71.

[57] Vgl. SUHL, Funktion 72: „Die Analyse zeigte, daß in dieser Perikope zwei grundverschiedene Möglichkeiten, sich auf die Schrift zu beziehen bzw. sich zu ihr zu verhalten, festgestellt werden müssen".

V. 24 f. (Version A) und einer Auslegung der späteren Neukonzeption V. 24–27 (Version B) trennt.

Geht man nun über zur Erläuterung der Sadduzäeranfrage (Mk 12,19–23a), so erkennt man zunächst, daß sie aus drei Teilen besteht[58]: Einmal enthält sie die mosaische „Vorschrift über die Leviratsehe"[59] (V. 19*), geht dann über zur „Fallgeschichte"[60] von den sieben Brüdern und der Frau des ältesten (V. 20–22), um sich zuletzt der Problemfrage zur Auferstehung zuzuwenden (V. 23a). Durch formale Bezüge ist gewährleistet,[61] daß jeder Teil auf den vorangegangen aufbaut, so daß die Sadduzäeranfrage inhaltlich einheitlich erscheint, wenngleich sie zwei verschiedene, formkritisch selbständige Gattungen benutzt.

Formkritisch autark wird die schriftgemäße, als allgemeiner Kasus[62] beschriebene eherechtliche Institution der sogenannten Leviratsehe[63] sein. In der Form eines kasuistischen Bedingungssatzes mit ἐάν eingeleitet[64] (= Dtn 25,5) und in aufzählender Parataxe fortgeführt, werden zunächst die Konditionen genannt (Protasis), die für den Eintritt des Kasus erfüllt sein müssen, nämlich, daß ein verstorbener Ehemann (mindestens) einen (überlebenden) Bruder hat (Mk 12,19b), bei seinem Tod seine Witwe hinterläßt (V. 19*c) und aus dieser Ehe keine (weiblichen oder männlichen) Nachkommen geboren sind (V. 19d). Daran schließt sich in V. 19ef, mit ἵνα + Konjunktiv imperativisch formuliert,[65] eine konditional zu interpretierende Parataxe (Apodosis) an,[66] die das mosaische Gebot enthält (Gen 38,8), daß in diesem Fall sein Bruder verpflichtet ist, jene Witwe zur Frau zu nehmen (vgl. Dtn 25,6 f.), mit dem Ziel, ihr einen (männlichen oder weiblichen) Nachkommen zu zeugen.[67]

Asyndetisch schließt sich ein „Musterfall"[68] an (Mk 12,20–22), eine formkritisch einheitliche Geschichte, die stilmäßig wie ein Märchen in imperfektischer Erzählweise beginnt: „es waren (einmal) sieben Brüder" (vgl. Lk

---

[58] Ähnlich SCHWANKL, Sadduzäerfrage 98.
[59] PESCH, Mk II/2 231.
[60] SCHWANKL, Sadduzäerfrage 125.
[61] PESCH, Mk II/2 232, Anm. 5 (ähnlich SCHWANKL, Sadduzäerfrage 97 f.): „Die wichtigsten Stichworte aus V 19 (sc. Mk 12) kehren VV 20–22 wieder", als da sind: ἀδελφός, λαμβανεῖν γυναῖκα, ἀποθνῃσκεῖν, ἀφίημι, σπέρμα, καταλείπειν. In V. 23a bezieht sich τίνος mit folgendem Genitivus partitivus αὐτῶν pronominal auf die in V. 22a genannten sieben gestorbenen (vgl. V. 21c) Brüder zurück.
[62] Im Gegensatz zur halakhischen Kasuistik der Mischna, die u. a. familiäre Spezialfälle, z. B. das Leviratsehengebot für zwei Brüder, die mit zwei Schwestern verheiratet sind, diskutiert (vgl. Jeb III,1–7).
[63] Von lat. levir, -viri = „Schwager" (GEORGES, Handwörterbuch II Sp. 626).
[64] PESCH, Mk II/2 231.
[65] Mit ALAND/ALAND, Wörterbuch Sp. 767; BLASS/DEBRUNNER, Grammatik § 387.3, gegen LOHMEYER, Mk 255; TAYLOR, Mk 481; MUNDLA, Jesus 75.
[66] Vgl. BEYER, Syntax 259.267.
[67] Vgl. Gen 19,32.34.
[68] PESCH, Mk II/2 231.

16,19; yYev 4,6^b,35^{69}) und mit dem vorangestellten Subjekt^{70} der runden^{71} Zahl „sieben"^{72}, die eine vollkommene Reihe assoziieren soll (vgl. 4 Makk 14,7), gleich zu Beginn der Erzählung zu erkennen gibt, daß es sich nicht um eine wirklich geschehene Begebenheit (vgl. anders Yev 64^{b73}), sondern um einen fiktiven Fall^{74} sieben namenloser Brüder handelt, die mit ein und derselben Frau nacheinander verheiratet waren.^{75} Dabei knüpft der Erzähler an vorbildhaftes jüd. Erzählen an,^{76} indem er aus Tob 3,8.15; 6,14; 7,11 das Motiv, daß eine *Frau* mit *sieben* Männern *verheiratet* war, die alle (in der Hochzeitsnacht) *starben*, mit dem Motiv aus 2 Makk 7,1–41 verbindet, wo erzählt wird, daß *sieben Brüder und* ihre *Mutter* den (Martyriums)-Tod erlitten,^{77} um naiv kasuistische Probleme seiner narrativen Konstruktion^{78} einfach zu übergehen. In einer ausgewogenen stilistischen Mischung aus narrativer Gleichförmigkeit – sechs kurze mit καί parataktisch angeschlossene Sätze verwenden das dem Rezipienten bereits bekannte Vokabel-Material aus V. 19* – und Aufmerksamkeit heischender Variation – auf ein Partizip mit Verbum finitum (V. 20c) folgt die umgekehrte Reihenfolge (V. 21b), auf οὐκ (V. 20c) folgt die Verneinungspartikel μή (V. 21b), synonym gebraucht werden ἀφίημι und καταλείπω (vgl. V. 19c.d mit 20c.21b) – trägt der Erzähler seine Fall-

---

^{69} BILL. III 650: „Es waren einmal dreizehn Brüder ...".

^{70} Vgl. REISER, Syntax 91.

^{71} Vgl. PESCH, Mk II/2 232; SCHMITHALS, Mk 2/2 535.

^{72} Vgl. z. B. Gen 2,2; 31,23; Dtn 15,1; Ruth 4,15; 1 Sam 2,5; Hi 1,2; Tob 3,8.15; 6,14; 7,11; Jes 4,1; Jer 15,9; Act 19,14; Jos Bell 1,312; AssMos 9,1; MQ 21^b (R. Aqiba, T 2).

^{73} „Abajje stützte sich darauf (sc. auf die Entscheidung von R. Jochanan) und heiratete die Choma, Tochter des Isi, des Sohns R. Jischaqs, des Sohns R. Jehudas, die Rehaba aus Pumbeditha geheiratet hatte und gestorben war und darauf R. Jizchaq, Sohn des Rabba b. Bar-Chana, geheiratet hatte und ebenfalls gestorben war; nachdem er sie geheiratet, starb er ebenfalls".

^{74} Historische Schlußfolgerungen über die Praxis der Leviratsehe zu ntl. Zeit zu ziehen, sind daher von diesem Text her nicht möglich, gegen RENGSTORF, Art. ἑπτά 627, Anm. 28.

^{75} Vgl. REISER, Leben 383.

^{76} Vgl. 4 Makk 16,1, wo sich die Formulierung γυνή = ἑπτὰ παίδων μήτηρ auf die Märtyrerlegende von 2 Makk 7,1–41 zurückbezieht.

^{77} Ob man vom Auszählen des gemeinsamen Wortschatzes zwischen Mk 12,20–23a und 2 Makk 7,1–41 „darauf schließen [kann], daß die Sadduzäerfrage sich auf 2 Makk 7 bezieht und daraus schöpft" (SCHWANKL, Sadduzäerfrage 349), darf bezweifelt werden, da z. B. die in Mk 12,19* verwendeten Syntagmen λαμβανεῖν γυναῖκα und ἀφίημι τέκνον/σπέρμα nicht auf 2 Makk 7 zurückgehen. Vielmehr steht der vormk. Erzähler der Geschichte von der sechsfachen Leviratsehe in der Erzähltradition von 2 Makk 7, wie sich an dem Gebrauch derselben erzähltechnischen Mitteln erkennen läßt, als da sind: die Aufzählung mit ὁ πρῶτος – ὁ δεύτερος – ὁ τρίτος, die verkürzende Fortführung mit ὡσαύτως und der Abschluß der Erzählung mit ἔσχατον bzw. ἐσχάτη (vgl. SCHWANKL, aaO. 350).

^{78} Wer von den sechs Brüdern muß zuerst die Frau des verstorbenen Bruders heiraten? Antwort der Rabbinen: der älteste (vgl. Sifre zu Dtn 25,5; yJeb II, 4^a, 44 f.; Jeb II,8^a; IV,5^a). Soll nach dem Tod des dritten Bruders auch der vierte das Risiko der Leviratsehe eingehen? Antwort von R. Simeon b. Gamaliel (T 1): der dritte Bruder soll es versuchen, nicht aber der vierte (Yev 64^b, BILL. II 437).

geschichte vor, um mit der Zählung des Geschickes des dritten Bruders unvermittelt abzubrechen[79] und den kinderlosen Ertrag der sechsfachen Leviratsehe (Wiederholung von V. 20c in V. 22a) mit dem (überraschenden) Todesschicksal der Frau pointenhaft zu verschränken (V. 22). Der an ein Happy-End gewohnte AT-Rezipient (vgl. Gen 38,11 mit 27; Ruth 1,11 mit 4,13; Tob 3,8.15; 6,14; 7,11 mit 8,14 ff.) erfährt von einer tragischen Familienmär, daß trotz sechsfachen Levirates eine Ehe kinderlos geblieben und mit dem Tod der Witwe definitiv beendet ist.

Die sich wieder asyndetisch anschließende Frage[80] (Mk 12,23a), die die „Fallgeschichte in die Zukunft" hinein verlängert,[81] wendet den Blick jedoch von der (mißglückten) institutionellen Funktion der Leviratsehe, einem Ehemann fehlende Nachkommenschaft zu verschaffen,[82] dem „postmortalen Geschick"[83] der Witwe zum Zeitpunkt der zukünftigen Auferstehung zu,[84] indem auf ihre siebenmalige, aufeinander folgende *Ehebeziehung*[85] hingewiesen wird. Die kurze Frage reduziert den erzählerischen Aufwand von Mk 12,20–22 auf das entscheidende Problem, mit welchem Mann eine (einmal[86]) wiederverheiratete Frau bzw. ein einmal wiederverheirateter Mann im Moment der Auferstehung verheiratet sein wird.

Ruft man sich jetzt nach der formkritischen Analyse die zweiteilige antithetische Struktur[87] der vormarkinischen Perikope *Von der Auferstehung* (Mk 12,18–27*) in Erinnerung, so ergibt sich folgende Gliederung[88]:

---

[79] Abkürzendes ὡσαύτως in Mk 12,21c (vgl. 2 Makk 7,13) verweist auf ein gleiches negatives Resultat wie beim zweiten Bruder. Mißverständlich bleibt die Formulierung von MUNDLA, Jesus 76 (vgl. GUNDRY, Mk 705), hier sei nach der erzählerisch gebrauchten regula de tribus numeris verfahren, da nicht im Dreisatzverfahren mit dem vierten, noch fraglichen Eheschließungsresultat abgeschlossen wird, sondern nur in erzählerisch verkürzender Weise die 6er-Reihe von Eheschließungen vorgetragen wird.

[80] Die Annahme von JANZEN, Resurrection 47 f., daß in der Sadduzäeranfrage ein Wortspiel mit ἐξανίστημι (Mk 12,19 f.) vorliegt, läßt sich von V. 23a (ἀνάστασις) nicht bestätigen. Möglich gewesen wäre hier, wie Paulus in Phil 3,11 (ἐξανάστασις) zu formulieren.

[81] SCHWANKL, Sadduzäerfrage 352.

[82] Mit dieser Blickrichtung der Sadduzäerfrage von Mk 12,23a ist ausgeschlossen, daß die Sadduzäer die Leviratsehe als gewissermaßen biologisches Gegenkonzept einer *innerweltlichen* Lebenshoffnung, das auf der Sukzession der Geschlechter basiert, gegen die *postmortal* orientierte Auferstehungshoffnung eines wiedergeschenkten Lebens ins Spiel bringen wollen, gegen CARRINGTON, Mk 261; PESCH, Mk II/2 231, Anm. 4; SCHWANKL, Sadduzäerfrage 343.

[83] PESCH, Mk II/2 232.

[84] Die Dativpräposition ἐν benennt hier einen Zeitpunkt (dazu ALAND/ALAND, Wörterbuch s. v.), vgl. auch Mt 19,28; 1 Kor 15,23; 1 Thess 2,19; 3,13; 1Joh 2,28.

[85] Anders Gen 38; Dtn 25,5 im Unterschied z. B. zu Jos Ant 4,254: γαμέω.

[86] WOHLENBERG, Mk 314: Die Geschichte scheint „doch wohlgeeignet, auf eine schon bei einer geringeren Anzahl, geschweige bei einer Siebenzahl von kinderlos verstorbenen Brüdern vorliegende unausbleibliche Schwierigkeit hinzuweisen".

[87] Vgl. SCHWANKL, Sadduzäerfrage 326.

[88] Zum Aufbau vgl. WEISS, ‚Lehre' 234 f.; SCHWANKL, Sadduzäerfrage 96.

Exposition (V. 18*)
I. Problemanfrage (V. 19a*–23a):
   1. Die mosaische Institution der Leviratsehe (V. 19*)
   2. Ein fiktiver Musterfall (V. 20–22)
   3. Problemfrage zur Auferstehung (V. 23a)

II. Antwort Jesu (V. 24 ff.):
   Version A (V. 24b*–25):
   1. (Gegen-)These mit formal (V. 24b) und inhaltlich (V. 24c) zweifach
      unterteilten (V. 24cα.β) Vorwurf (V. 24bc)
   2. Einfache Begründung des Doppelargumentes (V. 25)

   Version B (V. 24b–27):
   1. (Gegen-)These mit formal (V. 24b) und inhaltlich (V. 24c) zweifach
      unterteilten (V. 24cα.β) Vorwurf (V. 24bc)
   2. Begründung des zweiten Vorwurfs (V. 25)
   3. Ausführung des ersten Vorwurfs (V. 26 f.).

Als vergleichbare formkritische Parallelen kommen für diese Struktur des
Textes alle synoptischen Apophthegmata[89] in Betracht, in denen sich an einen
Handlungsfall – hier nur fiktiv geschildert – eine *Problemfrage* von Gegnern
Jesu anschließt, die dieser in der souveränen Manier eines kompetenten
Weisheitslehrers mit einer oder mehrerer Sentenzen unter Zuhilfenahme von
rhetorischen Fragen schlagfertig *beantwortet* (vgl. im Mk 2,15–17.23–28;
7,1–23 (= Version B), ferner 2,18–20; 8,11 f.; 14,3–9). Mit der vormar-
kinischen Redaktion wird man Mk 12,18–27* der Untergattung der Streitge-
spräche zuweisen,[90] da die von Gegnern eingebrachte rationale Kritik an der
Auferstehungserwartung durch das aus einer Mehrfachehe erwachsenen Problem der Vorrangigkeit einer Ehebeziehung mit logischen Argumenten von
Jesus im Sinne der *Verteidigung* der Auferstehungshoffnung repliziert wird.
Wurde deutlich, daß V. 26 f. eine vormarkinische Erweiterung des ursprünglichen Streitgespräches V. 18–25 (Version A) darstellt, so wird man von einer
Mischgattung sprechen müssen, genauer: daß es sich hier um ein durch einen
rabb. Schriftbeweis *erweitertes Streitgespräch* handelt.

2.3.2 Zur literarischen Apologetik der Auferstehungslehre

Geht man innerhalb der formkritischen Fragestellung auf den funktionalen
Methodenschritt, der Suche nach der typischen Kommunikationssituation für

---

[89] Vgl. SCHMITHALS, Mk 2/2 534.
[90] Mit BULTMANN, GST 51; BERGER, Formgeschichte 92; BÖTTGER, König 80, Anm. 262;
GNILKA, Mk II/2 157; MUNDLA, Jesus 83, gegen HULTGREN, Jesus 131; ERNST, Mk 348;
PESCH, Mk II/2 230; LÜHRMANN, Mk 203; WEISS, ‚Lehre' 234. Ausweichend SCHWANKL,
Sadduzäerfrage 317, der im Anschluß an BERGER, Gesetzesauslegung 183, von der Gattung
„Lehrgespräche" spricht. Anders TANNEHILL, Apophthegms 1801.

die Gattung der synoptischen Streitgespräche ein, so erhält man von *Rudolf Bultmann* die Auskunft, daß Streitgespräche im Grunde „ideale Szenen [seien], die einen Grundsatz, den die Gemeinde auf Jesus zurückführt, in einem konkreten Fall veranschaulichen"[91]. Im Fortgang dieser formkritischen Annahme entwickelt *Arland J. Hultgren* zur Perikope *Von der Auferstehung* (Mk 12,18–27) die These, daß hinter ihrer ersten Stufe (V. 18–25) „the problem of remarriage in the Christian community for those whose spouses have died"[92], stehe. Wenn Paulus in 1 Kor 7,39 die Frage der Wiederverheiratung von Witwen als gemeindliches Problem für Korinth anspricht und in diesem Zusammenhang den Grundsatz hervorhebt, daß „eine Frau an ihren Mann gebunden ist, solange er lebt" (7,39a), dann sei „implicit in this affirmation … that marital ties do not continue after death"[93], was vice versa die Gemeinde im Streitgespräch in Mk 12,25 mit den Worten: „Denn wenn sie von den Toten auferstehen, heiraten sie nicht, noch lassen sie sich freien …", als autoritatives Jesus-Wort zum Ausdruck bringt. Erst auf einer zweiten Traditionsstufe der Sadduzäerperikope (= V. 26 f.) sei das primäre gemeindliche Problem der Wiederverheiratung im Horizont einer ekklesiologischen Auferstehungshoffnung von einer Apologie der Auferstehung verdrängt worden.[94]

Gegen diese interessante formkritische Hypothese eines gemeindepraktischen, eheethischen Kommunikationshintergrundes der Sadduzäeranfrage[95] sprechen aber nun die Ergebnisse vergleichender Literarkritik. In zwei weiteren selbständigen[96] Texten zur Auferstehungslehre, einem jüd., der „*Lehrerzählung* über das postmortale Geschick der gesetzestreuen Märtyrer"[97] in 2 Makk 7,1–41 (Mitte des 2. Jh. v. Chr. – 1. Jh. n. Chr.[98]), und einem juden-

---

[91] GST 41.
[92] Jesus 130, vgl. 126.
[93] HULTGREN, Jesus 126.
[94] Vgl. HULTGREN, Jesus 130 f. Zur Kritik vgl. GUNDRY, Mk 704.
[95] Vgl. auch HOFFMANN, Art. Auferstehung 451, der bemerkt, daß die Perikope Mk 12,18–27 eine rabb. „Denken verwandte eherechtliche Frage" diskutiere, die erst durch V. 18b zum „Argument gegen die Auferstehung überhaupt" (ebd. 452) werde. In Sohar f.24, c.96, z. B. wird das Problem, welchem Mann eine Witwe bei Wiederheirat in der zukünftigen Welt zugesprochen wird, folgendermaßen gelöst: „Mulier illa, quae duobus nupsit in hoc mundo, priori restituitur in mundo futuro" (zit. nach WETTSTEIN, Novum Testamentum I 474).
[96] Zur Abgeschlossenheit von 2 Makk 7,1–41, den ein Epitomator in V. 42 in den Makrotext des 2 Makk einbindet, vgl. HABICHT, Einleitung 171; KELLERMANN, Auferstanden 56 f. – 1 Kor 15,1 unterbricht mit der Einleitungsformulierung γνωρίζω δὲ ὑμῖν ἀδελφοί, τὸ εὐαγγέλιον … (vgl. Gal 1,11) die ab 7,1 des 1 Kor beginnende (vgl. 7,25; 8,1; 12,1) und sich in 16,1.12 fortsetzende Einleitungsphrase περὶ δέ, mit der sich Paulus im 1 Kor auf Anfragen eines Schreibens der korinthischen Gemeinde bezieht, und trägt in abgeschlossener Weise das Thema der Totenauferstehung, das sonst 1 Kor nur in einer kurzen Bemerkung erscheint (1 Kor 6,14), der Gemeinde vor (vgl. Becker, Paulus 204–8).
[97] KELLERMANN, Auferstanden 40.
[98] Zur Datierungsproblematik vgl. HABICHT, Einleitung 176; KELLERMANN, Auferstanden 59.

christlichen, dem paulinischen Traktat über die Auferstehung in 1 Kor 15 (54
n. Chr.[99]), dasselbe Motivrepertoire von Mk 12,18–27*, ein erweitertes judenchristliche Streitgespräch zur Auferstehungsthematik, finden läßt.

Auffällige Gemeinsamkeiten zwischen 1 Kor 15 und Mk 12,18–27* bestehen zunächst darin, daß neben dem *Wie* der Auferstehung (vgl. 1 Kor 15,35–50. bes. 35 mit
Mk 12,18–25. bes. 25) auch das *Daß* der Auferstehung (vgl. 1 Kor 15,12–34. bes. 12
mit Mk 12,26 f. bes. 26) diskutiert wird und dabei die Terminologie zwischen
ἀνίστημι und ἐγείρομαι schwankt. Hinzu kommt beide Male am Anfang der Argumentation ein Hinweis auf „irgendwelche Leute, die sagen, daß es keine Auferstehung (der Toten) gibt" (vgl. 1 Kor 15,12b mit Mk 12,18b), wobei sich die Argumente in der nun folgenden Auseinandersetzung mit Gegnern der Auferstehung
teilweise decken: Neben dem Verweis auf den „Irrtum" (μὴ bzw. οὐ πλανᾶσθε
1 Kor 15,33a; Mk 12,24b [vgl. V. 27b]) steht der Vorwurf der „Unkenntnis" in der
Gotteslehre (vgl. 1 Kor 15,34b: ἀγνωσίαν … Θεοῦ mit Mk 12,24c: μὲ εἰδότες),
präzisiert im Hinweis auf die „Macht" Gottes (vgl. δύναμις 1 Kor 15,43b und Mk
12,24c). Auch fehlt im Zusammenhang der Diskussion um die Auferstehung der Bezug auf „die Schriften" nicht (vgl. 1 Kor 15,4b mit Mk 12,24c)[100].

Beim literarkritischen Vergleich von 2 Makk 7,1–41 mit Mk 12,18–27* ergeben
sich fünf Motivgemeinsamkeiten: In beiden Texten wird die Auferstehungserwartung auf ein Schriftwort von Mose zurückgeführt (vgl. 2 Makk 7,6 mit Hinweis
auf Dtn 32,36 mit Mk 12,26d und den Bezug auf Ex 3,6 bzw. 15.16) und mit Gottes
„Macht" theologisch begründet (vgl. κράτος in 2 Makk 7,17; dazu 7,35 [synonym
gebraucht mit Gottes δύναμις in 2 Esr 11,10; Jdt 9,14; 3 Makk 2,6; Ps 67,36; Bar
2,11; Eph 1,19; Kol 1,11], mit δύναμις in Mk 12,24c). An die Adresse der Skeptiker
der Auferstehungshoffnung bzw. den „Gottesfeind"[101] ergeht gleichermaßen in der
apologetischen Diskussion der Vorwurf des „Irrtums" (vgl. mediales[102] μὴ πλανῶ
2 Makk 7,18 mit Mk 12,24b [vgl. V. 27b]: οὐ πλανᾶσθε) sowie die Bewertung als
falsche Überzeugung (vgl. μὴ δόκει 2 Makk 7,16 und μὴ νομίσῃς in V. 19 mit μὴ
εἰδότες in Mk 12,24c). Und schließlich gibt es in beiden Überlieferungen die Ge-
meinsamkeit, daß mit den Worten ἀνάστασις εἰς ζωὴν οὐκ ἔσται bzw. ἀνάστασιν
μὴ εἶναι in 2 Makk 7,14 eine Auferstehung zum Leben für den bzw. die Ungerech-
ten verneint wird, während in Mk 12,18b eine allgemeine Totenauferweckung bestritten wird.

Festzustellen ist, daß alle drei Texte, 2 Makk 7,1–41, 1 Kor 15 und Mk
12,18–27*, die als mehr oder weniger umfangreiche Lehrabhandlungen mit
einem je verschiedenen inhaltlichen Proprium die Erwartung einer Totenauferstehung gegenüber ihren Skeptikern verteidigen, mit einem gemeinsamen
Ordinarium von Argumenten aufwarten (Schriftgemäßheit; Gotteslehre). Da

---

[99] Zur Datierung vgl. Becker, Paulus 32.

[100] Um den literarkritischen Vergleich zu vervollständigen, sei noch auf die bei einer Aufzählung vorkommenden Wendungen „erster", „zweiter" sowie „letzter von allen" (vgl.
1 Kor 15,8.47 mit Mk 12,20–22) hingewiesen und auf das bei der Auferstehung selbstverständlich thematisierte „Sterben" der Menschen (vgl. 1 Kor 15,3.22.31 f.36 mit Mk 12,19*–
22).

[101] Kellermann, Auferstanden 58.

[102] Vgl. Schwankl, Sadduzäerfrage 349 f.

sie gleichfalls ihre Gegner polemisch attackieren (Irrtums- und Unkenntnis-vorwurf), wird sich der Schluß nahelegen, daß sie sich alle einer postmortal ausgerichteten Hoffnungsgemeinschaft jüd. Provenienz verdanken, die versucht, ihre weltanschauliche Überzeugung gegenüber Andersdenkenden apologetisch zu verantworten.

Die zusammengesetzte Überlieferung Mk 12,18–27* ist demnach trotz ihrer narrativen Einleitung in V. 18a*b gattungskritisch zur Textsorte der argumentativen Texte zu zählen,[103] da sie in zwei Redeteilen unter Verwendung von Abstraktbegriffen[104] (V. 18b.23a: ἀνάστασις; V. 24: αἱ γραφαί und ἡ δύναμις τοῦ Θεοῦ; V. 27a: Θεὸς νεκρῶν ἀλλὰ ζώντων), komplizierten Unterordnungs- und Begründungsverhältnissen (V. 24 f.), unter Einsatz von logischen Oppositionen[105] (V. 25: οὔτε ... οὔτε ... ἀλλά; V. 27a: οὐκ ... ἀλλά) und Zuhilfenahme von Zitaten (V. 19.26) einschließlich des Rekurses auf das Ergebnis einer narrativen Texteinheit (V. 23a zu V. 20–22) einen Dissens aussagelogisch zu überwinden versucht. Die Argumentationsdichte der Jesus-Antwort läßt die vormarkinische Tradition 12,18–27* als eine „regelrechte ‚Abhandlung‘, als eine Art kleine ‚Summe‘ der Auferstehungsthematik"[106] erscheinen. Da „Argumentation ... auf Veränderung des Hörers gerichtet" ist,[107] wird das primäre Interesse der Exegese darauf gerichtet sein, zu prüfen, inwiefern es der zweifachen Jesus-Antwort gelingt, die Kritik an einer (realen) Auferstehungslehre (V. 18b in Verbindung mit V. 23a) in sachlich überzeugender Weise zu bewältigen. Da im Text auch nicht andeutungsweise ein kerygmatisch-christologischer Bezug vorliegt,[108] sondern, mit 2 Makk 7,6 vergleichbar, auf einen autoritativen Schriftkreis (V. 24cα) bzw. auf ein bestimmtes Thora-Belegstelle (V. 26d) rekurriert wird, darf man den vormarkinischen Text soziologisch einem hell. Judenchristentum zuweisen, daß sich mit dem Weisheitslehrer Jesus identifiziert, um in der konventionellen literarischen Form jüd. Apologetik und Polemik die Auferstehungserwartung gegenüber jüd. Gegnern auf der Basis von allseits akzeptierten Argumenten zu verteidigen.[109] Da die Sadduzäerperikope davon ausgeht, ihre jüd. Rezipienten mit der Jesus-Ant-

---

[103] Vgl. SCHWANKL, Sadduzäerfrage 130 ff. BERGER, Formgeschichte 91, subsummiert den Mk-Text unter der Rubrik „epideiktischer Chrie".

[104] Vgl. SCHWANKL, Sadduzäerfrage 357.

[105] SCHWANKL, Sadduzäerfrage 132–4, geht aber zu schematisch vor, wenn er das Kriterium der *Oppositionen* auf sämtliche im Text enthaltene Gegensätze anwendet. Zur Deskription argumentativer Texte vgl. BERGER, Exegese 54.77.

[106] SCHWANKL, Sadduzäerfrage 382.

[107] BERGER, Exegese 54.

[108] Vgl. anders die kerygmatische Massivität des Christus-Evangeliums in 1 Kor 15,1 ff. Mit SCHWANKL, Sadduzäerfrage 364 (vgl. LOHMEYER, Mk 257), gegen SUHL, Funktion 70; SCHMITHALS, Mk 2/2 538. Zur weiteren Kritik vgl. MUNDLA, Jesus 103 f.

[109] Vgl. KEGEL, Auferstehung 69 (ähnlich VAN DAALEN, Observations 243): „Wir haben es mit einer vorchristlichen Sachdebatte im innerjüdischen Bereich zu tun, die später auf Jesus übertragen wurde". Anders GNILKA, Mk II/2 156 f.

wort für die eigene Überzeugung zu gewinnen, läßt der Text sich mit *Klaus Berger* in eine Zeit datieren, in der eine „Gruppentrennung" des Judenchristentums vom Judentum „noch nicht definitiv war"; als Konflikt um die jüd. Auferstehungshoffnung wird er „noch vor der Schwelle der Trennung anzusiedeln" sein.[110]

2.3.3 Zur Rezeptionskritik von Mk 12,18–27[*]

Anders als in der vormarkinischen Perikope *Vom Zinsgroschen* (Mk 12,14–17[*]) sind im Text der vormarkinischen Überlieferung *Von der Auferstehung* (12,18–27[*]) Äußerungen eines Erzählers, in denen sich die Wertsicht des Autors artikuliert, nur am Anfang und in einer kurzen Überleitungsbemerkung vorhanden. Ein Erzähler berichtet zu Beginn der Perikope im Präsens historicum, wie „Sadduzäer zu Jesus kommen" (V. 18a[*]) und gibt seinen Rezipienten anschließend die Information, daß sie die Auferstehung leugnen (V. 18b). Er konstruiert damit gleich zu Anfang des Gespräches einen Gegensatz zu dem die Auferstehungserwartung verteidigenden Jesus (V. 24–27), dessen Äußerung er mit der asyndetisch angeschlossenen, für das Mk-Evangelium singulären Floskel: „Jesus sagte ihnen" (Erzähltempus Imperfekt) einleitet (V. 24a). Der Erzähler unterläßt eine Bewertung der Sadduzäeranfrage durch seine Hauptfigur, Jesus, die er am Anfang (V. 18a[*]) und in der Überleitung (V. 24a) gegenüber der anonymen Gruppe der „Sadduzäer" (V. 18a[*]) durch Namensgebung besonders hervorhoben hat, und läßt es mit den (massiven) Vorwürfen von seiten seiner Identifikationsfigur Jesus gegen die sadduzäische Schriftgelehrsamkeit (Irrtum und Unkenntnis V. 24b.c) sein Bewenden haben. Auch ist anzunehmen, daß der Erzähler den Disput von Jesus und den Sadduzäern über der Auferstehungsfrage in einem offenen Schluß[111] ausgehen läßt (vgl. anders Mt 22,33), da kein Grund zu erkennen ist, daß eine Mitteilung über eine abschließende Reaktion der Sadduzäer im laufenden Überlieferungsprozeß weggefallen sein könnte. Dem Rezipienten des Textes wird damit vom Autor zugemutet, die Plausibilität von Jesu Antwort selbständig zu prüfen.

Nun hat jüngst *Wolfgang Weiß* den Vorschlag unterbreitet, Mk 12,18a[*]b einer späteren gemeindlichen Redaktion zuzuschreiben,[112] die von der „bekannten Rolle" der Sadduzäer „als Auferstehungsgegner" weiß und „ursprünglich unbestimmte Fragesteller oder Gegner historisierend" mit ihnen „identifiziert".[113] Neben seiner Kritik an der bisher unzureichenden exegetischen Erklärung für die Ursprünglichkeit der Sadduzäer, die seiner Meinung nach

---

[110] Formgeschichte 93.
[111] Vgl. SCHWANKL, Sadduzäerfrage 140 f.
[112] Vgl. ‚Lehre' 236.240 f.
[113] WEISS, ‚Lehre' 241.

allein „im Zirkelschluß mit der historisch aufweisbaren Auferstehungsleugnung durch die Sadduzäer begründet" wird,[114] führt *Weiß* als Hauptargu-
ment an, daß „die Fallkonstruktion und besonders die Frage, auf die sie zuläuft (sc. V. 23a: ἐν τῇ ἀναστάσει), ... auf der Bejahung der Auferstehung"
fußen.[115] Erst durch die in der Exposition V. 18a*b eingeführten Sadduzäer als
die notorischen Auferstehungsleugner erhalte V. 23a seine eminent kritische
Stoßrichtung gegen die Auferstehungserwartung. Der Schluß lege sich darum
für ihn nahe, daß die V. 20–23a „der [historischen] Auferstehungsleugnung
und der Auffassung der Sadduzäer fern[-stehen]".[116] Vielmehr würde das
eigentliche schulgesprächsartige „Überlieferungsstück auf die innergemeindliche Debatte zurück[-gehen], in der die Anschauung leiblicher Fortexistenz
(sc. bei der Auferstehung) abgewiesen wird".[117]

Damit steht das Problem im Raum, ob die Perikope sich dem historischen
Milieu eines gemäßigt pluralistisch zu nennenden Frühjudentums aus der Zeit
vor der Zerstörung des Zweiten Jerusalemer Tempels im Jahre 70 n. Chr. verdankt, eines Judentums, das sich im Rahmen vorgegebener göttlicher Überlieferung theologisch zu artikulieren versucht. Dabei handelt es sich um eine
Zeit, in der der Pharisäismus keineswegs schon seine beherrschende theologische Stellung mit Hilfe des Rabbinates im Judentum erreicht hat, sondern die
Sadduzäer als eine (wichtige) Gruppierung unter verschiedenen anderen frühjüdischen Richtungen (bekannt sind z. B. Großgruppen der Essener/Qumran-
gemeinde[118], Pharisäer, Zeloten bzw. Sikarier, Therapeuten, Judenchristen)
um die Mitte jüd. Glaubens- und Selbstverständnis ringen, „ohne schon mit
dem Makel des Sektierertums behaftet zu sein"[119]. Will man nicht in das Ex-
trem verfallen, in der Perikope Worte des historischen Jesus bewahrt zu sehen,[120] indem z. B. argumentiert wird, daß Jesu unbedingte Gerichtsdrohung
eo ipso eine Auferstehungserwartung impliziere,[121] sondern wird anerkannt,
daß die von Jesus vertretene diesseitsorientierte Basileia-Naherwartung am
postmortalen Auferstehungsgeschick grundsätzlich uninteressiert ist,[122] so ist
nach dem theologiegeschichtlichen Hintergrund der Auferstehungsthematik

---

[114] WEISS, ‚Lehre' 240, in Auseinandersetzung mit MÜLLER, Jesus 6 f.

[115] ‚Lehre' 243, vgl. 242, ähnlich HOFFMANN, Art. Auferstehung 451 f. Ablehnend
SCHWANKL, Sadduzäerfrage 354.

[116] ‚Lehre' 243.

[117] ‚Lehre' 244.

[118] Zur Ineinssetzung beider frühjüdischer Gruppierungen vgl. STEGEMANN, ‚Mitte' 154 f.

[119] KELLERMANN, Auferstanden 9, vgl. MEYER, Art. Σαδδουκαῖος 51 f.

[120] So z. B. JEREMIAS, Theologie 180, Anm. 28.217, vgl. PESCH, Mk II/2 235; MUNDLA,
Jesus 104 f.

[121] So neuerdings SCHWANKL, Sadduzäerfrage 516 ff., mit Verweis auf u. a. Mt 8,11 f. par.;
11,21–24 par.; 12,41 f. par. Wichtig ist SCHWANKL, aaO. 508 ff., wenn er sich gegen
Exegeten, die vom jüd. Charakter der Jesus-Antwort (z. B. LOHMEYER, Mk 257) bereits auf
jesuanische ipsissima vox schließen wollen, wendet.

[122] Vgl. BECKER, Auferstehung 12 f.

im Frühjudentum zu fragen. Eingeschränkt wird dieses weite historische Feld auf den Problemkreis, ob sich zwischen der (ganzen) vormarkinischen Perikope 12,18–27*, ihrer Sicht der sadduzäischen Kritik an der Auferstehungsvorstellung und ihrer Bestreitung durch den jüd. Weisheitslehrers Jesus, Konvergenzen zur historisch wahrnehmbaren frühjüdischen Sadduzäergruppe und ihrer Theologie finden lassen, Hinweise, die über eine figurative Rolle der Sadduzäer als notorische Auferstehungsbestreiter hinausgehen.

2.3.3.1 Die Sadduzäer und die Auferstehungsfrage

Wendet man sich zunächst den einzigen[123] ausführlichen zeitgenössischen Nachrichten zu, die mit historischen Anspruch in etwas differenzierter Weise[124]

---

[123] Die Auskunft des heidenchristlichen Historikers Lk in Act 23,8, daß die thoratreuen „Sadduzäer" neben der Auferstehung auch die Existenz von „Engel und Geist" leugnen (... μήτε ἄγγελον μήτε πνεῦμα), ist in jüd. Quellen nirgends bezeugt (vgl. BILLERBECK, Kommentar II 767; BAMBERGER, Sadducees 434) und widerspricht in ihrer Pauschalität der jüd. Thora, die an vielen Stellen von der Existenz eines „Gottesboten" spricht (z. B. Ex 14,19; Num 22,22; 2 Sam 24,16 u. a. m = LXX: ἄγγελος τοῦ Θεοῦ, vgl. LESZYNSKY, Sadduzäer 91; MOORE, Judaism I 68; HAENCHEN, Act 611, Anm. 1; DAUBE, Sadducees 493, unverständlich GUNDRY, Mk 705). Es dürfte sich um eine red. nachgetragene, appositionelle lk. Hinzufügung (vgl. SCHNEIDER, Act V/2 333) handeln (zur grammatischen Form vgl. Lk 9,3 diff. Mk 6,8; Act 23,12.21; 27,20), die das Auferstehungsthema, wie im Frühjudentum üblich (vgl. äthHen 39,5; Jos Bell 3,374 f.), in thematischer Nähe zur Engelsexistenz (vgl. Lk 20,36: ἰσάγγελοι) und Pneumatheorie (vgl. 24,37 der auferstandene Jesus als πνεῦμα) sieht (vgl. DAUBE, aaO. 494 f.). Lk will die sich anschließende Frage der Pharisäer in Act 23,9 vorbereiten (εἰ δὲ πνεῦμα ἐλάλησεν αὐτῷ ἢ ἄγγελος;), indem er „sie in möglichst enger Glaubensgemeinschaft mit Paulus" (Pharisäer wie sie, vgl. 23,6!) stellt (WEISER, Act 5/2 617). Dadurch, daß Lk die Pharisäer mit der Möglichkeit einer göttlichen (Christus-)Offenbarung an Paulus rechnen läßt (vgl. den Bezug von V. 8 auf 22,7 ff.), erscheinen ihnen gegenüber die Sadduzäer (wieder, vgl. Act 4,2) in ihrer traditionellen literarischen Rolle als „Skeptiker" (CONZELMANN, Act 138) bzw. Epikuräer (vgl. Jos Bell 2,164 f. mit Ant 10,278; SifBam 15,31 § 112; RHSh 17ᵃ; ARN 5; Sanh X,1ᵃ; SOR 3, dazu HÖLSCHER, Sadduzäismus 3 f.), während es Lk auf der anderen Seite gelingt, die auf Gamaliel zurückgeführte pharisäische Klugheitsregel Act 5,39 einzubringen. Die These von LACHS, Pharisees 36 ff., daß Lk die Sadduzäer hier die Schwierigkeiten bei der Anschauung einer leiblichen Auferstehung bedenken und darum mit πνεῦμα die Unsterblichkeit der Seele (ψυχή: Weish 3,1) und mit ἄγγελος die Auferstehung in der Form eines geistigen Körpers (σῶμα ψυχικόν: 1 Kor 15,40–46) nennen läßt, wird vom lk. Text inhaltlich nicht gedeckt. Die Überlegung von FINKELSTEIN, Pharisees I 179 (vgl. MOORE, Judaism I 68), die Sadduzäer würden nicht Engel grundsätzlich, sondern nur „the elaborate angelology" des Frühjudentums ablehnen, bleibt darum spekulativ.

[124] Die ntl. Belege Mt 3,7; 16,1.6.11 f.; 22,34 nennen die Sadduzäer in der typisierten Gegnerposition oder reproduzieren ihre traditionelle Rolle als Auferstehungsleugner (Act 4,2; 23,6–8). Die rabb. Literatur (Stellenangaben bei BILL. IV/1 343–52) urteilt ex post facto der Führung des Judentums durch den Pharisäismus nach 70 n. Chr., ist somit „propharisäisch eingestellt und versieht deshalb die Sadduzäer prinzipiell mit einem negativen Akzent"; hinzukommt, daß sie „stark legendär gefärbt ist und insofern für eine historische Rekonstruktion ... kaum zu gebrauchen ist" (so BAUMBACH, Sadduzäerverständnis 17, vgl. ders., Konservatismus 201; ders., Jesus 49; STEMBERGER, Pharisäer 40 ff.).

285

über die theologiegeschichtliche Rolle[125] der Sadduzäer als einer frühjüdischen
Gruppierung Auskunft geben wollen, so muß man sich mit den Ausführungen
des jüd. Historikers im röm. Solde, Josephus Flavius (Bell 2,164–6; Ant
13,173.293–8; 18,17 f.; 20,199), beschäftigen. Ihre historische Glaubwürdig-
keit ist dadurch belastet, daß Josephus seine Beschreibung der Sadduzäer als
„Religionspartei" (Ant 13,293; 20,199, vgl. Act 5,17) an das popularphilo-
sophische (Vor-)Verständnis seines röm.-hell. Publikums akkommodiert hat[126]
und zugleich vor einer nach 70 n. Chr. propharisäisch eingestellten jüd. Öffentlichkeit versucht, seine eigene politisch-pharisäische Haltung mit antisaddu-
zäischer Bewertung[127] unter Beweis zu stellen. Seine Darstellung der Lehre der
zahlenmäßig kleinen, jedoch aus Angehörigen der vornehmen und wohlhaben-
den (vgl. Ant 18,17) jüd. Oberschicht sich zusammensetzenden „Standespartei
des hochpriesterlichen Jerusalemer Adels"[128], nämlich der Sadduzäer[129] (vgl.
Ant 13,298; 18,17), die nach Act 5,17; 23,6 (vgl. Mt 3,7) sich im jüd.
Synhedrium zur ntl. Zeit die Macht mit den Pharisäern teilen mußten, beschreibt[130] auffällige Besonderheiten in der Gotteslehre[131], die eo ipso zu einer
spezifischen Anthropologie führen[132], und spezielle Eigenheiten in der
Eschatologie[133]. Als Besonderheit ist festzustellen, daß Josephus seine Darstellung des geschlossenen Kreises[134] der *Sadduzäer* fast ausschließlich in Konkurrenz und Abgrenzung zur Gruppe der *Pharisäer* gibt (vgl. Bell 2,162–6; Ant
13,173.293.297 f.; 18,12–7). Mit deren Erscheinungsbild teilen sie das einer
festumrissenen (priesterlichen) Gruppe (Bell 2,166), die einen ordentlichen
Schulbetrieb eingerichtet hat, in dem verschiedene Lehrhäupter[135] schrift-

---

[125] Zur politisch-religiösen Geschichte der Sadduzäer als einer einflußreichen „Partei des
priesterlichen Hochadels" (MICHEL/BAUERNFEIND, Josephus I 440, Anm. 89) s. MEYER,
Art. Σαδδουκαῖος 43–6; BAUMBACH, Sadduzäerverständnis 18–26; ders., Jesus 51 ff.
[126] Vgl. RASP, Flavius 28 f.
[127] Vgl. RASP, Flavius 32 f.46 f.; BAUMBACH, Sadduzäerverständnis 18; ders., Konservatismus 201; ders., Jesus 49; LESZYNSKY, Sadduzäer 31.
[128] BAUMBACH, Konservatismus 204, vgl. ders., Sadduzäerverständnis 26; MICHEL/BAU-
ERNFEIND, Josephus I 440, Anm. 89; MEYER, Art. Σαδδουκαῖος 43.
[129] Zur Namensableitung von dem Priestergeschlecht der *Sadokiden* vgl. SCHÜRER, Geschichte II 479 f.; BAUMBACH, Jesus 50 f.
[130] Dazu MEYER, Art. Σαδδουκαῖος 46 f.; LESZYNSKY, Sadduzäer 18 ff.
[131] Negierung göttlicher Vorhersehung, der *Heimarmene*, in der philosophischen Betrachtung, vgl. Bell 2,164 f.; Ant 13,173.
[132] Freier menschlicher Wille in der Wahl des Guten und des Bösen, vgl. Bell 2,164 f.
[133] Keine Unvergänglichkeit der Seele bzw. keine Auferstehung der Toten und darum auch
kein jenseitiges göttliches Gericht, vgl. Ant 18,16 mit 14; Bell 2,165, dazu HÖLSCHER,
Sadduzäismus 7; LESZYNSKY, Sadduzäer 17 f.; SCHUBERT, Jüdische Religionsparteien 82;
ders., Religionsparteien 49.
[134] Vgl. JEREMIAS, Jerusalem 262.
[135] Vgl. LESZYNSKY, Sadduzäer 24; SCHÜRER, Geschichte II 380 f.; BILLERBECK, Kommentar I 250; IV/1 343; MOORE, Judaism I 67; JEREMIAS, Jerusalem 263; WIKENHAUSER,
Art. Sadduzäer Sp. 208; LE MOYNE, Sadduceens 42, vgl. 353 f.; BAUMBACH, Sadduzäerverständnis 26, Anm. 58; ders., Jesus 60, Anm. 66; MUNDLA, Jesus 88.

gelehrt und kontrovers (vgl. Bell 2,166[136]) mit ihren Schülern über den Weisheitsweg diskutieren (vgl. Ant 13,297; 18,16 mit 12; 20,199). Wenn Josephus bei seiner Beschreibung bemerkt, daß Sadduzäer und Pharisäer auch gegeneinander Debatten führen (Ant 13,298), so ist der Schluß naheliegend, daß beide Gruppierungen, Sadduzäer wie Pharisäer, für sich eigene (mündliche und/oder schriftliche) schriftgelehrte, d. h. halakhische und haggadische sog. *Väter-Traditionen* gehabt haben werden,[137] an denen sie sich in ihrer gruppenspezifischen Lehre (vgl. Mt 16,12) orientierten[138] (vgl. Scholion zu Megtaan 20[139]).

Pharisäer wie Sadduzäer gehören somit zum bekannten frühjüdischen Schriftgelehrtentum nachexilischer Zeit,[140] das die von Esra dem jüd. Volk zur ständigen Befolgung auferlegte göttliche Thora als die Autorität des göttlichen Willens in der schriftgelehrt-priesterlichen Weisung für den zeitbedingten Kasus zu aktualisieren versucht (vgl. Dtn 17). Entscheidender Differenzpunkt zwischen beiden Gruppen ist nun nach Josephus ihre je verschiedene Bewertung der von ihnen gemäß der göttlichen Thora entwikkelten eigenen Traditionsbildung. Der wichtige Passus bei Josephus in Ant 13,297[141]:

„... daß die Pharisäer aus der Überlieferung der Väter (ἐκ πατέρων διαδοχῆς) dem Volk als mancherlei (göttliche) Satzungen (νόμιμα) weitergeben, die nicht in den mosaischen Gesetzen (ἐν τοῖς Μωυσέως νόμοις) aufgeschrieben sind, und die Klasse der Sadduzäer diese Ansicht deshalb verwirft, indem sie erklärt, daß (nur) jene (göttlichen) Satzungen (νόμιμα) gehalten werden müssen, die aufgeschrieben sind (τὰ γεγραμμένα), dagegen die (Satzungen) aus der Überlieferung der Väter (ἐκ παραδόσεως τῶν πατέρων) nicht zu halten seien",

erweist sich bei näherem Zusehen[142] *keineswegs* als pauschale Ablehnung der (mündlichen und/oder schriftlichen) *Väterüberlieferung* durch die Saddu-

---

[136] Auf eine dem pharisäischen Autoritätsprinzip widersprechende sadduzäische Freiheit zum schriftgelehrten Disput weisen MICHEL/BAUERNFEIND, Josephus I 440, Anm. 92, hin.
[137] Vgl. Ant 13,297.408; 18,12; Megtaan 10 (BEYER, Texte 356), auch San 33ᵇ (BILL. IV/1 351); Hor 4ᵃ (BILL. IV/1 351); für die Sadduzäer z. B. Mak I,6 (BILL. IV/1 350); Yad IV,7 (BILL. IV/1 351). Mit GEIGER, Urschrift 133 f.; ELBOGEN, Religionsanschauungen 16; JEREMIAS, Jerusalem 262; LAUTERBACH, Sadducees 35; FELDMAN im Kommentar zu Ant 18,16; LE MOYNE, Sadduceens 42, gegen HÖLSCHER, Sadduzäismus 18.
[138] LESZYNSKY, Sadduzäer 85 (vgl. 39.231): „Die Sadduzäer waren ... gezwungen, Fälle zu entscheiden, die das schriftliche Gesetz nicht kennt und die das Leben in unerschöpflicher Fülle stets hervorbringt". Das Sadduzäertum „mußte neue Gesetze schaffen, die ... in keiner Weise der Tora widersprechen durften". Vgl. auch die bei BILL. IV/1 344 ff., gesammelten pharisäisch-sadduzäischen Streitfälle.
[139] Text bei BILL. IV/1 349 f., dazu LAUTERBACH, Sadducees 35, Anm. 15.
[140] Vgl. LAUTERBACH, Sadducees 29.
[141] Zur quellenkritischen Frage von Ant 13,289–96 vgl. MASON, Josephus 216–27.
[142] Daß, wie Schalit, Herodes 521 (vgl. LE MOYNE, Sadduceens 256 f.279 f.), behauptet, für „die sadduzäische Exegese nur der objektive Sinn des geschriebenen Wortes maßgebend" war, sozusagen nur der Literalsinn galt, läßt sich aus dieser Stelle (und in Kenntnis

zäer.[143] Wenn sie die Gleichstellung[144] von (pharisäischer) *Väterüberlieferung* mit der *Thora* ablehnen, führen sie einen Streit um den Umfang der schriftlichen, allseits verpflichtenden *göttlichen Thora*.[145] So führt *Ismar Elbogen*[146] aus: „Nicht dass die Sadducäer die Verbindlichkeit des mündlichen Gesetzes völlig geleugnet hätten; in dieser Allgemeinheit ist der Satz nicht richtig. Auch die Sadducäer konnten bei dem geschriebenen Gesetz nicht stehen bleiben, auch sie mussten es fortbilden und ausdehnen, aber sie hielten nach Möglichkeit am Alten fest". Aber während die Pharisäer sich theologisch in der Lage zeigen, ihre *eigene* (schriftliche/mündliche) *Väterüberlieferung* in den Status der für jeden Juden verbindlichen (schriftlichen) *göttlichen Thora* zu überführen, beharren die Sadduzäer demgegenüber aufgrund eigener theologischer Ansicht auf der strikten Trennung von (schriftlich vorliegender) *göttlicher Thora*, die jedermann in Israel zu beachten hat, und (schriftlicher/mündlicher) *Väterüberlieferung*, die man halten kann, aber nicht muß.[147]

Aus diesem sadduzäischen Grundsatz nun, daß *Tradition* nicht dieselbe autoritative Qualität wie *Thora* erlangen kann,[148] folgt, daß sich die Definition des pharisäischen und sadduzäischen Umfangs *göttlicher Thora* in (weiten) Teilen trifft, jedoch die sadduzäische Festlegung der Schriften *göttlicher Thora* im Vergleich mit der der Pharisäer relativ kleiner ist. Für die Sadduzäer ist

---

anderer halakhischer Debatten, vgl. LIGHTSTONE, Sadducees 216; STEMBERGER, Pharisäer 88) nicht belegen, da Jos sich über die unterschiedliche Bewertung der schriftgelehrten Traditionen in ihrem *Verhältnis* zur jüd. Thora äußert. Zudem geht die sadduzäische Tradition über den Schadenersatz (Yad IV,7) und das Jom-Kippur-Ritual (vgl. LAUTERBACH, Controversy 173 ff.) über den Wortlaut der schriftlichen Thora gerade hinaus.

[143] Mit MASON, Josephus 242 f., gegen HÖLSCHER, Sadduzäismus 9; SCHÜRER, Geschichte II 480; LESZYNSKY, Sadduzäer 24.136.140; BAUMGARTEN, Law 13; FINKELSTEIN, Pharisees I 261; MOORE, Judaism I 68; KOHLER, Art. Sadducees 631; TCHERIKOVER, Civilization 262; GUTTMANN, Judaism 127.158; RIVKIN, Defining 247; LE MOYNE, Sadduceens 41.357–60; MAIER, Mensch 130; CAVALLIN, Leben 246; ders., Life 194; WIKENHAUSER, Art. Sadduzäer Sp. 208; GRUNDMANN, Judentum 268; ders., Mk 332; FELDMAN im Kommentar zu Jos Ant 18,16; SCHUBERT, Jüdische Religionsparteien 81; ders., Religion 71; LOHMEYER, Mk 255; GNILKA, Mk II/2 157, u.a.m.

[144] Vgl. LAUTERBACH, Pharisees 77.96 f.107; NISSEN, Gott 347.

[145] Jos gebraucht τὰ νόμιμα (Ant 13,297) parallel mit ὁ νόμος, τὰ ἔθη, τὰ πάτρια etc. (vgl. MASON, Josephus 100 f.) und versteht darunter „the all-embracing Mosaic code …, which is really an undifferentiated mass of original law and subsequent tradition" (ebd. 103).

[146] Religionsanschauungen 16, vgl. LIGHTLEY, Sects 81; GERHARDSSON, Memory 23.

[147] Vgl. LAUTERBACH, Sadducees 37; ders., Pharisees 97 (übernommen von GERHARDSSON, Memory 24), der unter Verweis auf Dtn 13,1 folgendes ausführt: „The Sadducees distinguished strictly between the absolutely binding written laws and their own additional laws and decisions … They only refused to consider these traditional Laws as of authority absolute and equal with the written laws contained in the Torah". Ebenso MOORE, Judaism I 67: Die Sadduzäer „did not ascribe to it (sc. der Interpretation der schriftlichen Thora) intrinsic authority as the Pharisees did to their ‚tradition of the elders'". Sie „are not absolutely obliged to observe them as … [they] are obliged to observe the Written Laws" (UMEN, Pharisaism 22).

[148] Vgl. LIGHTLEY, Sects 82.

ihre eigene schriftgelehrte *Väterüberlieferung* nicht kanonfähig. Diese josephische Mitteilung, daß zwischen Pharisäern und Sadduzäern Dissens über
das Ausmaß autoritativer Schriften besteht, bezeugt auch die Mischna in Yad
IV,6, indem sie nämlich die Sadduzäer (צדוקין) an den Pharisäern (פרושין) an
deren Bestimmung „Heiliger Schriften" Kritik üben läßt. Dort heiß es[149]:

> „Wir werfen euch vor, Pharisäer, daß ihr sagt:
> ‚Die Heiligen Schriften (כתבי הקדש) verunreinigen die Hände[150], aber die Schrif
> ten המירם[151] verunreinigen nicht die Hände'",

Danach ist für die Sadduzäer klar, daß aus der pharisäischen „Systematik der
Heiligkeits- und Reinheitsvorstellungen selbst kein Beweis [für die Umfangsbestimmung] zu erbringen ist".[152] Die Tradition gibt leider nicht (mehr) zu
erkennen, welche Vorstellungen nun ihrerseits die Sadduzäer zur Schriftdefinition vertreten haben.[153]

Hält man also fest, daß das sadduzäische Schriftprinzip von der strikten
Trennung von verpflichtender *göttlicher Überlieferung* einerseits und auslegender, sekundärer *menschlicher Tradition* andererseits gegenüber den Pharisäern, die ihre eigene (schriftliche) *Väterüberlieferung* in den Rang *göttlicher
Thora* überführen können, zu einem kleineren autoritativen Kreis *heiliger
Schriften* führt, so wird die Frage nach der Bestimmung seines Umfanges
virulent. Bei der Klärung dieses Problems ist die oftmals[154] vertretene An-

---

[149] Übersetzung mit MAIER, Auseinandersetzung 33. Mischna-Hebräisch nach LISOWSKY,
Jadajim 72.

[150] Das rituelle Konzept des „Händeverunreinigens" geht nach MAIER, Auseinandersetzung 13 ff., auf die Pharisäer zurück, die der heiligen Priesterschaft das Monopol über die
heiligen Texte zu entziehen versuchte, und mit dieser Tabuvorstellung die göttlichen Schriften auch Laien zugänglich machte.

[151] Diese Lesart ist nur ein Vorschlag, denn „die Textüberlieferung schwankt bezüglich der
Schreibweise heillos" (MAIER, Auseinandersetzung 215, Anm. 68, dazu LISOWSKY, Jadajim
91; LIEBERMAN, Hellenism 106, Anm. 39). Sachlich können entweder Bücher Homers als
Umschreibung für griech. Literatur gemeint sein (vgl. ySanh 28ᵃ [R. Aqiba, T 2], so z.B.
HENGEL, Judentum 139; LIEBERMAN, aaO 105–14, weitere Lit. bei MAIER, aaO. 215,
Anm. 76), oder es wird auf „biblische Schriftexemplare einer bestimmten Gruppe oder Institution", z.B. Häretiker und/oder Christen (MAIER, aaO. 36) angespielt. Grundsätzlich läßt
sich wohl aus dem Gegensatz zum Terminus „Heilige Schriften" folgern, daß der schwer zu
deutende Ausdruck „nur Bücher der außerkanonischen und profanen Literatur bezeichnen
kann" (LISOWSKY im Kommentar z. St., vgl. MAIER, aaO. 33).

[152] MAIER, Auseinandersetzung 34.

[153] Möglicherweise haben die altpriesterlichen Sadduzäer die Schriftautorität durch den
heiligen Aufbewahrungsort der Schriften, den Tempel, definiert, vgl. BECKWITH, Formation
40–5.

[154] Vgl. LESZYNSKY, Sadduzäer 93 ff.; JOHNSON, Mk 200; MAIER, Geschichte 47; ERNST,
Mk 349; ANDERSON, Mk 277; WANKE, Art. Bibel 4; LÜHRMANN, Mk 203; STEGEMANN,
‚Mitte' 158; MUNDLA, Jesus 95.

schauung abzulehnen,[155] daß der sadduzäische Kanon[156] autoritativer Schriften mit dem Pentateuch gleichzusetzen sei, indem auf einige Angaben der Kirchenväter[157] hingewiesen wird, die berichten, daß die Sadduzäer sich geweigert hätten, außer dem Mose-Gesetz noch andere Schriften, insbesondere die der Propheten, anzuerkennen. Die Sadduzäer gehören nämlich bekanntermaßen keineswegs auf die Seite des samaritanischen Schismas (ca. 5–4. Jh. v. Chr.).[158] Sie zählen vielmehr zum orthodoxen Frühjudentum,[159] das, wie es das sog. *Lob der Väter* in Sir 44–49 (ca. 190 n. Chr.) nahelegt, mit dem Ende des 3. Jh. v. Chr.[160] die beiden Schriftcorpora *Thora* und *Propheten* bereits konsensfähig definiert hatte,[161] hinsichtlich der Schriften des späteren dritten

---

[155] Mit WELLHAUSEN, Pharisäer 73, Anm. 1; WIKENHAUSER, Art. Sadduzäer Sp. 208; BECKWITH, Formation 75.

[156] Der mißverständliche, erst in der christlichen Kirche um das 3.–4. Jh. n. Chr. (s. die Synode von Laodicea [ca. 360 n. Chr.]; den Osterfestbrief des Bischofs Athanasius von Alexandrien [367 n. Chr.]) definierte normative Kanonbegriff, wird hier und im Folgenden nicht textorientiert, sondern allein stofforientiert verwendet.

[157] Orig. (185–253 n. Chr.), Commentarius in Mt 17,35: ... μὴ προσίεμενοι τὰς ἑξῆς τῷ νόμῳ γραφάς ... (= „... da sie [sc. die Sadduzäer] nicht die dem Gesetz nachfolgenden Schriften annehmen ...“; 36: ... μόνην προίεσθαι τὴν Μωσέως γραφήν (= „... allein anzuerkennen die Schrift des Mose“); Contra Celsum 1,49: οἱ μόνου δὲ Μωσέως παραδεχόμενοι τὰς βίβλους Σαμαρεῖς ἢ Σαδδουκαῖοι = („Die Samaritaner oder Sadduzäer akzeptieren aber allein die Bücher von Moses“); Hieronymus (345–419 n. Chr.), Commentarius in Mt 22,31 f.: Hi quinque tantum libros Moysis recipiebant, prophetarum vaticinia respuentes. Stultum ergo erat inde proferre testimonia, cujus auctoritatem non sequebantur (= „Diese [sc. die Sadduzäer] nahmen nur die fünf Bücher des Mose an, verwarfen (dagegen) die Voraussagungen der Propheten. Also war es töricht von da aus Beweise zu bringen, deren Autorität von ihnen nicht befolgt wurde“); Hippolyt (gest. 135 n. Chr.), Refutatio 9,29: πλὴν μόνῳ τῷ διὰ Μωσέως νόμῳ, μηδὲν ἑρμηνεύοντες (= „allein das Gesetz durch Mose ausgenommen, kommentieren sie nichts“); Pseudo-Tertullian (1. Hälfte des 3. Jh. n. Chr.), De praescriptione haereticorum 1,1 (vgl. Hieronymus, Contra Luciferianos 23): Taceo ... Dositheum inquam Samaritanum, qui primus ausus est prophetas quasi non in spiritu sancto locutus repudiare, taceo Sadducaeos, quia ex huius erroris radice surgentes ausi sunt ... (= „Ich schweige ... von Dositheus, man sagt ein Samaritaner, der als erster sich erdreistet hat, (die) Propheten, als gewissermaßen nicht im Heiligen Geist gegründet, zurückzuweisen, ich schweige von (den) Sadduzäern, die sich erdreistet haben, diesen Irrtum als Grund dafür zu benutzen, ...“); Athanasius (295–373 n. Chr.), Epistula encyclica ad episcopus Aegypti et Libyae: ... Σαδδουκαῖος ... μὴ δεξόμενος τοὺς προφήτας (= „... für die Sadduzäer ..., die (die) Propheten nicht anerkennen ...“). Alle Quellenbelege bei VERMES u. a., History II 408, Anm. 24, vgl. LE MOYNE, Sadduceens 150 f.

[158] Vgl. HÖLSCHER, Sadduzäismus 15.

[159] Vgl. LESZYNSKY, Sadduzäer 92.

[160] Vgl. WANKE, Art. Bibel 3.

[161] Als da sind: Pentateuch, Jos-Reg, Jes, Jer, Ez und Dodekapropheton (nach RÜGER, Werden 176; WANKE, Art. Bibel 3 f.). Für die Situation in Qumran vgl. STEGEMANN, ‚Mitte‘ 160 f.

Kanonteils,[162] die im griech. Prolog des Sirachenkels (ca. 132–116 v. Chr.[163]) in § 1 als „die anderen (Schriften), die sich ihnen (sc. dem Gesetz und den Propheten) anschließen" bzw. in § 3 als „die anderen Bücher der Väter" (πατρίων βιβλίων, vgl. Jos [s. o.]: διαδοχὴ πατέρων; παραδόσις τῶν πατέρων) bezeichnet werden, noch uneinig war.[164]

Nimmt man die Nachrichten der Kirchenväter über die sadduzäische Bevorzugung des mosaischen Pentateuchs dennoch ernst,[165] die zugegebenermaßen auf einer Verwechslung der Sadduzäer mit den Samaritanern zurückgehen[166] und/oder Sadduzäer als Haupttyp für jüd. Ketzerei erklären[167] und/oder auf einem Mißverständnis der bei Josephus von den Sadduzäern berichteten Trennung von göttlich-autoritativen Schriften und Väterüberlieferung beruhen können[168] (s. o. Ant 13,297[169]), so ist für die _altpriesterliche_ Sadduzäerrichtung, die in ihrer langen Geschichte erst die Leviten als primäre Priesterschaft am Jerusalemer Tempel verdrängte und „um 200 v Chr ... an der Spitze der Hierokratie von Jerusalem" stand,[170] eine Kanonordnung „unter nomistischen Aspekt"[171] möglich und wahrscheinlich.[172] Danach billigen die Saddu-

---

[162] Anders STEGEMANN, ‚Mitte' 157.159. Für Qumran ist auf einen sog. _Lehrbrief_ 4Q 394–399 (ca. Mitte des 2. Jh. v. Chr.) zu verweisen, der die Dreiteilung Buch des Mose, Bücher der Propheten und David (vgl. Lk 24,44) kennt (vgl. QIMRON/STRUGNELL, Letter 400 ff., s. STEGEMANN, aaO. 160, Anm. 37).

[163] Zur unsicheren Datierung vgl. SAUER, Einleitung 490 (130 v. Chr.), und RÜGER, Werden 176 (132 v. Chr.), mit WANKE, Art. Bibel 4 (nach 117 n. Chr.). Griech. Text nach ZIEGLER, Sapientia 123 f.

[164] Anders BECKWITH, Formation 52.58.

[165] Mit SCHÜRER, Geschichte II 481 (vgl. BUDDE, Kanon 42 f.).

[166] Mit GEIGER, Urschrift 133; MOORE, Judaism I 68; LE MOYNE, Sadduceens 358, gegen BUDDE, Kanon 42; RYLE, Canon 186, Anm. 1. So z. B. HIPPOLYT, Refutatio 9,29: Αὕτη ἡ αἵρεσις περὶ τὴν Σαμάρειαν μᾶλλον ἐκρατύνθη (= „diese Philosophenschule ist sehr verbreitet in Samaria"). Vgl. auch die Verwechslung von Sadduzäern mit Samaritaner in San 90ᵇ, Hinweis von BECKWITH, Canon 90.

[167] So z. B. Orig., Contra Celsum 1,49; Pseudo-Tertullian, De praescriptione haereticorum 1,1, vgl. Nid IV,2.

[168] Vgl. WILDEBOER, Entstehung 119, Anm. 10; RYLE, Canon 180, Anm. 1.

[169] Der Terminus οἱ νομοὶ Μωυσέως ist bei Jos nicht grundsätzlich auf den Pentateuch (so z. B. Ap 1,39) beschränkt (vgl. Ant 8,395; 9,153; 10,63 u. a. m.).

[170] MEYER, Art. Σαδδουκαῖος 37, vgl. SCHÜRER, Geschichte II 479 f.; BAUMBACH, Konservatismus 204.

[171] LEBRAM, Kanonbildung 175, vgl. 183.

[172] So WOHLENBERG, Mk 317, Anm. 96; LE MOYNE, Sadduceens 359. Für diese Überlegung eines _Kanons im Kanon_ gibt es Hinweise: Er ist im hell. (Philo; Arist) als auch im palästinischen Frühjudentum (tannaitische Midraschim) vorausgesetzt, insofern dort nur das gesetzliche Material des Pentateuchs behandelt wird. Auch läßt die liturgische Verwendung der atl. Bibel, die nur für die Mose-Thora einen vollständigen Lesezyklus kennt, und das spätere Insistieren der Rabbinen auf der Gleichrangigkeit aller Schriften des Tanachs eine nomistische Vorordnung im Kanon erkennen. Weitere Indizien bei MAIER, Frage 140; TALMON, Schrifttum 60 f. Zur „Zentralautorität" des mosaischen Pentateuchs in einem darüber hinausgehenden Kanon Heiliger Schriften der Qumrangemeinde vgl. STEGEMANN, ‚Mitte.' 157 ff. hier: 159.

zäer dem mosaischen Pentateuch unter den *heiligen Schriften* eine qualitative Sonderstellung in Hinsicht auf seine „Offenbarungsautorität"[173] zu und vertreten so die Hermeneutik einer hierarchisch abgestuften Kanonizität.[174]

Entscheidendes Gewicht gewinnt die von den Sadduzäern (gegenüber den Pharisäern) eingegrenzte und vermutlich nomistisch abgestufte göttliche Autorität *heiliger Schriften* für ihre daraus in schriftgelehrter Hermeneutik entwickelten theologischen Grundsätze, da sich diese nur im abgesteckten Rahmen der alten israelitischen Überlieferung entfalten können. Interpretiert man die kurze Bemerkung von Josephus in Ant 18,16 richtig, daß die Sadduzäer:

> „den Grundsatz aber pflegen, daß eine Veränderung in irgendwelchen Angelegenheiten in keiner anderen Weise als gemäß den Gesetzen (erfolgen kann) (φυλακῇ δὲ οὐδαμῶς τινων μεταποίησις … ἢ τῶν νόμων),

so erhält man von ihnen das Bild einer gesetzeskonformen Schriftgelehrtenpartei, die sich in ihrer eigenen *Väterüberlieferung*[175] eng an den hermeneutischen Rahmen der *göttlichen Mose-Thora* gebunden weiß.[176] Der sadduzäische Standpunkt bedeutet, „that new enactments should be based on and deduced from the Thorah, otherwise, in their judgement, they contained no binding force".[177]

Mit dieser Notiz konform geht die Bemerkung von Josephus, daß die Sadduzäer gegenüber den Pharisäern zu einem härteren Urteil im Sanktionenrecht kamen (Ant 20,199), was beim (jüd.) Volk verständlicherweise auf keine Gegenliebe stoßen konnte (Ant 13,298). Da sie die (pharisäisch mögliche) Gleichstellung von *Gottesthora* und *Väterüberlieferung* verneinten und ihre schriftgelehrte Traditionsbildung an das Primat der *Gottesthora* banden, mußten sie „die der pharisäischen Halacha innewohnende Tendenz, die schriftlichen Torabestimmungen dem menschlichen Vermögen zu akkommodieren und insofern zu erleichtern"[178], ablehnen. Gegenüber bspw. dem rabb.-pharisäischen Grundsatz: „Alle Lebensgefahr verdrängt den Sabbat" (Yoma VIII,6[179]), werden sie das göttliche Gebot der Sabbatruhe (Ex 20,8–11; Dtn 5,12–15) entsprechend in rigoristischer Strenge auslegt haben (wie z.B. CD 10,14–12,6[180]). Ähnliches wird von ihrer kompromißlosen, jedoch schrift-

---

[173] MAIER, Frage 138. Anders HÜBNER, Theologie 50f.

[174] Vgl. MAIER, Frage 138; PESCH, Mk II/2 232.

[175] S. SCHLATTER, Theologie 185, Anm. 2: „Was μεταποίησις versteckt, bleibt undeutlich, am nächsten liegt τινων παραδόσεων".

[176] Vgl. TCHERIKOVER, Civilization 262; JEREMIAS, Jerusalem 263.

[177] LIGHTLEY, Sects 82.

[178] BAUMBACH, Sadduzäerverständnis 26, vgl. ders., Konservatismus 211; MAIER, Mensch 132f.

[179] BILL. I 624. Weitere Belege bei ebd. I 623f.

[180] Zur führenden Rolle der sadduzäischen Priesterschaft in der Qumrangemeinde als derjenigen Priester, die „den Bund bewahren" (1QS 5,2.9, vgl. 1QSb 3,22f.; 1QSa 1,2.24; 2,3;

konformen Anwendung des ius talionis (vgl. Ex 21,24; Lev 24,20; Dtn 19,21) berichtet (Scholion zu Megtaan 10)[181].

Von ihrem *konservativen Traditionsverständnis* ist es darum erklärbar, daß die Sadduzäer die im Frühjudentum anstehende weisheitliche Lebensfrage nach dem Ergehen des Gerechten im Horizont eines immanenten Tun-Ergehen-Zusammenhanges betrachtet haben, „wonach Lohn und Strafe in genauer Entsprechung zu dem Tun des Menschen in diesem Leben in Erscheinung treten"[182] (vgl. Bell 2,164 f.; Ant 18,16; Mak I,6; ARN 5). Alleiniges Maß innerhalb einer diesseitigen Erfüllungslehre[183] ist der Ungehorsam oder Gehorsam des Menschen gegenüber dem offenbaren Gotteswillen in der Thora. In den Mittelpunkt sadduzäischer Theologie des einen Äon rückt damit der Jerusalemer Tempel, der als einziger Ort die notwendige heilsstiftende Sühne für ganz Israel leisten kann, und der die ganze Kraft priesterlich-sadduzäischer Bemühung fordert, da der für den Menschen gefahrvolle Umgang mit dem Gut der heiligen und unmittelbaren Anwesenheit Jahwes im Allerheiligsten zum Heil des Menschen kontrolliert werden muß.[184] Sadduzäische Hoffnungen auf eine Wende von Israels Geschick werden aus diesem Grunde „von der Idee eines national-partikularen Tempelstaates getragen ... werden, der im Sinne überkommener heilseschatologischer Erwartungen", bspw. der Zionstheologie, „die Keimzelle bildet für die Entsühnung des Heiligen Landes".[185] Von ihrem „vorpharisäischen Standpunkt"[186] innerhalb der jüd. Theologiegeschichte ist also verständlich zu machen, daß die Sadduzäer die auf einem universalen Gottesbild beruhenen pharisäischen Hoffnungen über eine postmortal ausgleichende Gottesgerechtigkeit ablehnen mußten (vgl. Bell 2,164; Ant 18,17). Zu ihnen gehört auch die apokalyptische Grenzerwartung einer Auferstehung für diejenigen Gerechten, die durch ihre Thoratreue, und nur durch sie, gewaltsam zu Tode gekommen waren (Dan 12,1–3;

4Qflor 1,17; CD 4,1.3), vgl. MEYER, Art. Σαδδουκαῖος 39 f.; LE MOYNE, Sadduceens 85 ff.; NORTH, Qumran 44 ff.; LIVER, ‚Sons‘ 3 ff.

[181] Text bei BILL. IV/1 350. Dieses theologische Programm strikter Thoraobservanz reflektiert der Talmud in der Weise, daß er sagt, daß es Dinge gibt, „die selbst die Sadduzäer anerkennen" (IIor 4ᵃ; Sanh 33ᵇ), d. h. sie basieren in höchstmöglicher Weise auf der schriftlichen Thora (vgl. FINKELSTEIN, Pharisees II 720 ff.).

[182] BAUMBACH, Sadduzäerverständnis 27, vgl. ders., Konservatismus 211.

[183] Vgl. LESZYNSKY, Sadduzäer 90; SCHLATTER, Geschichte 168.

[184] Vgl. LAUTERBACH, Controversy 197 ff., der zeigt, wie von der rabb. Tradition bezeugte halakhische Differenzen zwischen Sadduzäern und Pharisäern über das hohepriesterliche Ritual am Großen Versöhnungstag zuguterletzt auf einem unterschiedlichen Gottesverständnis beruhen. Die Anschauung der Sadduzäer geht dabei von der realen Anwesenheit Jahwes im Tempel aus, die vernichtende Gefahren für das Leben des Hohepriesters mitsichbringt, so daß er davor geschützt werden muß.

[185] MEYER, Art. Σαδδουκαῖος 44, übernommen von WIKENHAUSER, Art. Sadduzäer Sp. 208.

[186] BAUMBACH, Sadduzäerverständnis 27, vgl. LAUTERBACH, Sadducees 24.

2 Makk 7). Die Sadduzäer sind aufgrund ihrer schriftgelehrten Hermeneutik deshalb „die Altgläubigen, die konservative Richtung, welche die im 2. Jh. vC. einsetzende Entwicklung der jüd. Religion, namentlich in der Anthropologie u.[nd] Eschatologie, als nicht durch die Tora des Wortes gestützt, ablehnten".[187]

Stellt man nun abschließend die, bedingt durch das karge Quellenmaterial, holzschnittartigen Ausführungen zur historischen Gestalt sadduzäischer Theologie demjenigen Bild gegenüber, das die vormarkinische Sadduzäerdebatte (Mk 12,18–27*) von den Sadduzäern vermittelt, so ergibt sich auffälligerweise in einigen Aspekten Deckungsgleichheit:

Die Sadduzäer erscheinen in diesem judenchristlichen Text als eine festgefügte Gruppe, die sich ihrer hervorgehobenen Rolle als legitime Hüterin *göttlicher Überlieferung* bewußt ist, wenn in ihrem Mund formuliert wird: „Mose hat *uns* geschrieben ..." (Mk 12,19a*) und damit auf ihr geschichtlich gewachsenes (priesterliches) Selbstbewußtsein[188] angespielt wird.[189]

Bekannt ist dem vormarkinischen Text weiterhin die sadduzäische Schriftgelehrsamkeit, insofern die ausführliche Darlegung des an sich einfachen logischen Problems, welche Ehebeziehung für einen Mehrfachverheirateten bei der Auferstehung Vorrang genießen soll, erkennen lassen will, welche Bedeutung die konservative Hermeneutik bei den Sadduzäern besitzt. Die Umständlichkeit[190] der Anfrage (Mk 12,19–23a), die mit Kasuistik (V. 19) und langwieriger Erzählung (V. 20–22a) die Ausgangslage für die Problem-Frage (V. 23a) schafft, will auf das sadduzäische Anliegen schließen lassen, daß eine in ihren Augen sekundäre *Vätertradition* wie die der *Auferstehungslehre* daran zu messen ist, ob sie mit den Grundsätzen der bestehenden *göttlichen Thora* vereinbar ist.[191] Ergeben sich bei dieser Prüfung unlösbare Schwierigkeiten und/oder Widersprüche, so befindet sich die gegenüber den vorliegenden *göttlichen Schriften* ihrer Meinung nach *neue Väterüberlieferung* (über die Auferstehung) nicht in Übereinstimmung mit der göttlichen Offenbarungsautorität und ist von daher als nicht thoragemäß zu verwerfen.

Dem historischen Erscheinungsbild der Sadduzäer sachgerecht ist sodann der Verweis der vormarkinischen Jesus-Antwort auf einen autoritativen Schriftenkreis (Mk 12,24cα), da nach Josephus die eingeschränkte Definition

---

[187] WIKENHAUSER, Art. Sadduzäer Sp. 208, vgl. MEYER, Art. Σαδδουκαῖος 48.

[188] Vgl. SCHWANKL, Sadduzäerfrage 338 (GRUNDMANN, Mk 332): „ἡμῖν spiegelt ein besonderes ‚Wir-Bewußtsein' der Sadduzäer".

[189] So gelang es bspw. (vgl. MAIER, Auseinandersetzung 10 ff.) den (pharisäischen) Rabbinen erst in der Zeit nach 70 n. Chr. das bis dahin für die jüd. Hierokratie festgeschriebene priesterliche Monopol über die *heiligen Schriften* aufzulösen, indem sie deren Sakralität wohlgemerkt im priesterlichen Sinne neu regelten.

[190] Vgl. ERNST, Mk 348.

[191] Vgl. SUHL, Funktion 67 f.; GRUNDMANN, Mk 332; PESCH, Mk II/2 232; GNILKA, Mk II/2 158.

heiliger Schriften das auffälligste Kennzeichen sadduzäischer Theologie ist. Die Perikope demonstriert damit, daß erst derjenige, der sich auf das Niveau der altpriesterlichen sadduzäischen Schriftenlehre begibt, in der Diskussion mit ihnen Chancen auf Gehör finden kann.

Und schließlich: wenn der vormarkinische Nachtrag Mk 12,26 f. zu späterer Zeit den schriftgemäßen Beweis für die Auferstehung aus dem Bereich des mosaischen Pentateuch führen will,[192] bestätigt er dadurch nur die nomistisch abgestufte Hermeneutik der sadduzäischen Priestergruppe.

Zusammenfassung: Die teilweise Deckungsgleichheit zwischen dem Bild, das außerbiblische Quellen und dem, das die vormarkinische Perikope von den Sadduzäern zeichnet, und zwar hinsichtlich ihres (priesterlichen) hohen Selbstverständnisses, der Akzeptanz nur eines eingeschränkten Kreises autoritativer *göttlicher Schriften* sowie ihrer nomistischen Hermeneutik, geht über die literarische Rolle der Sadduzäer als notorische Auferstehungsleugner hinaus. Es ist deshalb nicht von vorneherein von der Hand zu weisen, daß in Mk 12,18–27* ein hell. Judenchristentum in der Zeit vor 70 n. Chr. seine weltanschauliche Identität in der Auseinandersetzung mit einem kompetenten und wirksamen sadduzäischen Theologieentwurf gewinnen möchte. Der Eindruck, das NT vermittele im großen und ganzen nur ein polemisches und unsachgemäßes Bild über die frühjüdische Gruppierung der Sadduzäer, ist zumindest von dieser vormarkinischen Überlieferung aus der Zeit vor 70 n. Chr. aus als ein unhaltbares Urteil zu bestreiten.[193]

2.3.4 Die schriftgemäße Vorstellung von einer endzeitlichen Totenauferweckung (Mk 12,24 f.)

Geht man auf das entscheidende Ergebnis der vorangegangenen rezeptionskritischen Nachfrage ein, daß in der Sadduzäeranfrage Mk 12,19–23a versucht wird, eine in den Augen der Sadduzäer *neue Lehre* von der *Auferstehung* auf ihre Kommensurabilität mit einem von ihnen akzeptierten Kreis *göttlicher Schriften* anhand der darin bezeugten Institution der Leviratsehe zu prüfen, so bestätigt sich die kompositionskritisch[194] schon vermutete Ursprünglichkeit der V. 24 f.: Der anscheinend unvermittelt an die Sadduzäer adressierte Vorwurf Jesu über ihre „Unkenntnis in den Schriften" (V. 24aα) wird religionsgeschichtlich als zentraler Streitpunkt in der frühjüdischen theologischen Diskussion mit Sadduzäern evident. Die Exegese ist daher um einer transparenten Interpretation der Jesus-Antwort gut beraten, zwischen einer Verständigung

---

[192] Vgl. anders Sanh 90[b] (R. Gamaliel, T 2), BILL. I 893.
[193] Gegen STEMBERGER, Pharisäer 38.
[194] S. o. den Abschnitt 2.3.1 dieser Untersuchung.

über die Intention der V. 24 f.[195] und der des rabb. Schriftbeweises der V. 26 f.[196] zu differenzieren.

Bevor nun jedoch dieser Abschnitt auf die Klärung der im Frühjudentum urchristlicher Zeit (noch) offenen Frage über den Umfang autoritativer Schriften im Sinne von Mk 12,24cα.25 eingegangen werden soll, soll zuvor das Augenmerk auf das zweite Moment des im Munde Jesu formulierten Doppelargumentes von V. 24c gerichtet werden. Der argumentative Text versucht ja an zweiter Stelle (V. 24cβ.25) den Sadduzäern einen sachlich begründeten „Irrtum" (V. 24b) in ihrer Vorstellung von der Auferstehung nachzuweisen, indem er sie seinerseits mit einem besseren Verständnis konfrontiert. Um diese *neue Sicht der Auferstehungserwartung* der Jesus-Antwort als einen gedanklichen Fortschritt zu profilieren, scheint es geraten, zuerst die vom Text vorgestellte *sadduzäische Sichtweise von Auferstehung* in einigen Grundzügen zu skizzieren. Dabei soll als methodische Leitfrage gelten, ob es eine analoge Redeweise von Auferstehung im Frühjudentum gibt, an den die Sadduzäeranfrage anknüpfen kann.

2.3.4.1 Die Konzeption einer generationenübergreifenden endzeitlichen Auferstehung

In Mk 12,23a stellen Sadduzäer in ihrer Anfrage an Jesus zunächst in expliziter Weise durch die semantische Benennung ἐν τῇ ἀναστάσει als auch implizit durch die rückbezügliche Art ihrer Problemfrage eine von ihnen nur hypothetisch akzeptierte Jenseitsvorstellung vor, die ihrer Meinung nach hinsichtlich einer möglichen postmortalen Ehebeziehung mit einer unlösbaren Aporie verbunden ist, und deshalb als nicht schriftgemäß zu verwerfen sei.

Das von den Sadduzäern zur Bezeichnung der von ihnen kritisierten Jenseitshoffnung verwandte Verbalabstraktum ἀνάστασις, das in Bezug auf seine Wortbildung auf das Verbum compositum ἀνίστημι mit der Grundbedeutung ‚aufstellen' (transitiv) bzw. ‚aufstehen' (intransitiv)[197] beruht, wird in der LXX an zwei (2 Makk 7,14; 12,43) von insgesamt sechs Stellen und fast (Lk 2,34) ausnahmslos im NT im speziellen Sinn des Verbs (‚auferstehen, auferwecken') zur (passiven) Bezeichnung für die Vorstellung von einer *Auferstehung* bzw. *Auferweckung* verstorbener Menschen durch Gottes Handeln verwandt. Man darf bei dem Einzelausdruck ἀνάστασις insofern von einem Terminus technicus sprechen, da er sich im NT zur Beschreibung des Gedankens der Totenerweckung[198] durchgesetzt hat und dabei ohne den ntl. bezeug-

---

[195] S. u. die Abschnitte 2.3.4 dieser Untersuchung.
[196] S. u. den Abschnitt 2.3.5 dieser Untersuchung.
[197] S. Aland/Aland, Wörterbuch s. v.
[198] Gegenüber bspw. ἔγερσις Mt 27,53.

ten, wahrscheinlich christlich-kerygmatisch bedingten Genitivzusatz[199] ἢ ἐκ
νεκρῶν[200] bzw. (τῶν) νεκρῶν[201] auskommt, aber gleichwohl die Neubele-
bung Verstorbener bezeichnet (Joh 11,24; Act 23,8; 24,15; Hebr 11,35, vgl.
2 Tim 2,18). Dieser besondere, auch in der außerbiblischen Gräzität[202] belegte
Sprachgebrauch des einzelnen Verbalabstraktums ist bereits atl.[203] als auch
frühjüdisch[204] eingeführt. In der Verbindung mit der einen Zeitpunkt definie-
renden Dativpräposition ἐν benennt der Ausdruck ἐν τῇ ἀναστάσει gemäß
frühjüdisch-urchristlicher Hoffnung[205] den zukünftigen Moment der (realen)
Totenauferweckung, der als alleinige Tat göttlicher Macht endzeitlich „am
letzten Tag" (Joh 11,24, vgl. ApkMos 10,2; 13,3; 41,3; 43,2) erwartet wird.[206]
Wie die markante[207] Begrifflichkeit mit ἀνίστημι mithin dokumentiert, greift
die Sadduzäerfrage auf eine in der LXX bereits als eine besondere Form der
Jenseitserwartung terminologisch fixierte[208] und im Frühjudentum fest eingeführte[209] postmortale und endzeitliche Auferstehungshoffnung zurück.

---

[199] Zur Entstehung der Wendung aus dem Osterkerygma vgl. HOFFMANN, Toten 180–5.

[200] S. Lk 20,35; Act 4,2, auch Barn 5,6.

[201] S. Mt 22,31; Act 17,32; 23,6; 24,21; 26,23; Röm 1,4; 1 Kor 15,12 f.21.42; Hebr 6,2,
auch Did 16,6.

[202] Stellenbelege s. bei ALAND/ALAND, Wörterbuch s. v., sowie OEPKE, Art. ἀνίστημι
369 f.; FASCHER, Anastasis 182 ff.

[203] 2 Makk 12,43.

[204] Z. B. ApkMos (zur Datierung von VitAd bzw. ApkMos ins 1. Jh. n. Chr. vgl. JOHNSON,
Introduction 252) 10,2; 28,4; 41,3; 43,2; VitProph (zur Datierung von VitProph ins 1. Jh.
n. Chr. vgl. HARE, Introduction 380) 2,12 bzw. 15.

[205] Z. B. ApkMos 41,3; VitProph 2,12 bzw. 15; TestHiob (zur Datierung der Schrift in die
Zeit 1. Jh. v. Chr.–2. Jh. n. Chr. und ihrer jüd. Herkunft vgl. SCHALLER, Einleitung 308 ff.)
4,9; Lk 14,14; Joh 11,24; Ign Magn 11,1; Polyk 7,1.

[206] Vgl. die klassisch-prophetische Tradition von einem zukünftigen Gerichtstag Jahwes
über Israel, dem יהוה‎ ‏‎יום‎: Jes 2,12; 13,6.9; 22,5; 34,8; Ez 13,5; 30,3; Joel 1,15; 2,1.11; 3,4;
4,14; Am 5,18–20; Ob 15; Zeph 1,7 f.14–18; Sach 14,1.

[207] Sachlich parallel, aber semantisch different sind z. B. Formulierungen der Auferstehungshoffnung mit ἔγειρω, ζῳοποιέω oder auch ζάω.

[208] Vgl. 2 Makk 7,9.14; 12,44; Hi 19,26a; Hos 6,2; Jes 26,19; Dan 12,2.13. Christliche
Zusätze in dieser Terminologie dürften Ps 65,1 und Hi 42,17(a) sein.

[209] Vgl. CAVALLIN, Life 200. Z. B. TestAbr B 14,5 (auch TestAbr A 18,9 f. Zur Datierung
von Version B ins 1. Jh. n. Chr. vgl. JANSSEN, Einleitung 195 ff.); TestHiob 4,9; 40,4; PsSal
3,12 (mit BILLERBECK, Kommentar IV/2 1169; CAVALLIN, Life 58; ders., Leben 310;
HOFFMANN, Toten 127 f., gegen STEMBERGER, Leib 56–9, der hier eine metaphorische Deutung annimmt [unentschieden SCHWANKL, Sadduzäerfrage 205]); ApkMos 10,2; 13,3; 28,4;
41,3; 43,2; TestJud 25,1.4 (zur vorchristlichen Datierung der jüd. Redaktionsschichten der
Grundschrift von Test12 vgl. BECKER, Einleitung 25 f.); TestSeb 10,2; TestBenj 10,6–8;
VitProph 2,12 bzw. 15. Zum umstrittenen Problem der Auferstehungshoffnung in den Hauptschriften der Qumrangemeinde vgl. SCHUBERT, Problem 154 ff.; CAVALLIN, Life 60 ff.; ders.,
Leben 274–7; SCHWANKL, Sadduzäerfrage 206 ff., sowie die Lit. bei STEMBERGER, Leib 3,
Anm. 8. Methodisch fraglich arbeitet BUITKAMP, Auferstehungsvorstellungen 81–3.102 ff.,
der in 1QS 4,14(?) eine Auferstehungserwartung für die Gerechten annimmt (ebd. 82) und
mit Stellen aus dem äthHen begründet. Gegen die These von KUHN, Enderwartung 113, daß
in 1QH 11,12b Qumran die endzeitliche Totenauferstehung mit dem Eintritt in die Gemeinde

Wenn die Frage nach der zukünftigen Ehebeziehung der sich in ihrem zeitlichen Leben (sechsmal) wiederverheiratenden Frau (Mk 12,23a) nun mit einem *vitalen Dasein* der Verstorbenen im postmortalen Status der Auferstehung rechnet, dann knüpft sie auch in sachlicher Hinsicht an diese ausgeprägte atl.-frühjüdische Form eschatologischer Erwartung an. Es wird zwar der kerygmatische Aspekt dieser Hoffnung ausgeblendet, der im Vertrauen auf die Rettertreue Jahwes gegenüber Israels Gerechten besteht, ein Vertrauen, das über die menschlicherseits unüberwindbare, aber für den Schöpfer-Herrn über Leben und Tod beherrschbare Todesgrenze hinausreicht,[210] um dennoch die (welt-)anschaulichen Essentials dieser Auferstehungskonzeption zum Tragen zu bringen. Gegenüber der nämlich auf einer dichotomischen Anthropologie beruhenden hell. Unsterblichkeitshoffnung für die (göttliche) Seele des Menschen[211] artikuliert sich die israelitische Auferstehungshoffnung[212] im Anschluß an eine *innerweltliche und holistische Anthropologie*[213]. Wie der für den MT einzig[214] sichere[215] *Grundtext*[216] der individuellen Auferstehungshoffnung, Dan 12,2, im Rahmen der (makkabäischen) Apokalypse 10,1–12,4 (ca. 166–165 v. Chr.)[217] belegt, wenn er ausführt, daß:

„viele von denen, die im Lande des Staubes schlafen, erwachen werden"[218] (vgl. Jes 26,19),

---

als gegenwärtig verwirklicht ansieht, haben sich dezidiert LICHTENBERGER, Menschenbild 222 f.; MELL, Schöpfung 90 f. vgl. 74 ff., ausgesprochen.

[210] Vgl. 2 Makk 6,26; 7,11.22 f.28; Hos 6,1–3; Jes 26,19; Dan 12,2. S. auch äthHen 91,10; 92,3 f.; TestJud 25,4. Zur Entwicklung der Auferstehungshoffnung im AT aus dem Gedanken der Rettung Jahwes aus menschlicher Todeserfahrung (einschließlich individueller Krankheit und nationaler Depression) vgl. bes. Ps 16,8.11; 49; 73,23–26; Dtjes 53,10–12; Ez 37,1–14, dazu SCHUBERT, Entwicklung 187 ff.; STEMBERGER, Problem 273 ff.; SCHWANKL, Sadduzäerfrage 155 ff., weitere Lit. bei STEMBERGER, aaO. 273, Anm. 4.

[211] Zum Eindringen der hell. Seelenvorstellung in die spätere pseudepigraphische (vgl. die Interpretatio graeca von 2 Makk 6 f. in 4 Makk 5–18) und rabb. Literatur vgl. MEYER, Hellenistisches 13 ff.; STEMBERGER, Auferstehungslehre 247 ff.; WAHLE, Lehren 293 ff.; SCHUBERT, Entwicklung 196 ff.206 ff.; HOFFMANN, Toten 141 ff.

[212] Zu dem religionsgeschichtlichen Problem der israelitischen Auferstehungshoffnung, für die babylonischer, kannaanäischer, iranischer oder auch griech. Einfluß angenommen wird, vgl. SCHUBERT, Entwicklung 178 ff., sowie die Lit. bei WIED, Auferstehungsglaube 247 ff., Anm. 11 ff.; STEMBERGER, Problem 278, Anm. 28; CAVALLIN, Leben 244, Anm. 18–20.

[213] Vgl. GOLLINGER, Hintergrund 28.32.

[214] Zur Diskussion um Jes 26,19 als ältesten Auferstehungstext des AT vgl. die Literaturangaben bei GOLLINGER, Hintergrund 26 f., Anm. 44.

[215] Vgl. CAVALLIN, Leben 249; STEMBERGER, Art. Auferstehung 443.

[216] Vgl. die schriftgelehrte Rezeption von Dan 12,2 f. z. B. in äthHen 91,10; 92,3–5; PsSal 3,12; 4 Esr 7,32a.

[217] Vgl. KELLERMANN, Danielbuch 52.

[218] Zur Textkritik des MT und Übersetzung von עפר אדמת s. NICKELSBURG, Resurrection 17, Anm. 32; HASSLBERGER, Hoffnung 132, Anm. 84.

wird die Vorstellung von einer endzeitlichen Totenerweckung an die atl. Rede von der שְׁאוֹל (vgl. Hi 17,16) als dem räumlichen Grabesort[219] der in schattenhafter Gottesferne[220] ‚existierenden‘ Verstorbenen „einfach … angehängt“[221] (vgl. äthHen 91,10; 92,3 f.; 100,5[222]); für sie wird quasi als irdische Wesen das neue Leben der Auferstehung[223] in konkreter Leiblichkeit[224] erhofft. Als Ort des Wieder-ins-Leben-treten der, bildlich gesprochen,[225] nur für eine gewisse Zeit „entschlafenen“ Verstorbenen[226] wird dabei nicht primär an den Himmel, sondern an die *irdische*, wenn auch *himmlisch verklärte Welt* gedacht[227] (Dan 12,3, vgl. Hos 6,2; Jes 26,19).[228]

Bündelnd läßt sich darum sagen, daß die in der Sadduzäerfrage Mk 12,23a vorausgesetzte postmortale (Ehe-)Vitalität verstorbener Menschen im Status der Auferstehung sich mit der atl.-frühjüdischen Auferstehungsvorstellung als Wiederaufnahme leiblich-irdischer Lebensverhältnisse deckt. Um jetzt das in der Sadduzäeranfrage enthaltene logische Problem besser zu erläutern, ist anhand von Hebr 11,35.39 f. ein entscheidender Gedankenfortschritt frühjüdisch-urchristlicher Auferstehungstheologie zu illustrieren. Bei Hebr 11,35 handelt es sich um einen Text aus der großen Reihe von atl. Beispielen (11,4–38) für die „Heilsmacht des Glaubens“[229]. Für den Zusammenhang ist wichtig, daß hier wie beim Mk-Text das Schicksal des weiblichen Geschlechts im Mittelpunkt steht, der Fachbegriff ἀνάστασις verwendet und zwischen *Auferstehung* und *Auferstehung* unterschieden wird, wenn es dort heißt:

„Frauen (γυναῖκες) empfingen durch Auferstehung (ἐξ ἀναστάσεως) ihre Toten zurück; andere aber wurden zu Tode gemartert, ohne daß sie die (angebotene) Freilassung annahmen, damit sie eine bessere Auferstehung (κρείττονος ἀναστάσεως) erlangten“.

[219] Vgl. 1 Sam 28,8–13; Jes 8,19.
[220] Vgl. Ps 6,6; 88,5 f.10–12; Jes 38,11.18.
[221] MEYER, Hellenistisches 12, vgl. STEMBERGER, Art. Auferstehung 444.
[222] S. auch äthHen 51,1; LibAnt 3,10; 4 Esr 7,32; syrBar 21,23 f.; 42,7; 50,2; Apk 20,13.
[223] Vgl. 2 Makk 7,14; TestJud 25,4.
[224] Zur *Leiblichkeit* des Auferstehungslebens vgl. 2 Makk 7,11.23; 14,46; äthHen 10,17; 22,8–13; 25,4 f.; Jub 23,30, dazu SCHUBERT, Entwicklung 192 ff.; STEMBERGER, Leib 13 ff.36 ff.105 ff.; NICKELSBURG, Resurrection 23; SCHWANKL, Sadduzäerfrage 173 ff.
[225] Es ist nicht von einem physischen Schlaf die Rede, gegen KELLERMANN, Danielbuch 52. Zum euphemistischen Todesschlaf-Motiv vgl. HOFFMANN, Toten 186 ff.
[226] Dan 12,2, vgl. äthHen 91,10; 92,3; 1 Thess 5,6.
[227] Vgl. STEMBERGER, Problem 277 ff.; ders., Art. Auferstehung 444; KELLERMANN, Danielbuch 69 f.
[228] Gleiches wird auch in den mirakulösen Totenauferweckungsgeschichten des Elia-Elisa-Überlieferungszirkels erzählerisch vorausgesetzt (1 Kön 17,17–24; 2 Kön 4,32–37; 8,1.5; 13,21, vgl. Mk 5,35–42).
[229] HEGERMANN, Hebr 226.

Hebr 11,35a spielt zunächst auf die atl. Erzählungen in 1 Kön 17,17–24 und 2 Kön 4,18–37 an, daß durch die „Glaubensgewißheit"[230] der „Propheten" (Hebr 11,32 fin.) Elia und Elisa bestimmten Frauen, in diesem Fall der Witwe in Sarepta und der Sunamitin, ihre (einzigen) verstorbenen Söhne zurückgegeben wurden. Es handelt sich um eine partielle Totenauferstehung in der Zeit, die in V. 35b nun einer „besseren Auferstehung" gegenübergestellt wird. Dieser Versteil erinnert dabei an das beispielhafte Martyrium von Eleazar und den sieben Brüdern und ihrer Mutter (2 Makk 6 f., vgl. 4 Makk 5–18),[231] das sich nicht nur durch das tapfere Ausschlagen des (königlichen) Angebotes zur Freilassung auszeichnete, sondern auch von der festen Erwartung einer künftigen, aber zeitlich nicht festgelegten postmortalen Auferstehung[232] (2 Makk 7,29[233]) geprägt war. Wie nun Hebr 11,39 f. ausführt, handelt es sich für den Verfasser des Hebräerbriefes dabei selbstverständlich um dieselbe, am Ende aller Zeit liegende Auferstehung, auf die auch die christliche Gemeinde zugeht. Zusammen mit den Generationen früher zu Tode gemarterten, gerechten Glaubenszeugen wird die christliche, durch Glauben gerechtfertigte Endzeitgemeinde zu gleicher Zeit die eschatologische „Vollendung" erreichen und damit mit ihnen gemeinsam endgültig die Erfüllung der göttlichen (Heils-) „Verheißung" erlangen.

Die rückbezügliche Sadduzäerfrage geht also mit der Fallgeschichte der sechsfachen Leviratsehe auf ein (spätes) Stadium jüd.-urchristlicher Auferstehungstheologie ein, das davon ausgeht, daß endzeitlich nicht nur eine, nämlich die *letzte* (vgl. 1 Kor 15,18.20 ff.; 1 Thess 4,13–17), sondern gleich (unendlich) *viele Generationen* gemeinsam der endzeitlichen Auferstehung teilhaftig werden. Sie knüpft daran die simple Frage an, was geschieht, wenn Menschen dieser verschiedenen Generationen nun untereinander in einer *unauflöslichen Ehebeziehung* (vgl. Mk 10,9) stehen. Wenn die Existenz in der Zeit, deren Ausdruck die Todesgrenze ist, mit der Auferstehung in die zeitlose, unendliche Ewigkeit überführt wird,[234] wie kann dann die von einer Person auf Zeit, nämlich bis zum Tod des Partners (vgl. Röm 7,2), geschlossene Eheverbindung in der ewigen Gleichzeitigkeit der Wieder-lebendig-Gewordenen mit mehreren Partnern aus verschiedenen Generationen zugleich bestehen?

---

[230] HEGERMANN, Hebr 241.

[231] Vgl. MICHEL, Hebr 417 f.; STROBEL, Hebräer 225; HEGERMANN, Hebr 241. Zur Möglichkeit der Freilassung s. 2 Makk 7,24–28.

[232] Anders MICHEL, Hebr 418; KELLERMANN, Auferstanden 120.

[233] 2 Makk 7,29 nimmt mit ἐν τῷ ἐλέει nur das LXX-Zitat von Dtn 32,36 in V. 6 auf, vgl. WIED, Auferstehungsglaube 102 f.

[234] Vgl. Dan 12,2 f.; 2 Makk 7,9.36; PsSal 3,12, auch äthHen 58,3.

2.3.4.2 Auferstehung als Neuschöpfung (Mk 12,24cβ.25)

Wie Mk 12,25aα belegt[235], führt die Jesus-Antwort in den V. 24 f. die Auseinandersetzung mit der sadduzäischen Kritik an dem logischen Konzept einer generationenübergreifenden Totenauferstehung auf der atl.-frühjüdischen Basis von Auferstehung als Wieder-lebendig-werden, einer Diskussionsebene, die von den sadduzäischen Kritikern nur hypothetisch zugestanden wurde. Um ihnen die Wahrheit der Auferstehung zu beweisen, versucht die Jesus-Antwort durch den Begriff ἡ δύναμις τοῦ Θεοῦ (V. 24cβ) und die sich anschließende Begründung in V. 25 eine adäquate Vorstellung über das *Wie* von Gottes Auferweckungshandeln an den Toten zu vermitteln; Gott ist ja nach atl.-frühjüdischer Überzeugung alleiniger Initiator zukünftiger Totenauferstehung.

Das Syntagma ἡ δύναμις τοῦ Θεοῦ kommt im NT außer in der Parallelstelle Mt 22,29 nur in zweimaliger, jedoch bedeutungsdifferenter lukanischer Redaktion vor (Lk 22,69[236]; Act 8,10[237]). Doch ist der Terminus[238] im hell.[239] Judentum bekannt: Gott selbst definiert sich durch seine Kraft,[240] so daß sein wunderhaftes Eingreifen in die irdische Geschichte der Hinweis auf seine göttlich überwältigende Macht ist.[241] Was dem Vermögen des Menschen entzogen ist, steht nach Josephus dabei in der unableitbaren Potenz des einen Gottes: das Kriegsglück (Bell 6,399)[242], die Zukunft (Ant 4,318; 8,109) sowie die Wende bedrückender und erniedrigender Zustände (5,337; 19,16). Hinter der philosophisch erkannten (pantheistischen) Allmacht Gottes steht für den hell.-jüd. Apologeten Aristobul (13,12,6) darum nur die analogielose Kraft des (jüd.) Schöpfergottes (vgl. 13,12,7 mit 3 f.)[243].

Mit dem abbreviaturartigen ἡ δύναμις Θεοῦ[244] gelingt es darum besonders[245] dem hell. Judenchristen Paulus, die neue Erfahrung des menschen-un-

---

[235] Zur Terminologie ἀνίστασθαι ἐκ νεκρῶν vgl. Mk 9,9 f.; Lk 16,31; 24,46.

[236] Zur Verdeutlichung für seine heidenchristlichen Leser versieht Lk hier das Gottesprädikat δύναμις (Mk 14,62), das auf der atl. Synonymität von „Macht" und „Name" Gottes beruht (vgl. Ex 9,16 [Röm 9,17]; Ps 54 (53),3; Jer 16,21) und als Umschreibung für den Gottesnamen bei den Tannaiten in Gebrauch ist (Belege bei BILL. I 1006 f.), mit dem redundanten Genitiv τοῦ Θεοῦ.

[237] Nach SCHNEIDER, Verleugnung 120–2; HAENCHEN, Act 253, hellenisiert Lk hier die Zauberkraft des Magiers Simon mit dem traditionellen Titel δύναμις μεγάλη durch den Genitiv τοῦ Θεοῦ als menschlicherseits verfügbare „Kraft Gottes" (vgl. SCHMITZ, Begriff 153 ff.; GRUNDMANN, Art. δύναμαι 290 f.).

[238] Vgl. aber auch die LXX Jos 4,24: ἡ δύναμις τοῦ κυρίου.

[239] Vgl. aus der Gräzität Plat., Krat. 404e; Diod. (1. Jh. v. Chr.) 1,20,6, weitere Belege bei ALAND/ALAND, Wörterbuch Sp. 417.

[240] Weish 7,25; Jos Ant 18,280, vgl. Ap 2,167; Philo, VitMos 1,111; Röm 1,20.

[241] Vgl. 2 Makk 3,24; 9,8; Jos Ant 9,15.60.

[242] Vgl. 1QM 1,11.14; 3,5 u. ö.; 4QMᵃ 4.

[243] Ähnlich Philo, MutNom 29.

[244] In der LXX vgl. 1 Chron 12,23, auch Ps 92,1; Hi 37,14; im hell. Judentum Arist 248,6; 268,8; Aristobul 8,10,8.

[245] Vgl. nachpaulinisch 2 Tim 1,8; 1 Petr 1,5.

abhängigen (1 Kor 2,5; 2 Kor 6,7), menschliche Verhältnisse umwertenden (2 Kor 13,4[246]) und heilskräftigen Evangelium von Jesus Christus als dem Gekreuzigten (Röm 1,16; 1 Kor 1,18.24) auf Gott zurückzuführen. Es ist die Auferstehung (Jesu) (Röm 1,4; 1 Kor 15,42 f., vgl. Phil 3,10), in der sich Gott in seiner Allmacht manifestiert hat. Daß es sich für Paulus dabei um das Ereignis der unableitbaren *Schöpferkraft Gottes* handelt,[247] ist für seine schöpfungstheologisch akzentuierte Gotteslehre (vgl. Röm 4,17.21, dazu 1,14 ff.) selbstverständlich. Steht damit fest, daß das hell. Juden(-christen-)tum mit dem Begriff ἡ δύναμις τοῦ Θεοῦ einen außerordentlichen, z. T. schöpfungstheologisch begriffenen Umgang Gottes mit seiner Welt, seiner Schöpfung beschreibt, so ist jetzt zu fragen, wie Mk 12,25 das göttlich-neue Handeln bei der endzeitlichen Auferstehung inhaltlich faßt.

Mit dem in patriarchaler Sichtweise formulierten, durch das Stilmittel der Paronomasie zusammengehaltenen Doppelausdruck,[248] der die Institution der Ehe aus männlicher („heiraten") sowie weiblicher Perspektive („sich freien lassen") beschreibt,[249] lehnt die Jesus-Antwort (Mk 12,25aβ) durch Verneinung kategorisch die von den Sadduzäern vorausgesetzte Vorstellung vitaler Lebensgestaltung nach irdischem Vorbild für den postmortalen Zustand der Auferstandenen ab: Auferstehung ist als Wiederbelebung *keine* Rückkehr zum irdischen Leben.[250] Sie ist vielmehr eine Progression in eine neue Seinsweise, wie der Vergleich (ὡς) von V. 25b antithetisch zum Vorhergesagten zu erläutern versucht. Dieser Vergleich zum Verständnis des Lebens nach dem Tode, der die traditionelle astrale „Lichtmetaphorik für das Heil oder den Sieg der Weisheit"[251] aktualisiert, findet sich atl. kanonisiert im Kontext der Auferstehungshoffnung in Dan 12,3 LXX: ὡς φωστῆρες τοῦ οὐρανοῦ, vgl. Theodotion: ὡς ἡ λαμπρότης τοῦ στερεώματος. Im Zuge der schriftgelehrten Rezeption atl. Texte in der frühjüdischen Apokalyptik[252] ist der danielsche Vergleich von den auferstandenen Gerechten mit Engeln zum Zwecke der Illustration ihrer verherrlichten Existenzform zu einem „Topos der apokalyptischen Literatur"[253] geworden (s. 4 Makk 17,5; äthHen 104,2; 4 Esr 7,97.125a;

---

[246] Vgl. Jos Ant 5,337; 19,16.
[247] Vgl. noch 1 Kor 6,14; 15,43: ἐξεγείρω; 2 Kor 13,4: ζάω, nachpaulinisch Eph 1,14 f.
[248] Vgl. Mt 24,38 (= Q), Lk 17,27 über die Sintflutgeneration.
[249] Vgl. SCHWANKL, Sadduzäerfrage 368, Anm. 124.
[250] Vgl. WELLHAUSEN, Mk 95; GRUNDMANN, Mk 333.
[251] KELLERMANN, Danielbuch 53; vgl. ders., Auferstanden 82. S. z. B. Jdc 5,31; Weish 3,7; Mal 3,20; Jes 53,11; äthHen 39,7; 91,16; 104,2 für die Metapher Licht als Heil, Weish 5,6; 6,12; 7,29 für die Bindung von Licht und Weisheit, Weish 3,7a für das „Leuchten" der Gerechten. Religionsgeschichtliches Vergleichsmaterial zur astralen Lichtherrlichkeit gibt ders., Danielbuch 66, Anm. 42, an.
[252] Vgl. dazu MELL, Schöpfung 173 f.
[253] CAVALLIN, Leben 267, vgl. CRANFIELD, Mk 375; SCHWEIZER, Mk 135; PESCH, Mk II/2 233; SCHMITHALS, Mk 2/2 535; HOFFMANN, Art. Auferstehung 452; GNILKA, Mk II/2 159.

syrBar 51,5.10[254]; LibAnt 33,5). Es verdient, trotz der Verwendung von dem Seinsbegriff εἶναι in Mk 12,25b, dabei besondere Beachtung, daß dieses apokalyptische Vergleichsbild, welches die zur Erklärung anstehende Sachaussage einer Verwandlung auferstandener Gerechter in eine verherrlichte Gestalt mit dem Bild der astralmythischen Identifikation von (Himmels-)Engeln mit den sichtbaren Sternen am Himmelsfirmament (s. Hi 38,7[255]) erklären will, anders als im Zuge der spekulativen interpretatio graeca,[256] vor einer ontologischen Interpretation geschützt sein will.[257] Es liegt im Wesen des Apokalyptischen, daß es mit seiner nur scheinbar offenbarenden Bildsprache den menschlicherseits nicht zu überschreitenden ontologischen Abstand zur Transzendenz wahrt.

Die inhaltliche Pointe von Mk 12,24cβ.25 zum neuen Verständnis der endzeitlichen Auferstehung der Toten liegt also in dem theologischen Grundsatz, daß Gottes Handeln erst dann richtig erfaßt wird, wenn ihm auch die unableitbare Größe seiner Macht zugestanden wird. Bleibt durch die Überzeugung von der Auferstehung als Wiederbelebung verstorbener Menschen der Identitätsgedanke der menschlichen Person erhalten, weil der durch den Tod unterbrochene Tun-Ergehen-Zusammenhang des Lebens im Jenseits an derselben Person zur Erfüllung kommt, so wird mit der Vorstellung von der himmlischen Verwandlung der Leiber die Diskontinuität des neuen Auferstehungsleben im Verhältnis zum vorherigen irdischen Leben ausgesagt,[258] eine Diskontinuität, die allem schöpferischen Tun Gottes anhaftet. Oder mit anderen Worten: die endzeitliche Auferstehung der Toten ist erst dann theologisch adäquat gedacht, wenn sie schöpfungstheologisch als *Neuschöpfung*[259]

---

[254] In syrBar 51,12 gesteigert zur Aussage: „die Vortrefflichkeit der Gerechten wird noch größer sein als bei den Engeln".

[255] Vgl. dazu CAVALLIN, Life 203.

[256] Vgl. Lk 20,36: ἰσάγγελοι; 4 Makk 17,5; AssMos 10,9; Philo, Sacr 5.

[257] Ob Mk 12,25 also einen zölibatären Status, eine asexuelle Bestimmung oder eine „*uneingeschränkte Kommunikation*" (SCHWANKL, Sadduzäerfrage 373) des *jeder mit jedem* für die beiden Geschlechter der Auferstehung vorsieht (vgl. ebd. 370 ff.), steht außerhalb seines Gesichtskreises und bleibt der unzufriedenen Spekulation frommer bzw. unfrommer Phantasie vorbehalten. Vgl. PESCH, Mk II/2 233: ein „Vergleich ..., der sich der Vorstellbarkeit vollends entzieht".

[258] Vgl. CAVALLIN, Life 213.

[259] Ähnlich PESCH, Mk II/2 233; ERNST, Mk 350. Anders DONAHUE, Factor 575–8, der den Gegensatz in einer materialistischen (so die Sadduzäer) und einer spirituellen Auffassung von der Totenauferstehung (so Jesus) sieht. Vgl. auch die Diskussion von Beth-Schammai (T 1) und Beth-Hillel (T 1) über die Wiederbelebung des Menschen in der kommenden Welt (BerR 14,5; LevR 14,9, BILL. IV/2 815 f., vgl. auch Sanh 90[b] [R. Gamaliel II., T 1], dazu CAVALLIN, Life 181): Erstere Schule behauptet mit Ez 37,8, „daß Gott dann die umgekehrte Ordnung beachtet, die sonst bei der Bildung des Embryos im Mutterleib gilt: zuerst die Gebeine und zuletzt die Haut. Dagegen lehrt Beth-Hillel mit Berufung auf Hiob 10:9 f., daß genau dieselbe Ordnung wie in dieser Welt so auch in der kommenden befolgt wird" (CAVALLIN, Leben 311). Liegt beiden Anschauungen ein „massiver Auferstehungsglaube"

verstanden wird (vgl. 2 Makk 7,28 im Kontext der Auferstehung: creatio nova ex nihilo[260]).

2.3.4.3 Die Auseinandersetzung um den anerkannten Kreis autoritativer „Schriften" (Mk 12,24cα.25)

Der erste Teil des Doppelargumentes von Mk 12,24bc.25 läßt Jesus den Sadduzäern „Unkenntnis in den Schriften" vorwerfen (V. 24cα). Mit dem einfachen plur. Abstraktbegriff αἱ γραφαί wird in Kurzform im NT[261] wie im Frühjudentum[262] die (noch) numerisch unbestimmte Zahl „heiliger Schriften"[263] des atl. Schriftenkanons bezeichnet.[264] Es ist Common sense atl. Forschung[265], daß sich zur Zeit der vormarkinischen Tradition, d. i. in den Jahren vor 70 n. Chr., die Dreiteilung autoritativer Schriften im Frühjudentum durchgesetzt hat. Es stehen die Bezeichnung des ersten (תורה; νόμος) wie die des zweiten Kanonteiles (נביאים; προφῆται) fest,[266] während sich für den dritten Kanonabschnitt noch kein konstanter Name[267] durchsetzen konnte. Hinsichtlich des dritten Kanonteiles wird dabei über einen Grundstamm von Büchern (Ps; Hi; Dan; Esr-Neh; Chr) hinaus die Zugehörigkeit bzw. Nichtzugehörigkeit von einzelnen Schriften diskutiert (vgl. die Auseinandersetzung im rabb. Judentum nach 70 n. Chr. um Hld, Koh, Est[268] und Sir)[269] bzw. ein größerer

---

zugrunde (ebd. 311), so scheint bei Beth-Schammai die Auferstehung als Neuschöpfung aufgefaßt zu sein (gegen CAVALLIN, Life 173; ders., aaO. 311).

[260] Vgl. KELLERMANN, Auferstanden 74: In 2 Makk 7,28 „soll durch Exegese des ersten Schöpfungsberichts gesichert werden, daß der Schöpfer in seiner unbegrenzten Allmacht zur himmlischen Neuschöpfung wie bei der ersten Schöpfung überhaupt keiner Materie, auch nicht der Elemente, bedarf".

[261] Vgl. Mt 26,54; Mk 14,49 par.; Lk 24,32.45; Joh 5,39; Act 17,2.11; 18,24.28; Röm 15,4; 1 Kor 15,3 f., anders Mt 21,42.

[262] Z. B. SifDev 1 zu 1,1 (R. Jose, Sohn der Damaszenerin, T 2); Philo, Abr 236. Zu äthHen 104,10 vgl. 2 Petr 3,16: die publizierten „Schriften".

[263] Vgl. z. B. 1 Makk 12,9; Röm 1,2; 2 Tim 3,15, auch Philo VitMos 2,290.292; Fug 4; SpecLeg 1,214; Jos Ant 1,13; 10,210; Ap 2,45 usw.

[264] Dazu SCHRENK, Art. γράφω 750 ff.

[265] Vgl. SMEND, Entstehung 17 ff.; RÜGER, Werden 176 ff.; BECKWITH, Formation 55; ELLIS, Old Testament 9. Die Theorie von RYLE, Canon 178 ff. bes. 183 f., daß zwischen einem offiziellen Kanon (ca. 100 n. Chr.) und einem inoffiziellen (ca. 100 v. Chr.) zu unterscheiden sei, hat sich nicht durchgesetzt. BARR, Concept 55 f., geht davon aus, daß ein „two-stage-canon" neben einem „three-stage-canon" existiert habe.

[266] Vgl. Sir-Prolog § 1.3; 2 Makk 15,9; 4 Makk 18,10; 1QS 8,15 f.; 4Q 394–9; CD 7,15–17; Philo, VitCont 25.

[267] Vgl. 4Q 394–9: „David"; 2 Makk 2,13: „die Schriften Davids"; Lk 24,44: „Psalmen"; Philo, VitCont 25: „Hymnen und andere [Schriften]"; Sanh 90ᵇ (R. Gamaliel II, T 2): „Schriften, -tum" (BILL. I 893); Sir-Prolog § 1: „andere Schriften"; § 3: „andere Bücher der Väter".

[268] Vgl. auch, daß sich unter den Qumranfunden von Hss. atl. Bücher allein Est nicht findet (STEGEMANN, ‚Mitte' 153.153, Anm. 13) sowie das NT keine Schriftanspielung an dieses Buch kennt.

[269] Vgl. WILDEBOER, Entstehung 58 ff.; MOORE, Definition 115 ff.; RÜGER, Werden 176 ff.; TALMON, Schrifttum 77 f.; BECKWITH, Formation 61 ff.

Schriftenanteil (1 Esr; Jdt; Tob; 1–4 Makk; Od; PsSal; Sir; griech. Zusätze zu Dan und Est) wie selbstverständlich hinzugezählt (vgl. den [christlichen?] LXX-Kanon).[270]

Es ist also ausschließlich in bezug auf den dritten Kanonteil angebracht, von einem „nach unten hin noch offen(-en)"[271] Kanon autoritativer Schriften zu sprechen, reflektiert man über das Judentum vormarkinischer Zeit.[272] Wenn nun in der Auseinandersetzung mit Sadduzäern, die, wie oben gezeigt,[273] in der Frage des jüd. Schriftenkanons einen vorpharisäischen Standort eingenommen und damit einen im Verhältnis zu den Pharisäern relativ kleineren Kreis *göttlicher Schriften* akzeptierten, das von der Jesus-Antwort eingebrachte (unbestimmte) Argument autoritativer „Schriften" (Mk 12,24ca) im Zusammenhang der Auferstehungsthematik stichhaltig sein soll – gerade der absolute wie relative Umfang kanonischer Schriften wird ja von den frühjüdischen Gruppierungen dieser Zeit verschieden bestimmt, ist folglich als einzelnes Argument *kein* Standpunkt –, so muß die Begründung V. 25 Entscheidenes leisten. Sie muß darüber Aufschluß geben, auf welche Schrift, die in gewissen, wenn nicht sogar allen Kreisen des Frühjudentums autoritative Qualität besitzt, die rhetorische Entgegnung von V. 24ca anspielen will.

Ist die Auferstehungsthematik im atl. und frühjüdischen Schrifttum bekannt,[274] so findet sich der in Mk 12,25 eingebrachte Vergleich der von den Toten Auferstandenen mit der Seinsweise von Himmelsengeln im (bisher publizierten) atl.-frühjüdischen Schrifttum in Dan 12,3; äthHen 104,2; 4 Makk 17,5; 4 Esr 7,97.125a; syrBar 51,5.10.(12) und LibAnt 33,5. Aufgrund der Datierung bzw. Datierungsunsicherheit dürften nur Dan 12,3 (ca. 166/5 v. Chr.) oder äthHen 104,2 (1. Jh. v. Chr.)[275] als vormarkinische Bezugsstellen in Frage kommen. Aufgrund ihrer (griech.) Vergleichstexte:

Dan 12,3[276]: „Da werden die Verständigen leuchten wie der Glanz des Firmaments (Theodotion: ἐκλάμψουσιν ὡς ἡ λαμπρότης τοῦ στερεώματος; LXX: φανοῦσιν ὡς φωστῆρες τοῦ οὐρανοῦ)

---

[270] Vgl. die Auseinandersetzung zwischen LEIMAN, Canonization 37–40; BECKWITH, Formation 81–4, mit ELLIS, Old Testament 35: „There is no evidence that elements of Diaspora or Palestinian Judaism had an expanded Septuagint canon distinct from the twenty-two book Hebrew canon".

[271] RÜGER, Werden 177.

[272] Vgl. SCHÜRER, Geschichte II 367; TALMON, Schrifttum 73. Anders BUHL, Kanon 27; LEIMAN, Canonization 131; BECKWITH, Formation 58–61; MAIER, Abschluß 13; ELLIS, Old Testament 36 ff.

[273] S. o. den Abschnitt 2.3.3.1 dieser Untersuchung.

[274] S. o. den Abschnitt 2.3.4 dieser Untersuchung.

[275] Unwahrscheinlich ist die von STEMBERGER, Leib 43; SCHWANKL, Sadduzäerfrage 185, angenommene umgekehrte Beeinflussung von Mk 12,25 auf äthHen 104,2.

[276] Zur Textkritik s. NICKELSBURG, Resurrection 24, Anm. 65. Die LXX-Hss 88 stammt aus vorchristlicher Zeit (s. KOCH, Buch 18 f.), die Version von Theodotion geht wahrscheinlich auf das 1. Jh. v. Chr. zurück (ebd. 20).

und die, welche viele zur Gerechtigkeit geführt haben, (werden leuchten) wie Sterne (Theodotion: ὡς οἱ ἀστέρες; LXX: ὡσεὶ τὰ ἄστρα τοῦ οὐρανοῦ) für immer und ewig";

äthHen 104,2[277]: „Wie Lichter des Himmels werdet ihr (sc. die Gerechten[278]) leuchten (ὡσεὶ φωστῆρες τοῦ οὐρανοῦ ἀναλάμψετε) und scheinen (φανεῖτε),

läßt sich erkennen, daß in Mk 12,25[279] *kein Zitat*, sondern eine *Textanspielung* vorliegt.[280] Daher kann nur die Summe der topischen Übereinstimmungen für eine Entscheidung beim gemeinten Bezug weiterhelfen. Wird zwar zumindest für Teile des Henoch-Pentateuchs im Judenchristentum Schriftautorität akzeptiert,[281] so spricht für die Dan-Stelle, daß im unmittelbar vorausgehenden Kontext (12,2) auch (s. Mk 12,25aα) von Totenauferweckung, formuliert mit dem Verb ἀνίστημι, die Rede ist. Damit ist folgender Schluß zulässig: die an die Adresse der Sadduzäer gerichtete, vorwurfsvolle rhetorische Frage von Mk 12,24bc spielt in V. 25 mit dem durch das Dan (12,2 f.) begründeten Schriftenargument (Mk 12,24cα) auf die faktische Schriftautorität des Danielbuchs im Frühjudentum urchristlicher Zeit an. Mögen die altpriesterlichen Sadduzäer auf einem kleineren Kreis autoritativer Schriften beharren, sowohl der spätere MT-Kanon, der das Danielbuch als *Prophetenbuch*[282] zwar nicht mehr im (abgeschlossenen) zweiten Kanonteil, sondern „innerhalb einer zweiten Reihe geschichtlicher Bücher nach (seltener vor) Esther und vor Esra, Nehemia, Chronik" bringt[283] (vgl. BB 14^b)[284], als auch der spätere (christliche?) LXX-Kanon, der das Danielbuch unter die sog. *großen Propheten* hinter, manchmal vor dem Ezechielbuch einstellt,[285] bezeugen die allgemeine Schriftautorität des Danielbuches im Frühjudentum urchristlicher Zeit. Die

---

[277] Der Chester Beatty-Papyrus datiert ins 3. Jh. n. Chr., vgl. ALAND/ALAND, Text 167.

[278] S. äthHen 103,1.3 f.9.

[279] Aus dem Vergleich ausgeklammert wird der kontextbedingte (vgl. Mk 12,19–23a) V. 25a.

[280] Beim Vergleich von Mk 12,25b mit Dan 12,3/äthHen 104,2 fallen folgende Unterschiede auf: 1. fehlt der Seinsbegriff εἶναι (vgl. aber syrBar 51,5.10), stattdessen findet sich die Lichtherrlichkeit mit ἐκλάμπω; φανέω bzw. ἀναλάμπω formuliert. Und 2. wird nicht astralmythologisch von „Engeln" geredet.

[281] In Jud 14 f. wird aus äthHen 1,9, dem *Buch der Wächter* (1–36), zitiert, und Barn 16,6 (γέγραπται) führt äthHen 91,13, die *10-Wochen-Apokalypse* (= 93,1–10; 91,11–17, Bestandteil von *Henochs Mahnreden* [91–105]), an.

[282] Vgl. Mt 24,15; 4Qflor 2,3 f.; Jos Ap 1,38–41; Ant 10,267 ff. Zur Schriftautorität des Dan „in einem sekundären Spätstadium" der Qumrangemeinde vgl. STEGEMANN, ‚Mitte' 161.161, Anm. 42 (hier: 161). KOCH, Bedeutung 211 ff. (vgl. ders., Daniel 127 f.), erklärt, daß das Dan in der Spätzeit von Qumran wie im Frühjudentum (und Urchristentum) wegen seiner „rombezogenen Interpretation kanonisch geworden" ist (ebd. 215).

[283] KOCH, Buch 28. Anders ELLIS, Old Testament 42.

[284] BILL. I 1030.

[285] Vgl. KOCH, Buch 28; ders., Daniel 121.

vorsichtige und werbenden Frageform der vormarkinischen Überlieferung
weist damit, historisch geurteilt, die konservativen Sadduzäer darauf hin, daß
sie sich mit ihrer schriftgemäßen, an einem kleineren Kanon orientierten, konsequenten Ablehnung der Auferstehungstheologie aus dem mainstream-Judentum[286] ihrer Zeit verabschieden. Es ist nur noch eine Frage der Zeit – 70
n. Chr., die Zerstörung des Jerusalemer Tempels als religiöser Mittelpunkt der
Priesterschaft – bis die (zufälligen) Ereignisse der Geschichte über ihre Bedeutungslosigkeit entschieden haben werden. Schon jetzt haben de facto die
Pharisäer das (religiöse und politische) Heft im Frühjudentum in der Hand
(vgl. Jos Ant 13,298), eine Gruppe, die sich in der Lage zeigt, ihre eigene
Väterüberlieferung von der Auferstehung (Ant 13,297) als *Schrift* zu autorisieren (Dan ?; 2 Makk ?), um dadurch die Glaubenslehre des Frühjudentums
weiterzuentwickeln. Und das vormarkinische Judenchristentum[287] will mit
diesem Kanon *Heiliger Literatur* des Frühjudentums einhergehen und die anerkannte Hoffnung (generationenübergreifender) endzeitlicher Totenauferstehung als neuschöpferische Wiederbelebung zur verklärten postmortalen
Herrlichkeit verteidigen.

2.3.5 Der Beweis für die Auferstehung der Gerechten aus der Thora (Mk 12,26 f.)

Nachdem die ursprüngliche Jesus-Antwort (Mk 12,24 f.) ausführlich besprochen wurde, ist es nun bei der Interpretation der vormarkinisch erweiterten
Einheit V. 24–27 an der Zeit, den in der Formkritik[288] entstandenen Eindruck
eines oszillierenden Schriftenbegriffs, einmal als Sammelbegriff von autoritativen Schriften, dann als Verweis auf eine bestimmte Schriftstelle, leicht, aber
entscheidend zu korrigieren. Da erst die eingehende Beschäftigung mit dem in
V. 25 begründeten „Schriftenargument" von V. 24cα[289] ergab, daß durch den
Verweis auf Dan 12,2 f. die Frage hinsichtlich des Status der Auferstandenen
über die Zugehörigkeit des Danielbuchs zur Sammlung autoritativer Schriften
gelöst wurde, ist für die vormarkinische Redaktion ein relativ einheitliches
Schriftverständnis zu postulieren: auf eine *Schriftanspielung*, Dan 12,2 f. in
Mk 12,25, darf ihrer Meinung nach ein *Schriftzitat*, Ex 3,6 bzw. 15.16 in Mk
12,26d, folgen. Will sagen: Nachdem für die vormarkinische ergänzende Re-

---

[286] Vgl. ANDERSON, Mk 277.
[287] Mk 12,24cα.25 ist also ein Beleg für die Schriftautorität des Dan im 1. Jh. n. Chr. in
einem vormk. hell. Judenchristentum.
[288] S. o. Abschnitt 2.3.1 dieser Untersuchung.
[289] S. o. Abschnitt 2.3.4.3 dieser Untersuchung.

daktion durch Schriftanspielung in V. 25 das göttliche Handeln (V. 24cβ) mit dem Ziel der neuschöpferischen Seinsweise der Auferstandenen befriedigend geklärt wurde (Argumentationsschritt 1: V. 24 f.), muß zur vollständigen Widerlegung der fundamentalen Sadduzäerkritik an der Wahrheit von der Totenauferstehung der Beweis aus der Thora über die *Tatsache* der Auferstehung angeschlossen werden (Argumentationsschritt 2: V. 26 f.).

Den entscheidenden hermeneutischen Rahmen für die beiden Prämissen des Schriftbeweises zur Auferstehung (Mk 12,26d.27a) setzt die überlange Einleitung des Schriftzitates von Ex 3,6 bzw. 15.16 in Mk 12,26bc: In dem von Mose[290] geschriebenen Pentateuch,[291] der auf einer Thorarolle geschrieben war (vgl. 4Q 394–399[292]),[293] wird in der Geschichte vom Dornbusch (Ex 3,1 ff.) bezeugt, wie Gott selbst sich in unvermittelter Ich-Rede[294] in der historisch einmaligen Exodussituation (Aor. von λέγω) Mose (αὐτῷ) mit einer Art Selbstvorstellungsformel in dreimaliger Verbindlichkeit (Ex 3,6.15.16) durch Mitteilung seines Namens offenbart hat. An der allegorischen Uminterpretation der Geschichte von der Selbstoffenbarung Gottes in Ex 3,6.15.16 durch Philo von Alexandrien (Abr 50 ff.[295], vgl. Mut 12 f.; VitMos 1,75 f.) ist nun zu erkennen, wo für den jüd.-hell. Rezipienten der Dornbuschgeschichte die Pointe liegt.[296] Ist nach Philo die Präsentation des Namens durch Gott kein Defizit seiner göttlichen Vollkommenheit (51), so besteht das göttliche Geschenk seines Namens[297] in der Möglichkeit, daß (der jüd.) Gott von Menschen benannt werden kann und insofern ein Kommunikationangebot formuliert (51: Gebet). Stehen durch die göttlich inszenierte Selbstvorstellung *Name* und *Wesen* in enger ontologischer Beziehung, so spricht Gott im Namen die Definition seines Wesens aus. Ist der das Wesen offenbarende ewige Name

---

[290] Zur Theorie der mosaischen Verfasserschaft des Pentateuch s. Philo VitMos 2,291; Jos Ant 4,326, wo sogar die Schlußverse von Dtn 34,5–12 auf Mose zurückgeführt werden (differenzierter BB 14[b]; 15[a]).

[291] Vgl. 1 Esr 5,48; 7,6.9; 1Q30 1,4.

[292] Vgl. auch später Git 60[a], BILL. I 134.

[293] Vgl. SCHRENK, Art. βίβλος 615.

[294] DOWNING, Resurrection 45: „Certainly the emphasis in Mark lies heavily on it being God who speaks".

[295] Hinweis von DOWNING, Resurrection 42 ff. Gegen ELLIS, Interpretation 701, der meint, hier werde die dritte der sog. Auslegungsregeln des Hillel (Gründung einer Familie von einer einzigen Bibelstelle) angewandt, vgl. COHN-SHERBOK, Defense 72: Jesu Antwort „is not based on any of these rules".

[296] Gegen SCHWANKL, Sadduzäerfrage 395, der den aufgrund historisch-kritischer Exegese festgestellten Skopus von Ex 3,6, wenn auch paradox im Auferstehungsbeweis von Mk 12,26 f. enthalten sieht. Hier schließt er sich DREYFUS, L' argument 216–22, an.

[297] Philo versteht anscheinend die Wendung Θεὸς 'Αβραὰμ καὶ Θεὸς 'Ισαὰκ καὶ Θεὸς 'Ιακώβ als eine zusammengesetzte Namenseinheit (Abr 51). Vgl. auch die Untersuchungen von RIST, God 289 ff., zum liturgischen und magischen Gebrauch der Namensformel im (späten) Frühjudentum und Urchristentum.

kein „absoluter" (ὄνομα καθάπαξ = „ein unbedingter Name"), sondern ein „relativer" (ὄνομα πρός τι = „ein Name in Hinsicht auf jemanden/etwas"), so heißt das, daß sich Gott wesensmäßig in der (geschichtlichen) Beziehung zum Menschen (50) verwirklicht. Daraus aber folgt für das Sein Gottes, daß es sich in Abhängigkeit zum Menschen, ja zur „vergänglichen Natur von Menschen" (55: φθαρτὴ φύσις ἀνθρώπων) begibt. Letztere zwingende Folgerung aus der Selbstvorstellung Gottes im Namen bedroht aber für den platonisch geschulten Religionsphilosophen Philo die philosophisch begründete Setzung einer absoluten „Unvergänglichkeit" und „Ewigkeit" Gottes. Darum sieht er sich flugs genötigt, die menschliche Personen bezeichnenden Namen Abraham, Isaak und Jakob als „Sinnbild" (52: σύμβολον) für die „unvergänglichen Tugenden" der Seele (55), die durch „Belehrung", die durch die „Natur" und die durch „Übung" erworbenen Tugenden, umzuinterpretieren. Denn der Vernunft (vgl. 55: εὐλογώτερος) ist es allein möglich, das „ewige Wesen" Gottes (55: τὸ ἀίδιον) ausschließlich mit der „Unvergänglichkeit" zusammenzudenken, nicht aber mit der „Vergänglichkeit" des Menschen. Es gilt nämlich der Grundsatz: ἐχθρὸν (τὸ ἀφθαρσία) δὲ θάνατος, „der Unvergänglichkeit feindlich gegenüber steht der Tod".

Wenn folglich die zweite Prämisse des (rabb.) Schriftbeweises, Mk 12,27a, hervorhebt, daß Gott immer ein *Gott*[298] *in Relation* ist (Θεὸς νεκρῶν; Θεὸς ζώντων = Genitivus pertinentiae), so bestätigt sich auf dem Hintergrund von Philos allegorischer Exegese von Ex 3,6.15.16 die formkritische Beobachtung[299], daß Prämisse 2 zu Prämisse 1 (Mk 12,26d) in einem Interpretationsverhältnis steht: Der sich im Namen offenbarende Gott (V. 26d fehlt die Kopula) steht seinem Wesen nach (V. 27a führt die Kopula) in einem Beziehungsverhältnis zu Menschen, (wenigstens) zu Abraham, Isaak und Jakob. Diese Interpretation von Ex 3,6.15.16 hatte auch Philo vorausgesetzt. Doch nicht nur das! Mit Philo teilt die zweite Prämisse auch den philosophischen Grundsatz, daß Gott unter der Bedingung relationaler Identität als absolutes Sein nicht mit der Endlichkeit zusammengedacht werden kann. Brachte Philo die Antithese: Θεός = ἀίδιος/ἄφθαρτος ist unvereinbar mit ἄνθρωπος = θάνατος/φθαρτός auf, so Prämisse 2 im Zusammenhang des Auferstehungsparadigmas von Tod und Leben die Unvereinbarkeit von: Θεός = ζῶν mit ἄνθρωπος = νεκρός, und schärft ein (V. 27a): Als offenbarte Relationalität kann Gott seinem absoluten Wesen nach unmöglich (οὐκ) in Beziehung zu Toten, d. h. verstorbenen Menschen, stehen, sondern nur zu Le-

---

[298] Θεός in Mk 12,26d ist Prädikatsnomen, so WOHLENBERG, Mk 317; KLOSTERMANN, Mk 127; SCHWANKL, Sadduzäerfrage 405, Anm. 228.
[299] S. o. den Abschnitt 2.3.1 dieser Untersuchung.

benden: Der lebendige und lebenspendende Gott[300] gehört zu lebenden Menschen.[301]

Mit diesem philosophischen Vernunftargument steht der (rabb.) Schriftbeweis aber vor der Conclusio (Mk 12,27b). Sie will die Summe aus den beiden Prämissen im hermeneutischen Horizont der Dornbuschgeschichte ziehen. Gilt erstens, daß der sich Mose in seinem Namen offenbarende Gott ein Gott ist, der sich seinem Wesen nach in der Beziehung zu Menschen verwirklicht, und gilt zweitens der Grundsatz philosophischer Vernunft, daß Gottes Wesen nicht kommensurabel ist mit seinem Gegenteil, daß Leben nicht verbunden gedacht werden kann mit dem Tod, so folgt daraus, daß der in Relation zu Menschen stehende Gott sich in dem Moment seiner Offenbarung am Dornbusch auf lebende Menschen bezogen haben muß.[302] Diese Folgerung beinhaltet, daß die zur Lebenszeit des Mose schon verstorbenen Patriarchen[303] Abraham (Gen 25,8), Isaak (35,29) und Jakob (49,33) im Augenblick der Selbstvorstellung Gottes zu Mose (wieder) leben müssen.[304] So kennt es auch das hell. Judentum, wenn etwa zeitgleich der 4 Makk in 16,25 (7,19[305]) von einem postmortalen „Leben bei Gott"[306] der Patriarchen-Trias spricht. Ohne die Schlußfolgerung inhaltlich voll auszuführen[307] wird in Mk 12,27a die die Auferstehung andeutende Lebenssemantik[308] mit der hell.-frühjüdisch

---

[300] Zum Syntagma *lebendiger Gott* vgl. in der LXX: Dtn 4,33; 5,26; Jos 3,10; 1 Reg 17,36; 4 Reg 19,4.16; Hos 2,1; Jes 37,4.17; Tob 13,1; Ps 41,3; 83,3; 3 Makk 6,28; Dan 5,23; 12,7; (Theod) 6,21.27; 12,7; Bel (Theod) 5 f.24 f., im Frühjudentum TestHiob 37,2; äthHen 5,1; JosAs 8,5 f.; 11,10; 19,8, im NT: Mt 16,16; 26,63; Act 14,15; 2 Kor 3,3; 6,16; 1 Thess 1,9; 1 Tim 3,15; 4,10; Hebr 3,12; 9,14; 10,31; 12,22; 1 Petr 1,23; Apk 7,2; 15,7, auch Callistenes 24,44, dazu STENGER, Gottesbeziehung 61 ff.; KREUZER, Gott 6 ff. S. auch HAENCHEN, Weg 411, der aus Pss-Stellen belegt, daß „nach dem AT ... Jahwe kein Verhältnis mehr zu den Toten" hat.

[301] Vgl. Gen 1,20; 2,7; 3,20; Dtn 5,3; Dan (Theod) 4,14.

[302] Vgl. DOWNING, Resurrection 44.

[303] Es gilt der rabb.-hermeneutische Grundsatz: „Jeder, der im Bibeltext vorangeht, geht (auch) in Wirklichkeit voran", vgl. SifBam § 73 (zu Num 10,3 f.), dazu KUHN, Sifre z. St.

[304] Vgl. ANDERSON, Use 300; REISER, Leben 384; WIESER, Abrahamvorstellungen 13.

[305] Umstritten ist, ob 4 Makk 7,19 und 16,25 auf eine Interpolation des 4 Makk zurückzuführen sind (dafür: FISCHER, Eschatologie 90, Anm. 25.95, Anm. 50). Als Argumente für eine spätere Ergänzung von 7,19 nach 16,25 sprechen die Spannung im Gedankengang von 7,17–23 (FISCHER, aaO. 90, Anm. 25), daß sonst die „Patriarchen" als „Väter" (5,37; 13,7) bezeichnet werden und schließlich die uneinheitliche Textüberlieferung. Dagegen ist textkritisch unumstritten 16,25, der in Textkohärenz zu den vorhergehenden V. 19–21.24 formuliert ist.

[306] Daß dieser Wendung ein lokaler Sinn unterliegt (anders Röm 6,10; 14,7 f.; 2 Kor 5,15c; Gal 2,19), ist aus dem 4 Makk daran zu erkennen, daß die verstorbenen Märtyrer in die Gemeinschaft mit den verstorbenen Vätern (5,37; 13,17; 18,23) aufgenommen sind, so daß sie (mit ihnen) vor Gottes Thron stehen werden (17,18), dazu FISCHER, Eschatologie 96 f.

[307] S. o. anders die hypothetisch rekonstruierte Vorform von Mk 12,26 f. in Abschnitt 2.3.1 dieser Untersuchung.

[308] Vgl. ANDERSON, Use 300: „The argument is of course a plea for life beyond death as a life of unbroken communion with God and not for resurrection strictly speaking".

bekannten Überzeugung von der „Auferstehung" der drei frommen Patriarchen kombiniert[309]: Als Indiz für die zukünftige allgemeine Auferstehung
(Mk 12,26a) der Gerechten[310] gilt dem Schriftbeweis die prototypische[311]
Auferstehung der drei gerechten Erzväter Abraham, Isaak und Jakob. Schon
lange vor der endzeitlichen Auferstehung sind die Erzväter Israels bereits auferstanden.[312] Die Sadduzäer haben diese logische Überlegung zum offenbarten Gottesnamen in ihrer Schriftgelehrsamkeit nicht bedacht.

Zusammenfassung: Der von einer vormarkinischen Redaktion eingepasste
Schriftbeweis aus der Thora zur *Tatsache* der Auferstehung der Gerechten von
den Toten geht seiner Form[313] nach auf ein rabb. Judentum zurück, seinem
Inhalt jedoch entspringt er dem von griech. Philosophie beeinflußten hell. Judentum[314].

2.3.6 Zusammenfassung

Ohne kerygmatisch-christologischen Bezug (vgl. anders 1 Kor 15) verteidigt
das hell.-judenchristliche Streitgespräch (Mk 12,18–27*) die Wahrheit der
Auferstehungshoffnung wie die Lehrnovelle 2 Makk 7,1–41 mit Hilfe der jüd.
Thora. Die ursprüngliche Version A (Mk 12,18–25*) läßt die prononcierten
Kritiker der für damalige Zeiten modernen Auferstehungslehre, die Sadduzäer,
mit dem fiktiven Beispiel des sechsfachen Levirates (V. 19*–22) die Denk-
unmöglichkeit der Auferstehungsvorstellung als Wiederaufnahme leiblich-irdischer Lebensverhältnisse für Generationen von Entschlafenen mit Hilfe der
sakrosankten monogamen Beziehung der Geschlechter (V. 23a) bestreiten.
Die Antwort Jesu kontert mit einem doppelten Vorwurf (V. 24bc) samt einer
stichhaltigen Begründung (V. 25): die Sadduzäer würden sich weder „in den
Schriften" noch in den Grundlagen der Schöpfungstheologie auskennen. Die
vormarkinische Erweiterung (Version B = V. 18–27*) nimmt dieses Doppelargument zum Anlaß, einen rabb. Schriftbeweis für die Tatsache der Auferstehung (vgl. San 91[b]) so anzuschließen (V. 26f.), daß nach dem schöpfungstheologisch begründeten *Wie* der Auferstehung (= V. 25) auch ihr Fait
accompli aus der Thora (= Ex 3,12 bzw. 15f.) bewiesen wird (= V. 26f.)

---

[309] Vgl. SCHWANKL, Sadduzäerfrage 405, Anm. 230. Dazu TestJud 25,1a; TestBenj 10,6;
TestLev 18,14; TestHi 4,9; 4 Makk 13,17; Lk 16,23.31.

[310] Vgl. SCHMITHALS, Mk 2/2 538.

[311] S. CAVALLIN, Leben 258 f. (vgl. ders., Life 207; PESCH, Mk II/2 234; SCHWANKL,
Sadduzäerfrage 399): „Man kann ihre (sc. der Patriarchen) Stellung, eine Art Mittlertum,
wohl mit der Stellung der Heiligen in den alten West- und Ostkirchen vergleichen".

[312] Vgl. KELLERMANN, Auferstanden 64.

[313] Vgl. KLOSTERMANN, Mk 126; TAYLOR, Mk 480; SCHMITHALS, Mk 2/2 536.

[314] Anders LOHMEYER, Mk 257.

Da das von der Perikope transportierte Bild (in Grundzügen) mit den historischen Nachrichten über die altpriesterliche Schriftgelehrtengruppe der Sadduzäer deckungsgleich ist, fungieren diese nicht in der literarischen Rolle als notorische Auferstehungsleugner. Vielmehr gelten ihre Ansichten der Perikope als ein respektabler Lehrentwurf. Im Unterschied zu der Lehrmeinung der Pharisäer weigert er sich, die eigene *Väterüberlieferung* in den Rang der *göttlichen Thora* zu überführen, und versucht daher aufgrund der Akzeptanz eines kleineren wie (wahrscheinlich) nomistisch abgestuften Kreises *göttlicher Schriften*, die Tun-Ergehen-Problematik mit einer strengen diesseitigen Erfüllungslehre zu bewältigen.

Die Textanspielung der Jesus-Argumentation auf Dan 12,2 f. (= Mk 12,25) enthält zweierlei: Erstens begründet das Vergleichsbild der auferstandenen Gerechten mit verherrlichten Engeln den schöpfungstheologischen Zugang zur Auferstehungslehre (= V. 24cβ), insofern auch die creatio nova (ex nihilo) unableitbares göttliches Schöpferhandeln ist. Und zweitens zeigt sie, daß das Danielbuch in einem mainstream-Judentum am Anfang des 1. Jh. n. Chr. bereits zu den autoritativen *göttlichen Schriften* gezählt wird (= V. 24cα). Es ist nur noch eine Frage besonderer Zeitumstände (= 70 n. Chr.), wann über die Bedeutungslosigkeit des vorpharisäischen theologischen Standpunktes der Sadduzäer entschieden werden wird.

Der rabb. Beweis zur *Tatsache* der Auferstehung aus der Thora (Mk 12,26 f.) schließlich setzt in Prämisse 1 voraus, daß der sich in seinem Namen Mose vorstellende Gott sich seinem Wesen nach in der Beziehung zu Menschen verwirklicht (= V. 26d), um in Prämisse 2 den Vernunftgrundsatz zu benutzen, daß Gott nicht mit seinem Gegenteil, dem Tod, verbunden gedacht werden kann (V. 27a). Die implizite Folgerung (V. 27b) zieht daraus den Schluß, daß Gott sich Mose im Moment seiner geschichtlichen Dornbusch-Offenbarung zu lebenden Menschen, zu den schon verstorbenen, zur damaligen Mosezeit aber zum Leben auferstandenen gerechten Patriarchen bezogen haben muß.

2.4 Die Interpretation der vormarkinischen Perikope: *Die Frage nach dem obersten Gebot* (Mk 12,28–34b*)

2.4.1 Zur Formkritik von Mk 12,28–34b*

Bei der formkritischen Analyse der das Thema *Die Frage nach dem obersten Gebot* für sich abgerundet besprechenden Einheit von Mk 12,28–34b* wird von verschiedener Seite angenommen, daß der zweite Gesprächsgang V. 32*–34b eine vormarkinische[1] oder markinische[2] Erweiterung darstelle. Ursprünglich sei nur der das klassische Formschema des Apophthegmas von Exposition, Frage und abschließender Antwort repräsentierende Abschnitt der V. 28*–31.

Die neuerdings von *Wolfgang Weiß* zusammengestellten[3] literarkritischen Indizien für die These einer sekundären Bildung von Mk 12,32–34b erweisen sich jedoch als fragwürdig. So kann nur bei oberflächlicher Textbetrachtung der Eindruck entstehen, daß Mk 12,32 f. eine Wiederholung der Jesus-Antwort von V. 29–31 sei, indem von *Weiß* behauptet wird, daß „die Aussage ... fast wortgleich, im Wortlaut nur leicht variierend aufgenommen" werde[4]. Macht man die Probe aufs Exempel und sucht in der Äußerung des Schriftgelehrten (V. 32 f.) nach dem Anfang der Jesus-Antwort, dem Beginn des sog. *Schemas* (V. 29b), oder versucht gar, die in der Jesus-Stellungnahme verwandte Zählung der Gebote (V. 29a.31a: πρώτη, δευτέρα) so oder anders daselbst zu finden, so ist das Resultat eindeutig: Man wird die V. 32 f. vergeblich daraufhin absuchen und darüber hinaus beobachten, daß in der Aussage des Schriftgelehrten neben kommentierender Anknüpfung[5] an die Jesus-Äu-

---

[1] So z. B. LINNEMANN, Gleichnisse 147, Anm. 17; MERKLEIN, Gottesherrschaft 101; PESCH, Mk II/2 236.

[2] So z. B. WENDLING, Entstehung 153; SUHL, Funktion 89; SELLIN, Lukas 21; BANKS, Jesus 168; BERGER, Gesetzesauslegung 183 f.; FULLER, Doppelgebot 323; LANE, Mk 433; WEISS, ,Lehre' 250 f.; LÜHRMANN, Mk 205.

[3] Vgl. ,Lehre' 250 f.

[4] ,Lehre' 250, vgl. ähnlich WENDLING, Entstehung 153; JOHNSON, Mk 203; BORNKAMM, Doppelgebot 37; BECKER, Feindesliebe 15; ANDERSON, Mk 282; PRAST, Appell 83; GNILKA, Mk II/2 165; GRUNDMANN, Mk 338; KERTELGE, Doppelgebot 306.308; MUNDLA, Jesus 203; SARIOLA, Markus 187.

[5] Vgl. BERGER, Gesetzesauslegung 184; KERTELGE, Doppelgebot 307.

ßerung (Näheres s. u.) sogar der Ersatz einer Aussage, nämlich V. 31b durch die kultkritische These von V. 33d, vorliegt. Ist damit für die V. 32–34b die Behauptung einer variierenden Wiederholung der V. 29–31 hinfällig, so gilt dasselbe auch für die Schlußfolgerung, über markinischen Einfluß in V. 32b auf Bildung des Abschnittes V. 32–34 durch den Redaktor Markus zu extrapolieren.[6] Diese redaktionskritische These erweist sich auch darum als zweifelhaft, weil keine weiteren markinischen Spracheigentümlichkeiten in den V. 32–34 zu finden sind, sondern im Gegenteil beobachtet werden kann, daß in V. 32a „die Redeeinführung in der Wortfolge καί + εἶπεν + Dat. Obj. + Subjekt ... singulär im Mk-Ev" ist[7]. Zudem fällt an diesen Versen auf, daß „Markus sonst über die Schriftgelehrten so positiv nicht denkt"[8] (vgl. 1,22; 12,38).

Folglich kann beim kompositionskritischen Plädoyer für einen kürzeren vormarkinischen Primärtext über *Die Frage nach dem oberste Gebot* (Mk 12,28–34b*) nur noch auf das Indiz in Gestalt der Parallelüberlieferung von Mt 22,35–40 par. Lk 10,25–28 verwiesen werden.[9] Hier findet sich in der Tat in einem kürzeren Text das *Doppelgebot der Liebe* nur einmal genannt, nach dem Mt-Evangelium im Munde Jesu (22,37–39), nach dem Lk-Evangelium in dem eines νομικός (10,27). Bevor jedoch diese Mt- bzw. Lk-Parallele für ein vormarkinisches Überlieferungsstadium ausgewertet werden darf,[10] ist methodisch auf die synoptische Zwei-Quellen-Hypothese aufmerksam zu machen: Bei gemeinsamen, über das Mk-Evangelium hinausgehenden Textmaterial des Mt- und Lk-Evangeliums hat es sich quellenkritisch bewährt, den zweiten Teil dieser Zwei-Quellen-Theorie zu berücksichtigen, die für solcherart Texte eine schriftliche Q-Vorlage annimmt, welche beide Evangelisten, Matthäus wie Lukas, unabhängig voneinander in ihre Evangelienschrift unter eigener redaktioneller Bearbeitung eingefügt haben.[11] Bei Texten, die mit ähnlicher Thematik bei allen drei synoptischen Evangelien erscheinen, wobei jedoch die Lk- und Mt-Fassung signifikante Übereinstimmungen in Differenz zu der Version des Mk-Evangeliums besitzen, ist von dem Phänomen der doppelten Überlieferung[12] auszugehen. Eine ähnliche Thematik wurde einmal im Mk-Evangelium, ein andermal in der Logienquelle Q tradiert; nach Form und Inhalt müssen beide Überlieferungen nicht ohne weiteres zueinander kom-

---

[6] Gegen Weiss, ‚Lehre' 254; Lührmann, Mk 205.

[7] Pesch, Mk II/2 242.

[8] Burchard, Liebesgebot 46, vgl. Schweizer, Mk 137; Sellin, Lukas 21; Prast, Appell 79; Kertelge, Doppelgebot 311. Anders Lührmann, Mk 205.

[9] So Berger, Gesetzesauslegung 184 f.; Prast, Appell 83.85; Sellin, Lukas 21; Merklein, Gottesherrschaft 101.

[10] Gegen Merklein, Gottesherrschaft 100.

[11] Vgl. Schmithals, Art. Evangelien 597 f.

[12] Für die Überlieferung *Die Frage nach dem obersten Gebot* vgl. Kertelge, Doppelgebot 309.

mensurabel sein. Um in ihrer Evangelienschrift eine Dublette zu vermeiden, verschmelzen Matthäus und Lukas die ihnen vorliegenden parallelen Mk- und Q-Traditionen auf verschiedene Weise miteinander.[13]

Exkurs: *Die Frage nach dem obersten Gebot* nach der Logienquelle Q
(Mt 22,35–40; Lk 10,25–28)

Hinsichtlich der zweifachen ntl. Überlieferung *Die Frage nach dem obersten Gebot* (Mk 12,28–34b und Q) ergeben sich bei der literarkritischen Verifikation der Q-Hypothese[14] in Form einer Wiederherstellung eines schriftlichen Q-Textes aus Mt 22,35–40 und Lk 10,25–28[15] gewisse Probleme.[16] Sie resultieren einmal daraus, daß Mt, indem er den Text über *Die Frage nach dem obersten Gebot* im Mk-Aufriß führt,[17] die Q-Fassung mit der des Mk kontaminieren läßt[18] und dabei mit eigener redaktioneller

---

[13] Für die Überlieferung *Die Frage nach dem obersten Gebot* vgl. PRAST, Appell 84; PESCH, Mk II/2 244.

[14] Dafür plädieren TAYLOR, Mk 484; STRECKER, Weg 25 f.135 f.; FULLER, Doppelgebot 318; HULTGREN, Jesus 48 f.; ders., Commandment 373.375; PRAST, Appell 84; SELLIN, Lukas 21; GRUNDMANN, Mk 335; PESCH, Mk II/2 244; KERTELGE, Doppelgebot 308, eingeschränkt BURCHARD, Liebesgebot 43. Anders SUHL, Funktion 89; LOHMEYER, Mk 257; KLOSTERMANN, Mk 127; BORNKAMM, Doppelgebot 43 f.; MERKLEIN, Gottesherrschaft 101; WEISS, ,Lehre' 263 ff. – Der Umsichtigkeit suggerierende Versuch von KIILUNEN, Doppelgebot 35–77 (übernommen von EBERSOHN, Nächstenliebegebot 144 ff.), die mt. und lk. Fassung als Überarbeitung des Mk-Textes zu belegen (vgl. KIILUNEN, aaO. 93 f.), besitzt ein methodisches Defizit: Erkennbar wird es daran, daß die gravierenden (!) Übereinstimmungen des Mt- und Lk-Textes gegen Mk unreflektiert als „minor agreements" (vgl. ebd. 13.17 u. ö.) bezeichnet werden, also als zu einem zu vernachlässigen, nämlich nur die Unabhängigkeit der Mk-Benutzung durch Mt und Lk infragestellenden Randphänomen herabgestuft werden. Da aber die wörtlichen Übereinstimmungen und gemeinsamen Auslassungen von Lk und Mt gegen Mk (s. die nächste Anm.) eine gegenüber den sonstigen synoptischen minor agreements auffällige *inhaltliche Qualität* besitzen, ist für die Mt- und Lk-Perikope die Benutzungshypothese mit Notwendigkeit durch eine Vorlagenhypothese zu ergänzen.

[15] S. die wörtlichen Übereinstimmungen von Mt und Lk gegen Mk, als da sind: Mt 22,35 = Lk 10,25: νομικός, das Partz. von πειράζω bzw. ἐκπειράζω und der Vokativ von διδάσκαλος; V. 36 = V. 26: ἐν τῷ νόμῳ; V. 37 = V. 26: ὁ δέ; V. 37 = V. 27: ἐν ὅλῃ τῇ ψυχῇ σου und ἐν ὅλῃ τῇ διανοίᾳ σου, sowie die gemeinsamen Auslassungen V. 37 = V. 26: der Beginn des Schemas (Dtn 6,4c) sowie des verbindenden καί und V. 40 = V. 27: die Abgrenzung des Doppelgebotes von anderen Geboten und die kommentierende Wiederholung des Doppelgebotes der Liebe, dazu BURCHARD, Liebesgebot 41.41, Anm. 4; SELLIN, Lukas 20; FULLER, Doppelgebot 317 f.; PRAST, Appell 84; GRUNDMANN, Mk 335; PESCH, Mk II/2 244 f.; KERTELGE, Doppelgebot 308; KIILUNEN, Doppelgebot 18 f.

[16] Vgl. KLINGHARDT, Gesetz 137.

[17] Vgl. die Perikopenreihenfolge von Mt 22,15–46 par. Mk 12,13–37a, dazu BORNKAMM, Doppelgebot 37; BURCHARD, Liebesgebot 41; HULTGREN, Jesus 49; ders., Commandment 375; GRUNDMANN, Mk 335; MERKLEIN, Gottesherrschaft 100, Anm. 455; KIILUNEN, Doppelgebot 27.

[18] Vgl. die Doppelungen in Mt 22,35: εἷς ἐξ αὐτῶν, νομικός, und in V. 38: μεγάλη, πρώτη, dazu BURCHARD, Liebesgebot 43; HULTGREN, Jesus 48 f. Anders BERGER, Gesetzesauslegung 203.

Kommentierung nicht spart (bes. 22,40),[19] und auf der anderen Seite daraus, daß Lk, der Mk 12,28–34 an dieser Stelle im Mk gelesen hat,[20] die Q-Version unter Verwendung markinischer Elemente[21] sprachlich bearbeitet[22] und stilistisch mit dem Aufbau des unmittelbar nachfolgenden Samaritergleichnis parallelisiert hat,[23] zu der er es als eine Art „Einleitung"[24] voranstellt. Trotz dieser eingehenden Redaktionstätigkeit beider Evangelisten läßt sich aus dem gemeinsamen Minimum der Mt- und Lk-Fassung und seiner Ergänzung nach Mt und Lk unter Abzug ihrer jeweiliger Redaktion daselbst der nachfolgende Q-Text zum Thema *Die Frage nach dem obersten Gebot* erheben[25]:

καὶ[26] ...[27] νομικός ἐκπειράζων[28] αὐτὸν[29]:

---

[19] Mt red. Sprachgebrauch zeigt sich in 22,34 bei der Verwendung von συνάγω (24/5/6[11]), in V. 39 im Gebrauch von ὅμοιος (9/0/9; bei Mt ca. 1x red, vgl. Luz, Mt I/1 44); in V. 40 in ὅλος (22/18/17; bei Mt ca. 9x red, vgl. Luz, aaO. 46) und in ὁ νόμος καὶ οἱ προφῆται (4/0/1; bei Mt 3x red, vgl. Luz, aaO. 45), vgl. Strecker, Weg 136; Hultgren, Jesus 48.

[20] Vgl. in Lk 20,39 f. einige Splitter aus Mk 12,28a.32a.34c, dazu Zimmermann, Gleichnis 62; Burchard, Liebesgebot 40.42 f.; Furnish, Love Command 25; Fuller, Doppelgebot 318 f.; Grundmann, Mk 336; Klinghardt, Gesetz 138, Anm. 10; Kiilunen, Doppelgebot 29–32. Merklein, Gottesherrschaft 100, Anm. 455, widerspricht sich mit 101: Hat Lk den Mk-Text gelesen oder nicht?

[21] Vgl. Sellin, Lukas 21 f. Anders Burchard, Liebesgebot 42 f.; Pesch, Mk II/2 245. – Das vierte, nachgetragene Glied der Formel (διανοία) von Lk 10,27 sowie die erste Formulierung mit ἐκ + Gen. stammen von Mk (12,30, vgl. Strecker, Weg 26, anders Burchard, aaO. 43, Anm. 13), Lk 10,28a entspricht inhaltlich Mk 12,34a (vgl. Sellin, aaO. 20; Burchard, aaO. 49) und schließlich stimmt formal Lk 10,28 mit Mk 12,34b darin überein, daß Jesus das letzte Wort behält.

[22] Lk red. Sprachgebrauch zeigt sich in 12,25 in dem Gebrauch von ἰδού (62/7/57[23]) und dem einem Substantiv nachgestelltem τις (0/1/29[39]), vgl. Burchard, Liebesgebot 47, Anm. 30; Banks, Jesus 165. In V. 25 fällt der Gebrauch des Partz. von ποιέω auf (vgl. 18,18 diff. Mk 10,17, dazu Burchard, aaO. 47, Anm. 30), während der Inhalt abgestellt ist auf V. 28 und V. 37 (vgl. Fuller, Doppelgebot 319). Schließlich ist in V. 28 ὀρθῶς lk (0/1/3).

[23] Heininger, Metaphorik 22: „Im einzelnen entsprechen sich V. 25 (sc. in Lk 10) und V. 29 (*Frage des Gesetzeslehrers*), V. 26 und V. 36 (*Gegenfrage Jesu*), V. 27 und V. 37a (*Antwort des Gesetzeslehrers*) sowie V. 28 und V. 37b (*Imperativ Jesu*)", vgl. Sellin, Lukas 21; Fuller, Doppelgebot 319.

[24] Burchard, Liebesgebot 48; Fuller, Doppelgebot 319.

[25] Vgl. auch die abweichenden Versuche bei Fuller, Doppelgebot 322; Pesch, Mk II/2 245 f.

[26] Das καί könnte auf Mk 12,28 zurückgehen, doch ist ein parataktischer Perikopenanfang formkritisch wahrscheinlich.

[27] An dieser Stelle ist ein finites Verb des Fragens oder Sagens nicht genau zu bestimmen. ἐπερωτάω bei Mt 22,35 könnte Mk-Rezeption sein (12,28) oder mt. Red. (8/25/17; bei Mt ca. 3x red.). Der intransitive Gebrauch von ἀνίστημι (Lk 10,25) unabhängig vom Zusammenhang der Totenauferstehungsvorstellung ist eindeutig lk. red. (3/8/21), so daß auch die von diesem Verbum finitum abhängige Syntax mit dem Partz. von λέγω auf Lk zurückzuführen ist.

[28] Πειράζω (Mt 22,35) dürfte red. sein (6/4/2; bei Mt ca. 2x red., vgl. Luz, Mt I/1 48), anders Strecker, Weg 136. ἐκπειράζω (Lk 10,25) entspricht Q, vgl. Lk 4,12 par. Mt 4,7.

[29] Αὐτόν könnte auf Mk 12,28 zurückgehen, doch verlangt ἐκπειράζω den Akk., vgl. Aland/Aland, Wörterbuch Sp. 490.

διδάσκαλε[30], ποία[31] ἐντολὴ μεγάλη ἐν τῷ νόμῳ;
ὁ δὲ ἔφη αὐτῷ[32].
ἀγαπήσεις κύριον τὸν Θεόν σου
ἐν ὅλῃ τῇ καρδίᾳ σου
καὶ ἐν ὅλῃ τῇ ψυχῇ σου
καὶ ἐν ὅλῃ τῇ ἰσχύϊ σου[33]
καὶ[34] τὸν πλησίον σου ὡς σεαυτόν.

Übersetzung:

„Und ein Gesetzesgelehrter versuchte ihn, indem er … :
‚Lehrer, welches Gebot ist (das) größte in dem Gesetz?‘
Und er sagte ihm:
‚Liebe (den) Herrn, deinen Gott,
mit deinem ganzen Herzen,
mit deiner ganzen Seele
und mit deiner ganzen Kraft
und deinen Nächsten wie dich selbst‘.“

Die durch diese quellenkritische Rekonstruktion[35] zutage tretende unabhängige[36] vormarkinische Parallelüberlieferung ist nach dem für ein Apophthegma[37] typischen Formschema von einleitender Exposition, Problemfrage und autoritativer Abschluß-Antwort aufgebaut (für Q vgl. Mt 11,2–6 par. Lk 7,18 f.22 f.). Als Streitgespräch[38]

---

[30] PESCH, Mk II/2 244 (vgl. KERTELGE, Doppelgebot 308): „Die Anrede könnte freilich auch aus Mk 12,32 vorgezogen sein“, doch ist ein unabhängiger Einzelbezug auf V. 32 durch Mt und (!) Lk unwahrscheinlich.

[31] Ποῖος (Mt 22,36) könnte auf die Mk-Vorlage zurückgehen (12,28), jedoch bliebe dann unerklärlich, warum Mt die Kopula wegfallen ließe.

[32] Εἰπεῖν πρός ist lk. Red. (1/6/75), vgl. SELLIN, Lukas 22, Anm. 112. Die Phrase ὁ δὲ ἔφη αὐτῷ ist im Mt singulär und darum nicht als red. zu erweisen (gegen FULLER, Doppel-gebot 321).

[33] Ist das vierte Glied der Formel bei Lk (10,26) nach Mk ergänzt (dafür spricht die differente Reihenfolge von διανοία und ἰσχύς), so lag in Q eine dreigliedrige Formel (vgl. Dtn 6,5) vor. Mt hat ἰσχύς nach Mk mit διανοία (12,30) ausgetauscht (vgl. FULLER, Doppel-gebot 321).

[34] Da Mt in 22,38 f. die Zählung der Gebote nach Mk (12,29.31) aufnimmt und red. in die Aussage der Gleichrangigkeit beider Gebote verändert, ist er gezwungen, syntaktisch mit der Wiederholung des Imperativs ἀγαπήσεις neu einzusetzen. Das einfache verbindende καί (Lk 10,29) dürfte darum Q wiedergeben (mit FULLER, Doppelgebot 322, gegen SELLIN, Lukas 22).

[35] Folgt man der bewährten These, daß gemeinhin Lk die Reihenfolge der Q-Logien ge-genüber dem große Reden komponierenden Mt besser bewahrt hat, so stand die Tradition über *Die Frage nach dem obersten Gebot* in Q zwischen dem Ende der sog. *Botenrede* (Lk 10,23 f. par. Mt 13,16 f.) und dem Beginn der sog. *Gebetskatechese* (Lk 11,2–4 par. Mt 6,9–13).

[36] Die Pronominalisierung des Jesus-Namens wird der kontextorientierten Q-Red. zuzu-schreiben sein.

[37] Vgl. SELLIN, Lukas 21.

[38] Vgl. BULTMANN, GST 53, über die Mt-Version, sonst MICHEL, Gebot 53; HULTGREN, Jesus 49; KLOSTERMANN, Mk 127; TAYLOR, Mk 484; GRUNDMANN, Mk 335; ANDERSON, Mk 279. Anders PESCH, Mk II/2 246; KLINGHARDT, Gesetz 137 f.

zeichnet sich diese Tradition insbesondere dadurch aus, daß Jesus als (rabb.) Lehrhaupt von einem Gesetzeskundigen[39] in seiner Lehrkompetenz auf die Probe gestellt wird: Auf die prüfende Frage sind verschiedene thorakompetente Antworten möglich. Wie die auffälligen Motiv-Übereinstimmungen[40] mit Sifra zu Lev 19,18 (vgl. die Parallelen yNed 10,41c,37; BerR 24,7 zu 5,1)[41]:

„R. Aqiba (T 2) sagte: ‚Das (sc. das Gebot von Lev 19,18: Du sollst deinen Nächsten lieben wie dich selbst) ist eine große Hauptregel[42] im Gesetz (זה כלל גדול בתורה)‘;
R. Ben Azzai (T 2) sagte: ‚'Dies ist das Buch der Geschlechter des Menschen (Am Tage, da Gott den Menschen schuf, machte er ihn nach dem Bilde Gottes[43] [Gen 5,1])' ist eine größere[44] Hauptregel (זה כלל גדול מזה)‘",

zeigen, greift die Q-Frage (wörtlich): „Welches[45] Gebot ist groß im Gesetz?", auf die im rabb. Judentum bekannte halakhische Bestimmung des größtmöglichen allgemei-

---

[39] Vgl. 4 Makk 5,4, wo in der interpretatio graeca von 2 Makk 6,18–31 der gesetzestreue und -kompetent argumentierende Eleazar „seiner Bildung nach" als νομικός = „Jurist/ Gesetzesgelehrter" (vgl. SCHÜRER, Geschichte II 374; VERMES u. a., History II 324, Anm. 4, wo auch außerbiblische Belege aufgeführt werden) bezeichnet wird. Abwegig ABRAHAMS, Studies 19, der unter Hinweis auf Jos Bell 2,628 in νομικός einen Eigennamen zu erkennen meint.

[40] Folgende Gemeinsamkeiten bestehen zwischen der Q-Überlieferung und der rabb. Diskussion: 1. Es geht um ein einziges Hauptgebot; folglich enthält Q nur einen Imperativ bzw. stellen die Rabbinen das Gebot Lev 19,18 als Hauptregel heraus. 2. Von diesem Hauptgebot soll gelten, das es wörtlich in der Mose-Thora (ἐν τῷ νόμῳ = בתורה) enthalten sein soll. 3. Dieses Hauptgebot soll ein großer gemeinsamer Nenner sein (μεγάλη = גדול), in dem alle weiteren speziellen Thora-Einzelgebote enthalten sind. Und 4. besteht ein sachlicher Zusammenhang zu dem für die Thora an untergeordneter Stelle erscheinenden Liebesgebot von Lev 19,18. – Einziger wichtiger, und nicht zu vernachlässigender Unterschied zwischen beiden Überlieferungen liegt darin, daß die beiden Rabbinen expressis verbis von einem (allgemeinen) כלל reden. Zwar gebraucht R. Ben Azzai mit Gen 5,1 „ein nur *haggadisch* verwendbares *nicht*gesetzliches Schriftwort als kelal" (NISSEN, Gott 402), doch geht es ihm in der Auseinandersetzung mit R. Aqiba damit nicht um einen Ersatz des Liebesgebot als *großes Gebot*. Vielmehr streitet er mit ihm um sein Kriterium: ist der zur Nächstenliebe seines Volksgenossen aufgeforderte (jüd.) Mensch *imago homini* (s. Lev 19,18: ὡς σεαυτόν) oder, dafür ist R. Ben Azzai, *imago dei* (mit BACHER, Agada I 417 f., Anm. 4, gegen BILLERBECK, Kommentar I 338; BECKER, Untersuchungen 382.398). In diesem Sinne erläutert es nämlich der anscheinend „älteste Kommentar zu diesem Spruch" (NISSEN, aaO. 402, vgl. BILLERBECK, aaO. I 358 f.; BACHER, aaO. 418, Anm. 4, weitere Lit. bei NISSEN, aaO. 402, Anm. 293), BerR 24,7 zu 5,1, wenn es dort heißt: „Du sollst nicht sagen: Weil ich verachtet worden bin, möge auch mein Nächster gleich mir verachtet werden. R. Tanchuma ben Abba (A 5) sagte: ‚Wenn du so handelst, so wisse, daß du den verachtest, der im Ebenbild Gottes gemacht ist".

[41] Hebräischer Text nach BILL. I 907.

[42] Vgl. LEVI, Wörterbuch II, zu כלל: „eig.[-entlich] Gesamtheit, Ganzheit; übertr.[-agen] Generelles, Allgemeines, Norm".

[43] NISSEN, Gott 402, Anm. 292: „Wie bei den Rabbinen häufig, zitiert Ben Azzai den entscheidenden Teil des Verses nicht mit".

[44] Hier ist nicht superlativisch zu übertragen, mit NISSEN, Gott 289.401, gegen BACHER, Terminologie 81.81, Anm. 5.

[45] Ποῖος = τίς, s. ALAND/ALAND, Wörterbuch Sp. 1372 f.

nen[46] Grundsatzgebotes der Mose-Thora zurück, in dem alle weiteren speziellen Einzelgebote enthalten sind. Durch die superlativisch[47] formulierte Frage: „Welches Gebot ist das größte in der Thora?" geht Q jedoch über die sich für das Gebot der Nächstenliebe (Lev 19,18) entscheidenden Rabbinen hinaus. Mit einer schriftgelehrt-rabb.[48] Zitatkombination von Dtn 6,5 (vgl. LXX 4 Reg 23,25)[49] und Lev 19,18b, wie sie sich in ähnlicher Weise in der jüd.-hell. (Grund-)Schrift der Test12[50] findet, bspw. in TestDan 5,3 (vgl. TestIss 5,2a; 7,6; TestJos 11,1; TestBen 3,3a):

---

[46] In der rabb. Thora-Systematik dienen die Ausdrücke כלל und פרט dazu, zwischen allgemeinen, umfassenden Thora-Geboten und besonderen Einzelgeboten, „in welche sich jene sondern" (BACHER, Terminologie I 81), zu unterscheiden. In der Kontroverse zwischen R. Jischmael ben Elischa (T 2) und R. Aqiba (T 2) beharrt z. B. letzterer darauf, daß am Sinai Allgemeingebote neben Spezialgeboten offenbart wurden (Hag 6ᵃ; Sot 37ᵇ; Zev 115ᵃ). Folglich haben die Rabbinen bestimmte Gebote als Hauptregel „im Verhältnis zu den in ihr zusammengefaßten Einzelgesetzen eines bestimmten Bereichs [bestimmt]. So gibt es etwa eine ‚große Hauptregel' betreffs des Siebentjahrs [Shevi VII,1, vgl. 2], eine ‚Hauptregel' über den Zehnten [Maas I,1], eine ‚große Hauptregel' über die nach Sabbatarbeiten erforderlichen Sündopfer (Shab VII,1; vgl. Shab 68ᵃ) usw." (NISSEN, Gott 400 f.). Da in der oben angesprochenen Kontroverse zwischen R. Aqiba und R. Ben Azzai kein besonderer Referenzrahmen des von ihnen diskutierten כלל angegeben ist, handelt es sich hier um den Versuch, ein *ethisches Allgemeingebot der Thora* zu definieren (gegen NISSEN, Gott 401 ff.).

[47] Vgl. BLASS/DEBRUNNER, Grammatik § 245.2. Die superlativische Funktion des Positivs μεγάλη geht wohl bei Q auf das Semitische zurück (vgl. 4 Reg 7,6, dazu GESENIUS/KAUTZSCH, Grammatik § 133a), das keine besonderen Adjektivformen für die Steigerung kennt (s. o. die Kennzeichnung des Komparativs durch Beifügung der Präposition מן: גדול מזה = [wörtlich] „groß noch hinweg von diesem") und ist besonders kennzeichnend für das Griechisch des judenchristlich-rabb. Mt (vgl. 5,19; 8,26; 20,26; 22,38, aber auch Mk 10,43; Lk 1,15.32; Act 8,9).

[48] Gemeinsames Stichwort ist der Imp. ἀγαπήσεις (BERGER, Gesetzesauslegung 170), der sich im Pentateuch nur Lev 19,18.34 und Dtn 6,5; 11,1 findet (vgl. DIEZINGER, Liebesgebot 82), wobei interessanterweise formal Lev 19,34 in V. 18 und Dtn 11,1 in 6,5 enthalten ist.

[49] Für den Nachweis des Schriftzitates von Dtn 6,5 als Bestandteil des jüd.-hell. *Schema*-Bekenntnis – vielleicht der liturgisch am häufigsten gebräuchliche Text des hell. Judentums – ist wohl „eine gewisse sprachliche Variationsbreite" (BERGER, Gesetzesauslegung 179) zuzugestehen. Interessanterweise findet sich die Q-Reihe der Ganzheitsaussage (καρδία, ψυχή, ἰσχύς) mitsamt der Formulierung mit ἐν + Dat. in der dtr. Rezeption von Dtn 6,5 (vgl. REHM, 2 Kön 228) in 4 Reg 23,25, obwohl der MT dort genauso wie Dtn 6,5 die Reihe מאד, נפש, לב ל führt. Darum ist eine MT-Benutzung von Dtn 6,5 wahrscheinlich (vgl. auch die Wiedergabe von לב in der LXX mit διανοία bzw. מאד mit ἰσχύς, DOS SANTOS, Index 97.102).

[50] Zur ursprünglichen Zugehörigkeit der Doppelgebote zur jüd. Grundschrift der Test12 (ca. vorqumranisch) s. BECKER, Untersuchungen 246 f.341–4.349.386. – Als gemeinsame Kennzeichen der Jesus-Antwort nach Q und den untereinander leicht variierenden Belegen aus den Test12 dürfen folgende hervorzuheben sein: Es handelt sich 1. um *ein* Gebot (vgl. bes. TestDan 5,1 [zur sekundären Lesart „Gebote" vgl. BECKER, Test12 im Kommentar z. St.]) und dementsprechend wird fast überall nur ein Imp. für das Gott und den Nächsten betreffende Liebesgebot verwendet (vgl. TestIss 5,2a; 7,6; TestDan 5,3, falsch SCHMITHALS, Mk 2/2 540). Es liegt 2. ein deutlicher Anklang an Dtn 6,5 vor (vgl. TestIss 7,6; TestDan 5,3) und schließlich wird 3. das Gebot der Nächstenliebe (= Lev 19,18b) überwiegend mit einem einfachen καί angeschlossen (vgl. TestIss 5,2a; 7,6; TestDan 5,3).

„Liebet (ἀγαπᾶτε) den Herrn in eurem ganzen Leben (ἐν πάσῃ τῇ ζωῇ ὑμῶν) und einander mit wahrhaftigen Herzen!"

entscheidet sich die judenchristliche Q-Schrift für die Einheit von Gottes- und Nächstenliebe[51] als dem einen umfassenden Grundgebot der Thora. Das wahrhaft als solches zu bezeichnende jüd.-judenchristliche *Doppelgebot der Gottes- und Nächstenliebe* will dabei nicht Summe oder Zentrum, Maßstab, Norm oder letztes Prinzip der Thora sein, indem es in irgendeiner Weise ein von Mose überliefertes göttliches Thora-Gebot verdrängt und/oder gar korrigiert.[52] Vielmehr stellt es gegenüber einer hell. Öffentlichkeit, die „die Pflichten des Menschen unter den beiden Begriffen ‚Frömmigkeit' (Verhältnis zu Gott) und Philanthropie (Pflichten gegenüber den Menschen)" zusammenfaßt,[53] heraus, daß die gottesdienstlich-rituellen, dem jüd. κύριος geltenden, und die ethischen, dem jüd. Volksgenossen[54] geltenden und in allen Teilen weiterhin gültigen Spezialgebote in diesem einen Doppelgebot enthalten sind.[55] Es gilt: „Wer jenes halte, [wird] zugleich auch diese erfülle[-n]".[56] Wie das kurze *Doppelgebot der Liebe* also in der Paränese der Test12 nicht den umfassenden Thora-Gehorsam aufhebt[57] (TestIss 5,1 f., vgl. TestJud 26,1; TestDan 5,1; TestLev 13,1; TestBenj 10,3), so schärft die judenchristliche Q-Gemeinde die „bleibende Gültigkeit"[58] der jüd. (!) Thora ein (Lk 16,17 par. Mt 5,18[59]). Akzentuiert gesprochen: Das *Q-Doppelgebot der Gottes- und Nächstenliebe* bündelt nicht das Ganze der Thora an ihrer Stelle, sondern steht gleichberechtigt neben der Auffassung, die ganze Thora zu halten (vgl. Schab 31ª; Gal 3 u. a. m.). –

Nimmt man nach Rekonstruktion, Analyse und Besprechung des Q-Logions über *Die Frage nach dem obersten Gebot* (Mt 22,35–40 par. Lk 10,25–28) die im Raum stehende Hypothese eines kompositionskritisch ursprünglichen Kurztextes von Mk 12,28–31 wieder auf, so läßt sich ein negativer

---

[51] Vgl. zur theologischen Ansicht der Doppelgebote NISSEN, Gott 231: „… daß das rechte Gottesverhältnis das rechte Verhalten gegenüber dem Nächsten einschließt und daß dieses jenes voraussetzt", und BECKER, Untersuchungen 385: „Es geht nicht an, sie (sc. die vorgeordnete Forderung der Gottesliebe) um der Forderung der Nächstenliebe willen zu entwerten oder in diese aufgehen zu lassen … so geht es umgekehrt auch nicht an, die Nächstenliebe final mit der Gottesliebe zu verbinden: Dem Nächsten wird nicht geholfen, um Liebe zu Gott zu praktizieren".

[52] Vgl. NISSEN, Gott 289.401.406. Anders BECKER, Untersuchungen 382.

[53] BECKER, Untersuchungen 383. Hell. und jüd.-hell. Belege s. u. im Abschnitt 2.4.2.1 dieser Untersuchung.

[54] Zum jüd. Bezugsrahmen der Test12 vgl. BECKER, Untersuchungen 395–401; NISSEN, Gott 232 f., zu dem von Q vgl. Mt 19,28 par. Lk 22,28–30.

[55] Vgl. NISSEN, Gott 289.401.

[56] BILLERBECK, Kommentar I 357 f.

[57] Vgl. NISSEN, Gott 234–241, sowie BECKERS Hinweis, daß TestRub 1,6 und TestJud 13,2 vor der Gefahr der Jugendsünde warnen (Untersuchungen 381).

[58] KOSCH, Tora 434. Zur Auseinandersetzung mit der These, daß Lk 16,17 par. die Geltung der Thora nur auf die Weltzeit begrenzt vgl. die Lit. ebd. 434, Anm. 21 f.

[59] Rekonstruktion und Analyse des Q-Textes bei KOSCH, Tora 427 ff. bes. 432.

Entscheid mit den formalen und materialen Differenzen zwischen der Q- und
der Mk-Version begründen. Wer aufgrund der kurzen Q-Überlieferung (s. o.)
Mk 12,32 ff. für einen sekundären Anhang hält, muß seinerseits erklären können, weshalb sein postulierter Mk-Kurztext (= V. 28b–31) im Vergleich zu Q
erstens keine Hierarchie zwischen (anonymen) Fragesteller und der Lehr-
Autorität Jesus kennt, zweitens expressis verbis von zwei Thorageboten
(zweifacher Imperativ V. 30a.31a), die dementsprechend durchgezählt sind
(V. 29a.31a), redet, drittens auf der für das Gebot der Gottesliebe nicht notwendigen Zitation von Dtn 6,4c, dem Beginn des *Schemas*, besteht, und
schließlich viertens die Relation des zweifachen Liebesgebotes zu anderen
Geboten ausdrücklich festhält (V. 31b). Auch für diese markinischen Besonderheiten der Version von der *Frage nach dem obersten Gebot* einen (unbekannten) vormarkinischen Redaktor verantwortlich zu machen, hieße, einen
exegetischen Verschiebebahnhof einzurichten.[60]

Da die Differenzen eine je eigene Gestalt und Selbständigkeit von Q- und
Mk-(Kurz-)Fassung belegen, scheint man methodisch besser beraten zu sein,
von zwei formkritisch eigenständigen Zugängen – Q- und Mk-Version – zum
thematischen Komplex *Die Frage nach dem obersten Gebot* auszugehen. Für
die ursprüngliche Mk-Überlieferung ist folglich eine einheitliche Komposti-
on anzunehmen.[61] Durch eine Aufbau-Beschreibung von 12,28–34b* ist im
Folgenden der Weg zur Formanalyse und anschließender Gattungsbestim-
mung zu beschreiten:

Anhand der auffälligen wortwörtlichen Wiederholungen[62] und formaler
Rückbezüge[63] um die Achse Mk 12,31.32 sowie der „wechselseitigen Bekräf-
tigung der Übereinstimmung"[64] von Fragesteller und Jesus (V. 32a*.34ab[65])
läßt sich die vormarkinische Perikope in zwei Hälften gliedern[66]: Teil I besteht aus den V. 28*–31, Teil II aus den V. 32*–34b.

---

[60] Musterbeispiel: PRAST, Appell 83–5.

[61] Mit BULTMANN, GST 21; GNILKA, Mk II/2 164, MUNDLA, Jesus 124.126; KERTELGE,
Doppelgebot 307.

[62] Mk 12,32c bezieht sich mit εἷς ἐστιν auf V. 29; V. 33a–c nimmt mit ἐξ ὅλης τῆς
καρδίας und καὶ ἐξ ὅλης τῆς ἰσχύος sowie τὸν πλησίον ὡς V. 30 f. auf; V. 33d greift mit
πάντων auf V. 28c zurück und schließlich wiederholt V. 34 ἀπεκρίθη von V. 29a.

[63] Mk 12,33a.c weist der Artikel vor dem substantivierten Infinitiv τὸ ἀγαπᾶν anapho-
risch auf V. 30a bzw. 31a hin, vgl. BLASS/DEBRUNNER, Grammatik § 399₂. Der Genitivus
comparationis aus V. 33d findet sich schon in V. 31b.

[64] PESCH, Mk II/2 237.

[65] In Mk 12,32a* äußert sich der Schriftgelehrte positiv über Jesu Antwort, wie sie in den
V. 29b–31 enthalten sind, in V. 34ab im Gegenzug Jesus über die Äußerung des Schriftgelehrten in den V. 32 f.

[66] Vgl. BORNKAMM, Doppelgebot 37; PESCH, Mk II/2 237.

Der erste Abschnitt (Mk 12,28*–31) repräsentiert schon für sich allein einen vollständigen Gesprächsgang.[67] Auf die parataktisch beginnende Exposition, die den namentlich unbekannt bleibenden, dem religiös und politisch einflußreichen Berufsstand der (jüd.) „Schriftgelehrten"[68] (vgl. Sir 38,24–39,11) angehörenden Fragesteller vorstellt (vgl. Mk 6,35; 10,2; 14,45), folgt stilgemäß die Problemfrage (V. 28c) und eine verhältnismäßig ausführliche Antwort Jesu mit kurzer Redeeinführung (V. 29–31). Die Frage (wörtlich): „Welches[69] Gebot ist das wichtigste[70] unter allem[71]?" definiert, bemerkenswerter Weise ohne das Stichwort *Thora* (vgl. anders Q!)[72], das anstehende Problem: Gefragt wird nach der überragenden Qualität (ποῖος)[73] einer Gebotsnorm[74], in der sich das auf einen (göttlichen)[75] kategorischen Imperativ angewiesene Menschsein verwirklicht.

Die asyndetisch[76] angeschlossene Antwort Jesu (Mk 12,29–31) kann aufgrund der Zählung (V. 29a.31a) und der sich anschließenden Verhältnisbestimmung (V. 31b) dreigeteilt werden. Nach einem ὅτι-recitativum[77] wird zunächst in wörtlicher Rede „das erste Gebot" (V. 29b.30) durch die Zitation

---

[67] Vgl. PESCH, Mk II/2 237.

[68] Vgl. SCHÜRER, Geschichte II 373 ff.; BILLERBECK, Kommentar I 79 ff.; JEREMIAS, Jerusalem 268 ff.; HENGEL, Judentum 144.192; BAR-ILAN, Scribes 21 ff.

[69] Ποῖος als Fragepronomen in der direkten Frage = τίς, vgl. ALAND/ALAND, Wörterbuch Sp. 1372 f., s. dazu LXX: 2 Reg 15,2; 3 Reg 13,12; Jon 1,8. Dabei sind nicht irgendwelche Gebote im Sinn, sondern qualitativ ausgezeichnete.

[70] Das superlativische πρώτη (vgl. ALAND/ALAND, Wörterbuch Sp. 1453) in Verbindung mit einem Genitivus partitivus (vgl. BLASS/DEBRUNNER, Grammatik § 164$_2$) meint den vornehmsten Rang eines Gebotes unter einer großen Menge (vgl. ALAND/ALAND, aaO. Sp. 1453).

[71] Auffällig ist der Ntr. Plur. statt eines zu ἐντολή (Fem.) passenden πασῶν. Es scheint sich um eine erstarrte Steigerung des Superlativs zu handeln, vgl. BLASS/DEBRUNNER, Grammatik § 164.1; KLOSTERMANN, Mk 127; CRANFIELD, Mk 377. Eine Übersetzung mit: „das allervornehmste" (KLOSTERMANN, aaO. 126; KERTELGE, Doppelgebot 315), wäre angebracht.

[72] Vgl. PESCH, Mk II/2 238 (auch MUNDLA, Jesus 174; ERNST, Mk 354; KERTELGE, Doppelgebot 315): „Gottes Willen scheint in der Frage schon nicht mehr (jüdisch) an seine Kundgabe in der Tora gebunden".

[73] Vgl. BERGER, Gesetzesauslegung 188; PESCH, Mk II/2 238; PRAST, Appell 87.

[74] Als ἐντολή kann die LXX „Einzelgebote des atl. Gesetzes" (vgl. z. B. Ex 15,26; Dtn 4,12; 2 Esr 7,11), „das von Gott Gebotene" (vgl. z. B. Dtn 30,8; Jdc 3,4; 1 Reg 13,13b) und „ein Einzelgebot der Tora" (vgl. z. B. Ex 24,12; Jos 22,5; Sir 45,5) bezeichnen, so MUNDLA, Jesus 175.

[75] Vgl. BERGER, Gesetzesauslegung 189; PRAST, Appell 87; MERKLEIN, Gottesherrschaft 101.

[76] Vielleicht könnte die Inversion von Verb und Subjekt in Mk 12,29a auf semitischen Sprachhintergrund verweisen, vgl. BLASS/DEBRUNNER, Grammatik § 472$_1$.

[77] Vgl. ZERWICK, Untersuchungen 40; MUNDLA, Jesus 130.

von Dtn 6,4c.5 LXX[78] vorgestellt. Dieser atl. Text ist Bestandteil[79] des jüd.-nationalen („Israel") synagogalen „Bekenntnis"[80], das aus der Zitation der Katene von Dtn 6,4–9; 11,13–21 und Num 15,37–41 sowie des Dekalogs bestand. Durch die beiden Imperative (ἄκουε; ἀγαπήσεις)[81] wird der Anfang des *Schemas* zweigeteilt: Nach dem Appell folgt die Kundgabe Gottes (V. 29b), darauf das Thema der ganzheitlichen[82] Gottesliebe (V. 30). Der ohne Partikel angeschlossene zweite Teil der Jesus-Antwort (V. 31a) hebt elliptisch[83] als „zweites Gebot" mit einem Zitat von Lev 19,18b das Gebot der Nächstenliebe heraus (V. 31a). Der Imperativ ἀγαπήσεις nimmt V. 30a auf und parallelisiert damit die Nächsten- mit der Gottesliebe.[84] Aufgrund dieser Wiederaufnahme läßt sich schließen, daß das rückbezügliche Personalprono-

---

[78] Für den Nachweis eines Zitates aus Dtn 6,5 ist es bei diesem, als Bestandteil des *Schemas* häufigen liturgischem Gebrauch unterworfenem Bekenntnistextes unerheblich, daß für die Ganzheits-Formel eine Vierer-Reihe (καρδία, ψυχή, διανοία, ἰσχύς) statt einer Dreier-Kombination (Dtn 6,5: διανοία, ψυχή, δύναμις, vgl. 4 Reg 23,25; 2 Chron 35,19b) vorliegt. Die einfachste Erklärung ihres Zustandekommens könnte darin bestehen, daß eine summarische Kontamination der dtn. Stereotype (LXX: καρδία, ψυχή = Dtn 10,12; 11,13; 13,4; 26,16; 30,2 = Mk 12,30b) mit Dtn 6,5 unter Auslassung der bereits genannten ψυχή vorliegt. Statt δύναμις fand das synonyme ἰσχύς (vgl. LXX: Dtn 3,24; 8,18; Ps 32,16; Hi 40,16; Sach 4,6, aber auch 1 Chron 29,11; Dan [Theod] 11,25) Verwendung. Anders Bornkamm, Doppelgebot 40; Lohmeyer, Mk 258, Anm. 3; Berger, Gesetzesauslegung 66 ff.177 ff.190 f.; Schweizer, Mk 137; Grundmann, Mk 336; Thomas, Citations 209 f.; Schmithals, Mk 2/2 540; Pesch, Mk II/2 239; Gnilka, Mk II/2 165; Lührmann, Mk 206; Sariola, Markus 188.

[79] Ungenau Lohmeyer, Mk 258; Banks, Jesus 167; Schmithals, Mk 2/2 540.

[80] Schäfer, Gottesdienst 402. Als Belegstelle vgl. Papyrus Nash, dazu Schäfer, aaO. 402 ff. Belege für die tägliche, morgens und abends geübte individuelle Praxis der *Schema*-Rezitation sind (s. Bill. IV 196–205): Jos Ant 4,212; Ber I,3 (Beth Hillel/Beth Schammai [T 1]/R. Tarfon [T 2]); Ber II,5 (R. Gamaliel II. [T 2]); Ber I,1 f. (R. Eliezer [T 2]/R. Gamaliel [T 1]/R. Jehoschua [T 2]); Ber 9b,38 (R. Meir [T 3]/R. Aqiba [T 2]); Ber 8b,39 (R. Aqiba T 2); TBer 1,2 (R. Jehuda [T 3]); Ber 11a (Beth Hillel [T 1]); TBer 1,4 (R. Jischmael [T 2]/R. Eleazar b. Azarja [T 2]); Yom 19b (R. Eleazar Chisma [T 2]); Ber II,3 (R. Jose [T 3]/ R. Jehuda [T 3]); Sot 42a (R. Simeon b. Jochai [T 3]); ySheq 3,47c,62 (R. Meir, T 3).

[81] Vgl. auch die nebenordnende Konjunktion καί in Mk 12,30a.

[82] Mit Lohmeyer, Mk 258; Taylor, Mk 486; Klostermann, Mk 127; Berger, Gesetzesauslegung 179; Schmithals, Mk 2/2 540; Lührmann, Mk 206; Grundmann, Mk 337, gegen Mundla, Jesus 156 ff., der die anthropologischen Termini künstlich voneinander isoliert.

[83] Zu ergänzen ist ein ἔστιν, vgl. Mundla, Jesus 137.

[84] Vgl. Pesch, Mk II/2 240. Daß bereits durch die Zählung der Gebote eine „Überordnung" (Berger, Gesetzesauslegung 174) des Gebotes der Gottesliebe über das der Nächstenliebe angedeutet wird, läßt sich nicht erkennen (vgl. Mt 22,38); Philo Decal 50.108–10 gibt zwar den ersten fünf Geboten des Dekalogs den Vorrang (τὰ πρωτεῖα) vor den zweiten fünfen (τὰ δευτερεῖα), gewichtet aber in 108–10 beide Pflichtengebiete gleich. – Für die Kombination dieser beiden atl. Zitate dürfte ein gemeinsames Stichwort, der Imp. ἀγαπήσεις, verantwortlich sein (vgl. Berger, aaO. 170; Furnish, Love Command 28; Pesch, Mk II/2 240), der sich im Pentateuch nur Lev 19,18.34 und Dtn 6,5; 11,1 findet (vgl. Diezinger, Liebesgebot 82), wobei interessanterweise formal Lev 19,34 in V. 18 und Dtn 11,1 in 6,5 enthalten ist.

men zu πλησίον das Objekt der Liebes-Ethik im jüd. Volksgenossen (Ἰσραήλ) bestimmt.[85] Der abschließende dritte Teil (V. 31b) erklärt sich via negationis in invertiver[86] Aufnahme der Frage V. 28c mit der „generelle[-n] Bewertung"[87]: „Größer als diese (sc. die zwei Gebote) ist kein anderes Gebot", zum Verhältnis der Gebote von Dtn 6,4c.5 und Lev 19,18b zu irgendeinem anderen Thora-Imperativ: Das Doppelgebot braucht hinsichtlich seines vorzüglichen Ranges von keinem anderen (göttlichen) Auftrag, eingeschlossen alle jüd. Thora-Gebote, irgendwelche Konkurrenz zu befürchten.

Überraschenderweise endet das bis dato formkritisch einem (kurzen) Apophthegma gleichende Gespräch an dieser Stelle nicht. Vielmehr wird es vom „Schriftgelehrten" nach einer kurzen Redeeinleitung (Mk 12,32a) fortgeführt (= V. 32 f.*). Er äußert sich zunächst positiv (Interjektion: καλῶς)[88] über Jesu Antwort und bringt zum Ausdruck (vgl. das ὅτι-recitativum), daß er aus ihr im Folgenden zitieren wird. Beachtet man die Abfolge seiner Themen (Gotteserkenntnis, Gottesliebe, Ethik, Verhältnis zu den Geboten), so wird eine Parallelität zur Jesus-Antwort deutlich (V. 32c par. V. 29b; V. 33ab par. V. 30; V. 33c par. V. 31a; V. 33d par. V. 31b). Der Schriftgelehrte beginnt, indem er aus der Jesus-Antwort εἷς Θεός zitiert (= Dtn 6,4 fin).[89] Im Anschluß jedoch fährt er ohne Übergang kommentierend[90] mit einem geschickt eingeflochtenen Zitat aus ZusDan 41b (Theodotion)[91] fort, wie es sich in der LXX ähnlich in Ex 8,6; Dtn 4,35.39; Joel 2,27; Dtjes 45,5.21; 46,9[92] lesen läßt. Sein monotheistischer Lehrsatz[93] in indikativischer Rede ist nicht mehr wie bei der Jesus-Antwort einleitend als (erstes) Gebot gekennzeichnet.[94] Er ist seines national-jüd. Gewandes entkleidet[95] und vermeidet durch (Personal-) Pronominalisierung[96] einen Gottesbegriff bzw. eine Gottestitulatur (vgl. anders Mk 12,29b). Dieses Mischverfahren von Zitation aus Jesu Stellungnahme und kommentierender Innovation[97] wiederholt sich auch beim Thema der Gottesliebe (vgl. V. 33ab mit V. 30), „leicht abgesetzt"[98] von V. 32c durch imperati-

[85] Vgl. KLOSTERMANN, Mk 128, mit Hinweis auf Lev 19,18a.
[86] Vgl. WEISS, ‚Lehre' 259.
[87] PESCH, Mk II/2 238.
[88] So WOHLENBERG, Mk 320; TAYLOR, Mk 488; MUNDLA, Jesus 138. Anders LOHMEYER, Mk 259, Anm. 2.
[89] Vgl. εἶπον und anschließendes ὅτι-recitativum in Joh 4,17; 13,13.
[90] Vgl. BERGER, Gesetzesauslegung 193; MUNDLA, Jesus 139.
[91] Umstellung der drei letzten Worte: πλὴν αὐτοῦ ἄλλος.
[92] Vgl. auch Dtn 32,29; 2 Reg 7,22; OdSal 2,39; Dtjes 45,6.14.
[93] Vgl. BORNKAMM, Doppelgebot 39, auch LOHMEYER, Mk 259; PESCH, Mk II/2 239.
[94] Ungenau SCHMITHALS, Mk 2/2 541.
[95] Vgl. SARIOLA, Markus 197.
[96] Vgl. MERKLEIN, Gottesherrschaft 101.
[97] Vgl. BERGER, Gesetzesauslegung 184; PESCH, Mk II/2 242.
[98] PRAST, Appell 93.

vische Redeweise. Der anaphorische Gebrauch des Artikels[99] greift die imperativische Formulierung Jesu auf und übernimmt aus ihr die erste und vierte Wendung der Ganzheitsaussage, gleichbedeutend der ersten und dritten von Dtn 6,5.[100] Der damit umgriffene Mittelteil von V. 30bc (ψυχή, διανοία) wird verkürzt[101] und ersetzt durch das Glied σύνεσις (V. 33b).[102] Damit wird die aus Dtn 6,5; 2 Kön 23,25; 2 Chron 35,19b gewohnte Dreier-Reihe wiederhergestellt,[103] wobei σύνεσις als Synonym für διανοία wahrscheinlich ist.[104] Erneut vermeidet der Schriftgelehrte durch das pronominalisierte Objekt einen Gottesbegriff bzw. eine -titulatur (vgl. anders V. 30a). Der dritte Teil (V. 33c) wiederholt im Zusammenhang der Liebesethik das Verfahren des rückweisenden Artikels, vermeidet jedoch bei seiner zitathaften Aneignung von V. 31a durch geschickte Auslassung eine eingeschränkte jüd.-nationale Bestimmung des Nächsten.[105] Auch die Perspektive einer (Nächsten-)Liebe *aller Menschen*[106] erscheint nicht mehr als (zweites) Gebot. Die in der Jesus-Antwort noch durch Zählung getrennt auftretenden zwei Thoragebote sind nun zu einem mit καί verbundenen wahrhaftigen *Doppelgebot* verschmolzen.[107] Im vierten Teil seiner Neufassung der Jesus-Antwort (V. 33d) schließlich ersetzt der Schriftgelehrte die relationale Aussage, etwa: ‚wie verhält sich das zweifache Gebot zu irgendeinem anderen Gebot?‘ (= V. 31b) durch die Relation, etwa: ‚wie verhalten sich meine Aussagen über den Monotheismus sowie zum Doppelgebot der Gottes- und Menschenliebe (= V. 32c–33c) zu der ganzen jüd. Kult-Thora‘[108]. Mit der komparativischen Aussage: „Das ist viel mehr als alle Brandopfer und Speiseopfer", greift der Schriftgelehrte eine israelitische kultkritische Einstellung auf,[109] um im Rahmen von LXX-Aus-

---

[99] Vgl. BLASS/DEBRUNNER, Grammatik § 399$_2$.

[100] Genau: ἐξ ὅλης τῆς καρδίας und καὶ ἐξ ὅλης τῆς ἰσχύος.

[101] Vgl. BERGER, Gesetzesauslegung 180 f.; MERKLEIN, Gottesherrschaft 101.

[102] Vgl. TAYLOR, Mk 488; GRUNDMANN, Mk 338; PESCH, Mk II/2 242; GNILKA, Mk II/2 166; LÜHRMANN, Mk 207.

[103] Vgl. GNILKA, Mk II/2 166.

[104] Vgl. in der LXX: Sir 22,17, auch Prov 9,10; 13,15.

[105] Falsch MUNDLA, Jesus 187.

[106] Gegen PESCH, Mk II/2 241.

[107] Vgl., daß bereits Mk 12,31b beide Gebote als *Doppelgebot* allen anderen Geboten gegenüberstellte (vgl. MUNDLA, Jesus 137), dazu BERGER, Gesetzesauslegung 192–4; SCHMITHALS, Mk 2/2 541; MERKLEIN, Gottesherrschaft 101.

[108] Ὁλοκαύτωμα ist in der Profangräzität unbekannt, vgl. ALAND/ALAND, Wörterbuch Sp. 1144. Der kultische Doppelausdruck *Brandopfer und Opfer* findet sich häufig in der LXX zur Kennzeichnung des Jerusalemer Tempelkultes: Ex 10,25; 18,12; 24,5; 32,6; Lev 7,37; 14,20; 17,8; 23,37; Num 10,10; 29,6.39; Dtn 12,6; Jdc 13,23; 1 Reg 15,22; 1 Chron 29,21; 2 Chron 7,1; 2 Esr 20,34; Jdt 16,16; Ps 19,4; 39,7; 49,8; Hos 6,6; Jer 7,22; 14,12; 17,26; Ez 44,11; 45,17, vgl. auch 1 Esr 5,49; 1 Makk 4,56; Am 5,22; Trjes 56,7; Jer 6,20; Ez 45,15.

[109] Vgl. 1 Sam 15,22b; Ps 40,7–11; 51,18 f.; Prov 21,3; Am 5,22–24; Mi 6,6–8; Jes 1,11–17; Jer 6,16–20; 7,21 ff.; 14,12; 17,26 f.

sagen[110] zwei Gruppen von Thorageboten zu propagieren: wahre Gotteserkenntnis und wahrer -gehorsam sowie Menschenliebe setzen die jüd. Opfer-
gebote an die zweite Stelle, ohne daß sie definitiv ihre Gültigkeit verloren
hätten.[111] Im Hintergrund dieser kultkritischen Bevorzugung von Geboten des
Gottesgehorsams und der Ethik steht[112] „die Auslegung von Hos 6,6 LXX
(vgl. Mt 9,13; 12,7) … Dort wird statt der Schlachtopfer (ὁλοκαυτώματα)
ἐπίγνωσις θεοῦ = Gottesliebe (ἐξ ὅλης τῆς συνέσεως; ἐπίγνωσις und
σύνεσις sind verwandte Begriffe; vgl. Spr 2,5f LXX!) und statt der Mahlopfer
(θυσίαι) ἔλεος = Nächstenliebe gefordert".[113] Schaut man noch einmal auf
die Äußerung des Schriftgelehrten zurück, so wird deutlich, daß er vier
Schriftstellen (Dtn 6,4c; ZusDan 41; Dtn 6,5; Hos 6,6), z. T. verkürzend (Dtn
6,4c.5) zu einem Satz verschmolzen hat. Eigene Worte beschränken sich auf
das verbindende καί in Mk 12,33c und auf περισσοτερόν ἐστιν (πάντων)[114].
Diese Art, Schriftstellen durch andere Schriftverse zu kommentieren und zu
interpretieren, läßt sich als rabb.-schriftgelehrte Hermeneutik des *scriptura
sui ipsius interpres* kennzeichnen (vgl. yMeg I,13,72b).[115]

Wie in diesem Jerusalemer Gesprächszyklus des Mk-Evangeliums gewohnt
(vgl. 12,17a.27), endet das Gespräch damit, daß Jesus das letzte Wort behält
(V. 34ab).[116] In der direkten Rede wird durch das im hell. Judentum bekannte
rhetorische Stilmittel der Litotes[117] in einer Art Understatement durch Negation des Gegenteils (οὐ μακράν) ein von Jesus gemeinter hoher Grad von
Nähe (= ἐγγύς[118]) zu den Lehrinhalten der schriftgelehrten Äußerung zum
Ausdruck gebracht. Die Erklärung des Schriftgelehrten zu Gotteserkenntnis
und -gehorsam, Menschenliebe und ihrem Verhältnis zum jüd. Ritualgesetz
wird von Jesus dabei auf den umfassenden Begriff des „Gottesreiches" gebracht. Im Einklang mit der positiven Bewertung dieser Äußerung als
νουνεχῶς (= „verständig", vgl. TestHiob 36,6) wird eine vollkommene[119]

---

[110] Vgl. 1 Reg 15,22; Jdt 16,16; Prov 16,6; 21,3; Dan 3,38–45.

[111] Mit TAYLOR, Mk 489; GNILKA, Mk II/2 166; SCHNEIDER, Neuheit 262 f.; MUNDLA, Jesus 200, gegen BERGER, Gesetzesauslegung 197 f.

[112] Vgl. BERGER, Gesetzesauslegung 194–7.

[113] PESCH, Mk II/2 243. Anders SCHMITHALS, Mk 2/2 541; WEISS, ,Lehre' 252.

[114] Vgl. aber bereits Mk 12,28c.

[115] Vgl. STEMBERGER, Einleitung 26; SCHMITHALS, Mk 2/2 540.

[116] Vgl. BERGER, Gesetzesauslegung 184; LÜHRMANN, Mk 206.

[117] Vgl. Dtn 30,11(LXX); Jos Ant 8,108; Act 17,27. Mit BORNKAMM, Doppelgebot 42;
BURCHARD, Liebesgebot 58; FURNISH, Love Command 28 f., Anm. 12; PESCH, Mk II/2 243;
SCHMITHALS, Mk 2/2 541, gegen REHKOPF, Grammatisches 222 = BLASS/DEBRUNNER,
Grammatik § 495.2.

[118] Vgl. Dtn 30,14: σφόδρα ἐγγύς, das synonyme πάρει in Ant 8,108 sowie Act 17,28: ἐν
αὐτῷ (sc. Θεῷ) γὰρ ζῶμεν.

[119] Vgl. BORNKAMM, Doppelgebot 37; KUHN, Problem 303.

Übereinstimmung Jesu mit der theologischen Position seines Gegenübers konstatiert: „The scribe is said to belong to the Kingdom".[120]

Aufgrund der Deskription der Textelemente sowie ihrer besonderen Beziehungen untereinander läßt sich damit die folgende Gliederung der vormarkinischen Perikope über *Die Frage nach dem obersten Gebot* (Mk 12,28–34b*) geben:

Gesprächsteil I (V. 28*–31):

  Exposition (V. 28ab*)
  1. Problemfrage eines Schriftgelehrten: das wichtigste Gebot (V. 28c)
  2. Dreiteilige Jesus-Antwort (V. 29–31):
     – das zweigeteilte erste Gebot: Dtn 6,4c.5 (= V. 29b.30)
       Gotteserkenntis (V. 29b)
       Gottesliebe (V. 30)
     – das zweite Gebot: Lev 19,18b (= V. 31a)
     – die Relation des Doppelgebotes zu allen anderen Geboten (V. 31b)

Gesprächsteil II (V. 32*–34b):

  1. Nach Zustimmung vierteilige Neufassung der Jesus-Antwort durch den Schriftgelehrten als Doppelgebot (V. 32 f.*)
     – Gotteserkenntnis (V. 32c)
     – Gottesliebe (V. 33ab)
     – Menschenliebe (V. 33c)
     – Relation zur jüd. Kultthora (V. 33d)
  2. Positive Bewertung der Äußerung des Schriftgelehrten durch Jesus (V. 34ab).

Gemessen an ihrem auffälligsten Formmerkmal, der wechselseitigen Belobigung von Fragesteller und Responsenten, nimmt die Perikope unter den synoptischen Diskursen eine isolierte Stellung ein. Reflektiert man jedoch auf ihren „zweigipfligen"[121] parallelen Aufbau, so geraten bei der Gattungszuweisung alle diejenigen synoptischen Paradigmen in den Blick, in denen auf eine erste, vorläufige Antwort unter Einsatz von Schriftzitaten eine zweite Stellungnahme Jesu folgt, die sich als Korrektiv der ersten erweist (vgl. für Mk: 10,2–9.17–22.35–40).[122] Als (langes) Apophthegma[123] oder (lange) Chrie[124] gehört Mk 12,28–34b* zu der Untergruppe der Schulgespräche, da in einer Art Lehrhaus (vgl. Sir 51,23.29; Philo SpecLeg 2,36) zwei Weisheitslehrer[125] im respektvollen, ja partnerschaftlichen Umgang ein Sachproblem

---

[120] Furnish, Love Command 28 f., Anm. 12, vgl. Banks, Jesus 171. Anders Mundla, Jesus 204.
[121] Kertelge, Doppelgebot 307.
[122] Gegen Berger, Gesetzesauslegung 184; Prast, Appell 83.
[123] Vgl. Bultmann, GST 21.
[124] Vgl. Berger, Formgeschichte 80 f.
[125] Ein γραμματεύς gehört zum Laienberufsstand der in der mosaischen Thora (vgl. 1 Esr 8,3 LXX) bewanderten Rechtsgelehrten, die sich neben der theologischen Weiterbildung

im Teamwork zu einer für beide Seiten akzeptablen Lösung bringen. Die Perikope wird daher am besten als *Lehrgespräch* bezeichnet.[126] Aufgrund der LXX-Benutzung, der Zitation aus dem synagogalen *Schema* sowie der Relativierung des jüd. Kultus ist sie dem Milieu der hell. Synagoge zuzuweisen. Diese artikuliert sich theologisch im Munde des Schriftgelehrten, wobei sie sich in besonderer Weise gegenüber ihrer hell. Umwelt verständlich zu machen sucht.[127] Da das argumentative Schwergewicht nicht auf seiten der christlichen Fraktion liegt – die Antwort Jesu (V. 29b–31) hat für die Schlußthese von V. 32 f.* nur vorbereitende Funktion[128] –, wird man vermuten dürfen, daß eine judenchristlich-hell. Gemeinde durch Namenseinsetzung bzw. -austausch von Jesus diese vormals jüd. Tradition für sich adaptiert hat.[129] Ob sie auch eigene theologische Akzente in der Perikope gesetzt hat – z. B. beim Basileia-Begriff in V. 34b –, kann erst eine genaue inhaltlich Analyse klären. Zuvor soll jedoch auf rezeptionskritische Weise der Gesprächshorizont erschlossen werden, auf dem die zentrale Aussage der Perikope präsentiert wird.

2.4.2 Zur Rezeptionskritik von Mk 12,28–34b*

Sieht man sich in dem vormarkinischen Lehrgespräch *Die Frage nach dem obersten Gebot* (Mk 12,28–34b*) nach etwaigen die Aufmerksamkeit des Rezipienten steuernden Bemerkungen eines Erzählers um, so treten in erster Linie die Exposition (V. 28a*) und der Schluß (V. 34a) der ansonsten überwiegend Redegut enthaltenen Perikope in den Blick. Im Vergleich zu den beiden oben besprochenen Gesprächsszenen *Vom Zinsgroschen* und *Von der Auferstehung* fällt auf, daß der vormarkinische Erzähler nicht etwa eine amorphe Gruppe von „Pharisäern" oder „Sadduzäern" (s. V. 14*.18), sondern einen einzel-

der heiligen israelitischen Überlieferung (vgl. Mk 9,11) besonders mit der rechtlichen Anwendung der göttlichen Thora-Norm unter den sich wandelnden Zeitbedingungen beschäftigen, vgl. SCHÜRER, Geschichte II 372–89; JEREMIAS, Jerusalem 267 ff.; HENGEL, Judentum 242 ff.
[126] So MICHEL, Gebot 53. Vgl. LIMBECK, Ohnmacht 77: „Schul- bez. Lehrgespräch"; GNILKA, Mk II/2 164: „Lehr- oder Schulgespräch". Anders BULTMANN, GST 53; BORNKAMM, Doppelgebot 37; BURCHARD, Liebesgebot 50; FURNISH, Love Command 26; KLOSTERMANN, Mk 127; BANKS, Jesus 165; AMBROZIC, Kingdom 177; GRUNDMANN, Mk 335; SCHMITHALS, Mk 2/2 539; KERTELGE, Doppelgebot 307; LÜHRMANN, Mk 206; WEISS, ‚Lehre' 265; MUNDLA, Jesus 143. Unschlüssig PESCH, Mk II/2 237: Schulgespräch, 239: Streitgespräch. Uneindeutig EBERSOHN, Nächstenliebegebot 173 ff.
[127] Vgl. die neutralen, ohne Thorabezug arbeitenden Formulierung in Mk 12,28c.31b. Ob damit sogleich auf „Heidenchristen" als Adressaten geschlossen werden darf (BERGER, Gesetzesauslegung 190), bleibt fraglich.
[128] Gegen BERGER, Gesetzesauslegung 187.
[129] Vgl. BERGER, Gesetzesauslegung 176; PESCH, Mk II/2 238 f. Anders ACHTEMEIER, Mk 20.

nen[130], wenn auch anonym bleibenden „Schriftgelehrten" als Gesprächspartner (V. 28*) der durch Namensnennung als Hauptperson gekennzeichneten Jesus-Figur gegenüberstellt. Wird der Erzähler im Sinne seiner am Rezipienten orientierten Identifikationsstrategie seine Hauptperson *Jesus* weiterhin konsequent mit Namen einführen (V. 29a.34a), so muß er es während des Gesprächsverlaufes zulassen, daß die Nebenperson des Schriftgelehrten nach einer scheinbar das Gespräch abschließenden Belobigung Jesu (V. 32a*, vgl. V. 17b) wider Erwarten den Dialog fortfährt und durch eine komplette Neufassung der Jesus-Stellungnahme (V. 32c.33) sich als respektable Lehrautorität entpuppt. Aufgrund ihrer schriftgelehrt-profunden Überlegungen zum *Doppelgebot der Liebe* ist es die Nebenfigur wert, am Anfang der Perikope als einzelne Lehrerpersönlichkeit vorgestellt zu werden (V. 28a*.32a*). Sie bleibt nicht in der an Jesus appellierenden und von seiner Weisheit belehrten Statistenrolle stecken, sondern wird selbst zum Träger der entscheidenen theologischen Argumentation. Um im Sinne der Erzählstrategie aber nun die Rezipienten-Aufmerksamkeit nicht von der Hauptperson *Jesus* abgleiten zu lassen, läßt der sich in V. 34a als allwissend vorstellende Erzähler seine Hauptperson in ihren Gedanken der unüberbietbaren „Verständigkeit" der theologischen Konzeption des Schriftgelehrten Beifall spenden (s. V. 34a über V. 32c.33). Indem er die wichtige Äußerung seiner erzählerischen Nebenperson seiner Hauptperson *Jesus* zu eigen macht, egalisiert der Erzähler die herausragende argumentative Position des Schriftgelehrten. Daß der Schriftgelehrte mit seiner Fassung des *Doppelgebotes der Liebe* den Nagel auf den Kopf getroffen hat, so daß von der Seite Jesu keine Korrektur, sondern, im Gegenteil, nur lauter Zustimmung anzubringen ist, wird abschließend in V. 34b mit dem Stilmittel der Litotes zum Ausdruck gebracht. Gerade mit der rhetorischen Wendung: „Du bist nicht fern …", zeigt sich der Erzähler in der Lage, eine rundweg positive Zustimmung Jesu zur Parteimeinung seines Gegenübers zu ermöglichen, ohne daß Jesu eigene, letzthin gerade nicht argumentativ zum Zuge kommende Weisheitsautorität beschädigt wird.

Natürlich muß man sich fragen, warum die Perikope nicht unmittelbar auf die vom Schriftgelehrten gestellten Frage nach dem „wichtigsten Gebot" (Mk 12,28c) Jesus mit einer eventuell leicht modifizierten Version, wie sie jetzt im Munde des Schriftgelehrten vorliegt (V. 32c.33), das Gespräch im klassisch-apophthegmatischen Sinne beenden ließ. Die Beobachtung, daß es einen vorbereitenden, propädeutischen Teil gibt – Frage des Schriftgelehrten und Antwort Jesu (V. 28*–31) –, auf den die eigentliche Pointe – die (Neu-)Fassung des *Doppelgebotes der Liebe* durch den Schriftgelehrten (V. 32c.33) – aufbaut: „Recht so hast du gesagt …" (V. 32a), läßt sich wohl am besten rezeptionskritisch in der Weise interpretieren, daß die Perikope in sorgsam

---

[130] Vgl. WEISS, ‚Lehre' 255.

vorbereitender Weise nach einer inhaltlichen Verständigungsbasis mit ihrem Rezipientenkreis sucht.

2.4.2.1 Das jüdisch-hellenistische Doppelgebot der Liebe

Klaus Berger hat auf eine nicht unwichtige „Diskrepanz zwischen Frage [des Schriftgelehrten] und Antwort"[131] Jesu (Mk 12,28*–31) aufmerksam gemacht, indem er darauf hinweist: „Die Schriftkundigen (es muß heißen: einer der Schriftkundigen!) fragen (fragt) nach dem größten Gebot (es muß heißen: nach dem wichtigsten Gebot!) und Jesus antwortet mit πρώτη – δευτέρα".[132] Dieser Unterschied zwischen der Frage nach dem „wichtigsten Gebot" (Sing.) – exakt: „wie [muß] ein Gebot lauten …, das das Wichtigste von allem, was Gott verlangt hat, wiedergibt?"[133] – und der Antwort mit zwei Geboten (Plur.) veranlaßt *Berger* vorschnell das zweite Gebot, das der Nächstenliebe (V. 31a = Lev 19,18b), als kompositionskritisch sekundäre Zutat aus dem vormarkinischen Text auszuscheiden.[134] Er übersieht in seiner nun schon zweiten kompositionskritischen Reduktion der Perikope auf den Torso von Mk 12,28*–30 die rezeptionskritisch bedeutsame Tatsache, daß in der griech.-hell. Welt als „die oberste Zusammenfassung und Verallgemeinerung aller menschlichen Pflichten" auf eine Doppelorientierung verwiesen wird: „die Summe der Sittlichkeit [definiert sich] in den Pflichten gegen Gott einerseits und in den Pflichten gegen die Menschen andererseits".[135] Mit ihrer thoraunabhängigen Formulierung (s. bes. V. 28c.31b) geht die *propädeutische Einheit von Frage und Antwort* der Schriftgelehrtenperikope in den V. 28*–31 auf diesen sittlichen Doppel-Imperativ des Hellenismus ein und setzt besondere Akzente im Rahmen der Adaption dieser Kombination im hell. Judentum. Dieser rezeptionskritische Ansatz zum *Doppelgebot der Liebe* hat sich in der Forschung, siehe zuletzt *Jean-Gaspard Mudiso M. Mundla*[136], durchgesetzt und soll im folgenden überblicksartig leicht modifiziert dargestellt werden.[137]

---

[131] Gesetzesauslegung 189, vgl. auch FURNISH, Love Command 26.

[132] Gesetzesauslegung 189.

[133] BERGER, Gesetzesauslegung 189.

[134] BERGER, Gesetzesauslegung 190. Umgekehrt WEISS, ‚Lehre' 261, der, von Röm 13,9; Gal 5,14 und Joh 2,8 ausgehend, den Torso Mk 12,28*.29a.31a erschließt. Wenn es kompositionskritisch möglich ist, gegensätzliche, einander ausschließende Hypothesen zu vertreten, könnte es dann nicht sein, daß die ‚Methode' unzureichend ist?

[135] MUNDLA, Jesus 150.

[136] Jesus 150 ff., wo er sich auf BERGER, Gesetzesauslegung 143–51, bezieht. Vgl. auch FOERSTER, Art. εὐσεβής 176–80; DIHLE, Kanon 2 ff., mit einer Fülle von Belegen. Zur Kritik an NISSEN, Gott 241, der die Parallele eines jüd.-hell. Doppelgebotes der Liebe relativieren will und damit letztendlich bestreitet, vgl. KLINGHARDT, Gesetz 139, Anm. 12. Einen Rückschritt in der rezeptionskritischen Aufarbeitung stellt die Arbeit von EBERSOHN, Nächstenliebegebot 173 ff., dar.

[137] Vergleichende Hinweise auf Parallelen im rabb. Gesetzesverständnis können nicht überzeugen (mit GEORGI, Gegner 88, Anm. 3; LOHMEYER, Mk 260 f.; BURCHARD, Liebes-

Geht man zuerst auf die paganen hell. Belege zur Bestimmung der allge-
meinsten, doppelten sittlichen Pflicht des Menschen ein, so trifft man auf die
semantisch vorbestimmte Kombination von Derivaten der Stämme ὅσιος/
εὐσεβής/θεοσεβής (gottgefällig, fromm, gottesfürchtig) als Kennzeichnung
des Verhaltens gegenüber Gott/Göttern/dem Göttlichen, verbunden mit den
Begriffen vom Stamm δίκαιος (gerecht), die „in dieser Zusammenstellung
hauptsächlich das Verhalten gegenüber dem Mitmenschen" meinen.[138] Interessant bleibt, daß im Hellenismus „wegen der inhaltlichen Nähe der
φιλανθρωπία zur δικαιοσύνη ... auch beide Begriffe zusammen der εὐσέβεια
gegenübergestellt werden" können.[139]

---

gebot 52–4; GRUNDMANN, Mk 337; BORNKAMM, Doppelgebot 38; BECKER, Untersuchungen 382 f.; SCHNEIDER, Neuheit 261; BANKS, Jesus 170 f.; MERKLEIN, Gottesherrschaft
102 f.; LIMBECK, Ohnmacht 78 f., gegen BILLERBECK, Kommentar I 900 ff.; BOUSSET,
Religion 138; KLOSTERMANN, Mk 127; ABRAHAMS, Studies 20 ff.; BERGER, Gesetzesauslegung 141 f.; MUNDLA, Jesus 144–9; SCHMITHALS Mk 2/2 539), und zwar aus folgenden
Gründen: 1. die Unterscheidung zwischen „leichten" und „schweren Geboten" (מצות קלות)
bzw. חמורות) bzw. zwischen „geringen" und „großen" (רבות) bzw. מצות זעירות) je nach
dem Grad ihrer Anforderung an den erfüllenden Gehorsam des Menschen (von ritueller
Mühe bis hin zur Lebensgefahr, Belege bei BILL. I 249.901 ff.) führt im Rabbinat nicht zur
Theorie von einzelnen Geboten als Grundnormen (gegen ANDERSON, Mk 281): 4 Makk
5,20 f. (vgl. Av II,1b [R. Jehuda ha-Nasi, T 4], BILL. I 249; Chag 5ª [R. Jochanan b. Zakkai,
T 2]) erläutert im Zusammenhang der Gebotsübertretung, daß jedes Thoragebot, ob groß
oder klein, die eine Forderung des ganzen Gotteswillens repräsentiert (dazu bes. NISSEN,
Gott 337–42; BURCHARD, aaO. 53 f.). 2. Die sog. *Goldene Regel*, die Hillel (T 1) anders als
Schammai (T 1) im Zuge der Proselyten-Erstkatechetik verwendet (Schab 31ª, vgl. TJI zu
Lev 19,18), ist didaktisch (vgl. BURCHARD, aaO. 53; BORNKAMM, aaO. 53; NISSEN, aaO.
339; MUNDLA, aaO. 146) motiviert: dem im Kontext griech.-röm. Popularphilosophie gebil-
deten Konvertiten (vgl. hell. und jüd.-hell. Stellenbelege für die *Goldene Regel* bei
MUNDLA, aaO. 147, Anm. 187 f.) wird sie ausdrücklich als Einweisung in das (unendliche)
Studium der „ganzen Thora" (!) gegeben (vgl. HENGEL, Tora 171). 3. Die Aussprüche R.
Aqibas (T 2) und R. Ben Azzais (T 2) über Lev 19,18 als „eine große Hauptregel im Gesetz"
(Sifra zu Lev 19,18, vgl. yNed 10,41c,37; BerR 24,7 zu 5,1, s. o. den Abschnitt 2.4.1 dieser
Untersuchung) sind schon semantisch zu Mk 12,28c: ἐντολὴ πρώτη, verschieden (anders
s. o. im Abschnitt 2.4.1 die Q-Version) und differenzieren im Rahmen formal-kasuistischer
Thora-Systematik zwischen übergeordneten Gesetzen und ihnen untergeordneten, aus jenen
deduzierten Spezialgeboten. Ein „Hauptgebot" tritt jedoch nicht in Konkurrenz zu den in
ihm inkludierenden Thoraaeboten. Summa: Eine Aussage wie Mk 12,31b, die einen eindeutigen qualitativen Abstand der beiden ersten Gebote zu allen anderen (Thora-)Geboten bestimmt, ist im holistischen Thoraverständnis des Rabbinats undenkbar.
[138] MUNDLA, Jesus 151. Stellenbelege bei BERGER, Gesetzesauslegung 144 ff. So faßt der
hell. Historiker Pol. (200–120 v. Chr.) den Bereich des Sittlichen unter den Titeln τὰ πρὸς
ἀνθρώπους δίκαια καὶ τὰ πρὸς τοὺς θεοὺς ὅσια (22,10,8) zusammen und bei dem Redner
Isokr. (436–338 v. Chr.) findet sich die Wendung τοὺς θεοὺς εὐσεβοῦμεν καὶ τὴν
δικαιοσύνην ἀσκοῦμεν καὶ τὰς ἄλλας ἀρετὰς ἐπιτηδεύομεν (3,2). In Panathenaia 124
heißt es dabei über die Athener, daß sie allezeit εὐσέβειαν μὲν περὶ θεοὺς δικαιοσύνην δὲ
περὶ τοὺς ἀνθρώπους verfolgt hätten (vgl. 204). Schließlich weiß der Historiker Xen. (ca.
430–350 v. Chr.) über Sokrates zu berichten (apol. 22), daß dieser τὸ μὲν μήτε περὶ θεοὺς
ἀσεβῆσαι μήτε περὶ ἀνθρώπους ἄδικος φανῆναι.
[139] BERGER, Gesetzesauslegung 147, Belege ebd. 147 f.

Das hell. Judentum übernimmt, so zeigen es die Fülle der LXX-Belege[140], bei Flavius Josephus[141] und Philo von Alexandrien[142] als auch bei anderen jüd.-pseudepigraphischen Schriften[143] sowie dem Hellenismus nahestehenden ntl. Schriften[144], die Kombination der anthropologischen Grundkategorien von εὐσέβεια (Frömmigkeit) als Verhalten zu Gott und δικαιοσύνη (Gerechtigkeit) als mitmenschliche Sozialität im Sinne einer Maxime der Sittlichkeit.[145] Wie deutlich man in der anthropologischen Grundbestimmung miteinander konform geht, können folgende Stellen illustrieren: Von König Jotham sagt Josephus (Ant 9,236), er sei εὐσεβὴς μὲν τὰ πρὸς τὸν Θεόν, δίκαιος δὲ τὰ πρὸς ἀνθρώπους (= „fromm zu Gott und gerecht zu den Menschen") gewesen, und über den „Hohepriester" Simeon weiß er zu berichten (Ant 12,43), daß er den Beinamen „der Gerechte" διά τε τὸ πρὸς τὸν Θεὸν εὐσεβὴς καὶ τὸ πρὸς τοὺς ὁμοφύλους εὔνουν (= „wegen seiner Frömmigkeit zu Gott und seinem Wohlwollen zu seinen Stammesgenossen") führt. Auch Philo kann Abrahams Frömmigkeit (εὐσεβής), interpretiert als ὁσιότης πρὸς Θεόν, seiner Menschenfreundlichkeit (φιλάνθρωπος), gefaßt als δικαιοσύνη πρὸς ἀνθρώπους, gegenüberstellen (Abr 208, vgl. VitMos 2,163). Schließlich nennt das NT in Act 10,22 (vgl. 10,2.35), ganz dem hell. Ideal entsprechend, den Heiden(-Christen) Kornelius einen ἀνὴρ δίκαιος καὶ φοβούμενος τὸν Θεόν („gerechten und gottesfürchtigen Mann", vgl. Mk 6,20; 1 Thess 2,15c).

Da im Mittelpunkt des hell. Judentums die z. T. apologetische Erörterung des im Gesetz offenbarten Gotteswillen steht, ist es nur verständlich, daß sich die *Thora* die beiden anthropologischen Basisbestimmungen des Hellenismus erwirbt. Josephus verteidigt den Wert der „Gesetze" in der Überzeugung, daß sie nicht ἀσέβεια (Gottlosigkeit), sondern εὐσέβεια (Frömmigkeit), nicht μισανθρωπία (Menschenhaß), sondern u. a. κοινωνία (Gemeinschaft) und δικαιοσύνη (Gerechtigkeit) den Menschen lernen lassen (Ap 2,291, vgl. 146.281). Dementsprechend heißt bei Philo von Alexandrien derjenige Mensch φιλόθεος, der die erste Hälfte der Dekaloggebote befolgt, weil in ihnen „die heiligsten Pflichten gegen Gott" genannt sind, und φιλάνθρωπος derjenige, der die zweite Hälfte des Dekalogs beherzigt, weil dort die „Pflichten gegen den Menschen" (Decal 106) zusammengefaßt werden.

Diesem Gesetzesverständnis analog sind die Ausführungen, die der Aristeasbrief den Hohenpriester Eleazar in Jerusalem erklären läßt. Für das Gebotsverständnis von Mk 12,29–31 ist an diesem an Weisheit und Verstän-

---

[140] Vgl. Ex 18,21; Prov 17,23; Hi 1,1; Hos 10,13; Bar 5,4.9.
[141] Z. B. Bell 7,260; Ant 6,265; 7,384; 15,376; 18,117.
[142] Z. B. SpecLeg 4,135; VitMos 2,108.
[143] Z. B. Arist 18.131; TestLev 16,2.
[144] Z. B. Mk 6,20; Lk 1,75; Act 3,14; 10,35; Röm 1,18.
[145] Weitere Belege bei BERGER, Gesetzesauslegung 151–66.

digkeit orientierten (vgl. Arist 130 mit Mk 12,34a), allerdings allegorischen Gesetzesauffassung besonders folgende Aussage interessant (131):

> „Unser Gesetzgeber hat nun zuerst (πρῶτον) die (Gebote) hinsichtlich der Frömmigkeit (τῆς εὐσεβείας) und Gerechtigkeit (δικαιοσύνης) erlassen und lehrte hinsichtlich jedem von diesem nicht nur in der Form des Verbotes, sondern auch in der der Belehrung, indem er sowohl die schädlichen Folgen als auch die göttlichen Heimsuchungen gegenüber den Schuldigen vorher zu erkennen gab".

In der Gesetzessystematik des Aristeasbriefes gibt es demnach zwei Kategorien von Geboten. Die (zwei) wichtigen Gebote formulieren Grundsätzliches hinsichtlich der Frömmigkeit und der Gerechtigkeit. Sie werden von (allen) anderen Thora-Geboten näher erklärt und ausgeführt. Konkret heißt das: der herausragende (πάντων πρῶτον)[146] Grundsatz, daß μόνος ὁ Θεός ἐστι (132),[147] begründet die Schöpfungslehre sowie die Allmacht Gottes über die Geschichte (132), überwindet den Götterglauben wie die Götzenbildverehrung (134–8) und gebietet die Abgrenzung Israels von den Völkern (139–41). Auf der anderen Seite wird der Grundsatz der „Gerechtigkeit und des gerechten Zusammenlebens der Menschen" (169, vgl. 144. 147 f.150) von allen Speisegeboten und Reinheitsgesetzen näher spezifiziert: man braucht sich nur der allegorischen Auslegungsmethode zu bedienen (vgl. 143 ff.), dann ist auch bspw. das Beachten des Verbotes, bestimmte Vögel zu essen, der Deutung auf den zwischenmenschlichen Gewaltverzicht fähig (vgl. 146 mit 148).

Daß dieses rangunterscheidende Gebotsverständnis nicht isoliert im hell. Frühjudentum dasteht, läßt sich mit der oft zitierten, schon klassisch[148] zu nennenden Belegstelle bei Philo von Alexandrien[149] begründen, die da lautet (SpecLeg 2,62 f.)[150]:

> „Einer der erfahrensten Männer aber erhebt sich und erteilt ihnen Belehrung über die guten und nützlichen Dinge, durch die das ganze Leben veredelt werden kann. Und es gibt so zu sagen zwei Grundlehren (δύο τὰ ἀνωτάτω κεφάλαια)[151], denen die zahllosen Einzellehren und -Sätze (λόγων καὶ δογμάτων) untergeordnet sind: in Bezug auf Gott das Gebot der Gottesverehrung (εὐσεβείας) und Frömmigkeit (ὁσιότητος), in Bezug auf den Menschen das der Nächstenliebe (φιλανθρωπίας) und Gerechtigkeit (δικαιοσύνης); jedes dieser beiden zerfällt wieder in vielfache, durchweg rühmenswerte Unterarten (ἰδέας)."

---

[146] Vgl. Jos Ant 3,91; 4,211.
[147] Vgl. Jos Ap 2,190: Philo Decal 65; Virt 34; Gig 64; LibAnt 6,4; Pseudo-Phokylides 8.
[148] Vgl. Mundla, Jesus 154.
[149] Gegen Nissen, Gott 498–502, der sich für eine isolierte Sonderstellung von Philo im Rahmen des hell. Frühjudentums ausspricht, dazu die Kritik von Merklein, Gottesherrschaft 103.
[150] Übersetzung nach Heinemann in Cohn, u. a.: Philo von Alexandria Bd. II 126.
[151] Berger, Gesetzesauslegung 139, zur Bedeutung von κεφάλαια bei Philo: „Das Wort bedeutet ... ‚Hauptpunkt einer Gliederung‘, ‚hauptsächlichster Grundsatz eines Menschen‘, ‚Hauptentschluß‘".

Ein literarischer Strukturvergleich mit Mk 12,28*–31 ergibt folgende Über-einstimmungen: Erstens wird von beiden Texten die katechetische Situation des Lehrhauses vorausgesetzt: Weisheit Begehrende und Weisheit Lehrende begegnen einander. Zweitens werden zur Lebensbewältigung oberste Grund-sätze empfohlen, wobei ausdrücklich ihre Zählung hervorgehoben wird. Drit-tens bilden diese Imperative als Doppelgebot die Summe der Thoragebote bzw. aller Gebote einschließlich der Thora und werden „damit auch gleichzei-tig als Grundgesetz der Gesetzesauslegung ... angesehen"[152], indem sie allen anderen Thoraboten und Imperativen übergeordnet werden.[153] Und schließ-lich: Wird zwar der Imperativ der Gottesverehrung terminologisch unter-schiedlich bestimmt, so bewegt man sich viertens bei der Orientierung auf den Menschen auf das Prinzip der (Nächsten-)Liebe zu.

Damit ist eine erste Zwischenbilanz möglich: Beim vormarkinischen Frage- und-Antwort-Spiel zwischen dem Schriftgelehrten und Jesus in Mk 12,28*– 31 handelt es sich um die „Initialfrage der Diasporakatechese"[154]. Der jüd. Glaube präsentiert sich im Lehrhaus der Synagoge allsabbatlich (vgl. SpecLeg 2,62) einer hell. Öffentlichkeit, um sich im Kontext ihrer tugendhaf-ten Lebensorientierung zu artikulieren: die zweifache humanistische Konno-tation des Menschen greift er aus dem Hellenismus auf, um sie mit den Mit-teln der geoffenbarten Gottes-Thora als Gottesverehrung/Frömmigkeit bzw. Gottesliebe und Menschenfreundlichkeit bzw. Nächstenliebe jüd. zu verein-nahmen. Die nebeneinanderstehende grundgesetzmäßige Doppelheit bildet die „essence"[155] der vielen und vielfältigen Thora-Einzelgebote. Es fragt sich nun, ob der durch die (religions-)philosophisch abstrakte Sprache von Philo von Alexandrien entstehende Abstand in der Terminologie zum eindeutig thora-orientierten Mk-Text durch sprachlich am AT orientierten Beispiele aus dem Bereich des hell. Judentums zu schließen ist.

Das ist der Fall, wenn man folgende Belegstellen aus der Paränese der Testamentsliteratur zur Kenntnis nimmt.[156] In einer literarisch fiktiven Ab-

---

[152] GEORGI, Gegner 88, Anm. 3, vgl. BURCHARD, Liebesgebot 56.

[153] Vgl. Mk 12,31b mit dem Schlußsatz bei Philo.

[154] BERGER, Gesetzesauslegung 256.

[155] FURNISH, Love Command 27.

[156] Mit BERGER, Gesetzesauslegung 169, gegen NISSEN, Gott 236, nach dem es sich bei der Kombination von Gottes- und Nächstenliebe in den Test 12 um „zwei Einzelgebote unter an-deren Einzelgeboten" der Thora handelt und er darum unter Hinweis auf TestIss 5,1; TestDan 5,1; TestJos 11,1b formuliert: „Nur weil Doppelgebote in keiner Hinsicht das Ganze sagen können, ist ihnen auch in TPatr durchweg die Forderung nach voller Toraerfüllung ... zuge-setzt". NISSEN konstruiert ein alternatives Entweder-Oder – entweder das Doppelgebot als Summe der Thora an ihrer Stelle = unjüdisch oder das Doppelgebot als Thora-Gebot unter vielen = jüd. –, das sich schon mit dem Gesetzesbegriff der jüd. Test 12 nicht zur Deckung bringen läßt. Hier findet sich eindeutig eine Gesetzesvorstellung, der Sozialgebote wichtiger als Kultgebote sind (vgl. BERGER, aaO. 42–5; BECKER, Untersuchungen 392), und trotzdem legt die Paränese auf den Totalitätsanspruch wert: wer das Doppelgebot der Liebe hält, wird

schiedssituation übereignet ein sterbender Patriarch in komprimierter Weise seinen Kindern das in seinem Leben Geprüfte als das Testament für ihre heilvolle Lebenszukunft:

> „Und jetzt beschwöre ich euch mit einem großen Schwur ...
> Daß ihr solche seid, die ihr ihn fürchtet und ihn verehrt
> und indem ein jeder seinen Bruder liebt in Barmherzigkeit und in Gerechtigkeit"
> (Jub 36,7 fin.8, Teil der Testamentsrede Isaaks, vgl. 20,2).

> „Und jetzt, meine Kinder:
> Macht eure Herzen gut vor dem Herrn,
> und macht eure Wege gerade vor den Menschen,
> so werdet ihr vor Gott und Menschen Gnade finden" (TestSim 5,2).

> „Bewahrt nun, meine Kinder, das Gesetz Gottes,
> und erwerbt euch die Lauterkeit und wandelt in Arglosigkeit,
> seid nicht neugierig interessiert an den Taten des Nächsten,
> sondern liebt (ἀγαπᾶτε) den Herrn (κυρίον) und den Nächsten (πλησίον),
> der Schwachen und Armen erbarmt euch" (TestIss 5,1 f.).

> „Frömmigkeit (εὐσέβειαν) und Wahrheit (ἀλήθειαν) übte ich in allen meinen Tagen,
> den Herrn liebte ich (τὸν κύριον ἠγάπησα) und ebenso jeden Menschen mit aller meiner Kraft (ἐν πάσῃ τῇ ἰσχύι)" (TestIss 7,5 fin.6).

> „Liebet den Herrn in eurem ganzen Leben (ἀγαπᾶτε τὸν κύριον ἐν πάσῃ τῇ ζωῇ ὑμῶν) und einander mit wahrhaftigem Herzen" (TestDan 5,3).

> „Und ihr nun, habt bei jeder eurer Handlung vor euren Augen die Furcht Gottes und ehrt die Brüder" (TestJos 11,1).

> „Fürchtet den Herrn und liebt den Nächsten (ἀγαπᾶτε τὸν πλησίον)!" (TestBenj 3,3a).

Läßt sich als Bindeglied zwischen der nominalen und der verbalen Formulierung des *Doppelgebotes der Liebe* TestIss 7,5 fin.6 identifizieren,[157] so kennt expressis verbis schon Jub 36,7 fin.8 das *Doppelgebot der Liebe*, nämlich zu Gott und den „Brüdern"[158]. Eine auffällige Nähe zur verbalen, dtn. geprägten Formulierung von Mk 12,30 f. zeigt sich jedoch erst beim Imperativ von TestDan 5,3 (vgl. TestIss 5,1 f.),[159] so daß abschließend folgendes rezeptions-

---

alle Thoragebote halten. Zur Verständigung mit der vom rabb. Gesetzesbegriff (normatives Judentum?) geprägten Position von Nissen sei gesagt, daß keiner der hier besprochenen Texte des hell. Judentums, auch die judenchristlichen Texte Mk und Q nicht, andere Thoragebote durch das Doppelgebot als grundsätzlich für abgeschafft disqualifizieren will.

[157] Mit Berger, Gesetzesauslegung 169.

[158] Mit Schneider, Neuheit 260: „Zwar wird hier (sc. in Jub 36,7) nicht von Gottesliebe gesprochen. Doch ist die Wendung ‚Gott fürchten und ihm dienen' im Sinne des Deuteronomiums in die Nähe der Gottesliebe gerückt (Dt 6,2.4.13; 10,20)", gegen Hengel, Tora 170.

[159] Vgl. Berger, Gesetzesauslegung 170: „Zur synoptischen Hauptgebotsverbindung ist es von hier aus nur ein kleiner Schritt".

kritisches Fazit zu ziehen ist: Die propädeutische Funktion des vormarkinischen Textes von 12,28*–31 besteht für die ganze judenchristliche Einheit von 12,28*–34a darin, die im Hellenismus vorliegende Kombination von Gottesfrömmigkeit und Menschenfreundlichkeit als doppelte sittliche Grundorientierung des Menschen unter Verwendung von zwei Thorageboten gesetzeskonform[160] vor dem Forum einer hell.-jüd. Rezipientenschaft katechetisch abzufragen,[161] um dieses neue *Grundgesetz* als ein hermeneutisches Prinzip für alle anderen (Thora-)Gebote zu empfehlen.[162]

2.4.3 Der „verständige" Gottesdienst (Mk 12,32–34a)

Wurde im vorherigen Abschnitt gezeigt, daß das vom hell. Frühjudentum thorakonform als *Doppelgebot der Liebe* aufgenommene hell. Sittlichkeitsideal den rezeptionskritischen Ausgangspunkt für die hell.-judenchristliche Perikope *Die Frage nach dem obersten Gebot* (Mk 12,28–34b*) bildet, so soll jetzt dieser Teil erörtern, welche besonderen theologischen Akzente die V. 28*ff. auf eben dieser Basis durch die Neufassung des *Doppelgebotes* im Munde des Schriftgelehrten (V. 32 f.*) sowie durch die abschließend zustimmende Bewertung Jesu im Basileia-Symbol (V. 34a) setzen möchte. Die positiv bewertete Uminterpretation betreffen hauptsächlich vier Komplexe: Vom Schriftgelehrten wird erstens der Monotheismus unter Vermeidung von Gottesnamen und -bezeichnung betont, zweitens die universale Nächstenliebe propagiert und drittens eine kritische Position zum jüd. Kultus bezogen. Schließlich setzt viertens Jesu Reaktion über diese Neubildung des *Doppelgebotes der Liebe* den Basileia-Begriff und gibt so dem Ganzen eine gottesdienstliche Gesamtausrichtung, die die oben verwendete Überschrift rechtfertigen kann.

---

[160] Vgl. BERGER, Gesetzesauslegung 174.

[161] Ist das *Doppelgebot der Liebe* von Mk 12,29–31 als Zitatenkombination von Dtn 6,4fin.5 und Lev 19,18b exakt so in der atl.-jüd. Tradition nicht belegt (vgl. BECKER, Feindesliebe 15; LIMBECK, Ohnmacht 80), so ist das noch lange kein Grund, V. 29–31 aufgrund des Kontingenzkriteriums mit dem vormk. Text (s. V. 29a) dem irdischen Jesus zuzuschreiben (mit BURCHARD, Liebesgebot 61; JOHNSON, Mk 202; CRANFIELD, Mk 379; LIMBECK, aaO. 79 ff.; GNILKA, Mk II/2 167; MERKLEIN, Gottesherrschaft 104; SCHNEIDER, Neuheit 274; LÜHRMANN, Mk 206 f., gegen KLOSTERMANN, Mk 127; BORNKAMM, Doppelgebot 38; ZIMMERMANN, Gleichnis 62; MICHEL, Gebot 65.68 f.; TAYLOR, Mk 488; HENGEL, Tora 170; SCHWEIZER, Mk 137; ERNST, Mk 355; PESCH, Mk II/2 247; MUNDLA, Jesus 215 f.224; GUNDRY, Mk 713 f.). Die fraglos vorhandene Originalität des Gottesreichsverkündigers Jesus würde sich bei dieser Beweisführung leicht auf das Bild eines Thora-Rollen lesenden Rabbis reduzieren, der es als seine entscheidende Aufgabe ansieht, im Frühjudentum vorhandene Zitatanspielungen (vgl. TestDan 5,3; TestIss 5,2) thoragemäß zu verbessern.

[162] Mit BERGER, Gesetzesauslegung 175 f.; MERKLEIN, Gottesherrschaft 104.

Um diese vierfältige Pointe der vormarkinischen Überlieferung in angemessener Weise darzustellen, sollen diese wahrhaft großen theologischen
Themenbereiche, ausgehend von Mk 12,33d auf die Frage zugespitzt werden,
ob die Textaussage entscheidende Anstöße aus einem Judenchristentum empfangen hat oder sich eher im Kontext der Theologie der hell. Diasporasynagoge darstellen läßt.

Ad 1: Der Vers, mit dem nach geläufiger Ansicht die ältere Gestalt des Deuteronomiums begann, bildet in der LXX-Fassung (= Dtn 6,4c) – Übersetzung:
„Höre Israel, der Herr, unser Gott, der Herr ist einer bzw. einzig[163] / er ist ein
bzw. ein einziger Herr!"[164] – den Ausgangspunkt für die formelhafte Reduktion des Schriftgelehrten auf εἷς ἐστιν – Übersetzung: „ER ist einer bzw. einzig"[165]. Wie *Jörn Halbe*[166] ausgeführt hat, findet sich in Dtn 6,4f. das entscheidende dtn. Rechtsverständnis. Durch Aufnahme in das synagogale
Grundbekenntnis wurde es als Spezifikum jüd.-hell. Glaubensverständnis
qualifiziert. Als Sitz im Leben der Form[167], die erstens aus einer Interjektion
(V. 4cα) und einem Feststellungssatz besteht (V. 4cβ), auf die zweitens eine
Aufforderung folgt (V. 5), ist die Versammlung Israels erkennbar (vgl. Dtn
20,2f.; 27,9f.), in der Priester die (anwesende) israelitische Kultgemein-
schaft auf die *monolatrische Grundforderung*, Jahwe allein, und keine ande-
ren Götter neben ihm zu verehren,[168] festlegen. Für das dtn. Gesetzesverständnis artikuliert dabei das Entsprechungsverhältnis der zweigliedrigen
Formel Entscheidendes: „Der Redende nennt im ersten Glied [nämlich] die
Voraussetzung des Handelns oder Verhaltens, das er im zweiten vom Angeredeten fordert",[169] Verhaltenserwartung ist also gebunden an Verhaltensgrund.
Wichtig ist: Wird der imperativisch angeredete Israelit im Hören aus seinem
Weltbezug heraus auf die worthaft vermittelte Gegenwart des exklusiv für Israel handelnden Gott hin versammelt, so entspricht er in homologischer Existenz diesem Jahwe in seinem Leben: „mit ganzem Herzen, ganzer Seele und
aller Kraft" (vgl. 18,13). Das Gottesverhältnis des Menschen zeichnet sich

---

[163] Vgl. Dtn 32,12; Cant 8,6f., dazu BRAULIK, Deuteronomium 119.
[164] Vgl. LOHFINK, Art. אחד Sp. 213f., bes. 214 (auch QUELL, Art. κύριος 1079f.) zum
MT von Dtn 6,4: „Ob das zweite יהוה eine Wiederaufnahme des Subjekts nach der Apposi-
tion ist oder schon zum Prädikat gehört, muß offen bleiben".
[165] Dazu BORNKAMM, Doppelgebot 39, Anm. 8 (vgl. KLOSTERMANN, Mk 127; PESCH, Mk
II/2 239): „Die LXX spiegelt und befördert diese Deutung von Deut 6,4 durch die Wiedergabe des Gottesnamens mit dem Appelativum κύριος und die prädikative Fassung von יהוה
אחד."
[166] ‚Gemeinschaft' 55ff.
[167] Zur Formbestimmung vgl. LOHFINK, Art. אחד Sp. 214; HALBE, ‚Gemeinschaft' 57.
[168] Vgl. LOHFINK, Hauptgebot 73ff. Die israelitische Jahwe-Monolatrie ist nicht zu ver-
wechseln mit einem theoretischen oder praktischen Monotheismus, da im Dtn (vgl. 4,19)
wie in anderen atl. Schriften mit der Existenz anderer Götter neben Jahwe gerechnet wird
(vgl. SCHMIDT, Art. Gott 612), anders BRAULIK, Deuteronomium 119.138ff.
[169] HALBE, Privilegrecht 99.

also durch eine (zuvor) alles gebende und folglich alles fordernde[170] Gottes-
figur aus. Oder anders gesagt: „Liebe und Gegenliebe: das ist die dtn Hermeneutik des Gesetzes".[171]

Die in dieser monolatrischen Grundforderung auf ausschließliche Jahwe-
Verehrung liegende progressive Tendenz, keinen Raum für den Machtbereich
anderer Gottheiten in der allein von der Jahwe-Verehrung bestimmten israelitischen Glaubenswirklichkeit mehr zuzulassen, bringt der Schriftgelehrte auf
die systematisch-theologische Konsequenz des monotheistischen Grundbe-
kenntnisses (Mk 12,32cαβ)[172]: neben der positiv gesetzten Existenz des einen
Gottes stellt er negativ die Aussage über die Nichtexistenz (irgend-) eines anderen Gottes. Nur der eine Gott existiert, alle anderen Götter sind Nichtse[173].
Der Schriftgelehrte verläßt mit seiner monotheistischen Aussage den offenbarungstheologischen Ordnungsrahmen des an Israel gerichteten jüd. Gottes-
bekenntnis, um seine erkenntnistheoretische Einsicht über das (absolute) Sein
Gottes im Stile klassischer griech. Philosophie als gemeinanthropologische
Möglichkeit auszugeben.

Die dabei verwendete Gottes-Formel εἷς ἐστιν findet sich[174] im jüd.-hell.
Schrifttum, das sich im (apologetischen) Dialog mit der im hell. Synkretismus
offen zutage tretenden monotheistischen Verständigung über den Gottesbegriff befindet. So wird im Sirachbuch die weisheitliche Grundfrage, wer
das Allwissen der Weisheit besitzt, in 1,8 f. folgendermaßen beantwortet:

„εἷς ἐστιν[175], zu fürchten ist er sehr,
der da sitzt auf seinem Thron: der Herr (κύριος)".

Gleichermaßen formuliert das jüd. (Pseudo-)Orpheus-Gedicht oder -Testa-
ment (Rez. A, ca. 1. Jh. n. Chr.[176]), das in dem mythischen Sänger Orpheus
und einstigen Lehrer heidnischer Vielgötterei den Prototypen des umkehr-
willigen Gottesfürchtigen sieht, als sein monotheistisches Vermächtnis an seinen Schüler Musaios (10):

„εἷς ἐστιν, aus sich selber geworden,
aus dem einen entsprossen, ist alles geschaffen".

---

[170] Vgl. neben den dtn. und dtr. Belegen (Dtn 6,5; 5,10; 10,12 u. a. m.) auch Ber 61[b] (R.
Eliezer, T 2), parr. Pes 25[a]; SifDev 6,5 § 32 (73[a]), R. Eliezer b. Jakob II., T 3); SifDev 6,5
§ 32 (73[a]), R. Simeon b. Azzai (T 2), rabb. Stellen bei BILL. I 906.
[171] PERLITT, ‚Evangelium' 28.
[172] Vgl. Hag 3[a], R. Eleazar b. Azarja (T 2), BILL. II 28.
[173] S. die Interpretation von שׁוא in Jer 18,15 (vgl. Ex 20,7; Dtn 5,11).
[174] Vgl. auch die Aussagesätze Mt 19,17; 23,9; Jak 4,12. Zur ntl. verwendeten monotheistischen Grundformel: εἷς (ὁ) Θεός, die in der Gräzität (vgl. Xenophanes, frag. 23; Clem.
Al., Stromata V 109) wie jüd.-hell. belegt ist, vgl. die Lit. und Stellenangaben zu Mk 2,7;
10,18 par.; 1 Kor 8,6; Gal 3,20; Eph 4,6; 1 Tim 2,5; Jak 2,19, weiter AMIR, Begegnung 2 ff.
[175] Σοφός gehört nach Sauer im Kommentar z. St. (JSHRZ III/5) emendiert, da es im Sir
an 24 Stellen nur auf den Menschen, nie aber auf Gott bezogen erscheint.
[176] Vgl. WALTER, Einleitung 229 f.

Als gleichfalls rudimentärer Reflex auf das jüd. *Schema* darf auch Josephus in Ant 3,91[177] bewertet werden, der als erstes Dekaloggebot nicht Ex 20,2 f. bzw. Dtn 6,5 f. variiert, sondern dieses den jüd. Monolatrismus lehren läßt, wenn er ausführt:

„ὅτι Θεός ἐστιν εἷς
und diesen allein gilt es anzubeten."

Einen philosophisch-erkenntnistheoretischen Akzent hingegen setzt Philo von Alexandrien, wenn er den Gottesbegriff dadurch definiert, daß (Op 171; SpecLeg 1,30, vgl. All 3,105):

Θεὸς εἷς ἐστι(ν)

oder umgekehrt in Nähe zu Mk 12,32c sagen kann, daß (Plant 137, vgl. Conf 171):

εἷς ἐστιν ὁ Θεός,

und sich dabei ausdrücklich mit der monotheistischen Aussage gegen die heidnische Vielgötterei ausspricht (vgl. Som 1,229; Op 171). Es nimmt darum auch nicht wunder, daß sich in Philos Religionsphilosophie eine Parallele zur monotheistischen Komplementarität von Mk 12,32c findet, wenn es in All 3,82 heißt[178]:

„Denn Gott existiert als einer (εἷς ὢν) im Himmel oben und auf der Erde unten und keiner ist außer ihm (καὶ οὐκ ἔστιν ἔτι πλὴν αὐτοῦ = Dtn 4,39)".

Und weil Philo diese Gottesvorstellung als Resultat des Denkens über Gott (vgl. All 3,82) ansieht, dürfte die monotheistische, sich gegen den hell. Polytheismus aussprechende[179] Aussage des Schriftgelehrten der hell. Diasporasynagoge zuzuweisen sein, hebt doch Mk 12,33b hervor (vgl. anders V. 30), daß die Gottesliebe mit ganzer „Einsicht", mit ganzer noetischer Kraft des Menschen vertreten werden soll.

Die nun in diesem Zusammenhang beim Schriftgelehrten auftretende und im weiteren konsequent durchgehaltene Rede, den Gottesbegriff durch ein Personalpronomen zu ersetzen (Mk 12,32c.33a), läßt sich zunächst vor dem Hintergrund der aus einem systematischen Monotheismus abgeleiteten Theorie von der *Namenlosigkeit* des einzigen Gottes betrachten. In griech.-hell. *Aufklärungsphilosophie* ist dabei eine Vereinigung der „Kritik an den Aussagemöglichkeiten der menschlichen Sprache mit dem Aufweis der logischen Unvereinbarkeit der verwendeten Vollkommenheitsprädikate [belegt]: Der

---

[177] Vgl. noch Ant 4,201; 5,97.
[178] Vgl. daß die Aussage: Gott bzw. ER ist einer, wie bei Mk 12,32c mit einem atl. Zitat zur Erläuterung der Nichtexistenz anderer Götter erscheint.
[179] Vgl. FURNISH, Love Command 29; DONAHUE, Factor 580; PESCH, Mk II/2 239; SARIOLA, Markus 198.

eine Gott ist nun nicht nur namenlos, sondern auch nicht mehr prädizierbar"[180]. Der jüd.-hell. Grenzgänger Philo von Alexandrien bringt das bei seiner Exegese von Ex 3,14 (LXX: ἐγώ εἰμι ὁ ὤν) folgendermaßen auf den Begriff (VitMos 1,75[181]):

> „Gott aber antwortete: ,Zuerst sage ihnen, daß ich der Seiende bin, damit sie, wenn sie den Unterschied zwischen dem Seienden und dem Nichtseienden verstanden haben, auch die Lehre vernehmen, daß es für mich, dem allein das Sein eigen ist, überhaupt keinen eigentlichen Namen gibt'."

Genügt Philo damit hell.-monotheistischen Ansprüchen, das absolut Seiende nicht mehr mit Namen anreden zu können, so verleugnet er damit aber die monolatrische Prämisse seiner atl.-jüd. Tradition. Für sie ist ja die Namentlichkeit Gottes unverzichtbar. Besteht doch für das AT die besondere Qualität der göttlichen Namensoffenbarung darin, Medium und Modus unbedingter und exklusiver Zuwendung des einen Gottes, Jahwe, zu seinem Volk, Israel, zu sein.[182] Diese Grundeinsicht wird jedoch im nachexilischen Judentum aus Furcht vor magisch-heidnischer Profanisierung des das Wesen Gottes erschließenden Jahwe-Namens verlassen. Gerade „die exzeptionelle Bedeutung des Namens führt zu sukzessiv verschärften Verboten ihn auszusprechen, bis hin zur engsten Begrenzung auf den Tempelkult"[183]: Im öffentlichen Gottesdienst der hell. Synagoge wird das Tetragramm der hebräischen Bibelhandschriften (schließlich) durch die Periphrase Adonai („mein Herr") wiedergegeben (Qere) und die LXX-Übersetzung führt als Äquivalent für YHWH den Verdeckungsnamen[184] Kyrios. Die Vermeidung des Tetragramms führt im Frühjudentum letztendlich zur Unkenntnis über dessen Aussprache,[185] so daß die atl. monolatrische Konzeption der (offenbarten) Namentlichkeit Gottes, völlig in ihr Gegenteil verkehrt, im jüd. Rabbinat das Tetragramm zu einem Geheimnamen werden läßt.[186]

Die priesterlich-theologische Reduktion der Verwendung des Jahwe-Namens auf einen (israelitischen) kultisch-reinen Tempelgemeinde-Monolatrismus[187] geht in den Literaturwerken des hell. Frühjudentums mit der Praxis

---

[180] GLADIGOW, Art. Gottesnamen Sp. 1219. Vgl. Corpus Hermeticum, Fragment 3a (SCOTT IV, S. 9): Ὁ δὲ θεὸς εἷς, ὁ δὲ εἷς ὀνόματος οὐ προσδέεται = „Gott aber ist einer, der eine/einer aber bedarf keines Namens" (1. Jh. n. Chr.).

[181] Übersetzung nach GESE, Name 76.

[182] Vgl. GESE, Name 78–80.

[183] GLADIGOW, Art. Gottesnamen Sp. 1220, vgl. mit Belegen THOMA, Art. Gott 629.

[184] Vgl. THOMA, Art. Gott 629.

[185] Vgl. THOMA, Art. Gott 629 f.

[186] Vgl. BIETENHARD, Art. ὄνομα 268 f.

[187] Die rabb., anonym überlieferte und darum undatierbare Tradition, daß zur Zeit des Hohepriesters Simon (142–134 v. Chr.) die Jerusalemer Priester im Tempelgottesdienst aufhörten, den Jahwe-Namen auszusprechen (Tam VII,2, BILL. II 311 f., vgl. Tam 38ᵃ; SNum § 39–43) und es nur noch dem Hohepriester am Yom Kippur erlaubt war (TSot 13,8; Yom

einher, vielfältige Ersatznamen und Umschreibungen für Gott = Jahwe zu verwenden. Die Wahl der z. T. abstrakten Epitheta kann dabei auf liturgischem
oder auch antiheidnischen Gebrauch beruhen.[188] Bezeichnungen des höchsten
Gottes wie „Gott des Himmels" (Dan 2,19), der „höchste (Gott)" (LXX 3,93),
der "Herr der Geister" (äthHen 39,7) u. a. verleugnen ihren Zusammenhang
mit monotheistischer Vermittlung nicht.

Für die vom Schriftgelehrten vorgenommene konsequente Vermeidung des
Gottesbegriffs ist in Besonderheit auf das analoge Phänomen hinzuweisen,
daß im Frühjudentum „häufig *durch* den Bau und den Stil des Satzes die Nennung des Gottesnamens" umgangen wird. „Wo irgendwie der Zusammenhang
noch verständlich bleibt, läßt man den Gottesnamen aus und setzt das Prädikat
subjektlos. Man gebraucht das Passivum statt des Aktivums, oder sogar den
Plural des aktiven Verbums".[189] Dieses unter dem Oberbegriff *Passivum
divinum* aus atl., jüd. und judenchristlichen Schriften bekannte frömmigkeits-
geschichtliche Stilphänomen[190] hat *Hartmut Stegemann* auch an Bibelzitaten
in Qumrantexten beobachtet, Texte, die in der Regel den Gottesnamen vermeiden.[191] Über *Stegemann* hinaus ist darauf zu verweisen, daß an (mindestens) zwei Stellen in Qumran-Hauptschriften wie in Mk 12,32 f. der Gottesname durch das Personalpronomen, in diesem Fall הוא, wiedergegeben wird.
In CD 9,5 wird Nah 1,2b: נקם יהוה לצריו, mit:

נוקם הוא לצריו

Übersetzung:
  „ER übt Rache an seinen Gegnern,"

zitiert und in 1QS 8,13 ist in Adaption von Dtjes 40,3 auf die Exodusidentität
der Qumrangemeinde von einem[192] דרך הואהא, einem „Weg des ER" die
Rede, den es von der Qumrangemeinde in der Wüste zu bereiten gilt.

[39b]; Men 109[b], vgl. Yom III,8; IV,2; VI,2), steht im Verdacht der späten Idealisierung dieses
berühmten Hohepriesters.

[188] Vgl. mit Belegen Bousset, Religion 307 ff.

[189] Bousset, Religion 316.

[190] Vgl. mit Belegen Dalman, Worte 183 f.; Jeremias, Theologie 20–4. Zur Herleitung
aus dem orientalischen Hofstil vgl. Macholz, Anfänge 251–3.

[191] Erwägungen 200 f., mit Belegen. Die Qumrantexte geben den Gottesnamen entweder
graphisch mit vier Punkten dar oder wählen als Ersatzbezeichnung אל. Sie können aber
auch das finite Verb subjektlos (nicht: „Jahwe sprach", sondern „Er sprach") setzen oder
gebrauchen ein Suffix (statt: „Jahwes Zorn entbrannte", steht: „Sein Zorn entbrannte").

[192] Brownlee, Manual 38 f., vermutet, daß הואהא eine Abkürzung von האו(לוהים) הוא
sei, während Wernberg-Møller, Manual 129, Anm. 44, es für „an elongated form of the
personal pronoun which often in the Scrolls assumes the form *hw'h*" hält. Dieser Annahme
hat Rüger, Deutung 144, durch den Nachweis eines sog. Alef otiosus zum Durchbruch verholfen. Der Hinweis von Ginzberg, Sekte 57, daß im Jerusalemer Tempel der Gottesname
הוא lautete, weil in Suk IV,5[b] im Namen von R. Jehuda (T 3) überliefert ist, daß beim priesterlichen Bachweidenumzug im Tempel: „Ich und Er, so hilf doch! (אני והוא והושיעה נא),

Fragt man nach den jüd. Wurzeln für diesen pronominalisierten Gottesbegriff, so ist auf zwei frühjüdische Texte aufmerksam zu machen, die wie Mk
12,32c.33 einen vergleichbaren Bezug zum göttlichen Einheitsgedanken von
Dtn 6,4c aufweisen. In Sir^(כ) 42,21 wird die Vorstellung von Gottes Treue, daß
er in der Zeit immer derselbe bleibt,[193] mit prädikativem Personalpronomen
folgendermaßen ausgedrückt:

אחד הוא מעולם

Übersetzung:
„Von Ewigkeit zu Ewigkeit ist ER (ein- und) derselbe."

Und im Papyrus Nash (1. Hälfte des 1. Jh. v. Chr.) wird das *Schema* für den
liturgischen Gebrauch bezeichnenderweise mit den den Nominalsatz von
Dtn 6,4 betonenden nachgestellten Personalpronomen überliefert, wenn es
heißt[194]:

שמ(ע ישרא)ל יהוה אלהינו יהוה אחד הוא

Übersetzung:
„Höre Israel, Jahwe, unser Gott, Jahwe, ER ist einer/einzig".

Läßt sich aufgrund dieser beiden Belege der Vorgang, wie das Personalpronomen den Gottesbegriff ersetzt, für den Bereich der hell. Synagoge rekla-
mieren, so ist kurz zu demonstrieren, welchen Gebrauch jüd.-hell. Vermitt-
lungstheologie davon machen kann. Bei Philo von Alexandrien heißt es in
SpecLeg 2,165:

„Wenn anders aber ER existiert (εἰ δ' ἔστιν), dessen Dasein alle, Hellenen gleichwie
Barbaren, einmütig anerkennen, der höchste Vater der Götter und Menschen und der
Baumeister des Weltalls, dessen Wesen – wie wohl es nicht nur unsichtbar fürs
Auge, sondern auch unergründlich für den Verstand ist – alle Jünger der Naturfor-
schung und Philosophie überhaupt zu ergründen streben ..."

Hier fungiert das theologisch-philosophische Fundament „ER existiert" als
gemeinsamer religiöser Nenner der Gotteserkenntnis von Hellenen und Barbaren und, last not least, repräsentiert durch den jüd. Autor Philo, den Juden.
Fast ist Israels besondere geschichtliche Gotteserfahrung und -beziehung bei
diesem Konzept von *Menschheitsreligion* verschwunden, wüßte man nicht,

---

2 x" , gerufen wurde, steht wohl in Beziehung zum priesterlichen Usus (so Bornhäuser im
Kommentar z. St.), den Jahwenamen nach Möglichkeit auch im engsten Kultbetrieb zu ver-
bergen: So wird berichtet, daß der Hohepriester durch Gebrauch einer „gedämpften Stim-
me" und durch geschickten liturgischen Einsatz des priesterschaftlichen Responsoriums es
vermied, den Gottesnamen der versammelten israelitischen Kultgemeinde lautlich exakt zu
Gehör zu bringen (yYom 3,40^d, R. Tarfon [T 2], vgl. Qid 71^a, Bill. II 312 f.).

[193] Vgl. Dtn 32,39; Ps 102,28; Dtjes 41,4; 43,10.13; 46,4; 48,12.

[194] Nach Dtn 6,4 ergänzter Text bei Würthwein, Text 130.

daß im unmittelbaren Anschluß Philo von Israels stellvertretend für alle Völker praktizierten Gottesdienst reden wird (166). Und so läßt sich analog für Mk 12,32c.33ab schließen: Wüßte man nicht um das besondere, unverwechselbare (offenbarungs-)geschichtliche Sprachkleid der Aussagen über den Gottesbegriff und die Gottesbeziehung des Menschen, man könnte versucht sein, sie für die gemeinanthropologischen Prämissen einer von der Existenz Gottes ausgehenden universal-philosophischen monotheistischen Religionsanschauung halten und mit Philo sich an der Erkenntnisfreude berauschen (SpecLeg 2,258)[195]:

> „Was könnte denn einem Wahrheitsfreunde größere Freude bereiten als das Festhalten an dem einen Gott und die redliche und reine Hingabe an seinen Dienst?"

Ad 2: Bekanntlich folgt ja auf die redaktionell bearbeitete Q-Version der Perikope *Die Frage nach dem obersten Gebot*[196] im Lk-Evangelium das sog. *Gleichnis vom barmherzigen Samariter* (Lk 10,30–37). Durch die lukanische Überleitungsfrage eines gewissen Gesetzesgelehrter (V. 29b): „Und wer ist mein Nächster?" wird im nachfolgenden Gleichnis die vorher zwischen dem Gesetzeslehrer und Jesus konstatierte Übereinkunft über die vom *Doppelgebot der Liebe* repräsentierte jüd. Thora (V. 27) als der einzige (Tun-Ergehen-)Weg zum (ewigen) Leben (V. 25b.28) in Hinsicht auf ihren Geltungsbereich neu definiert. Durch die Art der Frage, die, wie *Gerhard Sellin* herausgearbeitet hat,[197] nicht lautet: ‚wen soll ich lieben', sondern: ‚wer gehört zur Klasse 'Nächster'?', wird zunächst allgemein eine limitierte einer unlimitierten Fassung des Nächstenbegriffes aus dem Gebot der Nächstenliebe von Lev 19,18b (= Lk 10,27) gegenübergestellt. Das Gleichnis definiert schon näher, indem es die Antagonisten „Priester" und „Levit" (V. 31 f.) als kultische Repräsentanten *Israels* dem Protagonisten „Samariter" (V. 33) als einem Vertreter der *Heiden* (vgl. Lk 17,18: ἀλλογενής)[198] gegenüberstellt, also eine auf National-Israel beschränkte, partikulare, mit einer entschränkten, universalistischen Deutung des Nächstenbegriffes konfrontiert. Ohne daß die vom Lk-Evangelium im Rahmen bundestheologischer Argumentation (V. 37: ἔλεος ποιεῖν)[199] vertretene Antwort, die einer Neukonstitution des Bundes nahekommt, in Mk 12,31a.33c tangiert wird – „Nicht der durch Geburt Angehörige des jüdischen Volkes, sondern der, der die Bundessatzung, das Gesetz (V. 25–28!) erfüllt, ist ‚Bundesgenosse' (ὁ πλησίον)"[200] – steht aufgrund der Themaparallele zweierlei fest: Erstens, bei dem Begriffe πλησίον handelt es

---

[195] Vgl. Philo Post 12.69; Imm 69; Fug 58.114; Abr 50; SpecLeg 1,300.
[196] S. o. den Exkurs in Abschnitt 2.4.1 dieser Untersuchung.
[197] Vgl. Lukas 46.48.
[198] Dazu SELLIN, Lukas 39 ff.
[199] Dazu SELLIN, Lukas 49.
[200] SELLIN, Lukas 50.

sich um einen genau bestimmten „Terminus jüdischer Theologie", der „keineswegs unspezifisch (Nächster ist, wer mir begegnet oder wem ich begegne) gebraucht wird".[201] Dies ist mit dem Heidenchristen Lukas auch methodisch als Beschränkung der rezeptionskritischen Nachfrage auf eben diesen Begriff[202] zur Kenntnis zu nehmen. Zweitens, das Samaritergleichnis differenziert zwar in seiner vorlukanischen und lukanischen Form[203] wie Mk 12,31a.33c zwischen einer Definition von πλησίον/רע, wie sie schon im atl. Heiligkeitsgesetz eindeutig auf den *jüd. Volksgenossen* vertreten wird[204], und einer uneingeschränkten, potentiell *universalistischen Ausweitung*: nicht alle Heiden = Samariter sind per se Bundesgenossen, sondern können dazu werden, wenn sie sich aktuell bundeskonform verhalten (= „Barmherzigkeit üben"). Daraus folgt jedoch aufgrund der christlichen Sachparallelen zur Aussage des Samaritergleichnis wie z. B. Röm 2,29a: Nur der ist (wahrer) Jude, der es im Innern ist, und die (wahre) Beschneidung ist die des Herzens im Geist und nicht die nach dem Buchstaben (vgl. Röm 2,13 f.26.28 f.; Mt 3,9 par.), daß der vom Samaritergleichnis propagierte *aktualistische Nächstenbegriff* auf der christologischen Überwindung der jüd.-partikularen Erwählungstheologie (vgl. 1 Thess 1,2; 1 Kor 1,8 f.) beruht. Sie schließt ja das Ende der Thora als Heilsinstitut ein (vgl. Röm 10,4). Diese auf einer christologischen Kritik des jüd. Erwählungsbundes beruhende aktualistische Version des Nächstenbegriffes ist daher von einer rezeptionskritischen Nachfrage zu Mk 12,31a.33c zu trennen.

Beginnt man die Tour d'horizon zum partikularen/universalistischen Verständnis des Liebesgebotes im hell. Frühjudentum, so fällt zunächst auf, daß die LXX als Äquivalent zu רע mit dem substantivierten Adverb πλησίον einen Terminus wählt, „der ganz besonders allgemein und weit ist"[205]. Ist es zwar schon dem atl. Heiligkeitsgesetz möglich, daß Liebesgebot auch auf den גר, gemeint ist wohl der Proselyt[206], auszuweiten (Lev 19,34, vgl. Dtn 10,19), und kann sich die Völkergrenzen überschreitende jüd.-hell. Weisheit sogar eine mit dem Naturrecht begründete allgemeine Menschenliebe vorstellen (vgl. Sir 13,15 LXX),[207] so bleibt doch jüd. eine bundestheologische Grenze

---

[201] Mit Sellin, Lukas 48, gegen Berger, Gesetzesauslegung 104; Klinghardt, Gesetz 151 f.

[202] Anders Berger, Gesetzesauslegung 115–7.

[203] Zur überlieferungsgeschichtlichen Problematik vgl. Sellin, Lukas 29–32.

[204] Dazu neuerdings Mathys, Liebe 29 ff. bes. 38 f.67.

[205] Fichtner, Art. πλησίον 313, vgl. ders., Begriff 45. Belegstellen aus der Gräzität bei Aland/Aland, Wörterbuch Sp. 1352.

[206] Vgl. Sir 12,1–6; 13,15; 18,13; Tob 1,16 f.; 4,17; Philo Virt 103 f., dazu Mathys, Liebe 40 ff.

[207] Vgl. Berger, Gesetzesauslegung 112–4.

erhalten, wenn die unlimitierte Barmherzigkeitsliebe auf den allmächtigen Gott beschränkt wird, wenn es in Sir 18,13 LXX heißt[208]:

> „Die Barmherzigkeitsliebe des Menschen (wendet sich) seinem Mitmenschen (πλησίον) (zu),
> die Barmherzigkeitsliebe des Herrn aber (geht) über alles Fleisch (σάρκα)".

Gleichfalls bewegt sich die Mahnung zur Nächstenliebe in der Paraklese der Grundschrift[209] der Test12, und sei sie sprachlich noch so allgemein gefaßt, z. B. wie in TestIss 5,2a (vgl. TestBenj 3,3 f.; 10,3):

> „Liebet (ἀγαπᾶτε) den Herrn und den Nächsten (πλησίον)!"

nur in Richtung auf den jüd. Glaubensbruder der Diasporagemeinde[210] zu. So belegen es die Parallelen,[211] das Jubiläenbuch (vgl. z. B. 20,2; 36,4) wie aber auch das von den Test12 propagierte ethische Vollkommenheitsideal, wenn es die Liebe Josephs zu seinen Brüdern (!) beschreibt (vgl. TestSim 4,4 f.; TestJos 10,5–18,4).[212] Da auch die u. a. gemeinschaftsbegründenden wie -schützenden Hauptschriften der Qumrangemeinde sich als Objekt der Nächstenliebe nur das unmittelbare Qumrangemeinde-Mitglied vorstellen können[213] und Hinweise aus den Rabbinica nicht überzeugen[214], trifft man zunächst auf Philo von Alexandrien, der die tugendhafte Wahrheit jüd. Thora hell. Vernunft apologetisch empfehlen kann: Philo kann in der Tat den „Nächsten" (πλησίον) begrifflich mit dem ganzen Menschengeschlecht (γένους ἀνθρώπων)[215] gleichsetzen (SpecLeg 3,11) und auch kritisch zum ὡς σεαυτόν von Lev 19,18b bemerken (Plant 106):

> „Wohlwollen ist der Wunsch, daß es dem Nächsten wohl ergehen möge um seiner selbst willen".

---

[208] Gegen Mundla, Jesus 191; Berger, Gesetzesauslegung 104. Der Gegensatz von Sir 18,13 lautet nicht: der Mensch – alle Lebewesen, sondern der Mitmensch – alle Menschen (anders Berger, aaO. 114).

[209] Zur Literarkritik und Entstehungsgeschichte der Test12 vgl. Becker, Untersuchungen 126 ff.

[210] Vgl. Becker, Untersuchungen 395; Nissen, Gott 232 f.

[211] Vgl. TestIss 3,3; TestRub 6,9; TestJud 18,3; TestSeb 5,3; TestGad 4,2; 6,1; TestDan 5,2; TestJos 17,1; TestBenj 3,5.

[212] Vgl. Becker, Untersuchungen 386.395; Nissen, Gott 295.

[213] Vgl. 1QS 6,10; 7,9.12; CD 6,20.

[214] Shab 31ᵃ, die Explikation des ὡς σεαυτόν von Lev 19,18b durch die *Goldene Regel* von Hillel (T 2) spricht thoragemäß vom לחברך (vgl. Bill. I 357) und geht über den Kreis Israels und seiner Proselyten nicht hinaus. Auch die Interpretation von R. Ben Azzai (T 2) in Sifra Lev 19,18 (s. o. den Abschnitt 2.4.1 dieser Untersuchung) bleibt an der völkischen Grenze von Lev 19,18 haften, wenn auch der Maßstab der Genossenliebe die Gottebenbildlichkeit des Menschen (vgl. Av III,14, R. Aqiba [T 2] par. ARN 39, R. Meir [T 2]) ist (gegen Billerbeck, Kommentar I 358; Becker, Untersuchungen 398). Zu MekhY zu Ex 23,4, R. Joschijja (T 3), s. Becker, aaO. 398.

[215] Vgl. noch Virt 116; VitMos 1,137.247; Ebr 70; Abr 40.

So ist Philo gemäß dem hell. Tugendideal der φιλανθρωπία in der Lage, die Menschenliebe über den national-jüd. Bezirk auf den Metöken, den Mitbewohner fremder Herkunft, auszudehnen (Virt 165 ff.), wie er auch unterstützt, daß dieses hell. Sittlichkeitsideal begrenzten[216] menschlichem Schutz dem πολέμιος („Gegner", 109–15), ja dem ἐχθρός („Feind", 116–8) gewähren kann.
Das trifft sich mit der Paränese der Bearbeitungsstufe bzw. den Nachträgen zu den Test12. Hier wird der „innerisraelitische Aspekt" verlassen und in der „Agape die ganze Menschheit eingeschlossen".[217] Unter den Stellen, deren typisches Merkmal darin besteht, den Personenkreis, dem das Liebesgebot gilt, auf „alle/jeden" zu entgrenzen (TestIss 7,6; TestSeb 6,4–6.7b; 8,3; TestBenj 4,2) ist wohl am eindrucksvollsten TestSeb 5,1, wo es heißt:

„Und jetzt, meine Kinder, verkündige ich euch, die Gebote des Herrn zu bewahren und Erbarmen gegenüber dem Nächsten (πλησίον) zu üben und Barmherzigkeit gegenüber allen (πρὸς πάντας) zu haben, nicht nur gegenüber Menschen (ἀνθρώπους), sondern auch gegenüber unvernünftigen Tieren[218]."

Zeigt sich der zweite Teil als Auslegung zum völkisch-nationalen Liebesgebot,[219] so findet sich hier eine Parallele zur Universalisierung der Nächstenliebe wie in Mk 12,33c, die nur noch Menschen kennt.
Sind also Philo von Alexandrien als Vertreter eines ethischen Universalismus sowie die Bearbeitung der Test12 als jüd.-hell. Zeugen einer prinzipiell uneingeschränkten *Menschenliebe* benannt, so ist jedoch erst die paulinische Gemeindeparaklese der Ort, wo das christliche Barmherzigkeitsevangelium für alle Menschen (vgl. Röm 12,1) den Horizont für eine begrifflich differenzierte, letztendlich *universale Nächstenliebe* öffnet (Röm 13,10a). Unterscheidet Paulus Mahnungen, die einem Binnenraum, der Bruderliebe innerhalb der Gemeinde (12,3–13) gelten, von solchen, die zum Außenverhältnis der christlichen Gemeinde gehören (12,14–13,7), so stellt er beide Verhaltensaspekte unter die Liebesthematik (13,8–10). Zitiert er dabei zunächst Lev 19,18b in seiner jüd.-nationalen, durch das Personalpronomen begrenzten Fassung (13,9 = Mk 12,31a), so hält er anschließend fest (Röm 13,10 = Mk 12,33c):

„Die Liebe handelt am Nächsten (πλησίον) nicht böse; ist doch die Liebe die Erfüllung des Gesetzes".

Somit schließt sich der Kreis: Mk 12,33c ist im hell. Judentum (vgl. Philo; die Redaktion der Test12) möglich, konkretisiert sich aber begrifflich und nomos-

---

[216] Vgl. BECKER, Untersuchungen 389 f.398.
[217] BECKER, Untersuchungen 396.
[218] Vgl. Philo, Virt 125 ff.
[219] Vgl. BECKER, Untersuchungen 397.

überwindend (vgl. Röm 10,4) erst unter einem Völkergrenzen transzendierenden christlichen Missionsevangelium.

Ad 3: In Mk 12,33d gibt der Schriftgelehrte durch den Komparativ περισσότερος der von ihm zuvor als einem Doppelgebot vorgestellten hell.-jüd. Grundeinstellung von Gotteserkenntnis sowie -frömmigkeit und Nächstenliebe abschließend den Vorrang vor der gesamten jüd. Kultthora.[220] Will zwar der Inhalt des Komparativs den des Positivs nicht pauschal disqualifizieren, d.h. soll die anthropologische Orientierung an Gottes- und Menschendienst die Befolgung des jüd. Opferkultes nicht grundsätzlich ausschließen,[221] so beinhaltet dieser distanzierende Vergleich dennoch eine Neubewertung ersten Ranges. Und zwar ist formal die in der Jesus-Antwort vorhandene prinzipielle Abgrenzung des *einen Doppelgebotes der Liebe* von *allen* anderen (Thora-)*Geboten* (V. 31b) beim Schriftgelehrten in eine Distanzierung von einem *bestimmten Teil von Thoraboten* umgeschlagen. Der Schriftgelehrte bevorzugt Frömmigkeit und Liebe vor den Geboten der jüd. Opfer-Thora, wie es prinzipiell allein in einem vom Opferkult emanzipierten Gottesdienst möglich ist. Dies soll mit ein paar Hinweisen gezeigt werden. Daß für diese kultkritische Einstellung nur ein jüd. Lebenszusammenhang in Frage kommt, läßt sich mit der eindeutigen Distanz frühchristlicher Theologie zum israelitischen Kult, wie sie in einigen urchristlichen Texten durchdringt, begründen. Mk 11,17b parr. z.B. widmet den Tempel in eine universale Proseuche um, in eine Synagoge für alle Völker,[222] und verzichtet damit bewußt auf das sühnetheologisches Zentrum des Tempels, den priesterlichen Opferdienst. Der neue Mittelpunkt des urchristlichen Gottesdienstes bildet die Zusammenkunft zur Herrenmahlsfeier (vgl. Act 2,42.46), die in einem profanen Haus (vgl. 2,46; 5,42) primär als eine unkultische reguläre Mahlzeit mit einem erinnernden Deutungsrahmen (vgl. 1 Kor 11,23–25) eingenommen wird.[223] Schon die sog. *Hellenisten* in Jerusalem lösten sich von der Teilnahme am Tempelgottesdienst[224] und spätestens mit dem sog. *Apostelkonzil* um 48 n. Chr. war „für die frühe Kirche … die Frage … des Tempel- und Opferkults entschieden"[225]:

---

[220] Gegen MUNDLA, Jesus 199 f. (vgl. CRANFIELD, Mk 379 f.), der den zumal mit dem Adjektiv πᾶς verbundenen Doppelausdruck von Mk 12,33d auf spezielle Opferarten, nämlich auf Brandopfer und Gemeinschaftsopfer für ausdeutbar hält.
[221] Vgl. die analogen Komparative in 1 Esr 4,25 LXX; Sir⁵⁵ 40,19. Die von PESCH, Mk II/2 248 (vgl. BERGER, Gesetzesauslegung 202; KERTELGE, Doppelgebot 313), aufgestellte These, Mk 12,28–34 sei aufgrund der Kultkritik von V. 33d dem Kreis der judenchristlichen *Hellenisten* um Stephanus zuzuschreiben, verkennt die fundamentalkritische *Abrogation* bedeutender Teile der Thora durch diesen Kreis (vgl. Act 6,11.13 f.), die schließlich in einer *gesetzesfreien Heidenmission* einmündete (8,38). Thora-Kritik ist nicht immer gleich Thora-Kritik.
[222] Vgl. HENGEL, Sühnetod 23.
[223] Dazu LAMPE, Herrenmahl 183 ff.
[224] Vgl. HAHN, Verständnis 71.

Wenn ein Heide nicht mehr auf die Thora verpflichtet werden konnte (Gal 2,3), dann war die atl. Kult- und Lebensordnung nicht mehr heilsnotwendig. Erhellend bleibt nun im jüd. Religionskontext der Umstand, daß jeder Versuch, auf dem Boden der Thora die (menschliche) Gottesliebe zu umreißen, zwangsläufig zu den vielfältigen kultischen Thorageboten als Gottes Versöhnungsangebot zur Entsühnung des Menschen führt, will man den Gottesbezug nicht unjüdisch auf Gesinnung reduzieren. So sieht es auch noch die Jesus-Antwort in Mk 12,30. Liest man nämlich mit ihr das Gebot Dtn 6,5 im Kontext der Mose-Thora bzw. schon des Deuteronomiums, so bedeutet es die zeremonialgesetzliche Einheit von Kultus- und Reinheitsgeboten, Erstgeburtsrecht und Verzehntung (z. B. Dtn 12 ff.). In der thorauntypischen Isolierung des Kultusverhaltens aus dem jüd. Zeremonialgesetz wird denn auch schon das besondere Anliegen der schriftgelehrten Frömmigkeit von Mk 12,33d offenkundig. Sie entspricht den besonderen sozio-kulturellen Verhältnissen in der jüd. Diaspora, wo der Jude in der Proseuche des jeweiligen Wohnortes, dem *Gebetshaus* zusammenkommt, um allsabbatlich und an den Tagen des (Wallfahrts-)Festkalenders (!) einen Bekenntnis- (*Schema*) und Thora-Gottesdienst (Lesung und Auslegung) zu feiern, mit dem hochgeschätzten, aber (vielleicht) fernen Jerusalemer Zentralkultus nur über die jährliche Halb-Schekel-Abgabe[226] und eine eventuelle lebenszeitliche Wallfahrt[227] verbunden ist. Da im Zionskult das Opfer mit dem (Lob-)Gebet fest verbunden ist,[228] kann im synagogalen, ubiquitären Gebetsgottesdienst das zeitgleiche (vgl. Jdt 9,1; Jos Ap 2,196) sog. *Hebopfer der Lippen*[229] (vgl. Hebr 13,15) das kultische Opfer im Zionstempel suspendieren.[230] So kann Philo als das „beste Opfer" das „Psalm- und Lobgebet" bezeichnen, wenn er ausführt (SpecLeg 1,272):

> „Als die vollendete Erfüllung der Gebote der Tugend bringen sie das beste Opfer (ἀρίστην θυσίαν), wenn sie mit Psalmgebet (ὕμνοις) und Lobgebet (εὐχαριστίαις) Gott als ihren Wohltäter und Retter ehren".

Daß dieser synagogale *Gebetsopfer-Gottesdienst* vollgültige Versöhnung von Gott aus anbietet, bringt der Vorbeter bzw. ein anwesender Priester mit dem zwischen der vorletzten und letzten (19.) Berakha des erweiterten Achtzehn-Gebetes eingeschobenen aaronitischen Priestersegen (Num 6,24–26)[231] zum

---

[225] HAHN, Verständnis 71.
[226] Vgl. SCHÜRER, Geschichte II 314 f.
[227] Vgl. SAFRAI, Wallfahrt 1 ff.
[228] Vgl. BILLERBECK, Tempelgottesdienst 2 ff.
[229] Zum Ersatzsühnemittel der *Liturgie* in Qumran vgl. KLINZING, Umdeutung 93–8.
[230] Vgl. die atl. Ansätze in Ps 50,14; 69,31 f.; 141,2; Tob 12,12.
[231] Zu den Modifikationen des aaronitischen Priestersegens in der Synagoge, zu denen insbesondere die Vermeidung des Jahwe-Namens gehörte, vgl. BILLERBECK, Kommentar IV 238 ff.

Ausdruck. Dieser Segen verweist als Höhepunkt des Zion-Kultes auf die freie ungebundene Erscheinung von Gottes כבוד („Herrlichkeit"), die sich jetzt in der Synagoge im unmittelbar sich anschließenden Verlesen der Thora worthaft ereignet.

Ist es nun möglich, für beide Teilaspekte des Doppelgebotes in ihrer ablösenden Funktion zum jüd. Opferkultus Belege aus dem hell. Frühjudentum und Judenchristentum beizubringen,[232] für die (Gottes-)Frömmigkeit in ihrer Äquivalenzfunktion zum kultischen Opfer (= Mk 12,32c–33b + 33d)[233] wie für die (Nächsten-)Liebe (V. 33c + 33d)[234], so wird auf diese Weise jedoch noch nicht das Spezifische der schriftgelehrten Auffassung erkannt, die das Doppelgebot von *Frömmigkeit und* (Nächsten-)*Ethik* der gesamten jüd. Kultthora als *Ganzes* gegenüberstellt. Für diese Art der Zurückstellung der jüd. Kult-Thora[235] kann am besten[236] auf die liturgische Agende des Synagogengottesdienstes aus der Zeit vor 70 n. Chr. verwiesen werden, daß nämlich zur *Schema*-Rezitation als quasi summarischer Auszug aus der Thora auch die Verlesung der zehn Gebote gehörte (Papyrus Nash[237]). Gilt nun für das hell. Judentum[238] derjenige Mensch als φιλόθεος, der die ersten fünf Gebote als „die heiligsten Pflichten gegenüber Gott" einhält (Philo Decal 106), so ist un-

---

[232] Unvollständig Mundla, Jesus 200–3.

[233] Daß Gott nicht durch kultische Opfer, sondern durch „die Reinheit der Seele und der frommen Auffassung" geehrt werde, weiß z. B. der Arist (234, auch Philo SpecLeg 1,201.283; VitMos 2,108; Jos Ap 2,192), da der wahrhaft Opfernde seine ganze Seele, ja sich selbst Gott zum Opfer bringt (Arist 170, vgl. SpecLeg 1,271; Röm 12,2).

[234] Daß der Gotteswille menschliche „Barmherzigkeit mehr als Opfer will" (Mt 9,13; 12,7: καὶ οὐ, das auf den MT von Hos 6,6 zurückgeht [vgl. Hill, Use 109] ist hier „als dialektische Negation komparativisch zu deuten" [Luz, Mt I/2 44], vgl. auch Hos 6,6b), läßt im Mt das Kultgesetz gegenüber dem Liebesgebot zurücktreten (vgl. 5,23f.). Daß Barmherzigkeit/Liebe/Gerechtigkeit dem Kultopfer gleichgestellt ist, wissen Tob 4,11; Sir 35,2; Menandros; Clem. Al., Stromata V 119f.; Sifra Lev 23,22 (R. Eurydemos b. Jose [T 4], Bill. III 538); MMish 21,3 (R. Eleazar b. Simeon [T 4], Bill. I 500) und Philemon (Eus., Praeparatio Evangelica XIII,13,45 f.). Ohne Jerusalemer (zerstörten) Kultort (= nach 70. n. Chr.) ermöglicht diese Äquivalenz von *Ethik* und *Opfer*, daß Liebeswerke Ersatzsühnefunktion übernehmen (MekhY zu Ex 17,9 [R. Issi b. Jehuda, T 3], Bill. III 26; ARN 4 [R. Jochanan b. Zakkai, T 1], Bill. I 500).

[235] Gegen Merklein, Gottesherrschaft 104, der diese Kultkritik als jesuanisch ausweist.

[236] Vgl. auch Berger, Gesetzesauslegung 155f., der darauf hinweist, daß der Arist Schwierigkeiten bei dem Versuch erkennen läßt, die ganze Thora unter die Formel εὐσέβεια und δικαιοσύνη zu subsummieren. In Arist 229 wird unter der εὐσέβεια die (an Menschen gerichtete) ἀγάπη verstanden und folgerichtig werden an der Gottesfrömmigkeit orientierte kultische Gebote wie Speisegesetze auf das gerechte Zusammenleben der Menschen, die δικαιοσύνη, uminterpretiert (131ff.). Hier zeigt sich, daß aus der Frömmigkeit die auf die zwischenmenschliche Gerechtigkeit interpretierten Kultusgebote in einer „„Ideologie der Menschenliebe'" (Berger, aaO. 168) ausgeschieden werden. Auch Philo schätzt die Philanthropie so ein, „daß sie wie ein gebahnter Weg zur Frömmigkeit führt" (Virt 51).

[237] In einer Kombination aus Ex 20,2ff. und Dtn 5,6ff., dazu Schäfer, Gottesdienst 403.

[238] S. o. den Abschnitt 2.4.2.1 dieser Untersuchung.

ter diesen Grundgesetz-Pflichten die Befolgung der jüd. Kultthora ausdrücklich nicht genannt, während die Institution des Sabbats zum Mittelpunkt des
synagogalen (kultischen) Frömmigkeitslebens wird.[239] Faßt die zweite Hälfte
des Dekalogs die „Pflichten gegen den Menschen" zusammen, so zeichnet
sich das Bild einer synagogalen Grundeinstellung von *Frömmigkeit* und *Gerechtigkeit* ab, die die jüd. Kultthora zu Geboten zweiter Ordnung degradieren
kann. Es ist mehr als eine Vermutung wert, daß die in Ber 12ᵃ im Namen von
R. Nathan (T 4) berichtete Abschaffung der zehn Gebote aus der liturgischen
Schema-Rezitation wegen „der üblen Nachrede der Minim"[240] auch auf diesem sich in Mk 12,32 f. von den Kultgeboten emanzipierenden jüd.-juden-
christlichen Thorabegriff[241] beruht. Im Zuge der Mischna-Reform (vor ca.
135 n. Chr.)[242] haben sich dann die orthodoxen Juden in nachmarkinischer
Zeit unter dem Stichwort ὅλος νόμος (vgl. Av I,1) von diesem liberalen Ju-
den(-christen-)tum getrennt.[243]

Ad 4: Gegenüber der spezifisch jesuanischen Vorstellung von einer eschatologischen Dynamik des Gottes-Reiches, dem (gegenwärtigen) Ereignis-
werden der (zukünftig universal offenbaren) Basileia aufgrund göttlicher
Initiative (Mk 4,27) in Jesu (Gleichnis-)Wort (4,8) und seiner (Wunder-)Tat
(Lk 11,20), fällt das Statische des Ausdruckes ὁ βασιλεία τοῦ Θεοῦ in Mk
12,34b auf. War es die rezeptionsstrategische Aufgabe der Litotes eine ver-
deckte, aber grundsätzliche Zustimmung und damit Adaption der *Doppel-
gebots*-Konzeption des Schriftgelehrten durch Jesus ohne Beschädigung seiner eigenen Lehrautorität zu formulieren, so sind räumliche Koordinaten zur
Kennzeichnung dieses Basileia-Begriffes unangebracht.[244] Zutreffend ist es,
den definitiv uneschatologischen Charakter[245] dieser Basileia-Vorstellung anzumerken, die weder einen christologischen Akzent[246] noch einen ekklesiologischen Bezug[247] aufweist. Auszugehen ist vielmehr von der Beobachtung,
daß das „Reich Gottes" in V. 32–34b als eine gegenwärtige Größe erscheint,[248]

---

[239] Vgl. die Auseinandersetzung der hell.-judenchristlichen Gemeinde mit der Sabbat-
institution als Paradigma der Thora: Mk 2,23–28; 3,1–6; Joh 5,9 ff.
[240] BILL. IV/1 191.
[241] Dazu VERMES, Phylacteries 69, Anm. 4: „The identity of these Minim has never been
seriously discussed ... I think ... that the heretics against whom the new legislation was
directed were Christians, or Judeo-Christians."
[242] Vgl. VERMES, Phylacteries 72.
[243] Vgl. BERGER, Gesetzesauslegung 174; AMIR, Gestalt 135.
[244] Gegen TAYLOR, Mk 489; PESCH, Mk II/2 244.
[245] Vgl. WELLHAUSEN, Mk 97; TAYLOR, Mk 485; BORNKAMM, Doppelgebot 42.
[246] Mit BORNKAMM, Doppelgebot 43, gegen GNILKA, Mk II/2 166.
[247] Gegen PESCH, Mk II/2 244.
[248] Vgl. BORNKAMM, Doppelgebot 42; TAYLOR, Mk 489 f.; CRANFIELD, Mk 380; SCHWEI-
ZER, Mk 138; GNILKA, Mk II/2 166; KERTELGE, Doppelgebot 320.

die nicht ausdrücklich an den jüd. Kult gebunden ist.[249] Unter der Prämisse von
Gottes (monotheistischer) Existenz verwirklicht es sich, indem der Mensch das
(Doppel-)Gebot ganzheitlicher Frömmigkeit und universaler Nächsten-Ethik
befolgt.[250]

Sind die Implikate der Gotteslehre von Mk 12,32c in atl.-frühjüdischer
Theologie Ausdruck der statischen Überzeugung von dem zeitlos-ewigen und
mächtigen Königtum Gottes[251] über die Welt/Schöpfung[252], so daß in diesem
theologischen Zusammenhang die Einheit/Einzigkeit des Königsgottes[253]
zum Ausdruck gebracht und die Abgrenzung des himmlischen Königs von
den Götter-Nichtsen[254] hervorgehoben werden kann, so wird die Vorstellung
vom Modus des irdischen Offenbarwerdens der (in der Gegenwart verborgenen) himmlischen Basileia zum Schibboleth in der frühjüdischen Theologie.

Als Proprium des (pharisäischen) Rabbinats gilt dabei die Auffassung, daß
die Gottesherrschaft sich in der konsequenten Übernahme des „Jochs der
Königsherrschaft", also in der (kasuistischen) Thoragebots-Befolgung realisiert.[255] Dabei sieht diese Art präsentischer Reich-Gottes-Eschatologie bereits
in dem täglich-neuen Übernahmeentschluß, wenn sich der Jude in der bekenntnisartigen Rezitation des *Schemas* (u. a. Dtn 6,4 f.) übt, das „Joch der
Gottesherrschaft" auf sich nehmen.[256] Dieser Meinung ist man im Rabbinat
wohl darum, weil das Bekenntnis zur Einheit/Einzigkeit Gottes unter-
scheidendes Merkmal zu (juden-)christlichen Häretikern (Stichwort: Trinität)
wird (vgl. Ber II,2), und sodann, weil die individuelle Theodizee-Problematik
in der Konzeption der Gottesliebe als Erfahrung der Basileia unter ihrem Ge-

---

[249] Vgl. anders im AT bzw. Frühjudentum Stellen wie Jes 33,20.22; Dtjes 52,7; Ob 21; Mi 4,7; ZusDan 3,53–6; Jdt 9,8–14; äthHen 91,13(10WA); 4Qflor 1,1–6; Jub 1,28.

[250] Gegen AMBROZIC, Kingdom 179 f., der über das Adverb μακράν Mk 12,34 auf die (mt.) Einlaßbedingungen des Gottesreiches bezieht (vgl. Mt 5,20). Gegen CRANFIELD, Mk 380, der μακράν von Mk 12,34b für einen Hinweis „of the secret of the kingdom of God" hält, da nur ein völliger Thoragehorsam der Basileia teilhaftig wird. Jüdischerseits wird aber nicht die Unmöglichkeit, sondern die Möglichkeit erfüllenden Thoragehorsams vorausge-setzt (vgl. nur Phil 3,6).

[251] Vgl. z.B. Tob 13,1 f.; Weish 3,8; Sir 51,12m LXX; Philo Som 2,285; JosAs 16,16; 19,8; TN Ex 15,18; PsSal 17,1.3.46; VitAd 29,4; AssMos 10,7; Jub 1,28; äthHen 9,4 f.; 25,7; 27,3; 63,3; 1QM 12,16.

[252] Vgl. z.B. ZusEsth 4,17c; Jdt 9,12; Tob 1,18 (א); 10,13; 2 Makk 1,25; 7,9; 3 Makk 2,2.9; 6,2.12; Dan 2,44; 4,31 f.; 6,27 f.; 7,14; AssMos 4,2; äthHen 9,4 f.; 25,3.5; 84,2 f.; 1QH 10,8; TestHi 39,12; Pseudo-Hesiod V,112,3; Jos Ant 14,24; Philo Her 301; Som 2,290.

[253] Z.B. in Sach 14,9; ZusEsth 17l; 2 Makk 1,24; 3 Makk 2,2; AssMos 10,7; Jos Ant 6,38; Pseudo-Orpheus 17; Philo Decal 155; MutNom 135; 11. Berakha des Achtzehngebetes; TN Gen 49,2.

[254] Z.B. in Dtjes 44,6.8; ZusEsth 17p; 1QH 10,9.

[255] Z.B. Sifra Lev 18,6, R. Simeon b. Jochai (T 3), BILL. I 174.

[256] Vgl. Ber II,5, R. Gamaliel II. (T 3); Ber II,2, R. Jehoschua b. Qarcha (T 2); Ber 61b, R. Aqiba (T 3). Alle Stellen bei BILL. I 177.

genteil integriert werden kann (vgl. Ber 61^{b257}). Doch darf man die rabb. Beschwerlichkeit des täglichen, bekenntniskonformen Thoragehorsams als Offenbarwerden der Königsherrschaft Gottes für eine späte domestizierende Reaktion auf die für Israel verhängnisvoll sich auswirkende apokalyptisch-synergistische Naherwartung der Zeloten[258] von der endzeitlich-eschatologischen Aufrichtung der Gottesherrschaft über das Land Israel sowie über die ganze (Völker-)Welt halten, die zudem nur Teilbereiche der theologischen Konzeption von der Königsherrschaft Gottes nach Mk 12,32c.33 (Einheit/Einzigkeit Gottes, Thoraorientiertheit) abdecken kann.

Entscheidendes Licht auf ein adäquates Verständnis der Gottes-Reichs-Vorstellung von Mk 12,32c–34b wirft hingegen ein Gebetstext aus dem Jubiläenbuch, in welchem Abraham als prototypischer Proselyt figuriert. Abraham betet, nachdem ihm die Nutzlosigkeit der Astrologie und die Allmacht des Schöpfergottes aufgegangen ist, vor dem Empfang von Gottes Verheißung folgendermaßen (12,19 f.):

> „Mein Gott, mein höchster Gott.
> Du allein bist für mich Gott.
> Und du hast alles geschaffen,
> und Werk deiner Hände ist alles, was ist.
> Und dich
> und dein Reich[259] habe ich erwählt.
> Rette mich aus der Hand der bösen Geister,
> die in dem Denken des Herzens der Menschen herrschen.
> Und laß sie mich nicht von dir weg, mein Gott, in die Irre führen".

Sieht man sich die sachlichen Übereinstimmungen, die zwischen dem Abraham-Gebet des Jubiläenbuch und der Schriftgelehrten/Jesu Stellung nach Mk 12,32b–34b zur Gottesherrschaft bestehen – monotheistischer Gottesbegriff, personal-ganzheitliche Gottesbeziehung eines Individuums[260] und Reich-Gottes-Thematik, Hervorhebung des menschlichen Denkens bzw. Verstandes[261] – so läßt sich eine hell. Diaspora-Basileiavorstellung skizzieren, die ohne endzeitliche Perspektive über Israel sowie seinen Zion auskommt und unabhängig vom Messias und dem Volksgedanken soteriologisch formuliert ist. Als gegenwärtiges eschatologisches Heil verwirklicht sich die Basileia in der individuellen Bekehrung zum Judentum, insofern sich der Mensch eine ganzheitliche Zugehörigkeit zu dem einen/einzigen Gott, dem Schöpfer der Welt, erschließt

---

[257] Auch SifDev 6,5 § 32 (73^a), R. Aqiba (T 2)/R. Simeon b. Azzai (T 2)/R. Meir (T 2), BILL. I 906.

[258] S. o. den Abschnitt 2.2.2 dieser Untersuchung.

[259] In der äthiopischen Version des Jub steht das hebr. Lehnwort *malkut*.

[260] Vgl. BURCHARD, Liebesgebot 57.

[261] Ergänzend ist bei diesem Vergleich nachzutragen, daß beide Texte keine kultkritische Distanzierung kennen, und beim Jub-Text die Schöpferaussage, aber beim Mk-Text die Nennung der Nächstenliebe je überschießendes Element ist.

und sein (innerer) Mensch zum Kampfplatz um den Sieg der guten, vernunft-
gemäßen Maxime dieses handlungsorientierten Gottesreiches wird. Man wird
schließen dürfen, daß dieses individuelle Ringen um das Gottesreich sich in der
Bewahrung und Transformation der Thoragebote konkretisiert, wobei der vormarkinische Vorschlag, die kultischen Gebote eine nachrangige Rolle bei der
Verwirklichung der Gottesherrschaft auf Erden spielen zu lassen, dem Jubiläenbuch widerspricht, aber in der hell. Diasporasynagoge denkbar ist, wenn LibAnt
22,5 fragt:

> „Ist der König, der Herr, nicht stärker als tausend Opfer?"

2.4.4 Zusammenfassung

Die wichtigsten Inhalte eines „verständigen" Gottesdienstes im Alltag der
Welt (Mk 12,34a), der für den Menschen soteriologische Qualität besitzt, trägt
der vormarkinische, lehrgesprächsartige Text von Mk 12,28–34b* auf der
propädeutischen Grundlage des hell. Ideals einer doppelten Sittlichkeit des
Menschen vor. Sie erschließt sich thoragemäß für eine hell.-jüd. Rezipientenschaft in der Zitierung der beiden Grundsatz-Gebote von erstens Dtn 6,4c.5
und zweitens Lev 19,18b (vgl. Mk 12,29b–31a). Ihre sich im ersten Teil (Mk
12,28b*–31) bereits andeutende Offenheit für das hell. Menschenbild (vgl.
V. 28c.31b) kann die Perikope im zweiten Teil (V. 32*–34b) durch eine Neufassung des wahrhaften *Doppelgebotes der Liebe* im Sinne einer hell.-jüd.
Modernität im Unterschied zur innerjüdischen Thoraorientierung der judenchristlichen Q-Fassung über *Die Frage nach dem obersten Gebot* nochmals
entscheidend steigern[262]. Auf dieser Folie leuchtet die bekannte Attraktivität
des hell. Diasporajudentums, wie sie sich in einer (großen) Sympathisantengemeinde von *Gottesfürchtigen* Ausdruck verschaffte, theologisch qualitativ
ein. Da der universale Nächstenbegriff des Schriftgelehrten in seiner systematischen Aufschlüsselung in Bruder- wie Nächstenliebe (vgl. Röm 13,9 f.) und
sein unproblematisch kultloses Gottesdienstverständnis auf eine Beziehung
des Textes zur urchristlichen Theologie verweisen, darf das Programm des
Schriftgelehrten von Mk 12,32c–33d als eine von der Diasporasynagoge aus-
gearbeitete *praeperatio evangelica* gelten, was sich judenchristlicherseits in
der völligen Zustimmung Jesu und seiner Adaption unter dem Gottesreichs-

---

[262] Vgl. KLOSTERMANN, Mk 128; PESCH, Mk II/2 237.

[263] Hier ist anzuknüpfen an die Ausführungen von BURCHARD, Liebesgebot 57 (vgl.
BECKER, Feindesliebe 15), der allerdings nur über die Tradition vom *Doppelgebot der Liebe*
ausführt: Es ist „wohl Erbstück aus dem hellenistischen Judentum, dem das frühe Christentum gerade unter dem Stichwort Liebe auch sonst vieles verdankt". Wird nun in der hier vorliegenden Untersuchung hinsichtlich der *ganzen Aussage* der Perikope die *theologische
Deckungsgleichheit* (mit BERGER, Gesetzesauslegung 171; PRAST, Appell 97, gegen SCHMIT-

Terminus (V. 34b) dokumentiert.[263] Der jüd.-judenchristliche Kosmopolit verzichtet in der Gotteslehre auf einen offenbarungstheologischen Rahmen, um den noetisch erschlossenen (philosophischen) Gottesbegriff betont mono-theistisch als Kritik am Polytheismus herauszustellen. Seine ganzheitliche Gottesbeziehung richtet sich auf eine verstandesgemäße Thoraaneignung über wichtige Einzelgebote als ihr eigenes hermeneutisches Prinzip, verzich-tet auf national-jüdische Beschränkungen bei der Konzeption einer Ethik und sieht sich von der jüd. Kult-Thora bereits dispensiert.

HALS Mk 2/2 541; LÜHRMANN, Mk 207) von hell. Juden- und Judenchristentum festgestellt, so läßt sich folgerichtig nicht mehr mit BURCHARD von einer „Unterstufe des Christentums" (aaO. 58) sprechen. Vielmehr ist mit BERGER zu formulieren (aaO. 171, nur über Mk 12,28*–30): „Daß die Antwort der hellenistischen Gemeinde auf die Frage nach dem Wichtigsten in den Geboten zunächst übereinstimmt mit der des hellenistischen Judentums, läßt erkennen, wieweit diese Gemeinde noch auf dem Boden des hellenistischen Judentums argumentiert." Dabei handelt es sich um eine „Zeit, in der die Verhärtung zwischen judenchristlicher und jüdischer Gemeinde noch nicht so weit gediehen war wie zur Zeit des Matthäus" (GRUND-MANN, Mk 335f.). Anders BORNKAMM, Doppelgebot 38; FURNISH, Love Command 30; PESCH, Mk II/2 248; GNILKA, Mk II/2 163; KERTELGE, Doppelgebot 313, die den Skopus des Textes missionarisch auf das hell. Judentum gerichtet sehen.

2.5 Die Interpretation der markinischen Redaktion
von Mk 12,13–34

Nachdem in drei Teilen der jeweilige Aussagegehalt der drei vormarkinischen Überlieferungen *Vom Zinsgroschen* (Mk 12,13–17*), *Von der Auferstehung* (12,18–27*) und über *Die Frage nach dem obersten Gebot* (12,28–34b*) fixiert wurde, soll es nun darum gehen, den redaktionellen Prozeß der Textwerdung von 12,13–34 zu einem Unterabschnitt des Mk-Evangeliums mit dem Thema *Die indirekte Auseinandersetzung über die Vollmacht Jesu Christi* in Hinsicht auf seine redaktionelle Intention zu beschreiben. Dabei gilt es zu beachten, daß dieser Gliederungsteil sich eng an den vorhergehenden Abschnitt mit dem Thema *Die direkte Auseinandersetzung über die Vollmacht Jesu Christi* (11,27–12,12) anlehnt. Wenn sich im folgenden dabei die Interpretation auf die redaktionellen Zusätze der markinischen Redaktion zu den Einzelperikopen[1] sowie auf die sich vom Kontext her stellende Frage nach dem Grund der Zusammenstellung dieser drei Perikopen in eben dieser Reihenfolge konzentriert[2], dann liegt diese methodisch eingeschränkte Vorgehensweise in der Arbeitsweise des Redaktors Markus begründet. Da er seine Traditionen, wie das Ergebnis des analytischen Arbeitsschrittes nahelegt,[3] inhaltlich fast unverändert in den Text seiner Großkomposition überführt, ist vorauszusetzen, daß er ihre jeweilige vormarkinische Intention auch zur redaktionellen Aussage seines Endtextes machen will.

2.5.1 Die Interpretation der markinischen Bearbeitung von Mk 12,14–17

Bei der markinischen Bearbeitung der vormarkinischen Tradition *Vom Zinsgroschen* (Mk 12,14–17*) sind zwei redaktionelle Ziele nahtlos miteinander verbunden. Um der differenzierenden synthetischen Erarbeitung willen sind jedoch diese beiden markinischen Arbeitsweisen, nämlich erstens die inhaltliche Bearbeitung der Zensusfrage und zweitens die paradigmatische Redaktion des ganzen Abschnittes 12,13–34 anhand der Perikope von 12,13–17, von-

---

[1] S. u. die Abschnitte 2.5.1 bis 2.5.3 dieser Untersuchung.
[2] S. u. den Abschnitt 2.5.4 dieser Untersuchung.
[3] S. o. die Abschnitte 2.1.2 bis 2.1.4 dieser Untersuchung.

einander getrennt, in diesem Abschnitt und sodann weiter unten darzustellen.
Als Auftakt der dreiteiligen Gesprächsreihe über *Die indirekte Auseinander-*
setzung über die Vollmacht Jesu Christi (12,13–34) eignet sich nämlich nach
markinischen Ansicht besonders die erste Perikope zum Zensusproblem zur
paradigmatischen Beschreibung des Verhältnisses Jesu Christi zu seinen wiß-
begierigen Fragestellern. Und zwar, weil im Unterschied zu den beiden folgenden Perikopen 12,18–27[*].28–34b[*] die vormarkinische Zensus-Überliefe-
rung sowohl eine Captatio benevolentiae über die Person Jesu (12,14[*]) als
auch ein kurzes Signal über die Einstellung seiner Gesprächspartner (V. 15a)
kennt. Markus nimmt diese beiden Bemerkungen zum Anlaß, Jesus als eine
von seinen ihm feindlich gesinnten Gesprächspartnern „versucherisch" ange-
gangene „Lehrautorität" darzustellen, der es in den folgenden drei Gesprächseinheiten in hervorragender Weise gelingen wird, den „Weg Gottes wahrheits-
getreu zu lehren" (V. 14bα.e.15b). Da sich in Verbindung mit der in der
Einleitung zur Gesprächsreihe von Markus dargestellten Absicht der Kontrahenten Jesu (V. 13b) ein stimmiges theologisches Konzept ergibt, bietet es
sich an, dieses redaktionelle Paradigma erst bei der Besprechung der
markinischen Theologie des Arrangements der drei Einheiten von 12,14–
17[*].18–27[*].28–34b[*] zum Gliederungsteil 12,13–34 vorzustellen.[4]

Somit bleibt an dieser Stelle übrig, sich mit der inhaltlichen Interpretation
der markinischen Bearbeitung des vormarkinischen Textes von Mk 12,14–17[*]
zu beschäftigen. Dabei ist allein die additive Zuordnung von „irgendwelchen
der Herodianer" zur bereits in der vormarkinischen Tradition bestehenden Angabe „der Pharisäer" als den Fragestellern nach der Zensuszahlung (V. 14[*]) zu
besprechen. Bei dieser in V. 13b genannten Gruppe der *Herodianer* hat sich
„eine historische Identifizierung ... als feste Gruppe ähnlich Pharisäern oder
Sadduzäern"[5] bisher *nicht* ergeben. *Elias Bikermann*[6] hat bei seiner Analyse
großen Wert auf die Feststellung gelegt, daß in der Wortbildung Ἡρῳδιανοί
nicht eine griech., sondern eine lat. Formbildung mit dem Suffix -ιανος vorliegt, die mit den in der hell. Literatur als Substantiva gebräuchlichen Adjekti-
ven Καισαριανοί[7] und Χριστιανοί (Act 11,26) vergleichbar ist. Geht man mit
ihm[8] davon aus, daß die griech. Form für Latinismen, in diesem Fall Wörter
mit der lat. Endung -ιανος, auf -ειος endet,[9] so hat man bei Jos Bell 1,319 ein
außermarkinisches Äquivalent für die Form Ἡρῳδιανοί. Dort heißt es (vgl.
1,351)[10]:

---

[4] S. u. den Abschnitt 2.5.4 dieser Untersuchung.
[5] LÜHRMANN, Pharisäer 171, vgl. GNILKA, Mk II/1 128.
[6] Herodiens 194 f.
[7] Vgl. App., civ. 3,91 § 376, οἱ Πομπηιανοί in 3,82 § 334.
[8] Herodiens 194.
[9] Vgl. lat. Caesariani im Griechischen als Καισάρειοι.
[10] Die bei Jos allenfalls noch vergleichbare Wendung οἱ τὰ Ἡρῴδου φρονοῦντες (vgl.
Ant 14,450; zur Schreibweise s. BLASS/DEBRUNNER, Grammatik § 26₄), meint nicht eine fe-

... μηδεμίαν τῶν Ἡρῳδείων φειδὼ ποιούμενος

Übersetzung:

„... auch kannte er keine Schonung für die Leute des Herodes".

Erscheint hier Ἡρῳδεῖοι als ein von Josephus ad hoc gebildeter Ausdruck für diejenigen Leute, die auf der Seite von Herodes I. für seine Ziele streiten,[11] so verweist der gleichartige markinische Terminus Ἡρῳδιανοί auf eine Gruppe von Menschen, die zu einer Person mit dem Namen Ἡρῴδης gehört und ihr Anliegen repräsentiert. Für Markus gehört dieser Name zu dem politischen Landesherrn von Galiläa und Peräa, dem Tetrarchen Herodes Antipas (4 v. Chr.–39 n. Chr.), den er als „König Herodes" kennt (6,14.22.25–27)[12]. Dementsprechend gelten ihm die *Gruppe der Herodianer* als politische Parteigänger der königlichen Gewaltherrschaft von Herodes Antipas (vgl. 10,42), die seinem (galiläischen) Untertan, Jesus, wie an dem gewaltleidenden Schicksal von Johannes dem Täufer erkennbar ist, gefährlich werden kann (vgl. 6,27).[13]

Wenn Markus in Galiläa und Jerusalem diese machtvolle Königspartei gegen Jesus Christus auftreten läßt (Mk 3,6; 12,13b), dann geschieht es, weil er im gewaltsamen Geschick des Täufers, der auf Befehl des politisch Mächtigen Herodes „enthauptet" wurde (1,14; 6,27), das Ende von Jesus, der auf Betreiben der religiös-staatlichen Thora-Autorität des jüd. Synhedriums am Kreuz gewaltsam zu Tode kommen wird (vgl. 11,27; 12,12; 14,1b.43b.53; 15,1), präludiert sieht.[14] Ist die Parallelisierung des Ergehens von Johannes

---

ste Partei, sondern Leute, die in einer bestimmten, historisch einmaligen Situation auf der Seite Herodes I. stehen, vgl. auch Ant 15,3.

[11] Aufgrund dieser eingeschränkten Quellenlage bleiben die heute am meisten diskutierten historischen Zuweisungen (vgl. ROWLEY, Herodians 14 ff., der insgesamt elf verschiedene Deutungen kennt), in den *Herodianern* eine romfreundliche Gruppe zu sehen (so bereits Orig., Commentarius in Mt, t. XVII c. 26; z. B. OTTO, Art. Herodianoi Sp. 202), die um Herodes I. (so z. B. SCHALIT, Herodes 480; KLOSTERMANN, Mk 33.123; SCHMITHALS, Mk 2/2 526), Herodes Antipas (so bereits Hieronymus, Commentarius in Mt XXII 15; z. B. BIKERMANN, Herodiens 193 ff.) oder Herodes Agrippa I. (so z. B. WEISS, Art. Φαρισαῖος 41; SCHWEIZER, Mk 36; GNILKA, Mk II/1 128 f.) oder Agrippa II. (so neuerdings KRIEGER, Herodianer 53 ff.) geschart war, Spekulation. Zur Essener-Hypothese von DANIEL, ‚Herodiens' 31 ff.; ders., Arguments 397 ff., s. die Kritik von BRAUN, Herodians 75 ff. Auch die sich an Mk 3,6 und 12,13 anschließenden historischen „Fragen nach dem Verhältnis zwischen den Pharisäern und ‚Parteigängern des Herodes' [führen] ... ins Leere" (LÜHRMANN, Pharisäer 171, vgl. ders., Mk 67; SCHALIT, Herodes 479–81). Es legt sich vielmehr die Annahme nahe, daß die Gruppe der Ἡρῳδιανοί „may be a product of Mark's theological interests", „a creation of Mark himself" (BENNETT, Herodians 13).

[12] Eine mk. Verwechslung aufgrund der komplizierten Verwandtschaftsverhältnisse der Herodes-Sippe mit Herodes Agrippa I. ist unwahrscheinlich, gegen BACON, Pharisees 106 ff.

[13] Vgl. KRIEGER, Herodianer 49 f.

[14] Vgl. BEST, Temptation 76, Anm. 3: Der Tod von Johannes dem Täufer ist eine „minor passion pointing to the greater Passion".

dem Täufer und Jesus von Markus sprachlich so weit angeglichen, daß „Herodes" gleichwie das Synhedrium „aussenden", um sich Johannes bzw. Jesus zu „bemächtigen" (vgl. 6,17 mit 12,12a), so legt sich die Folgerung nahe, daß Markus in Jesus auch den „gerechten und heiligen Mann" (6,20) sieht, als den seine vormarkinische Überlieferung von 6,17–29[15] Johannes den Täufer bezeichnet.

2.5.2 Die Interpretation der markinischen Bearbeitung von Mk 12,18–27

Vernachlässigt man bei der Bewertung der redaktionellen Arbeit des Evangelisten an der vormarkinischen Tradition *Von der Auferstehung* (Mk 12,18–27*) den erläuternden Zusatz V. 23b, der den Rezipienten die Sadduzäerfrage als wirkliche ernstzumeinende Problemfrage (V. 23a) anzeigen soll, so läßt sich sagen, daß Markus in den Inhalt der Jesus-Überlieferung von der *Sadduzäerfrage* nicht eingegriffen hat. Seine beiden weiteren Ergänzungen, erstens die von den Sadduzäern dreiteilig vorgestellte Problematik der Schriftgemäßheit der Auferstehungslehre (V. 19–23) als schlichte „Frage" zu kennzeichnen (V. 18c), und zweitens, Jesus als einen von den Sadduzäern akzeptierten kompetenten „Lehrer" vorzustellen (V. 19a), wollen die Sadduzäer-Überlieferung in den neuen Kontext von 12,13–34 einbinden. Durch diese beiden redaktionellen Erweiterungen übernimmt Markus für die von ihm an zweiter Stelle plazierte Tradition der *Sadduzäerfrage* das bei der erstpositionierten Überlieferung *Vom Zinsgroschen* (12,13–17) paradigmatisch erläuterte Darstellungskonzept zu 12,13–34.[16]

Die Sadduzäer gelten dadurch als im Auftrag des Synhedriums agierende *versucherische Frager*, die die Thoraerkenntnis Jesu Christi am Beispiel der Schriftkonformität der in ihren Augen neuen Lehre von der Auferstehung der Toten einer Prüfung unterziehen sollen (vgl. Mk 12,13). Ist es dabei ihr Ziel, Jesus in seiner Antwort einem Thoravergehen zu überführen und ihn damit in seinem Anspruch zu beschädigen, daß er thoragemäß den Menschen Gottes Weisheitsweg lehrt (vgl. V.14b.e.15b), so macht sie die umsichtig formulierte Jesus-Replik, die in zwei an sie gerichteten rhetorischen Fragen gipfelt (V. 24.26), schlichtweg sprachlos – wenn es denn erlaubt ist, den offenen Schluß in dieser Hinsicht auszulegen. Jesus dreht den Spieß um und unterzieht die Gruppe der Sadduzäer seinerseits einer fundamentalen Kritik. Hintergründig wird ihre hochgerühmte priesterliche Thorakompetenz von ihm vorwurfsvoll in Frage gestellt und ihre konservative Schrifttheologie mit dem Verdikt historisch belegt (vgl. V. 24 f.). Jesus fördert damit ein reform-

---

[15] Vgl. GNILKA, Mk II/1 245 f.
[16] S. u. den Abschnitt 2.5.4 dieser Untersuchung.

freudiges Judentum, das neue, aus den *göttlichen Schriften* erwachsene Antworten auf lebensnotwendige Fragen, wie die nach der Hoffnung auf Auferstehung (der Gerechten), als göttliche Schrift wiederum autorisieren kann. Das von Jesus unterstützte jüd. Programm einer fortschreitenden, sich kanonisierenden Selbstoffenbarung Gottes in der Geschichte kann dabei sogar mit einem hell. Gottesbegriff die jüd. Thora interpretieren (vgl. V. 26 f.). So sehr zeigt sich der markinische Jesus dem ‚modernen‘ Zeitgeist aufgeschlossen.

2.5.3 Die Interpretation der markinischen Bearbeitung
von Mk 12,28–34b

Auch bei dem Vorgang der Einarbeitung der vormarkinischen Jesus-Überlieferung *Die Frage nach dem obersten Gebot* (Mk 12,28–34b*) in sein Evangelium bleibt der Redaktor Markus seinem Grundsatz treu, in den eigentlichen Inhalt der ihm vorliegenden Perikope nicht einzugreifen.[17] Seine beiden einzigen redaktionellen Zusätze (V. 28ab.32b) wollen vielmehr die Perikope als dritte Gesprächseinheit harmonisch in den neuen Kontext von 12,13–34 einpassen.

Die in Mk 12,28ab von der vorausgehenden Einheit *Von der Auferstehung* (12,28–27) überleitende und in die Doppelgebots-Thematik einleitende Redaktion verfolgt dabei zwei Ziele: Zum einen will der Redaktor den bei einer bloßen Anreihung der Perikopen entstehenden harten Anschluß der neuen Einheit von 12,28–34b* mit καὶ προσελθὼν τῶν γραμματέων … auf die die Auferstehungsthematik abschließenden Jesus-Antwort von V. 27b: πολὺ πλανᾶσθε, vermeiden.[18] Zum anderen wird eine bei der Sadduzäer-Perikope auffälligerweise fehlende Reaktion des Zuhörerkreises auf die Jesus-Antwort (vgl. anders V. 17.32b) von ihm redaktionell nachgetragen: Jetzt sind es zwar nicht mehr die am Disput über die Auferstehung beteiligten gegnerischen Sadduzäer, die sich abschließend über Jesu Weisheit äußern, sondern ein (zufällig) am Sadduzäergespräch passiv teilnehmender Schriftgelehrter, doch dieser weiß nach Markus, wovon er spricht: Als schriftkundiger Thoragelehrter ist er in der Lage, Jesu Urteil über das Problem der Auferstehung als schriftgemäß korrekt (vgl. V. 24.26) zu belobigen. Daß der Redaktor dieses Lob des Schriftgelehrten sprachlich aus der ihm vorliegenden Tradition formt (vgl. V. 32b.34a), muß es nicht sogleich sachlich entwerten. Wird doch so wieder das redaktionelle Prinzip von Markus erkennbar, vorhandene Linien der Tradition in seiner Redaktion zu verbreitern: Den in 12,28–34b* vorlie-

---

[17] Vgl. Pesch, Mk II/2 236.
[18] Vgl. Mundla, Jesus 128.

genden Skopus, Übereinstimmung zwischen dem Schriftgelehrten und Jesus über die Gottesreichs-Essentials festzuhalten (V. 32b–34b), greift er auf, um nun einen gleichen Konsens beider Gelehrten über die Auferstehungsthematik festzustellen. Daß sich auf diese Weise ein Rahmen von wechselseitiger Belobigung des Schriftgelehrten und Jesus um die Einheit *Die Frage nach dem obersten Gebot* legt, scheint ein nicht unwillkommenes Produkt redaktioneller Stilistik zu sein. Läßt sich doch durch die anerkennenden Bemerkungen des Schriftgelehrten in V. 28ab noch einmal Jesu Triumph über seine versucherischen Fragesteller geschickt beschreiben und so die Erwartungshaltung der markinischen Rezipientenschaft auf den Inhalt der dritten Gesprächseinheit über das *Doppelgebot der Liebe* herausfordern: „Wer [den Sadduzäern eine] so treffliche Antwort gibt, kann mit einer wichtigen Frage befaßt werden".[19]

Mit dem einzigen textimmanenten Zusatz schließlich, wie er sich im Munde des Schriftgelehrten über die Person Jesu Christi als einen „wahrhaft" Gutes „Lehrenden" artikuliert (Mk 12,32b), will Markus seiner ab V. 13 mit dem Gliederungsteil mit dem Thema *Die indirekte Auseinandersetzung über die Vollmacht Jesu Christi* beschäftigten Rezipientenschaft signalisieren, daß auch für die letzte Perikope dieses Gesprächszyklus dasselbe redaktionelle Paradigma von Mk 12,13.14bα.e.15b gelten soll. Obwohl die vormarkinische Tradition den Schriftgelehrten in einem betont positiven Verhältnis zu Jesus stehen sieht (vgl. V. 32b.34ab mit V. 15a.18b), soll er (letztlich) in Auftrags-Abhängigkeit zum jüd. Synhedrium stehen und mit seiner Problemfrage zum „wichtigsten Gebot" (V. 28c) ihrem Ziel dienen, die (Thora-)Kompetenz von Jesus einer gewissenhaften Prüfung zu unterziehen. Erweist sich der Weisheitslehrer Jesus um eine schlagfertige Antwort auf die Kardinalfrage der hell. Diasporasynagoge nicht verlegen (V. 29–31), so besteht er letztlich mit seiner Schlußbemerkung die Bewährungsprobe, indem er es versteht, die verbale Thorazitations-Akrobatik des Schriftgelehrten (V. 32bf.) mit dem Basileia-Symbol auf den eigentlichen theologischen Begriff zu bringen (V. 34b).

2.5.4 Die markinische Theologie des redaktionellen Arrangements von Mk 12,13–34

Nach der Besprechung der sich an die drei vormarkinischen Überlieferungen als Textzusatz anlagernde Bearbeitungsstufe des Mk-Redaktors stellt sich jetzt die Frage nach der redaktionellen Kompositionsabsicht, die die drei Gesprächseinheiten *Vom Zinsgroschen* (Mk 12,14–17*), *Von der Auferstehung*

---

[19] PESCH, Mk II/2 238.

(12,18–27*) und über *Die Frage nach dem obersten Gebot* (12,28–34b*) an eben diesem literarischen Ort von 12,13–34 und in eben dieser Reihenfolge zusammenstellt hat. Ausgangspunkt dieser Bemerkungen zur gestalterischen Redaktion des Markus bilden dabei die drei analytisch erhobenen Erkenntnisse, daß auf den Redaktor erstens der erzählerische Rahmen um die drei Diskurse von 12,14–17*.18–27*.28–34b* in V. 13.34c zurückzuführen ist, daß zweitens Markus bei seiner Bearbeitung der ersten Perikope *Vom Zinsgroschen* für die paradigmatische Charakterisierung des alle drei Gespräche leitenden Verhältnisses von *gegnerischen Fragestellern* und *lehrendem Jesus* verantwortlich ist (vgl. V. 13.14bα.e.15b; V. 19a.28ab.32b). Und daß schließlich drittens an dem durch das Mittel des Personalpronomens (αὐτός = Jesus, vgl. über 12,12; 12,1a nach 11,33) wie Personalsuffixes am Verb ἀποστέλλω (= die Synhedristen, vgl. über 12,12; 12,1a nach 11,27) auf 11,27–12,12 zurückweisenden Einleitungssentenz von V. 13 erkannt werden soll, daß der Gliederungsteil 12,13–34 nach markinischer Anschauung nicht selbständig, sondern nur in enger Bezogenheit auf den vorhergehenden Text über *Die direkte Auseinandersetzung über die Vollmacht Jesu Christi* (11,27–12,12) auszulegen ist.

Will man ein literarisch-theologisches Konzept von besonderer Eigenart[20] für den redaktionellen Abschnitt von Mk 12,13–34 herausarbeiten, so steht die Redaktionskritik dabei vor der Ausgangslage, drei orts- und zeitlos überlieferte Gesprächsszenen vor sich zu haben, in denen drei jeweils verschieden gelagerte Themen (Zensus; Auferstehung; Wichtigstes Gebot) mit drei unterschiedlichen Appellanten(-gruppen): „Pharisäer", „Sadduzäer", „einer der Schriftgelehrten", auf formkritisch und formstilistisch dreimal verschiedene Weise diskutiert werden, ohne daß sich auf den ersten Blick durch diese Texte ein leitender Gedanke wie ein roter Faden, repräsentiert etwa durch ein allen Gesprächsszenen gemeinsames Stichwort, zieht. Zur Beschreibung dieses redaktionellen Ereignisses stehen sich in der redaktionskritischen Forschung am Mk-Evangelium im Grundsatz zwei Positionen gegenüber: Die eine knüpft an Ergebnisse der *klassischen* Formkritik an (*Rudolf Bultmann*[21]; *Martin Dibelius*[22]) und sieht in dem Evangelienschreiber Markus in erster Linie einen Sammler von Jesus-Gut, der den Überlieferungsdruck seiner Tradition durch ein chronologisches und geographisches Gerüst in einer Evangelienschrift biographisch zu kanalisieren wußte (*Karl L. Schmidt*[23]). Die andere Sichtweise ist der Auffassung, daß der Redaktor Markus als Schriftstellerpersönlichkeit[24] zu würdigen ist, die selbständiger Meister der Jesus-Überlie-

---

[20] BERGER, Exegese 207.
[21] Vgl. GST 374 f.
[22] Vgl. FE 219 ff.
[23] Vgl. Rahmen Vf.
[24] Vgl. ROHDE, Methode 13.

ferung war und sie unter eigenen theologisch-markanten Prinzipien ihrer Gemeinde neu aufbereitete (für das Mk-Evangelium bahnbrechend: *Willi Marxsen*[25]).

Das Bild von Markus als einem primären Tradenten von Jesus-Überlieferung haben hinsichtlich des Komplexes von Mk 12,13–34 diejenigen Mk-
Exegeten, die im Anschluß an *Martin Albertz*[26] von einer vormarkinischen
„Sammlung jerusalemer Streitgespräche Jesu"[27] (11,27–33; 12,13–17.18–
27.28–34.35–37) ausgehen,[28] die der Redaktor in 12,13–34 teilweise übernommen haben soll. Um zu überzeugen, verlangt diese These den Nachweis
„einer inneren Geschlossenheit der angeblichen Sammlung"[29] nach formalen
und/oder inhaltlichen Gesichtspunkten.[30] Legt man diesen Maßstab an
12,13 ff. an, so handelt es sich zwar, formkritisch betrachtet, um die Aneinan-
derreihung von drei Apophthegmata über den kompetenten Weisheitslehrer Jesus, die, wie die Analyse zeigte, zur hell.-jüd. Tradition ein ausgesprochen
positives Verhältnis haben. Doch reichen diese Hinweise nicht aus, einen *Sitz
im Leben* für eine angebliche vormarkinische Sammlung zu beschreiben, da
„die tatsächliche Herkunft der christlichen Gemeindelehren aus dem Judentum … viel weniger belangvoll als das Faktum [war], dass Jesus als der Weise
und Gerechte es ist, der dieses sagt"[31]. Auch trifft dieses Kriterium bekanntlich
auf bedeutend mehr vormarkinische Tradition zu als ausgerechnet nur auf
12,13 ff. Da nun bei näherer formkritischer Betrachtung die Differenziertheit
des vormarkinischen Materials offenkundig wird,[32] insofern nämlich ein
Streitgespräch mit erklärten Gegnern Jesu (12,18–27*) von einem halakhischen *Schulgespräch* (12,14–17*) und einem schriftgelehrt-partnerschaftlichen *Lehrgespräch* (12,28–34b*) umrahmt wird, will sich auch von dieser
Seite kein Überlieferungszusammenhang etwa derart einstellen, daß hier die
Auseinandersetzung Jesu mit prominenten Gruppen im Frühjudentum in einer

---

[25] Evangelist 11 ff.
[26] Vgl. Streitgespräche 16 ff.
[27] Nach ALBERTZ, Streitgespräche 16 ff., besteht die angebliche Sammlung aus fünf
Streitgesprächen, die von einem Vorbericht, der Tempelreinigung (11,15–17), und einem
Abschluß, den Worten gegen die Schriftgelehrten (12,38–40), umrahmt werden.
[28] Vgl. KLOSTERMANN, Mk 119; GRUNDMANN, Mk 319; SCHWEIZER, Mk 138 f.140;
SUHL, Funktion 87, Anm. 83; ZIZEMER, Verhältnis 234. Modifiziert haben ALBERTZ' These
einerseits EASTON, Gospels 35 f.; ders., Tradition 86 f., der Mk 12,13–34 zu einer vormk.
Streitgesprächssammlung zählt, sowie andererseits COOK, Treatment 78, der 12,13–17 zu
einer Streitgesprächsreihe mit Pharisäern und Herodianer (7,1 ff.; 2,15–3,5; 12,34b; 3,6)
rechnet, während 12,18–43a zu einer weiteren Sammlung (9,11–12a.13ab; 12,35–40) gehören soll. Zur Kritik an COOK vgl. LÜHRMANN, Mk 185.
[29] KUHN, Sammlungen 41, vgl. GNILKA, Mk II/2 172.
[30] Vgl. auch die Kritik an ALBERTZ, Streitgespräche 16 ff., von WEISS, ‚Lehre' 19 f.
[31] BERGER, Gesetzesauslegung 185.
[32] Vgl. auch die formkritische Auswertung bei MUNDLA, Jesus 299.301.

für die Gemeinde exemplarischen Weise geschildert werden soll.[33] Nochmal: Der Schriftgelehrte von 12,28–34b* tritt nicht als Gegner Jesu auf, sondern wird von Jesus als ein respektabler Partner in der Lehre akzeptiert (vgl. V. 34ab). Da auch keine biographische Abzweckung als *Sitz im Leben* der postulierten Zusammenstellung von orts- wie zeitlos überlieferten Jesus-Gesprächen zu erkennen ist, muß mit *Heinz-Wolfgang Kuhn*[34] von der These einer vormarkinischen (Streit-)Gesprächssammlung hinter 12,13–34 Abstand genommen werden.

> Daß also allein Mk für die Redaktion von Mk 12,13–34 in Frage kommt, gesteht auch *David Daube* zu[35]. Jedoch sieht er den Redaktor an einem aus der Passah-Haggada stammenden[36] vierteiligen rabb. Formschema partizipieren, „das Auseinandersetzungen über Gesetzesfragen, Widersprüche in der Schrift, scheinbar vernunftwidrige Glaubensanschauungen und Regeln für Anstand und Erfolg vereinigt"[37]. Mit diesem Versuch einer religionsgeschichtlichen Formanalogie haben sich bereits *Christoph Burchard*[38] und *Jean-Gaspard Mudiso M. Mundla*[39] kritisch auseinandergesetzt.[40] An sie knüpfen darum folgende Einwände gegen *Daube* an: Gegen die Verwendung eines vierteiligen Schemas spricht erstens Mk 12,34c, der den eindeutigen formalen, von Mk gesetzten Gliederungsabschluß der Dreier-Einheit von 12,13 ff. bildet. Und zweitens ist zu bemerken, daß es zwar inhaltlich gesehen in 12,28 ff. um Gesetzesfragen geht und daß man u. U. 12,18 ff. auch als vernunftwidrige Glaubenswahrheit bezeichnen könnte,[41] daß aber doch im gesamten Abschnitt von 12,13–34 kein einziger Text von Anstandsregeln oder Widersprüchen in der Schrift handelt. Vielmehr markiert umgekehrt 12,18–27 scharf den Widerspruch der Sadduzäer zu den „Schriften" (V. 24).

So ist mit diesen negativen Ergebnissen zur These von Markus als einem durch eine angebliche vormarkinische Quelle und/oder andere gestalterischen Vorgaben festgelegten Tradenten der Weg frei, Mk 12,13–34 konsequent auf ein theologisches Programm des Arrangeurs Markus hin zu interpretieren.[42] Die redaktionelle Leistung des Redaktors besteht darin, drei vereinzelte, im Prinzip textlich festgelegte Jesus-Geschichten aus seiner Überlieferung aus-

---

[33] Mit Lambrecht, Redaktion 45 f., gegen Albertz, Streitgespräche 18.22; Meyer, Entstehung 46.

[34] Vgl. Sammlungen 42 f. Mit Schmidt, Rahmen 301; Knox, Sources 1,91; Lambrecht, Redaktion 44 ff.; Gnilka, Mk II/2 172; Gundry, Mk 665; Lührmann, Mk 185; Mundla, Jesus 302, gegen Albertz, Streitgespräche 110.

[35] Vgl. New Testament 163.

[36] Vgl. Bill. IV/1 67.

[37] Burchard, Liebesgebot 44, Anm. 18, vgl. MekhY Ex 13,14 (27b); Nid 69b–71b, R. Jehoschua b. Chananja, T 2.

[38] Vgl. Liebesgebot 44, Anm. 18.

[39] Vgl. Jesus 303–5.

[40] Vgl. auch Gnilka, Mk II/2 172; Dewey, Public Debate 61; Schwankl, Sadduzäerfrage 432 f.

[41] Vgl. Mundla, Jesus 304.

[42] Vgl. Dewey, Public Debate 167.

zuwählen, eine bestimmte Reihenfolge vorzusehen, an eben diesem literarischen Ort im Mk-Evangelium zusammenzuziehen und sie mit einem erzählerischen Rahmen wie einer Paradigmatik zu versehen, so daß der ganze Abschnitt eng auf den vorhergehenden Kontext bezogen ist[43] und in dieser
Aufmachung die Rezipienten-Gemeinde in thematisch-theologischer Weise
überzeugen kann.

Beginnt man die Beschreibung der redaktionellen Absicht von Mk 12,13–
34 mit Letzterem, der von Markus vorgenommenen Einordnung in den Kontext, so ist seine erzählerische Konstruktion von V. 13a aufzugreifen, daß die
jüd. Synhedriumsautorität, mit der sich Jesus Christus ab 11,27 in direkter
Auseinandersetzung über seine „Vollmacht" (vgl. V. 28 f.33) befindet, der eigentliche Auftraggeber für das Aktivwerden der drei Appellanten(-gruppen)
ist, die ab 12,13 mit Jesus in einen Dialog eintreten. Es fällt dabei auf, daß
unmittelbar zuvor der Redaktor mit einer erzählerischen Regiebemerkung zu
verstehen gegeben hat, daß der Auftritt des Synhedriums beendet sei (V. 12d).
Damit konstruiert Markus eine Periode von der Art, daß auf ein direkte Unterredung mit Jesus über seine Vollmacht (= 11,27–12,12) die Synhedriumsmit-
glieder ihre Auseinandersetzung mit Jesus indirekt durch Mittelsmänner fort-
führen (= 12,13–34).[44] Das Gespräch über die Vollmacht Jesu ist beendet und
wird paradoxerweise doch fortgeführt. Oder anders gesagt: beide Abschnitte
stehen für Markus unter dem gemeinsamen Thema *Der endgültige Erweis der
Vollmacht Jesu Christi*, um als zwei Seiten einer Medaille verschiedene Aufgaben wahrzunehmen.[45]

Die Aufgabe des zweiten Teiles zur *Vollmachtsproblematik Jesu Christi* ist
dabei an der markinischen Klarstellung zur Motivation der Fragesteller ab-
lesbar: sie sollen Jesus mit einer Problemfrage „eine Falle stellen" (Mk
12,13b). Durch Offenlegung ihrer Auftraggeber ist es letztendlich das jüd.
Synhedrium, das als Widerpart Jesu die Fäden gegen ihn spinnt, um ihn als
göttlich autorisierten Vollmächtigen zu desavouieren, alles mit dem Ziel, ihm
keine Zukunft als Gotteslehrer zu ermöglichen (vgl. V. 12a). Aber, wie der
Erzähler Markus in 12,34c lakonisch zu bemerken weiß, mit diesem Ansinnen
scheitert. Zum zweiten Mal scheitert, muß man in bezug auf V. 12c sagen, da
Jesus wieder in vorzüglicher Weise seine Vollmacht über die inhaltliche, theologische Substanz[46] seiner Antworten erweisen kann.

---

[43] Vgl. die methodischen Forderungen, die KUHN für den Erweis von Redaktion in Mk
12,13 ff. aufgestellt hat: „Die Gegenprobe müßte anhand einer ausführlichen redaktions-
geschichtlichen Analyse von Mk 11 f. gemacht werden, die freilich hier nicht gegeben werden kann" (Sammlungen 42). Und: „Erst durch den Textzusammenhang wird also der Sinn
der Perikope im MkEv deutlich. Der Kontext wird leider in der gegenwärtigen Auslegung
des MkEv viel zu oft vernachlässigt" (Problem 303).

[44] Vgl. LEE, Jesus 37.

[45] Vgl. LAMBRECHT, Redaktion 46.

[46] Vgl. DONAHUE, Factor 571.

Mit diesem im narrativen Rahmen von Mk 12,13.34c verankerten Bild der sich in V. 14–34b erfolgreich bewährenden Kompetenz Jesu Christi, will Markus, so ist in Prov 5,22 angedeutet, auf das theologische Tun-Ergehen-Konzept der frühjüdischen Weisheit anspielen. Dort heißt es, daß den „Menschen" (ἄνδρα) seine eigenen „Gesetzesübertretungen" (παρανομίαι) im Leben „zu Fall bringen werden" (ἀγρεύουσιν). Für Markus trägt diese weisheitliche Grundüberzeugung von der eigenen schicksalwirkenden (bösen) Tat jedoch einen ganz anderen Akzent: Jesus wird vor den Abgesandten des Synhedriums die dreimalige Probe auf seine Thoratreue glänzend bestehen (vgl. Mk 12,13–34) und wird doch auf Betreiben seiner versucherischen Prüfungskommission durch Justizmord hingerichtet (vgl. 14,1 ff.; 15,37). Damit ist für Markus Jesus der Typ des tadellosen Thora-Gerechten, der entgegen den Grundsätzen des synthetischen Weltbildes – eine gute Tat müßte zum Leben führen – auf Betreiben seiner Gegner gewaltsam zu Tode kommen wird.

In der frühjüdisch-weisheitlichen Lehrtradition über das Thema der *passio iusti*, wie sie als Neuinterpretation des sog. *vierten Gottesknechtsliedes* (Dtjes 52,13–53,12) im *Diptychon* von Weish 2,12*–20; 5,1–7[47] literarisch erhalten ist, wird über den „Gerechten" (2,12.18; 5,1) die Aussage gemacht, daß er postmortal „seinen Anteil" unter den „Heiligen" (5,5; vgl. 2,16.20), d. h. den Engeln (vgl. Ps 89 [88],6.8; äthHen 51,2–4), finden wird. Jedoch erfährt er das ihm verheißene Erhöhungsendheil als „Sohn Gottes" (2,18; 5,5) erst, nachdem er zuvor von seinen Widersachern daraufhin geprüft worden ist, ob Gottes Schutz ihm zur Seite steht (vgl. 2,18.20). In Weish 2,17 heißt es dabei von ihrem Vorhaben:

> „Laßt uns sehen, ob seine (sc. des Gerechten, vgl. V. 12a) Reden (λογοί) wahr (ἀληθεῖς) sind und laßt uns erproben (πειράσομεν) die Dinge betreffs seines Ausganges".

Es läßt sich anhand der Semantik an dem von Markus in die vormarkinische Perikope *Vom Zinsgroschen* eingeführten Versuchungsmotiv unschwer erkennen, daß seine Redaktion das weisheitliche Thema von der *Erprobung des Gerechten* aufgreift und (in Teilen) auf das Verhältnis Jesu Christi zu seinen Appellanten überträgt. Der bedrängten Einzelperson des Thora-Lehrers Jesus (vgl. V. 14bα) werden von Markus antagonistisch ein jüd. Kollektiv von erklärten Feinden (vgl. V. 15a), „einige der Pharisäer und Herodianer" (vgl. V. 14a mit V. 13a), gegenübergestellt. Diese unternehmen es, die „Wahrheit" (vgl. V. 14e mit Weish 2,17) seiner thorabezogenen (vgl. 2,12cd[48]) „Erkenntnis Gottes" (2,13; vgl. 2,16d) zu „prüfen" (2,17; vgl. 2,19 mit Mk 12,15b). Die vom Synhedrium gesandten *Gegner des Gerechten* (vgl. V. 13a) parti-

---

[47] S. o. den Abschnitt 1.3.3.1 dieser Untersuchung.
[48] Vgl. RUPPERT, Der leidende Gerechte 79.

zipieren dabei an der Macht, ihn anklagend zu Tode bringen zu können (vgl. Weish 2,20 mit Mk 14,1; 15,1), wenn sie seine Ausführungen als Thoralehrer über den „Gottesweg" (vgl. Weish 5,7 mit Mk 12,14bα.e) auch nur bei einer einzigen falschen Gesetzesauslegung ertappen (vgl. V. 13b).

Läßt sich mit diesen Bezügen der markinischen Redaktion zu dem weisheitlichen Text von Weish 2,12*–20; 5,1–7 erweisen, daß bei Markus das auf die vormarkinische Tradition von 12,14–17* applizierte Konzept der *versucherischen Erprobung des Gerechten durch seine Feinde* (vgl. V. 14bα.e.15b) mit der weisheitlich geprägten Einleitung von V. 13 in paradigmatischer Charakterisierung des ganzen Abschnittes zusammenwirken will, so wird zunächst einmal die ganze dreiteilige Szene in ihrer Typisierung, in ihrer historisch unwirklichen Überzeichnung verständlich.[49] Darüber hinaus wird deutlich, daß Markus ein klares Ziel verfolgt: In Anknüpfung an die weisheitliche Tradition von der *Erprobung des leidenden Gerechten* sollen nämlich jetzt die Reaktionen der versucherisch auftretenden Gesprächspartner in 12,13–34 zeigen (vgl. 12,17c; die Sprachlosigkeit der Sadduzäer V. 27 fin. bzw. V. 28b; V. 32b bzw. V. 34b), daß der Thora-Gerechte Jesus die Probe aufs Exempel siegreich besteht. Die ganze Lehre Jesu wie jetzt aktuell seine Stellungnahme zur *Zensusfrage* (= 12,16 f.), zur *Auferstehungsproblematik* (= V. 24–27) und zur

---

[49] Es wird manchmal angenommen (z.B. von BRANDON, Jesus 345; LANE, Mk 423; ZSIFKOVITS, Staatsgedanke 47; STAUFFER, Botschaft 95), daß Mk mit dem versucherisch gegen Jesus vorgetragenen Zensusproblem hintergründig einen erzählerischen Bezug zur Passionsgeschichte herstellen will, nämlich derart, daß die Synhedristen mit Hilfe ihrer Sendboten (vgl. 11,27 mit 12,12) über die *möglichen Antworten* auf die Zensusfrage eine (tödliche) Falle für Jesus aufstellen: Wenn Jesus den röm. Provinzialzensus ablehnen würde, sähe er einer von ihnen beim röm. Präfekten (Pilatus) angestrebten Anklage auf antirömisches messianisches Rebellentum entgegen (vgl. ERNST, Mk 345), während er bei einer positiven Stellungnahme beim jüd. Volk als „Römerfreund und Volksverräter" (ZSIFKOVITS, aaO. 47, vgl. GRUNDMANN, Mk 326; ERNST, Mk 345) dastehe, und dadurch seinen Anspruch auf Messianität desavouiert hätte. Zumindest die erste Alternative, Jesus als Steuerverweigerer zu denunzieren, um ihn der Obrigkeit und Gewalt des röm. Provinzstatthalters auszuliefern, hat die lk. Red. aufgegriffen, wenn sie 1. die Zensusfrage von „Spitzeln" der Schriftgelehrten und Oberpriester, „die sich den Anschein gesetzestreuer Leute geben", in der Absicht vorbringen läßt, „ihn der Obrigkeit und der Gewalt des Statthalters auszuliefern" (20,20) und 2., wenn sie auf Veranlassung des Synhedriums falsche Zeugen vor Pilatus mit der Anklage auftreten läßt, daß „dieser das Volk abspenstig macht und es hindert, Steuern dem Kaiser zu zahlen, und sagt, er sei König der Juden" (23,2). Lk ordnet gemäß seiner den röm. Staat und das Christentum gegenüberstellenden Red. (vgl. Pax Romana und Pax Christi in 2,1 ff.) das Steuerproblem (bei ihm [20,22; 23,2] mit φόρος bezeichnet) in das staatsethische Verhältnis des Christentums zum röm. Staat ein (vgl. Röm 13,6 f.). Damit nimmt er der Perikope ihre theologische Brisanz, die mit der Zensusfrage die geschichtstheologische Frage nach dem präsentischen Handeln Gottes in der Geschichte wie der glaubenden Stellungnahme des Menschen aufwirft. Bei Mk aber, wo sich *keine* sprachlichen noch inhaltlichen Beziehungen zwischen Zensusfrage und Passion nachweisen lassen, kommt dieser mögliche staatsfeindliche Hintergrund der Zensusfrage nicht in den Blick (gegen HAENCHEN, Weg 406; PESCH, Mk II/2 225; BÜNKER, ‚Kaiser' 165; WENGST, Pax 204, Anm. 19).

Theorie vom *obersten Gebot* (= V. 34ab in Verbindung mit V. 32 f.) gelten Markus als sieghafter Erweis der „Vollmacht" Jesu (11,27): „er lehrt (eben damit) wahrheitsgemäß den Weg Gottes" (vgl. Weish 2,12*; 5,7b mit Mk 12,14bα.e).

Mit dieser positiven Würdigung der materialen Verkündigung des Thora-Lehrers Jesus Christus in Mk 12,13–34 löst Markus eine in der Winzer-gleichnisrede erhobene wichtige Forderung ein[50]: Für sie gilt, daß durch die postmortale Erhöhung (vgl. 12,10 f.) des gewaltsam zu Tode kommenden Gerechten Jesus (vgl. V. 6–8), dessen vormals an ganz Israel adressierte Um-kehrpredigt (vgl. V. 6) das theologische Fundament der neuen eschatolo-gischen Heilsgemeinde, der „anderen" Winzergutpächter, bilden wird. Weist Markus also mit seiner paradigmatischen Überarbeitung von 12,13–17* auf die in der Winzerallegorie thematisierte Konzeption der postmortalen Erhö-hung des leidenden Thora-Gerechten zurück, so wird zum ersten Mal eine inhaltliche Verbindung der beiden Abschnitte zur Vollmachtsproblematik Jesu deutlich: die in 12,13–34 durch erklärte Feinde als wahr erwiesenen Aussagen von Jesu Lehre sollen die theologische Systematik der sich als eschatologi-sches Ziel göttlicher Erwählungsgeschichte etablierenden universalen Heils-gemeinde bilden.

Im ersten Teil mit dem Thema *Die direkte Auseinandersetzung über die Voll-macht Jesu Christi* (Mk 11,27–12,12) hat der Redaktor seiner erzählerischen Zentralfigur Jesus Christus die von ihm in Anspruch genommene „himmlische Vollmacht" (11,28.30) nach einem schweigsamen Intermezzo (V. 33) in der beredten Manier eines atl. Propheten in der Nachfolge Jesajas offensiv demon-strieren lassen. In *weisheitlich-prophetischer Gerichtsüberführungsrede* rich-tet der markinische Jesus das totale Vernichtungsurteil Gottes über die im schändlichen Mord an seinem eingeborenen Sohn gipfelnde Untreue so aus, daß die ganz Israel als Bundespartner repräsentierende synhedriale Thora-Kompetenz sich selbst das verdiente göttliche Vernichtungs-Urteil zuspricht (V. 9) und das Zornesgericht über das Erwählungsvolk in Gang setzt (V. 12, vgl. 1 Thess 2,16c). Der *eschatologische Prophet* Jesus trennt in einer Art negativer Abwärtsspirale die untreuen Partner vom Bund Gottes, trennt die sich verwei-gernden Winzergutpächter konsequent von der lebenspendenden Existenz in Gottes Weingarten. Jenseits dieses endzeitlich-eschatologischen, tragischen Ausgangs des göttlichen Bundesdramas mit Israel bleibt jedoch das Angebot des Weinfeldbesitzers, sein Weinfeld wieder in neue Pacht zu geben, auf-fälligerweise (vgl. anders Jes 5,5 f.) bestehen: die Untreue (Israels) kann die Bundestreue des Schöpfergottes nicht zunichtemachen.

Aufgrund der urchristlichen Erfahrung göttlicher Bundestreue jenseits menschlicher Untreue, einer christologischen Erkenntnis (Mk 12,10 f.), in der

---

[50] S. o. die Abschnitte 1.3.3.1 und 1.3.3.2 dieser Untersuchung.

der Redaktor Markus als Exponent einer Christus-Gemeinde steht, bedenkt er
in einem zweiten Teil mit dem Thema *Die indirekte Auseinandersetzung über
die Vollmacht Jesu Christi* (V. 13–34) die im Rahmen Jesu prophetischer Kritik bereits angedeutete Heilszukunft der Erwählung, insofern der Weingut-
eigentümer einen neuen Pachtvertrag mit „anderen" Winzern in Aussicht gestellt hat (V. 9c). Während die Negativgeschichte des alten Pachtvertrages mit
Israel in ihr gerichtliches Endstadium eingetreten ist, gilt es die Rahmenbedingungen für die „anderen" Bundesgenossen Gottes zu ordnen, die wie er
selbst im Glauben an den gekreuzigten Auferstandenen als neue Winzerbauern Gottes in seine Bundeskultur eintreten. Auf die destruierende prophetische Vollmachtskritik an den alten Winzern (= 11,27–12,12) folgt mithin der
konstruktive Vollmachtserweis des Weisheitslehrers Jesus für die „anderen"
Winzer (= 12,13–34).[51]

Läßt sich mit diesen Ausführungen die Funktion der vollmächtigen Lehr-
Gespräche von Mk 12,13–34 als theologische Rahmenbedingungen des neuen
eschatologischen Bundesformulars adäquat beschreiben, so rückt jetzt das
markinische Verständnis der Lehrinhalte Jesu in den Vordergrund der Betrachtung, wenn er sie durch seinen Zusatz in der Captatio benevolentiae von
V. 14e als „Lehre vom Weg Gottes" charakterisiert. In der LXX ist nämlich
die Verbindung der *Weg*-Metapher mit dem Motiv der *Lehre* im Zusammenhang der weisheitlich geprägten atl.-jüd. Thoraauffassung bekannt (vgl. LXX
Ps 24,4 f.; 50,15; 118,26 f.; 142,8–10; Jer 12,16)[52]: Dieses dualistisch zu nen-
nende Thoraprinzip läßt sich ausschnittsweise an Bar 3,13 studieren, wo der
Terminus ὁ ὁδὸς τοῦ Θεοῦ in der LXX erscheint. Die markinische Art der
Rezeption ist sodann mit der von Qumran zu vergleichen, die für ihren innerjüdischen Sonderweg diesen Ausdruck ebenfalls adaptiert (CD 20,18: דרך אל;
1QS 8,13 f.: [53] הוּאהא דרך, [54] .... דרך).

Bei der zuerst anstehenden Besprechung des Textes von Bar 3,9–4,4 fällt
die Besonderheit auf, daß der Abschnitt neben Sir 24 zu den klassischen Stellen des frühjüdischen Schrifttums gehört, in dem die Vorstellung von dem
universalen Welt-Ordnungsprinzip der *Weisheit* mit der buchgewordenen
Thora Gottes in dem am Sinai geoffenbarten Geboten ineinsgesetzt (Identifikationsformel 4,1, vgl. Sir 24,23) und zu Israels exklusivem Besitz erklärt
wird (Bar 4,3 f.). Um diese z. T. mit traditionellen Mitteln durchgeführte

---

[51] Vgl. DONAHUE, Factor 581: „The *didache* of 12:13–34 comes precisely at that time
when a positive theology is needed as a replacement for the older theology."

[52] Vgl. Weish 9,17.19; Prov 4,11; Philo, Imm 142 f. Vgl. GRUNDMANN, Mk 326, dazu
NÖTSCHER, Gotteswege 28–32.

[53] „Er" ist Umschreibung des Gottesnamens, vgl. CD 9,5, dazu s. o. Abschnitt 2.4.3 dieser
Untersuchung.

[54] Die vier Punkte stehen in der Handschrift als Ersatz für den heiligen Jahwe-Namen,
vgl. 4QTest 1; 19; 1QJesᵃ 40,7; 42,6.

Gleichsetzungsthese (3,15–4,1)[55] hat sich ein paränetischer Rahmen gelegt (3,9–14; 4,2–4). In ihm wird zu Beginn der unheilvolle Zustand Israels (3,9 f., vgl. 3,24) im Motiv der Verbannung (3,10–13) beklagt und damit begründet, daß das Volk nicht „auf dem Weg Gottes gewandelt ist" (3,13)[56]. Doch es gibt eine heilvolle Wende in der Zukunft, da der göttliche Weg die Lebensverheißung besitzt (Bar 3,9; 4,1)[57]. Am Schluß der Mahnrede richtet sich folgerichtig der Umkehrruf an Israel in der Wegterminologie, wenn es heißt (Bar 4,2): „Schreite fort (διόδευσον) zu dem Glanz, (der) vor ihrem (d. i. der Thora = Weisheit) Licht ist" (vgl. Ps 85,11). Interpretiert man die Mk-Redaktion im Lichte dieses frühjüdischen Textes, so stellt sich die Situation des Christus-Gläubigen folgendermaßen dar: Um den in der mosaischen Weisheits-Thora geoffenbarten Weg Gottes zum Leben zu erkennen, bedarf es der vermittelnden Lehre des *göttlichen Weisheitslehrers Jesus*, da sonst der Mensch dem Unheil verfallen wird.

Die Qumrangemeinde definiert nun in ihrer wörtlichen Auslegung von Dtjes 40,3: „In der Wüste bereitet den Weg des Herrn (דרך יהוה)", den *Weg Gottes* als göttlichen Auftrag, in der Absonderung von Israel in einer (monastischen) Gemeinschaft am Toten Meer, also in der Heilssituation der Wüste, das „Studium des Gesetzes" (מדרש התורה) zu intensivieren, um den ganzen Willen Gottes zur (stellvertretenden) Sühne für das abgefallene und verlorene Israel zu tun (vgl. 1QS 8,13–15; 9,23 f.). Ist der „Gottesweg" Mose und in seinem Heiligen Geist den (atl.) Propheten offenbart (8,15), so ist er für Qumran „Gegenstand der Lehre"[58]: Die Auslegung des Gesetzes, die „ein Mann zum anderen spricht", um „seinen Bruder gerecht zu machen" (CD 20,18), sind die „Worte", die Gott zur Heilsverfügung über die Mitglieder der Qumrangemeinschaft veranlassen (20,19). In einer Autorität, die sie als Gründerpersönlichkeit – analog wie Mk 12,14b.19a.32b über Jesus – mit dem Titel „Lehrer" verehren kann (מורה, vgl. CD 20,28), hat die Qumrangemeinde ihren Heilsmittler gefunden. Der von ihr anerkannte Lehrer ist es, der mit seiner schrifttheologischen Auslegungsnorm der eschatologischen Heilsgemeinde den Weg zum Leben weisen kann (vgl. CD 20,27 ff.).[59]

Besteht nun zwischen Markus und Qumran Übereinstimmung in der Auffassung, daß nur eine autoritativ-wahre Thora-Auslegung dem Menschen den Weg Gottes zum Leben zeigen kann, so manifestiert sich darin ein elitärer Zug. Die *Interpretation der Thora* durch eine jüd. Sondergruppe – hier die Qumrangemeinde und ihr Lehrer der Gerechtigkeit, dort die markinische Ge-

---

[55] Zu den atl.-frühjüd. Vergleichstexten s. KÜCHLER, Weisheitstraditionen 39 f.
[56] Vgl. LXX Dtn 5,33; Jdc 2,22; 1 Reg 15,20; 3 Reg 3,14; 4 Reg 21,22; Ps 31,8; 85,11; Mi 4,2; Jes 2,3.
[57] Vgl. Dtn 5,33; Ps 118,37; Jer 7,23.
[58] NÖTSCHER, Gotteswege 77.
[59] Dazu JEREMIAS, Lehrer 162–6.

meinde und ihr Lehrer Jesus Christus – wird durch ihre Apostrophierung als *Wahrheit* der konkurrierenden Halakha anderer jüd. Gruppierungen enthoben. Um aus dieser ideologischen Enge auszubrechen, muß versucht werden, das von Markus für Jesu Lehre des Gotteswegs in Anspruch genommene Wahrheitsattribut auf seine Berechtigung hin zu überprüfen. Das kann nur über eine inhaltliche Gegenüberstellung mit den theologischen Ansichten der in Mk 12,13–34 zu Worte kommenden frühjüdischen Positionen zu einem überzeugenden Resultat führen.

Da verdient sich die Lehraussage Jesu ihr Prädikat ‚wahr‘ mit Recht, weil sie erstens in ihrer Doppel-Antwort auf das theologisch brisante Zensusproblem (Mk 12,16 f.) in der Vorordnung der Gottesloyalität (V. 17) die *pharisäische Geschichtsauffassung* stützt, die die heilvolle Zukunft Israels glaubend ganz allein Gottes Geschichtsmächtigkeit anheimstellt, um zugleich in der momentan (noch) gerechtfertigten Tributbejahung doch nicht den *zelotischen Einspruch* gegen einen sich widergöttlich gebärdende Macht wie den röm. Staat zu überhören (V. 16). Mit dieser sorgfältig abgestimmten Thoraauslegung bleibt das hermeneutische Grundprinzip der jüd. Thora, die unabdingbare Glaubensaufforderung des Ersten Gebotes, in einer einmaligen historischen Situation bewahrt. Sodann kann zweitens die Lehre Jesu mit gutem Recht als Wahrheit bezeichnet werden, weil seine Verteidigung der generationenübergreifenden Auferstehungslehre mit Hilfe der Schriftautorität von Dan 12,2 f. als der Thora konform und ihrem schöpfungstheologischen Gottesbegriff entsprechend (Version A = Mk 12,24b*f.) das von den *konservativen Sadduzäern* verlassene israelitische Thora-Prinzip der sich fortsetzenden Kanonisierung der Gottes-Offenbarung in autoritativen Schriften jetzt im progressiven *pharisäischen Sinne* fortführt. Letztendlich läßt auch die von den Sadduzäern bereits (längst) als göttlich akzeptierte Mose-Thora (Version B = Mk 12,24b–27) eine Auslegung von Ex 3,6 bzw. 15.16 in dem Sinne zu, daß zumindest die Auferstehung der Gerechten bewiesen werden kann. Schließlich läßt sich für die Lehre Jesu drittens mit voller Berechtigung das Wahrheitsprädikat erweisen, weil sie *keinen schriftgelehrten Sonderweg* geht, sondern in Übereinstimmung mit den Maximen eines sich hinsichtlich der sittlichen Einheit von Gottes- und Menschenliebe dem Hellenismus öffnenden Diasporajudentums den verständigen Gottesdienst fördert. Der von der kultisch distanziert lebenden Diasporasynagoge propagierte Gottesdienst stimmt nämlich mit der höchsten Doppelgebots-Norm der göttlichen Thora (Dtn 6,4cf.; Lev 19,18b in Mk 12,32 f.) überein, wenn er den namenlosen, mit philosophischer Vernunft begründeten Monotheismus und die Liebe zu Gott wie zu allen Menschen vertritt.

Kann also der markinische Thora-Lehrer Jesus Christus die Identität seiner *Auslegung* mit dem geoffenbarten göttlichen Grund, der *Mose-Thora*, hinreichend demonstrieren, und läßt sich der markinische Wahrheitsbegriff der Lehre demnach als Treue zur Gottesoffenbarung definieren, so darf nicht unterschätzt werden, daß in Mk 12,13–34 Jesus als ein mit göttlichen Attributen versehener Weisheitslehrer auftritt (vgl. V. 14b), der seinen eigenen Weg, die *göttliche Jesus-Thora* der *Gottes-Thora* gleichsetzen kann. Für die markinische Rezipientengemeinde bedeutet dies, daß nur durch die von Jesus geoffenbarte „Festlegung eigener christlicher Überlieferung"[60] der vormals durch Mose geoffenbarte Gotteswille aufgenommen werden kann. Was in göttlicher Vollmacht von Jesus aus dem Geist des Gesetzes gelehrt wird, ist der Geist einer *neuen Jesus-Thora*, ist die Verdrängung der alten Mose-Thora.

Da die theologische Existenz der eschatologischen Christus-Gemeinde in der Winzerallegorie unter bundestheologischem Aspekt prädiziert wird – als „andere" Pächter (Mk 12,9c) treten sie in die *Gnadengabe* des vom göttlichen Weinfeldbesitzers bereiteten Weingutes ein, um die ihrem Pachtvertrag entsprechende *Treue-Aufgabe* der (weiteren) Kultivierung bis hin zur festgelegten (Teil-)Abgabe des Frucht-Ertrages an den Weinfeldbesitzer zu erfüllen und eben darin ihre Existenz zu finden –, nimmt es nicht wunder, daß die jüd. Thora im Mittelpunkt der drei Jesus-Gespräche von Mk 12,13–34 steht. Bildet doch die Thora als offenbarte *Weisung* Gottes in jüd.-judenchristlichen Bundestheologie das Zentrum des Gottesverhältnisses. Ist diese Zuordnung im Sinne des markinischen Redaktors für die Perikope *Die Frage nach dem obersten Gebot* (12,28–34b) mit dem Stichwort ἐντολή (V. 28.31) offensichtlich wie sie mit dem kanondefinierenden Begriff γραφαί (V. 24) für den Abschnitt *Von der Auferstehung* (12,18–27) einleuchtet, so ist sie bei der Überlieferung *Vom Zinsgroschen* (12,14–17) mit dem ein Thoraauslegungsproblem ankündigenden ἔξεστιν (V. 14) andeutungsweise sichtbar.[61]

Daß es sich inhaltlich bei der Dreier-Sequenz von Thora-Problemen nicht um die Restitution der bewährten alten Bundes-Thora Gottes handeln kann, darauf hat sich der Mk-Rezipient schon aufgrund von Jesu Frontalangriff auf die Thora in Mk 1,23–3,6 und 7,1 ff. her eingestellt. Daß es auch nicht um eine neue Thora geht, die in vollmächtiger Freiheit die bisherige ablöst (vgl. anders die matthäischen Antithesen der Bergpredigt Mt 5,17 ff.), macht ihm die Dialektik von Mk 12,13 ff. klar, daß nämlich die Thora durch die Art der Gottes Autorität besitzenden Jesus-Auslegung (V. 13 f.) bewahrt und angeeignet werden soll. Da Markus Jesus als versuchten Gerechten eine (indirekte) Auseinandersetzung mit dem thora-kompetenten Israel führen läßt (V. 13), zeigt er an, daß die neue Thora-Auslegung nur im jüd.-judenchristlichen Gespräch evolutionär weiterentwickelt werden kann. Markus geht es mithin um eine jüd. *Reform-Thora*, um eine vom kompetenten Hermeneuten des Gottes-

---

[60] LÜHRMANN, Pharisäer 179, vgl. SCHENKE, Markusevangelium 161.

[61] Anders LEE, Jesus 37, Anm. 32; SCHWANKL, Sadduzäerfrage 426 ff., die aufgrund des häufigen Vorkommens von Θεός in Mk 12,13–34 von einer „thematische[-n] Einheit … : Gott und das Verhältnis des Menschen zu Gott" (LEE) bzw. von einer „theologischen Trilogie" (SCHWANKL, aaO. 426) sprechen.

willen, dem Weisheitslehrer Jesus, fortgeschriebene, auf Vollständigkeit er-
gänzte und durch ein hermeneutisches Maß stabilisierte Thora: Durch das
Doppelgebot der Liebe von 12,32 f. wird die Thora auf ein vom Ritualgesetz
dispensiertes rationales *Grundgesetz* interpretierend gefluchtet. Durch den
schriftgemäßen Beweis der *Auferstehung der Gerechten* von den Toten in
12,24–26 wird die Thora als festgelegter *Kanon* von Schriften unter Einsatz
philosophischer Vernunft angeeignet. Durch das Festhalten an einer *doppelten
Loyalität* zur weltlichen wie göttlichen Autorität (V. 17a) wird im Konflikt
mit einer totalitären Staatsideologie die selbstmörderische Sackgasse eines
am *Ersten Gebot* festhaltenden Thoragehorsams entscheidend entschärft.

Läßt sich also die Auswahl und Zusammenstellung von Auslegungs-Szenen
der Thora in dem von Markus redigierten Kontext auf die Konstitutions-
bedingungen eines *christlichen Bundes-Pachtvertrages* verständlich machen,
so ergibt sich von dieser theologischen Programmatik her aber noch keine
Begründung für die vom Redaktor vorgenommene Reihenfolge des disparaten
Jesus-Materials.[62] Verständlich ist nur, daß die Perikope *Die Frage nach dem
obersten Gebot* (Mk 12,28–34b) aufgrund ihrer jedes (Thora-)Gebot betreffenden Fundamentalhermeneutik den Schlußakkord in diesem Thora-Erneu-
erungsabschnitt setzen muß.[63] Will man also auch die Anordnung redaktionell
verständlich machen, so ist von der Überlegung auszugehen, daß Markus seiner christlichen Gemeinde paradigmatisch fundamentaltheologische Erkenntnis[64] vermitteln möchte. Konnte er doch den Weisheitslehrer Jesus nicht jedes
Thora-Problem lösen lassen bzw. war seine vormarkinische Jesus-Tradition
gewiß nicht unendlich.

Bei der Suche nach einer inneren Ordnung des *theologischen Manifestes*
von Mk 12,13–34 sticht die sachliche Polarisierung der beiden letzten Traditionen ins Auge. Während die Überlieferung *Von der Auferstehung* (Mk
12,18–27) sich konsequent um die postmortale *Heilszukunft* von gerechten
Individuen in ihrer *Auferstehungsexistenz* bemüht, bleibt die Tradition über
Die Frage nach dem obersten Gebot (Mk 12,28–34b) genauso einseitig auf

---

[62] Natürlich „ist es gut möglich, dass er (sc. Mk) in seiner Quelle die Steuerfrage, die
Auferstehungsfrage und vielleicht auch die Frage nach dem grössten Gebot beisammen fand
und übernahm" (LAMBRECHT, Redaktion 48). Dagegen aber spricht bereits der eindeutig
mk. Überleitungsvers V. 28ab, der demonstriert, daß die Sadduzäerperikope und die über
das wichtigste Gebot erst auf mk. Ebene miteinander verbunden worden sind. Das aber
heißt, mindestens V. 18–27 und V. 28b–34 waren vormk. unverbundene Einzeltraditionen.

[63] Der Versuch von DONAHUE, Factor 571 f., in Mk 12,13–34 als „subunit … the clear
Marcan characteristic of triadic narration in the form A B A'" (ebd. 572) zu finden, überzeugt aufgrund seiner Kriterien nicht: mit welcher Begründung lassen sich Mk 12,13–17
und 12,28–34 als überwiegend *ethisch* (vgl. nur V. 17b.30.33) 12,18–27 als überwiegend
theologisch gegenüberstellen?

[64] Vgl. DONAHUE, Factor 571 (auch STOCK, Gliederung 505–15): „The three pericopes of
12:13–34 (sc. Mk) are more directly theological. They are concerned with the nature and
demands of the one God, and the explicit christological thrust recedes."

ein individuelles *Diesseitsheil* fixiert, wenn sich die Basileia im Tun nach dem doppelten *Liebesgebot* realisiert. Das muß unter bundestheologischem Vorzeichen kein Gegensatz sein: wer sich Thora-Gerechtigkeit im diesseitigen Leben erwirbt, erbt im jenseitigen die Segensverheißung des ewigen Lebens. Doch wäre dann folgerichtig die Sequenz: *Liebe*(-sgebot) – *Auferstehung* (-sexistenz) erwarten. Die umgekehrte Reihenfolge, nämlich *Hoffnung*[65] – *Liebe*, findet sich bezeichnenderweise nur in urchristlicher Systematik, entsprechend der Dreier-Reihe der Jesus-Gespräche von 12,13 ff. in einer Trias, deren Proprium es ist, „grundsätzliche Existenzbestimmungen christlichen Daseins"[66] zu fixieren. Es ist das bekannte Dreigestirn aus Glaube, Liebe und Hoffnung, das Paulus aus der hell.-judenchristlichen Theologie von Antiochia (vgl. 1 Thess 1,3; 5,8[67])[68] in der Reihenfolge πίστις – ἀγαπή – ἐλπίς übernommen hat und zum ersten Mal in der urchristlichen Theologie als redaktionelles Gliederungsprinzip für den 1 Thessalonicherbrief einsetzt[69] sowie in den Phil-Briefen gebraucht[70]. Interessanterweise setzt sich die im Urchristentum schnell bekannt werdende Trias (1 Kor 13,13b: τὰ τρία ταῦτα[71]) als dogmatische Summe christlicher Existenz in drei verschiedenen und voneinander z. T. unabhängigen Entwürfen urchristlicher Theologie in

---

[65] Daß der systematisch-theologische Oberbegriff für das Thema der ἀνάστασις τῶν νεκρῶν im Urchristentum die ἐλπίς ist, läßt sich mit Act 23,6; 24,15; 1 Kor 15, bes. 19–21; 1 Thess 4,13 ff.; 1 Petr 1,3 belegen.

[66] KLAUCK, 1 Kor 98, vgl. SÖDING, Trias 11. Da in Röm 5,3 ff.; Eph 1,3 ff. und 2 Thess 2,13 ff. die *göttliche* Liebe Initium für Glaube und Hoffnung *menschlicherseits* ist, scheiden sie als Belege für die Trias aus, anders SÖDING, Trias 11.

[67] Mit CONZELMANN, 1 Kor 280, Anm. 116: „Den drei Begriffen (sc. in 1 Thess 5,8) ... entsprechen nur zwei Waffen. Das zeigt, daß die Trias bereits fest ist", gegen SÖDING, Trias 39 f.

[68] Mit BECKER, Paulus 138 ff., gegen SÖDING, Trias 40 f. (Lit.). Die Trias stammt augenscheinlich (vgl. CONZELMANN, 1 Kor 280) aus dem Frühjudentum (unzureichend WISCHMEYER, Weg 150 f., die ihre Nachforschungen auf die Untersuchung der „LXX und ... der griechischsprachigen jüdischen Literatur" [ebd. 150] beschränkt hat). So erscheint sie in der Deutung der *Wolkenvision* im Rahmen nomistischer Segensverheißung in syrBar 57,2 (vgl. 51,7, übernommen von Pol 2 Phil 3,3): „In jener Zeit (sc. der von Abraham) galt ihnen doch ein ungeschriebenes Gesetz, die *Werke* der Gebote wurden schon damals getan, der *Glaube* an das kommende Gericht ward schon damals erweckt, die *Hoffnung* auf die Welt, die einst erneuert werden wird, ward schon gebaut. Es ward gepflanzt auch die Verheißung eines Lebens, das einmal kommen soll". – Im Zuge der Geisterfahrung des rechtfertigenden Christus-Glaubens (Gal 5,5 f.) wurde diese Trias von der judenchristlichen antiochenischen Theologie (dazu MELL, Schöpfung 302) gegen die jüd. Rechtfertigung ἐξ ἔργων νόμου (Gal 2,16, vgl. syrBar 57,2: „die Werke der Gebote") antisynagogal umgearbeitet, so daß der rechtfertigende *Glaube* an Jesus Christus als Initium des Heils an die Spitze der Dreiheit (rechtfertigender Glaube, Liebes-Werke des Glaubens, Hoffnung der Erneuerung) rückte.

[69] Vgl. BECKER, Paulus 138. Zur Interpretation von 1 Thess 1,3; 5,8 vgl. SÖDING, Trias 65 ff.

[70] Dazu BECKER, Paulus 334.

[71] Vgl. CONZELMANN, 1 Kor 280, mit Belegen (ebd. 280, Anm. 119).

der Reihenfolge πίστις – ἐλπίς – ἀγαπή durch, und zwar bei Paulus (1 Kor 13,13a[72], vgl. V. 7 fin.; Gal 5,5 f.), im 1 Petr (1,21 f.[73]) und im Hebräerbrief (10,19–25[74]).

Daß der Redaktor Markus mit seiner Reihenfolge der drei Jesus-Überlieferungen an eben diesem urchristlich verbreiteten Summenzeichen christlicher Existenz partizipiert, läßt sich wohl am besten durch einen literarischen Vergleich mit letztgenanntem Text, Hebr 10,19–25, verifizieren. Der Verfasser des Hebräerbriefs geht in seinem letzten, dem dritten Hauptteil[75] (10,19 ff.), nach der christologischen Fundierung: Jesus Christus als der himmlische Hohepriester (7,9–10,18), in einer Art *Glaubensparänese* auf sein Ziel zu, seine Adressatengemeinde zu ermuntern, den Weg des Glaubens[76] zu gehen. Wie Mk 12,10 f. folgt dabei auf eine christologisch-soteriologische Begründung (Hebr 10,19b) das Thema, das für den Hebräerbrief im „Freiheitsrecht für den Eingang ins Heiligtum" besteht (10,19a), wo Markus von der Möglichkeit eines neuen Pachtvertrages für „andere" Winzer, den Christen, spricht (Mk 12,9c). Das christliche Heil wird dann wie bei Markus mit der Weg-Metapher beschrieben: dem „frischen und lebendigen Weg" (Hebr 10,20a) entspricht bei Markus die Konzeption von Jesu Thora-Lehre als „Weg Gottes" (12,14). Erst danach wird im Hebräerbrief das zu ergreifende Glaubensleben u. a. mit der Trias Glaube – Hoffnung – Liebe[77] entsprechenden[78] Dreiheit: ἐν πληροφορίᾳ πίστεως (V. 22), ἡ ὁμολογία τῆς ἐλπίδος (vgl. V. 23) und ὁ παροξυσμὸς ἀγάπης (vgl. V. 24), expliziert. Daß auch der Periode Mk 12,13–34 dieses fundamentaltheologische Konzept zugrundeliegt, ist für die Abfolge Hoffnung (= 12,18–27) und Liebe (= 12,28–34b) schon oben begründet; es fehlt nur noch, die Zuordnung der Überlieferung von 12,13–17 zum Glaubensthema verständlich zu machen. Dabei ist auf das Schlüsselwort εἰκών in Mk 12,16 hinzuweisen, das als Hinweis auf das das (abstrakte) Erste Gebot des Dekaloges konkretisierende Bilderverbot (Zweites Gebot) zu lesen ist[79] und anzeigt, daß das Zensusproblem jüd.-judenchristlich unter dem religiösen Antagonismus Jahwe (Kyrios) – (röm.) Kaiser betrachtet wurde: Mit der Anerkennung des röm. Zensus steht für den Thora-Zelotismus die Superiorität des Gottes Israels auf dem Spiel. Da auch Mk 11,22 den Glauben als „Gottes-

---

[72] Vgl. jetzt SÖDING, Trias 134 ff.

[73] Vgl. jetzt SÖDING, Trias 181 ff.

[74] Vgl. jetzt SÖDING, Trias 184 ff.

[75] Grobgliederung nach GRÄSSER, Hebr 29; daselbst zur Gliederungsproblematik des Hebr nebst Lit.

[76] Vgl. GRÄSSER, Hebr 29.

[77] Vgl. STRATHMANN, Hebr 129; STROBEL, Hebr 197; WINDISCH, Hebr 94; BRAUN, Hebr 310; MICHEL, Hebr 346; WEISS, Hebr 528. Kritisch GLOMBITZA, Paraenese 146 f.

[78] Die drei zentralen Stichworte erscheinen in den ermahnenden Sätzen jeweils in einer Genetivverbindung.

[79] S. o. den Abschnitt 2.2.4.1 dieser Untersuchung.

glauben" definiert,[80] ist folgender Schluß über das redaktionelle Arrangement von Mk 12,13–34 zulässig: Markus läßt Jesus als göttlichen Lehrer im Dialog mit frühjüdischen Gruppen und unter Verwendung eines hell.-jüd. „Überlieferungsstand[-es]"[81] der christlichen Gemeinde für ihre Existenz als Bundespartner Gottes einen Thora-Weg als Didache eröffnen,[82] der im *Glauben* an den höchsten Gott nicht schwankend wird, das zukünftige Schöpfungsheil der *Hoffnung* einer generationenübergreifenden Auferstehung der Gerechten nicht verliert und die *Liebe* zu den Mitchristen wie zu allen Menschen pflegt.[83]

[80] Vgl. 1 Thess 1,8; Hebr 6,1; 1 Petr 1,21.

[81] BERGER, Gesetzesauslegung 187.

[82] Anders akzentuiert DONAHUE, Factor 580, der aufgrund der hinter Mk 12,13–34 verarbeiteten Tradition „an early Christian apologetic" zu sehen meint, „which is in debt to the missionary preaching of Hellenistic Judaism".

[83] Die Reihenfolge der Episoden von Mk 12,13–34 ist also nicht austauschbar, gegen BREYTENBACH, Markusevangelium 161.166.

Auswertung
Mk 11,27–12,34 über den Redaktor Markus

Nachdem die zweiteilige episodische Erzählung von Mk 11,27–12,34 mit dem Thema *Die Auseinandersetzung über die Vollmacht Jesu Christi* nach der analytisch vorgenommenen Scheidung von vormarkinischer Überlieferung und markinischer Redaktion[1] in zwei Arbeitsschritten synthetischer Natur – erstens der Interpretation von fünf vormarkinischen Einzeltraditionen, nämlich *Die Frage nach der Vollmacht Jesu* (11,28–33*), *Das Gleichnis von den Weingärtnern* (12,1b–11*), *Vom Zinsgroschen* (12,13–17*), *Von der Auferstehung* (12,18–27*) und *Die Frage nach dem obersten Gebot* (12,28–34b*)[2] und zweitens, darauf aufbauend, der Interpretation der markinischen Bearbeitung und Zusammenordnung der Traditionen zu einer neuen narrativen Einheit[3] – als die zweite und damit *entscheidende* Thema-Episode des Mk-Evangeliums zur Deutung der eschatologischen Figur von Jesus besprochen wurde, wäre es methodisch angesagt, dem letzten Schritt der Redaktionskritik Genüge widerfahren zu lassen. Dieser sieht vor, daß ein unselbständiger Textteil zuletzt in seiner strukturellen und inhaltlichen Bezogenheit auf seinen umfassenden Makro(-kon-)text vorgestellt wird.[4] Das würde in diesem Fall bedeuten, den erzählerisch in den Bericht von den Jerusalemer Ereignissen eingebundenen Abschnitt über Jesu öffentliche Auseinandersetzung mit den Synhedristen und ihren Mittelsmännern an seinem dritten Tagesaufenthalt im Tempel (= 11,27–12,34) als einen unverzichtbaren Bestandteil der gesamten Mk-Narration zur Person Jesu als Gottes Bevollmächtigten zu würdigen. Darüber hinaus wäre im Rahmen der literaturwissenschaftlichen Methode[5] Folgerungen für das Verständnis des Mk-Evangeliums als eines neuen Ganzen hinsichtlich seines literarischen Genre, seiner Themen und narrativen Superstruktur inklusiver seiner Rezipientenführung zu bedenken.

Wenn hier von dieser Maxime synchroner Textinterpretation *abgewichen* (!) wird, so soll dafür ein triftiger Grund namhaft gemacht werden. Da dieser Zentraltext des Mk-Evangeliums eine Fülle von christologischen und theolo-

---

[1] S. o. die Abschnitte 1.1 und 2.1 dieser Untersuchung.
[2] S. o. die Abschnitte 1.2–1.3 und 2.2–2.4 dieser Untersuchung.
[3] S. o. die Abschnitte 1.4 und 2.5 dieser Untersuchung.
[4] Vgl. zu Mk 11,27 ff. z. B. LEE, Jesus 185 ff.; MUNDLA, Jesus 36 ff.68 ff.229 ff.295 ff.
[5] Vgl. PERRIN, Interpretation 121–4.

gischen Themen repräsentiert, stünde eine Besprechung der kontextuellen Einordnung von 11,27–12,34 im Zuge einer holistischen Mk-Interpretation in der Gefahr, den Umfang einer lesbaren Darstellung zu überschreiten.

Das vermögen einige Fragen, ohne damit Vollständigkeit in Anspruch zu nehmen, eindrucksvoll illustrieren:

Welche Bedeutung hat das in Mk 11,27–33 erhobene Verständnis von Johannes dem Täufer als eines wahren jüd. Propheten für das mk. Gesamtbild des Täufers (vgl. 1,2 ff.; 6,14 ff.; 8,27 ff.)?

Wie läßt sich die soteriologische Grundlegung der neuen eschatologischen Bundesgemeinschaft in Mk 12,9cff. zum mk. Kirchenbegriff der nachfolgenden Jüngergemeinde (vgl. 1,16 ff.; 3,13 ff.; 8,34 ff.) und zur ekklesiologischen Aufgabe der Israel- (vgl. 6,7 ff.30 ff.) wie Heidenmission (vgl. 7,24 ff.; 8,1 ff.; 13,10; 14,9) in Beziehung setzen?

Welche Facette nimmt die soteriologische Gerichtsrede über Israels Erwählung von Mk 12,1–12 in der markinischen Verhältnisbestimmung der christlichen Kirche zum Judentum ein, wenn jenes im Mk vornehmlich durch Jesus Christus gegnerisch gesonnenen Gruppen repräsentiert wird? Gibt es im Mk Antijudaismus?

Und weiter: Wie läßt sich das in den drei Diskursen von Mk 12,13–34 zu Tage tretende Thora-Verständnis einschließlich der kritischen Auslegung der Thora mit den Aspekten anderer Jesus-Gespräche (vgl. 2,1 ff.; 3,1 ff.; 7,1 ff.) zu einem vormk./mk. Thora-Begriff korrelieren?

Sodann: Welche Teilaspekte repräsentieren die Selbstdeutung Jesu Christi als „eingeborener Sohn Gottes" (Mk 12,6 f.) und Jesu Bezeichnung als „Lehrer" (V. 14.19.32) im Zusammenhang der integrativen Christologie des Mk?

Schließlich: Welcher Gesamtentwurf der Vollmachts-Christologie des Mk ergibt sich im Zusammenwirken der Darstellung von Mk 1,16–3,5 über ‚Jesu Christi Vollmachtswirken in Galiläa', und zwar auch gerade dann, wenn 3,15; 6,7 zu berichten wissen, daß Jesu Jünger mit der Vollmacht Jesu zur Dämonenaustreibung ausgerüstet werden,[6] aber kläglich scheitern (vgl. 9,14 ff.)?

Um also nicht in den Fehler zu verfallen, aus purem methodischen Interesse an der makro-redaktionellen Einordnung von Mk 11,27–12,34 die Vielfalt der innermarkinischen Bezüge in Korrespondenz zur markinischen Gesamtintention aus Platzmangel auf einige Andeutungen zu beschränken, soll in diesem Schlußkapitel auf andere Weise eine *redaktionskritische Summe* gezogen werden. Im Mittelpunkt soll die Frage stehen, ob sich mit dem redaktionskritischen Ansatz signifikante Ergebnisse hinsichtlich der am Mk-Evangelium gestalterisch tätigen Verfasserpersönlichkeit, ihren Leistungen und insofern ihren in der Evangelienschrift verwirklichten Intentionen, erzielen lassen. Ob der wichtige erzählerische Teilabschnitt des Mk-Evangeliums über die *Konsequenzen der Vollmachtsautorität Jesu Christi* letztendlich einige Hinweise auf die *theologiegeschichtliche Verortung des Mk-Redaktors* im Rahmen des bisher literarisch bekanntgewordenen Urchristentums geben kann.

---

[6] Vgl. dazu SCHOLTISSEK, Vollmacht 254 ff.

Beginnt man, eingeschränkt (!) auf die Auswertung von Mk 11,27–12,34, die redaktionskritische Zielfrage nach der Konzeption des Mk-Autors mit der von ihm als *Editor* theologisch[7] verantworteten Auswahl des Stoffes,[8] so handelt es sich hier[9] um vier hell.-judenchristliche Apophthegmata (11,28–33*; 12,14–17*.18–27*.28–34b*) und einer hell.-judenchristlichen Metaphernrede (12,1b–11*). Die in ihrer vormarkinischen Letztredaktion[10] erhaltenen Narrationen, die aufgrund ihrer sozio-kulturellen wie theologischen Pluralität nicht auf einen einzigen Erzähler zurückgehen, entstammen einer Israel-Mission treibenden (vgl. V. 1b–11*) eschatologischen Erwählungsgemeinde (vgl. V. 9c.11b). Sie kann im Glauben an den die universale Königsherrschaft Gottes ausübenden erhöhten Gottessohn-Messias (vgl. V. 6 f.) keinen Heilsunterschied mehr zwischen (umgekehrten) Juden- und Heidenchristen erkennen, hat doch der Tod des Gottessohnes die Schuld aller sich am Gottesbund versündigenden Menschen, Juden wie Heiden, gesühnt (vgl. V. 8ab). Trifft ihre Mission auf eine renitente Synagoge, die an ihrem exklusiven Verheißungsanspruch festhält (vgl. V. 7), so zählt sich diese Christengemeinde trotzdem (noch) zum religiösen Verband des Judentums. Nur auf diese Weise erklärt sich nämlich ihre bei der Synagoge um glaubendes Einverständnis werbende Bußpredigt, in der Auferstehung des leidenden Jesus-Gerechten das sich manifestierende göttliche Rechtfertigungshandeln der Endzeit zu erkennen (vgl. V. 10 f.). Auch ihr apologetischer Versuch von 11,28–33* zeigt, daß sie mit innerjüdischen Verifikationsmustern die göttliche Legitimität Jesu als eines vom (wahren) jüd. Propheten Johannes dem Täufer Angekündigten sichern möchte (vgl. V. 31 f.).

Da in der Winzergut-Allegorie Kenntnis der sozio-ökonomischen Verhältnisse des fremden Großgrundbesitzes in Palästina tradiert werden (vgl. Mk 12,1bff.) und bei der Behandlung der Zensus-Problematik sich der theologische Konflikt zwischen (Alt-)Pharisäern und Zeloten um die Geltung der theonomen (Erstes Gebot, vgl. Ex 20,2 f.; Dtn 5,6 f.) israelitischen Thoraverfassung widerspiegelt (vgl. Mk 12,14–17*), dürfte der geographische Lebensort dieser vormarkinischen Gemeinde dem jüd. Stammland nicht fern sein. Möglicherweise liegt er in einer imperatorischen Provinz des röm. Reiches (vgl. V. 14 f.). Im Rahmen des gemäßigt pluralistisch zu nennenden Frühjudentums zählt diese hell.-judenchristliche Heilsgemeinde zu einem zum Jerusalemer Tempelkult distanziert lebenden Diasporajudentum (vgl. V. 33d), das sich in einem Bekenntnis-Gottesdienst von seiner religiösen Umwelt mar-

---

[7] Vgl. VIELHAUER, Geschichte 336 f.: „ein theologischer Akt".

[8] Vgl. ZIMMERMANN, Methodenlehre 225.

[9] S. o. die Zusammenfassungen in den Abschnitten 1.2.4; 1.3.4; 2.2.6; 2.3.6; 2.4.4 dieser Untersuchung.

[10] Vgl. besonders die ein- bzw. zweistufige Kompositionskritik zu Mk 12,1b–11*.18–27*, s. o. die Abschnitte 1.3.1.2 und 2.3.1 dieser Untersuchung.

kant absetzt (vgl. V. 29b f.). Sie kann sich in einer systematisch-theologischen Konzentration auf das mosaische Doppelgebot der Gottes- und Nächstenliebe dem sittlich-religiösen Ideal des hell. Menschenbildes öffnen (vgl. V. 29b–31), um in einem Völkergrenzen transzendierenden Monotheismus (vgl. V. 32c) und einer ethischen Verantwortung für jeden Menschen (vgl. V. 33c) an der religiösen Attraktivität der antiken Synagoge, wie sie sich in einer Sympathisantengemeinde von sog. *Gottesfürchtigen* manifestiert, zu partizipieren. Es ist nicht zu verkennen, daß darum in ihren Gottesbegriff bereits hell. Vorstellungen von einem unvergänglichen absoluten Wesen Eingang gefunden haben (vgl. V. 26 f.).

Doch wie deutlich diese vormarkinische Christus-Gemeinde nichtsdestotrotz ihre enge Verbundenheit mit den religiösen Überzeugungen jüd. Glaubens pflegt, zeigt sich darin, daß sie ihre eigene Existenz theologisch nur als Fortsetzung des dtn./dtr. Konzeptes eines endzeitlichen, mithin zweiten göttlichen Erwählungshandeln denken kann (vgl. Mk 12,9bc). Gewiß handelt es sich für dieses Judenchristentum um einen neuen eschatologischen Bund, insofern Gottes Bundestreue in Christus nur sub contrario erkannt werden kann (vgl. V. 11). Doch wird durch christliche Prolongation der jüd. Erwählungskonzeption vorausgesetzt, daß in der mosaischen Thora die ewige, die Schöpfung als göttliche Weisheit durchwirkende göttliche Offenbarungsordnung gesetzt ist. Sie kann sich zwar geschichtlich entfalten, wie es das von der Gemeinde unterstützte jüd.-pharisäische Prinzip der sich als Schrift kanonisierenden Väter-Überlieferung vorsieht (vgl. V. 24 f. = Dan 12,2 f.), um doch darin mit sich identisch zu bleiben: In der Gewißheit einer generationenübergreifenden Auferstehung der Toten kommt die Schöpfermacht Gottes in der Neuschöpfung zum Ziel (vgl. Mk 12,24c). Um also zeitgenössische Gemeindeprobleme wie die nach der den Tun-Ergehen-Zusammenhang über den Tod aufrecht erhaltenen Hoffnung auf die Auferstehung der Gerechten offenbarungstheologisch zu legitimieren, kann auch eine klug argumentierende jüd.-schriftgelehrte Beweisführung die Thora (= Ex 3,6.15 f.) treffend auslegen (vgl. Mk 12,26 f.). Ja, die jüd.-thoragelehrte Durchdringung der mosaischen Offenbarungsurkunde ist letztlich in der Lage, durch geschickte Zitatenkombination der göttlichen Offenbarung eine bisher in Israel nicht gekannte Weite des Gottesbegriffes sowie der Ethik abzugewinnen (vgl. V. 31 f.). Das leitet diese Judenchristen zu einem fundamentaltheologischen Konsens von einem Gottesdienst im Alltag der Welt an, der Basileia-Qualität besitzt (vgl. V. 34b). Doch wird dabei in dieser judenchristlichen Gemeinde nie verkannt, daß hinter theologische Normen wie der des Ersten (und Zweiten) Gebotes nicht zurückgefallen werden darf (vgl. V. 17.32). Steht doch Jesus als Thora-Lehrer in Erfüllungskontinuität zu der (wahren) jüd. Prophetie von Johannes dem Täufer (vgl. 11,31 f.) wie er auch die Reihe der zu Israel gesandten prophetischen Umkehrmahner zum Gottesbund beschließt (vgl.

12,6 f.). Ja, Jesus ist der von der jüd. Weisheit besprochene typische Thora-Lehrer (vgl. Weish 2,12*–20; 5,1–7), der leidend an dem göttlichen Zuspruch der Lebensverheißung für sein spezielles Thoraverständnis festhält (vgl. V. 6 f.).

Summa: Phänomenologisch tritt hinter der vormarkinischen Überlieferung demnach eine ihre palästinischen Ursprünge nicht verleugnende hell.-judenchristliche Diasporagemeinde hervor, die an einer jüd.-pharisäischen mainstream-Theologie partizipiert, als postisraelitische Erwählungsgemeinde aber bereits *Gottesfürchtige* mit dem eschatologischen Umkehrheil auszeichnen kann. Solche Praxis zeichnet nach Lukas die Mission der aus Jerusalem nach Syrien bis nach Antiochia vertriebenen (vgl. Act 8,1 ff.; 11,19 ff.) *Hellenisten* aus (vgl. 8,4 ff.26 ff.; 9,1 ff.; 11,19 ff.; 12,1 ff.)[11].

Geht der Blick jetzt von der Bestandsaufnahme der vormarkinischen Gemeindetheologie hinüber auf die Art ihrer Würdigung durch den Redaktor Markus, so konnte bei fast allen direkten markinischen Textzusätzen bzw. -eingriffen (vgl. Mk 12,4a.6aβ.14bα.e.15b.19a.23b.32b; Ausnahme: Mk 11,32bc) die Tendenz aufgezeigt werden, daß Markus einige wenige Facetten seiner Überlieferung aufgreift, um sie sprachlich verstärkt zur Geltung kommen zu lassen. *Nirgends* aber hat die markinische, literarisch produktive Bearbeitung in den *theologischen Gehalt* ihrer judenchristlichen Tradition eingegriffen. Diese – wenn man so will – konservative[12], weil am überlieferten Text festhaltende Redaktionspraxis wirft ein erstes Licht auf die theologiegeschichtliche Situation des Verfassers der Evangelien-Schrift: Die von der vormarkinischen Gemeinde einerseits als Legitimation ihrer eschatologischen Bundessituation fixierte Unheils- und Heilsprophetie (12,1b–11*) sowie andererseits als Teil des neuen Bundesformulars aufbewahrten Weisheitstraditionen des postmortal rehabilitierten Thora-Gerechten Jesus (vgl. V. 6 f. mit V. 11, also 11,28–33*; 12,14–17*.18–27*.28–34b*) besitzen noch nicht den Nimbus sakrosankter Unantastbarkeit. Doch bilden diese judenchristlichen Lehrentscheide der Jesus-Tradition ein schriftlich fixiertes Ausgangsniveau, hinter das die markinische Gemeinde nicht ohne ernste Gefahr eines Verlustes von theologischer Identität zurückfallen darf. Ja, um der Existenz, der Bewahrung wie dem Aufbau und Fortschritt der Gemeinde willen gilt es im postapostolischen Zeitalter des Zitates[13] die wirkkräftige Überlieferung der Alten zu versammeln und zu edieren.

Daß Markus für die literarische Präsentation seines judenchristlich-theologischen Materials nun keine katechetische Substruktur wie ein gemeinsames

---

[11] Vgl. GRUNDMANN, Mk 11, dazu BECKER, Paulus 66 ff.
[12] Mit PESCH, Mk II/1 2, vgl. 15 ff.48 ff.; BEST, Markus 402; VIELHAUER, Geschichte 337, ähnlich GNILKA, Mk II/1 25.
[13] Vgl. NETHÖFEL, Hermeneutik 214: „Die inhaltliche Fülle der Postmoderne hat die Form des Zitats".

Stichwort, ein einheitliches Thema und/oder eine formale Ähnlichkeit verwendet (vgl. Q, EvThomas, Av), sondern die biographische Konstruktion
einer vergangenen öffentlichen Wirksamkeit Jesu Christi in Jerusalem wählt,
verdankt sich wohl seinem (einmaligen?) „Naturtalent"[14], ein *historisierender
Erzähler* zu sein. Wer wie Markus mit Hilfe von jeweils äußerst knapp gehal-
tenen erzählerischen Regiebemerkungen wie Einleitungen (11,27; 12,13),
Übergängen (12,1a.28ab) und kontextgemäßen Abschlüssen (V. 12.34c) das
dramatische Potential seiner ohne Zeit- und Situationsangaben überlieferten
Tradition freilegen kann, um mit wenigen Strichen in zwei aufeinander-
bezogenen fiktiven Tempelszenen die Summe der gesamten Wirkungszeit
Jesu zu ziehen, einer halbamtlichen Befragung durch das Synhedrium, die
sich in einer Beauftragung von Mittelsmännern zum Zwecke der Ausfor-
schung fortsetzt, wer so verfährt, darf als ein mit historischer Phantasie begab-
ter, hochstehender Erzähler[15] bezeichnet werden. Ihm gebührt das Lob, die
vergangene irdische Wirksamkeit des geistbegabten Gottessohnes Jesus Christus der urchristlichen Gemeinde ins Gedächtnis erzählt zu haben.[16]

Markus präsentiert sich seinem Publikum als *allwissenden Erzähler*[17] (vgl.
Mk 11,32b; 12,12bc.13b.15ab), der die wahren Motive der Gegner von Jesus
Christus kennt und damit seiner Rezipientenschaft die positive Identifizierung
mit seiner überragenden Hauptfigur *Jesus* gelingen lassen kann. Er ist in der
Lage, Spannung erzeugen, indem er eine Episode der Antwortverweigerung
Jesu (vgl. 11,28.33) mit einer Szene von einer äußerst beredten, fast einen
Monolog zu nennenden, Jesus-Antwort kontert (vgl. 12,1–11) und eine am An-
fang eines Gesprächszyklus' gesetzte negative gegnerische Absicht (V. 13b)
nach einer den Rezipienten in Atem haltenden Bewährungsphase seines Haupt-
darstellers mit einem guten Ausgang abschließt (V. 34c). Auch ist er als Erzähler formkritisch gut orientiert, weiß er doch (vgl. V. 1a.12c) die rhetorische
Überzeugungskraft metaphorischer Rede (V. 1bff.) prononciert zur Entkräf-
tung eines gegen seinen Protagonisten, Jesus, bestehenden diskriminierenden
Vorwurf (vgl. 11,28.30) einzusetzen.

Doch in allem ist der narrative Dramaturg Markus[18] ein theologischer, ein
kerygmatischer Erzähler[19] geblieben. Seine situative Beschreibung ist nicht
verliebt in historische Details, sondern der mit wenigen erzählerischen Strichen ins Leben gerufene, quasi-historische, also fiktive[20] Bühnenraum dient

---

[14] HENGEL, Entstehungszeit 18.
[15] Vgl. JÜLICHER, Einleitung 299.
[16] Vgl. SCHENKE, Markusevangelium 154 f.
[17] Vgl. SCHENKE, Markusevangelium 31 f.; VORSTER, Markus 33; KLAUCK, Rolle 19;
LÜHRMANN, Mk 8.
[18] Vgl. LANG, Kompositionsanalyse 19 ff.; HENGEL, Probleme 226 ff.
[19] Vgl. GNILKA, Mk I/1 24; HENGEL, Probleme 236.
[20] Vgl. RHOADS, Criticism 413: „In the end the narrative world of the story is a literary
creation of the author and has an *autonomous integrity*".

seiner ekklesiologischen Absicht, über die bleibenden theologischen Konsequenzen des eschatologischen Ereignisses von Jesus Christus aufzuklären.[21] In einer Art von philosophischen Diskurs[22] soll noch einmal das Umkehr-Programm des Vollmacht beanspruchenden Gottessohnes im Medium der Schrift einer (letzlich unendlich großen) urchristlichen Rezipientengemeinde zu Gehör gebracht werden. Während sich das Erwählungsvolk Israel seiner Erneuerung endgültig versperrt und damit den Bund Gottes verliert, kommt das Heil durch Gottes Rechtfertigungshandeln an Christus zu seinem eschatologischen Ziel in der glaubenden Bundesgemeinde. Dieses Initial bleibt die unverfügbare Mitte christlichen Glaubens.

Inwiefern sich Markus in Würdigung dieses theologischen Zentrums urchristlichen Selbstverständnisses als *christlicher Theologe*[23] in Szene setzt, kann jetzt einerseits an seinem in Mk 12,1 ff. geformten Bild von Jesus Christus und andererseits an seinem redaktionellen Arrangement der V. 13–34 studiert werden, wobei letzteres konzeptionell auf den bundestheologischen Vorgaben der Übergabe des Weingutes an „andere" Pächter (V. 9c) aufbaut. Redaktionskritisch sticht nämlich ins Auge, daß mit der Winzergut-Allegorie (V. 1b–11) nicht mehr irgendein unbekannter judenchristlicher Missionar sein eigenes Volk Israel zur Buße aufruft, sondern der schlechthinnige *eschatologische Prophet*. Als von Markus eingesetzter Sprecher der Gerichts- und Heilsrede deutet sich der markinische Jesus in der Figur des zu den Pächtern gesandten Sohnes metaphorisch als den eschatologischen Umkehrmahner zum Gottesbund (V. 6 f.): Er verknüpft sein seherisch antizipiertes, durch Feinde geprüftes, schließlich Gewalt erleidendes Schicksal mit der Absage an die Erwählung Israels und seiner Heilschance in der Treue zum neuen Bund (V. 9bc). Wenn nun der markinische Jesus im Kontext seiner prophetischen Vorwegnahme des von Gott wider alle Wirklichkeit verfügten postmortalen Rechtfertigungsheiles auf die postisraelitische Erwählungsgemeinde zu sprechen kommt, also das markinische *Jesus-Ich* als Sprecher des Stein-Logions (V. 10 f. = Ps 117,22 f. LXX) mit dem angeredeten *jüd. Ich* (Mk 12,10a) im *Wir* der staunenden Glaubensgemeinde zusammenfällt (V. 11b), so schließt sich in prophetischer Weise der von Gott erhöhte Thora-Lehrer mit seiner eigenen Heilsgemeinde zusammen. Der in V. 11b schon auf seine zukünftige Verherrlichung paradoxerweise zurückschauende Jesus zählt somit im markinischen Sinne zur Gründungsfigur der eschatologischen Heilsgemeinde aus umgekehrten (Juden- und Heiden-)Christen. Die Zeit Jesu und die Zeit der apostolischen Gemeinde sind nicht zu scheiden. Jesus und seine Jünger bilden im Mk-Evangelium urtypisch christliche Gemeinde ab.[24] Statt der vom Geist

---

[21] Vgl. SCHULZ, Stunde 42.
[22] Vgl. das markinische συζητέω von Mk 12,28a bei Plat., Krat. 384c; Men. 90b.
[23] Vgl. GRUNDMANN, Mk 11; MARXSEN, Evangelist 147.
[24] Vgl. dazu REPLOH, Lehrer 228 f.; BREYTENBACH, Nachfolge 336.338.

382 *Auswertung*

ihrer Gründungsväter[25] geprägten vielfältigen urchristlichen Gemeinde soll es nur noch die von dem Geist des Jesus-Anfangs bewegte einheitliche Universalgemeinde geben.

Doch bleibt nach Mk 12,10 f. diese Gemeindegründung dem Vermögen ihres *Stifters*, Jesus Christus, entzogen. Liegt es doch allein in Gottes Schöpferhand, daß der Tun-Ergehen-Zusammenhang durch die postmortale Erhöhungsgeschichte des eschatologischen Propheten überwunden wird und eine darüber staunende Gemeinde zu dem Angebot eines „anderen" Gottesbundes findet. Daß Markus als urchristlicher Theologe des neuen Gottesbundes zwischen diesen unverfügbaren göttlichen Konditionen der Herrichtung eines *heilseschatologischen Weingutes* (V. 9c) und den menschlichen Verpflichtungen zur Erfüllung des Pachtvertrages einer eschatologischen Lebensexistenz im fruchttragenden Weinfeld Gottes unterscheidet, läßt sich an dem von ihm in 12,13–34 eingesetzten systematisch-theologischen Ordnungsprinzip des „göttlichen Weges" (V. 14e) von *Glaube* (= V. 13–17) – *Hoffnung* (= V. 18–27) – *Liebe* (= V. 28–34) erkennen. Nach seiner urchristlichen Parallele in Hebr 10,19–25 greift diese Summe christlicher Daseinsgestaltung als *Heilsparaklese* erst, nachdem über den *Heilsstand* der Gemeinde vom Kerygma aus entschieden ist, heißt es doch dort in 10,19.22a: Da wir Christen „nun durch das Blut Jesu Zuversicht zum Eingang in das Heiligtum haben ..., so laßt uns hinzutreten ..." (vgl. 1 Petr 1,21; Röm 5,1 mit V. 3 ff.). Für Markus basiert damit auf dem Heilsindikativ notwendigerweise der Heilsimperativ von Glauben, Hoffnung und Liebe.

In markinischer Diktion heißt das: Werden Menschen aufgrund einer Glaubensbegegnung mit dem erhöhten Jesus Christus durch Gottes Geist zu einer „anderen", einer neuen Gottespartnerschaft ermächtigt (Mk 12,10 f.), so bestimmt Jesus in seiner Funktion als eschatologischer Thora-Mahner (vgl. V. 6 f.) mit seinen Antworten wie bspw. in 12,13–34 den Kurs der im neuen Geist lebenden Gottesgemeinde. Jesus selbst ist dabei den problembeladenen Weg seiner Gemeinde vorgegangen. Seine in (weisheitlicher) Erprobung siegreiche Thoraauslegung (vgl. V. 13b.14b.e.15b.34c) gilt es jetzt in der neuen Gottesgemeinde in der Haltung und Praxis der Bundestreue zu bewahren. Der *Gemeindegründer* Jesus avanciert in dieser markinischen idealtypischen Sicht damit zum ersten und herausragenden *Lehrer* seiner Gemeinde.[26] *Seine* Heilsparaklese und nicht die eines Paulus, Petrus oder sonstigen Apostels (vgl. 1 Tim 2,7; 2 Tim 1,11) gewährt in wahrhaftiger Treue zu dem in der Thora geoffenbarten göttlichen Willen den „Weg Gottes" (Mk 12,14e, vgl. Hebr 10,20), insofern er die Christengemeinde vor dem Scheitern an ihrer eschatologischen Geisterwählung bewahren kann.

---

[25] Vgl. z. B. 1 Kor 4,15; 1 Thess 2,7.11 f.
[26] Vgl. GRUNDMANN, Mk 16.

Die existentielle *Mahnrede* des Lehrers Jesus Christus zu einem täglichen Gottesdienst christlicher Bundestreue im Alltag der Welt setzt in Mk 12,13–34 inhaltlich mit der doppelten Jesus-Antwort aus der judenchristlichen Überlieferung *Vom Zinsgroschen* (V. 14–17*) in V. 16 f. an der Bewährung des im Christusereignis (vgl. V. 11b) gefundenen *Gottesglaubens* an (vgl. 1 Petr 1,21). Findet sich nach frühjüdischer Anschauung der Mensch immer in einem doppelten Loyalitätsverhältnis, zur weltlichen wie zur göttlichen Autorität vor, so können absolutistisch sich gebärdene politische und/oder religiöse Mächte, wie bspw. das röm. Kaisertum, die allen Verehrung fordernden Mächten übergeordnete Beziehung des Menschen zu Gott bedrohen. Das (jüd.) Erste Gebot bleibt darum für den Christen immer erneut Auftrag, seine geschichtliche Existenz daraufhin zu überprüfen, ob sein Herz (vgl. Hebr 10,22) noch uneingeschränkt an Gott als dem Schöpfer aller Dinge hängt. Die zelotische Sensibilität in dieser Frage lehrt, daß bereits ein Sowohl-als-auch den status confessionis auslösen muß.

Als zweiten Aspekt der Heilsparaklese des markinischen Jesus Christus erscheint mit der zweifachen Jesus-Antwort aus der judenchristlichen Überlieferung *Von der Auferstehung* (Mk 12,18–27*) das, wie es der Hebräerbrief nennt, „Bekenntnis der *Hoffnung*" (Hebr 10,23), daß Gott gewißlich treu ist, seine Verheißung einer zukünftigen leiblichen Auferstehung der Christus-Gläubigen auch einzulösen (Mk 12,25–27). So hat er es bereits an seinem Christus verifiziert (vgl. V. 10bf.). Ist die markinische Nachfolge-Gemeinde (vgl. 1,16 ff.; 2,14 f.; 8,34 ff.; 10,17 ff.) zwar aufgrund ihres christologischen Anfanges auf den sich sub contrario offenbarenden Bundesgott eingestellt (vgl. 12,10 f.), so steht sie doch bei andauernder ausweisloser Leidenssituation (vgl. 13,9 ff.) in der Gefahr, ihr Vertrauen auf das Vermögen der die Zukunft wandelnden, neumachenden Schöpfertreue Gottes zu verlieren. In dieser Lage kann die sich zur göttlichen Thora kanonisierende (pharisäische) Vätertradition (Dan, vgl. 12,2 f.) mit dem Trost des sich schriftlich bindenden Verheißungs-Gottes den menschlich-bangen Zweifel vertreiben (Mk 12,25). Selbst die Mose-Thora (Ex 3,6 bzw. 15.16) kann einer sadduzäisch-konservativ geprägten Definition des göttlichen Schriftenkanons die Auferstehung der Gerechten trostvoll erschließen (Mk 12,26 f.).

Last but not least kommt in der markinischen Heilsermahnung Jesus Christus mit Hilfe der judenchristlichen Überlieferung *Die Frage nach dem obersten Gebot* (Mk 12,28–34b*) auf das von ihm gutgeheißene (vgl. V. 34ab) jüd.-schriftgelehrte Programm der *Liebe* (vgl. V. 32 f.) zu sprechen. Wie dem Kontext der urchristlichen Trias von Glaube – Hoffnung – Liebe zu entnehmen ist (vgl. 1 Kor 14,1 ff.; Hebr 10,25; 1 Petr 1,22) ist die innergemeindliche Liebe[27]

---

[27] An dem Verhältnis der universalen Summe des Liebesgebotes von Röm 13,10a zu den vorherigen paulinischen Aussagen über die Bruderliebe (12,3–13) sowie denjenigen über

gemeint[28]. Damit werden die drei Heilsimperative zum eschatologischen Bundesgehorsam mit einer Aufforderung neuer Qualität abgeschlossen. Während sich nämlich „Glaube und Hoffnung auf Gott richten" (1 Petr 1,21), ist die Liebe am Mitmenschen interessiert. Diese abschließende (Um-)Orientierung läßt sich aus der von Markus gewahrten Antinomie von Heilsindikativ und Heilsimperativ herleiten, insofern nämlich die *Heilsparaklese* von V. 13–34 es versteht, das in V. 9c–11 beschriebene christologische *Heilswiderfahrnis* ekklesiologisch gesteigert zur Geltung zu bringen. Vermittelt sich durch die Begegnung mit der Christus-Erhöhung der staunende, aber sich geschichtlich bewährende *Glaube* an Gott und wird in der Auferstehung Christi von den Toten die unzweifelhafte postmortale Heilszukunft aller Gläubigen als *Hoffnung* auf Gottes Verheißung formuliert, so ist zugleich damit die *Gemeinschaft* der Umkehrenden gesetzt (vgl. V. 11b). In der Metaphorik der Verpachtungsgeschichte formuliert: den eschatologischen Pachtvertrag hat Gott nicht mit Individuen, sondern mit einer Genossenschaft von „anderen" Winzerbauern abgeschlossen (V. 9c, vgl. V. 1 f). Die Gottesexistenz in der Kraft des Auferstehungs-Geistes verwirklicht sich daher konstitutiv in der Gemeinschaft aller Glaubenden (vgl. Hebr 10,25).

Summa: Die sich in der Jesus-Nachfolge befindende christliche Jüngergemeinde bewahrt nach Markus ihre theologische Mitte, wenn sie den von Gott durch das Christusgeschehen verfügten geschichtlichen Übergang des Bundesheils von Israel auf die universale eschatologische Heilsgemeinde als Ursprungsgeschehen so verifiziert, daß sie sich im *Glauben* an den sich unter dem Gegenteil offenbarenden Gott stärkt, mit der *Hoffnung* auf den analogielos handelnden Schöpfergott ihre Zukunft bewahrt und in herzlicher, über sich hinausweisender gegenseitiger *Liebe* ihre Gegenwart erschließt.

Nachdem jetzt der primär durch sein Textarrangement von einzelnen Jesus-Traditionen als urchristlicher Gemeinde-Theologe glänzende Redaktor Markus mit einigen Bemerkungen zu seinem bundestheologischen Heilsimperativ von Glaube, Hoffnung und Liebe vorgestellt wurde, bleibt seine Verortung in der *Theologiegeschichte* des Urchristentums noch offen. Einen Ansatzpunkt zu einem Analogieschluß liefert die Beobachtung, daß der in Mk 12,13–34 begegnende urchristliche Dreisatz in der Reihenfolge (!) *Glaube – Hoffnung –*

die Außenorientierung der christlichen Liebe (13,1 ff.) läßt sich vielleicht die im ekklesiologischen Konzept von Glaube – Hoffnung – (brüderliche) Liebe aufgehobene universale Aufgabe von Mk 12,33c beschreiben: Die mit dem Bruder in der Gemeinde beginnende Liebe kann sich ihrem Wesen nach nicht vor dem ungläubigen Nachbarn verschließen.

[28] Diesen Akzent wird trotz Mk 12,30.33ab dieser an dritter Stelle arrangierte Text von 12,28–34b* tragen, formuliert der konservative Redaktor-Theologe Mk doch nicht frei, sondern mit textlich bereits festgelegtem Traditionsmaterial. Auf der letzten Stufe der Redaktion bzw. auf der synchronen Ebene des Mk-Textes darf darum eine letzte logische Stringenz nicht erwartet werden, vgl. PESCH, Mk II/1 23; BEST, Markus 402.

Liebe noch in 1 Kor 13,13a eine aktuelle Neuprägung paulinischer Theologie ist,[29] während er in dem aufgrund derselben Weg-Semantik als Paralleltext anzusprechenden Hebr-Text 10,19–25 (vgl. 1 Petr 1,21 f.) als urchristlicher Standard eingeführt ist.[30] Die mit Mk 11,27–12,34 bestehenden gemeinsamen Strukturmerkmale zum Hebräerbrief lassen sich dabei vermehren: Unter der Maßgabe, daß Hebr 1,1–4 zur vorbrieflichen Tradition gehört[31], setzen der Mk- (s. die vormarkinische Letztredaktion von Mk 12,1b–11*[32]) und Hebr-Autor auf derselben Basis einer entwickelten judenchristlichen Geschichtstheologie ein. Auch sind beide relativ späte urchristliche Schriften der Überzeugung, daß es eine generationenübergreifende Auferstehung der Gerechten/Glaubenden endzeitlich geben wird (vgl. 12,18 ff. mit Hebr 11,19.35.39 f.). Dabei leitet beide Theologen die Überzeugung, daß der passive Mittler des eschatologischen Heils, Jesus Christus, zu seinem ersten Verkündiger geworden ist (vgl. Mk 12,11b mit Hebr 2,3). Der Kirchenbegriff hat bei ihnen prinzipiell seine personale Orientierung wie regionale Differenzierung verloren: im Blick steht im Hebräerbrief wie Mk-Evangelium die eine universale, die katholische/allgemeine Kirche.[33] Ihrer Bewahrung und Entfaltung gilt das gemeinsame schriftstellerische Anliegen, insofern es die Kirche hier wie dort unter der „Lehre" zu versammeln gilt (vgl. Mk 12,14a.19a.32b; Hebr 5,12[34]). Die Mittel der Wort-Traditionen, die in dieser nachapostolischen Zeit den beiden Autoren des Mk-Evangeliums wie Hebräerbriefes zur Verfügung stehen, speisen sich aus dem theologischen Vermächtnis der schriftgelehrten, hell.-judenchristlichen Gemeinde, die ihrerseits ausgesprochen jüd.-theologische Erkenntnisse bewahrt (vgl. Mk 11,28–33*; 12,14–17*.18–27*.28–34b*; beim Hebr[35] das atl. Kultgesetz).

Aufgrund dieser textlichen wie strukturellen Parallelen von Mk 11,27–12,34 zum Hebräerbrief darf daher der Schluß gezogen werden, daß der in der redaktionell konzipierten und neu arrangierten Thema-Episode des Mk-Evangeliums zur Vollmachtsproblematik Jesu Christi in Erscheinung tretende *urchristliche Theologe Markus* sich in nachapostolischer Zeit[36] zu Worte meldet. Mit dem bundestheologischen Programm der eschatologischen Heilstransformation wendet er sich an eine vom Judentum sich abgrenzende[37], im

[29] Vgl. WISCHMEYER, Weg 153.
[30] Vgl. auch in Hebr 6,10–12 die rückwärts gehende Variation Liebe – Hoffnung – Glaube.
[31] S. o. den Abschnitt 1.3.1.2 dieser Untersuchung.
[32] S. o. den Abschnitt 1.3.1.2 dieser Untersuchung.
[33] Für den Hebr vgl. WEISS, Hebr 75.
[34] Dazu WEISS, Hebr 66.
[35] Für den Hebr vgl. WEISS, Hebr 79 f.84 f.
[36] Der Begriff ist gewählt, um die Zeit nach dem Ableben der sog. 1. urchristlichen Generation (Petrus, Jakobus, Paulus) zu kennzeichnen, dazu BECKER, Urchristentum 87 ff.
[37] Vgl. SCHENKE, Markusevangelium 36.

Fundament heidenchristliche Kirche[38] (vgl. Hebr 3,12[39]), um sie mit der systematisch-theologischen Summe christlicher Existenz, des *Glaubens* an Gott, des *Hoffens* auf seine Verheißung und dem Bleiben in der *zwischen-menschlichen Liebe* an ihren durch Gottes Geist vermittelten christologischen Ursprung auf dem Wege erzählerischer Vergegenwärtigung zu erinnern. Kann dieser der Tradition verpflichtete *Editor*, der seiner Rezipientenschaft (z. T. palästinische) jüd.-judenchristliche Jesus-Materialien präsentiert, kann dieser theologisch arbeitende *Redaktor*, der seinen Stoff explizit erwählungs-theologisch vorstellt, kann dieser umsichtig gestaltende *Arrangeur*, der die jüd.-judenchristliche Systematik von Glaube – Hoffnung – Liebe verwendet, kann dieser historisierende *Erzähler*, der paradigmatisch das frühjüdisch-weisheitliches Bild von Jesus als dem versuchten Gerechten zeichnet, anders denn als ein *judenchristlicher Autor und Theologe*[40] des Mk-Evangeliums vorzustellen sein?

---

[38] Mit NIEDERWIMMER, Johannes Markus 187; KÜMMEL, Einleitung 69; VIELHAUER, Geschichte 345; GRUNDMANN, Mk 23; GNILKA, Mk II/1 34; SCHWEIZER, Einleitung 116; ders., Mk 9; HAHN, Mission 95; HENGEL, Entstehungszeit 19; MATERA, Mark 16 f. Anders SCHENKE, Markusevangelium 33 f. Vgl. auch die latinisierte Bildung von Ἡρῳδιανοί (vgl. GRUNDMANN, Mk 23) und die stark hellenisierte Form von Jerusalem, Ἱεροσόλυμα, die für ein hell.-röm. Publikum des Mk sprechen.

[39] Dazu WEISS, Hebr 71.

[40] Mit JÜLICHER, Einleitung 300 f.; PESCH, Mk II/1 11; GRUNDMANN, Mk 23 f.; GNILKA, Mk II/1 33, Anm. 47; HENGEL, Probleme 242; POKORNY, Markusevangelium 2020, gegen NIEDERWIMMER, Johannes Markus 183 f.; HAHN, Mission 95; SCHULZ, Stunde 9 f.; JOHNSON, Mk 19.

Literaturverzeichnis

Die im Literaturverzeichnis Verwendung findenden Abkürzungen für Zeitschriften, Serien, Lexika und Quellenwerke folgen dem IATG². Internationales Abkürzungsverzeichnis für Theologie und Grenzgebiete, hg. v. *Schwertner, Siegfried*, Berlin/New York 1992². Darüber hinaus wird das Abkürzungsverzeichnis von *Leistner, Otto* (Hg.), ITA. Internationale Titelabkürzungen von Zeitschriften, Zeitungen, wichtigen Handbüchern, Wörterbüchern, Gesetzen usw. 2 Bde., Osnabrück 1990⁴, benutzt.

Hervorgehoben wird in den alphabetisch geordneten Literaturangaben das Stichwort des Titels unter dem in den obigen Anmerkungen zum Text das betreffende Werk zitiert wird. Andernfalls nennt eine Abbreviatur in Klammern hinter der Literaturangabe das verwendete Kürzel.

1 Bibliographien

Breytenbach, Cilliers: *Gesamtdarstellungen* zum Markusevangelium, VuF 36,2 (1991), S. 50–5.

Conzelmann, Hans: *Literaturbericht* zu den Synoptischen Evangelien, ThR 37 (1972), S. 220–72.

–: *Literaturbericht* zu den Synoptischen Evangelien (*Fortsetzung* und Nachtrag), ThR 43 (1978), S. 3–51.321–7.

Harrington, Daniel J.: A *Map* of Books on Mark (1975–1984), BTB 15 (1985), S. 12–6.

Humphrey, Hugh M.: A *Bibliography* for the Gospel of Mark 1954–1980 (SBC 1), New York/Toronto 1981.

Kissinger, Warren S.: The *Parables* of Jesus. A History of Interpretation and Bibliography (ATLABS 4), o. O. 1979.

Lindemann, Andreas: *Literaturbericht* zu den Synoptischen Evangelien 1978–1983, ThR 49 (1984), S. 223–76.311–71.

Neirynck, Frans u. a. (Compl.): The *Gospel* of Mark. A Cumulative Bibliography 1950–1990 (BEThL CII), Löwen 1992.

2 Quellen, Textausgaben und Übersetzungen

Apostolische Väter
Fischer, Joseph A. (Hg.): Die Apostolischen Väter (SUC 1), Darmstadt 1986.

Wengst, Klaus (Hg.): Didache (Apostellehre). Barnabasbrief. Zweiter Klemensbrief. Schrift an Diognet (SUC 2), Darmstadt 1984.

Appian
Page, T. E. (Ed.): Appian's Roman History Vol. II (LCL), London/Cambridge 1955.

Aristoteles
Academia Regia Borussica (Ed.): Aristoteles opera Vol. II, Berlin 1960².
Armstrong, G. Cyril (Ed.): Aristotle Oeconomica and Magna Moralia (LCL), Cambridge/London 1958.

Die Bibel
Arenhoevel, Diego u. a. (Hg.): Die Bibel. Die Heilige Schrift des Alten und Neuen Bundes, Freiburg/Basel/Wien 1977¹⁰.
Weber, Robert (Ed.): Biblia Sacra iuxta Vulgatam Versionem t. I + II, Stuttgart 1969.

Altes Testament
Ben-Chayyim, Z. (Ed.): The Book of Ben Sira. Text, Concordance and an Analysis of the Vocabulary (The Historical Dictionary of the Hebrew Language), Jerusalem 1973.
Elliger, Karl/Rudolph, Wilhelm (Ed.): Biblia Hebraica Stuttgartensia, Stuttgart 1984 (BHS).
Hanhart, Robert (Ed.): Esdrae liber I (Septuaginta. Vetus Testamentum Graecum. Auctoritate Academiae Scientiarum Gottingensis editum VIII,1), Göttingen 1974.
– (Ed.): Maccabaeorum libri I–IV fasc. II Maccabaeorum liber II (Septuaginta. Vetus Testamentum Graecum. Auctoritate Societatis Litterarum Gottingensis IX), Göttingen 1959.
Rahlfs, Alfred (Ed.): Psalmi cum Odis (Septuaginta. Vetus Testamentum Graecum. Auctoritate Academiae Scientiarum Gottingensis X), Göttingen 1979³.
– (Ed.): Septuaginta. Id est Vetus Testamentum graece iuxta LXX interpretes 2 Vol., Stuttgart 1982.
Ziegler, Joseph (Ed.): Isaias (Septuaginta. Vetus Testamentum Graecum. Auctoritate Societatis Litterarum Gottingensis XIV), Göttingen 1939.
– (Ed.): Sapientia Jesu Filii Sirach (Septuaginta. Vetus Testamentum Graecum. Auctoritate Societatis Litterarum Gottingensis XII,2), Göttingen 1965.
– (Ed.): Susanna. Daniel. Bel et Draco (Septuaginta. Vetus Testamentum Graecum. Autoritate Litterarum Gottingensis XVI/2), Göttingen 1954.

Neues Testament
Aland, Kurt u. a. (Ed.): *Novum Testamentum* Graece post Eberhard et Erwin Nestle, Stuttgart 1993²⁷.
– (Ed.): *Synopsis* Quattuor Evangeliorum. Locis parallelis evangeliorum apocryphorum et patrum adhibitis, Stuttgart 1985¹³ 2. Dr.
Huck, Albert/Greeven, Heinrich (Bearb.): *Synopse* der drei ersten Evangelien mit Beigabe der johanneischen Parallelstellen, Tübingen 1981¹³.
Jülicher, Adolf/Matzkow, Walter/Aland, Kurt (Hg.): *Itala*. Das Neue Testament in altlateinischer Überlieferung nach den Hss t. II, Berlin 1970².
von Soden, Hermann: Die *Schriften* des Neuen Testaments in ihrer ältesten erreichbaren Textgestalt hergestellt auf Grund ihrer Textgeschichte II. T., Göttingen 1913.

Chrysostomos
Emperii, Adolphi (Ed.): Dionis Chrysostomi opera Graece, Brunsvigae 1844.

Cicero
Wilkins, A. S. (Ed.): M. Tulli Ciceronis Rhetorica t. II (SCBO), Oxford 1903, Nachdr. 1960.

Dio
Cary, Ernest (Transl.): Dio's Roman History Vol. VI (LCL), Cambridge/London 1960.

Gaius
David, M. (Ed.): Gai Institutiones secundum. Codicis Veronensis apographum studemundianum et religuias in Aegypto repertas, Editio minor (Studia Gaiana I), Leiden 1948.

Heraklit
Buffiere, Felix (Ed.): Heraclite. Allegories d'Homere (CuFr), Paris 1962.

Herodot
Hude, Karl (Ed.): Herodoti Historiae t. 1 Libri I–IV (SCBO), Oxford 1927^3, Repr. 1957.

Inschriften
Chabot, J.-B. (Ed.): Corpus Inscriptionum Semiticarum p. II. t. III.1, Paris 1926 (CIS).
Cooke, George A. (Ed.): A Text-book of North-Semitic Inscriptions, Moabite, Hebrew, Phoenician, Aramaic, Nabataean, Palmyrene, Jewish, Oxford 1903.
Dessau, Hermann (Ed.): Inscriptiones Latinae Selectae Vol. III p. I, Berlin 1854.
Dittenberger, Wilhelm (Ed.): Orientis Graeci inscriptiones selectae. Supplementum sylloges inscriptionum graecarum Vol. II , Leipzig 1905 (OGIS).
Starcky, J.: Inventaire des inscriptions de Palmyre, Damaskus 1949.

Josephus
Feldman, Louis H. (Transl.): Josephus. Jewish Antiquities, Books XVIII–XX (LCL 433.456), Cambridge/London 1981.
Marcus, Ralph (Transl.): Josephus Jewish Antiquities, Books IX–XIV (LCL 326.365), Cambridge/London 1976–78.
– /Wikgren, Allen (Transl.): Josephus Jewish Antiquities, Books XV–XVII (LCL 410), Cambridge/London 1980.
Michel, Otto/Bauernfeind, Otto (Hg.): Flavius Josephus. De bello Judaico. Der jüdische Krieg Bd. I–III, Darmstadt 1982^2; 1969.
Thackeray, H. St. J. (Transl.): Josephus. The Life. Against Apion (LCL 186), London/Cambridge 1976.
– (Transl.): Josephus. Jewish Antiquities, Books I–IV (LCL), London(Cambridge 1978.
– /Marcus, Ralph (Transl.): Josephus. Jewish Antiquities, Books V–VIII (LCL 281), Cambridge/London 1977.

Judaica
Beyer, Klaus: Die aramäischen *Texte* vom Toten Meer samt den Inschriften aus Palästina, dem Testament Levis aus der Kairoer Genisa, der Fastenrolle und den alten talmudischen Zitaten, Göttingen 1984.
Brock, Sebastian P. (Ed.): Testamentum Iobi, in: PVTG II.
Charlesworth, James H. (Ed.): The Old Testament Pseudepigrapha 2 Vols., Garden City/New York 1983–5 (OTP).
Denis, Albert-Marie (Ed.): Concordance Grecque des Pseudepigraphes d'Ancien Testament, Löwen 1987.
Kümmel, Werner G. (Hg.): Jüdische Schriften aus Hellenistisch-Römischer Zeit, Gütersloh 1973 ff. (JSHRZ).

Lukian
MacLeod, M. D.: Lucian Bd. VII (LCL), London/Cambridge 1961.

Kirchenväter

Heikel, Ivar A. (Ed.): Eusebius Werke. Die Demonstratio Evangelica (GCS VI), Leipzig 1913.

Migne, J. Paul (Ed.): PCC.PG t. 9 + 25, Paris o. J. (MPG).

Preysing, Konrad: Des heiligen Hippolytus von Rom Widerlegung aller Häresien (BKV), München 1922.

Neutestamentliche Apokryphen

Schneemelcher, Wilhelm (Hg.): Neutestamentliche Apokryphen in deutscher Übersetzung I. Bd., Tübingen 1987⁵ (NTApo).

Papyri

Edgar, C. C. (Ed.): Zenon papyri Bd. I–IV (Cat gen), 1925–31 (PCZ).

Vitelli, G./Norsa, M. (Ed.): Pubblicazioni della Società Italiana per la ricerca dei Papiri greci e latini in Egitto. Papiri greci e latini Vol. 6, 1920 (PSI).

Tcherikover, Victor A. (Ed.): Corpus Papyrorum Judaicarum Vol. I, Cambridge (Mass.), 1957 (CPJ).

Philo

Cohn, Leopold u. a. (Hg.): Philo von Alexandria. Die Werke in deutscher Übersetzung Bd. I–IV, Berlin 1962²

– / Wendland, Paul (Ed.): Philonis Alexandrini opera quae supersunt, Editio minor Vol. I–VI, Berlin 1896–1915.

Philostrat

Mumprecht, Vroni (Übers.): Philostratos. Das Leben des Apollonius von Tyana (Sammlung Tusculum), München/Zürich 1983.

Plato

Burnet, Joannes (Ed.): Platonis opera t. I/V (SCBO), Oxford 1900; 1907, Nachdr. 1959; 1967.

Plutarch

Minar, Edwin L. u. a. (Transl.): Plutarch's Moralia Vol. IX (LCL), Cambridge/London, 1961.

Quintilian

Rahn, Helmut (Hg.): Marcus Fabius Quintilianus. Ausbildung des Redners. Zwölf Bücher, Zweiter T. Buch VII–XII (TzF 3), Darmstadt 1975.

Qumran

Brownlee, William H. (Ed.): The Dead Sea Manual of Discipline (BASOR. Suppl. Studies Nrs. 10–12), New Haven 1951.

Dimant, Devorah: New Light from Qumran on the Jewish Pseudepigrapha – 4Q 390, in: The Madrid Qumran Congress. Proceedings of the International Congress on the Dead Sea Scrolls Madrid 18–21 March, 1991 Bd. 2 (StTDJ XI,2), Leiden u. a. 1992, S. 405–48.

Lohse, Eduard (Hg.): Die Texte aus Qumran. Hebräisch und Deutsch, Darmstadt 1981.

Wernberg-Møller, P. (Transl.): The Manual of Discipline (STDJ I), Leiden 1957.

Rabbinica

Bornhäuser, Hans (Übers.): Sukka (Laubhüttenfest) (Die Mischna II.Seder. Mo'ed 6. Traktat), Berlin 1935.

Correns, Dietrich (Hg.): Taanijot. Fastentage (Die Mischna II.Seder: Mo'ed 9. Traktat), Berlin/New York 1989.

Goldschmidt, Lazarus (Hg.): Der Babylonische Talmud mit Einschluß der vollständigen Misnah Bd. I–IX, Haag 1933–35.

Kuhn, Karl G. (Übers.): Der tannaitische Midrasch Sifre zu Numeri (RT 2.R. 3.Bd.), Stuttgart 1959.

Lisowsky, Gerhard (Übers.): Jadajim (Hände) (Die Mischna. VI.Seder Toharot II. Traktat), Berlin 1956.

Ljungman, Henrik: Sifre zu Deuteronomium (RT 2.R. Bd. 4), Stuttgart 1964.

Mandelbaum, Bernhard (Ed.): Pesikta de Rav Kahana According to an Oxford Manuscript with Variants from All Known Manuscripts and Genizoth Fragments and Parallel Passages, New York 1962.

Marti, Karl/Beer, Georg (Übers.): 'Abot (Väter) (Die Mischna. IV. Seder. Neziqin 9. Traktat), Gießen 1927.

Pollak, Karin (Übers.): Rabbi Nathans System der Ethik und Moral, Budapest 1905.

Rengstorf, Karl H. (Bearb.): Jebamot (Von der Schwagerehe) (Die Mischna. III.Seder Naschim. 1. Traktat) Gießen 1929.

Saldarini, Anthony J. (Transl.): The Fathers According to Rabbi Nathan (Abot de Rabbi Nathan) Version B (SJLA 11), Leiden 1975.

Schechter, Salomo: אבות דרבי נתן, Wien 1887, Nachdr. Jerusalem 1966.

Staerk, D. Willi (Hg.): Altjüdische Liturgische Gebete (KlT 58), Berlin 1930².

(Strack, Hermann L.)/Billerbeck, Paul: Kommentar zum Neuen Testament aus Talmud und Midrasch IV Bde., München 1922–28 (Bill.).

Tilly, Heinz-Peter (Übers.): Moed Qatan. Halbfeiertage (ÜTY II/12), Tübingen 1988.

Wewers, Gerd A. (Übers.): Hagiga. Festopfer (ÜTY II/11), Tübingen 1983.

Windfuhr, Walter (Übers.): Baba batra (‚Letzte Pforte' des Civilrechts) (Die Mischna. IV.Seder. Neziqin 3. Traktat), Gießen 1925.

Winter, Jakob (Übers.): Sifra. Halachischer Midrasch zu Leviticus (SGFWJ 42), Breslau 1938.

– / Wünsche, August (Übers.): Mechiltha. Ein tannaitischer Midrasch zu Exodus. Mit Beiträgen von Blau, Ludwig, Leipzig 1909.

Wünsche, August (Übers.): Der Midrasch Wajikra Rabba. Das ist die haggadische Auslegung des dritten Buches Mose (Bibliotheca Rabbinica V), Leipzig 1883/4, Nachdr. Hildesheim 1967.

– (Übers.): Die Pesikta des Rab Kahana. Das ist die älteste in Palästina redigierte Haggada (Bibliotheca Rabbinica V), Leipzig 1884/5, Nachdr. Hildesheim 1967.

Sueton

Ailloud, Henri (Ed.): Suetone vies des douze Cesars t. II (CUFr), Paris 1957.

Wolfius, Frid. Aug. (Ed.): C. Suetonii tranquilli Opera Vol. I., Leipzig 1802.

Übrige

Festugiere, A.-J. (Ed.): Corpus Hermeticum t. IV (CUF), Paris 1954.

Guaglianone, Antonius (Rec.): Phaedri Augusti liberti. Liber fabularum (CSLP), Turin 1969.

Mommsen, Theodor/Krüger, Paul: Digesta, in: CJC Vol. I, Berlin 1911¹².

3 Hilfsmittel

Aland, Kurt (Hg.): Vollständige Konkordanz zum griechischen Neuen Testament. Unter Zugrundelegung aller modernen Textausgaben und des Textus Receptus Bd. I–II, Berlin/New York 1983.

– / Aland, Barbara (Hg.): Griechisch-deutsches *Wörterbuch* zu den Schriften des Neuen Testaments und der frühchristlichen Literatur von Walter Bauer, Berlin/New York 1988⁶.

– /–: Der *Text* des Neuen Testaments. Einführung in die wissenschaftlichen Ausgaben sowie in Theorie und Praxis der modernen Textkritik, Stuttgart 1989².

Bacher, Wilhelm: Die *Agada* der Tannaiten I. Bd., Straßburg 1903².

–: Die exegetische *Terminologie* der jüdischen Traditionsliteratur Zwei T., Leipzig 1889; 1905, Nachdr. Darmstadt 1965.

Berger, Klaus: *Einführung* in die Formgeschichte, Tübingen 1987.

–: *Exegese* des Neuen Testaments. Neue Wege vom Text zur Auslegung, Heidelberg 1984².

–: *Formgeschichte* des Neuen Testaments, Heidelberg 1984.

Beyer, Klaus: Semitische *Syntax* im Neuen Testament. Bd. I: Satzlehre T. 1 (StUNT 1), Göttingen 1962.

Blaß, Friedrich/Debrunner, Albert: *Grammatik* des neutestamentlichen Griechisch, bearb. v. Rehkopf, Friedrich, Göttingen 1979¹⁵.

Bornemann, Eduard/Risch, Ernst: Griechische *Grammatik*, Frankfurt a.M./Berlin/München 1973.

Bousset, Wilhelm/Gressmann, Hugo (Hg.): Die *Religion* des Judentums im späthellenistischen Zeitalter (HNT 21), Tübingen 1966⁴.

Bultmann, Rudolf: Die Geschichte der synoptischen Tradition (FRLANT 29), Göttingen 1979⁹ (GST).

Egger, Wilhelm: *Methodenlehre* zum Neuen Testament. Einführung in linguistische und historisch-kritische Methoden, Freiburg/Basel/Wien 1987.

Gaston, Lloyd: *Horae* Synopticae Electronicae. Word Statistics of the Synoptic Gospels (SBibSt 3), Missoula 1973.

Georges, Heinrich: Ausführliches Lateinisch-Deutsches *Handwörterbuch* aus den Quellen zusammengetragen und mit besonderer Bezugnahme auf Synonymik und Antiquitäten unter Berücksichtigung der besten Hilfsmittel, ausgearbeitet von Georges, Karl E. Bd. I–II, Hannover 1959¹⁰.

Gesenius, Wilhelm: Hebräisches und Aramäisches *Handwörterbuch* über das Alte Testament, bearb. v. Buhl, Frantz, Berlin/Göttingen/Heidelberg 1915¹⁷, Nachdr. 1962.

Hatch, E./Redpath, H. A.: A *Concordance* of the Septuagint and the other Greek Versions of the Old Testament (including the Apocryphal Books) Vol. I–III, Oxford 1897–1906, Nachdr. Graz 1954.

Kautzsch, E.: Wilhelm Gesenius' Hebräische *Grammatik* völlig umgearbeitet. Facsimilie der Siloah-Inschrift beigefügt von J. Euting. Schrifttafel von M. Lidzbarski, Leipzig 1909²⁸, 6. Nachdr. Hildesheim/Zürich/New York 1991.

Kühner, Raphael/Gerth, Bernhard: Ausführliche *Grammatik* der griechischen Sprache II. T., 3. Nachdr. Darmstadt 1955.

Kümmel, Werner G.: *Einleitung* in das Neue Testament, Heidelberg 1983²¹.

Kuhn, Karl G. (Hg.): *Konkordanz* zu den Qumrantexten in Verbindung mit A.-M. Denis u. a., Göttingen 1960.

–: *Nachträge* zur ,Konkordanz zu den Qumrantexten' unter Mitarbeit von U. Müller u. a., RdQ IV (1963/64), S. 163–234.

Lausberg, Heinrich: *Handbuch* der literarischen Rhetorik. Eine Grundlegung der Literaturwissenschaft, München 1960.

Levy, Jacob: *Wörterbuch* über die Talmudim und Midraschim. Nebst Beiträgen von H. L. Fleischer und den Nachträgen und Berichtigungen zur 2. Auflage von L. Goldschmidt 4 Bde., Berlin/Wien 1924[2].

Liddell, Henry G./Scott, Robert (Compl.): A Greek-English *Lexicon*. Rev. and Augmented Throughout by Henry St. Jones with a Suppl. (1968), Oxford 1940[9], Repr. 1985.

Mayer, Günter: *Index* Philoneus, Berlin/New York 1974.

Menge, Hermann: Menge-Güthling. Langenscheidts *Großwörterbuch* der griechischen und deutschen Sprache 1. T., Berlin/München/Zürich 1967[20].

Meyer, Rudolf: Wilhelm Gesenius Hebräisches und Aramäisches *Handwörterbuch* über das Alte Testament 1. Lfg. א-ג, hg. v. Donner, Herbert, Berlin/Heidelberg/New York/London/Paris/Tokyo 1987[18].

Rhode, Joachim: Die redaktionsgeschichtliche *Methode*. Einführung und Sichtung des Forschungsstandes, Hamburg 1966.

dos Santos, Elmar C.: An Expanded Hebrew *Index* for the Hatch-Redpath Concordance to the Septuagint, Jerusalem o. J.

Schürer, Emil: Geschichte des jüdischen Volkes im Zeitalter Jesu Christi 3 Bde., Leipzig 1901–9[4].

Strack, Hermann L./Stemberger, Günter: *Einleitung* in Talmud und Midrasch, München 1982[7].

Vermes, Geza u. a. (Ed.): The *History* of the Jewish People in the Age of Jesus Christ (175 B.C.–A.D. 135) by Schürer, Emil. A New English Version III Vols., Edinburgh 1979–87.

Vielhauer, Philipp: *Geschichte* der urchristlichen Literatur. Einleitung in das Neue Testament, die Apokryphen und die Apostolischen Väter, Berlin/New York 1978 4. Dr. 1985.

Wettstein, Jacobus: Novum *Testamentum* Graecum. Editionis receptae cum lectionibus variantibus codicum MSS., Ed. aliarum, versionem et patrum t. I–II., Amsterdam 1751 f., Nachdr. Graz 1962.

Würthwein, Ernst: Der *Text* des Alten Testaments. Eine Einführung in die Biblia Hebraica, Stuttgart 1973[4].

Zimmermann, Heinrich: Neutestamentliche *Methodenlehre*. Darstellung der historisch-kritischen Methode, Stuttgart 1982[7].

4 Kommentare

4.1 Altes Testament

Dahood, Mitchell: Psalms III. 101–150 (AncB), Garden City/New York 1970 (Ps).

Gunneweg, Antonius H. J.: Esra. Mit einer Zeittafel von Jepsen, Alfred (KAT XIX,1), Gütersloh 1985 (Esr).

Lauha, Aarre: Kohelet (BK XIX), Neukirchen-Vluyn 1978 (Koh).

Rehm, Martin: Das erste Buch der Könige. Ein Kommentar, Würzburg 1982 (1 Kön).

Wildberger, Hans: Jesaja (BK X/1), Neukirchen-Vluyn 1980[2] (Jes).

4.2 Neues Testament

Achtemeier, Paul J.: Mark (Proclamation Commentaries), Philadelphia 1986 (Mk).

Anderson, Hugh: The Gospel of Mark (NCeB), Londen 1976 (Mk).

Becker, Jürgen: Das Evangelium nach Johannes (ÖTK 4/1+2), Gütersloh 1991[3] (Joh).

Betz, Hans D.: Der Galaterbrief. Ein Kommentar zum Brief des Apostels Paulus an die Gemeinden in Galatien (Hermeneia), München 1988 (Gal).

Bovon, François: Das Evangelium nach Lukas (EKK III/1), Zürich/Neukirchen-Vluyn 1989 (Lk).

Braun, Herbert: An die Hebräer (HNT 14), Tübingen 1974 (Hebr).

Carrington, Philip: According to Mark. A Running Commentary on the Oldest Gospel, Cambridge 1960 (Mk).

Conzelmann, Hans: Die Apostelgeschichte (HNT 7), Tübingen 1972[2] (Act).

– : Der erste Brief an die Korinther (KEK V); Göttingen 1981[12] (1 Kor).

Cranfield, C. E. B.: The Gospel According to Saint Mark (CGTC), Cambridge 1963[2] (Mk).

Ernst, Josef: Das Evangelium nach Markus (RNT), Regensburg 1981 (Mk).

Gnilka, Joachim: Das Evangelium nach Markus (EKK II/1+2), Zürich/Einsiedeln/Köln/Neukirchen-Vluyn 1978 f. (Mk).

Gräßer, Erich: An die Hebräer (EKK XVII/1), Zürich/Neukirchen-Vluyn 1990 (Hebr).

Grundmann, Walter: Das Evangelium nach Markus (ThHK II), Berlin 1989[10] (Mk).

Gundry, Robert H.: Mark. A Commentary on His Apology for the Cross, Grand Rapids 1993 (Mk).

Haenchen, Ernst: Die Apostelgeschichte (KEK III), Göttingen 1977[7] (Act).

– : Der *Weg* Jesu. Eine Erklärung des Markus-Evangeliums und der kanonischen Parallelen, Berlin 1968[2].

Hegermann, Harald: Der Brief an die Hebräer (ThHK XVI), Berlin 1988 (Hebr).

Johnson, Sherman E.: A Commentary on the Gospel According to St. Mark (BNTC), London 1960 (Mk).

Käsemann, Ernst: An die Römer (HNT 8a), Tübingen 1974[3] (Röm).

Klauck, Hans-Josef: 1. Korintherbrief (NEB.NT 7), Würzburg 1984 (1 Kor).

Kleist, James A.: The Gospel of Saint Mark. Presented in Greek Thought-Units and Sense-Lines. With a Commentary, New York/Milwaukee/Chicago 1936 (Mk).

Klostermann, Erich: Das Markusevangelium (HNT 3), Tübingen 1936[3] (Mk).

Lane, William L.: The Gospel According to Mark (NIC), Grand Rapids 1974, Repr. 1982 (Mk).

Lohmeyer, Ernst: Das Evangelium des Markus (KEK 2), Göttingen 1967[17] (Mk).

Lührmann, Dieter: Das Markusevangelium (HNT 3), Tübingen 1987 (Mk).

Luz, Ulrich: Das Evangelium nach Matthäus (EKK I/1+2), Zürich/Einsiedeln/Köln/Neukirchen-Vluyn 1985–90 (Mt).

Michel, Otto: Der Brief an die Hebräer (KEK XIII), Göttingen 1975[13] (Hebr).

Mußner, Franz: Der Galaterbrief (HThK IX), Freiburg/Basel/Wien 1988[5] (Gal).

Pesch, Rudolf: Die Apostelgeschichte (EKK V/1), Zürich/Einsiedeln/Köln 1986 (Act).

– : Das Markusevangelium (HThK II/1+2), Freiburg/Basel/Wien 1989[5]; 1984[3] (Mk).

Schmithals, Walter: Das Evangelium nach Markus (ÖTK 2/1+2), Gütersloh 1979 (Mk).

Schnackenburg, Rudolf: Der Brief an die Epheser (EKK X), Zürich/Einsiedeln/Köln/Neukirchen-Vluyn 1982 (Eph).

Schneider, Gerhard: Die Apostelgeschichte (HThK V/1+2), Freiburg/Basel/Wien 1980–82 (Act).

Schweizer, Eduard: Das Evangelium nach Markus (NTD 1), Göttingen 1975[14] (Mk).

Strathmann, Hermann: Der Brief an die Hebräer (NTD 8), Göttingen 1954[7] (Hebr).

Strobel, August: Der Brief an die Hebräer (NTD IX), Göttingen 1975[11] (Hebr).

Stuhlmacher, Peter: Der Brief an die Römer (NTD 6), Göttingen/Zürich 1989 (Röm).

Swete, Henry B.: The Gospel According to St. Mark, Repr. London 1913[3] (Mk).

Taylor, Vincent: The Gospel According to St. Mark, New York 1966[2] (Mk).

Weiser, Alfons: Die Apostelgeschichte (ÖTK 5/1+2), Gütersloh 1981–85 (Act).

Weiß, Hans-Friedrich: Der Brief an die Hebräer (KEK 13), Göttingen 1991[15] (Hebr).

Wellhausen, Julius: Das Evangelium Marci, Berlin 1903 (Mk).

Wilckens, Ulrich: Der Brief an die Römer (EKK VI/3), Neukirchen-Vluyn 1982 (Röm).

Windisch, Hans: Der Hebräerbrief (HNT 14), Tübingen 1931[2] (Hebr).

Wohlenberg, Gustav: Das Evangelium des Markus (KNT II), Leipzig 1930[3] (Mk).

5 Darstellungen

Abrahams, I.: *Studies* in Pharisaism and the Gospels (LBS 1. + 2. Ser.), Cambridge 1917/24, Repr. New York 1967.

Achtemeier, Paul J.: Art. *Mark*, Gospel of, The Anchor Dictionary 4 (1992), S. 541–57.

[ἀγαπητός]: ἀγαπητός, JThS 20 (1919), S. 339–44.

Albert, Rainer: Das *Bild* des Augustus auf den frühen Reichsprägungen. Studien zur Vergöttlichung des ersten Prinzeps (Schriftenreihe der Numismatischen Gesellschaft 21), Speyer 1981.

Albertz, Martin: Die synoptischen *Streitgespräche*. Ein Beitrag zur Formengeschichte des Urchristentums, Berlin 1921.

Alföldi, Maria R.: Antike *Numismatik* T. I–II (Kulturgeschichte der Antiken Welt 2–3), Mainz 1978; 1982[2].

Almquist, Helge: *Plutarch* und das Neue Testament. Ein Beitrag zum Corpus Hellenisticum Novi Testamenti (ASNU XV), Uppsala 1946.

Ambrozic, Aloysius M.: The Hidden *Kingdom*. A Redaction-critical Study of the References to the Kingdom of God in Mark's Gospel (CBQMS II), Washington 1972.

Amir, Yehoshua: Die *Begegnung* des biblischen und des philosophischen Monotheismus als Grundthema des jüdischen Hellenismus, EvTh 38 (1978), S. 2–19.

–: Die hellenistische *Gestalt* des Judentums bei Philon von Alexandrien (FJCD 5), Neukirchen-Vluyn 1983.

Anderson, Hugh: The *Old Testament* in Mark's Gospel, in: Efrid, James M. (Ed.), The Use of the Old Testament in the New and Others Essays, FS Stinespring, W. F., Duke 1972, S. 280–306.

Anderson, Janice C./Moore, Stephen D. (Ed.): *Mark* & Method. New Approaches in Biblical Studies, Minneapolis 1992.

Applebaum, Shimon: Economic *Life* in Palestine, in: Safrai, S./Stern, M., The Jewish People in the First Century. Historical Geography, Political History, Social, Cultural and Religious Life and Institutions Vol. 2 (CRI), Assen/Amsterdam 1976, S. 631–700.

– : *Judaea* as a Roman Province; the Countryside as a Political and Economic Factor, in: ANRW II 8 (1977), S. 355–96.

– : The Zealots: the *Case* for Revolution, JRS 61 (1971), S. 155–70.

Aurelio, Tullio: *Disclosures* in den Gleichnissen Jesu. Eine Anwendung der disclosure-Theorie von I. T. Ramsey, der modernen Metaphorik und der Theorie der Sprechakte auf die Gleichnisse Jesu (RSTh 8), Frankfurt a.M. 1977.

Baarlink, Heinrich: Anfängliches *Evangelium*. Ein Beitrag zur näheren Bestimmung der theologischen Motive im Markusevangelium, Kampen 1977.

Backhaus, Knut: Die ‚*Jüngerkreise*' des Täufers Johannes. Eine Studie zu den religionsgeschichtlichen Ursprüngen des Christentums (PaThSt 19), Paderborn/München/Wien/Zürich 1991.

Bacon, B. W.: *Pharisees* and Herodians in Mark, JBL 39 (1920), S. 102–12.

Bamberger, Bernard J.: The *Sadducees* and the Belief in Angels, JBL 82 (1963), S. 433–5.

Bammel, Ernst: Das *Gleichnis* von den bösen Winzern (Mk 12,1–9) und das jüdische Erbrecht, RIDA 6 (1959), S. 11–7.

– : ‚*John* did no Miracle': John 10.41, in: Miracles. Cambridge Studies in their Philosophy and History, ed. by Moule, C. F. D., London 1965, S. 179–202.

– : *Judenverfolgung* und Naherwartung. Zur Eschatologie des Ersten Thessalonicherbriefes, ZThK 56 (1959), S. 294–315.

Banks, Florence A.: *Coins* of Bible days, New York 1955.

Banks, Robert: *Jesus* and the Law in the Synoptic Tradition (MSSNTS 28), Cambridge 1975.

Bar-Ilan, M.: *Scribes* and Books in the Late Second Commonwealth and Rabbinic Period, in: Mikra. Text, Translation, Reading and Interpretation of the Hebrew Bible in Ancient Judaism and Early Christianity, ed. by Mulder, Martin J. (CRI 2), Assen/Philadelphia 1988, S. 21–38.

Barr, James: The *Concept* of Canon and Its Modern Adventures, in: ders., Holy Scripture. Canon, Authority, Criticism, Oxford 1986, S. 49–74.

Bassler, Jouette M.: Divine *Impartiality*. Paul and a Theological Axiom (SBLDS 59), Chico 1982.

Baumbach, Günther: Das *Freiheitsverständnis* in der zelotischen Bewegung, in: Das ferne und nahe Wort FS Rost, Leonhard, hg. v. Maass, Fritz (BZAW 105), Berlin 1967, S. 11–8.

– : Das *Sadduzäerverständnis* bei Josephus Flavius und im Neuen Testament, Kairos 13 (1971), S. 17–37.

– : Der sadduzäische *Konservatismus*, in: Maier, Johann/Schreiner, Josef (Hg.): Literatur und Religion des Frühjudentums. Eine Einführung, Würzburg 1973, S. 201–13.

– : Die antirömischen *Aufstandsgruppen*, in: Maier, Johann/Schreiner, Josef (Hg.): Literatur und Religion des Frühjudentums. Eine Einführung, Würzburg 1973, S. 273–83.

– : *Die Zeloten* – ihre geschichtliche und religionspolitische Bedeutung, BiLi 41 (1968), S. 2–25.

– : *Einheit* und Vielfalt der jüd. Freiheitsbewegung im 1. Jh. n. Chr., EvTh 45 (1985), S. 93–107.

– : *Jesus* von Nazareth im Lichte der jüdischen Gruppenbildung (AVTRW), Berlin 1971.

– : *Zeloten* und Sikarier, ThLZ 90 (1965), Sp. 727–40.

Baumgarten, J. M.: The unwritten *Law* in the Pre-Rabbinic Period, JSJ 3 (1972), S. 7–29.

Bayer, Hans F.: Jesus' *Predictions* of Vindication and Resurrection. The provenance, meaning and correlation of the Synoptic predictions (WUNT 2.R. Bd. 20), Tübingen 1986.

Becker, Jürgen: *Auferstehung* der Toten im Urchristentum (SBS 82), Stuttgart 1976.

–: Die *Erwählung* der Völker durch das Evangelium. Theologiegeschichtliche Erwägungen zum 1 Thess, in: Studien zum Text und zur Ethik des Neuen Testaments, FS Greeven, Heinrich, hg. v. Schrage, Wolfgang (BZNW 47), Berlin/New York 1986, S. 82–101.

–: Die Testamente der zwölf Patriarchen. *Einleitung*, in: JSHRZ III/1 (1980), S. 15–31.

–: *Feindesliebe* – Nächstenliebe – Bruderliebe. Exegetische Beobachtungen als Anfrage an ein ethisches Problemfeld, ZEE 25 (1981) S. 5–17.

–: *Johannes der Täufer* und Jesus von Nazareth (BSt 63), Neukirchen-Vluyn 1972.

–: *Paulus.* Der Apostel der Völker, Tübingen 1992[2].

–: *Untersuchungen* zur Entstehungsgeschichte der Testamente der Zwölf Patriarchen (AGJU VIII), Leiden 1970.

–: Das *Urchristentum* als gegliederte Epoche (SBS 155), Stuttgart 1993.

Beckwith, Roger T.: *Formation* of the Hebrew Bible, in: Mikra. Text, Translation, Reading and Interpretation of the Hebrew Bible in Ancient Judaism and Early Christianity, ed. by Mulder, Martin J. (CRI 2), Assen/Philadelphia 1988, S. 39–86.

–: The Old Testament *Canon* of the New Testament Church and its Background in Early Judaism, London 1985.

Ben-David, Ariye: ‚*Gebt* dem Kaiser, was des Kaisers ist‘, EIF 5–6 (1976), S. 1–11.

–: *Jerusalem* und Tyros. Ein Beitrag zur palästinensischen Münz- und Wirtschaftsgeschichte (126 a.C. – 57 p.C.). Mit einem Nachwort: Jesus und die Wechsler von Salin, Edgar (Kleine Schriften zur Wirtschaftsgeschichte 1), Basel/Tübingen 1969.

–: Talmudische *Ökonomie.* Die Wirtschaft des jüdischen Palästina zur Zeit der Mischna und des Talmud Bd. I, Hildesheim/New York 1974.

Benjamin, Walter: *Ursprung* des deutschen Trauerspiels, in: ders., Gesammelte Schriften Bd I.1, hg. v. Tiedemann, Rolf/Schweppenhäuser, Hermann, Frankfurt a.M. 1974, S. 203–409.

Bennett, W. J.: The *Herodians* of Mark's Gospel, NT XVII (1975), S. 9–14.

Berger, Klaus: Die *Auferstehung* des Propheten und die Erhöhung des Menschensohnes. Traditionsgeschichtliche Untersuchungen zur Deutung des Geschickes Jesu in frühchristlichen Texten (StUNT 13), Göttingen 1976.

–: *Einführung* in die Formgeschichte, Tübingen 1987.

–: *Formgeschichte* des Neuen Testaments, Heidelberg 1984.

–: Die *Gesetzesauslegung* Jesu. Ihr historischer Hintergrund im Judentum und im Alten Testament. Teil I: Markus und Parallelen (WMANT 40), Neukirchen-Vluyn 1972.

–: *Marterialien* zu Form und Überlieferungsgeschichte neutestamentlicher Gleichnisse, NT XV (1973), S. 1–37.

–: Art. προσωπολημψία, EWNT III (1983), Sp. 433–5.

Bernhart, Max: *Handbuch* zur Münzkunde der römischen Kaiserzeit 2 Bde., Halle 1926.

Best, Ernest: *Markus* als Bewahrer der Überlieferung, in: Das Markus-Evangelium, hg. v. Pesch, Rudolf (WdF CDXI), Darmstadt 1979, S. 390–409.

–: The *Temptation* and the Passion: The Markan Soteriology (MSS NTS 2), Cambridge u. a. 1990².

Bickermann, Elias: Der *Gott* der Makkabäer. Untersuchungen über Sinn und Ursprung der makkabäischen Erhebung, Berlin 1937.

Bieber, Margarete: The *Development* of Portraiture on Roman Republican Coins, in: ANRW I 4 (1973), S. 871–98.

Biehl, Ludwig: Das liturgische *Gebet* für Kaiser und Reich. Ein Beitrag zur Geschichte des Verhältnisses von Kirche und Staat (GG 75), Paderborn 1937.

Biehl, Peter: Art. *Geschichte*/Geschichtsschreibung/Geschichtsphilosophie IX. Praktisch-theologisch, TRE 12 (1984), S. 674–81.

Bietenhard, Hans: Art. ὄνομα κτλ., ThWNT V (1954), S. 242–83.

Bikerman, Elias: Les *Herodiens*, RB XLVII (1938), S. 184–97.

Bilde, P.: The Roman *Emperor* Gaius (Caligula's) Attempt to Erect his Statue in the Temple of Jerusalem, SFTh 32 (1978), S. 67–93.

Billerbeck, Paul: Ein *Tempelgottesdienst* in Jesu Tagen, ZNW 55 (1964), S. 1–17.

Biser, Eugen: Die *Gleichnisse* Jesu. Versuch einer Deutung, München 1965.

Björck, Gudmund: Drei *Markus-Stellen*, CNT 1 (1936), S. 1–7.

Bjørndalen, Anders J.: *Untersuchungen* zur allegorischen Rede der Propheten Amos und Jesaja (BZAW 165), Berlin/New York 1986.

Black II, C. Clifton: The *Disciples* According to Mark. Markan Redaction in Current Debate (JSNT.S 27), Sheffield 1989.

–: The *Quest* of Mark the Redactor: Why has it been Pursued, and What has it Taught Us?, JSNT 33 (1988), S. 19–39.

Black, Matthew: Die *Gleichnisse* als Allegorien, in: Gleichnisse Jesu. Positionen der Auslegung von Adolf Jülicher bis zur Formgeschichte, hg. v. Harnisch, Wolfgang (WdF CCCLXVI), Darmstadt 1982, S. 262–80.

–: *Judas* of Galilee and Josephus's ‚Fourth Philosophy', in: Josephus-Studien. Untersuchungen zu Josephus, dem antiken Judentum und dem Neuen Testament, FS Michel, Otto, hg. v. Betz, Otto u. a., Göttingen 1974, S. 45–54.

–: The Christological *Use* of the Old Testament in the New Testament, NTS XVIII (1971), S. 1–14.

Blank, Josef: Die *Sendung* des Sohnes. Zur christologischen Bedeutung des Gleichnisses von den bösen Winzern Mk 12,1–12, in: Neues Testament und Kirche, FS Schnackenburg, Rudolf, hg. v. Gnilka, Joachim, Freiburg/Basel/Wien 1974, S. 11–41.

–: *Paulus* und Jesus. Eine theologische Grundlegung (StANT XVIII), München 1968.

Blatz, Beate: III. Das koptische Thomasevangelium. *Einleitung*, in: NTApo I (1987⁵), S. 93–7.

Blau, Ludwig: Early Christian *Archaeology* from the Jewish Point of View, HUCA III (1926), S. 157–214.

Bleicken, Jochen: Verfassungs- und *Sozialgeschichte* des Römischen Kaiserreiches Bd. 1, Paderborn/München/Wien/Zürich 1981².

Blomberg, Craig L.: *Interpreting* the Parables, Leicester 1990.

Böhlig, Alexander: Vom ‚Knecht' zum ‚Sohn', in: ders., Mysterion und Wahrheit. Gesammelte Beiträge zur spätantiken Religionsgeschichte (AGJU VI), Leiden 1968, S. 58–66.

Böttger, Paul Chr.: Der *König* der Juden – das Heil für die Völker. Die Geschichte Jesu Christi im Zeugnis des Markusevangeliums (NStB 13), Neukirchen-Vluyn 1981.

Bolin, Sture: *State* and Currency in the Roman Empire to 300 A.D., Stockholm 1958.

von Bolla(-Kotek), Sybille: Art. Pacht, PRE XVIII 2. H., 36 Hlbd. (1949), Sp. 2439–83.

Borger, Rykle: NA²⁶ und die neutestamentliche *Textkritik*, ThR 52 (1987), S. 1–58.326.

Bornkamm, Günther: Das *Doppelgebot* der Liebe, in: ders., Geschichte und Glaube. 1. T. Gesammelte Aufsätze Bd. III (BEvTh 48), München 1968, S. 37–45.

–: *Jesus* von Nazareth, Stuttgart/Berlin/Köln/Mainz 1980¹².

–: Art. ληνός κτλ., ThWNT IV (1942), S. 259–62.

–: Art. πρέσβυς κτλ., ThWNT VI (1959), S. 651–83.

Bosch, David: Die *Heidenmission* in der Zukunftsschau Jesu. Eine Untersuchung zur Eschatologie der synoptischen Evangelien (AThANT 36), Zürich 1959.

Brandon, S. G. F.: *Jesus* and the Zealots. A Study of the Political Factor in Primitive Christianity, Manchester 1967.

Braulik, Georg: Das *Deuteronomium* und die Geburt des Monotheismus, in: Gott, der einzige. Zur Entstehung des Monotheismus in Israel, hg. v. Haag, Ernst (QD 104), Freiburg/Basel/Wien 1985, S. 115–59.

Braun, Herbert: Art. πλανάω κτλ., ThWNT VI (1959), S. 30–54.

Braun, Willi: Were the New Testament *Herodians* Essenes? A Critique of an Hypothesis, RdQ 53 (1989), S. 75–88.

Breymayer, Reinhard: Zur *Pragmatik* des Bildes. Semiotische Beobachtungen zum Streitgespräch Mk 12,13–17 (,Der Zinsgroschen') unter Berücksichtigung der Spieltheorie, LingBibl 2, H. 13/14 (1972), S. 19–57.

Breytenbach, Cilliers: Das *Markusevangelium* als episodische Erzählung. Mit Überlegungen zum ,Aufbau' des zweiten Evangeliums, in: Der Erzähler des Evangeliums. Methodische Neuansätze in der Markusforschung, hg. v. Hahn, Ferdinand (SBS 118/119), Stuttgart 1985, S. 137–69.

–: *Grundzüge* markinischer Gottessohn-Christologie, in: Anfänge der Christologie, FS Ferdinand Hahn, hg. v. dems./Paulsen, Henning, Göttingen 1991, S. 169–84.

–: *Nachfolge* und Zukunftserwartung nach Markus. Eine methodenkritische Studie (AThANT 71), Zürich 1984.

Broer, Ingo: *Antijudaismus* im Neuen Testament? Versuch einer Annäherung anhand von zwei Texten (1 Thess 2,14–16 und Mt 27,24 f), in: Salz der Erde – Licht der Welt. Exegetische Studien zum Matthäusevangelium, FS Vögtle, Anton, hg. v. Oberlinner, Lorenz/Fiedler, Peter, Stuttgart 1991, S. 321–55.

–: ,*Antisemitismus*' und Judenpolemik im Neuen Testament – Ein Beitrag zum besseren Verständnis von 1 Thess 2,14–16, BN 20 (1983), S. 59–91.

–: ,Der ganze *Zorn* ist schon über sie gekommen'. Bemerkungen zur Interpolationshypothese und zur Interpretation von 1 Thess 2,14–16, in: The Thessalonian Correspondence, ed. by Collins, Raymond F. (BEThL LXXXVII), Löwen 1990, S. 137–59.

Brodersen, Kai: Das *Steuergesetz* von Palmyra, in: Palmyra. Geschichte, Kunst und Kultur der syrischen Oasenstadt (Linzer Archäologische Forschungen 16), Red. Ruprechtsberger, Erwin M., Linz 1987, S. 153–62.

Bruce, Frederick F.: New Wine in Old Wine Skins: III. The *Corner Stone*, ET 84 (1973), S. 231–5.

–: *Render* to Caesar, in: Bammel, Ernst/Moule, C. F. D. (Ed.), Jesus and the Politics of His Day, Cambridge u. a. 1984, S. 249–63.

Budde, Karl: Der *Kanon* des Alten Testaments. Ein Abriss, Gießen 1900.

Büchsenschütz, B.: *Besitz* und Erwerb im griechischen Alterthume, Halle 1869.

Bühner, Jan-Adolf: Der *Gesandte* und sein Weg im 4. Evangelium. Die kultur- und religionsgeschichtlichen Grundlagen der johanneischen Sendungschristologie sowie ihre traditionsgeschichtliche Entwicklung (WUNT 2.R. 2. Bd.), Tübingen 1977.

Bünker, Michael: ‚Gebt dem *Kaiser*, was des Kaisers ist!' – aber: was ist des Kaisers? Überlegungen zur Perikope von der Kaisersteuer, in: Schottroff, Luise/Schottroff, Willy (Hg.), Wer ist unser Gott? Beiträge zu einer Befreiungstheologie im Kontext der ‚ersten' Welt, München 1986, S. 153–72.

Buitkamp, Jan: Die *Auferstehungsvorstellungen* in den Qumrantexten und ihr atl., apokryphischer, pseudepigraphischer und rabbinischer Hintergrund (Diss. masch.), Groningen o. J.

Bultmann, Rudolf: Die Geschichte der synoptischen Tradition (FRLANT 29), Göttingen 1979⁹ und Ergänzungsheft, bearb. v. Theißen, Gerd/Vielhauer, Philipp, Göttingen 1979⁵ (GST).

Burchard, Christoph: Das doppelte *Liebesgebot* in der frühen christlichen Überlieferung, in: Der Ruf Jesu und die Antwort der Gemeinde, FS Jeremias, Joachim, hg. v. Lohse, Eduard, Göttingen 1970, S. 39–62.

– : Die *Essener* bei Hippolyt, Hippolyt, Ref. IX 18,2–28,2 und Josephus, Bell. 2,119–161, JSJ 8 (1977), S. 1–41.

Burger, Christoph: Jesus als *Davidssohn*. Eine traditionsgeschichtliche Untersuchung (FRLANT 98), Göttingen 1970.

Burkill, T. A.: Mysterious *Revelation*. An Examination of the Philosophy of St. Mark's Gospel, Ithaca/New York 1963.

Burkitt, F. C.: The *Parable* of the Wicked Husbandmen, in: Transactions of the Third International Congress for the History of Religions Vol. II., Oxford 1908, S. 321–8.

Bussmann, Claus: Themen der paulinischen *Missionspredigt* auf dem Hintergrund der spätjüdisch-hellenistischen Missionsliteratur (EHS.T3), Bern/Frankfurt a.M. 1971.

Cadoux, A. T.: The *Parables* of Jesus. Their Art and Use, London o. J.

Carlston, Charles E.: The *Parables* of the Triple Tradition, Philadelphia 1975.

Cavallin, Hans C. C.: *Leben* nach dem Tode im Spätjudentum und im frühen Christentum, I. Spätjudentum, in: ANRW II 19,1 (1979), S. 240–345.

– : *Life* after Death. Paul's Argument for the Resurrection of the Dead in I Cor 15. Part I. An Enquiry into the Jewish Background, Lund 1974.

Chantraine, H.: Art. As, KP 1 (1975), Sp. 632–4.

– : Art. Denarius, KP 1 (1975), Sp. 1488–90.

Cohen, Shaye J. D.: *Josephus* in Galilee and Rome. His Vita and Development as a Historian (CSCT VIII), Leiden 1979.

Cohn-Sherbok, O. M.: Jesus' *Defence* of the Resurrection of the Dead, JSNT 11 (1981), S. 64–73.

Cook, Michael J.: Mark's *Treatment* of the Jewish Leaders (NTS LI), Leiden 1978.

Crawford, Michael: *Geld* und Austausch in der römischen Welt, in: Schneider, Helmuth (Hg.), Sozial- und Wirtschaftsgeschichte der römischen Kaiserzeit (WdF 552), Darmstadt 1981, S. 258–79.

Crossan, John D.: In *Parables*. The Challenge of the Historical Jesus, New York/Hagerstown/San Francisco/London 1973.

– : *Mark 12:13–17*, Interp. 37 (1983), S. 397–401.

– : The *Parable* of the Wicked Husbandmen, JBL XC (1971), S. 451–65.

Cullmann, Oscar: Der *Staat* im Neuen Testament, Tübingen 1961².

– : Die *Bedeutung* der Zelotenbewegung für das Neue Testament, in: ders., Vorträge und Aufsätze 1925–1962, hg. v. Fröhlich, Karlfried, Tübingen / Zürich 1966, S. 292–302.

– : *Jesus* und die Revolutionären seiner Zeit. Gottesdienst, Gesellschaft, Politik, Tübingen 1970.

van Daalen, D. H.: Some *Observations* on Mark 12,24–27, TU 102 (1968), S. 241–5.

Dalman, Gustaf: Arbeit und Sitte in Palästina Bd. II + IV (SDPI 5 + 7), Gütersloh 1932+1935 (AuS).

– : Die *Worte* Jesu. Mit Berücksichtigung des nachkanonischen jüdischen Schrifttums und der aramäischen Sprache. Bd. I Einleitung und wichtige Begriffe. Mit Anhang: A. Das Vaterunser. B. Nachträge und Berichtigungen, Leipzig 1930, Nachdr. Darmstadt 1965.

Daniel, Constantin: Les ‚*Hérodiens*‘ du Nouveau Testament sont-ils des Esséniens?, RdQ 6 (1967), S. 31–53.

– : Nouveaux *Arguments* en faveur de l'Identification des Hérodiens et des Esséniens, RdQ 7 (1969), S. 397–402.

Daube, David: On Acts 23: *Sadducees* and Angels, JBL 109 (1990), S. 493–7.

– : The *New Testament* and Rabbinic Judaism (JLCR 1952), London 1956.

Davis, Michael T./Stuckenbruck, Loren T.: *Notes* on Translation Phenomena in the Palmyrene Bilinguals, in: Intertestamental Essays, FS Milik, Jozef T., ed. by Kapera, Zdzislaw J. (Qumranica Mogilanensia 6), Krakow 1992, S. 265–83.

Deichgräber, Reinhard: *Gotteshymnus* und Christushymnus in der frühen Christenheit. Untersuchungen zu Form, Sprache und Stil der frühchristlichen Hymnen (StUNT 5), Göttingen 1967.

Derrett, J. Duncan M.: *Law* in the New Testament, London 1970.

– : ‚The *Stone* that the Builders Rejected‘, in: ders., Studies in the New Testament Vol. II, Leiden 1978, S. 60–7.

Dessau, Hermann: Der *Steuertarif* von Palmyra, Hermes 19 (1884), S. 486–533.

– : Geschichte der röm. *Kaiserzeit* Bd. II,1, Berlin 1926.

Dewey, Joanna: Markan *Public Debate*: Literary Technique, Concentric Structure, and Theology in Mark 2:1–3:6 (SBLDS 48), Chico 1980.

Dibelius, Martin: Die Formgeschichte des Evangeliums, hg. v. Bornkamm, Günter, mit einem erweiterten Nachwort von Iber, Gerhard, 3. Nachdr. Tübingen 1971[6] (FE).

– : *Rom* und die Christen im ersten Jahrhundert, in: Klein, Richard (Hg.), Das frühe Christentum im Römischen Staat (WdF CCLXVII), Darmstadt 1971, S. 47–105.

Diezinger, Walter: Zum *Liebesgebot* Mk XII, 28–34 und Parr, NT XX (1978), S. 81–3.

Dihle, Anton: Der *Kanon* der zwei Tugenden (VAFLNW.G 114), Köln/Opladen 1968.

von Dobschütz, Ernst: Zur *Erzählerkunst* des Markus, ZNW 27 (1928), S. 193–8.

Dodd, C. H.: The *Parables* of the Kingdom, London 1961, Repr. 1965.

Dohmen, Christoph: Das *Bilderverbot*. Seine Entstehung und seine Entwicklung im Alten Testament (BBB 62), Königstein/Bonn 1985.

von Domaszewski, Alfred: Die *Fahnen* im römischen Heere (AAES 5), Wien 1885.

Dombois, Hans: Juristische *Bemerkungen* zum Gleichnis von den bösen Weingärtnern (Mk. 12,1–12), NZSTh 8 (1966), S. 361–73.

Donahue, John R.: A Neglected *Factor* in the Theology of Mark, JBL 101 (1982), 563–94.

– : Are You the *Christ*? The Trial Narrative in the Gospel of Mark (SBLDS 10), Missoula 1973.

– : The *Gospel* in Parable. Metaphor, Narrative and Theology in the Synoptic Gospels, Philadelphis 1988.

Dormandy, Richard/Hall, Ridley: Hebrews 1:1–2 and the *Parable* of the Wicked Husbandmen, ET 100 (1988/9), S. 371–5.

Dormeyer, Detlef: Die *Passion* Jesu als Verhaltensmodell. Literarische und theologische Analyse der Traditions- und Redaktionsgeschichte der Markuspassion (NTA 11), Münster 1974.

Downing, F. Gerald: The *Resurrection* of the Dead: Jesus and Philo, JSNT 15 (1982), S. 42–50.

Dreyfus, F.: *L'argument* scripturaire de Jésus en faveur de la resurrection des morts, RB 66 (1959), S. 213–24.

Drijvers, Hendrik J. W.: *Hatra*, Palmyra und Edessa. Die Städte der syrisch-mesopotamischen Wüste in politischer, kulturgeschichtlicher und religionsgeschichtlicher Beleuchtung, in: ANRW II 8 (1975), S. 799–906.

Dschulnigg, Peter: *Sprache*, Redaktion und Intention des Markus-Evangeliums. Eigentümlichkeiten der Sprache des Markus-Evangeliums und ihre Bedeutung für die Redaktionskritik (SBB 11), Stuttgart 1984.

– : Rabbinische *Gleichnisse* und das Neue Testament. Die Gleichnisse der PesK im Vergleich mit den Gleichnissen Jesu und dem Neuen Testament (JudChr 12), Bern u.a. 1988.

Easton, Burton S.: *Christ* in the Gospels, New York/London 1930.

– : A Primitive *Tradition* in Mark, in: Studies in Early Christianity, ed. by Case, Shirley J., New York/London 1928, S. 83–101.

Ebersohn, Michael: Das *Nächstenliebegebot* in der Synoptischen Tradition (MThSt 37), Marburg 1993.

Ebertz, Michael N.: Das *Charisma* des Gekreuzigten. Zur Soziologie der Jesusbewegung (WUNT 45), Tübingen 1987.

Eck, Otto: *Urgemeinde* und Imperium. Ein Beitrag zur Frage nach der Stellung des Urchristentums zum Staat (BFChTh 42/3), Gütersloh 1940.

Elbogen, Ismar: Die *Religionsanschauungen* der Pharisäer mit besonderer Berücksichtigung der Begriffe Gott und Mensch, in: Zweiundzwanzigster Bericht über die Lehranstalt für die Wissenschaft des Judenthums in Berlin erstattet vom Curatorium, Berlin 1904, S. 1–88.

Ellis, E. Earle: Biblical *Interpretation* in the New Testament Church, in: Mikra. Text, Translation, Reading and Interpretation of the Hebrew Bible in Ancient Judaism and Early Christianity, ed. by Mulder, Martin J. (CRI 2), Assen/Philadelphia 1988, S. 691–725.

– : *Jesus*, the Sadducees and Qumran, NTS 10 (1963/64), S. 274–9.

– : The *Old Testament* in Early Christianity. Canon and Interpretation in the Light of Modern Research (WUNT 54), Tübingen 1991.

Erlemann, Kurt: Das *Bild* Gottes in den synoptischen Gleichnissen (BWANT 126), Stuttgart/Berlin/Köln/Mainz 1988.

Ernst, Josef: *Johannes* der Täufer. Interpretation – Geschichte – Wirkungsgeschichte (BZNW 53), Berlin/New York 1989.

Evans, Craig A.: On the *Vineyard* Parables of Isaiah 5 and Mark 12, BZ 28 (1984), S. 82–6.

Farmer, William R.: *Maccabees*, Zealots, and Josephus. An Inquiry into Jewish Nationalism in the Greco-Roman Period, New York 1956.

Fascher, Erich: *Anastasis* – Resurrectio – Auferstehung. Eine programmatische Studie zum Thema ‚Sprache und Offenbarung‘, ZNW 40 (1941), S. 166–229.

Fichtner, Johannes: Der *Begriff* des ‚Nächsten‘ im Alten Testament mit einem Ausblick auf Spätjudentum und Neues Testament, WuD 4 (1955), S. 23–52.

– : Art. πλήσιον, ThWNT VI (1959), S. 309–14.

Finkelstein, Louis: The *Pharisees*. The Sociological Background of Their Faith 2 vols. (The Morris Loeb Series), Philadelphia 1962³.

Fischer, Ulrich: *Eschatologie* und Jenseitserwartung im hellenistischen Diasporajudentum (BZNW 44), Berlin/New York 1978.

Fitzmyer, Joseph A.: The *Contribution* of Qumran Aramaic to the Study of the New Testament, in: ders., A Wandering Aramean. Collected Aramaic Essays (SBL.MS 25), Chico 1979, S. 85–113.

Foerster, Werner: Art. ἔξεστιν κτλ., ThWNT II (1935), S. 557–72.

– : Art. εὐσεβής κτλ., ThWNT VII (1964), S. 175–84.

– : Art. κληρονόμος κτλ., ThWNT III (1938), S. 776–86.

Fohrer, Georg: Art. Σιών κτλ., ThWNT VII (1964), S. 291–318.

Frank, Tenney: ‚*Dominium* in Solo Provinciali‘ and ‚Ager Publicus‘, JRS 17 (1927), S. 141–61.

Frankemölle, Hubert: Hat *Jesus* sich selbst verkündet? Christologische Implikationen in den vormarkinischen Parabeln, BiLe 13 (1972), S. 184–207.

Freud, Sigmund: Der *Witz* und seine Beziehung zum Unbewußten (Gesammelte Werke 6), London 1969⁴.

Friedrich, Gerhard: Ein *Tauflied* hellenistischer Judenchristen. 1. Thess 1,9 f., ThZ 21 (1965), S. 502–16.

Fuks, Gideon: Again on the *Episode* of the Gilded Roman Shields at Jerusalem, HThR 75 (1982), S. 503–7.

Fuller, Reginald H.: Das *Doppelgebot* der Liebe. Ein Testfall für die Echtheitskriterien der Worte Jesu, in: Jesus Christus in Historie und Theologie, FS Hans Conzelmann, hg. v. Strecker, Georg, Tübingen 1975, S. 317–29.

Funk, Robert W.: Die *Struktur* der erzählenden Gleichnisse Jesu, in: Die neutestamentliche Gleichnisforschung im Horizont von Hermeneutik und Literaturwissenschaft, hg. v. Harnisch, Wolfgang (WdF 575), Darmstadt 1982, S. 224–47.

Furnish, Victor P.: The *Love Command* in the New Testament, Nashville/New York 1972.

Gadamer, Hans-Georg: *Wahrheit* und Methode. Grundzüge einer philosophischen Hermeneutik, Tübingen 1965².

Gardner, Richard B.: Jesus’ *Appraisal* of John the Baptist. An Analysis of the Sayings of Jesus Concerning John the Baptist in the Synoptic Tradition, Bamberg 1973.

Geiger, Abraham: *Urschrift* und Übersetzungen der Bibel in ihrer Abhängigkeit von der inneren Entwickelung des Judenthums, Breslau 1857.

Georgi, Dieter: Die *Gegner* des Paulus im 2. Korintherbrief. Studien zur religiösen Propaganda in der Spätantike (WMANT 11), Neukirchen-Vluyn 1964.

– : Die Geschichte der *Kollekte* des Paulus für Jerusalem (ThF XXXVIII), Hamburg 1965.

Gerhardsson, Birger: *Memory* and Manuscript. Oral Tradition and Written Transmission in Rabbinic Judaism and Early Christianity (ASNU XXII), Uppsala 1961.

Gesche, Helga: Die *Vergottung* Caesars, in: Wlosok, Antonie (Hg.), Römischer Kaiserkult (WdF CCCLXXII), Darmstadt 1978, S. 368–74.

Gese, Hartmut: Die _Herkunft_ des Herrenmahls, in: ders., Zur biblischen Theologie. Altestamentliche Vorträge (BEvTh 78), München 1977, S. 107–27.

–: Die _Sühne_, in: ders., Zur biblischen Theologie. Alttestamentliche Vorträge (BEvTh 78), München 1977, S. 85–106.

–: Der _Name_ Gottes im Alten Testament, in: Der Name Gottes, hg. v. Stietencron, Heinrich, Düsseldorf 1975, S. 75–89.

–: _Psalm 50_ und das alttestamentliche Gesetzesverständnis, in: Rechtfertigung, FS Käsemann, Ernst, hg. v. Friedrich, Johannes u. a., Tübingen/Göttingen 1976, S. 57–77.

Gesenius, Wilhelm: Von den _Quellen_ der hebräischen Wortforschung nebst einigen Regeln und Beobachtungen über den Gebrauch derselben, in: ders., Hebräisches und chaldäisches Handwörterbuch über das Alte Testament, Leipzig 1863[6], S. II–XX-XIX.

Giblin, Charles H.: ‚The _Things_ of God‘ in the question concerning tribute to Caesar (Lk 20:25; Mk 12:17; Mt 22:21), CBQ XXXIII (1971), S. 510–27.

Ginzberg, Louis: Eine unbekannte jüdische _Sekte_, Erster T., New York 1922, Nachdr. Hildesheim/New York 1972.

Gladigow, Burkhard: Art. Gottesnamen (Gottesepitheta) I (allgemein), RAC 11 (1981), Sp. 1202–38.

Glombitza, Otto: _Erwägungen_ zum kunstvollen Ansatz der Paraenese im Brief an die Hebräer – X 19–25, NT IX (1967), S. 132–50.

Göbl, Robert: Antike _Numismatik_ 2 Bde., München 1958.

–: _Einführung_ in die Münzprägung der römischen Kaiserzeit, Wien 1957.

Gollinger, Hildegard: ‚Wenn einer stirbt, lebt er dann wieder auf?‘ (Ijob 14,14). Zum alttestamentlich-jüdischen _Hintergrund_ der Deutung der dem Kreuzestod nachfolgenden Erfahrung der Jünger mit dem Bekenntnis zur Auferweckung Jesu, in: Auferstehung Jesu – Auferstehung der Christen. Deutungen des Osterglaubens, hg. v. Oberlinner, Lorenz (QD 105), Freiburg/Basel/Wien 1986, S. 11–38.

Goodenough, Erwin R.: Jewish _Symbols_ in the Graeco-Roman Period Vol. 4 (BS XXXVII), New York 1954.

–: The Rabbis and Jewish _Art_ in the Greco-Roman Period, HUCA 32 (1961), S. 269–79.

Goppelt, Leonhard: Die _Freiheit_ zur Kaisersteuer. Zu Mk. 12,17 und Röm. 13,1–7, in: ders., Christologie und Ethik. Aufsätze zum Neuen Testament, Göttingen 1968, S. 208–19.

–: _Typos._ Die typologische Deutung des Alten Testaments im Neuen. Anhang: Apokalyptik und Typologie bei Paulus, Gütersloh 1939, Nachdr. Darmstadt 1981.

Graffy, Adrian: The Literary _Genre_ of Isaiah 5,1–7, Bib 60 (1979), S. 400–7.

Grant, Robert M.: _Christen_ als Bürger im Römischen Reich (Sammlung Vandenhoeck), Göttingen 1981.

Gräßer, Erich: Hebräer 1,1–4. Ein exegetischer _Versuch_, in: ders., Text und Situation. Gesammelte Aufsätze zum Neuen Testament, Gütersloh 1973, S. 182–228.

Greßmann, Hugo: Der _Eckstein_, PJ 6 (1910), S. 38–45.

Grimm, Gunter: _Rezeptionsgeschichte._ Grundlegung einer Theorie. Mit Analysen und Bibliographie, München 1977.

Grundmann, Walter: Das palästinensische _Judentum_ im Zeitraum zwischen der Erhebung der Makkabäer und dem Ende des Jüdischen Krieges, in: Leipold, Johannes/ders. (Hg.), Umwelt des Urchristentums Bd. I, Berlin 1971[3], S. 143–291.

–: Art. δύναμαι κτλ., ThWNT II (1935), S. 286–318.

Gubler, Marie-Louise: Die frühesten *Deutungen* des Todes Jesu. Eine motivgeschichtliche Darstellung aufgrund der neueren exegetischen Forschung (OBO 15), Freiburg/Göttingen 1977.

Gunneweg, Antonius H. J.: Das Buch Baruch, *Einleitung*, in: JSHRZ III/2 (1975), S. 165–70.

– : *Geschichte* Israels bis Bar Kochba (ThW 2), Stuttgart u. a. 1984⁵.

Gutmann, Joseph: The ‚Second *Commandment*‘ and the Image in Judaism, HUCA 32 (1961), S. 161–74.

Guttmann, Alexander: Rabbinic *Judaism* in the Making. A Chapter in the History of the Halakhah from Esra to Judah Bd. I, Detroit 1970.

Haacker, Klaus: *Elemente* des heidnischen Antijudaismus im Neuen Testament, EvTh 48 (1988), S. 404–18.

– : *Kaisertribut* und Gottesdienst (Eine Auslegung von Mk 12,13–17), ThBeitr 17 (1986), S. 285–92.

– : Neutestamentliche *Wissenschaft*. Einführung in Fragestellungen und Methoden, Wuppertal 1981.

Habicht, Christian: 2. Makkabäerbuch, *Einleitung*, in: JSHRZ I/3 (1976), S. 167–98.

Hahn, Ferdinand: Christologische *Hoheitstitel*. Ihre Geschichte im frühen Christentum (FRLANT 83), Göttingen 1963.

– : Das Verständnis der *Mission* im Neuen Testament (WMANT 13), Neukirchen-Vluyn 1963.

– : Das *Verständnis* des Opfers im Neuen Testament, in: Das Opfer Jesu Christi und seine Gegenwart in der Kirche. Klärungen zum Opfercharakter des Herrenmahles, hg. v. Lehmann, Karl/Schlink, Edmund (DiKi 3), Freiburg/Göttingen 1983, S. 51–91.

– : Die *Formgeschichte* des Evangeliums. Voraussetzungen, Ausbau und Tragweite, in: ders. (Hg.), Zur Formgeschichte des Evangeliums (WdF LXXXI), Darmstadt 1985, S. 427–77.

– : Einige *Überlegungen* zu gegenwärtigen Aufgaben der Markusinterpretation, in: ders. (Hg.), Der Erzähler des Evangeliums. Methodische Neuansätze in der Markusforschung (SBS 118/119), Stuttgart 1985, S. 171–97.

– : Methodologische Überlegungen zur *Rückfrage* nach Jesus, in: Rückfrage nach Jesus. Zur Methodik und Bedeutung der Frage nach dem historischen Jesus (QD 63), hg. v. Kertelge, Karl, Freiburg/Basel/Wien, S. 11–77.

Hahn, Reinhart: Die *Allegorie* in der antiken Rhetorik, Tübingen 1967.

Halbe, Jörn: Das *Privilegrecht* Jahwes Ex 34,10–26. Gestalt und Wesen, Herkunft und Wirken in vordeuteronomischer Zeit (FRLANT 114), Göttingen 1975.

– : ‚*Gemeinschaft*, die Welt unterbricht‘. Grundfragen und -inhalte deuteronomistischer Theologie und Überlieferungsbildung im Lichte der Ursprungsbedingungen alttestamentlichen Rechts, in: Das Deuteronomium. Entstehung, Gestalt und Botschaft, hg. v. Lohfink, Norbert (BEThL LXVIII), Löwen 1985, S. 55–75.

Hammer, Paul L.: The *Understanding* of Inheritance (ΚΛΑΡΟΝΟΜΙΑ) in the New Testament (Diss. masch.), Heidelberg 1958.

Hanslik, Rudolf: Art. Germanicus, KP 2 (1975), Sp. 767–70.

Hare, D. R. A.: The Lives of the Prophets. *Introduction*, in: OTP 2 (1985), S. 379–84.

Harnisch, Wolfgang: Der bezwingende *Vorsprung* des Guten. Zur Parabel von den bösen Winzern (Markus 12,1 ff. und Parallelen), in: Weder, Hans (Hg.), Die Sprache der Bilder. Gleichnis und Metapher in Literatur und Theologie (Zeitzeichen 4), Gütersloh 1989, S. 22–38.

–: Die *Gleichniserzählungen* Jesu. Eine hermeneutische Einführung, Göttingen 1985.

Hart, H. St. J.: The *coin* of ‚Render unto Caesar ...' (A note on some aspects of Mark 12: 13–17; Matt. 22: 15–22; Luke 20: 20–26), in: Bammel, Ernst/Moule, C. F. D. (Ed.), Jesus and the Politics of His Day, Cambridge 1984, S. 241–8.

Hasslberger, Bernhard: *Hoffnung* in der Bedrängnis. Eine formkritische Untersuchung zu Dan 8 und 10–12 (ATSAT 4), St. Ottilien 1977.

Hegel, Georg W. F.: *Vorlesungen* über die Aesthetik Bd. I (Sämtliche Werke 12), Stuttgart 1964⁴.

Heichelheim, F. M.: Roman *Syria*, in: Frank, Tenney (Ed.), An Economic Survey of Ancient Rome Vol. IV, Baltimore 1938, S. 121–57.

Heiligenthal, Roman: Art. *Freiheit* II. Judentum, II/1. Frühjudentum, TRE 11 (1983), S. 498–502.

Heininger, Bernhard: *Metaphorik*, Erzählstruktur und szenisch-dramatische Gestaltung in den Sondergutgleichnissen bei Lukas (NTA N.F. 24), Münster 1991.

Hengel, Martin: Christus und die *Macht*. Die Macht Christi und die Ohnmacht der Christen. Zur Problematik einer ‚Politischen Theologie' in der Geschichte der Kirche, Stuttgart 1974.

–: Das *Gleichnis* von den Weingärtnern. Mc 12,1–12 im Lichte der Zenonpapyri und der rabbinischen Gleichnisse, ZNW 59 (1968), S. 1–39.

–: Der stellvertretende *Sühnetod* Jesu. Ein Beitrag zur Entstehung des urchristlichen Kerygmas, IKaZ 9 (1980), S. 1–25.135–47.

–: Die *Zeloten*. Untersuchungen zur jüdischen Freiheitsbewegung in der Zeit von Herodes I. bis 70 n.Chr (AGJU 1), Leiden/Köln 1976².

–: *Entstehungszeit* und Situation des Markusevangeliums, in: Markus-Philologie. Historische, literargeschichtliche und stilistische Untersuchungen zum zweiten Evangelium, hg. v. Cancik, Hubert (WUNT 33), Tübingen 1984, S. 1–45.

–: Jesus und die *Tora*, ThBeitr 9 (1978), S. 152–72.

–: *Judentum* und Hellenismus. Studien zu ihrer Begegnung unter besonderer Berücksichtigung Palästinas bis zur Mitte des 2. Jh.v.Chr. (WUNT 10), Tübingen 1973².

–: *Nachfolge* und Charisma. Eine exegetisch-religionsgeschichtliche Studie zu Mt 8,21 f. und Jesu Ruf in die Nachfolge (BZNW 34), Berlin 1968.

–: *Probleme* des Markusevangeliums, in: Das Evangelium und die Evangelien. Vorträge vom Tübinger Symposium 1982, hg. v. Stuhlmacher, Peter (WMUNT 28), Tübingen 1983, S. 221–65.

–: *Proseuche* und Synagoge. Jüdische Gemeinde, Gotteshaus und Gottesdienst in der Diaspora und in Palästina, in: Tradition und Glaube. Das frühe Christentum in seiner Umwelt, FS Kuhn, Karl G., hg. v. Jeremias, Gert u. a., Göttingen 1971, S. 157–84.

–: War *Jesus* Revolutionär?, Stuttgart 1970.

–: Zeloten und *Sikarier*. Zur Frage nach der Einheit und Vielfalt der jüdischen Befreiungsbewegung 6 –74 nach Christus, in: Josephus-Studien. Untersuchungen zu Josephus, dem antiken Judentum und dem Neuen Testament, FS Michel, Otto, hg. v. Betz, Otto u. a., Göttingen 1974, S. 175–96.

van Henten, Jan W.: Das jüdische *Selbstverständnis* in den ältesten Martyrien, in: ders. (Hg.), Die Entstehung der jüdischen Martyrologie (StPB XXXVIII), Leiden/New York/Kopenhagen/Köln 1989, S. 127–61.

Herrmann, Johannes: *Studien* zur Bodenpacht im Recht der Graeco-aegyptischen Papyri (MBPF 41), München 1958.

Herter, H.: Die *Soziologie* der antiken Prostitution im Lichte des heidnischen und christlichen Schrifttums, JAC 3 (1960), S. 70–111.

Hester, James D.: Paul's *Concept* of Inheritance. A Contribution to the Understanding of Heilsgeschichte (SJTh.OP 14), Edinburgh/London 1968.

Hiesinger, Ulrich W.: *Portraiture* in the Roman Republic, in: ANRW I 4 (1973), S. 805–25.

Hill, David: On the *Use* and Meaning of Hosea VI.6 in Matthew's Gospel, NTS XXIV (1978), S. 107–19.

Höffken, Peter: *Probleme* in Jesaja 5,1–7, ZThK 79 (1982), S. 392–410.

Hoehner, Harold W.: *Herod* Antipas (MSSNTS 17), Cambridge 1972.

Hölscher, Gustav: Der *Sadduzäismus*. Eine kritische Untersuchung zur späteren jüdischen Religionsgeschichte, Leipzig 1906.

Hoffmann, Paul: Art. *Auferstehung* I/3 Neues Testament, TRE 4 (1979), S. 450–67.

– : Die *Toten* in Christus. Eine religionsgeschichtliche und exegetische Untersuchung zur paulinischen Eschatologie (NTA N.F. 2), Münster 1978³.

– : *Mk 8,31*. Zur Herkunft und markinischen Rezeption einer alten Überlieferung, in: Orientierung an Jesus. Zur Theologie der Synoptiker, FS Schmid, Josef, hg. v. dems., Freiburg/Basel/Wien 1973, S. 170–204.

Hofius, Otfried: Der *Christushymnus* Philipper 2,6–11. Untersuchungen zu Gestalt und Aussage eines urchristlichen Psalms (WUNT 17), Tübingen 1991².

– : *Vergebungszuspruch* und Vollmachtsfrage. Mk 2,1–12 und das Problem priesterlicher Absolution im antiken Judentum, in: ‚Wenn nicht jetzt, wann dann?' Aufsätze für Hans-Joachim Kraus hg. v. Geyer, Hans-Georg u.a., Neukirchen-Vluyn 1983, S. 115–27.

Horsley, Richard A.: Ancient Jewish *Banditry* and the Revolt against Rome, A.D. 66–70, CBQ 43 (1981), S. 409–32.

– : *Jesus* and the Spiral of Violence. Popular Jewish Resistance in Roman Palestine, 1987, Nachdr. Mineapolis 1993.

– : *Josephus* and the Bandits, JSJ X (1979), S. 37–63.

– : The *Zealots*. Their Origin, Relationships and Importance in the Jewish Revolt, NT XXVIII (1986), S. 159–92.

Horsley, Richard A./Hanson, John S.: *Bandits*, Prophets, and Messiahs. Popular Movements in the Time of Jesus (New Voices in Biblical Studies), Minneapolis/Chicago/New York 1985.

Horstmann, Maria: *Studien* zur markinischen Christologie. Mk 8,27 – 9,13 als Zugang zum Christusbild des zweiten Evangeliums (NTA 6), Münster 1973².

Hossfeld, Frank L./Meyer, Ivo: *Prophet* gegen Prophet. Eine Analyse der alttestamentlichen Texte zum Thema: Wahre und falsche Propheten (BiBe 9), Fribourg 1973.

Howard, Virgil P.: Das *Ego* Jesu in den synoptischen Evangelien. Untersuchungen zum Sprachgebrauch Jesu (MThSt 14), Marburg 1975.

Howe, Allan H.: The Teaching *Jesus* Figure in the Gospel of Mark: A Redaction-Critical Study in Markan Christology, Ann Arbor 1979.

Hubaut, Michel: La *parabole* des vignerons homicides (CRB 16), Paris 1976.

Hübner, Hans: Biblische *Theologie* des Neuen Testaments Bd. 1, Göttingen 1990.

Hultgren, Arland J.: *Jesus* and His Adversaries. The Form and Function of the Conflict Stories in the Synoptic Tradition, Minneapolis 1979.

– : The Double *Commandment* of Love in Mt 22:34–40. Its Sources and Compositions, CBQ 36 (1974), S. 373–8.

408   *Literaturverzeichnis*

Hunter, A. M.: Interpreting the *Parables*, London 1960.

Hunzinger, Claus-Hunno: Art. *Bann* II. Frühjudentum und Neues Testament, TRE 5 (1980), S. 161–7.

van Iersel, B. M. F.: ‚Der *Sohn*‘ in den synoptischen Jesusworten. Christusbezeichnung der Gemeinde oder Selbstbezeichnung Jesu? (NT.S III), Leiden 1964[2].

Instone Brewer, David: *Techniques* and Assumptions in Jewish Exegesis before 70 CE (TSAJ 30), Tübingen 1992.

Ireland, William J.: ‚By what *Authority*?‘: Toward the Construction of a Symbolic World in Mark, o. O. 1987.

Iser, Wolfgang: Der *Akt* des Lesens. Theorie ästhetischer Wirkung, München 1976.

Janssen, Enno: Testament Abrahams. *Einleitung*, in: JSHRZ III/2 (1980), S. 194–204.

Janowski, Bernd: *Sühne* als Heilsgeschehen. Studien zur Sühnetheologie der Priesterschrift und zur Wurzel KPR im Alten Orient und im Alten Testament (WMANT 55), Neukirchen-Vluyn 1982.

Janzen, J. Gerald: *Resurrection* and Hermeneutics: On Exodus 3.6 in Mark 12.26, JSNT 23 (1985), S. 43–58.

Jeremias, Joachim: Der *Eckstein*, Angelos I (1925), S. 65–70.

–: Die *Gleichnisse* Jesu, Göttingen 1970[8].

–: Art. γραμματεύς, ThWNT I (1933), S. 740–2.

–: Art. γωνία κτλ., ThWNT I (1933), S. 792 f.

–: *Jerusalem* zur Zeit Jesu. Eine kulturgeschichtliche Untersuchung zur neutestamentlichen Zeitgeschichte, Göttingen 1962[3].

–: Κεφαλὴ γωνίας – Ἀκρογωνιαῖος, ZNW 29 (1930), S. 264–80.

–: Art. λίθος κτλ., ThWNT IV (1942), S. 272–83.

–: Neutestamentliche *Theologie*. Erster T. Die Verkündigung Jesu, Gütersloh 1979[3].

Jeremias, Gert: Der *Lehrer* der Gerechtigkeit (StUNT 2), Göttingen 1963.

Johnson, M. D.: Life of Adam and Eve. *Introduction*, in: OTP 2, (1985), S. 249–57.

Jones, A. H. M.: *Studies* in Roman Government and Law, Oxford 1960.

Jones, Geraint V.: The *Art* and Truth of the Parables. A Study in their Literary Form and Modern Interpretation, London 1964.

de Jonge, Marinus: *Josephus* und die Zukunftserwartungen seines Volkes, in: Josephus-Studien. Untersuchungen zu Josephus, dem antiken Judentum und dem Neuen Testament, FS Michel, Otto, hg. v. Betz, Otto u. a., Göttingen 1974, S. 205–19.

–: *Test. Benjamin 3:8* and the Picture of Joseph as ‚a Good and Holy Man‘, in: Die Entstehung der jüdischen Martyrologie, hg. v. van Henten, Jan W. (StPB XXXVIII), Leiden/New York/Kopenhagen/Köln 1989, S. 204–14.

Jülicher, Adolf: Die *Gleichnisreden* Jesu, Tübingen 1910, Nachdr. 2 T. in einem Bd. Darmstadt 1969.

–: *Einleitung* in das Neue Testament, neubearbeitet in Verbindung mit Fascher, Erich (GThW III Bd. 1), Tübingen 1931[7].

Käsemann, Ernst: *Römer* 13,1–7 in unserer Generation, ZThK 56 (1959), S. 316–76.

Kappelmacher, Alfred: Art. C. Licinius Mucianus, PRE 25. Halbbd. (1926), Sp. 436–43.

Kaser, Max: Römisches *Privatrecht*. Ein Studienbuch (Kurslehrbücher für das juristische Studium), München/Berlin 1966[5].

Kato, Zenji: Die *Völkermission* im Markusevangelium. Eine redaktionsgeschichtliche Untersuchung (EHS.T 252), Bern/Frankfurt a.M./New York 1986.

Kazmierski, Carl R.: *Jesus*, the Son of God. A Study of the Markan Tradition and its Redaction by the Evangelist (fzb 33), Würzburg 1982[2].

Kealy, Sean P.: Mark's *Gospel*: A History of Its Interpretation. From the Beginning Until 1979, New York 1982.

Kegel, Günter: *Auferstehung* Jesu – Auferstehung der Toten. Eine traditionsgeschichtliche Untersuchung zum Neuen Testament, Gütersloh 1970.

Kelber, Werner H.: *Markus* und die mündliche Tradition, LingBibl 45 (1979), S. 5–58.

Kellermann, Ulrich: *Auferstanden* in den Himmel. 2 Makkabäer 7 und die Auferstehung der Märtyrer (SBS 95), Stuttgart 1979.

– : Das *Danielbuch* und die Märtyrertheologie der Auferstehung. Erwägungen, in: Die Entstehung der jüdischen Martyrologie, hg. v. van Henten, Jan W. (StPB XXXVIII), Leiden/New York/Kopenhagen/Köln 1989, S. 51–75.

Kennard, J. Spencer: *Judas* of Galilee and his Clan, JQR 36 (1945/6), S. 281–6.

– : *Render* to God. A Study of the Tribute Passage, New York 1950.

Kertelge, Karl: Das *Doppelgebot* der Liebe im Markusevangelium, in: A Cause de L'Évangile, FS Dupont, P. Jacques (LeDiv 123), o. O. 1985, S. 303–22.

Kiilunen, Jarmo: Das *Doppelgebot* der Liebe in synoptischer Sicht. Ein redaktionskritischer Versuch über Mk 12,28–34 und die Parallelen (AASFB 250), Helsinki 1989.

– : Die *Vollmacht* im Widerstreit. Untersuchungen zum Werdegang von Mk 2,1–3,6 (AASF.DHL 40), Helsinki 1985.

Kingsbury, Jack D.: *Conflict* in Mark. Jesus, Authorities, Disciples, Minneapolis 1989.

– : The *Gospel* of Mark in Current Research, RelStRev 5 (1979), S. 101–7.

Kippenberg, Hans G.: *Religion* und Klassenbildung im antiken Judäa. Eine religionssoziologische Studie zum Verhältnis von Tradition und gesellschaftlicher Entwicklung (StUNT 14), Göttingen 1978.

Kittel, Gerhard: *Christus* und Imperator. Das Urteil der Ersten Christenheit über den Staat, Stuttgart/Berlin 1939.

– : Das *Urteil* des Neuen Testamentes über den Staat, ZSTh 14 (1937), S. 651–80.

Kittel, Ronald A.: *John* the Baptist in the Gospel According to Mark, Berkeley 1977.

Klauck, Hans-Josef: *Allegorie* und Allegorese in synoptischen Gleichnistexten (NTA NF 13), Münster 1978.

– : Das *Gleichnis* vom Mord im Weinberg (Mk 12,1–12; Mt 21,33–46; Lk 20,9–19), BiLe 11 (1970), S. 118–45.

– : Die erzählerische *Rolle* der Jünger im Markusevangelium. Eine narrative Analyse, NT XXIV (1982), S. 1–26.

– : Neue *Beiträge* zur Gleichnisforschung, BiLe 13 (1972), S. 214–30.

Klein, Günter: Art. *Eschatologie* IV. Neues Testament, TRE 10 (1982), S. 270–99.

Kleinknecht, Hermann: Art. εἰκών, ThWNT II (1935), S. 380–7.

Kleinknecht, Karl Th.: Der leidende *Gerechtfertigte*. Die alttestamentlich-jüdische Tradition vom ‚leidenden Gerechten' und ihre Rezeption bei Paulus (WUNT 2.R. Bd. 13), Tübingen 1988[2].

Klemm, Hans G.: De *censu* caesaris. Beobachtungen zu J. Duncan M. Derretts Interpretation der Perikope Mk 12,13–17 par, NT XXIV (1982), S. 234–54.

– : Die *Gleichnisauslegung* Ad. Jülichers im Bannkreis der Fabeltheorie Lessings, ZNW 60 (1969), S. 153–74.

Klinghardt, Matthias: *Gesetz* und Volk Gottes. Das lukanische Verständnis des Gesetzes nach Herkunft, Funktion und seinem Ort in der Geschichte des Urchristentums (WUNT 2.R. Bd. 32), Tübingen 1988.

Klinzing, Georg: Die *Umdeutung* des Kultus in der Qumrangemeinde und im Neuen Testament (StUNT 7), Göttingen 1971.

Knox, Wilfred L.: The *Sources* of the Synoptic Gospels I, ed. by Chadwick, H., Cambridge 1953.

Koch, Dietrich-Alex: Inhaltliche *Gliederung* und geographischer Aufriß im Markusevangelium, NTS XXIX (1983), S. 145–66.

Koch, Klaus (unter Mitarbeit von Niewisch, Till/Tubach, Jürgen): Das Buch *Daniel* (EdF 144), Darmstadt 1980.

– : Die *Bedeutung* der Apokalyptik für die Interpretation der Schrift, in: Mitte der Schrift? Ein jüdisch-christliches Gespräch. Texte des Berner Symposions vom 6.–12. Januar 1985, hg. v. Klopfenstein, Martin u. a. (JudChr 11), Bern/Frankfurt a.M./New York/Paris, S. 185–215.

– : Is Daniel Also Among the *Prophets*?, Interp. 39 (1985), S. 117–30.

– : Zur *Geschichte* der Erwählungsvorstellung in Israel, ZAW 67 (1955), S. 205–26.

Kohler, K.: Art. Sadducees, JE X (1906), Sp. 630–3.

Konikoff, Carmel: The Second *Commandment* and its Interpretation in the Art of Ancient Israel, Genf 1973.

Kosch, Daniel: Die eschatologische *Tora* des Menschensohnes. Untersuchungen zur Rezeption der Stellung Jesu zur Tora in Q (NTOA 12), Göttingen 1989.

Kraeling, Carl H.: The *Episode* of the Roman Standards at Jerusalem, HThR 35 (1942), S. 263–89.

Krämer, Helmut: Art. γωνία κτλ., EWNT I (1980), Sp. 645–8.

Krauß, Samuel: Talmudische *Archäologie* Bd. II (GGJ), Leipzig 1911.

Kreißig, Heinz: Die sozialen *Zusammenhänge* des judäischen Krieges. Klassen und Klassenkampf im Palästina des 1. Jahrhunderts v. u. Z. (SGKA 1), Berlin 1970.

Kremer, Jacob: Jesu *Antwort* auf die Frage nach seiner Vollmacht. Eine Auslegung von Mk 11,27–33, BiLe 9 (1968), S. 128–36.

Kreuzer, Siegfried: Der lebendige *Gott*. Bedeutung, Herkunft und Entwicklung einer alttestamentlichen Gottesbezeichnung (BWANT 116), Stuttgart/Berlin/Köln/Mainz 1983.

Krieger, Klaus-Stefan: Die *Herodianer* im Markusevangelium – Ein neuer Versuch ihrer Identifizierung, BN 59 (1991), S. 49–56.

Kroll, J.: Die Sprüche des Sextus. *Einleitung* und Übersetzung, in: NtApo 1924², S. 625–43.

Kruse, Helmut: *Studien* zur offiziellen Geltung des Kaiserbildes im römischen Reiche (SGKA 19.Bd. 3.He.), Paderborn 1934.

Kubitschek, W.: Art. Census, PRE III/2 (1899), Sp. 1914–24.

Kuby, Alfred: Zur *Konzeption* des Markus-Evangeliums, ZNW 49 (1958), S. 52–64.

Küchler, Max: Frühjüdische *Weisheitstraditionen*. Zum Fortgang weisheitlichen Denkens im Bereich des frühjüdischen Jahweglaubens (OBO 26), Fribourg/Göttingen 1979.

– : Art. Jerusalem, NBL (1992), Sp. 294–324.

Kümmel, Werner G.: Adolf *Jülicher* (1857–1938). Theologe, Neutestamentler und Kirchenhistoriker, in: ders., Heilsgeschehen und Geschichte Bd. 2, hg. v. Gräßer, Erich/Merk, Otto (MThSt 16), Marburg 1978, S. 232–44.

– : Die älteste religiöse *Kunst* der Juden, in: ders., Heilsgeschehen und Geschichte. Gesammelte Aufsätze 1933–1964, hg. v. Gräßer, Erich u. a. (MThSt 3), Marburg 1965, S. 126–52.

– : Das *Gleichnis* von den bösen Weingärtnern (Mk 12,1–9), in: ders., Heilsgeschehen und Geschichte, hg. v. Gräßer, Erich u. a. (MThSt 3), Marburg 1965, S. 207–17.

– : Das literarische und geschichtliche *Problem* des Ersten Thessalonicherbriefes, in: ders., Heilsgeschehen und Geschichte, hg. v. Gräßer, Erich u. a. (MThSt 3), Marburg 1965, S. 406–16.

Künneth, Walter: Art. Kanon, TRE 17 (1988), S. 562–70.

Kuhn, Heinz-Wolfgang: Ältere *Sammlungen* im Markusevangelium (StUNT 8), Göttingen 1971.

– : *Enderwartung* und gegenwärtiges Heil. Untersuchungen zu den Gemeindeliedern von Qumran mit einem Anhang über Eschatologie und Gegenwart in der Verkündigung Jesu (StUNT 4), Göttingen 1966.

– : Zum *Problem* des Verhältnisses der markinischen Redaktion zur israelitisch-jüdischen Tradition, in: Tradition und Glaube. Das frühe Christentum in seiner Umwelt, FS Kuhn, Karl G., hg. v. Jeremias, Gert u. a., Göttingen 1971, S. 299–309.

Kuhn, Peter: *Bat Qol*. Die Offenbarungsstimme in der rabbinischen Literatur. Sammlung, Übersetzung und Kurzkommentierung der Texte (EichM Bd. 13, Abt. Philosophie und Theologie 5), Regensburg 1989.

Kurz, Gerhard: *Metapher*, Allegorie, Symbol, Göttingen 1988².

– : Zu einer *Hermeneutik* der literarischen Allegorie, in: Formen und Funktionen der Allegorie. Symposion Wolfenbüttel 1978, hg. v. Haug, Walter (Germanistische Symposien Berichtsbände III), Stuttgart 1979, S. 12–24.

Kuthirakkattel, Scaria: The *Beginning* of Jesus' Ministry According to Mark's Gospel (1,14–3,6): A Redaction Critical Study (AnBib 123), Rom 1990.

Lachs, Samuel T.: The *Pharisees* and Sadducees on Angels: A Reexamination of Acts XXIII.8, Gratz College Annual of Jewish Studies 6 (1977), S. 35–42.

Lambrecht, Jan: Die *Redaktion* der Markus-Apokalypse. Literarische Analyse und Strukturuntersuchung (AB 28), Rom 1967.

Lampe, Peter: Das korinthische *Herrenmahl* im Schnittpunkt hellenistisch-römischer Mahlpraxis und paulinischer Theologia Crucis (1 Kor 11,17–34), ZNW 82 (1991), S. 183–213.

Lang, Friedrich G.: *Kompositionsanalyse* des Markusevangeliums, ZThK 74 (1977), S. 1–24.

Lauterbach, Jakob Z.: A Significant *Controversy* Between the Sadducees and Pharisees, HUCA IV (1927), S. 173–205.

– : The *Pharisees* and Their Teachings, HUCA VI (1929), S. 69–139.

– : The *Sadducees* and Pharisees, in: ders., Rabbinic Essays, Cincinnati 1951, S. 23–48.

Lebram, J. C. H.: *Aspekte* der alttestamentlichen Kanonbildung, VT XVIII (1968), S. 173–89.

Lee, Marius Y.-H: *Jesus* und die jüdische Autorität. Eine exegetische Untersuchung zu Mk 11,27–12,12 (fzb 56), Würzburg 1986.

van der Leeuw, Geraldus: *Phänomenologie* der Religion (NTG), Tübingen 1956².

Leiman, Sid Z.: The *Canonization* of Hebrew Scripture: The Talmudic and Midrashic Evidence, Hamden 1976.

Lentzen-Deis, Fritzleo: Die *Taufe* Jesu nach den Synoptikern. Literarkritische und gattungsgeschichtliche Untersuchungen (FTS 4), Frankfurt a.M. 1970.

Leszynsky, Rudolf: Die *Sadduzäer*, Berlin 1912.

Lichtenberger, Hermann: *Studien* zum Menschenbild in Texten der Qumrangemeinde (StUNT 15), Göttingen 1980.

Lichtenstein, Hans: Die *Fastenrolle*. Eine Untersuchung zur jüdisch-hellenistischen Geschichte, HUCA VIII/IX (1931/32), S. 257–317.

Lieberman, Saul: *Hellenism* in Jewish Palestine. Studies in the Literary Transmission Beliefs and Manners of Palestine in the I Century B. C. E. – IV Century C. E. (TSJTSA XVIII), New York 1962.

Lightley, J. W.: Jewish *Sects* and Parties in the Time of Jesus, London 1925.

Lightstone, Jack: *Sadducees* Versus Pharisees. The Tannaaitic Sources, in: Neusner, Jacob (Ed.): Christianity, Judaism and other Greco-Roman Cults. Studies for Morton Smith p. 3 (SJLA 12), Leiden 1975, S. 206–17.

Limbeck, Meinrad: Von der *Ohnmacht* des Rechts. Untersuchungen zur Gesetzeskritik des Neuen Testaments (tP), o. O. 1972.

Lindner, Helgo: Die *Geschichtsauffassung* des Flavius Josephus im Bellum Judaicum. Gleichzeitig ein Beitrag zur Quellenlage (AGJU XII), Leiden 1972.

Linnemann, Eta: *Gleichnisse* Jesu. Einführung und Auslegung, Göttingen 1975[6].

Lipinski, E.: Art. נחל, ThWAT V (1986), Sp. 342–60.

von Lips, Hermann: *Glaube* – Gemeinde – Amt. Zum Verständnis der Ordination in den Pastoralbriefen (FRLANT 122), Göttingen 1979.

Liver, Jacob: The ‚*Sons* of Zadok the Priests‘ in the Dead Sea Sect, RQ 6 (1967–69), S. 3–30.

Loewe, Herbert: *Render* unto Caesar. Religious and Political Loyality in Palestine, Cambridge 1940.

Loftus, Francis: The Anti-Roman *Revolts* of the Jews and the Galileans, JQR 68 (1977), S. 78–98.

Lohfink, Norbert: Art. אחד, ThWAT 1 (1973), Sp. 210–28.

– : Das *Hauptgebot*. Eine Untersuchung literarischer Einleitungsfragen zu Dtn 5–11 (AnBibl 20), Rom 1963.

Lohmeyer, Ernst: Das *Gleichnis* von den bösen Weingärtnern (Mark 12,1–12), ZSTh 18 (1941), S. 242–59.

Lohse, Eduard: Die *Ordination* im Spätjudentum und im Neuen Testament, Göttingen 1951.

– : Jesu *Worte* über den Sabbat, in: Judentum, Urchristentum, Kirche, FS Jeremias, Joachim, hg. v. Eltester, Walther (BZNW 26), Berlin 1960, S. 79–89.

– : Art. προσωπολημψία κτλ., ThWNT VI (1959), S. 480 f.

– : Art. συνέδριον, ThWNT VII (1964), S. 858–69.

– : Art. υἱός κτλ., ThWNT VIII (1969), S. 358–63.

Lowe, Malcolm: From the *Parable* of the Vineyard to a Pre-Synoptic Source, NTS XXVIII (1982), S. 257–63.

Lüderitz, Gert: *Rhetorik*, Poetik, Kompositionstechnik im Markusevangelium, in: Cancik, Hubert (Hg.), Markus-Philologie. Historische, literargeschichtliche und stilistische Untersuchungen zum zweiten Evangelium (WUNT 33), Tübingen 1984, S. 165–203.

Lührmann, Dieter: Das *Markusevangelium* als Erzählung, EvErz 41 (1989), S. 212–22.

– : Die *Pharisäer* und die Schriftgelehrten im Markusevangelium, ZNW 78 (1987), S. 169–85.

Luz, Ulrich: Das *Jesusbild* der vormarkinischen Tradition, in: Jesus Christus in Historie und Theologie, FS Conzelmann, Hans, hg. v. Strecker, Georg, Tübingen 1975, S. 347–74.

– : *Markusforschung* in der Sackgasse?, ThLZ 105 (1980), Sp. 641–55.

Macholz, Christian: Das „Passivum divinum", seine *Anfänge* im Alten Testament und der „Hofstil", ZNW 81 (1990), S. 247–53.

Madsen, Iver K.: Die *Parabeln* der Evangelien und die heutige Psychologie, Kopenhagen/Leipzig 1936.

Maiberger, Paul: Das *Verständnis* von Psalm 2 in der Septuaginta, im Targum, in Qumran, im frühen Judentum und im Neuen Testament, in: Beiträge zur Psalmenforschung. Psalm 2 und 22, hg. v. Schreiner, Josef (fzb 60), Würzburg 1988, S. 85–151.

Maier, Gerhard: Der *Abschluß* des jüdischen Kanons und das Lehrhaus von Jabne, in: ders., Der Kanon der Bibel, Gießen/Basel 1990, S. 1–24.

– : *Mensch* und freier Wille. Nach den jüdischen Religionsparteien zwischen Ben Sira und Paulus (WUNT 12), Tübingen 1971.

Maier, Johann: Art. *Bilder* III. Judentum, TRE 6 (1980), 521–25.

– : Die alttestamentlich-jüdischen *Voraussetzungen* der Zelotenbewegung, BiKi 37 (1982), S. 82–9.

– : *Geschichte* der jüdischen Religion. Von der Zeit Alexander des Großen bis zur Aufklärung mit einem Ausblick auf das 19./20. Jahrhundert, Berlin/New York 1972.

– : Jüdische *Auseinandersetzung* mit dem Christentum in der Antike (EdF 177), Darmstadt 1982.

– : Zur *Frage* des biblischen Kanons im Frühjudentum im Licht der Qumranfunde, JBTh 3 (1988), S. 134–46.

Maier, Paul L.: The *Episode* of the Golden Roman Shields at Jerusalem, HThR 62 (1969), S. 109–21.

Makrides, Vasilios N.: *Considerations* on Mark 11:27–33 par., DBM 14 (1985), S. 43–55.

Malbon, Elisabeth St.: The Jewish *Leaders* in the Gospel of Mark. A Literary Study of Marcan Characterization, JBL 108 (1989), S. 259–81.

Mannsperger, Dietrich: ROM.ET AVG. Die *Selbstdarstellung* des Kaisertums in der römischen Reichsprägung, ANRW II 1 (1974), S. 919–96.

Marquardt, Joachim: Römische *Staatsverwaltung* Bd. II (Handbuch der Römischen Alterthümer 5), Leipzig 1876.

Marshall, Christopher D.: *Faith* as a theme in Mark's narrative (MSSNTS 64), Cambridge 1989.

Marucci, Corrado: Die implizite *Christologie* in der sogenannten Vollmachtsfrage (Mk 11,27–33), ZKT 108 (1986), S. 292–300.

Mason, Steve: Flavius *Josephus* on the Pharisees. A Composition-Critical Study (StPB XXXIX), Leiden/New York/Kopenhagen/Köln 1991.

Marxsen, Willi: Der *Evangelist* Markus. Studien zur Redaktionsgeschichte des Evangeliums (FRLANT 67), Göttingen 1959².

Matera, Frank J.: What Are They Saying About *Mark*?, New York/Mahwah 1987.

Mathys, Hans-Peter: *Liebe* deinen Nächsten wie dich selbst. Untersuchungen zum alttestamentlichen Gebot der Nächstenliebe (Lev 19,18) (OBO 71), Fribourg/Göttingen 1986.

Matthews, J. F.: The *Tax Law* of Palmyra: Evidence for Economic History in a City of the Roman East, JRS 74 (1984), S. 157–80.

Matthiae, Karl/Schönert-Geiß, Edith: *Münzen* aus der urchristlichen Umwelt, Berlin 1981.

Mattingly, Harold: *Coins* of the Roman Empire in the British Museum Vol. I, London 1963.

Mayer, Günter: Art. Josephus Flavius, TRE 17 (1988), S. 258–64.

Mayer, Reinhold/Möller, Christa: *Josephus* – Politiker und Prophet, in: Josephus-Studien. Untersuchungen zu Josephus, dem antiken Judentum und dem Neuen Testament, FS Michel, Otto, hg. v. Betz, Otto u. a., Göttingen 1974, S. 271–84.

McKelvey, R. J.: *Christ* the Cornerstone, NTS 8 (1962), S. 352–9.

McLaren, James S.: *Power* and Politics in Palestine. The Jews and the Governing of their Land 100 BC – AD 70 (JSNTS 63), Sheffield 1991.

Meagher, John C.: Die Form- und Redaktionsungeschicklichen *Methoden*: The Principle of Clumsiness and the Gospel of Mark, JAAR 43 (1975), S. 459–72.

Mell, Ulrich: Neue *Schöpfung*. Eine traditionsgeschichtliche und exegetische Studie zu einem soteriologischen Grundsatz paulinischer Theologie (BZNW 56), Berlin/New York 1989.

Merklein, Helmut: Die *Gottesherrschaft* als Handlungsprinzip. Untersuchungen zur Ethik Jesu (fzb 34), Würzburg 1984[3].

– : *Sinn* und Zweck von Röm 13,1–7. Zur semantischen und pragmatischen Struktur eines umstrittenen Textes, in: Neues Testament und Ethik, FS Schnackenburg, Rudolf, hg. v. dems., Freiburg/Basel/Wien 1989, S. 238–70.

– : Die *Umkehrpredigt* bei Johannes dem Täufer und Jesus von Nazaret, in: ders., Studien zu Jesus und Paulus (WUNT 43), Tübingen 1987, S. 109–26.

Meshorer, Ya'akov: Jewish *Coins* of the Second Temple Period, Tel Aviv 1967.

Metzger, Martin: Grundriß der *Geschichte* Israels (NStB 2), Neukirchen-Vluyn 1990[8].

Meyer, Arnold: Die *Entstehung* des Markusevangeliums, in: Festgabe für Adolf Jülicher zum 70. Geburtstag 26. Januar 1927, Tübingen 1927, S. 35–60.

Meyer, Eduard: *Ursprung* und Anfänge des Christentums 2 Bd., Stuttgart/Berlin 1921[1–3].

Meyer, Rudolf: Die *Figurendarstellung* in der Kunst des späthellenistischen Judentums, Jud 5 (1949), S. 1–40.

– : *Hellenistisches* in der rabbinischen Anthropologie. Rabbinische Vorstellungen vom Werden des Menschen (BWANT 74), Stuttgart 1937.

– : Art. Φαρισαῖος, ThWNT IX (1973), S. 11–36.

– : Der *Prophet* aus Galiläa, Neudr. Darmstadt 1970.

– : Art. Σαδδουκαῖος, ThWNT VII (1964), S. 35–54.

– : *Tradition* und Neuschöpfung im antiken Judentum. Dargestellt an der Geschichte des Pharisäismus. Mit einem Beitrag von Weiß, Hans-Friedrich: Der Pharisäismus im Lichte der Überlieferung des Neuen Testaments (SSAW.PH 110 He.2), Berlin 1965.

Michel, Otto: Das *Gebot* der Nächstenliebe in der Verkündigung Jesu, in: Koch, Nikolaus (Hg.), Zur sozialen Entscheidung. Vier Vorträge, Tübingen 1947, S. 53–101.

– : Die *Rettung* Israels und die Rolle Roms nach den Reden im ‚Bellum Iudaicum‘. Analysen und Perspektiven, in: ANRW II Bd. 21.2 (1984), S. 945–76.

– : *Fragen* zu 1 Thessalonicher 2,14–16: Antijüdische Polemik bei Paulus, in: Antijudaismus im Neuen Testament. Exegetische und systematische Beiträge, hg. v. Willehad, P. u. a. (ACJD 2), München 1967, S. 50–9.

Milavec, Aaron A.: A Fresh *Analysis* of the Parable of the Wicked Husbandmen in the Light of Jewish-Catholic Dialogue, in: Parable and Story in Judaism and Christianity, ed. by Thoma, Clemens/Wyschogrod, Michael (SJC), New York/Mahwah 1989, S. 81–117.

– : Mark's *Parable* of the Wicked Husbandmen as Reaffirming God's Predilection for Israel, JES 26 (1989), S. 289–312.

– : The *Identity* of ‚the Son‘ and ‚the Others‘: Mark's Parable of the Wicked Husbandmen Reconsidered, BTB 20 (1990), S. 30–7.

Miller, Merrill P.: *Scripture* and Parable: A Study of the Function of the Biblical Features in the Parable of the Wicked Husbandmen and their Place in the History of the Tradition, Columbia 1974.

Möller, Christa/Schmitt, Götz: *Siedlungen* Palästinas nach Flavius Josephus (TAVO R.B Nr. 14), Wiesbaden 1976.

Mommsen, Theodor: Geschichte des römischen *Münzwesens*, Berlin 1860, Nachdr. Graz 1956.

–: Römisches *Staatsrecht* (Handbuch der römischen Alterthümer Bd. I–III), Leipzig 1887³, Nachdr. Darmstadt 1963.

Montfiore, C. G.: Rabbinic *Literature* and Gospel Teachings (LBS), New York 1930, Repr. 1970.

Moore, George F.: *Judaism* in the first Centuries of the Christian Era. The Age of the Tannaim, Vol. I–II, Cambridge 1950⁶; 1954⁷.

–: The *Definition* of the Jewish Canon and the Repudiation of Christian Scriptures, in: Leiman, Sid Z. (Ed.): The Canon and Masorah of the Hebrew Bible. An Introductory Reader (LBS), New York 1974, S. 115–25.

Le Moyne, Jean: Les *Sadducéens* (EtB), Paris 1972.

Müller, Karlheinz: *Jesus* und die Sadduzäer, in: Biblische Randbemerkungen, Schülerfestschrift Schnackenburg, Rudolf, hg. v. Merklein, Helmut/Lange, Joachim, Augsburg 1974², S. 3–24.

–: Zur *Datierung* rabbinischer Aussagen, in: Neues Testament und Ethik, FS Schnakkenburg, Rudolf, hg. v. Merklein, Helmut, Freiburg/Basel/Wien 1989, S. 551–87.

Münderlein, Gerhard: *Kriterien* wahrer und falscher Prophetie. Entstehung und Bedeutung im Alten Testament (EHS.T 33), Bern/Frankfurt a.M. 1974.

Mundla, Jean-Gaspard M. M.: *Jesus* und die Führer Israels. Studien zu den sog. Jerusalemer Streitgesprächen (NTA 17), Münster 1984.

Neesen, Lutz: *Untersuchungen* zu den direkten Staatsabgaben der Römischen Kaiserzeit (27 v. Chr.–284 n. Chr.) (Antiquitas R.1 Bd. 32), Bonn 1980.

Neirynck, Frans: *Duality* in Mark. Contributions to the Study of the Markan Redaction (BEThL XXXI), Löwen 1972.

–: The Redactional *Text* of Mark, ETL 57 (1981), S. 144–62.

Nethöfel, Wolfgang: Theologische *Hermeneutik* in der Postmoderne, NZSTh 29 (1987), S. 210–27.

Neugebauer, Fritz: Zur *Auslegung* von Röm. 13,1–7, KuD 8 (1962), S. 151–72.

Neusner, Jacob: A *Life* of Rabban Yohanan ben Zakkai ca. 1–80 C.E. (StPB 6), Leiden 1962.

–: Josephus's *Pharisees*, in: Ex Orbe Religionum. Studia Geo Widengren p. 1, Lugduni Batavorum 1972, S. 224–44.

Newell, Jane E./Newell, Raymond R.: The *Parable* of the Wicked Tenants, NT XIV (1972), S. 226–37.

Newman, J.: *Semikhah* (Ordination). A Study of its Origin, History and Function in Rabbinic Literature, Manchester 1950.

Nickelsburg, George W. E.: *Resurrection*, Immortality, and Eternal Life in Intertestamental Judaism (HThS XXVI), Oxford 1972.

Niederwimmer, Kurt: *Johannes Markus* und die Frage nach dem Verfasser des zweiten Evangeliums, ZNW 58 (1967), S. 172–88.

Nissen, Andreas: *Gott* und der Nächste im antiken Judentum. Untersuchungen zum Doppelgebot der Liebe (WUNT 15), Tübingen 1974.

Nötscher, Friedrich: *Gotteswege* und Menschenwege in der Bibel und in Qumran (BBB 15), Bonn 1958.

North, Robert: The Qumran ,*Sadducees'*, CBQ XVII/2 (1955), S. 44–68.

Oepke, Albrecht: Art. ἀνίστημι, ThWNT I (1933), S. 368–72.

–: Art. ἀπόλλυμι κτλ., ThWNT I (1933), S. 393–6.

Oesch, Josef M.: *Petucha* und Setuma. Untersuchungen zu einer überlieferten Gliederung im hebräischen Text des Alten Testaments (OBO 27), Fribourg/Göttingen 1979.

Olrik, Axel: Epische *Gesetze* der Volksdichtung, in: Gleichnisse Jesu. Positionen der Auslegung von Adolf Jülicher bis zur Formgeschichte, hg. v. Harnisch, Wolfgang (WdF CCCLXVI), Darmstadt 1982, S. 58–69.

O'Neill, J. C.: The *Source* of the Parables of the Bridegroom and the Wicked Husbandmen, JThS 39 (1988), S. 485–9.

Osburn, Carroll D.: The Historical *Present* in Mark as a Text-Critical Criterion, Bib. 64 (1983), S. 486–500.

von der Osten-Sacken, Peter: *Streitgespräch* und Parabel als Formen markinischer Christologie, in: Jesus Christus in Historie und Theologie, FS Conzelmann, Hans, hg. v. Strecker, Georg, Tübingen 1975, S. 375–94.

Oster, Richard: Numismatic *Windows* into the Social World of Early Christianity: A Methodological Inquiry, JBL 101/2 (1982), S. 195–223.

Otto, Walter: *Herodes*. Beiträge zur Geschichte des letzten jüdischen Königshauses, Stuttgart 1913.

–: Art. Herodianoi, PRE Suppl.-Bd. II (1913), Sp. 200–2.

Otzen, B.: Art. אבד, ThWAT I (1973), Sp. 20–4.

van Oyen, Geert: *Intercalation* and Irony in the Gospel of Mark, in: The Four Gospels 1992 Vol. II, FS Neirynck, Frans, ed. by van Segbroek, Frans (BEThL C), Löwen 1992, S. 949–74.

Paul, Jean: Vorschule der *Ästhetik* (Werke 5), München 1980[4].

Peabody, David B.: *Mark* as Composer (New Gospel Studies 1), Macon 1987.

Pedersen, Sigfred: Zum *Problem* der vaticinia ex eventu (Eine Analyse von Mt. 21,33–46 par.; 22,1–10 par.), StTh 19 (1965), S. 167–88.

Pekáry, Thomas: Das römische *Kaiserbildnis* in Staat, Kult und Gesellschaft. Dargestellt anhand der Schriftquellen (Das römische Herrscherbild III. Abteilung), Berlin 1985.

Perlitt, Lothar: ,*Evangelium'* und Gesetz im Deuteronomium, SESJ 51 (1990), S. 23–28.

Perrin, Norman: The *Evangelist* as Author: Reflections on Method in the Study and Interpretation of the Synoptic Gospels and Acts, BR 17 (1972), S. 5–18.

–: The *Interpretation* of the Gospel of Mark, Interp. XXX (1976), S. 115–24.

–: What is *Redaction Criticism*? (Guides to Biblical Scholarship), Philadelphia 1970.

Pesch, Rudolf: *Naherwartungen*. Tradition und Redaktion in Mk 13 (KBANT), Düsseldorf 1968.

Petzke, Gerd: Der historische *Jesus* in der sozialethischen Diskussion. Mk 12,13–17 par, in: Jesus Christus in Historie und Theologie, FS Conzelmann, Hans, hg. v. Strekker, Georg, Tübingen 1975, S. 223–35.

Piganiol, A.: *Observations* sur le tarif de Palmyre, RHDF 195 (1945), S. 10–23.

Pöhlmann, Wolfgang: Die *Abschichtung* des Verlorenen Sohnes (Lk 15,12 f.) und die erzählte Welt der Parabel, ZNW 70 (1979), S. 194–213.

Pokorný, Petr: ‚*Anfang* des Evangeliums'. Zum Problem des Anfangs und des Schlusses des Markusevangeliums, in: Die Kirche des Anfangs, FS Schürmann, Heinz, hg. v. Schnackenburg, Rudolf u. a., Freiburg/Basel/Wien 1978, S. 115–29.

–: Das *Markusevangelium*. Literarische und theologische Einleitung mit Forschungsbericht, in: ANRW II Bd. 25.3 (1985), S. 1969–2035.

–: Zur *Entstehung* der Evangelien, NTS 32 (1986), S. 393–403.

Popkes, Wiard: *Christus* traditus. Eine Untersuchung zum Begriff der Dahingabe im Neuen Testament (AThANT 49), Zürich/Stuttgart 1967.

Prast, Franz: Ein *Appell* zur Besinnung auf das Juden wie Christen gemeinsam verpflichtende Erbe im Munde Jesu. Das Anliegen einer alten vormarkinischen Tradition (Mk 12,28–34), in: Goldstein, Horst (Hg.), Gottesverächter und Menschenfeinde? Juden zwischen Jesus und frühchristlicher Kirche, Düsseldorf 1979, S. 79–98.

Prenzel, Gisela: Über die *Pacht* im antiken hebräischen Recht (StDel 13), Stuttgart/Berlin/Köln/Mainz 1971.

Prigent, Pierre: Le Judaïsme et *l'image* (TSAJ 24), Tübingen 1990.

Pryke, Edgar J.: Redactional *Style* in the Marcan Gospel. A Study of Syntax and Vocabulary as Guides to Redaction in Mark (MSSNTS 33), Cambridge 1978.

Quell, Gottfried: Art. ἐκλέγομαι, ThWNT IV (1942), S. 148–73.

–: Art. κύριος, ThWNT III (1938), S. 1056–80.

Quimron, Elisha/Strugnell, John: *4Q 394–399*. An Unpublished Halakhic Letter from Qumran, in: Biblical Archaeology Today. Proceedings of the International Congress on Biblical Archaeology Jerusalem April 1984, ed. by Amitai, J., Jerusalem 1985, S. 400–7.

von Rad, Gerhard: *Josephsgeschichte* und ältere Chokma, in: ders., Gesammelte Studien zum Alten Testament (ThB 8), München 1965³, S. 272–80.

Räisänen, Heikki: Die *Parabeltheorie* im Markusevangelium (SESJ 26), Helsinki 1973.

Rahnenführer, Dankwart: Das *Testament* des Hiob und das Neue Testament, ZNW 62 (1971), S. 68–93.

Rasp, Hans: Flavius *Josephus* und die jüdischen Religionsparteien, ZNW 23 (1924), S. 27–47.

Rau, Gottfried: Das *Markusevangelium*. Komposition und Intention der ersten Darstellung christlicher Mission, ANRW II Bd. 25.3 (1985), S. 2036–257.

Reckendorf, S.: Der aramäische *Theil* des palmyrenischen Zoll- und Steuertarifs, ZDMG 42 (1888), S. 370–415.

Rehkopf, Friedrich: *Grammatisches* zum Griechischen des Neuen Testamentes, in: Der Ruf Jesu und die Antwort der Gemeinde. Exegetische Untersuchungen, FS Jeremias, Joachim, hg. v. Lohse, Eduard u. a., Göttingen 1970, S. 213–25.

Reifenberg, A.: Ancient Jewish *Coins*, Jerusalem 1963³.

Reiling, J.: The *Use* of ΨΕΥΔΟΠΡΟΦΗΤΗΣ in the Septuagint, Philo and Josephus, NT XIII (1971), S. 147–56.

Reiser, Marius: Der *Alexanderroman* und das Markusevangelium, in: Markus-Philologie. Historische, literargeschichtliche und stilistische Untersuchungen zum zweiten Evangelium, hg. v. Cancik, Hubert (WUNT 33), Tübingen 1984, S. 131–63.

–: Das *Leben* nach dem Tod in der Verkündigung Jesu, ErbAuf 66 (1990), S. 381–5.

–: *Syntax* und Stil des Markusevangeliums im Licht der hellenistischen Volksliteratur (WUNT 2.R. Bd. 11), Tübingen 1984.

Rendtorff, Rolf: *Esra* und das ‚Gesetz‘, ZAW 96 (1984), S. 165–84.

Rengstorf, Karl H.: *Einleitung*, in: Jebamot (Die Mischna III. Seder. Naschim 1. Traktat), Gießen 1929, S. 1*–53*.

– : Art. ἑπτά, ThWNT II (1935), S. 623–31.

Reploh, Karl-Georg: Markus – *Lehrer* der Gemeinde. Eine redaktionsgeschichtliche Studie zu den Jüngerperikopen des Markus-Evangeliums (StBM 9), Stuttgart 1969.

Rhoads, David M.: *Israel* in Revolution: 6–74 C. E. A Political History Based on the Writings of Josephus, Philadelphia 1976.

– : Narrative *Criticism* and the Gospel of Mark, JAAR L (1982), S. 411–27.

– / Michie, Donald: *Mark* as Story. An Introduction to the Narrative of a Gospel, Philadelphia 1982.

Richmond, J. A.: The Roman *Army* and Roman Religion, BJRL 45 (1962), S. 185–97.

Ricoeur, Paul: The *Bible* and the Imagination, in: The Bible as a Document of the University, ed. by Betz, Hans D., Chico 1981, S. 49–75.

Riekkinen, Vilho: *Römer 13*. Aufzeichnung und Weiterführung der exegetischen Diskussion (AASF.DHL23), Helsinki 1980.

Riesner, Rainer: Jesus als *Lehrer*. Eine Untersuchung zum Ursprung der Evangelien-Überlieferung (WUNT 2.R. Bd. 7), Tübingen 1981.

Rist, Martin: *Caesar* or God (Mark 12: 13–17)? A Study in Formgeschichte, JR 16 (1936), S. 317–31.

– : The *God* of Abraham, Isaac and Jacob, JBL (1938), S. 289–303.

Rivkin, E.: *Defining* the Pharisees: the Tannaitic Sources, HUCA XL–XLI (1969/70), S. 205–49.

– : A Hidden *Revolution*, Nashville 1978.

Robinson, J. A. T.: The *Parable* of the Wicked Husbandmen: A Test of Synoptic Relationships, NTS XXI (1975), S. 443–61.

Roemer, Carl E.: Giving the *Vineyard* to Others. A Form and Redactional Critical Analysis of Mark 11 and 12, Chicago 1990.

Roller, Otto K.: *Münzen*, Geld und Vermögensverhältnisse in den Evangelien, 1929, Neudr. hg. v. Wielandt, Friedrich, Karlsruhe 1969.

Roloff, Jürgen: Das *Kerygma* und der irdische Jesus. Historische Motive in den Jesus-Erzählungen der Evangelien, Göttingen 1973².

– : Das *Markusevangelium* als Geschichtsdarstellung, in: Das Markus-Evangelium, hg. v. Pesch, Rudolf (WdF CDXI), Darmstadt 1979, S. 283–310.

Roth, Cecil: An *Ordinance* against Images in Jerusalem, A.D. 66, HThR XL (1956), S. 169–77.

– : The *Constitution* of the Jewish Republic of 66–70, JSS 9 (1964), S. 295–319.

– : The *Debate* on the Loyal Sacrifices, A.D. 66, HThR LIII (1960), S. 93–7.

– : The *Pharisees* in the Jewish Revolution of 66–73, JSSF VII (1962), S. 63–80.

Rowley, H. H.: The *Herodians* in the Gospels, JThS XLI (1940), S. 14–27.

Rudberg, Gunnar: Zu den *Partizipien* im Neuen Testament (CN XII), Lund 1948.

Rüger, Hans P.: Das *Werden* des christlichen Alten Testaments, JBTh 3 (1988), S. 175–89.

– : הואהא – Er, Zur *Deutung* von 1QS 8,13–14, ZNW 60 (1969), S. 142–4.

Rüterswörden, Udo: Von der politischen *Gemeinschaft* zur Gemeinde, Studien zu Dt 16,18–18,22 (BBB 65), Bonn 1987.

Ruppert, Lothar: *Gerechte* und Frevler (Gottlose) in Sap 1,1–6,21. Zum Neuverständnis und zur Aktualisierung alttestamentlicher Tradition in der Sapientia Salomonis, in: Die Weisheit Salomos im Horizont Biblischer Theologie, hg. v. Hübner, Hans (BThSt 22), Neukirchen 1993, S. 1–54.

– : *Der leidende Gerechte*. Eine motivgeschichtliche Untersuchung zum Alten Testament und zwischentestamentlichen Judentum (fzb 5), Würzburg 1972.

– : Der leidende Gerechte und seine Feinde. Eine *Wortfelduntersuchung*, Würzburg 1973.

– : Der leidende (bedrängte, getötete) Gerechte nach den *Spätschriften* des Alten Testaments (inclusive Septuaginta) und der (nichtrabbinischen) Literatur des Frühjudentums unter besonderer Berücksichtigung des Gottesbildes, in: van Henten, Jan W. (Hg.), Die Entstehung der jüdischen Martyrologie (StPB 38), Leiden/New York/ Kopenhagen/Köln 1989, S. 76–87.

– : Die *Josephserzählung* der Genesis. Ein Beitrag zur Theologie der Pentateuchquellen (StANT XI), München 1965.

– : *Jesus* als der leidende Gerechte? Der Weg Jesu im Lichte eines alt- und zwischentestamentlichen Motivs (StB 59), Stuttgart 1972.

Ryle, Herbert E.: The *Canon* of the Old Testament. An Essay on the Gradual Growth and Formation of the Hebrew Canon of Scripture, London/New York 1895.

Safrai, Shmuel: Die *Wallfahrt* im Zeitalter des Zweiten Tempels (FJCD 3), Neukirchen 1981.

Sandvik, B.: Das *Kommen* des Herrn beim Abendmahl im Neuen Testament (AThANT 58), Zürich 1970.

Sariola, Heikki: *Markus* und das Gesetz. Eine redaktionskritische Untersuchung (AASF.DHL 56), Helsinki 1990.

Sauer, Georg: Jesus Sirach. *Einleitung*, in: JSHRZ III/5 (1981), S. 481–504.

Schade, Hans-Heinrich: Apokalyptische *Christologie* bei Paulus. Studien zum Zusammenhang von Christologie und Eschatologie in den Paulusbriefen (GTA 18), Göttingen 1981.

Schäfer, Peter: *Geschichte* der Juden in der Antike. Die Juden Palästinas von Alexander dem Großen bis zur arabischen Eroberung, Neukirchen-Vluyn 1983.

– : *Rivalität* zwischen Engeln und Menschen. Untersuchungen zur rabbinischen Engelvorstellung (SJ VIII), Berlin/New York 1975.

– : Der synagogale *Gottesdienst*, in: Literatur und Religion des Frühjudentums. Eine Einführung, hg. v. Maier, Johann/Schreiner, Josef, Würzburg 1973, S. 391–413.

Schalit, Abraham: König *Herodes*. Der Mann und sein Werk (SJ IV), Berlin 1969.

Schaller, Berndt: Das Testament Hiobs. *Einleitung*, in: JSHRZ III/3 (1979), S. 303–24.

Schenke, Ludger: Der *Aufbau* des Markusevangeliums – ein hermeneutischer Schlüssel?, BN 32 (1986), S. 54–82.

– : Das *Markusevangelium*, Stuttgart/Berlin/Köln/Mainz 1988.

– : Die *Wundererzählungen* des Markusevangeliums (SBB), Stuttgart 1974.

Schenker, Adrian: *Gleichnis* eines gescheiterten Vergleichs? Mk 12.1–9 par, in: ders., Text und Sinn im Alten Testament. Textgeschichtliche und bibeltheologische Studien (OBO 103), Fribourg/Göttingen 1991, S. 263–71.

Schippers, R.: The Pre-synoptic *Tradition* in I Thessalonians II 13–16, NT VIII (1966), S. 222–34.

Schlarb, Robert: Die *Suche* nach dem Messias: ζητέω als terminus technicus der markinischen Messianologie, ZNW 81 (1990), S. 155–70.

Schlatter, Adolf: Die *Theologie* des Judentums nach dem Bericht des Josefus (BFChTh 2.R. 26.Bd.), Gütersloh 1932.

– : *Geschichte* Israels von Alexander dem Großen bis Hadrian, Stuttgart 1925[3].

–: *Johannes* der Täufer, hg. v. Michaelis, Wilhelm, Basel 1956.

Schmidt, Karl L.: Der *Rahmen* der Geschichte Jesu. Literarkritische Untersuchungen zur ältesten Jesusüberlieferung, Berlin 1919, Nachdr. Darmstadt 1969².

Schmidt, Werner H.: Art. *Gott* II. Altes Testament, TRE 13 (1984), S. 608–26.

Schmithals, Walter: Art. Evangelien, Synoptische, TRE 10 (1982), S. 570–626.

–: Die *Bedeutung* der Evangelien in der Theologiegeschichte bis zur Kanonbildung, in: The Four Gospels 1992 Vol. I, FS Neirynck, Frans, ed. by van Segbroek, Frans u. a. (BEThL C), Löwen 1992, S. 129–57.

Schmitz, Otto: Der *Begriff* ΔΥΝΑΜΙΣ bei Paulus. Ein Beitrag zum Wesen urchristlicher Begriffsbildung, in: FS Deißmann, Adolf, hg. v. Schmidt, Karl L., Tübingen 1927, S. 139–67.

Schneider, Gerhard: Die *Neuheit* der christlichen Nächstenliebe, TThZ 82 (1973), S. 257–75.

–: *Verleugnung*, Verspottung und Verhör nach Lukas 22,54–71. Studien zur lukanischen Darstellung der Passion (StANT XXII), München 1969.

Scholtissek, Klaus: *Nachfolge* und Autorität im Markusevangelium, TTZ 100 (1991), S. 56–74.

–: Die *Vollmacht* Jesu. Traditions- und redaktionsgeschichtliche Analysen zu einem Leitmotiv markinischer Christologie (NTA 25), Münster 1992.

Schrage, Wolfgang: Die *Christen* und der Staat nach dem Neuen Testament, Gütersloh 1971.

–: *Ethik* des Neuen Testaments (NTDE 4), Göttingen 1982⁴.

–: Art. συναγωγή κτλ., ThWNT VII (1964), S. 798–850.

Schramm, Tim/Löwenstein, Kathrin: Unmoralische *Helden*. Anstößige Gleichnisse Jesu, Göttingen 1986.

Schreiber, Johannes: Die *Christologie* des Markusevangeliums. Beobachtungen zu Theologie und Komposition des zweiten Evangeliums, ZThK 58 (1961), S. 154–83.

Schrenk, Gottlob: Art. βίβλος κτλ., ThWNT I (1933), S. 613–20.

–: Art. γράφω κτλ., ThWNT I (1933), S. 742–73.

–: Art. ἱερός κτλ., ThWNT III (1938), S. 221–84.

Schubert, Kurt: Das *Problem* der Auferstehungshoffnung in den Qumrantexten und in der frührabbinischen Literatur, WZKM 56 (1960), S. 154–67.

–: Das Problem der *Entstehung* einer jüdischen Kunst im Lichte der literarischen Quellen des Judentums, Kairos XVI (1974), S. 1–13.

–: Die *Entwicklung* der Auferstehungslehre von der nachexilischen Zeit bis zur frührabbinischen Zeit, BZ NF 6 (1962), S. 177–214.

–: Die *jüdischen Religionsparteien* im Zeitalter Jesu, in: ders., Der historische Jesus und der Christus unseres Glaubens, Wien/Freiburg/Basel 1962, S. 15–101.

–: Die jüdischen *Religionsparteien* in neutestamentlicher Zeit (SBS 43), Stuttgart 1970.

–: Die *Religion* des nachbiblischen Judentums, Freiburg/Wien 1955.

Schulz, Siegfried: Die *Stunde* der Botschaft. Einführung in die Theologie der vier Evangelisten, Hamburg 1982³.

Schwahn, Walther: Art. Tributum und tributus, PRE 2. R. 13. Halbbd. (1939), Sp. 1–78.

Schwankl, Otto: Die *Sadduzäerfrage* (Mk 12,18–27 parr). Eine exegetisch-theologische Studie zur Auferstehungserwartung (BBB 66), Frankfurt a.M. 1987.

Schwartz, Daniel R.: *Josephus* and Philo on Pontius Pilate, Jerusalem Cathedra 3 (1983), S. 26–45.

Schweizer, Eduard: *Anmerkungen* zur Theologie des Markus, in: ders., Neotestamentica. Deutsche und Englische Aufsätze 1951–1963, Zürich/Stuttgart 1963, S. 93–104.

– : Theologische *Einleitung* in das Neue Testament (NTDE 2), Göttingen 1989.

Schwier, Helmut: *Tempel* und Tempelzerstörung. Untersuchungen zu den theologischen und ideologischen Faktoren im ersten jüdisch-römischen Krieg (66–74 n.Chr.) (NTOA 11), Fribourg/Göttingen 1989.

Scott, Bernard B.: Hear Then the *Parable*. A Commentary on the Parables of Jesus, 1941, Repr. Minneapolis 1990.

Seebaß, H.: Art. בחר, ThWAT I (1973), Sp. 593–608.

Sellin, Gerhard: *Allegorie* und ‚Gleichnis‘. Zur Formenlehre der synoptischen Gleichnisse, in: Die neutestamentliche Gleichnisforschung im Horizont von Hermeneutik und Literaturwissenschaft, hg. v. Harnisch, Wolfgang (WdF 575), Darmstadt 1982, S. 367–429.

– : *Lukas* als Gleichniserzähler. Die Erzählung vom barmherzigen Samariter (Lk 10,25–37) (Fortsetzung von Band 65, 1974, 166–189), ZNW 66 (1975), S. 19–60.

Seston, W.: Art. Feldzeichen, RAC 7 (1969), Sp. 689–711.

Sevenster, J. N.: Geeft den *Keizer*, wat des Keizers is, en Gode, wat Gods is, NedThT 17 (1962), S. 21–31.

Seybold, Klaus: Die *Psalmen*. Eine Einführung, Stuttgart/Berlin/Köln/Mainz 1986.

Seyrig, Henri: *Antiquites* Syriennes. Le Statut de Palmyre, Syria 22 (1941), S. 155–75.

Shae, Gam S.: The *Question* on the Authority of Jesus, NT XVI (1974), S. 1–29.

Sherwin-White, A. N.: Roman *Society* and Roman Law in the New Testament, Oxford 1963.

Smallwood, E. Mary (Ed.): *Philonis* Alexandrini Legatio ad Gaium, Leiden 1970².

– : The *Jews* under Roman Rule. From Pompey to Diocletian (SJLA 20), Leiden 1976.

Smend, Rudolf: Die *Entstehung* des Alten Testaments (ThW 1), Stuttgart/Berlin/Köln/ Mainz 1978.

Smith, Morton: Palestinian *Judaism* in the First Century, in: Davis, Moshe (Ed.), Israel: Its Role in Civilization, New York 1956, S. 67–81.

– : *Zealots* and Sicarii, Their Origins and Relation, HThR 64 (1971), S. 1–19.

Smith, Stephen H.: The Literary *Structure* of Mark 11:1–12:40, NT XXXI (1989), S. 104–24.

– : The Role of Jesus’ *Opponents* in the Markan Drama, NTS XXXV (1989), S. 161–82.

Snodgrass, Klyne: The *Parable* of the Wicked Tenants. An Inquiry into Parable Interpretation (WUNT 27), Tübingen 1983.

Söding, Thomas: Die *Trias* Glaube, Hoffnung, Liebe bei Paulus. Eine exegetische Studie (SBS 150), Stuttgart 1992.

Sohm, Rudolph/Mitteis, Ludwig (Bearb.)/Wenger, Leopold (Hg.): *Institutionen*. Geschichte und System des römischen Privatrechts, München/Leipzig 1923¹⁷.

Spijkerman, Fr. A.: *Coins* Mentioned in the New Testament, SBFLA 6 (1955/56), S. 279–98.

Stauffer, Ethelbert: *Christus* und die Caesaren. Historische Skizzen, Hamburg 1952³.

– : Die *Botschaft* Jesu. Damals und heute, Bern/München 1959.

– : *Gott* und Kaiser im Neuen Testament, Bonn 1935.

Steck, Odil H.: *Israel* und das gewaltsame Geschick der Propheten. Untersuchungen zur Überlieferung des deuteronomistischen Geschichtsbildes im Alten Testament, Spätjudentum und Urchristentum (WMANT 23), Neukirchen-Vluyn 1967.

Stegemann, Hartmut: Die *Entstehung* der Qumrangemeinde, Bonn 1971.

– : Die *Essener*, Qumran, Johannes der Täufer und Jesus. Ein Sachbuch, Freiburg/Basel/Wien 1993.

– : Die ‚*Mitte* der Schrift' aus der Sicht der Gemeinde von Qumran, in: Klopfenstein, Martin u. a. (Hg.), Mitte der Schrift? Ein jüdisch-christliches Gespräch. Texte des Berner Symposions vom 6.–12. Januar 1985 (JudChr 11), Bern/Frankfurt a.M./New York/Paris 1987, S. 149–84.

– : *Rekonstruktion* der Hodajot. Ursprüngliche Gestalt und kritisch bearbeiteter Text der Hymnenrolle aus Höhle 1 von Qumran, Heidelberg 1963.

– : Religionsgeschichtliche *Erwägungen* zu den Gottesbezeichnungen in den Qumrantexten, in: Qumrân. Sa piété, sa théologie et son milieu, hg. v. Delcor, M. (BETHL XLVI), Löwen 1978, S. 195–217.

Stein, Otto: Art. 3 Statilius, PRE 2. R. Bd. III,2 (1929), Sp. 2185.

Stein, Robert H.: The Proper *Methodology* for Ascertaining a Marcan Redaction History, NT XIII (1971), S. 181–98.

– : The ‚Redaktionsgeschichtlich' *Investigation* of a Markan Seam (Mc 1,21 f.), ZNW 61 (1970), S. 70–94.

– : What is *Redaktionsgeschichte*?, JBL LXXXVIII (1969), S. 45–56.

Stemberger, Günter: Art. *Auferstehung* I. Auferstehung der Toten I/2. Judentum, TRE 4 (1979), S. 443–50.

– : Das *Problem* der Auferstehung im Alten Testament, Kairos 14 (1972), S. 273–90.

– : Der *Leib* der Auferstehung. Studien zur Anthropologie und Eschatologie des palästinischen Judentums im neutestamentlichen Zeitalter (ca. 170 v. Chr. – 100 n. Chr.) (AnBib 56), Rom 1972.

– : *Pharisäer*, Sadduzäer, Essener (SBS 144), Stuttgart 1991.

– : Zur *Auferstehungslehre* in der rabbinischen Literatur, Kairos 15 (1973), S. 238–66.

Stenger, Werner: *Bemerkungen* zum Begriff ‚Räuber' im Neuen Testament und bei Flavius Josephus, BiKi 37 (1982), S. 89–97.

– : Die *Gottesbezeichnung* ‚lebendiger Gott' im Neuen Testament, TThZ 87 (1978), S. 61–9.

– : ‚Die *Grundlegung* des Evangeliums von Jesus Christus'. Zur kompositionellen Struktur des Markusevangeliums, LingBibl 61 (1988), S. 7–56.

– : ‚*Gebt* dem Kaiser, was des Kaisers ist …!' Eine sozialgeschichtliche Untersuchung zur Besteuerung Palästinas in neutestamentlicher Zeit (BBB 68), Frankfurt a.M. 1988.

Stern, David: Jesus' *Parables* from the Perspective of Rabbinic Literature: The Example of the Wicked Husbandmen, in: Thoma, Clemens/Wyschogrod, Michael, Parable and Story in Judaism and Christianity (SJC), New York/Mahwah, S. 42–80.

Stern, M.: The *Province* of Judaea, in: Safrai, Shmuel/dems., The Jewish People in the First Century. Historical Geography, Political History, Social, Cultural and Religious Life and Institutions Vol. I,1 (CRI), Assen 1974, S. 308–76.

– : *Sicarii* and Zealots, in: Society and Religion in the Second Temple Period (The World History of the Jewish People 1. Ser. Vol. 8), ed. by Avi-Yonah, Michael/Baras, Zvi, Jerusalem 1977, S. 263–301.

Stock, Augustine: ‚*Render* to Caesar', BibTod 62 (1972), S. 929–34.

Stock, Klemens: *Gliederung* und Zusammenhang in Mk 11–12, Bib 59 (1978), S. 481–515.

– : *Methodenvielfalt*. Studien zu Markus, Bib 62 (1981), S. 562–82.

Strawson, William: *Jesus* and the Future Life. A Study in the Synoptic Gospels, London 1959.

Strecker, Georg: *Neues Testament*, in: ders./Maier, Johann, Neues Testament – Antikes Judentum (GKT 2), Stuttgart/Berlin/Köln/Mainz 1989, S. 5–136.

– : *Schriftlichkeit* oder Mündlichkeit der synoptischen Tradition? Anmerkungen zur formgeschichtlichen Problematik, in: The Four Gospels 1992 Vol. I, FS Neirynck, Frans, ed. by Segbroek, Frans u.a. (BEThL C), Löwen 1992, S. 159–72.

– : Der *Weg* der Gerechtigkeit. Untersuchungen zur Theologie des Matthäus (FRLANT 82), Göttingen 1971³.

Strobel, August: Zum *Verständnis* von Rm 13, ZNW 47 (1956), S. 67–93.

Stuhlmacher, Peter: Biblische *Theologie* des Neuen Testaments Bd. I, Göttingen 1992.

– : Das paulinische *Evangelium*, I. Vorgeschichte (FRLANT 95), Göttingen 1968.

– : Zum *Thema*: Das Evangelium und die Evangelien, in: Das Evangelium und die Evangelien. Vorträge vom Tübinger Symposium 1982, hg. v. dems. (WUNT 28), Tübingen 1983, S. 1–26.

Suhl, Alfred: Die *Funktion* der alttestamentlichen Zitate und Anspielungen im Markusevangelium, Gütersloh 1965.

Sundwall, Johannes: Die *Zusammensetzung* des Markusevangeliums (AAAbo.H IX), Abo 1934.

Sutherland, C.H.V.: The *Emperor* and the Coinage. Julio-Claudian Studies, London 1976.

– : The pattern of Monetary *Development* in Phoenicia and Palestine during the early Empire, in: The Proceedings of the International Numismatic Convention, Jerusalem 1963. The pattern of monetary development in Phoenicia and Palestine in Antiquity, ed. by Kindler, A., Tel-Aviv 1967, S. 88–105.

– /Carson, R.A.G. (Ed.): The Roman Imperial *Coinage* Vol. I, London 1984.

Szaivert, Wolfgang: Die *Münzprägung* der Kaiser Tiberius und Caius (Caligula) 14/41 (MIR 2+3), DÖAW.PH Denkschriften 171. Bd., Veröffentlichungen der Numismatischen Kommission Bd. 13, Wien 1984.

Taeger, Fritz: *Charisma*. Studien zur Geschichte des antiken Herrscherkultes 2. Bd., Stuttgart 1960.

Talmon, Shemaryahu: Heiliges *Schrifttum* und Kanonische Bücher aus jüdischer Sicht – Überlegungen zur Ausbildung der Größe ‚Die Schrift‘ im Judentum, in: Mitte der Schrift? Ein jüdisch-christliches Gespräch. Texte des Berner Symposions vom 6.–12. Januar 1985, hg. v. Klopfenstein, Martin u.a. (JudCh 11), S. 45–79.

Tannehill, Robert C.: Die *Jünger* im Markusevangelium – die Funktion einer Erzählfigur, in: Der Erzähler des Evangeliums. Methodische Neuansätze in der Markusforschung, hg. v. Hahn, Ferdinand (SBS 118/119), Stuttgart 1985, S. 37–66.

– : The *Sword* of His Mouth (SBL Semeia Suppl. 1), Philadelphia/Missoula 1975.

– : Types and Functions of *Apophthegms* in the Synoptic Gospels, in: ANRW II Bd. 25.2 (1984), S. 1792–1829.

Tcherikover, Victor: Hellenistic *Civilization* and the Jews, Philadelphia 1959.

Telford, William R.: The Barren *Temple* and the Withered Tree. A redaction-critical analysis of the Cursing of the Fig-Tree pericope in Mark's Gospel and its relation to the Cleansing of the Temple tradition (JSNT.S 1), Sheffield 1980.

– : Art. *Mark*, Gospel of, A Dictionary of Biblical Interpretation (1990), S. 424–8.

– : The Pre-Markan *Tradition* in Recent Research (1980–1990), in: The Four Gospels 1992 Vol. II, FS Neirynck, Frans, ed. by van Segbroek, Frans u.a. (BEThL C), Löwen 1992, S. 693–723.

Theißen, Gerd: Der *Schatten* des Galiläers. Historische Jesusforschung in erzählender Form, München 1989[7].

–: Urchristliche *Wundergeschichten*. Ein Beitrag zur formgeschichtlichen Erforschung der synoptischen Evangelien (StNT 8), Gütersloh 1974.

Thissen, Werner: *Erzählung* der Befreiung. Eine exegetische Untersuchung zu Mk 2,1–3,6 (fzB 21), Würzburg 1976.

Thoma, Clemens: Art. *Amt*/Ämter/Amtsverständnis III. Im Judentum, TRE 2 (1978), S. 504–9.

–: Art. *Gott* III. Judentum, TRE 13 (1984), S. 626–45.

–: Die *Weltanschauung* des Josephus Flavius. Dargestellt anhand seiner Schilderung des jüdischen Aufstandes gegen Rom (66–73 n.Chr.), Kairos 11 (1969), S. 39–52.

Thomas, Kenneth J.: Liturgical *Citations* in the Synoptics, NTS 22 (1975/6), S. 205–14.

Traub, Helmut: Art. οὐρανός κτλ., ThWNT V (1954), S. 509–43.

Trocme, Etienne: The *Formation* of the Gospel According to Mark, London 1975.

Tsevat, M.: Art. בְּכֹר, ThWAT I (1973), Sp. 588–92.

Tuckett, C. M.: Art. Redaction Criticism, A Dictionary of Biblical Interpretation (1990), S. 580–2.

Turner, C. H.: Ο ΥΙΟΣ ΜΟΥ Ο ΑΓΑΠΗΤΟΣ, JThS 27 (1925/6), S. 113–29.

Umen, Samuel: *Pharisaism* and Jesus, New York 1963.

Vermes, Geza: Pre-Mishnaic Jewish Worship and the *Phylacteries* from the Dead Sea, VT IX (1959), S. 65–72.

– / u. a.: The *History* of the Jewish People in the Age of Jesus Christ (175 B.C. – A.D. 135) by Schürer, Emil, Vol. I–III, Edinburgh 1973–87.

Via, Dan O.: Die *Gleichnisse* Jesu. Ihre literarische und existentiale Dimension (BEvTh 57), München 1970.

–: *Parable* and Example Story. A Literary-structuralist Approach, Semeia 1 (1974), S. 105–33.

Vielhauer, Philipp: *Erwägungen* zur Christologie des Markusevangeliums, in: ders., Aufsätze zum Neuen Testament (ThB 31), München 1965, S. 199–214.

Vincent, John J.: The *Parables* of Jesus as Self-Revelation, in: StEv, ed. by Aland, Kurt u. a. (TU 73), Berlin 1959, S. 79–99.

Viviano, Benedict T.: *Render* unto Caesar, BiTod 26 (1988) S. 272–6.

Volkmann, Hans: *Caesars* letzte Pläne im Spiegel der Münzen, in: Klein, Richard (Hg.): Das Staatsdenken der Römer (WdF XLVI), Darmstadt 1980, S. 581–96.

Vollenweider, Samuel: *Freiheit* als neue Schöpfung. Eine Untersuchung zur Eleutheria bei Paulus und in seiner Umwelt (FRLANT 147), Göttingen 1989.

Vorster, Willem S.: *Markus* – Sammler, Redaktor, Autor oder Erzähler?, in: Der Erzähler des Evangeliums. Methodische Neuansätze in der Markusforschung, hg. v. Hahn, Ferdinand (SBS 118/119), Stuttgart 1985, S. 11–36.

Vouga, François: Zur rhetorischen *Gattung* des Galaterbriefes, ZNW 79 (1988), S. 291 f.

Wahle, Hedwig: Die *Lehren* des rabbinischen Judentums über das Leben nach dem Tod, Kairos 14 (1972), S. 291–309.

Walter, Nikolaus: Pseudo-Orpheus. *Einleitung*, in: JSHRZ IV/3 (1983), S. 217–34.

Wanke, Gunther: Art. *Bibel* I. Die Entstehung des Alten Testaments als Kanon, TRE 6 (1980), S. 1–8.

Warning, Rainer (Hg.). *Rezeptionsästhetik*. Theorie und Praxis, München 1979[2].

Weatherley, Jon A.: The *Authenticity* of 1 Thessalonian 2.13–16: Additional Evidence, JSNT 42 (1991), S. 79–98.

Webb, Robert L.: *John* the Baptizer and Prophet. A Socio-Historical Study (JSNT.S 62), Sheffield 1991.

Weber, Max: *Grundriss* der Sozialökonomik III. Abteilung Wirtschaft und Gesellschaft 1. Halbbd., Tübingen 1947[3].

Weder, Hans: Die *Gleichnisse* Jesu als Metaphern. Traditions- und redaktionsgeschichtliche Analysen und Interpretationen (FRLANT 120), Berlin 1990[4].

Weeden, Theodore J.: Mark – *Traditions* in Conflict, Philadelphia 1971.

Wegenast, Klaus: Art. Zeloten, PRE 2. R., IX. Bd. (1967), Sp. 2474–99.

Weiser, Alfons: Die *Knechtsgleichnisse* der synoptischen Evangelien (StANT XXIX), München 1971.

Weiß, Hans F.: Art. Φαρισαῖος, ThWNT IX (1973), S. 36–51.

Weiß, Wolfgang: ‚Eine neue *Lehre* in Vollmacht'. Die Streit- und Schulgespräche des Markus-Evangeliums (BZNW 52), Berlin/New York 1989.

Wellhausen, Julius: Die *Pharisäer* und die Sadducäer. Eine Untersuchung zur inneren jüdischen Geschichte, Greifswald 1874.

Wendling, Emil: Die *Entstehung* des Marcus-Evangeliums. Philologische Untersuchungen, Tübingen 1908.

Wengst, Klaus: Christologische *Formeln* und Lieder des Urchristentums (StNT 7), Gütersloh 1973[2].

–: *Pax Romana*. Anspruch und Wirklichkeit. Erfahrungen und Wahrnehmungen des Friedens bei Jesus und im Urchristentum, München 1986.

Westermann, W. L.: Orchard and Vineyard *Taxes* in the Zenon Papyri, JEA 12 (1926), S. 38–51.

Wied, Günther: Der *Auferstehungsglaube* des späten Israel in seiner Bedeutung für das Verhältnis von Apokalyptik und Weisheit (Diss. masch.), Bonn 1967.

Wieser, Friedrich E.: Die *Abrahamvorstellungen* im Neuen Testament (EHS. 23. T.317), Bern/Frankfurt a.M./New York/Paris 1987.

Wikenhauser, Alfred: Art. Sadduzäer, LThK 9 (1964), Sp. 207 f.

Wilckens, Ulrich: Die *Missionsreden* der Apostelgeschichte. Form- und traditionsgeschichtliche Untersuchungen (WMANT 5), Neukirchen-Vluyn, 1974[3].

–: Art. ὑποκρίνομαι κτλ., ThWNT VIII (1969), S. 558–69.

Wildeboer, G.: Die *Entstehung* des Alttestamentlichen Kanons. Historisch-kritische Untersuchung, Gotha 1891.

Williams, James A.: A Conceptual *History* of Deuteronomium in the Old Testament, Judaism, and the New Testament, Ann Arbor/London 1976.

Wischmeyer, Oda: Der höchste *Weg*. Das 13. Kapitel des 1. Korintherbriefes (StNT 13), Gütersloh 1981.

Wlosok, Antonie: *Einführung*, in: dies. (Hg.), Römischer Kaiserkult (WdF CCCLX-XII), Darmstadt 1978, S. 1–52.

– (Hg.): Römischer *Kaiserkult* (WdF CCCLXXII), Darmstadt 1978.

Wolff, Christian: Zur Bedeutung *Johannes* des Täufers im Markusevangelium, ThLZ 102 (1977), Sp. 857–65.

Wolff, Hans W.: Das *Kerygma* des deuteronomistischen Geschichtswerks, in: ders., Gesammelte Studien zum Alten Testament (ThB 22), München 1973[2], S. 308–24.

Wolter, Michael: *Evangelium* und Tradition. Juden und Heiden zwischen solus Christus und sola scriptura (Gal 1,11–24; Röm 11,25–36), in: Sola Scriptura. Das reformatorische Schriftprinzip in der säkularen Welt, hg. v. Schmid, Hans H./Mehlhausen, Joachim (Veröffentlichungen der wissenschaftlichen Gesellschaft für Theologie), Gütersloh 1991, S. 180–93.

Wood, L. Edwin: Isaac *Typology* in the New Testament, NTS 14 (1967/8), S. 583–9.

Wrege, Hans-Theo: Die *Gestalt* des Evangeliums. Aufbau und Struktur der Synoptiker sowie der Apostelgeschichte (BET 11), Frankfurt a.M. u. a. 1978.

Wruck, Waldemar: Die syrische *Provinzialprägung* von Augustus bis Traian, Stuttgart 1931.

Yadin, Yigael: *Masada*. Der letzte Kampf um die Festung des Herodes, Hamburg 1967[3].

Zahrnt, M.: Zum *Fiskalgesetz* von Palmyra und zur Geschichte der Stadt in Hadrianischer Zeit, ZPE 62 (1986), S. 279–93.

Zeitlin, Solomon: The *Rise* and Fall of the Judaean State. A Political, Social and Religious History of the Second Commonwealth Vol. 2, Philadelphia 1967.

Zeller, Dieter: *Christus*, Skandal und Hoffnung. Die Juden in den Briefen des Paulus, in: Goldstein, Horst (Hg.), Gottesverächter und Menschenfeinde? Juden zwischen Jesus und frühchristlicher Kirche, Düsseldorf 1979, S. 256–78.

Zerwick, Max: *Untersuchungen* zum Markus-Stil. Ein Beitrag zur stilistischen Durcharbeitung des Neuen Testaments (SPIB), Rom 1937.

Zimmermann, Heinrich: Das *Gleichnis* vom barmherzigen Samariter: Lk 10,25–37, in: Die Zeit Jesu, FS Schlier, Heinrich, hg. v. Bornkamm, Günther/Rahner, Karl, Basel/Wien/Freiburg 1970, S. 58–69.

Zizemer, Osmar: Das *Verhältnis* zwischen Jesus und Volk im Markusevangelium, München 1983.

Zsifkovits, Valentin: Der *Staatsgedanke* nach Paulus in Röm 13,1–7. Mit besonderer Berücksichtigung der Umwelt und der patristischen Auslegung (WBTh VIII), Wien 1964.

Zwick, Reinhold: *Montage* im Markusevangelium. Studien zur narrativen Organisation der ältesten Jesuserzählung (SBB 18), Stuttgart 1989.

Zwikker, W.: Bemerkungen zu den römischen *Heeresfahnen* in der älteren Kaiserzeit, BerRGK 27 (1937), S. 7–22.

6 Unzugängliches

Cohen, Boaz: Art in Jewish Law, Judaism 3 (1954), S. 165–76.

Kallikuzkuppil, John: The Temple Section in Mark (11–12). An Introduction to the Passion Narrative, Rom 1982.

Mattes, John C.: A Study in Exegesis: The Parable of the Vineyard, LCR 29 (1910), S. 578–87.

Newman, Robert G.: Tradition and Interpretation in Mark, Ann Arbor 1966.

Pavelsky, R. L.: The Commandment of Love and the Christian Clinical Psychologist, SBTh 3 (1973), S. 67–75.

Smith, B. T. D.: The Parables of the Synoptic Gospels. A Critical Study, Cambridge 1937.

Trimoille, M.: La parabole des vignerons meuxtriers (Mc 12,1–12), in: Les paraboles évangéliques. Perspectives Nouvelles, 12e congres de l'Association catholique francaise pour l'etude de la Bible, ed. Delorme, Jean (LD 135), Paris 1989.

Willey, R. C.: The Tribute Penny of the Bible, The Numismatic Circular 84 (1976), S. 146–9.

Register

Hiob

38,6	127, 127 A. 338

Weisheit

2,12–20; 5,1–7	153 ff., 159, 161, 364 f., 379
2,17	364

Sirach

Prolog	290
1,8 f.	337
18,13	344
24,23	166, 171
27,23	229
42,21	341

Hosea

6,6	325, 348 A. 234

Jesaja

3,14	185, 186 A. 74
5,1–9a	79 ff., 79 A. 33, 90
5,1–7	77 ff., 78 A. 29, 82 f., 85 f., 85 A. 53, 88, 111, 114, 131 ff., 149, 168
5,1 f.	85, 87, 132 f., 169
5,1	81, 119
5,2	79 ff., 80 A. 36, 99, 114, 119 ff.
5,4 f.	89
5,4	81, 81 A. 40, 149
5,5 f.	81, 131
5,5	80 A. 35, 81
5,7	81, 85, 108, 138 A. 404, 169, 185, 186 A. 74
5,8	81
28,16	127, 127 A. 340

Jeremia

7,25 f.	139, 141, 170
45(38),14	48
51(28),26	127, 127 A. 339

Baruch

3,13	367 f.

Daniel

12,1–3	293
12,2 f.	161, 305 f., 311, 369, 378
12,2	297
12,3	301, 304

Frühjudentum

Sedrach-Apokalypse

13,6	48 A. 51

Aristeas

131	331 f.
217–219	228

syrische Baruch-Apokalypse

57,2	372 A. 68

äthiopisches Henochbuch

104,2	304 f., 304 A. 275

Jubiläenbuch

7,1	102, 102 A. 141, 105
12,19 f.	351
36,7 f.	334

Liber Antiquitatum Biblicarum

22,5	352

Psalmen Salomonis

17,23 f.	164

(Pseudo-)Orpheus-Testament (A)

10	337

Testamente der Zwölf Patriarchen

Testament Simeon

5,2	334

Testament Issachar

5,1 f.	334
5,2	344
7,5 f.	334

Testament Sebulon

5,1	345

Testament Dan

5,3	318 f., 318 A. 50, 334, 335 A. 161

Testament Joseph

11,1	334

Testament Benjamin

3,3	334
3,8	153 A. 498

Qumran

Damaskusschrift

9,5	340
20,18	367 f.

Gemeinderegel

8,13 f.	367 f.
8,13	340

12,4	38, 102 ff., 124, 176	12,18	192, 197 f., 271, 279 A. 95,
12,5	38, 90 f., 93, 116, 124 f.,		280 ff., 327, 357
	167, 169, 177	12,19–23	275 ff., 293 f.
12,6–8	105 ff., 116, 141 ff., 142	12,19	198, 269 f., 269 A. 17, 275 f.,
	A. 428, 158		275 A. 61, 281, 293, 357
12,6	37 f., 81, 91 ff., 106 f., 115,	12,20–22	275 ff., 293
	117, 123, 125, 128 f., 142,	12,21	277 A. 79
	152, 154, 158, 163, 165,	12,23	197 A. 47, 198 f., 273, 275,
	171, 176 f., 177 A. 24, 186,		277, 277 A. 80; 82, 281,
	366		283, 293, 295, 297 f., 357
12,7 f.	95, 129, 162	12,24 f.	267 f., 271 f., 281, 294 ff.,
12,7	91 ff., 95 f., 107, 117, 128,		300 ff., 306 A. 287, 310 f.,
	136, 152 ff., 158, 163, 165,		357, 369, 378
	165 A. 576, 167, 171, 186	12,24	198 A. 53, 271 ff., 280 ff.,
12,8	96, 117, 125, 142, 154, 168,		293, 303 ff.
	172, 177 A. 24	12,25	268 A. 9, 274, 279 ff., 300 f.,
12,9	80 f., 90, 93, 98, 101, 108 f.,		304 f., 304 A. 275, 306, 383
	109 A. 194, 111, 115, 123,	12,26 f.	267 f., 270 f., 274, 279,
	125, 129, 131, 138 A. 404,		294 f., 306 ff., 311, 378, 383
	141, 145 A. 450, 148 ff.,	12,26	39, 197 A. 47, 267, 269 f.,
	150 A. 487, 156 ff., 165,		269 A. 20, 271 f., 280 f.,
	169 ff., 366 f., 370, 378,		306 ff., 308 A. 298, 310
	381 f., 384	12,27	198 A. 53, 271, 274, 281,
12,10 f.	38 f., 89 f., 96, 116 f., 126,		308 f., 358
	157 ff., 158 A. 529, 166,	12,28–31	328 ff., 352
	169, 171, 186, 382	12,28	193, 201 f., 281, 327 f.,
12,10	81, 90, 157, 160 A. 546,		358 f., 380
	162, 381	12,30	347
12,11	116, 159, 161, 165, 186	12,31	329, 330 A. 137, 345
	A. 76, 187, 378, 381, 384	12,32–34	312 ff., 352
12,12	29 ff., 35 ff., 138 A. 404,	12,32 f.	312 f., 327 f., 335, 338,
	173 A. 3, 176, 178 ff., 185		340 ff., 351 f., 359, 369, 371,
	A. 74, 187, 187 A. 78; 80,		383
	192 f., 356 f., 363, 366, 380	12,32	195, 201 f., 313, 316 A. 30,
12,13	24, 191 ff., 197, 355, 356		328, 337 f., 338 A. 178,
	A. 11, 360, 363 ff., 370, 380		350, 358 f.
12,14–17	24	12,33	325, 338, 345 f., 346
12,14	194 f., 203, 206, 208 ff.,		A. 220; 221, 347 f.
	214, 227 ff., 230 A. 184,	12,34	24 f., 191 ff., 201 f., 201
	232, 246, 250, 255, 327,		A. 66, 325, 327, 335, 349,
	355, 364, 366 f., 373, 382		350 A. 250, 352, 359,
12,15	195, 208, 228, 246 A. 307,		362 ff., 378, 380
	355	12,35–37	24
12,16 f.	212, 230, 245, 253, 264,	12,35	24
	369	14,1	36
12,16	207, 209, 213, 228, 246,	14,43	31
	249, 249 A.329, 257, 266,	15,39	2
	373		
12,17	205 f., 206 A. 13; 17, 228,	*Lukasevangelium*	
	246, 247 A. 312, 250 ff.,	10,25–28	313 ff.
	255 A. 372; 374, 256 ff.,	10,29	342
	264 ff., 265 A. 428; 430,	10,30–37	342
	369, 371	20,20	365 A. 49
12,18–27	24	23,2	365

2 Wortregister
(Auswahl)

3 Sachregister
(Auswahl)

262 f., 297, 300 ff., 310 f., 332, 350 f.,
366, 369, 374, 378, 382 ff.
Schriften, -kanon, Schriftcorpora 288, 288
A. 150; 151, 289 ff., 293 A. 189, 294 f.,
303 ff., 303 A. 262, 310, 358, 383
Schriftgelehrter, Schriftgelehrtentum,
Schriftgelehrsamkeit, schriftgelehrt 21,
56 ff., 179, 183 f., 192 f., 198, 202, 233,
233 A. 211, 235 A. 229, 286, 286 A.
136, 287 A. 142, 291, 293, 311, 321,
325, 327 f., 337 f., 346, 358 ff., 369,
378
Schulgespräch, schulgesprächsartig 181
A. 48, 212, 212 A. 55, 265, 283, 326,
327 A. 126, 361
Sklave, Sklaverei, versklaven 236 f., 264,
266
Sohn Gottes, Gottessohn 115, 159, 167,
171, 174, 186, 364, 377, 381
Soteriologie, soteriologisch 93, 95 f., 117,
151 f., 160 f., 163, 167, 171, 352, 373,
376
Sozialgeschichte, sozialgeschichtlich 11,
117 ff., 126, 130, 165 A. 576
Steuer, -frage, -tribut, -zahlung, Kopfsteuer 206, 211, 213 ff., 226, 241, 259,
263 ff.
Steuermünze 222 ff., 266
Streitgespräch 52, 181 A. 48, 212 A. 55,
278 f., 280, 310, 316, 361
Sühne, -ritual, -vorgang, sühnestiftend,
sühnetheologisch 96, 117, 162, 167 f.,
172, 175, 260, 292, 368
Synchronie, synchron 7 f., 15, 15 A. 11,
17, 268, 375

Tagesschema, Tagesreise 16, 19, 23, 174
Tamid 259 f., 266
Tempel 23, 31, 36, 180
Textkritik 5
Texttheorie 7 ff.

Theokratie, theokratisch, radikaltheokratisch 235 ff., 235 A. 231, 241, 261, 261
A. 416, 263
Theologe, Theologie, theologisch 12, 93,
124, 137, 140, 160, 163, 167, 170 f., 173,
181, 291 ff., 328, 350, 362 f., 366 f., 369,
371, 375, 377 ff., 381 f., 384 ff.
Thora, -auslegung, -autorität, -gerechter,
-kritiker, -lehrer, -observanz, -problem,
Gottesthora, Lebensthora, thoragemäß
56 f., 64, 138, 153, 155 f., 159 f., 166,
170 f., 175, 178, 180, 187, 210 ff.,
232 f., 237 ff., 263 ff., 269 A. 17, 270,
287, 287 A. 142; 147, 291 f., 292 A. 181,
311, 317 ff., 318 A. 46, 325, 329, 331,
333, 346 ff., 348 A. 236, 357 f., 364 ff.,
369 ff., 376 ff.
Tradition, -sverständnis 8 f., 11, 29 f., 75,
173 f., 180, 287 f., 292, 354, 357 f., 360,
375, 379, 386
Väterüberlieferung 286 ff., 311
Vollmacht, -sanspruch, -sausrüstung,
-sautorität, -sidentität, -sinstanz,
-sinstitut, -skomplex, 3 f., 13 f., 19 f.,
23 ff., 37, 47 f., 50, 54, 58 f., 64 ff.,
175 f., 179 f., 182 f., 186 ff., 192, 363,
366, 370, 376, 381, 385

Weisheit, -slehrer, -slehre, -sliteratur,
-sschrifttum, -stradition, weisheitlich
o. ä. 153, 153 A. 501, 162, 166, 281,
284, 328, 331, 333, 357 ff., 367 f.,
370 f., 378 f.
Weltbild, Weltverständnis 149, 153, 167,
170

Zelot, Zelotismus, zelotisch 230 ff., 232
A. 201, 264 ff., 283, 369, 373, 377, 382
Zensus, -frage, -problem, -steuer, Provin-
zialzensus 210 ff., 213 ff., 215
A. 78, 229 ff., 236 f., 241, 263 f., 266,
373, 377

4 Personenregister
(Auswahl)

Aland 5
Albertz 181 A. 48, 361

Backhaus 52 f. A. 76, 53 A. 78
Bammel 129 A. 352, 130 A. 361
Baumbach 231 f.

Becker 145
Ben-David 226
Berger 282, 329
Bikermann 355
Bjørndalen 88 A. 64
Björck 104 A. 159

Wissenschaftliche Untersuchungen zum Neuen Testament

Alphabetisches Verzeichnis der ersten und zweiten Reihe

APPOLD, MARK L.: The Oneness Motif in the Fourth Gospel. 1976. *Band II/1.*
BACHMANN, MICHAEL: Sünder oder Übertreter.1991. *Band 59.*
BAKER, WILLIAM R.: Personal Speech-Ethics. 1994. *Band II/68.*
BAMMEL, ERNST: Judaica. 1986. *Band 37.*
BAUERNFEIND, OTTO: Kommentar und Studien zur Apostelgeschichte. 1980. *Band 22.*
BAYER, HANS FRIEDRICH: Jesus' Predictions of Vindication and Resurrection. 1986. *Band II/20.*
BETZ, OTTO: Jesus, der Messias Israels. 1987. *Band 42.*
– Jesus, der Herr der Kirche. 1990. *Band 52.*
BEYSCHLAG, KARLMANN: Simon Magnus und die christliche Gnosis. 1974. *Band 16.*
BITTNER, WOLFGANG J.: Jesu Zeichen im Johannesevangelium. 1987. *Band II/26.*
BJERKELUND, CARL J.: Tauta Egeneto. 1987. *Band 40.*
BLACKBURN, BARRY LEE: 'Theios Anēr' and the Markan Miracle Traditions. 1991. *Band II/40.*
BOCKMUEHL, MARKUS N. A.: Revelation and Mystery in Ancient Judaism and Pauline Christianity. 1990. *Band II/36.*
BÖHLIG, ALEXANDER: Gnosis und Synkretismus. Teil 1 1989. *Band 47* – Teil 2 1989. *Band 48.*
BÖTTRICH, CHRISTFRIED: Weltweisheit – Menschheitsethik – Urkult. 1992. *Band II/50.*
BÜCHLI, JÖRG: Der Poimandres – ein paganisiertes Evangelium. 1987. *Band II/27.*
BÜHNER, JAN A.: Der Gesandte und sein Weg im 4. Evangelium. 1977. *Band II/2.*
BURCHARD, CHRISTOPH: Untersuchungen zu Joseph und Aseneth. 1965. *Band 8.*
CANCIK, HUBERT (Hrsg.): Markus-Philologie. 1984. *Band 33.*
CAPES, DAVID B.: Old Testament Yaweh Texts in Paul's Christology. 1992. *Band II/47.*
CARAGOUNIS, CHRYS C.: The Son of Man. 1986. *Band 38.*
– *siehe* FRIDRICHSEN.
CARLETON PAGET, JAMES: The Epistle of Barnabas. 1994. *Band II/64.*
CRUMP, DAVID: Jesus the Intercessor. 1992. *Band II/49.*
DEINES, ROLAND: Jüdische Steingefäße und pharisäische Frömmigkeit. 1993. *Band II/52.*
DOBBELER, AXEL VON: Glaube als Teilhabe. 1987. *Band II/22.*
DUNN, JAMES D. G. (Hrsg.): Jews and Christians. 1992. *Band 66.*
EBERTZ, MICHAEL N.: Das Charisma des Gekreuzigten. 1987. *Band 45.*
ECKSTEIN, HANS-JOACHIM: Der Begriff der Syneidesis bei Paulus. 1983. *Band II/10.*
EGO, BEATE: Im Himmel wie auf Erden. 1989. *Band II/34.*
ELLIS, E. EARLE: Prophecy and Hermeneutic in Early Christianity. 1978. *Band 18.*
– The Old Testament in Early Christianity. 1991. *Band 54.*
ENNULAT, ANDREAS: Die ›Minor Agreements‹. 1994. *Band II/62.*
FELDMEIER, REINHARD: Die Krisis des Gottessohnes. 1987. *Band II/21.*
– Die Christen als Fremde. 1992. *Band 64.*
FELDMEIER, REINHARD und ULRICH HECKEL (Hrsg.): Die Heiden. 1994. *Band 70.*
FORNBERG, TORD: siehe FRIDRICHSEN.
FOSSUM, JARL E.: The Name of God and the Angel of the Lord. 1985. *Band 36.*
FRIDRICHSEN, ANTON: Exegetical Writings. Hrsg. von C. C. Caragounis und T. Fornberg. 1994. *Band 76.*
GARLINGTON, DON B.: The Obedience of Faith. 1991. *Band II/38.*
GARNET, PAUL: Salvation and Atonement in the Qumran Scrolls. 1977. *Band II/3.*
GRÄSSER, ERICH: Der Alte Bund im Neuen. 1985. *Band 35.*
GREEN, JOEL B.: The Death of Jesus. 1988. *Band II/33.*
GUNDRY VOLF, JUDITH M.: Paul and Perseverance. 1990. *Band II/37.*
HAFEMANN, SCOTT J.: Suffering and the Spirit. 1986. *Band II/19.*
HECKEL, THEO K.: Der Innere Mensch. 1993. *Band II/53.*
HECKEL, ULRICH: Kraft in Schwachheit. 1993. *Band II/56.*
– siehe FELDMEIER.
– siehe HENGEL.
HEILIGENTHAL, ROMAN: Werke als Zeichen. 1983. *Band II/9.*

HEMER, COLIN J.: The Book of Acts in the Setting of Hellenistic History. 1989. *Band 49*.

HENGEL, MARTIN: Judentum und Hellenismus. 1969, ³1988. *Band 10*.

– Die johanneische Frage. 1993. *Band 67*.

HENGEL, MARTIN und ULRICH HECKEL (Hrsg.): Paulus und das antike Judentum. 1991. *Band 58*.

HENGEL, MARTIN und HERMUT LÖHR (Hrsg.): Schriftauslegung. 1994. *Band 73*.

HENGEL, MARTIN und ANNA MARIA SCHWEMER (Hrsg.): Königsherrschaft Gottes und himmlischer Kult. 1991. *Band 55*.

– Die Septuaginta. 1994. *Band 72*.

HERRENBRÜCK, FRITZ: Jesus und die Zöllner. 1990. *Band II/41*.

HOFIUS, OTFRIED: Katapausis. 1970. *Band 11*.

– Der Vorhang vor dem Thron Gottes. 1972. *Band 14*.

– Der Christushymnus Philipper 2,6 – 11. 1976, ²1991. *Band 17*.

– Paulusstudien. 1989, ²1994. *Band 51*.

HOLTZ, TRAUGOTT: Geschichte und Theologie des Urchristentums. Hrsg. von Eckart Reinmuth und Christian Wolff. 1991. *Band 57*.

HOMMEL, HILDEBRECHT: Sebasmata. Band 1. 1983. *Band 31*. – Band 2. 1984. *Band 32*.

KAMLAH, EHRHARD: Die Form der katalogischen Paränese im Neuen Testament. 1964. *Band 7*.

KIM, SEYOON: The Origin of Paul's Gospel. 1981, ²1984. *Band II/4*.

– »The ›Son of Man‹« as the Son of God. 1983. *Band 30*.

KLEINKNECHT, KARL TH.: Der leidende Gerechtfertigte. 1984, ²1988. *Band II/13*.

KLINGHARDT, MATTHIAS: Gesetz und Volk Gottes. 1988. *Band II/32*.

KÖHLER, WOLF-DIETRICH: Rezeption des Matthäusevangeliums in der Zeit vor Irenäus. 1987. *Band II/24*.

KORN, MANFRED: Die Geschichte Jesu in veränderter Zeit. 1993. *Band II/51*.

KOSKENNIEMI, ERKKI: Apollonios von Tyana in der neutestamentlichen Exegese. 1994. *Band II/61*.

KUHN, KARL G.: Achtzehngebet und Vaterunser und der Reim. 1950. *Band 1*.

LAMPE, PETER: Die stadtrömischen Christen in den ersten beiden Jahrhunderten. 1987, ²1989. *Band II/18*.

LIEU, SAMUEL N. C.: Manichaeism in the Later Roman Empire and Medieval China. 1992. *Band 63*.

LÖHR, HERMUT: siehe HENGEL.

MAIER, GERHARD: Mensch und freier Wille. 1971. *Band 12*.

– Die Johannesoffenbarung und die Kirche. 1981. *Band 25*.

MARKSCHIES, CHRISTOPH: Valentinus Gnosticus? 1992. *Band 65*.

MARSHALL, PETER: Enmity in Corinth: Social Conventions in Paul's Relations with the Corinthians. 1987. *Band II/23*.

MEADE, DAVID G.: Pseudonymity and Canon. 1986. *Band 39*.

MELL, ULRICH: Die »anderen« Winzer. 1994. *Band 77*.

MENGEL, BERTHOLD: Studien zum Philipperbrief. 1982. *Band II/8*.

MERKEL, HELMUT: Die Widersprüche zwischen den Evangelien. 1971. *Band 13*.

MERKLEIN, HELMUT: Studien zu Jesus und Paulus. 1987. *Band 43*.

METZLER, KARIN: Der griechische Begriff des Verzeihens. 1991. *Band II/44*.

NIEBUHR, KARL-WILHELM: Gesetz und Paränese. 1987. *Band II/28*.

– Heidenapostel aus Israel. 1992. *Band 63*.

NISSEN, ANDREAS: Gott und der Nächste im antiken Judentum. 1974. *Band 15*.

NOORMANN, ROLF: Irenäus als Paulusinterpret. 1994. *Band II/66*.

OKURE, TERESA: The Johannine Approach to Mission. 1988. *Band II/31*.

PHILONENKO, MARC (Hrsg.): Le Trône de Dieu. 1993. *Band 69*.

PILHOFER, PETER: Presbyteron Kreitton. 1990. *Band II/39*.

PÖHLMANN, WOLFGANG: Der Verlorene Sohn und das Haus. 1993. *Band 68*.

PROBST, HERMANN: Paulus und der Brief. 1991. *Band II/45*.

RÄISÄNEN, HEIKKI: Paul and the Law. 1983, ²1987. *Band 29*.

REHKOPF, FRIEDRICH: Die lukanische Sonderquelle. 1959. *Band 5*.

Wissenschaftliche Untersuchungen zum Neuen Testament

REINMUTH, ECKART: Pseudo-Philo und Lukas. 1994. *Band 74.*
- siehe HOLTZ.
REISER, MARIUS: Syntax und Stil des Markusevangeliums. 1984. *Band II/11.*
RICHARDS, E. RANDOLPH: The Secretary in the Letters of Paul. 1991. *Band II/42.*
RIESNER, RAINER: Jesus als Lehrer. 1981, ³1988. *Band II/7.*
- Die Frühzeit des Apostels Paulus. 1994. *Band 71.*
RISSI, MATHIAS: Die Theologie des Hebräerbriefs. 1987. *Band 41.*
RÖHSER, GÜNTER: Metaphorik und Personifikation der Sünde. 1987. *Band II/25.*
ROSE, CHRISTIAN: Die Wolke der Zeugen. 1994. *Band II/60.*
RÜGER, HANS PETER: Die Weisheitsschrift aus der Kairoer Geniza. 1991. *Band 53.*
SALZMANN, JORG CHRISTIAN: Lehren und Ermahnen. 1994. *Band II/59.*
SÄNGER, DIETER: Antikes Judentum und die Mysterien. 1980. *Band II/5.*
- Die Verkündigung des Gekreuzigten und Israel. 1994. *Band 75.*
SANDNES, KARL OLAV: Paul – One of the Prophets? 1991. *Band II/43.*
SATO, MIGAKU: Q und Prophetie. 1988. *Band II/29.*
SCHIMANOWSKI, GOTTFRIED: Weisheit und Messias. 1985. *Band II/17.*
SCHLICHTING, GÜNTER: Ein jüdisches Leben Jesu. 1982. *Band 24.*
SCHNABEL, ECKHARD J.: Law and Wisdom from Ben Sira to Paul. 1985. *Band II/16.*
SCHUTTER, WILLIAM L.: Hermeneutic and Composition in I Peter. 1989. *Band II/30.*
SCHWARTZ, DANIEL R.: Studies in the Jewish Background of Christianity. 1992. *Band 60.*
SCHWEMER, A. M.: siehe HENGEL.
SCOTT, JAMES M.: Adoption as Sons of God. 1992. *Band II/48.*
SIEGERT, FOLKER: Drei hellenistisch-jüdische Predigten. Teil 1 1980. *Band 20.* – Teil 2 1992.
  Band 61.
- Nag-Hammadi-Register. 1982. *Band 26.*
- Argumentation bei Paulus. 1985. *Band 34.*
- Philon von Alexandrien. 1988. *Band 46.*
SIMON, MARCEL: Le christianisme antique et son contexte religieux I/II. 1981. *Band 23.*
SNODGRASS, KLYNE: The Parable of the Wicked Tenants. 1983. *Band 27.*
SOMMER, URS: Die Passionsgeschichte des Markusevangeliums. 1993. *Band II/58.*
SPANGENBERG, VOLKER: Herrlichkeit des Neuen Bundes. 1993. *Band II/55.*
SPEYER, WOLFGANG: Frühes Christentum im antiken Strahlungsfeld. 1989. *Band 50.*
STADELMANN, HELGE: Ben Sira als Schriftgelehrter. 1980. *Band II/6.*
STROBEL, AUGUST: Die Stunde der Wahrheit. 1980. *Band 21.*
STUCKENBRUCK, LOREN: Angel Veneration and Christology. 1994. *Band II/70.*
STUHLMACHER, PETER (Hrsg.): Das Evangelium und die Evangelien. 1983. *Band 28.*
SUNG, CHONG-HYON: Vergebung der Sünden. 1993. *Band II/57.*
TAJRA, HARRY W.: The Trial of St. Paul. 1989. *Band II/35.*
- The Martyrdom of St. Paul. 1994. *Band II/67.*
THEISSEN, GERD: Studien zur Soziologie des Urchristentums. 1979, ³1989. *Band 19.*
THORNTON, CLAUS-JÜRGEN: Der Zeuge des Zeugen. 1991. *Band 56.*
TWELFTREE, GRAHAM: Jesus the Exorcist. 1993. *Band II/54.*
WAGENER, ULRIKE: Die Ordnung des ›Hauses Gottes‹. 1994. *Band II/65.*
WEDDERBURN, A. J. M.: Baptism and Resurrection. 1987. *Band 44.*
WEGNER, UWE: Der Hauptmann von Kafarnaum. 1985. *Band II/14.*
WELCK, CHRISTIAN: Erzählte ›Zeichen‹. 1994. *Band II/69.*
WILSON, WALTER T.: Love without Pretense. 1991. *Band II/46.*
WOLFF, CHRISTIAN: siehe HOLTZ.
ZIMMERMANN, ALFRED E.: Die urchristlichen Lehrer. 1984, ²1988. *Band II/12.*

Einen Gesamtkatalog erhalten Sie gern vom Verlag
J. C. B. Mohr (Paul Siebeck), Postfach 2040, D-72010 Tübingen